U0941787

神圣与疯狂——

宗教精神病学经验、理性与建构

Sacred and Insane:
The Experience, Rationale and Construction of
Religious Psychiatry

高长江 著

中国社会科学出版社

图书在版编目(CIP)数据

神圣与疯狂：宗教精神病学经验、理性与建构 / 高长江著．—北京：中国社会科学出版社，2017.12

ISBN 978-7-5203-1509-8

Ⅰ．①神…　Ⅱ．①高…　Ⅲ．①宗教心理学-研究　Ⅳ．①B920

中国版本图书馆 CIP 数据核字(2017)第 288121 号

出 版 人　赵剑英
选题策划　曲弘梅
责任编辑　慈明亮
责任校对　石春梅
责任印制　李寡寡

出　　版　中国社会科学出版社
社　　址　北京鼓楼西大街甲 158 号
邮　　编　100720
网　　址　http：//www.csspw.cn
发 行 部　010-84083685
门 市 部　010-84029450
经　　销　新华书店及其他书店

印　　刷　北京君升印刷有限公司
装　　订　廊坊市广阳区广增装订厂
版　　次　2017 年 12 月第 1 版
印　　次　2017 年 12 月第 1 次印刷

开　　本　710×1000　1/16
印　　张　30.25
插　　页　2
字　　数　546 千字
定　　价　118.00 元

国家社科基金后期资助项目

出 版 说 明

后期资助项目是国家社科基金设立的一类重要项目，旨在鼓励广大社科研究者潜心治学，支持基础研究多出优秀成果。它是经过严格评审，从接近完成的科研成果中遴选立项的。为扩大后期资助项目的影响，更好地推动学术发展，促进成果转化，全国哲学社会科学规划办公室按照“统一设计、统一标识、统一版式、形成系列”的总体要求，组织出版国家社科基金后期资助项目成果。

全国哲学社会科学规划办公室

目　　录

引　　言

科学产生自各种文化事件，并且总体上也没有必要推动或预测这样的事件。但是虽然科学理论必然会证据不足，它仍然是我们所能得到的最好的。它为我们提供了世界和我们本身以及我们得以了解这些的结构性条件。

——［美］杰拉尔德·埃德尔曼：《第二自然》

一

任何一种阐释宗教与精神病之关系的理论，恐怕都不能不提及 20 世纪的两位思想伟人：西格蒙德·弗洛伊德和古斯塔夫·荣格。不是因为他们两人都是造诣深厚的精神病学家、声名显赫的精神分析学大师，而是因为他们的工作为后人思考宗教与精神病的关系奠定了路基。然而，任何一个走在这两位心理学大师铺开的路面的人，也都会遭遇诸多麻烦，因为他们对宗教与精神病之关系的认识截然不同。在弗洛伊德看来，宗教，作为一种“超我”的文化，它在人类心灵或精神发展中的地位，并非为人类提供一个永恒的庇护所，而是作为文明者的个体从童年到成人发展过程中所必须经历的神经症的东西①；荣格却认为，宗教不仅是人类灵魂安逸的住所，而且“所有的宗教（包括原始民族巫术般的宗教形式）都是心理治疗，主要功能在于处理并治愈心理的创伤，以及因心理痛苦所引起的心

① ［奥］西格蒙德·弗洛伊德：《精神分析新论》，郭本禹译，译林出版社 2011 年版，第 161 页。弗洛伊德对此深信不疑。在其后期的一系列著作中，如《一个幻觉的未来》《文明及其不满》《摩西与一神教》中，不断重申他的这一思想。

理不适”①，这一思想可以说是荣格精神治疗及其分析心理学理论的精髓。也许正是因为弗洛伊德与荣格之间这种严重的思想分歧，不仅导致了二人由亲昵的师徒关系而走向了分裂和对立②，也使我们关于宗教与精神病二者之关系的探险激情变得颓丧和萎靡：因为你突然发现，你所筹划的“发现”之旅不仅缺乏一个明晰的认知地图，而且荆棘丛生，路径错乱。

弗洛伊德和荣格在宗教与精神病之关系认识上分歧的原因，属于精神分析思想史或心理学史研究的课题，不在本书的研究范畴之内。但对这一问题的简单梳理，对“宗教精神病学”这一知识的创建却不无启发意义。为此，我们不妨粗略缕析若干。二人彼此生平情境与知识背景的差异当然是一个重要因素，但我觉得二人从事精神分析目的之差异的因素影响更大：弗洛伊德精神分析的目的是分析和治疗各种心理变态及其精神病；荣格则不仅分析和治疗精神病，他更关注和思考个体如何通过一种至高无上的知识或象征符号而守护灵魂。另一个至为重要的因素是，他们二人对“宗教”的理解不同：在弗洛伊德眼里，宗教就是他深恶痛绝的那个“超我”，这是一种体制化或者说符号化的“文化宗教”，而在荣格眼中，宗教则是一种“圣秘”的体验；弗洛伊德的宗教观是社会学的图式，荣格的宗教观则是心理学的图式。如果我们把两位大师的思想置于其历史情境中审视，我们还可以发现，弗洛伊德与荣格从事精神分析和心理治疗的社会群体心理能态的背景差异也是一个十分重要的影响因子：弗洛伊德的精神分析思想发端于维多利亚时代，他所面对和治疗的患者是被清教禁欲主义所压抑的性苦闷、性变态者；荣格的成熟的分析心理学及其所面对和治疗的则是随着现代世界的崛起，“上帝死了”之后，人的灵魂由于漂泊无依而陷入忧郁和焦虑的人们。关于他们思想分歧的因素还可以再分析下去，但这已超出了这篇“引言”的范围，而且厘清上述几点已经足够了。我们就此打住。

我之所以在这篇“引言”的伊始就对弗洛伊德和荣格两位大师关于宗教与精神病之关系的思想分歧做了简单的反思，其目的并非想沾些“心理学史学家”的光耀，而是想诉说写作这部“宗教精神病学”所面临

---

① ［瑞士］卡尔·古斯塔夫·荣格：《分析心理学与梦的诠释》，杨梦茹译，上海三联书店2009年版，第11页。

② 弗洛伊德起初十分欣赏荣格，并准备收其为义子，但后来却发现他们彼此对待精神病的病理认识，特别是对宗教与精神病之关系的认识存在着很大矛盾而与其分裂；荣格也另创“分析心理学”以区别于弗洛伊德的精神分析。

的几乎令人颓丧的认知难题。“宗教精神病学”不是宗教心理学，无论看起来二者多么相像以及无论多少人经常进行这种话语互换。它能够获得的思想灵感、可供利用的学术资源实在少得可怜；而这“少得可怜”的一点点灵感和资源又主要汇聚于这样两种矛盾的思想——弗洛伊德的精神分析理论和荣格的分析心理学——体系这里。坦率地说，这不能不说是对我的知识、思想和创造力极限的挑战。也正因此，多少个不眠之夜，我一次次徘徊在弗洛伊德和荣格思想殿堂的门前，也几度犹豫，企图放弃本课题的研究计划。也许我不应该把这笔账记到宗教与精神病理论研究的视野凌乱上面，而应坦承自己在这方面的薄学和无知。因为对宗教与精神病之关系做过阐释者并非仅仅弗洛伊德和荣格，还有其他精神分析学家、心理学家、精神病学家等，诸如埃利希·弗洛姆、诺尔曼·布朗、奥托·兰克、恩斯特·贝克尔，甚至早在弗洛伊德之前的克尔凯郭尔，也就此发表过非同寻常的思想。作为精神分析不同学派的领军人物，他们的思想亦曾令我着迷和“失神”过。不过，就我构建“宗教精神病学”这门学科的学术理念或者说进行一门具有科学基质的“宗教精神病学”构造的典范而言，这些大师们的思想及理论能为我提供的认知资源仍十分有限，因为这些理论形而上或哲学思辨的色彩似乎更强一些。虽然精神问题也是个哲学问题，在精神问题研究中，哲学态度是必需的，但哲学理论也许是不必要的。英国哲学家 C. 麦金曾说过：“哲学是跨越我们认知界限的尝试”①。然而，人类精神发展史表明，有些“认知界限”是哲学跨越不过去的。

二

当然，我完全可以灵活些，不把“宗教精神病学”构建的“基质”锁定于精神病学这个即使在医学领域也颇为玄奥之领域，而去向宗教心理学寻求思想资源。这没有什么“不端”。其实，综观多少年来心理学与精神病学两门科学的知识网络，本来就是你里有我，我里有你，尤其在现代精神病学的框架中。在国际通行的精神病学模型系统里，心理分析与心理治疗就是病理学、治疗学众多模型的一种；甚至荣格也把自己关于宗教与精神病之关系的研究解释为“宗教与心理学”的研究；把精神病的治疗称为“心理治疗”。如此机智转身，也许我的心理会更轻松些，思想会更

---

① ［英］C. 麦金：《神秘的火焰》，刘明海译，商务印书馆 2015 年版，第 174 页。

灵活些，学术资源也会更丰富些。然而，当我在宗教心理学领域翻耕一遍过后，我发现所得到的收获与我原来对其的期待实在太不成比例。这当然不是说近一个世纪以来的宗教心理学研究毫无建树，那确实是在胡说。近百年来的宗教心理学理论研究以及近些年来的“宗教心理治疗学”实践，尤其是西方学界，不仅汇聚了一大批一流的心理学家、精神病学家、灵智学家，诸如荣格、弗洛姆、兰克、贝克尔等，而且也取得了相当丰硕的思想成果。尤其是荣格的工作，我们既可以把它视为一种宗教精神病学，也可以把它视为一种宗教心理学（特别是从其所开创的“分析心理学”这一知识视角看）。至少在我看来，荣格对宗教与心理学、精神病学之关系研究的巨大贡献是无人可比的。不必说他留给我们的那十几卷的心理学/精神病学研究成果，也不必说他以一个西方人罕见的大度与宽容同时拥抱了东方心理学与宗教，更不必说他的那篇杰出性论文《心理学与宗教》给我们的深刻启示，仅仅是他所提出的“集体无意识”“文化原型”“心理类型”等这些心理学理论范畴，就足够我们挖掘和消化若干年。我可以不带任何崇拜色彩地肯定：任何一种科学的宗教心理学、宗教精神病学研究，要么在荣格思想框架的基础上进行拓展，要么就需要解释不这样做的理由。不过，尽管如此，我还是不得不指出，这位大师的思想、理论也为后人的工作埋设了诸多难题。不必说他晚年带有秘传性质的炼金术、占星术研究为宗教心理学所笼上的神秘面纱，就连他的“集体无意识”这个现代心理学的奠基性概念，也仍然存在着一些“剪不断理还乱”的麻烦问题。比如，他对人类心理“文化原型”起源的解释过于直觉化，内涵的界定也有些狭窄，仅限于神鬼妖魅、神话巫术或阿尼玛/阿尼姆斯这些内容，这显然不完全适应具有实证品质的精神病学研究的需要。因此，荣格思想的辨析、诠释、批判与发展、创新，俨然成为“宗教精神病学”精神探险的一个奠基性行程。① 其他的学者，如兰克、贝克尔、布朗等在宗教与精神病研究方面虽不乏诸多珍贵的思想，但可惜他们的思域、语阵过于单向，仅在宗教信仰为个体存在提供“精神支撑”这个知识框架内运思和言说。这使得他们的研究差不多成为保罗·蒂利希“存在神学”的心理学注释版。

检视与开发宗教与人类心理、精神问题（健康与疾病）研究的思想成果，还有一个人是不能遗漏的，这就是近年来在西方学界颇有影响的风

---

① 本书所运用的心理分析理论主要是荣格学派的而不是有人所误解的弗洛伊德的。对于弗洛伊德精神分析理论的批评已散见于全书的各个章节之中。

云人物、美国的灵智学者（也称“超个人心理学家”“后人本心理学家”）肯·威尔伯。至少在我看来，威尔伯不仅具有360度的知识视角，而且具有一个灵智学者卓然的“灵性”，同时拥有灵性修炼的心理经验。尤其是他融密宗的禅修、基督教的灵修、苏菲派的神秘主义为一体，又征用现代灵智学理论进行深度诠释，这使得他的理论具有很强的扩张力，不仅对于人的灵性开发，而且对于宗教心理学理论研究都具有十分重要的启悟意义。但是，坦率地说，就我个人的理解而言，威尔伯的理论同样凸现出很大的局限性，其中最明显的就是他过于强调灵修与心理和谐的关系，特别是注重灵修的神秘体验。我并不怀疑威尔伯的宗教灵修及其所获得的神秘体验的真实性以及这种修为对个体心灵净化与精神升华的重要意义，我只是觉得他的思想和理论始终缭绕着一层不仅神秘而且“高大上”的烟雾。对于缺乏威尔伯那样的毅力和灵性的百姓而言，对于不注重灵修实践的现代宗教和民间信仰而言，威尔伯所推崇的这一“长青哲学”恐怕就有些“灰色”了。特别是威尔伯忘记了，人毕竟是一种社会性动物，要在“社会”这个舞台上生存与生活，而非似他未婚妻那样的身患绝症、臣服“实在”后返回到心灵自我而专注灵修生活的存在者。衣食百姓当然也渴望成为“无相不二”的灵性存在，但他们更要凹陷于最基本的社会游戏；他们一方面应该活出灵性中的那个“大我”；另一方面还需要活出社会中的那个带着人格面具的“小我”。彻底变成社会剧场中的“我”，人确实会伤痕累累；但完全变成“无相不二”的“我”，很多人的生活就会涣散。我尤其想提醒威尔伯不要忘记的是，虽然我们这个世界不乏那些灵性卓然的精神大师，但大多数人毕竟还属于那种不同水平大脑里的“物理之水”搅拌在一起来酿造“意识之酒”的稀奇古怪的动物。对于这一点，对于这些人，威尔伯又该说些什么呢？

三

也许你会很好奇：既然面对着这诸多困境，你为什么还要冒这个险，为什么还要把这项工作坚持下来呢？其实，这绝非单纯的探险冲动；而且，人到中年，已经没有那么多冒险的激情了。我之所以几经踟蹰最后还是决定去开垦这块“新大陆”，不仅是因为近一个世纪以来一些卓越的心理学家、精神病学家辛勤而天才的耕耘毕竟为我的工作提供了些许灵感，而且有一大批神经科学家对人类脑与心灵现象的研究为我提供了科学的思想、理论和数据。特别是在我对于宗教与精神疾病之复杂关系的心理学、精神病学思考疲软无力或无路可走时，认知科学为我展开了一条新的路径。除了学术资源补给的因素外，还有一个重要的心理动力学因素，这就是近年来我越来越痛心地看到，我们所厕身其中的这个世界、这个时代，有那么多人正遭受着神经症与精神病的痛苦折磨。这里没有任何夸张的成分，审视一下人类已经走过的新千年的第一个十年的历史，我们对此也许会有更深刻的体会。十年来人类精神旅途上留下的那些凌乱的踪迹表明，这个世界上很多人的生活并不幸福，尤其是心理生活与精神生活。对我们身边那些饮食男女、达官显贵各种各样的怪异行为细微观察，尤其是公共精神医学统计数据的报告使我们不得不承认，近年来患各种各样心理-精神障碍的人数（虽然并未都达到临床水平）已经超越了我们想象力所能承受的阈限，而且数量还在像难以控制的瘟疫一样不断激增。这很可怕，但我们不会觉得意外。伴随着经济的高速增长、社会体制的日趋僵硬、消费文化的肆无忌惮以及大众肉身欲望的日益膨胀，现代人越来越迷失了自己的灵魂，我指的是人类精神的深度与广度的那种体验。到处是肤浅，到处是轻薄，到处是感官欲望的疯狂，到处是工具理性的扩张，也到处是厄洛斯残缺者、倦怠乏力者、抑郁焦虑者……近年来我一直在指认这一点，一个社会、一种文明一旦缺乏一种能够与人的灵魂进行沟通、对话的文化，那么，等待人类精神的“盛宴”只能是灵魂的阵阵痉挛和无意识魔鬼的作乱，弗洛伊德当年哀叹和荣格当年所预感的“社会集体神经症”“灵魂向远古野蛮状态的回归”这一精神悲剧就在所难免，并且还可能愈演愈烈。

可能有人会认为我的如此写作动机多少有些神经过敏。精神分析学大师诺尔曼·布朗早就说过，“人的本质就是能够患精神病”。我也认为布朗的这个命题确实揭示了人类这个种系的在世实相。但用布朗的观点否认我的工作价值并不能令我心服。我想申辩的是，“能够”和“是否应该”并非同一回事。尽管我承认，人作为一种“自然/文化”的复合物，天性中就潜伏着疯狂的元素，但我相信，人类生命存在的最基本向度是追求幸福而不是狂乱，不管这种追求看起来是多么愚蠢和不现实。如果我们活在狂乱之中，并且不能说明这样活着的意义，那就说明我们追求幸福“应该”付出的努力不够。因此，我们应有充分的理由并且有义务去创造生命幸福的条件。尽管按照弗洛姆的社会心理学理论，当代世界的商业文化和社会文化也可能使人免于神经症——从未有过真正属于自己的经验，完全把自己当作他认为自己应该是的那个人，用做作的微笑代替真正的笑声，用无聊的饶舌代替坦诚无隐的交谈，用迟钝的失望代替真正的悲恸，这使得他们的生活虽然琐碎但却不至于生病[①]；并且我也确实承认，像我们这个社会大多数人那样过着弗洛姆所说的那种“有缺陷的生活”，但他们的生活还是可以进行下去的。然而，正如文化精神病学的天才克尔凯郭尔在早于弗洛伊德若干年前就指出的，这种所谓的“正常”生活本身就是一种病态的生活——琐碎与封闭的人格。虽然这种琐碎与封闭的人格避免了个体由于过于较真、抽象而跌跌撞撞地走出“文化保护墙”从而陷入彻底精神分裂的可能，但它却可能使人陷入缺乏自我、缺乏个性、缺乏成就感和价值感的抑郁症神经病的泥潭。即使退一步说，人可以浑浑噩噩、懒散平庸，不进行反思、批判和精神体验能力的扩展，或者说可以不管一切地闭着眼睛走到底，麻木地过着一种“缺陷生活”而不自觉，神经症也可能暂时不发作。可人到底能够走多远？如果缺乏心智的滋养、心灵的深度与精神的韧度，现实世界一次轻微的风吹草动都可能将他放倒在精神病的床榻上。也正是基于克尔凯郭尔式的“文化精神病学”意识，我认为，不是批量生产“文化麻醉剂”和“精神催眠术”，使人以赤裸裸的麻木与精神病缠缠绵绵，而是挖掘人类各种文化传统千百年来与精神病抗争的经验与智慧，促进人的心理、精神的和谐与健康发展，让那些普通、平凡、日常、无辜的生命可以拒斥“能够”之“恶”而过上一种快乐、幸福的生活，应当成为一个有良知的学者的使命。

我之所以坚持这项“宗教精神病学”理论的建构工作，另一个十分重要的心理动力学因素是，伴随着大众心理、精神问题的日益增生，为了治疗心理不适及精神苦痛，为了追求个人灵性的发展以防止精神病毒的侵袭，近年来很多人盲目地投怀于宗教。与此同时，一些“宗教机构”（宗教人）也灵敏地嗅出当代中国高速现代化所导致的大众物质富足而心灵空虚、认同缺失与价值瓦解、精神无助与信仰混乱这一现代社会心理气息，借助于文化多元、文化宽容、真理相对、信仰自由的社会文化情境，运用其所掌握的人类文化资源优势、社会资本优势[②]，不仅以佛教、道教、基督教的灵魂学说和教理教义，甚至运用“神秘主义灵学”乃至于乌烟瘴气的巫术为那些求助者提供心理或精神困扰的解释、指导或曰

① ［美］埃利希·弗洛姆：《健全的社会》，孙恺祥译，上海译文出版社 2011 年版，第 11—12 页。

② 这里所说的“社会资本优势”指宗教在现代社会所获得的社会信任度，尤其是在大众心理中的这一优势。

“灵魂治疗”。我在调研中发现，一些养生机构为了商业利益，不惜重金从西藏及一些著名寺观聘来喇嘛、和尚、道士作为馆所的“心理顾问”，甚至聘请民俗宗教的巫师（或灵媒）、“大仙”为“坐堂先生”，为心理求治者“开悟”“点化”；一些寺观庙堂山门前车水马龙，庭院里香烟弥漫，法师道士与商业娼妓眉来眼去，合谋表演驱魔捉鬼、“开启灵光”的神秘戏剧，在“经济效益和社会效益”双丰收的同时却导致众生“精神效益”即生命质量的严重下降。这一严峻的现实尤其使我感到构建一种解释宗教与精神疾病之关系、发掘宗教文化传统的“灵魂照料”智慧（病因与预防、治疗）的知识——“宗教精神病学”的重要性和迫切性。

正如我在其他著作里所分析的，近年来“宗教心理治疗学”的某些成功与受到的普遍热捧，不仅在于它成功地利用了商业炒作的技能，而且也巧妙地利用了人类宗教这一“神圣”的文化传统，尤其是传统“宗教精神病学”的一些思想与技艺。从理论上说，这本应产生一种令人欣慰的效度。诚如英语学界著名哲学家查尔斯·泰勒所分析的，现代社会人们的心灵空虚、某种眩晕等心理疾病，根源在于前现代社会那个不容置疑的框架，即宗教世界观的“解魅”或解体①，因此，通过合理地运用宗教几千年来积累的“灵魂关照”之智慧及技艺为某些特殊的心理不适、精神困扰者进行意识活动调整、心理水平整合、认知网络重组、生命意义建构，也可以说是当代心理治疗学与传统的“宗教精神病学”模式进行合作的一种很有意义的探索。但是，现在的问题是，某些“宗教心理治疗”虽移用了宗教处理人类精神问题的传统文化，却简化了其中的一些重要程序，特别是忽视了它所面对、所要处理的是生活于现代高度发达的科技文明、商业文明、娱乐文化共同支撑起来的世俗社会那些心理不适或精神困扰者；忘记了对传统宗教精神治疗资源的开发与运用不单单是一种心灵复古术和技艺移植，更是一种艺术与智慧。不仅需要我们当代的“宗教治疗师”秉有古代社会宗教治疗师关爱众生、灵魂照料、救难救世的人道主义精神，还要求他们具备传统社会宗教治疗师所具备的“良知指导”“劝慰开示”、情绪疏导、灵性开发的技艺和慧性，能够将“原型”② 引导、意义阐述、境界提升等信息传递与个体信息加工的心理图式、意义编

---

① ［加拿大］查尔斯·泰勒：《自我的根源：现代认同的基础》，韩震译，译林出版社2002年版，第29页。

② 我所说的心理“原型”与荣格所说的心理“原型”在内涵上有区别，详见第一章关于这个问题的分析。

码等心智结构整合为一个没有裂缝的体系；更需要清楚认识到现代社会大众的心理麻烦与精神困扰与传统社会的心理、精神困扰具有意识水平、心理发展水平的纬度和生态背景，需要结合现代文明发展对个体心理基质的基本要求为他们提供心灵引导与精神开示。否则，宗教心理治疗所产生的消极后果就不单纯是没有意义那么简单，而且会导致求治者陷入更深层的心理冲突和精神困扰。然而，据我与一些“大师”和病患的接触所掌握的信息，这些“宗教心理专家”，无论是“大师”“高僧”“活佛”还是“大仙”，根本不具备这方面的素质。不仅他们为人们提供的意义框架古老陈旧，而且“谈话治疗”的话语系统也漏洞百出，至于“调理”“治疗”活动更是乌烟瘴气，基本上是传统巫术与现代迷信的杂糅混合；有的也仅仅是把“治疗”变成了劝说“信教”的一种方式。这不但没有解决人们的心理问题，反而使人陷入更深度的精神烦扰之中。比这更糟糕的结果是，由于这些佛僧、道士、大仙们的“精神开示”或“灵魂引导”采取的并非一种心智推进、精神升华的路径，即不是引导人们从人类远古心理的残留物即神话-巫术心理超越出来去发掘人类的“精神原型”①，而是采取了一种心灵复古、精神下行的路线，即向远古神秘主义心理水平的退行。如果用我改造过的大脑物理学理论来解释，也可以说他们引导人们精神行进的不是将人类高度理性、充满智慧的“文化脑”与古老的“社会脑”“生物脑”② 的协调合作、能量整合的道路，而是采取抑制“文化脑”，激活“社会脑”甚至“生物脑”的意识体验路线，使人们的心灵沉迷于感觉、情绪、本能、巫术等远古时代的神秘感应之中。若用荣格分析心理学的“集体无意识”理论来解释，亦可以说他们引导人们走的是一条心灵与人类心理那片古老的“黑暗区域”合一之路，“有意识自主性开始消失，越来越受到潜意识内容的迷惑。有意识自主性失去了它的张力和能量，而这种能量在潜意识内容增强了的活性中再现出来。”③ 从而导致治疗者、信仰者心理水平和精神能力的严重下降。

确实，我承认，作为自然选择和文化修剪而成的“三脑一体”新哺

---

① “精神原型”不同于荣格所说的“文化原型”，我指的是人类心灵原初的那种淳朴无相精神样态。

② 这“三个脑”的理论，主要整合了著名生物学家、系统论之父冯·贝塔朗菲的“有机脑”、著名神经科学家 R. 达马西奥的“古脑”“新脑”（楼上和楼下）以及神经学家保罗·麦克莱恩的“三位一体脑”理论。我在后面会介绍这些理论。

③ ［瑞士］卡尔·古斯塔夫·荣格：《象征生活》，储昭华译，国际文化出版公司 2011 年版，第 60 页。

乳动物，或如荣格所说的心理结构中盘存着人类远古心灵残留物即“文化原型”这样一种奇怪的动物，个体一来到这个世界，就携带着精神混乱的病菌，但我还是相信，人类心理先验的“文化原型”存在，绝不是人类精神病的必然命定。像神经学家和心理学家所说的那样，我们确实需要保持“生物脑”“社会脑”“文化脑”之间的合作与沟通；或像荣格所说的那样，作为人类心理遗传而来的文化原型，它是我们心理内容的一部分，我们应当友好地对待它们，并且合理地将不同水平的心理内容整合为整体性的心理经验，这对于人类的心灵和谐是十分重要的。但是，记住并善待我们的心灵之“根”同“社会脑”和“生物脑”的友好合作，与昏聩地沉迷于这两个脑老须虬莽的根部而拒绝生长生命的新枝，是完全不同的两回事；适当地与“文化原型”对话同完全沉陷于混沌的原型意象之中也是根本不同水平的心灵活动。如果我们不是理性“合作”而是抱住“古脑”和“原型”不放，那么，将如荣格所说，随着精神的不断向下，走向黑暗，走向远古，就会“把一种不为人知的属于遥远过去的心理生活带进了我们的生命短暂的意识之中”，从而不仅使个体失去独立的人格，还将引发病理维度神经症。[①] 也就是说，“宗教心理治疗”如果不是前者而是后者的路径，那么，它所促成的就不是有益心理健康而是心理疾患；不是精神和谐而是精神混乱。平心静气而论，我对近年来兴起的“宗教心理治疗”没有任何偏见，并且我也想象它能够成为当代社会解决人类精神问题的一种可能资源和传统智慧。我之所以对“宗教心理治疗”提出上述质疑和批评，是因为它的行为与结果确实令人担忧：随着近年来的宗教世俗化和宗教心理治疗的大众化、“明星”化，很多人的心理素质和精神水平不是提升了而是退化了；社会文明不是进步了而是退步了。不是么？有少数政府官员请法师指点仕途之路、行政机关请风水先生卜占办公场址、国家公务员开着公车寻“仙”访“灵”，中产阶层的财富化作古刹道场的袅袅青烟，知识分子成为“大师”“大仙”的忠实信徒和“奥秘”的传播者，平民百姓则沉迷于神魂颠倒的神鬼妖魅游戏之中……社会的不同层面都呈现出一种令人忧虑的无所顾忌的精神退行：向混沌、蛮荒的远古时代的沉陷。因此，作为一个宗教学家和心灵哲学家，“宗教心理治疗”的正本清源、拨乱反正理应成为我的学术担当。

---

① ［瑞士］卡尔·古斯塔夫·荣格：《原型与集体无意识》，徐德林译，国际文化出版公司 2011 年版，第 227、41 页。

四

那么，应该如何创造一种“心理卫生文化”，尤其是宗教心理治疗文化以解决现代人的心理不适、神经症或精神隐患呢？尽管荣格和弗洛姆对通过宗教解决人类精神问题的思维向度不同，但他们却几乎指向了同一个目标：宗教的灵魂照料技艺。荣格的路径是复兴人类宗教古老的灵魂治疗之传统；弗洛姆的路径则是发展一种“创造出新的仪式与艺术表现形式，促进尊重生活的精神和人类团结”的新宗教①。坦诚而言，对荣格、弗洛姆和其他心理学家、精神病学家（如兰克、布朗等）的这一思想我并不完全赞同，特别是从当代社会世俗化、理性化以及宗教“变异”化这一现实看。不过，他们大量的临床经验以及睿智的思想对我进行“宗教精神病学”的理论建构却不无裨益。通过近年来对宗教与人类心理卫生、精神治疗所做的理论思考与经验总结，我对建构“宗教精神病学”这门学科有了更强烈的激情、更坚定的信念、更厚重的责任感。特别是近年来从事认知神经科学理论研究，运用其基本原理解释“文化原型”“无意识”“精神分裂”等精神疾病之病理以及宗教治疗相关精神疾病之机理，使我更加确信，宗教作为一种传统的“灵魂照料”的智慧文化与操作技艺，对于人类某些特殊的精神疾病的预防、治疗和康复确有某种独特的功效。从人类精神医学的角度，也可以将其视为人类精神医学文化模型中的另一种模型。尤其是20世纪末叶以来，随着弗洛伊德精神分析理论的衰微和精神病院制度的衰落以及心理–精神问题的快速增长，东西方社会在传统的精神病学体制之外又诞生了诸多心理–精神治疗方法，如临床心理学、认知疗法、星座心理疗法、家庭疗法、小组会话、意识觉醒、敏感性训练、游戏和角色扮演、刺激强化等。这些疗法从脑、心理等不同的层面入手，对处理大众的社会心理问题、人格障碍、性功能障碍、饮食障碍、人际关系失调、创伤后压力心理障碍综合征等发挥了重要作用，也弥补了单一的生物精神病学之不足。仔细分析这琳琅满目的新奇疗法，可以发现，它们很多与宗教处理精神疾病的传统技艺及原理有相通之处。事实证明，宗教对精神疾病的处理，不仅仅是宗教伦理精神主导下的人道主义救

① ［美］埃利希·弗洛姆：《健全的社会》，孙恺祥译，上海译文出版社2011年版，第302页。

助传统，这其中蕴含着合理的心理-精神医学的智慧和原理。在认知精神病学的视角下，虽然宗教精神病学与生物精神病学不同，不是通过物理/化学原理治疗精神障碍，但由于其为人们提供了与神圣实体相关联的独特认知资源，提供了一种有益于身心健康的生活态度和生活方式，使得其成为一种精神疾病治疗模型；尤其是某些心理-精神障碍是由于当事人对宗教信号加工、编码所导致的，因而，通过相应的宗教信号输入所产生的对当事人的脑-心理运动及其模式的调节，对某些特殊的精神障碍是可以产生治疗效果的。经验与理性的合作，使我形成了“宗教精神病学”创构的这样一种认知：如果能将宗教一方面在人类漫长的生命进化、心灵发展、精神进步旅程中作为人类精神疾病的“病原体”的原理解释清楚，能对宗教活动在调节脑-心理系统异常活动的原理、在人类的灵魂照料、解除精神苦痛方面所积累的经验梳理、总结出来，并通过相关知识资源的整合，形成一种较为系统并具有一定科学（人文科学或自然科学）基质的知识系统，那么，这对于人类的心灵和谐，对于促进宗教心理治疗学的理性发展乃至于对于丰富民族精神医学文化资源，都将产生极为重要的意义。

记得有位学者在评价这部书稿时曾认为，我所构造的这个“宗教精神病学”离真正的“精神病学”还有相当一段距离。如果我没理解错的话，他想说的是：它没有什么临床价值，因为缺乏生物精神病学的大脑病理呈现和治疗技术。我确实承认，无论这个“宗教精神病学”体系多么完备，内容如何丰富，但它终究不是生物精神病学，尤其不是临床精神病学，而仅仅是一门人文科学，一套理论化的知识体系。按照著名科学哲学家托马斯·库恩在《自然科学与人文科学》一文中的观点，“社会科学……似乎完完全全是解释学的、解释的。在它们中，几乎根本不会进行类似自然科学中的常规解难题研究。它们的目标是……理解行为，而不是发现支配行为的规律，如果有规律的话。”① 但我还是想说，即便“宗教精神病学”仅仅是一门解释学，这并不意味着它就没有价值。我的观点如下。

首先，即使是生物精神病学，也有“原理”的和“临床”的两种不同的版本：前者是对人类精神疾病的发生、预防、治疗、康复的原理或机制进行解释的知识与学问；后者是通过技术、设备、药物等手段对精神疾

① ［美］托马斯·库恩：《自然科学与人文科学》，《结构之后的路》，邱慧译，北京大学出版社 2012 年版，第 220 页。

病进行预防、治疗、康复的技术与工具。一个能将原理解释清楚的理论未必就是实践中好用的技术，就像米歇尔·福柯写了《知识考古学》但却没有人以它为工具进行知识考古一样。任何一种科学的价值从来就不等于单纯地生产工具知识，它也是人类文化生产、精神生产的一部分。尤其是作为一门“解释性”的人文科学，它的价值不在于是否实用，而在于它所解释的事物是否真实在场，是否是历史情境的一部分。

其次，即使我们不在文化和精神价值的层面论证，而在精神医学的层面审视，它也同样具有意义。生物精神病学或神经科学的脑成像技术系统虽为我们客观呈现了精神疾病发生与治疗的大脑物理学原理，但是，它也有一定的局限性。正如精神病学家所承认的，精神疾病并不完全是大脑神经系统的问题，还有心理的问题，即所谓的心因性精神病。为什么只有人类这个种群才罹患精神病而其他动物却没有？就在于人类这个物种拥有其他物种所不具有的心理系统。心理与意识不同，它不是“世俗”的而是有几分神秘的色彩；它不是神经系统物理运动的结果而是复杂的精神感受与体验的结果，尽管心理活动离不开脑或意识活动，但它整合了大脑认知网络的众多信息。美国哲学家托马斯·内格尔在其著名论文《作为一只蝙蝠感觉起来像什么?》[①] 中告诉我们：我们可以知道作为一个物质系统的蝙蝠大脑所有的东西，但这不能给我们作为一个蝙蝠是什么感觉的知识。因此，内格尔坚决拒绝将心灵状态进行物理主义的还原。尽管我并不完全赞同内格尔的观点，但我仍相信，对人类的心灵进行完全物理主义的还原确实具有很大的风险性，尤其是对那些因宗教心理因素所导致的精神问题进行物理主义的还原。因此，通过心理认知理论和心理分析学解释某些特殊的精神病病理和治疗原理，也可谓对生物精神医学局限的一种弥补。

再次，从近几十年来精神病学学科发展这一视角看，宗教精神病学知识与相关“精神病学”具有共通性。我记得贝坦考特在论述“文化精神病学”在精神疾病治疗中的“文化胜任力”价值时曾这样说道：“文化胜任力不是万能药，并不指望他能够独立处理、改善健康结局和消除差异，但是对于希望给所有患者提供优质照管的医生来讲，文化胜任力是一种必备的技能。”[②] 我觉得，“宗教精神病学”的“知识”价值就像文化精神

---

① ［美］托马斯·内格尔：《作为一只蝙蝠感觉起来像什么?》，《人的问题》，万以译，上海译文出版社 2004 年版，第 183 页。

② 转引自李洁《文化与精神医学》，华夏出版社 2011 年版，第 167 页。

病学一样，在生物精神病学、心理治疗学处理精神障碍病例时，提醒人们考虑到宗教的因素，并在临床处理某些特殊的精神障碍病例时适当借鉴传统宗教“灵魂治疗”的智慧与技艺，这对于提高治疗效果，丰富精神医学的思想资源以及临床经验是特别有意义的。

最后，通过“宗教精神病学”这门知识，提醒宗教界在对信徒进行教化、指导灵修和建构宗教生活方式时注意到语言及其他符号形式对信徒的心理、精神健康所可能产生的不同认知效应，提升宗教文化谋福祉、度苍生的能力和水平，这也可谓当代世界人类文化发展的重要使命。

记得美国著名科学哲学家 M. W. 瓦托夫斯基在谈论科学的价值时这样写道：科学就是一种“理性活动；这种活动的根源可能就是需要、智力冒险活动、或个人的满足……不仅是意向而且是结果，不仅是直接的成败，而且还有想象力和洞察力的品质。”① 作为一个学者，在“宗教精神病学”这门知识建构过程中，我获得了这样的精神收获，这也应该算是它的一种价值吧。尽管这一价值维度指向了我自己，但正如德国科学哲学家汉斯·波塞尔所说：科学态度不单纯限制在科学方面，亦应成为每个人的生活态度，使其成为推动文化进步的一个重要力量②。

---

① ［美］M. W. 瓦托夫斯基：《科学思想的概念基础：科学哲学导论》，范岱年译，求实出版社 1982 年版，第 585 页。

② ［德］汉斯·波塞尔：《科学：什么是科学?》，李文潮译，上海三联书店 2002 年版，第 224 页。

第一章　宗教与精神病

一个人，作为整个自然的一部分，自然既为它所依赖，又统治着他，他并不能由他自身而作任何努力已达成他的福祉和心灵健康……我们真实说来是上帝的仆人，甚至可说是上帝的奴隶，并且我们最大的完善就在于必然如此。

——［荷兰］斯宾诺莎：《简论上帝、人及其心灵健康》

一　重访帕斯卡尔

2011 年 7 月，我结束了一个学期紧张而忙碌的教学工作，回到中国北方一座风景秀丽的城市休假。一个风清气爽的黄昏，我慵懒地坐在松花江畔一个石凳上，享受着夕阳的余晖洒落在宽阔江面上所泛出的色彩缤纷的美感，观赏着从我眼前流过的人群的各种动态。潮汐爬过的沙滩上，一个衣着讲究的女人正在训练她的爱斯基摩犬。她举起一只饮料瓶投向水中，然后向她的宠物发出了冲入水中拾回瓶子的手语。那个可怜的家伙看看波涛汹涌的江水，又看看它的主人，迟疑了片刻还是无奈地走进水中，叼起那只瓶子后疯一般冲向岸边；女人接过瓶子再次投进水中，又向它发出同样的指令。不知是困惑、不满还是踌躇、沉思，它在女人面前来回踱着脚步却没有下水。女人又把动作重复了一遍，它才步履迟缓地下了水；可没走几步，它掉转回头向岸边游来，匍匐在女人面前，像是撒娇，又像是哀求。女人显然有些震怒，抡起手中的牵狗绳狠狠地抽打着它；狗围着女人嬉戏地转着圈……

看着眼前的这道景观，我不由得产生一丝快意。当然，这绝不是因施虐心理的移情所产生的快感，而是为这只爱斯基摩犬的“超然心态”（也许是以幽默的方式反施虐?！谁知道呢?）所产生的快意。如此荒诞与残酷的捉弄，如果是人，那会是什么样？只能是疯狂。确实如此，虽然狗是一种高度“社会化”的动物，人类近万年的驯养使其进化出了一种初级化的“社会脑”，拥有简单的社会知觉加工模块、社会认知镜像神经元，但它终究没有发展出人类所具有的高级“社会脑”，尤其是“文化脑”，不具备人的意识与心理。因此，无论多么残酷荒诞的命运降临其身，它都不会罹患精神病（“疯狗”不是心理问题而是生物神经问题）。但人就不同了。那个女人因为她的奴仆的抗命气得面红耳赤，歇斯底里且“口诛手罚”。尽管我不敢贸然断定这个女人所表现出来的行为就是那种由于施虐受阻产生的失败感所导致的神经症[①]。我们可以善意地推断：她完全是出于一种善良心性，一种让她身边的这个“生命”变得更温顺、更乖巧的“爱”。也许她回到家里会搂着她的爱犬的脖子痛苦忏悔、谢罪：“宝贝，其实我真的不想那么做，可在那么多人面前，你总得给我留点面子，总得让我抬得起头啊！记住，你是高贵的，我是尊贵的；你是温顺的，我是体面的。可今天你这个样子，我们俩都颜面扫地……”可这恰恰证明了她具有某种程度的心理异常。因为她的这种“善”与“爱”其实并未指向他者而是指向了自身：它是一种象征——她的成就、骄傲的象征。对此，精神分析学家恩斯特·贝克尔早就一针见血地做出了诊断：施虐（强暴）给人一种力量感，使人觉得自己有能力造成痛苦，完全操纵和主宰另一个被造物。[②] 退一步说，即使这个女人没有“施虐狂”的异常心理，但也是一种不健康的自恋心态。一位很有才气的精神分析学家卡伦·霍尼分析说：这种自恋倾向使得当他者不接受她的自我英雄主义时，她便表现出一种报复性的冲动。[③] 悲哉！这已经接近于“神经症”的征象了。

人群散去了。我缓缓地在十里江堤上走着。“江水、女人和狗”这三种不同的表象在我的大脑进行自下而上的程序化加工，建构着一个接一个的意象久久不肯散去。不知什么时候，一轮皓月已高悬于夜空。西方古老的精神病学流行一种说法：月圆之夜往往是精神病——变狼妄想发作之时[④]。虽然这个说法还未被科学所证实，但也获得了诸多生态数据的支持。刚才女人的举动莫非和今晚的月亮有关？很显然不能如此进行自上而

---

① 莎士比亚戏剧中的老顽固彼洛尼厄斯曾说：“要定义何为疯狂才是真正的疯狂。”这句话虽不是科学，却也提醒我们对待精神问题需要格外谨慎。

② ［美］恩斯特·贝克尔：《拒斥死亡》，林和生译，华夏出版社 2001 年版，第 286 页。

③ ［美］卡伦·霍尼：《精神分析的新动向》，张长英等译，上海锦绣文章出版社 2008 年版，第 38 页。

④ ［法］让·韦尔东：《夜歌：中世纪的夜生活》，刘华译，中国人民大学出版社 2015 年版，第 62 页。

下地建构经验①。我反复思考，唯一可能的解释就是和人性即个体心灵深处的那个“文化自我”释放出来的魔性有关。想到此，我不由得打了个寒战。我一直敬而远之的一位法国思想家300多年前说过的一段话再次于我耳边响起：

> 我们不肯使自己满足于我们自身之中和我们自己的生存之中所具有的那个生命：我们愿望能有一种想象的生活活在别人的观念里；并且我们为了它而力图表现自己。我们不断地努力在装扮并保持我们这种想象之中的生存，而忽略了真正的生存。如果我们有了恬静或者慷慨或者忠实，我们就急于让人家知道，为的是好把这些美德加到我们的那另一个生命上，我们宁肯把它们从我们的身上剥下来，好加到那另一个生存上；我们甘愿做懦夫以求博得为人勇敢的名声。我们自身生存之空虚的一大标志，就是我们不满足于只有这一个而没有另一个，并往往要以这一个去换取另一个！②

帕斯卡尔的这段话虽然是在300年前说的，但却像是说给今天那个女人的。她的暴躁、她的疯狂恰恰就是因为她不满足她所拥有的而希望获得更多的非生存之必需。这如果不是一种生存之空虚的表征又能是什么呢？帕斯卡尔慨叹道：

> 人是怎样的虚幻啊！是怎样的奇特、怎样的怪异、怎样的混乱、怎样的一个矛盾主体、怎样的奇观啊！既是一切事物的审判官，又是地上的蠢材，既是真理的贮藏所，又是不确定与错误的渊薮；是宇宙的光荣而兼垃圾。③

帕斯卡尔真是太粗鲁了！难怪人们说“如果除去上帝，他就是‘最彻底的虚无主义者’”。至少他缺乏一种修辞心理学的教养，不该征用那

---

① 中国的“月文化”心理就不是这样的。在中国的月文化中，面对皓月当空，既有苏东坡“明月几时有，把酒问青天”的爽豁达观，也有张若虚“江畔何人初见月，江月何年初照人”的惆怅迷离；还有张于湖的那种神秘而甜美的感受——“素月分辉，明河共影，表里俱澄澈。悠悠心会，妙处难与君说……”

② ［法］帕斯卡尔：《思想录》，何兆武译，商务印书馆1981年版，第74—75页。

③ 同上书，第196页。

么多不仅刻薄而且足以令人产生自杀意念的语词，短短几个句子就毁了我们心灵的宁静乃至于一生的幸福。这使我想起叔本华曾说过的话：不要与比你深刻的人来往，它会使你终身都活在不幸之中。我后悔我为什么结识了帕斯卡尔。懊悔过后冷静想想，帕斯卡尔又太伟大、太真诚了，真诚得几乎令人不寒而栗。这也可能就是几百年来他之所以令人心驰神往而又不敢走得太近的原因吧？

帕斯卡尔说的没错，人，作为这颗星球上千万种有机体中的一个物种，作为接受大自然的恩赐最多、分子生物系统进化最快的一种智能动物，命中注定在其生命体内埋下了思想病的种子。从生物学的角度看，人类与其他有机体一样，有着相同或相近的生命组织，并依凭大自然赏赐给我们与其他近亲物种相同的“生物脑”执行基因所编码的“指令”，维系生命的运动，体验存在的快感。然而，在漫长的进化路上，人类又通过日积月累的细微调整将其管理生命的基因编码进行优化，产生了一种较之其他物种更为复杂的“社会脑”，如对混沌、无序、怪异、混乱的恐惧与逃避；对秩序、和谐、清明的喜爱与追求，并由此产生了神话、巫术等高级情绪；再往前走，一种新的智能装置也在人类的生命组织中逐渐成形，即处理语言、逻辑演算、抽象思维等的“文化脑”。这样一来，麻烦就出现了。只有身体而没有脑的单细胞生命没有烦恼；只有初级脑的有机体也不会产生焦虑；即使具备了简单的“社会脑”的人类近亲物种，如猩猩、猴子也不会患神经症。但人类不仅有脑，而且有一套不同水平的脑组织。在生命活动中，要想把不同水平的脑组织整合成一个没有裂缝的系统本已十分困难，更何况后发展起来的那个智能脑的信息加工、编码以及建构等认知活动不仅与“社会脑”的方式不一样，而且彼此的经验模型（先验的和后建构的）也常常发生矛盾，于是便产生了我们所说的精神异常，即精神疾病。作为文化精神病理学先知的弗洛伊德已敏锐地洞察到了这一点。他的“文明病理学”理论也正是建立在他的这一天才洞察的基础上的：本我、自我、超我共在人类的生命之中，而这三者的分裂与矛盾又很难弥合，这就是人类的精神病之因。弗洛伊德作为精神分析学之父的卓然之处就在于他所提出的“三个自我”的冲突与精神病之关系。直到今天，脑科学与心理学家进行意识研究时仍使用“本我”“自我”“超我”这个模型。它是如此简洁而理想。

不过，坦率地说，对于人类的这种“虚妄”式存在，帕斯卡尔只是指认了这一事实而没有展开解释。即使是弗洛伊德关于生命体内或者说心灵之中这三个不同系统的分裂与矛盾及其所可能导致的精神疾病的学说，

“三个‘我’”的模型也显得太直觉、太简朴了。要解释清楚三个“我”与精神病之关系，要想使这种解释获得充分的理论支撑，我们应该通过科学理论即脑–心灵科学理论来进行剖析。尽管这个问题对于我，甚至于对那些神经科学领域的大家而言也一直是一个难以论说的问题，有的学者干脆拒绝谈论它，但我相信，这个问题对于精神病学理论的升华确实很重要。我也相信，通过近年来神经科学的巨大进展，如今我们已经拥有了谈论这个问题的语法能力和语义资源。

二　人性之疯狂

在戏剧《哈姆雷特》中，伟大的艺术家莎士比亚曾借剧中主人公哈姆雷特之口表达了人类关于自我的认识：

> 人类是一件多么了不起的杰作！多么高贵的理性！多么伟大的力量！多么优美的仪表！多么文雅的举动！在行为上多么像一个天使！在智慧上多么像一个天神！宇宙的精华！万物的灵长！
>
> ——莎士比亚：《哈姆雷特》第二幕第二场

这话显然有些夸张，因为宇宙空间是否存在外星人、其智能水平如何，我们迄今一无所知。因此说人类是“宇宙的精华”“万物之灵长”只不过是人类虚构的文化自我形象。但这也很正常。人缺乏动物那样依凭自己本能适应周遭环境的能力，他只能靠文化这样一种象征系统为自己的存在提供支撑，以弥补自己的天生不足。但文化想象虽然可使人类保持着其世界的意义性，但也可能导致世界图像的扭曲化，尤其是自我认知的扭曲化。伟大的生物学家恩斯特·海克尔曾说：“爱虚荣的人类的这种极度夜郎自大往往把人引入迷途：把自己看成是‘上帝的翻版’，本是来去匆匆的过客，却硬要‘长生不老’，并想象自己具有放荡不羁的‘意志自由’。”① 当这种文化想象与现实存在发生冲突时，“万物之灵长”的人类便会成为帕斯卡尔所说的“怪异”而“混乱”的存在物，亦即精神病患者。

---

① ［德］恩斯特·海克尔：《宇宙之谜》，袁志英等译，上海译文出版社 2014 年版，第 14 页。

“精神病”又称“精神障碍”。按世界卫生组织编辑出版的《疾病及有关健康问题的国际分类》（简称“国际疾病分类”［ICD］）第10版（1992）的分类，精神疾病有很多种。包括由大脑神经障碍引起的器质性神经病（F00–F09），如阿尔兹海默病、器质性遗忘症、脑损害功能失调等；使用精神活性物质所致的精神病（F10–F19），如酒精、鸦片、烟草、药物等所引发的精神与行为障碍；精神分裂症、分裂型妄想及妄想性精神病（F20–F29），如分裂型障碍、妄想性障碍（持续性与感应性）等；心境（情感性）障碍（F30–F39），如躁狂发作、抑郁发作、持续性心境障碍等；神经症性、应激性及躯体形式障碍（F40–F48），如恐惧性焦虑、强迫症、应激反应障碍、解离性（转换性）障碍等；伴有生理障碍及躯体因素的行为综合征（F49–F59），如进食、睡眠（非器质性）障碍等；成人的人格与行为障碍（F60–F69），如习惯与冲动障碍、性身份障碍、性偏爱障碍等；精神发育迟缓（F70–F79）、儿童发育障碍（F80–F89）、儿童及青少年期的行为及精神障碍（F90–F98）等，共99种。仅就99种这个类别数字感知，就足以令人心惊肉跳。

关于精神疾病的发生，多少年来，无论是专家模型还是民间模型，对于其病因的解释有很多种。但从现代精神病学的角度看，我们基本可以将其概括为两个方面：种系分子生物水平的基因表达和认知活动所导致的大脑系统改变及其意识、心理活动的异常。这也就是精神病学家所说的神经性的和心因性的[①]两大类型；前者大多与脑组织有关，后者大多与心理系统有关。

作为自然的胎盘和文化的精子孕育出来的混合物，人一来到世界就注定成为一种梅洛–庞蒂所说的那种“骚动不安的所在”。即使不诉诸形而上学的玄思和生物心理学的实验数据，仅凭经验反思，我们也可以把人的这种矛盾性或分裂式的存在图像大致勾画一个轮廓：人的生命是一种生物与精神混合而成的结构，正是这种结构构成了克尔凯郭尔所说的人的“致死的疾患”；人的生活是由自然与文化（社会的、文明的）共同构造的场域，这种存在之场域构成了弗洛伊德那不可撼动的人类文化病理学理

① “心因性效应”所引发的精神障碍既包括人的信息加工、认知变化引起的大脑改变，也包括各种心理经验整合问题所引发的心理–精神障碍。当然，“神经性效应”和“心因性效应”并非彼此分明，而是互相勾连：神经性效应会引发心因性效应精神障碍；心因性效应也会引发神经性效应精神障碍。这也就是为什么精神病理学如此复杂并且有多种模型的原因。

论（而且他后面还站着弗洛姆、阿德勒、兰克这些心理学大师）；人的心理是意识与无意识共在的系统，我们的理性意识和精神生活不时受到那个潜伏于深层、不仅广袤而且具有巨大能量的无意识的袭扰与颠覆，以至于不仅使我们经常陷入窘境，还造成心理的混乱及人格的分裂；更恐怖的是，正像荣格所说，我们不知道这种混乱会从哪里开始，最终会在哪里结束。

作为这颗小行星上的智性动物，人类存在的这三个基本系统——生命结构、生活实践、心灵生活的这一样态，注定了人与精神病纠缠不清。美国著名精神分析学家诺尔曼·布朗在其精神分析学名著《生与死的对抗》中曾写下这样一段话：

> 无论人生中基本的两极性究竟是什么——无论它是饥饿与爱，是爱与恨，还是生与死——这种两极性都存在于动物身上，但却不是以矛盾心理的方式存在于动物身上。人区别于动物之处在于：人享有彼此分离并最终陷入相互冲突的不同的生命侧面（各种本能）；而这些侧面在动物身上却是一个未分化的统一体，它们处于和谐状态。
>
> 神经症乃是人这种独特的社会动物的特权。[①]

布朗的人学理论不仅令人觉得残忍，也令人恐惧与焦虑。不过，坦率而言，布朗的这些文字没有任何夸张和幻想的成分，他只是如实地表达了我们大多数人都有所感受又不想说出的做人的“真理”而已。人是什么？人区别于一般动物的实质在于人是一种有意识、有心灵的动物，然而，也正是人的意识与心灵，使人之在世成为梅洛-庞蒂所说的“世界平静结构中的裂缝”：人想成为永恒不朽的存在物，然而又意识到他有一个必然“会朽”的肉身，正是“会朽”的恐惧与“不朽”的幻想，使很多人陷入了疯狂；人需要通过社会与文化符号对存在的意义与价值进行定义，然而又常常感觉到这些符号与体制对其自然本性的否定与异化而陷入苦闷，正是人的本我（自然）与自我（超我）的裂缝，使很多人变成了神经症；人生活于文明世界之中，必须保持意识的稳固性与心理经验的整体性，然而，人却时常受到来自心灵世界深层的那些无意识精灵的袭扰，这不仅常常瓦解人类日常生活与心理生活的秩序，而且可能将人拉回到远古心理情

---

① ［美］诺尔曼·布朗：《生与死的对抗》，冯川等译，贵州人民出版社 1994 年版，第 89 页。

境之中。正是人类的生命、生存、心灵的这三道裂缝、正是在这些“裂缝”中生存，使人难以获得心灵的宁静，不时地被焦虑、压抑、忧郁、矛盾等各种心理或精神问题所困扰，成为一种神经兮兮的存在物。

大致框架勾勒清楚之后，下面我就对人类在世的三种分裂图像及其所引发的精神障碍进行具体的分析和深度的描述。

（一）生命：生物与精神的二元矛盾

1. 脑结构："生物脑"与"心理脑"

在“引言”中我曾指出，人之所以会患精神病，就在于人类是地球生物群落中一种特殊的种系。这种“特殊性”首先就在于人类不仅有三个不同水平——分子生物水平和心理水平的脑而其他生命只有一个脑或两个生物脑，而且在于人类的脑与环境相互作用所产生的情绪反应、意识表征和心理经验往往难以协调起来。我们就以此为线索展开分析。

脑是宇宙中最为复杂的一种现象，也是亿万年生物进化、发展的最为奇妙的现象。虽然目前我们对脑的很多细节还缺乏全面的了解，但至少从脑进化的角度、从脑神经物理系统以及运动及其所产生的神经生物学功能的角度，我们大抵可以把脑系统切分为三个不同水平的拓扑结构或者说神经元共同体：一个是最早出现、历史最为古老的“生物脑”，它主要执行生命体最基本的生物调节功能，是生物的体内自动平衡装置；再一个是在这个脑的基础上进化而来的“古脑”，它主要执行情绪调节功能；最后一个是晚期发展起来的新脑，是随着人类文化的发展而产生的“文化脑”，主要执行复杂的符号活动，如语言、逻辑、推理、计算等功能。经过半个多世纪的研究，现在，神经科学通过脑解剖已清晰地确立了这三个脑的物理空间：“生物脑”位于脑干区域；“古脑”位于新皮层下基底核到丘脑的这片区域；“文化脑”则是新皮层这一部分脑区。神经学家安东尼奥·R. 达马西奥曾用建筑的“地下室”和“地上部分”形容这三个脑之间的关系：旧脑部分在地下室里，处理最基本的生物调节过程，处在地面之上的皮层处理的是智慧以及细微之处。但地面之上的建筑又可分为楼上和楼下两层：楼上的新皮层是处理推理和自由意志的地方；楼下的旧皮层处理的是情绪以及与脆弱的肉体有关的信息①。

另一位美国神经学家杰拉尔德·埃德尔曼虽然没有使用“三个脑”

① ［美］安东尼奥·R. 达马西奥：《笛卡尔的错误：情绪、推理和人脑》，毛彩凤译，教育科学出版社 2007 年版，第 104 页。

的陈述形式，但提到了脑的三个神经物理结构：首先是丘脑皮质系统，通过丰富的往返联结将本地和远程的神经元群紧密联结到一起；其次是基底核抑制回路的多突触环状结构；再就是不同价值系统的扩散性上行投射区域。①

奥地利生物学家、系统论之父冯·贝塔朗菲在谈到脑的进化和分层秩序时也论及脑的三重结构及其功能：一个是进化过程中最早出现的较低级的脊椎动物的古脑；另一个是逐渐由爬行动物进化到哺乳动物的新脑（皮质）；再一个是和某些最高级的中枢神经、特别是人类的运动语言（布罗卡的）区域和附加于其上的广大的联想领域的脑。②

对人脑的这三重结构描述最为详细的当属美国神经科学家保罗·麦克莱恩。保罗·麦克莱恩在20世纪50年代开始构想他的“三位一体脑”（也可译为“三重脑”）理论，经过近半个世纪的研究，最终于20世纪90年代在其著作《进化中的三重脑》中系统地阐述了这一思想。他的这一思想在神经学界、生物学界和精神病学界都产生了广泛的反响。在保罗·麦克莱恩看来，人类大脑组织中实际上存在着三个脑：爬行动物脑、古哺乳动物脑、新哺乳动物脑。根据麦克莱恩和一些阐释者的观点，我们可以简单描述一下这三个脑的功能。

最古老的脑是“爬行动物脑”。这是脑中动物种类史上最古老的部分，是脑的核心。根据麦克莱恩的描述，其即为脑干中枢神经系统。它的基本功能是内部调节，完成基本的本能动作和反射行为，唤醒有机体或使有机体休眠。麦克莱恩说它充满了祖先的故事和先辈的记忆，非常忠实于祖先的指令，但是不善于面对新情境。

其次是“古哺乳动物脑”（边缘系统）。它主要通过双向神经通路和下丘脑与脑干核团中的其他脑组织发生联系，主要是产生情绪及其感觉体验，成为控制行为反应的主导力量。

最后形成的是“新哺乳动物脑”（新皮层）。麦克莱恩认为，这个脑的产生是地球生命史上的重大事件——人类的产生。它带来了巨大的神经屏幕，语言、逻辑（和数学）及复杂的信息处理能力就是通过这个脑实现的。

---

① ［美］杰拉尔德·埃德尔曼：《比天空更宽广》，唐璐译，湖南科学技术出版社2010年版，第16—18页。

② ［奥］冯·贝塔朗菲、［美］A. 拉威奥莱特：《人的系统观》，张志伟等译，华夏出版社1989年版，第133—134页。

对达马西奥、埃德尔曼、麦克莱恩等的脑结构图像进行整合，我觉得我所说的大脑的“生物脑”“古脑”“文化脑”这三重结构的观点是合理的。通过近年来对神经学，特别是神经生物学、神经生理学最新研究成果的辨析与整合，我推想，人类这个种族的脑不仅存在着“生物脑”“古脑”“文化脑”不同的层级结构，而且每一脑系统中还嵌置着某些生物进化选择出来的“装置”，即它们系远古时期动物与环境互动所形成的一套神经印记，并编成基因组，通过遗传的方式在人类的后代身上进行复制。按照上面展示的大脑图像，可以把这些“装置”概括为以下三种。

a. 生物秩序装置，即体内自动平衡系统，它源于生物学所谓的“设计原则”，即大自然对人脑的设计。这一系统时刻监控着整个生命，随时对那些威胁生命组织的信号和能量进行调控和改进（比如选择合适的温度、能量的合并、吸收与转换、修复受损的组织等），促进“积极”“畅快”的生命运动。这套装置就内置于人类最古老的“生物脑”中。

b. 社会秩序装置，这是有机体“自然设计原则”的副产品，也可称为“亚系统”。它是人类在长期的进化过程中为适应日益复杂的生存环境、调解社会活动、建构生命秩序而逐渐调适、稳定下来的社会神经模块。这套“系统”主要在人类脑中编码了一些基本的社会信息，如在陌生的情境中识别他者的面孔，在交往中快速感知他者的情绪、心理状态以调整自己的行为，以及为了降低生存成本而将世界划分为自然的/超自然的这类“社会情绪”（荣格所说的“集体无意识”或“文化原型”这些心理范畴，如果进行还原，其实就是这个“社会秩序装置”的一部分）；可能还包括初级的审美快感。这套“装置”有简单和复杂的两种：简单的社会认知，如面孔识别、情绪感知是人类和其近亲动物——猕猴、猩猩——共有的；复杂的如超自然以及审美情绪，它们为人类所独有。目前，学界对这套“装置”的怀疑最大，比如荣格的“文化原型”说。但是，如果我们不把它解释成一种生物学水平的社会神经组织，我们就无法说明为什么人类心理中会普遍、先验地存在超自然的情绪和意象的原因。剑桥大学著名数学家、宇宙学家约翰·D. 巴罗对这个问题的解释，给我的这个假设提供了有力的支持。他说：“人类所具有的关于世界的大量的神话传说以及伪科学等，都说明我们倾向于发明创造一些秩序原则来解释世界万物。我们惧怕神秘无解的世界。混沌、无序以及偶然性与宇宙黑暗的一面紧密相连；其对立面则是眷顾众生的神祇。其中一个原因，是对秩序的认识被作为一种有益的活动而得到奖励，并在生物中代代相传……并最终变成了生物的本能。"① 这套"装置"可能就内置于"古脑"中②。麦克莱恩说这个脑"根据直接经验学习新的问题及解决方案的速度要快，只是不能用语言表达情绪"，这恰好说明了这个脑既不是简单的"分子生物水平"的脑，也不是高级的"文化脑"，而是人类古老的社会情绪，如同情、感恩、敬仰、自豪、尴尬、罪疚、羞愧、愤慨等的"装置"③，或如达马西奥所说的人类"无言语故事"的"核心自我"的一部分。

c. 文化秩序装置，其中最主要的是普遍语法装置，即人类随着语言的诞生和长期的语言生活实践而在脑中编码的基本语法程序。它类似于诺姆·乔姆斯基所说的"普遍语法"或语言的"深层结构"。这套装置就内置于"文化脑"中，尤其是该脑的布罗卡区。对脑损伤导致的失语症患者的脑神经成像技术有力地支持了这一观点：这些病人由于脑皮层受损而失去了语言理解与表达能力，但仍有情绪体验。也正是这套文化装置，使人类能够进行复杂的认知活动——语言加工，进而形成了哲学、宗教(与无言语的"超自然情绪"不同)、伦理、法律、推理、想象等高级意识活动。

多少年来，无论是荣格的"文化原型"理论还是乔姆斯基的"普遍语法"理论，都受到学术界（主要是心理学、语言学、哲学界）的质疑，并将其归结为"唯灵论"意识。然而，我觉得，"唯灵论"并不庸俗，庸俗的是"机械唯物论"的生搬硬套。对于脑，对于人类的意识、心理、精神现象的研究，"唯物论"也许是没有必要的。如果不从"嵌入"的角度去理解，我们就根本无法解释为什么全人类都会有某些非后天习得的共同文化心理范畴以及人类语言能力发展的某些奥妙。唯一合理的解释只能是，在人类这个物种千百万年的进化过程中，在基因与环境复杂多样的互动中，在动物脑中逐渐形成了一套关于超自然事物、关于初级美感以及语言处理的生物属性的神经机制和程序。这种神经机制和程序随着人类的进化和种族的繁衍一代一代地复制下来。有些"知识"平时潜伏于脑的深

---

① ［英］约翰·D. 巴罗：《艺术宇宙》，徐彬译，湖南科学技术出版社 2010 年版，第 37 页。

② 我相信，最早的原始宗教不是概念性的而是情感性的，是一种社会情绪，即对某种事物的恐惧和企盼而产生的情绪反应，并通过这种经常性的反应建立了一套神经回路。经过漫长的进化以及脑对这些内容的思维加工，才最终形成了理性化的超自然意识、概念等。

③ 参见［美］安东尼奥·R. 达马西奥《寻找斯宾诺莎——快乐、悲伤和感受着的脑》，孙延军译，教育科学出版社 2009 年版，第 29 页。

层组织之中，而当脑组织被调整到某种特殊状态或受到某些知觉信号的刺激被激活时，它们就会做出相应的反应，如语言信号对“普遍语法装置”、神话信号对“社会情绪神经”的刺激而产生的言语行为和神话、巫术体验等。

从神经生物学的角度看，虽然人的三个脑区生成的时间、内部结构及其功能差别很大，但是，它们却并非彼此互不相干，而是于人类的脑中相互纠缠、相互作用，共同调整着有机体的生命活动。也就是说，人类的意识、心理、精神活动并非某一个脑区的物理运动，而是不同脑系统发生着彼此的交互影响。保罗・麦克莱恩的名言是：人躺在沙发上接受精神分析的时候，实际上是和鳄鱼以及马一起躺在那里。他的阐释者肯・威尔伯更进一步：“其实何止如此，这还不到实际情况的一半，一起躺在那里的还有日月群星、山和湖泊、蜉蝣丛林、巨蜥百鸟、野兔灵猿……它们在那里，并不仅仅因为它们是我们的邻居，而且因为它们本来就是我们的血肉骨髓、我们的情感意识，它们就是我们的组成部分。”[①] 安东尼奥・R. 达马西奥没有这么感性，他通过前额叶皮层的腹内侧三种信号的三向连接，将“楼上”“楼下”的脑联系在一起：“前额叶皮层——尤其是腹内侧区，非常适合建立一个以下三种信号的三向连接，即与某些特定类型的情境有关的信号；与个体独特经验中某些情境相关的不同类型和强度的身体状态的信号；以及与这些身体状态的效应器相关的信号。楼上和楼下的这些系统在前额叶皮层腹内侧区协调地结合在一起。”[②] 常识性或普通的“性格/人格心理学”所说的“感性/理性”型心理、人格等，其实就是人脑中这些神经组织的活动模式及其所产生的神经表征、所形成的心理模式的通俗表达。至少从生理心理学理论来说，有机体内并不存在一种独立的气质或心理，所说的气质、个性、心理无非是有机体脑的物理运动及其所产生的意识反应与心理结构而已。古代医学根据人的血液来判定人的心理、性格类型并非没有道理，只不过古代医学还没有把握到血液与情绪之间的因果关系是通过脑联系起来的这个道理。

人类拥有脑并且产生了脑的三重结构及其不同功能，既是人类幸福的源泉——使人既能享受本能的乐趣，又能享受情感的体验，更能享受理性

---

① ［美］肯・威尔伯：《性、生态、灵性》，李明等译，中国人民大学出版社 2009 年版，第 96 页。

② ［美］安东尼奥・R. 达马西奥：《笛卡尔的错误：情绪、推理和人脑》，毛彩凤译，教育科学出版社 2007 年版，第 146 页。

的快乐——也是人类悲剧产生的源点，即在生命尤其是意识活动中，有机体实际很难使三个脑完美配合，整合成一个没有裂缝的体系。一旦哪一个脑出了问题（如能量过强或过弱、高度激活或受压抑）或三个脑出现严重分化乃至冲突（如自我、本我、超我），就会产生相应的神经或精神疾病。肯·威尔伯分析说，人类越是进化，生命系统越是复杂，出现严重失误的可能性就越大。因为超越性可能走得太远，变成压制性——高级的脑不再照顾和包含低级的脑，而只是超越它、抛弃它。这如同我们不一样的双腿——一条健康大腿和一条伤残的腿——走路，健康的腿大步流星而忘记照顾伤残的腿，必然会跌跤。“文化脑”的出现，超越了脑的前辈，却又不能将三个脑进行有机整合，而是出现了分裂和压抑，其结果只能导致人类的心理和精神问题。“进化一旦造成新的分化，并且没有整合那个分化，病态就出现了。”人类“文化进化的历史是新成就的历史和新疾病的历史”。[①] 客观地说，威尔伯的这一思想不仅偏激而且有些悲观：他只看到了脑疾病的脑结构分化因素，而没有看到随着脑的进化，人类的心智系统也在发展和优化，协调三个脑的智慧也在增长。但威尔伯亦并非全无道理。正如人格分裂的大量临床案例所展示的，如果人过于理性而忽略了情感，就会导致精神压抑；如果人过于崇高而压制了生物本能，就会变成悲剧式动物；如果人的“古脑”活性过于膨胀，对“文化脑”进行干扰乃至压制和取代，那么，尽管动物可能体验到了情感的满足，他却失去了“人格”，即所谓的“人格异常”、精神分裂。从生物生理学的角度而论，“精神分裂”不是一种疾病而只是一种脑的异常交互形式；但从社会生物学的角度说，因为脑的运动的异常化，使得当事人丧失了“文化动物”的人格，成为该文化系统中的“异类”，所以，才被认为是精神分裂。米歇尔·福柯虽然不是神经学家，但它关于精神疾病与个体的生物/文化存在之关系的表述确是很精当的：病患对世界的想象，是梦一样的形式，它对所有跨主体性的前景的不透明都把它揭示成了一个“私人的世界”，一个“自有的世界”[②]。若从认知神经科学的角度说，精神“正常”和“异常”的区别就在于前者生活于文化与社会符号加工建构起来的“共同世界”；后者则生活于生物本能的世界之中。“异常”就是文化与社会情境

---

① 保罗·麦克莱恩的思想和肯·威尔伯对“三个脑”整合的诠释，见［美］肯·威尔伯《性、生态、灵性》，李明等译，中国人民大学出版社 2009 年版，第 90—96 页。

② ［法］米歇尔·福柯：《精神疾病与心理学》，王杨译，上海译文出版社 2014 年版，第 56 页。

中的“反常”；精神分裂就意味着从人类精神世界的共相之中分离出去。

2. 生命体：生物性与精神性

“人类是一件多么了不起的杰作！……多么优美的仪表！在行为上多么像一个天使！……宇宙的精华！万物的灵长！”人类的这种自我夸耀，用弗洛伊德的话说，不过是一种虚张声势的自恋而已。感谢弗洛伊德！他给了我们理解这颗星球上智能物种自我认识与评价的重要的心理学概念。如此的自我感觉，如此的自我幻想，如此的自我神化，如此的自我颂赞，这不是“自恋”又会是什么呢？

从心理学的角度说，自恋并不意味着人类自我认知的幼稚和彻头彻尾的愚蠢，它实质乃人之为人存在的一种深层心理动力学，没有它人就会陷入彻底的虚无与疯狂。道理就这么简单：与大自然的任何生命体相比，人的确可谓天生丽质，出类拔萃，像天使和天神那样，精神翱翔于太虚幻境；然而，人又深陷于生物性血肉之躯的累赘与琐碎之中，成为一个被驱赶而短命的存在物，在没有任何理由的情况下被死神强行带走，而且不允许抗诉。也正是人类这种肉体的有限而精神无限的张力，使人成为一种与精神病纠缠不清的可怜动物。

弗洛伊德和他最完美的阐释者贝克尔都坚定不移地相信，所有精神病的深层根源都源于人类的死亡恐惧。你可以说他们的观点是片面的，但你却不能不承认他们的思想是严肃的，眼光也是老辣的。正如布朗所揭示的，动物之所以不会患精神病，是因为它们是那样的纯朴与天真，没有死亡的知识，也没有对死亡的心灵体验。关于人类的死亡恐惧与精神病之关系的诠释，我相信迄今为止没有人比恩斯特·贝克尔的工作更出色。他融哲学家的冷静与心理学家的敏感为一体，为我们展示了在死亡面前人类是如何以各种各样的神经症或精神病的姿态来负隅顽抗这一心理事实，为我们揭示了人如何才能在这个血肉模糊的世界里活出人的样子的真理。尽管按我的理解，贝克尔关于人对死亡恐惧的分析不乏某种程度的放大甚或有些夸张，关于人的救赎理论的设想也有些偏激，但我觉得他思想的基本意向①是无可置疑的。

确实，作为一种肉身与精神的混合体，“有朽性”（mortality）构成了

---

① 这里的“意向”不等于“意图”，而是哲学现象学之意，指的是“我们所拥有的与对象的意识关系”（［美］罗伯特·索科拉夫斯基：《现象学导论》，高秉江等译，武汉大学出版社 2009 年版，第 8 页）。本书所使用的“意向”这个概念基本上也是现象学语境的含义。

对我们生命的巨大挑战，成为人类存在的一个根本性难题。从人类的精神第一次清晰地意识到死亡存在的那一刻起，死亡就成为人类此在的一个挥之不去的噩梦，当然也成为拉动人类文明进步的巨大精神引擎。从生命现象学的角度看，对死亡的意识不是一种抽象的意识，我们不是害怕死亡作为一种自然性的生命事件所具有的否定性逻辑，而是惧怕它直观感性地把我们的“存有”变成彻底的空无。不知经历多少纪年艰苦的灵魂磨炼和辗转轮回，我们有幸投胎人道。做人真好！那么香甜的饮食，那么华丽的衣着，那么漂亮的寓所，还有那么多倾慕的眼光，那么光彩的形象，那么销魂的感受……即使是一个流浪汉和穷光蛋，也同样如尼采所说，白天有白天的小乐趣，夜晚有夜晚的小乐趣……然而，尽管我们没有亲身体验，但他人之死的经验告诉我们，我们的生命只有一个短暂的保质期，时间一到，无论我们情愿与否，都会遭到彻底的抛弃。我们实在不甘心，经历多少年的苦心经营，我们拥有了那么多的财富（物质的和精神的）；搭上多少年呕心沥血的养护，我们创造了一个健美的身体……可这些说没就没了?！我们不甘心自己前世今生的刻苦努力最后就值这么一个“烂”结果。尽管天天吃虫草，服食生命精华素，充其量也只不过是比蚂蚱多活了几天而已。唉，一想到此，我们不仅心酸，而且像叔本华一样怨恨我们的母亲。人类对死亡的忧郁、恐惧与焦虑，我相信，没有人比英语文学界的著名作家查尔斯·兰姆表述的更细腻、更入木三分，也更令人如坐针毡：

> 我已对人生的账本算得太清楚了。我开始计算自己寿命的长短，对我花费的每一个时刻、每一段短短的光阴都耿耿于怀，就像守财奴舍不得动他的一分一厘一般。随着我的有生之年不断减少、缩短，我就更加依赖于那一段一段的岁月，我多想用手阻挡时光车轮的滚动，却只是徒劳无用罢了。我不甘心“像职工的梭子”一样匆匆走完人生的旅程。这些比喻丝毫不能安慰我，也无法让死亡的苦楚滋味变得甜美。我不愿在生命的大潮中随波逐流，和其他人一样被送入永恒的世界；我不愿向那不可避免的命运历程低头。我爱这绿色的大地；爱这小镇和乡村的一草一木；我爱那妙不可言的归园田居，也爱走在大街小巷中的甜蜜安心。我只想在这里扎根安住。我希望自己就定格于此岁，希望我的朋友们也永驻芳龄：不要更年轻，不要更富有，也不要更英俊了。我不想随着岁月老去，像人们说的那样，熟透的果实坠入坟墓……
>
> 太阳，天空，清风，独自散步，夏日的悠长假期，绿意盎然的田

> 园，鱼肉鲜美的滋味，社交宴饮，举杯欢庆，摇曳的烛光，炉边闲谈，无伤大雅的虚荣，诙谐趣话，还有反语嘲弄——这些都要随着生命逝去而消失吗？
>
> ……
>
> 在彼岸世界里，我还能拥有友情吗？当我想念朋友们时，我将再也见不到他们在我身边露出微笑，再也见不到那些熟悉的脸庞上“让人安心的表情”？①

兰姆并非在煽情，他对死亡的伤感是绝对真实的！不是害怕地狱的惩罚，只是舍不得做人的那些“快乐”。这也使我想起西班牙哲学家费尔南多·萨瓦特尔在谈到人的死亡忧伤时所说的一段话：我们之所以怕死，是因为“死就是消失，而有名有姓，对自己有认识的人不愿屈尊做‘水里的水’。我们不想死，不是因为任何借口、以任何方式就这么没了，我们不相信自己就值这么个下场；如果一定要结束，那也应该是个人奋斗的尾声，经过长久的努力，像佛教徒那样的涅槃，纵然成空，也空的绚烂，是‘得’来的空。”② 也正因为死意味着赤手空拳彻底地消失、彻底的虚无，才使得帕斯卡尔几乎绝望：

> 当我思索我一生短促的光阴浸没在以前的和以后的永恒之中，我所填充的——并且甚至于是我所能看得见的——狭小的空间沉没在既为我所不认识而且也并不认识我的无限广阔的空间之中；我就极为恐惧而又惊异地看到，我自己竟然是在此处而不是在彼处，因为没有任何理由为什么是在此处而不是在彼处，为什么是在此时而不是在彼时。……
>
> 这些无限空间的永恒沉默使我恐惧。③

在兰姆、萨瓦特尔、帕斯卡尔这些感性与理性、感伤与绝望的语言刺激下，我突然产生这样一个很大胆（可能也很“渎圣”）的想法：宗教

---

① ［英］查尔斯·兰姆：《人间谬误》，梁欣琢译，江苏文艺出版社2013年版，第42—43页。

② ［西班牙］费尔南多·萨瓦特尔：《永恒的生命》，于施洋译，北京大学出版社2010年版，第26—27页。

③ ［法］帕斯卡尔：《思想录》，何兆武译，商务印书馆1981年版，第101页。

之所以为“善”，就在于它不仅“造”出一个至善的上帝眷顾着我们、美丽的天国等待着我们，还在于它创造了魔鬼陪伴着我们、地狱接纳着我们：无论是审判还是刑罚，“我”总还是“在”的，总比落入彻底的虚空好。

精神病学家、心理学家告诉我们，人类对死亡的这种恐惧与焦虑，既是精神病的病因，又是精神病的一种症状。那些忧郁症患者也恰恰是被人类生存的这一巨大难题吓得焦虑与恐惧不停，就像斯特劳斯的歌剧《玫瑰骑士》中的元帅夫人对时间如此敏感、如此恐惧那样：“有时我会在深夜起来，停止所有的、所有的钟表。”由于找不到一种抵抗死亡的防御机制，人们无法舒缓自己时刻绷紧的神经，完全沉陷于存在的“罪过感”中。要么虽生犹死地捱时度日，要么通过对他人的依赖以求得他人的怜悯与照顾而成为他人的负担。这类人，作为生物的生命虽然还有气息，但作为一种精神动物的生命，他已经奄奄一息了。

死亡是如此震撼人心，如此令人惊悚，但奇妙的是，面对生命这一如此沉重的负荷，走进精神病院的精神分裂症者毕竟还是少数，大多数人活的仍然有滋有味。为什么呢？我推想，令大多数人心智正常、苟且偷生的因素很多。桑塔亚纳所说的“心灵有一定的深度”、斯宾诺莎所说的能够从“永恒的角度”看待人生或歌德所凄美地表述的“成熟的生命”当属例外。那是大师的境界，灵性的生命，拿他们“说事”缺乏生态学的效度。就普罗大众这个层面而言，我觉得人们之所以能够“向死而在”而不疯狂，主要是因为拥有了如下这些“心理学装备”。

第一，伊壁鸠鲁式的精神开脱，从而否定死亡。也可以偷换斯宾诺莎名言的内涵，人们是从“永恒的角度”来看待自己的生命的。诚然，人必有一死，这是一条斩钉截铁的生命定律，人们当然也心知肚明。但作为智性的动物，人类与其他动物最本质的区别就是会编造各种谎言欺骗自己也欺骗别人。撒谎才是全人类的共同的“集体无意识”，尤其是在死亡面前撒谎。“人都会死，但我可能不会像那些人一样，也有‘那么一天’！”也正像弗洛伊德所调侃的那样，我们总是死亡的旁观者，没有人相信自己也属于帕斯卡尔所说的“戴着枷锁的死囚犯”中的一员；即使是在铁的事实面前理屈词穷，我们也会把时间向后推迟：“我嘛，当然也会……但离‘那天’远着呢！”甚至那些已被铁的事实证明逼近到生命大限的人，也不相信自己也是这么个结局。凯瑟琳·辛格通过临终陪伴经历的众多故事告诉我们：“当大多数人接收到‘对不起，我实在无能为力，你只剩下六个月可以活’的话时，这时那脆弱不堪、伤痕累累的心智仍在虚张声势，做最后的困兽之斗。”[①] 否认和幻想使人们一直保持着对死亡的“无思”当然也就无畏的心态。就像我的朋友的父亲被医生诊断出晚期胃癌时所（惊讶）反驳的那样：“什么，胃癌晚期，死，我？神经病你！我多少年一直都吃红薯干，喝最好的葡萄酒！这怎么可能?!”特别是当生活环境使人觉得惬意，久病的身体出现某种良好的感觉时，这种否认“我之死”的逻辑就更坚挺了，如查尔斯·兰姆所说：严寒冬日，死亡恐惧令人不堪忍受；“而在温和的八月午后，人是否终有一死又变得令人怀疑了”[②]；或像诗人哲学家桑塔亚纳优美地描写的那样：“身体的逐渐恢复、突然出现的好运气、迟到的爱、甚至四月的阳光或早晨的新鲜空气，都能够带给人们某些活力的恢复……这是他的生命力的永久性及不断强化的表现。”[③] 兰姆和桑塔亚纳的话如用俗一点的语言来表述，也就是“不怕死的人通常就是那些没想到自己会死的人”。

第二，精神压抑，即全部身心地投入日常生活游戏实现对生物性生命死亡的压抑。费尔南多·萨瓦特尔说得好，那些“不怕死”的人就是那些“忙死了”的人。完全沉浸于日常工作、群体、人际关系等生活游戏而回避对存在真理的沉思，压抑对死亡的思考，是人类发明的一套十分强效的“生命保鲜术”。这种活法虽然像美国哲学家 C. W. 莫里斯所说的那样，整天披挂着“不容易解开的丧服”变成了“活死人”，活得很琐碎，但毕竟回避了死神的滋扰。从某种意义上说，生活游戏，如爱情、家庭、工作，不仅是“生”的创造物，更是“死”的创造物。作为一种生命运动形式，它们最大的价值就是对某种“恶”的事物的遮蔽或压抑。也正像贝克尔鞭辟入里地表述的那样：“压抑的巨大好处在于，它使得决然地生活在一个全然不可思议和不可理解的世界里成为可能。”[④] 尽管这种压抑使人变成如克尔凯郭尔所说的“琐碎之辈”，甚至是一种“虽生犹死”的可怜存在物，但它毕竟使人避免了在存在真理面前的目瞪口呆，落入彻底的疯狂。尽管人偶尔也会感到不适、失落甚至患轻度神经症，但生活还是可以继续下去的。这有什么办法呢？作为一种被造物，人生真的就像莎

---

① ［美］凯瑟琳·辛格：《陪伴生命：我从临终病人眼中看到的幸福》，彭荣邦等译，中信出版社 2012 年版，第 49 页。

② ［英］查尔斯·兰姆：《人间谬误》，梁欣琢译，江苏文艺出版社 2013 年版，第 44 页。

③ ［美］乔治·桑塔亚纳：《宗教中的理性》，犹家仲译，北京大学出版社 2008 年版，第 217 页。

④ ［美］恩斯特·贝克尔：《拒斥死亡》，林和生译，华夏出版社 2001 年版，第 57 页。

士比亚的戏剧《迈克佩斯》（又译“麦克白”）中的迈克佩斯所说的那样：

> 人生不过是一个行走的影子，一个在舞台上指手画脚的可怜的伶人，登场片刻，就在无声无息中悄然退场；它是一个愚人所讲的故事，充满着喧哗和骚动，却找不到一点意义。
>
> ——莎士比亚：《迈克佩斯》第五场

因此，做人且能够活着，你总得付出点代价吧？你想追求安逸闲适，那么等待你的便是双脚踏空，瘫倒在地；只有帕斯卡尔所说的“闹哄”，才能使你过“正常”的生活。也正因此，我们看到，有些人一旦停止工作，一旦逸出了某种形式的生活游戏，他们就会变得完全不适应，跌入神经症的泥潭。我的一个朋友曾对我说，他的妻子罹患一种很奇怪的病症：乏力、厌倦、失眠、性情暴躁、絮絮叨叨，特别是把她的儿子死死抓在手边，搞得整个家庭不得安宁。他为此十分痛苦，便去请教医生。医生告诉他这是一种“更年期综合征”。可是他不以为然，因为他妻子的年龄，似乎离这个危险的“生命晚餐”还有一段距离。如果用弗洛伊德的精神分析理论来解释，也就是女性童年时所形成的“生殖器阉割恐惧”情绪的反应，是一种阳具嫉羡心理的投射补偿形式。[①] 但很显然，想象力丰富的弗洛伊德对这个病例的分析恐怕有些过于牵强了。贝克尔对弗洛伊德的这一解释就不满意，他通过女性的“动物生日”理论做出了新的解释：它特别标示出退化的生理履历，就好像大自然把确定的生理里程碑强加于人，竖起一堵墙并且说：“你再也不能向生活迈出一步了，你正在走向结束，走向绝对死亡的定局。”[②] 是“动物生日”唤起了更年期女性的死亡恐惧！贝克尔来得太冲了，以至于我们理解起来比较吃力；或许是由于冲力，贝克尔忽略了他的逻辑的一些过渡细节，使我们的思维一时有些短路。我觉得，死亡恐惧确是这个女人患病的深层心理因素，但更直接的病因则是她生活游戏的涣散：从工作岗位退回到家庭；孩子长大成人也不再依赖她这位“上帝”；容姿的老化和性欲的退化也使她在丈夫面前失宠……她的英雄主义、个人成就与价值感都消失了，每天只能孤独地面对

---

① ［奥］弗洛伊德：《精神分析新论》，郭本禹译，译林出版社 2011 年版，第 125—127 页。

② ［美］恩斯特·贝克尔：《拒斥死亡》，林和生译，华夏出版社 2001 年版，第 250 页。

着自己一天天衰老的容颜和生理的混乱……在这种背景下，她只有和神经症走到一条路上去。此处分析没有任何幻想的成分，事实就摆在那里：对社会、身体信号加工所唤起的无论是工作记忆还是情景记忆、前瞻记忆，都使她建构起这样一种心理经验：你不再是社会英雄体系中的一员，不再是他人眼中有价值的人，不再能够从社会游戏中获得自我价值体验，于是，就只能在抑郁、焦虑、恐惧等心理障碍的泥坑里打滚，在家庭生活中喋喋不休，“通过夸大自身的痛苦并沉迷于这种痛苦或卑劣感，令人愤怒的体验就会失去部分现实性，特殊的刺痛就得以缓解和麻醉”①；甚至通过胡搅蛮缠增加别人的负担，让别人来分担自己的不幸或把别人也拖入不幸之中，使得自己的痛苦得以缓解——因为毕竟有人陪她一起受罪，她是有价值的。② 我的朋友问我是否需要送他妻子到精神病疗养院，我对他说：“为什么不随她去呢？这轻度的不适也许就是她陷入彻底绝望的疫苗；或者，安排他一份繁忙的工作，这比精神治疗更有效！”我保证，我的话绝没有丝毫的轻佻与戏弄。我当然清楚，在死亡面前，对于那些缺乏足够的韧性的人来说，压抑也许最好的心理治疗，无论是身体的经常不适还是魔鬼般的繁忙。也正如汉娜·阿伦特这个睿智的女人所说的那样：“劳动的‘幸福或喜悦’，是人体验到的纯粹活着的乐趣……并且是人唯一能在自然规定好的循环中，心满意足地转动的方式”③。这也许和我们这个社会多少年来言说的劳动价值论相悖——劳动、工作不是为了获得解放而是为了求得压迫——但这却是千真万确的真理。早在300年前，天才的帕斯卡尔就看到了人的这种命运：

> 人注定要疯狂！不疯狂只是另一种形式的疯狂！④

第三，精神游戏，创造了生命永恒的神话与浪漫的人生。琐碎的日常生活游戏、轻度的神经症，作为一种压抑手段，确实是我们避免彻底疯狂的疫苗。但日常生活的游戏不会这样无止境地进行下去，神经症也有缓解

---

① ［美］卡伦·霍尼：《精神分析的新动向》，张长英等译，上海锦绣文章出版社2008年版，第166页。

② ［美］卡伦·霍尼：《我们内心的冲突》，王座虹译，译林出版社2011年版，第147页。

③ ［美］汉娜·阿伦特：《人的境况》，王寅丽译，上海人民出版社2009年版，第77页。

④ ［法］帕斯卡尔：《思想录》，何兆武译，商务印书馆1981年版，第180页。原译文为：“人是那么地必然要愚妄，以致于不愚妄竟以另一种愚妄的姿态而成为了愚妄。”

的时候。它们一旦停下来我们该怎么办呢？我们在这条路上走得太远了，已经没有了回头路，最终还是避免不了疯狂。所以，人类又发明了另一种精神病的防御机制：文化。文化创造的真正意义不是为生活提供某种艺术游戏或审美愉悦的素材，而是为生命填入意义，哲学、科学、艺术、宗教、习俗、制度等无不如是。具体说来，文化至少以三种方式抗拒着虚无，战胜了死亡。首先，通过讲述一个永恒的神话，为人类提供了一条不朽之路，这就是宗教的意义。其次，通过创造性的文化工作成为文化英雄而获得不朽。正如阿伦特所说："人，虽然作为个体是有死的，但他们以作出不朽功业的能力，以他们在身后留下不可磨灭的印迹的能力，获得了属于自己的不朽，证明了他们自身有一种'神'性。"① 再次，沉迷于文化游戏，埋葬了存在的阴郁和冷漠，就像蒙田所体验的那样。虽然蒙田对自己的身份、地位、个性、才能十分欣赏与自满，但是，每当坐下来由写作而转向存在本身时，他便体验到一种十分可怕的内部不稳定性——人类状况的全部特征的压抑："如果不让大脑有事可做，有所制约……它就像脱缰的野马，成天有想不完的事情……我脑海里幻觉丛生，重重叠叠，杂乱无章。"② 对有些学者就蒙田的人生观或精神生活所做的"乐观的"评价，我实在不敢苟同。虽然他那几百万字的"随笔"文字洋洋洒洒，风格清新流畅，但仔细品味，大部分文字都流露出一种"忧郁"色彩。也正如他自己所表述的："你享有的生存，既属于死，也属于生。你出生的第一天，在给予你生命的同时，就把你一步步引向死亡。"③ 我一直有这样一种感觉，蒙田的心理笼罩着一团抑郁的阴云。但蒙田之所以没有被死亡彻底击垮，被抑郁毁掉，就在于他的心理生活的"文化转向"：交流创造生活的趣味，写作丰富他的生命④，尽情享受人生的乐趣⑤。各种各样的文化生活，本质上是一种心理疏泄的媒介。沉醉于文化游戏之中，实质上也就是斯宾诺莎所说的"从永恒的角度"过人生。

有人也许会对此提出质疑：世界上那些神经症患者、那些疯子，不恰恰是由于凹陷进艺术的世界，由于过度感性与想象的心理生活而走向了幻

---

① ［美］汉娜·阿伦特：《人的境况》，王寅丽译，上海人民出版社 2009 年版，第 10 页。

② ［法］蒙田：《蒙田随笔全集》上卷，潘丽珍等译，译林出版社 1996 年版，第 32—33 页。

③ ［法］蒙田：《蒙田随笔全集》上卷，潘丽珍等译，译林出版社 1996 年版，第 102 页。

④ ［法］蒙田：《蒙田随笔全集》下卷，陆秉慧等译，译林出版社 1996 年版，第241 页。

⑤ 同上书，第 299 页。

觉、妄想、无意识以及精神分裂的么？确实，这个世界那些出了名的精神病患者，很多都与艺术有染或者多数是艺术家。从精神分析的角度看，或许正是因为他们更多地与无意识打交道，因而使心灵逸出了正常的框架而导致精神错乱。但是，杰弗里·科特勒通过对艺术界精神病患案例的研究也向我们展示了这些精神病患的另一种病理及其存在的另一种精神背景，无论是西尔维娅·普拉斯、朱迪·嘉兰、玛丽莲·梦露、弗吉尼亚·伍尔夫，还是马克·罗斯科、欧内斯特·海明威、查尔斯·明格斯等，他们的精神病致因虽然也与其从事艺术创造工作有关，但与他们童年所遭受到的家庭、社会对他们的心灵伤害关系更大；并且，恰恰是由于他们从事了艺术创造，才使他们心理世界的负面情结得以消化。而当他们不再能够在艺术上做出成就，他们的精神生命也就走到了尽头：疯狂和死亡。科特勒在这些个案研究结束时这样写道："这些人中的大多数在生命初期都受到过伤害，如果没有得到恢复，他们就借助自己的创造力寻求复原机会。"①

其实，不仅艺术创造的文化游戏给人以永恒感，艺术欣赏、艺术消费也同样具有这样的"死亡屏蔽"功能。同样是阅读伟大思想家的作品，我们不喜欢帕斯卡尔而喜欢桑塔亚纳，因为前者太过严肃、认真、阴郁而后者则充满了潇洒和超脱，尤其是那慵懒典雅的文字不仅带给人们艺术的美感，也把一个优雅纯净的世界带到人们面前，就像他评价狄更斯的作品时所说的那样："他的故事摇响了想象世界中最欢快、最美妙的钟声，而不会混淆我们的道德判断，会使我们的兴趣疏离纷纷扰扰的日常生活"②；同样是欣赏艺术家的作品，我们不喜欢里尔克而喜欢萧伯纳，因为里尔克更像一位阅尽人事沧桑的老人，太过清醒和深刻，而萧伯纳则像一个老顽童，幽默、风趣、谈笑风生；同样是阅读诗歌和散文，我们不喜欢兰波而喜欢兰姆，因为兰波更多地看到了生活阴暗丑陋的一面，而兰姆则敞开胸怀拥抱着生活，快乐地生活。

不过，无论是闭着眼睛死不承认我们是必死的动物，还是沉迷于日常生活游戏残酷地压抑"死亡的知识"，或是沉溺于文化游戏的幻觉之中，或是像查尔斯·兰姆那样愤怒地咒骂死神——"你这个肮脏丑陋的幽灵！

---

① ［美］杰弗里·科特勒：《十个天才的精神病史——关于疯癫、创造和抗争的人生故事》，邱文章等译，上海社会科学院出版社 2011 年版，第 283 页。

② ［西班牙］乔治·桑塔亚纳：《英伦独语》，邱艺鸿等译，生活·读书·新知三联书店 2003 年版，第 87 页。因桑塔亚纳是西班牙籍，因此有的译本将其国籍标注为"西班牙"。

我憎恶你，讨厌你，诅咒你，我要和约翰修道士一起把你扔给十二万个魔鬼，永世不被宽恕，不被容忍，所有的人都会像回避一条毒蛇一样回避你，还要将你打上烙印，禁止任何人与你接触，永远咒骂你的邪恶！”① 也都仅仅是权宜之计。人终归有累的时候，意识总有懈怠而给无意识创造展演的机会的时候。而人一旦在“向死而在”这条“铁律”面前低了头，一旦心灵世界中那些幽隐深层的“已朽”的幽魂图像群集大脑，人也就离精神病不远了，就像放弃了骑士生活而回归“正常人”生活的堂吉诃德一样。即使退一步说，我们永远保持着“我死无期”的“长青哲学”坚挺不衰，永远沉迷于社会游戏中不醒过来，但也正如我在前面所言，这已经是一种轻度的神经症。作为哲学家、神学家和精神病理学家的克尔凯郭尔早就看出了人类精神的这个“黑洞”，把这种“披挂着丧服”、表面上生活得舒适而缺乏自我的人称为一种“绝望”的人格。克尔凯郭尔这样写道这些人：

> 似乎是让“那些别人”骗走了他的自我。通过看齐自己周围的人众、通过忙碌于各式各样的世俗事务、通过去变得精通于混世之道，这样的一个人忘记了他自己，忘记了他——神圣地理解的话——自己的名字是什么，不敢信赖于自己、觉得是自己太冒险而是如同他人则远远地更容易和更保险、成为一个模仿、成为数字而混同在那群众之中。②

在克尔凯郭尔看来，这种人之所以是一种病症，就在于他们“阉割了自己”，即丧失了自我、丧失了自由的一切可能性，表现出精神的僵硬性，因而，他也就成了神经症的牺牲品：抑郁神经症。因为，自我的丧失、可能性的丧失，除了虽生犹死，浑浑噩噩，折磨身心，耗干自己，又能会是什么呢？精神分析学界的女才子卡伦·霍尼道出了与我在前面所引的弗洛姆的话同样的思想：“受此痛苦折磨的人可以照样应付生活。他能够快乐，也能痛快一番，但要在早上重新振作起来投入生活，或者说忍受生活，却需要几个小时的时间。生活是永恒的负担，对此他已不再有鲜明

---

① ［英］查尔斯·兰姆：《人间谬误》，梁欣琢译，江苏文艺出版社 2013 年版，第 44 页。

② ［丹麦］克尔凯郭尔：《概念恐惧·致死的病症》，京不特译，上海三联书店 2004 年版，第 286 页。

感受了，所以很少抱怨，但他的精神一直处于低潮。”① 现代精神病学将人的这种症状诊断为单相心境障碍：自我评价低或自信不足、或自感缺陷；悲伤、绝望或无助；普遍丧失兴趣或快感；社会性退缩；慢性疲倦或乏力。②

（二）生活：自然与文化的冲突

弗洛伊德坚定地相信，人根深蒂固地属于动物的王国。从人被造的角度说，弗洛伊德是对的；但是，也正如弗洛伊德所看到的，人这种动物与疯狂的黄蜂和卑鄙的鳄鱼这类动物不同。作为一种社会动物，人要活在世上光有祖先遗传下来的那点家底（本能）是不够的，还需要更多的东西，如习俗、制度、规则、禁忌、神话、宗教、艺术等。所以，弗洛伊德画出了人的三副面孔：本我、自我、超我。唉，这样一来麻烦就产生了！自然的“本我”和社会的“自我”与文化的“超我”这三种东西同生共在于人的身上，需要高超的智慧才能把它们整合为一个和谐的整体，而这对大多数人而言实在太难了。于是很多人也只好听凭神经症的折磨了。

从分子生物学的理论看，人类和其他动物有一个共同的祖先，我们永远都是黑猩猩的表亲；从人类学的角度看，人又是一种文化产品，他通过用文化来装备自己，并且通过这些文化符号在“社会”这个空间展开自己的生活。按照阿尔弗雷德·舒茨的世俗个体主义现象学，人类拥有了制度、技术、语言等这些文化产品，不仅意味着人拥有了自我、世界、意义等这些重要的人性元素，也拥有了存在的快感与幸福。确实，我对这种观点无疑义：通过文化，人弥补了自己的先天不足；文化通过在自我和外部世界之间制造距离并对这种距离进行机构化：“它制造出了亲密感和信任感：对自己的信任、对外部世界的信任以及人与人之间的信任。通过这种方式，人在面对大量的外部刺激、必须做决定的压力和内心的不信任感时，可以被‘减压’，由此就形成了一个人类所独有的自由空间。”③ 但是，社会学家和历史学家也许忘了，文化通过在“自然”和“社会”之间制造距离并使这种距离机构化而压抑和消泯了动物的天性。也正像加塞特和利科所表述的那样，成为文化、社会的存在者也同样意味着人的异

① ［美］卡伦·霍尼：《我们内心的冲突》，王作鸿译，译林出版社 2011 年版，第 130 页。

② 张亚林主编：《现代精神病学》，中南大学出版社 2007 年版，第 497 页。

③ ［德］扬·阿斯曼：《文化记忆：早期高级文化中的文字、回忆和政治身份》，金寿福等译，北京大学出版社 2015 年版，第 141—142 页。

化、虚假与心理冲突。在社会空间中，加塞特在《人与人们》中说："我们习惯于伪装着去生活，但我们实际上并没有过我们真实的生活"，"集体性是一种没有人的人类，是没有精神的人类，是没有灵魂的人类和反人性化的人类"；或如利科所说，社会是人的"自由的极端否定、极端虚构、极端虚弱"，它开启了人的"自由的青春期"①。尽管加塞特和利科所描绘的这种人与社会的关系图像带有明显的"绝对个体主义"的意向，但是，如果抹去其"后现代"的情绪化因素，我们不得不佩服他们对人这种社会动物冲突性存在的深刻洞见。确实，从自然人转向文化人的过程，也就意味着人开始了本我、自我、超我间的无休止的纷争的历程；或者说，人在为自己添置了文化"装备"之日起，其心理冲突和精神分裂的历程就展开了。我们可以用"文化原罪"这个名词来概括人的这一在世之本。对此我们不妨稍作展开。

我们先从人类最基础的文化——语言说起。人类最先拥有的文化装备就是语言符号。尽管人是先有意识还是先有语言的思想游戏还没结束，但语言学和人类学研究告诉我们，人类的意识由混沌而至清晰所凭借的最原始的文化装备就是语言。语言降生于人的身上，不仅使人类的意识、思维由混沌不分的状态进入轮廓分明的状态，而且，语言不仅给予人一个世界，也在不断扩张人的世界。只是通过语言的命名、标识、分类，世界对于人来说才成为世界。然而，也正是因为语言的命名、标识、分类、呈现、联想之功能，人的精神世界的分裂也就开始了。作为自然物种体系中的一支，人受限于自己先天的生物本能；而作为符号的动物，人又在语言的世界里异想天开。人不仅通过语言区分主-客、你-我，构建过去、现在、未来这些范畴，而且也通过语言呈现可见之物和意向不可见之物，创构神圣、奇迹等神秘莫测的东西。就如梅洛-庞蒂所说，语言有一种"自恋""色情"的特征，可以"穿透我的在场"②。一旦世界不再是客观的物理世界而变成了情感的世界、主观的世界、幻想的世界、神秘的世界、奥秘的世界，人的神经症也就落地生根了。特别是通过语言这个人类文化的基础（语言学亦称之为"符号的阶梯"），人类进入了文化动物的第二层次，或者说进入了高一级的文化世界之中——具有了文化心智，诸如自

---

① ［美］弗莱德·R. 多迈尔：《主体性的黄昏》，万俊人译，广西师范大学出版社 2013 年版，第 51—52、169 页。

② ［法］梅洛-庞蒂：《可见的与不可见的》，罗国祥译，商务印书馆 2016 年版，第 146—147 页。

我、他人、道德、价值、尊严、人格等等——也就意味着人的本我与自我的再一次撕裂，或者说展开了新一轮的精神分裂之旅。美国超个人心理学家肯·威尔伯分析说，如果个体用心智、自我、语言这些文化符号进行事物的区分，区分肉体和自己，区分得太严重，其结果就是“解离”和压抑。这个私我无法转化肉体，便排除肉体，与之疏离，这意味着这个肉体的欲望被压抑成了阴影，于是形成神经质的冲突。① 虽然威尔伯的观点有些极端，因为语言毕竟是人拥有世界的一种符号媒介，但他的思想的路径无疑是对的。中国先人说：“人生忧患识字始”，就反映了古人对人的语言与心理问题之间的关系最为朴素而又最为深邃的洞识。

除了语言，文化中的其他系统，如制度系统、习俗系统、价值系统等也构成了对人的自然本性的压制。对人这种自然/文化混合型动物的矛盾性存在及其所产生的精神疾病，现代心理学和精神分析学积累了大量的有价值的研究成果。这其中不仅有弗洛姆、兰克的思想，还有贝克尔自我拯救的“英雄主义”视角的诠释。特别是贝克尔，他不是像威尔伯那样从个体的“文化原罪”的角度出发阐释人与文化符号之间的存在矛盾，而是通过一种人学的视角——人类生与死的游戏的解释，为我们展示了个体的自然性与文化性难以调和的矛盾。就我个人的理解而言，我更欣赏贝克尔的坦率，敬佩他的洞察力。

正如上文所说，人是一种生物性与精神性混合而成的合成体。生物性表明了我们是一种脆弱易逝的存在物；精神性则不仅意味着人类为克服这种短命恐惧而表现出的种种疯狂，而且意味着我们战战兢兢、自卑恐慌。因此，人必须向外投射，以舒缓精神的沉重负荷。也正由于我们是这样一种二元性的存在物，所以，我们只能靠其他生命体的回应而存在着。就人类的生死游戏作为一种基本的生活游戏而言，我们的抒情与俏皮可有可无，但他者的镜像却不可或缺。没有了他者的回应，没有了向外投射的对象，没有了从他者世界领受的人格、价值、英雄主义等“恩典”，我们的存在就落入空无，人就无法活下去。贝克尔就此深刻分析道：

> 我们对自己的成长既不严肃又不诚实。……我们进入各种共生关系，以便得到我们所需要的安全感，以便减轻我们的焦虑、我们的无能为力；然而这些关系也束缚了我们，它们甚至带给我们更严重的奴

---

① ［美］弗莱德·R. 多迈尔：《主体性的黄昏》，万俊人译，广西师范大学出版社 2013 年版，第 186 页。

> 役……因此我们增加了自己的被驱性，降低了我们争取自由斗争的质量。①

这就是神经症的根源。对这种神经症我们简直无可奈何，因为这触及了人的本性。贝克尔分析说：

> 当你让一个人……摆脱了对别人的依赖性以及在其权利保护下的自动的安全，那么，你除了给他孤独的重荷之外，还能给他什么欢乐呢？当你让一个人望着太阳烤灼的人间那一派自相残杀的景象，望着人间的愚蠢事故、生活之彻头彻尾的脆弱以及那些他认为最为有力者的虚弱——你用心理疗法能带给他什么安慰呢？②

贝克尔的这些话，可以说一语道破了在人类生活世界中为什么存在那么多愚蠢的行为——对英雄、权威或明星的崇拜，对共同体、家庭的依赖，对情人、爱情的依恋以及各种各样的施虐-受虐狂举动——的天机。道理就这么简单！人作为一种（不同于如其所是的存在的石头那样的）有意识、有精神、有文化、虽装备丰富但却虚弱不堪的存在物，必然成为一种对社会、对符号、对他者的广泛意义上的“恋物癖”。一无所有、赤手空拳是无法行走于大地上的。他一定要有“某物”并死死抓住某物。作为一种神经症式的“恋物狂”，对文化、群体、他者的纠缠尽管给我们的生活造成了十分沉重的负担，使其变得琐碎不堪，但这又有什么办法呢？依恋于它们，我们也就有了战胜恐惧的机制：通过把我们的恐惧投射于“它们”，我们的心理就安宁；通过在“那物”身上扩张我们的经验与快感，我们就体验到了自己的价值；通过投身于一个无限强大之物——圣人、明星、共同体等，人就获得了一种生命的意义感、自我的定义感、存在的力量感。

然而，作为一个文化机制构造的社会世界，有它自己一整套的制度、习俗、规范，它要求每个进入这个领域的人都要遵守基本的游戏规则。正是在这种背景下，生活的冲突便开始了。正如弗洛伊德所说的那样，作为自然物，个体永远追求快乐的最大化——无限制的快乐；但是，文明却提

---

① ［美］厄内斯特·贝克尔：《拒斥死亡》，林和生译，华夏出版社 2001 年版，第 64—65 页。

② ［美］恩斯特·贝克尔：《拒斥死亡》，林和生译，华夏出版社 2001 年版，第 68 页。

出了各种各样的限制，使人的快乐受挫。“由于抗不住本能生活的要求与自身对本能生活的抵抗之间的冲突，人类病倒了。”在弗洛伊德看来，焦虑症、忧郁症的发作，就是因“超我”对“自我”的压抑。[①] 弗洛伊德甚至认为，在文化要求和文明的控制之下，在某一阶段，整个人类社会都可能变成神经症，呈现一种“文化集体病理学”之文明景观。[②] 弗洛伊德对个体生活与社会生活之关系的诠释，尽管带着他所处的那个时代的痕迹，流露出一种悲观主义的色彩，但我们却不能不承认他的这一洞见的深刻性。不过，话说回来，弗洛伊德关于人类“文化集体病理学”的诠释还是过于粗糙了。这也许就是弗洛伊德的这一思想经常受到人们的误解甚至于拒绝的主要原因。相比于弗洛伊德，恩斯特·贝克尔对此的分析更为清晰而简洁。在他看来，如果每一个体都把社会学家所说的“社会互动”作为个人主义英雄实现的手段，那么，他就可能陷入神经症的泥潭。因为你向外的投射或移情，在一种人人皆想成为英雄、人人都想实现救赎的心理图式下会遭到本能的“反投射”或“反移情”。无论是施虐还是受虐，你的自我价值实现了，你进入了天国，别人就只能下地狱。这与人性的逻辑是相悖的。也正因此，人与人之间的对抗、冲突也就是十分正常的了。这并非社会生物学家所说的人身上尚未完全褪尽的动物本能的发作，它就是人类生命的一种支撑物。而当人一旦遭遇到反投射或反移情，人要么变得歇斯底里，形成一种破坏型、攻击型的扭曲人格；要么从生活世界退出，完全龟缩到狭小的内心世界，在恐惧绝望、抑郁压抑中痛苦地生不如死。理解了人类的这种“社会神经症”，我们对发生在我们身边的那些不可理喻的现象也就不会感到奇怪了：有些人面对权力的淫威竟能俯首帖耳，奴颜婢膝，且主仆关系却又那么和谐；在家庭生活中面对凶悍的女人竟有那么多“好男人”“小男人”，他们对妻子凶神恶煞般的呵斥百依百顺，洗耳恭听，家庭生活也风平浪静。爱情心理学家把这解释为“爱的奉献”，其实是他们弄错了。这与爱无关而与神经症有关：因为你若不能通过控制他人而实现自己的英雄主义，那么你只能选择另一条路，做一个奴隶或“妻管严”，忍受妻子的阉割并由此退回到无能、被动和自我抑郁的状态，通过在日常生活中的受虐体验即对“小小痛苦”的体验而驱逐存在之恐惧这一更大的痛苦。十分明显，社会和家庭生活之所以如此和谐

---

① ［奥］弗洛伊德：《精神分析新论》，郭本禹译，译林出版社 2011 年版，第 49 页。

② ［奥］弗洛伊德：《文明及其缺憾》，何雅芳等译，安徽文艺出版社 1987 年版，第 97—98 页。

就是因为在这种互动中双方都达到了彼此的目的——施虐与受虐。它是以牺牲个体的精神和谐为代价的。马斯洛曾就此深刻地分析道："他放弃了自己最高的可能性以及实现自己全部潜能的权利……那么他看起来却是一个典型的'好人'了：谦虚、顺服、腼腆，甚至自我贬低。这种潜力的放弃及有害后果的最具戏剧化的结果，便是导致人格分裂。"① 而对那些沾沾自喜、颇感荣耀的"我有个好老公，他对我百依百从"的"女强人"而言，其离精神病也仅有一步之遥，也可以说她同样处于一种神经病的症状之中。卡伦·霍尼以一个女人特有的天赋分析说，这种施虐症者首先是感到自己生活无用又无意义；其次是憎恨生活，憎恨生活中一切积极、正面的东西；再次就是自恋狂心态。正因如此，她的感情生活是空虚的，除了愤怒和胜利之外，几乎所有其他感觉都麻木了；她是一个虽生犹死的人，需要那些猛烈尖锐的刺激才感到自己是个活人；她同样也是焦虑的，因为她时刻担心别人对她的反击。② 这种人表面上得意扬扬，但她实际上比受虐者更痛苦：因为她每天都生活于惊魂不定的噩梦之中。因此，他（她）们对自我、对他人的伤害性和破坏性更大。

（三）心理：意识与无意识的分化

一个世纪以来，心理学的历史性革命就是人类心理"无意识"这一概念获得了理论和话语的正当性，并被学界作为一个重要的人类心理范畴认真对待。按照弗洛伊德、荣格、弗洛姆等精神分析学家的观点，人类的心灵生活并非如我们过去所想象的那样以理性的意识活动为主，而是由无意识构成了主体。荣格曾说，心理学只有承认无意识以及以无意识为主体的心理现象的存在，它才能够成为一种科学的理论。

作为心理分析学的核心理论，虽然从心理分析学发展史的角度看，最早提出"无意识"这个概念的是精神分析学的先知弗洛伊德，但从今天我们对无意识的理解而观，弗洛伊德的"无意识"思想不仅过于狭隘、单薄，而且也过于直觉与想象化。按照弗洛伊德的观点，所谓无意识，也仅仅限于被人类意识所压抑的那些粗俗的心理内容。由于这些内容难登大雅之堂，被人的意识深深压抑在潜意识领域而变成了无意识的内容；当人的意识困倦懈怠之时，比如在晚上睡觉时，他们便会悄悄地溜出来，以梦

① ［美］亚伯拉罕·马斯洛：《洞察未来》，许金声译，华夏出版社2004年版，第41页。

② ［美］卡伦·霍尼：《我们内心的冲突》，王作鸿译，译林出版社2011年版，第147—157页。

的形式展演自己的精神活力。但到了荣格这里，心理无意识已经不再是人类本我的一种压抑与变形形式，而是具有了更丰富的内涵：它们一部分系人类在与世界交会过程中感觉到但却因意识的定向能力限制而被排斥到意识边缘没有进入意识领域的信息，其沉落到心灵的底层，以潜意识的形式存在着；另一部分则是源于远古人类在亿万年的进化过程中，在与大自然互动的活动中编码于脑中并盘存于神经组织中的那些“无言语”的宇宙故事，即各种神话形象、巫术意识、宗教意象等，它们并没有随着人类心理的进化而消失，而是通过种族遗传的方式积淀在人类的心理深层，一代一代地延续下来，成为人类一种先验的心理模式。荣格把前者称为“个体无意识”，把后者称为“集体无意识”。个体无意识的核心是情结；集体无意识的核心是“文化原型”。荣格对人类的这两种心理无意识做了比较详细的描述。

第一，个体无意识。

关于个体无意识，荣格这样写道：

> 它是我知道但我现在却没有思考的一切东西；它是我曾经意识到但现在却忘记了的一切东西；它是我的感官感知但我的意识却没有注意到的一切东西；它是我自发地、没有注意地感觉、思考、记忆、欲望和所做的一切东西；它是所有将来在我身上成型并在某个时刻进入意识的东西——这些都是意识的内容。①

那么，人类的意识为什么不把这些知觉到的信息统统加工为意识的内容而使其成为心理深层那个阴暗世界的“幽魂”呢？在关于日本禅学家铃木大拙的《禅学入门》一书的评述中，荣格写下了他对于个体心理无意识所做的阐释的最为精彩的文字：

> 意识之领域总是充斥着各种限制，道路往往被重重高墙所阻挡。我们的意识必然是片面的——意识的本性就是如此。任何意识都只能同时容纳很小一部分知觉，其余的则必须退隐于阴影之中。同一时间内知觉内容的增加，即使没有造成混乱的程度，也会降低意识的明确度使之变得模糊晦暗。意识不仅要求其内容稀少而明确，而且其性质

① ［瑞士］卡尔·古斯塔夫·荣格：《心理结构与心理动力学》，关群德译，国际文化出版公司 2011 年版，第 129 页。

> 也决定了它非如此不可。意识的定向能力，便完全来自注意力的集中——只有在这种情况下，我们才能记录下转瞬即逝、先后继起的种种意象。然而注意力的集中需要极大的努力，我们不见得随时都能做到，于是便不得不满足于将同时呈现的知觉和前后继起的意象降低到最少。这样，广大心理领域中可有可无的知觉，便不断地被排斥在外，而意识遂得以始终局限于狭小的范围。谁要是能于一眼之中看见自己被排斥在意识之外的那些知觉，其后果如何，恐怕不堪设想。人既已凭借其稀少而明确的意识建立起世界的结构，当他突然在一瞬之间清楚地看到更多的东西时，那样的景观，那样的所见，恐怕只能是一种神一样的景观，神一样的所见。……无意识却代表了意识之下所有不能呈现的东西，即一种潜在的"全景"，它构成了全部的"前在"，意识却不过是从中生发出来的单一片断。①

由此可见，无意识的生成主要是受到人类意识张力的限制所致。人的感觉系统每天接收来自环境的海量信息，如果我们要把这所有的知觉输入全部加工成条理清晰的意识形态储存于记忆中，那我们的大脑就会瞬间爆裂，诚如荣格所说，只有神才能胜任这样的精神工作。也正因此，威廉·詹姆斯把无意识称为"意识的边缘"。"边缘"就意味着这些知觉数据没有被"自我"加工成意识经验便随着神经元资源的转移从前额叶皮层滑入了基底神经节和小脑这些脑的边缘区域。虽然它们没有占据意识的核心区域，但它们却可以通过重新调取经过加工成为意识。尽管荣格的分析心理学对于无意识生成机制的分析还缺乏细节呈现和实验数据，但它没有丝毫幻想的成分。可以说，它就是人类心理内容的客观实在。想想我们夜晚的梦、想想我们平时偶尔的意识恍惚、语言口误、"第二人格"特征以及所谓的"灵感"，也许就会对无意识有更深刻的理解。美国社会生物学家爱德华·O. 威尔逊在谈到梦的产生时这样写道："一旦在睡眠时兴奋沿着脑干中的粗大神经纤维传递至大脑，刺激着大脑皮层使之激活，梦便产生了。由于缺乏来自外部的日常感觉信息，大脑皮层就从记忆库中提取意象，编织着似是而非的故事。按照某种类似的方式，人类心智将会不断地

---

① ［瑞士］卡尔·古斯塔夫·荣格：《精神分析与灵魂治疗》，冯川译，译林出版社 2012 年版，第 201—202 页。

制造道德、宗教和神话，赋予它们情感上的内在力量。"① 威尔逊这里所说的"缺乏来自外部的日常感觉信息"，即是说由于睡眠脑基本关闭了接收外在世界信息的通道，很少有知觉信号输入，但脑并没有休息，它还在从记忆库中提取储存的数据进行加工。所谓"记忆库"，不仅包括那些工作记忆、心理经验等，还包括那些没有被自我所关注的知觉输入，那些只是经过大脑浅加工的模模糊糊的情景记忆。当这些内容被大脑加工成意象进入大脑皮层产生表征后就是我们所说的梦境。也正因此，梦所编织的只能是一个个"似是而非"的故事。请注意威尔逊这里使用的"似是而非"这个词语的意趣（威尔逊可能没有这种修辞意识但他似乎感觉到了只能用这个词）："似是"就意味着这些信息系外界输入但尚未被脑深加工的知觉数据；"而非"意味着它们是加工成意识前的内容而非意识的内容。特别是此时脑的活动具有明显的"大脑混沌学"特征，不同水平的信号和不同水平的脑共同加工、组合，也正因此，梦才不仅似是而非而且有时也荒诞离奇。

无意识这种心理现象不仅为心理学家所证实，也为艺术家所感受到。法国著名作家马塞尔·普鲁斯特在其名著《追忆似水年华》中描写主人公走进盖芒特府第，踏上台阶时的心理活动，就是对其心理无意识这种现象的客观呈现。他这样写道：

> 一只脚踩在那块较高的方石上，另一只脚踩在较低的方石上，每当我仅仅有意识地跨出同样的步子，这对我毫无用处；但我在忘记那天上午在盖芒特家发生的事的情况下，一旦能够重新获得绊脚时的感受，我眼前便再次浮现奇妙而模糊的景象……我几乎立即认出眼前的景象，那就是威尼斯……我从前在圣马可洗礼小教堂的两块高低不平的石板上产生的感觉油然再现，同我这天其他种种感觉融合在一起。所谓其他种种感觉，其实都各就其位地潜藏着，只是一个偶然的机会突然强行使它们显现出来，从而再现一连串已被遗忘的时日。②

---

① ［美］爱德华·O. 威尔逊：《论人性》，方展画译，浙江教育出版社2001年版，第181页。

② ［法］马塞尔·普鲁斯特：《追忆似水年华》（精华版），沈志明译，上海译文出版社2009年版，第448页。

在这段文字中，普鲁斯特不仅细致地描述了人的心理无意识的现象学存在，而且描绘了无意识内容得以浮现的机遇：输入刺激对存储的激活。为了使人们对无意识这一心理现象有更深入的理解，也为了避免落入荣格对无意识心理现象解释的直觉性所遭遇的非难，我再从意识活动的神经生物学角度对其进行一番大脑物理学水平的现象学还原。

要了解人类的心理无意识，我们首先就要了解意识。关于意识，在哲学、心理学、语言学及其他精神科学领域，一直都是个难以破解的难题。甚至于今天，人们仍然感到难以找到更好的解释理论。英国心灵哲学家C. 麦金有些悲观地说："意识确实是极为神秘的，是我们根本无法在理论上把握的自然现象。"① 无奈，只好笼统而模糊地把它表述为一种心理活动，一种由符号介入后所产生的精神活动。近些年来，认知科学（神经生物学、认知心理学、认知神经科学）的发展，为人类探索意识的奥秘提供了更为宽阔的平台。正如神经学家们所说的，意识本质上是一种神经运动，是脑对客观世界与内隐形信息以及身体感受的信号加工、编码所产生的神经表征。按照著名神经学家安东尼奥·R. 达马西奥的观点，脑通过血液传输电化学信号和神经传输的化学信号在几个相关脑区对身体变化形成映射并转化为心理表象，构成了意识产生的基础。但也正如达马西奥所提醒的，仅仅感受-映射并不能够形成意识，意识形成的重要前提是在知觉与神经信号传递的过程中"自我感"的介入。② 在稍早的一部著作《感受发生的一切：意识产生的身体和情绪》中，达马西奥详细分析了"自我"在意识形成中的重要性。在他看来，人类所有的意识都离不开"自我感"的介入。"有机体有一个身体和一个脑，脑有关于这个身体的某种表征。生命是存在的，对生命的表征也是存在的，但是，每一个生命的潜在的和合法的拥有者对该生命的存在却一点也不知道，因为大自然还没有发明出一个拥有者来……当人脑获得了无需话语就可以讲个故事的力量……故事的内容是，在一个有机体中存在着活的生命，这个在身体限度之内的活的有机体的状态，通过与其环境中的客体或事件发生冲突而持续不断地改变着……这时，意识就开始了。当这个原始故事——一个客体因为某种原因而改变了身体状态的故事——可以用那些通用的非言语词汇的

① ［英］C. 麦金：《神秘的火焰：物理世界中有意识的心灵》，刘明海等译，商务印书馆2015年版，第3页。

② ［美］安东尼奥·R. 达马西奥：《寻找斯宾诺莎——快乐、悲伤和感受着的脑》，孙延军译，教育科学出版社2009年版，第121、127页。

身体信号来讲述时，意识便出现了。”[①] 这个“讲故事”的就是自我或者说“原始自我”。“自我感”的介入，使我们的感受与神经系统信号传递具有了一种“定向”性，即在对神经信号加工的过程中，脑和心灵中表征的所有当前活动与单个有机体有关，这种有机体的自我保存需要是当前大多数情境被得以表征的基本原因；“自我感”指引着心理的计划过程，从而使得这些需要得到满足，使得感受在心灵中会不断产生对有机体的“关注”[②]。比如，当我思考一个问题，当我和朋友谈论一个问题，当我在观看一只猫在散步或站在窗前看着夕阳西下的景色，我自动且持续地感觉到这一系列活动中我的在场；在这些活动中所产生的想法、观念等是从我的脑中形成的。这种在“自我”的“定向/关注”下所形成的心理表征就是我们所说的意识。

理解了意识形成的神经机制之后，我们就可以对无意识的形成勾勒一个大致的框架。无意识的产生大抵有以下几个因素。

其一，人脑虽然有亿万个神经元，但是对形成意识有贡献或者说起决定性作用的神经资源是很有限的。出于生命管理和日常行动的需要，我们大脑中的那个“小矮人”——“自我”始终保持着活力感，使大脑神经活动围绕着它运动。这样，无论是来自外界的信号还是通过我们的“痕迹”记忆所形成的神经映射，只有和“自我”有关的那些进入了“动态核心”，并通过埃德尔曼所说的“再入”性神经运动、通过“自传式自我”（语言、逻辑）的介入以及语义信息的加工编码形成了明晰的观念与思想；而那些没有被“自我”关注的内容、没有进行深加工的信号则沿着另一神经回路——皮层→基底节→丘脑——运动。由于穿过基底节的神经回路很长并且包括多部突触，其中有些神经突触是抑制性的，因此，在这里形成的神经运动是很低沉的（未激活），或用杰拉尔德·埃德尔曼的概念来表述，就是没有进入“再入”性神经运动——“再入”所连接起来的分布各处的神经元的同步发放是知觉和运动过程整合的基础，也就是说，通过“再入”，所有丘脑皮层结构及其交互联结一起工作，才能产生意识场景——由于这些神经元活动不是“再入”性的，对信息的处理不是深加工的，它们只好以“草稿”的形式或情景片段储存于核心外周的

---

① ［美］安东尼奥·R. 达马西奥：《感受发生的一切：意识产生中的身体和情绪》，杨韶刚译，教育科学出版社 2007 年版，第 24 页。

② ［美］安东尼奥·R. 达马西奥：《寻找斯宾诺莎——快乐、悲伤和感受着的脑》，孙延军译，教育科学出版社 2009 年，第 128 页。

神经元中，成为意识阀下的东西。当人的“认知自我”休眠，大脑的“定向”活动停止时，脑便从这些情景中提取各种信息进行加工编码，组合成信息片段。这也就是为什么此时大脑形成的身体表象及其他信息显得支离破碎、似是而非（如梦境）的原因，也是精神分析学之所以把梦看作一种无意识心理现象、荣格认为无意识是由大量晦涩难解的思想、朦胧含糊的表征、模糊不清的意象所构成，并且“完全崭新的思想和创造性的观念——那些从未为人们意识到的思想和观念同样能够在潜意识那里表现自身”[①] 的原因。

其二，大脑神经信号传递的“自我感”或脑的“定向”个性对人类无意识形成的影响只是神经水平上的因素，除了神经水平，还有心智系统的因素，即社会的文明、习俗、惯制等对情感、观念的限制构成了无意识形成的心理因素。荣格所说的“情结”基本上就是在这些因素的影响下形成的。我们知道，人的生命活动，不仅受“自传式自我”的调控，也受各种社会习惯、文化制度的影响。在社会生活中，不同的自我意识、各种各样的情绪与欲望由于受到种种社会游戏规则的制约，不可能顺其自然地自由表达，而是被我们的理性自我压抑下来。由于压抑，这些感受与意识，丧失了表达活力，并淡出了“自我”关注的中心，沉落于意识的底层，构成了所谓的情结。但它们并没有消失，一旦机会成熟——意识稍有懈怠——便会冲破“自我”的控制而表达出来。这就是为什么那些在我们看来相当正常的人身上，有时会表现出令我们惊讶不解的奇怪的情绪和行为的原因。在荣格看来，“情结就是‘心理片段’，其起因通常是创伤、情感打击等类似的东西，它们将心理分裂为片段。”[②] 也正因此，一个人内心中的情结太多太重是非常不妙的一件事，尤其是当它们超越了意识控制的阀限（建立在认知自我基础上的意识不可能时刻保持着活力）而“出现在意识的层面，它不能再被回避，并且一步一步地同化自我意识，就像以前自我意识试图同化它那样。这最终导致了人的精神分裂”。[③] 中

① ［瑞士］荣格等：《潜意识与心灵成长》，张月译，上海三联书店 2009 年版，第 20 页。我认为，心理无意识理论，无论是弗洛伊德的精神分析学还是荣格的分析心理学，抑或其他心理学理论，只有在这种认知神经科学的层面还原出意识与无意识形成的神经运动过程，它才能够真正成为一门科学。

② ［瑞士］卡尔·古斯塔夫·荣格：《心理结构与心理动力学》，关德群译，国际文化出版公司 2011 年版，第 69 页。

③ 同上书，第 70—71 页。

国传统本土民间医学文化中所谓的“着魔”“拿法”“花癫”[①] 等精神病，其中主要病因就是个体心理世界中的情结能量过强过躁而最终冲破意识的控制并同化了意识的这样一种心理现象。(详细的分析在第八章展开)

第二，关于集体无意识。

如果说，“个体无意识”是弗洛伊德在人类心理学史上矗立起的一块丰碑的话，那么，“集体无意识”则是荣格在心理学历史上矗立的另一块丰碑。所谓“集体无意识”，荣格解释说，就是人类心理深层盘存着的由古至今远古人类心理生活遗传下来的共同文化信息，诸如神话、宗教、巫术以及人类心理共有的“阿尼玛”“阿尼姆斯”情结等。荣格告诉我们：“这一系统具有在所有个人身上完全相同的集体性、普世性、非个人性本质。这种集体无意识并非是单独发展而来的，而是遗传而得的。”[②] 正因为集体无意识是由遗传而来，因而，在荣格看来，由于集体无意识，“人不再是截然不同的个体，他的心灵扩展并融合到人类心灵当中——不是有意识的心灵，而是人类的潜意识心灵。在潜意识心灵方面，我们是完全相同的”[③]。荣格将人类心理深层的那些神话、巫术、宗教无意识称为“文化原型”。“集体无意识”或“文化原型”并非假设，而是具有实在性。为什么在这个星球上，无论是东方还是西方，无论是传统的还是现代的，无论是高度发达的还是相对落后的文化系统，都有共同的文化母题，如对神的信仰、对救世主的期盼、对英雄人物的赞颂、对魔法的迷信、对智慧老人和对小精灵的兴趣、对某些动物（如龙、蛇等）的崇拜和恐惧？此外，为什么男人身上普遍拥有的女性气质和女人身上普遍拥有的男性气质？如果说心理是环境信号加工与编码的结果，可不同环境下人类拥有共同的心理内容恰恰证明了人类的某些心理内容并非后天与环境互动的结果，它们具有先验的遗传性。荣格肯定地说，根本不存在什么所谓的“现代人”，人从某种意义上永远都是“传统人”，个体永远不会割断与他

---

① “花癫”病又称“失心疯”。据《医部全录·医术名流列传·凌云》记载：“金华富家妇，少寡，欲火炽，失心，始见屋柱，走怀之。久之，见帚杖诸物，即以两手爬之，甚至裸形野立。云视之曰：‘是谓丧失。吾针后须蔽以帐，其心正，当知耻。’乃令二人坚持之，用凉水喷面，针其心次，外泄兼施，不逾时，狂疾顿除。瞩其家人，慰其好言，释其愧耻，疾遂不发。”

② ［瑞士］卡尔·古斯塔夫·荣格：《原型与集体无意识》，张月译，国际文化出版公司2011年版，第37页。

③ ［瑞士］卡尔·古斯塔夫·荣格：《象征生活》，储昭华译，国际文化出版公司2011年版，第36页。

的文化原型的联系。

当然，你可以把荣格的这些观点说成是“唯灵论”或唯心主义都行，但你却需要提供充分的证据重新解释人类这一奇妙的心灵现象产生的原理。我觉得，把它理解为古人类的生物系统和环境系统互相作用所形成的“习性化”的神经运动模式及心理机制并通过基因遗传在后代身上的烙印并非是“唯心论”的任性。

我们之所以敬佩荣格，是因为他拥有一般人所不具备的勇气和智慧。正是他，冒着自己被毁灭的风险把“集体无意识”这个重要的心理学典范引入现代心理学，从而大大开拓了人类自我认识的心理疆界。我们知道，当荣格首次提出“集体无意识”这个概念时，他遭到了心理学界、哲学界众多人的讥讽和斥责：荣格第一次与弗洛伊德讨论人类心理世界神秘的“文化原型”时，弗洛伊德的反应是那样的古怪，认为荣格是“胡说八道”，并认为荣格有一种“鬼魅情结”①；对于一些哲学家而言，荣格的“文化原型”理论完全是一种唯心主义。甚至在今天，仍然有一些心理学家认为荣格的“文化原型”或集体无意识仅仅是臆想的结果，或者把它看作荣格心理学“秘术”的一部分。

确实，从传统心理学的角度看，荣格的“集体无意识”或“文化原型”理论让人觉得带有很大的臆测性，这使得他的这一理论常被人误解和拒绝。那么，人类心理深层潜存着“集体无意识”这一学说到底有没有科学性？人类的某些心理范畴，如传统智慧（神话、禁忌、巫术等）到底能不能通过生物学机制进行基因遗传？我们这些文明人、现代人乃至于所谓“新人类”的心理生活、精神生活中所表象出来的种种莫名其妙的“神秘主义神经症”以及“迷信”现象，到底是环境刺激-反应所形成的某些心理表象的表达还是人类远古意识“残留物”的表达，即集体无意识的表达？不用急于下断言，我们可以先来看两个例证。我的研究生曾告诉我：他的外婆在幼儿时就离开了她的家乡——山西洪洞，来到晋中生活。这几十年间她一直没有回过家乡，讲的也都是晋中的方言。然而，就在她临终的前两天，她自言自语地对身边的人说：“我早就想回家了，这回总算快回去了！”并且用的是她家乡的方言。这令很多人不解，因为她从来没有与人谈起过“想家”“回家”的话题，更没有讲过洪洞方言。另一个例子是，美国超个人心理学家和临终陪伴专家凯瑟琳·辛格在很多临

---

① ［瑞士］卡尔·古斯塔夫·荣格：《荣格自传：回忆·梦·思考》，刘国彬等译，上海三联书店 2009 年版，第 134 页。

终病人那里看到了一种特殊的精神现象：很多人在临终时都描述自己的存在说“我被神充满”“我感觉到神的存在”“我感受到了神光”等。辛格把她们此时的意识状态称为“圆神意识”。辛格分析说，“圆神意识”产生于这样的时刻：当人到了临终阶段，理性心智瓦解了，再也不做挣扎，不做努力，因为毫无意义，所以她们把这一切都放弃了，将心灵向着更深的地方、向着存在的根本次元开放。“在一个瞬间你失去了所有，但在下一个瞬间你又拥有了长久以来心底最强烈、最私密的渴望，……超个人原型的性质，也就是光自身的性质，开始充满自我。”①

对东西方两个不同文化传统的民族、不同共享知识以及不同自我意识的个体在临终前所涌现的同一意识现象进行分析，也许我们可以获得某些启发：那个山西老人的“回家”之方言这种现象，心理学家从记忆心理学的角度进行了解释：即将死亡者“在如潮的思绪中，有不少是关于儿时的回忆”，“频死者是用一种积极乐观和平和宁静的心态来观察所有的一切”②；但凯瑟琳·辛格所描述的临终者的“圆神意识”，则是个体在臣服了她当下的存在之境，意识瓦解之后心灵深处的集体无意识的表达。如果不从荣格的“文化原型”“集体无意识”这些心理学范型入手，我们确实难以处理临终者的这种“意识灵光”现象，倒可能真正会陷入神秘主义。③

集体无意识或文化原型理论也是“宗教精神病学”十分重要的理论地基。为了更充分地论证它的存在，我们不妨先离开荣格，和其他科学领域的思想家们展开一番对话。

美籍华裔地理学家、人文主义地理学创始人、英国皇家科学院院士、美国艺术与科学院院士段义孚先生在《无边的恐惧》一书中，通过大量的案例向我们证明，人类的恐惧有共同的主题，特别是世界各地儿童早期的噩梦，更具有相似的文化原型，比如窒息、被怪物追赶或吞食、迷失在一间空屋子或森林里、发现门后藏着可怕的东西、屋外有窃贼或怪物威胁

---

① ［美］凯瑟琳·辛格：《陪伴生命：我从临终病人眼中看到的幸福》，彭荣邦等译，中信出版社 2012 年版，第 226 页。

② ［荷］杜威·德拉埃斯马：《记忆的风景》，张朝霞译，北京联合出版公司 2014 年版，第 283、288 页。

③ 当然，也可以这样理解，这是个体早期社会化过程中对各种输入的文化信息加工、编码、储存于心理深层的“文化记忆”在意识的解体之后的复活；但这一理论无法解释下面这些现象：对于那些没有这种文化输入的个体或者说纯粹的无神论者临终前的这种反应现象、大脑神经元及其储存的信息的修剪和敲除问题等。

要闯进来、被遗弃等。[①] 儿童的这些噩梦或心理活动，如果仅从阿德勒的“环境决定论”的角度，即儿童早期的生活环境对儿童心理的影响的角度是解释不清的。因为不同人类群体的文化传统不同，生活环境的不同，对儿童的教育方式、教育内容也有很大不同。可全世界的儿童为什么会有共同的恐惧心理呢？这可以说乃是原始先民文化心理的残留，或者说它属于人类遗传而来的共同的心理范畴的作用。查尔斯·兰姆说得好：民俗文化只给孩子的恐怖一个“方向”，它们只是一个“副本”，“它们的原型在我们的意识里是永恒的”[②]。

法国人类学家列维-布留尔在早于荣格之前，就提出了“集体表象”的理论。从知识谱系学的角度看，荣格“集体无意识”学说的思想源点，就是布留尔的“集体表象”说。按照布留尔的解释，“所谓集体表象……在该集体中是世代相传的；它们在集体中的每个成员身上留下了深刻的烙印，同时根据不同情况，引起该集体中每个成员对有关客体产生尊敬、恐惧、崇拜等感情。它们的存在不取决于每个人，……它是把自己强加给这些个体中的每一个，它先于个体，并久于个体而存在”。[③] 关于这种“集体表象”的特征，布留尔告诉我们，在神秘莫测、充满各种异己力量的大自然面前，原始人“不管在他们的意识中呈现出的是什么客体，它必定包含着一些与它分不开的神秘属性”[④]。这种神秘的集体表象影响着人们的认知活动：“知觉的整个心理生理过程，在他们那里也和在我们这里一样。然而在原始人那里，这个知觉的产物立刻会被一些复杂的意识状态包围着，其中占统治地位的是集体表象。原始人用与我们相同的眼睛来看，但是用与我们不同的意识来感知”[⑤]，即是说“当原始人感知这个或那个客体时，他是从来不把这客体与这些神秘属性分开来的”[⑥]。总之，对原始人的知觉来说，“很难存在赤裸裸的事实和实在的客体。这种思维想象到的任何东西都是包裹着神秘因素的：它感知的任何客体，不管是平常的还是不平常的，都引起或多或少强烈的情感，同时，这个情感的性质本身又是为传统所预先决定的。”[⑦] 这也就是我们无法理解为什么原始人

① ［美］段义孚：《无边的恐惧》，徐文宁译，北京大学出版社 2011 年版，第 15 页。

② ［英］查尔斯·兰姆：《伊利亚随笔》，姜焕文译，四川文艺出版社 2013 年版，第84 页。

③ ［法］列维-布留尔：《原始思维》，丁由译，商务印书馆 1981 年版，第 5 页。

④ 同上书，第 34 页。

⑤ 同上书，第 35 页。

⑥ 同上书，第 34 页。

⑦ 同上书，第 103 页。

的精神世界是一个充满了神秘的鬼怪精灵等超自然物的世界，为什么“集体无意识”更多地表现为神话、宗教、魔法、精怪等神秘意象的原因所在。

如果说这些学者等对“集体无意识”的论证还限于“民俗心理学”和“心理人类学”的层面，论据显得不很充分的话，那么，我们就从“集体无意识”的根底——人类无意识形成的脑神经运动原理做些还原。近年来，神经科学研究的巨大进展，已经逐渐呈现了人类的脑、意识、心灵现象的诸多奥秘。尤其是神经生物学，可谓破译这颗星球上的高等智能动物脑-心理运动规律的最为科学的理论。因此，我下面解释的基本所依据的就是神经生物学的理论。尽管生物学家、神经学家在涉猎这个问题时都比较谨慎，而且也没有使用“集体无意识”“集体表象”“文化原型”这类概念，但我认为他们所分析、解释的这些现象就是集体无意识现象。

英国皇家学会研究员、剑桥大学著名数学家、天文学家约翰·D. 巴罗从生物进化论和生命科学的角度对人类集体的文化遗产进行了解释。他认为：“我们的思维和身体的复杂性，经历了漫长的细微调整，以适应外部世界以及自然界的其他居住者的特点。人类，连同人类所具有的所有喜好、理智与情感，不是从天而降，一下子就羽翼丰满出现在世间的。人类的头脑和身体，也并非没有烙上这一物种的历史印记。我们的许多能力和情感，都是针对古代环境所做的具体的适应，而非某种总揽一切的智慧为顺应所有场合所做的创造。我们所具有的直觉和内在倾向，带有我们周围环境的共通特性的印记，也带有我们遥远祖先的印记。”巴罗从人类的审美、宗教、居住环境、语言等不同领域向我们展示了人类的这种“内在倾向”的原始印记。在他看来，人类的遗传的东西既可以是基因的，也可以是文化的、社会的。[①] 心理学家、人类学家所说的“集体无意识”“集体表象”这种心理现象，在作为科学家的巴罗这里，就是一种经过选择而稳定下来的“进化稳定策略”。这一“进化稳定策略”已不完全是神经学家所说的大自然设计出来的“自动平衡（的生物学）装置”，而且包括我所说的“文化秩序装置”，如超自然信息加工及所产生的情绪、想象等。也正是这种“进化稳定策略”，使人类在与外部世界的互动中更具灵活性，也更具适应性。巴罗这样写道：

---

① ［英］约翰·D. 巴罗：《艺术宇宙》，徐彬译，湖南科技出版社 2010 年版，第 2、26 页。

> [关于神话、宗教、星相学等伪科学] 我们为何会拥有现在这些思维范畴，以及为何它们不因时间的转变而改变？其原因在于，这些范畴随着人类的大脑通过自然选择过程一起进化了。这一过程对发生了适应变化的经验进行处理，将其中最准确地塑造了隐藏在那些经验背后的真实现实的图像选择出来。①

也正是通过动物在与环境长期互动中进行的适应性调整以及将这种调整机制和过程编码成程序化的“进化稳定策略”，如宗教、禁忌、习俗等文化信息处理机制，才使人类在进化过程中避免了“恐龙效应”，保持着人类与环境相互作用中的灵活性和更高的适应性，也更有利于在其经历的环境中生存。

被世界公认为神经科学研究领域之领袖的美国神经学家 R. 达马西奥曾认为，在人类“意识心理的下面确实有一个地下室，那个地下室有很多层。一层是由没有受到注意的表象组成的……另一层是由神经模式和神经模式之间的关系组成的……还有一层一定和神经装置有关，这个神经装置是保持纪录在记忆中的神经模式所必需的，就是那些体现先天的和习得的内在痕迹的神经装置”。② 根据我的理解，达马西奥所说的“没有受到注意的表象”这一层就是我们通常所说的个体无意识；“先天的和习得的内在痕迹的神经装置”这一层则是集体无意识。按照达马西奥的理论，我们的全部知识都由他所说的“痕迹”形式存在的，包括先天知识和由经验习得的知识。先天知识是指“从进化中遗传下来的和一出生就可以使用的记忆”。我想，这些“先天知识”不仅包括那些为生存所必需的生物调节指令，如控制新陈代谢、内驱力和本能，而且也包括刻入基因组的某些社会性情绪、宇宙模型（善、恶、自然的、超自然的等）③。尽管他没有明确谈论人类脑中的“痕迹表征”是否属于“文化原型”的内容，但我们从其关于“痕迹表征”所包括的相关内容即“先天知识”来分析，可以认为，达马西奥没有否认人脑中先天的“痕迹”中有集体无意识的成分。特别是在谈论弗洛伊德的“超我”理论时，达马西奥指出，人类心理中的一些传统和规则所蕴含的智慧，如社会传统、伦理规范，它们就

---

① ［英］约翰·D. 巴罗：《艺术宇宙》，徐彬译，湖南科技出版社 2010 年版，第35 页。

② ［美］安东尼奥·R. 达马西奥：《感受发生的一切：意识产生中的身体和情绪》，杨韶钢译，教育科学出版社 2007 年版，第 247 页。

③ 同上书，第 257 页。

是一种“痕迹表征”，这些智慧的执行方式的神经表征都与先天调解生物过程密不可分地联结在一起，即内驱力和本能联系起来①。达马西奥很含蓄也很谨慎，但我们从他将社会传统、伦理规范赋予“痕迹表征”之内容这一表述来看，我们可以领悟到这一点：在脑神经组织所盘存的痕迹中有远古社会的传统智慧——神话、禁忌、巫术等超自然的东西。我们可以想象，远古人类在与环境的相互作用中，为了更好地生存或者说生命的管理，不仅逐渐完善基本的生命调节装置，也通过情绪、意识体验和想象的方式在脑-心理系统中编码了某种宇宙秩序模型，比如喜欢、敬仰、肯定某些好的、善的环境、事件，恐惧、回避恶的环境、事件。久而久之，这种脑-心理活动的模式化——神经元联结以及稳固的神经回路的建立——演化为神经系统的物理规律，以一种内隐记录或“痕迹”的形式刻录在人类的基因组里，并随着生物进化与 DNA 传递在人类脑中刻下了先天的“痕迹”。达马西奥尤其强调，“痕迹”的内容总是意识不到的，总是以潜伏的形式存在的，但是，它可以通过当前的表象来帮助对当前所感知的表象进行加工，并等待着成为一种外显的表象或活动。② 这也就意味着，人类大脑形成的某些神经表象，不完全是输入刺激的反应，刻录于神经组织中的“痕迹”也可能参加表象加工。特别是当这些神经元共同体在适当的刺激下被激活，通过脑的映射建构起相应的表象，并成为脑-心理表征的主体意象时，它就会使人的意识表征显像为“超自然”的特质。

如果说，R. 达马西奥作为神经科学界的领袖在表述“集体无意识”与生物遗传的关系时还比较含蓄的话，那么，其他神经学家对此的观点则比较鲜明。美国神经病学家奥利弗·萨克斯曾提出这样的观点：在强烈的神秘感和虔诚的宗教感里共同包含的神圣感，一定有其生物学的基础，它们像审美观一样是我们人类遗传的一部分③。另一位美国心理与脑研究专家迪恩·博南诺也对人脑中的“宗教”的神经机制做了分析。在他看来，“宗教信仰一定是从一个稳固而具有优势地位的状态中获益的，因为它需要不断增长力量来对抗逐渐趋于理性化的脑区”，“在某种程度上，给事

① ［美］安东尼奥·R. 达马西奥：《笛卡尔的错误：情绪、推理和人脑》，毛彩凤译，教育科学出版社 2007 年版，第 100—101 页。

② ［美］安东尼奥·R. 达马西奥：《感受发生的一切：意识产生中的身体和情绪》，杨韶钢译，教育科学出版社 2007 年版，第 257 页。

③ ［美］奥利弗·萨克斯：《幻觉：谁在捉弄我们的大脑?》，高环宇译，中信出版社 2014 年版，第 174 页。

物贴上自然的和超自然的标签能为我们带来类似的智慧：自然现象是我们可能掌控的，而超自然现象远超出了我们的掌控范围”。他分析说：“首先，数百万年前，在人类大脑皮层刚开始扩展的时候，一种将问题标定为可控和不可控的倾向可能为如何使用新的计算资源提供了一种优化的方法……将想法区分为自然和超自然类别的能力对个体来说是具有适应性的：那些可以辨别可回答的问题与不能回答的问题的人，更可能将自己解决问题的能力用在能够增加和繁殖成功率的事情上。其次……一旦有助于超自然信仰的基因进入了基因库，它们就可能被进一步地塑造和选择。”①

总之，从生物学到人类学、从心理学到神经科学，很多学者都基本认同这一思想：人脑中存在一个“超自然”神经模块、人的心理系统中盘存着人类远古意识残留物，这不再是一种想象，而是具有神经生物学和物理心理学的依据。尽管目前脑科学与心理科学尚未对“文化原型”的神经机制和生物因素做到根本还原，但我仍然认为这基本是可信的。我认同托马斯·内格尔的观点：“否认我们决不可能描述或理解的东西的现实性及逻辑定义，是认知不协调的最赤裸的形式”②。

整合神经科学、心理学、生物学、意识科学理论以及人类学的思想，我们似乎可以做出这样的结论：在人类的心理深层，确实存在着荣格所说的那种与神话、巫术、宗教等超自然事件相关的“集体无意识”。它实质是远古人类为了更好地生存所进行的生命调节活动的生物机制程序化③。用通俗一点的语言来表述，也就是远古人类在与环境的相互作用中，对世界万象的认知形成了“自然/超自然”这样一种框架；自然问题可以通过物理手段解决，超自然问题只能通过心理手段，如恐惧、敬畏、祈求、依赖、爱戴等来解决；并且，人们在进行这种心理活动时产生了一种轻松、愉快的情绪感受。以后，每当人们对这类信息进行加工时，都会有这种感受的重新体验。久而久之，这种情绪和意识体验模式的不断表征形成了一

---

① ［美］迪恩·博南诺：《大脑在捣鬼：大脑“漏洞”怎样影响我们的生活》，吴越译，中国轻工业出版社 2013 年版，第 163、158、164 页。

② ［美］托马斯·内格尔：《人的问题》，万以译，上海译文出版社 2004 年版，第 184、157 页。

③ 神经科学家 R. 达马西奥在分析人类伦理的起源时这样写道：“我们称之为人类伦理的结构可能是作为整个生物调节程序的一部分而开始的。伦理行为的萌芽在进化过程中可能是各种提供新陈代谢调节、驱力和动机、各种不同种类的情绪和感受的无意识、自动化机制的另一种步骤。”（［美］安东尼奥·R. 达马西奥：《寻找斯宾诺莎——快乐、悲伤和感受着的脑》，孙延军译，教育科学出版社 2009 年版，第 102 页。）

个固定的神经回路和认知图式。随着生命的进化和脑的发展，有机体对这些神经回路和认知图式也进行细微的调整，于是便在人类大脑和心理系统中建构起稳固的意识机制和心理图式，它们以基因的形式进行代际遗传。这就是人类心理先验的“集体无意识”或“文化原型”。法国古生物学家德日进在论说人类的生命进化现象时曾这样写道：

> 我们一直在我们的身体深处感到一种模模糊糊的力量，一种不知是好是坏的力量的重量或蕴藏量，一种从过去永久得到的固定不变的“量子”，然而，我们也同样清楚地看到，以后的生命波浪的推进就取决于我们能否比较熟练地运用这种能了。……人类生物群的集体记忆和集体理性在不可逆转地积累着……系统发育和个体发生是混在一起的。遗传从细胞链转到了环绕地球的智力圈层。从这一刻起，由于这一新环境的性质，遗传最多只限于简单地传递既得的精神珍宝。①

作为一名优秀的古生物学家，德日进既没有哲学的形而上理念，也没有心理学的推测，他只是根据生物进化的踪迹与规律来解释人类的心智发展。他在这里所说的“从过去永久得到的固定不变的‘量子’”“人类生物群的集体记忆和集体理性”、从细胞链向智力圈遗传的“精神珍宝”，若用荣格的理论说，其实就是人类心理深层的“文化原型”或“集体无意识”。

我想特别强调的是，我所理解的“集体无意识”或“文化原型”与荣格所说的“集体无意识”“文化原型”在内涵上有些不同，我认为它们不仅是人类远古意识，而且也是意识机制的一种“残留物”②。英美两位神经学家同时又是基督徒的马尔科姆·吉夫斯、沃伦·布朗曾认为：“神经元没有创造我们的宗教信仰，恰恰相反，是我们的宗教信仰解释我们的神经元感受”，“如果一个人没有任何宗教信仰背景，或者当下不在语义启动的宗教解释情境中，他会把同样的神经事件看作是宗教性的吗？”③但这样的反驳没有太大的意义。大量的数据表明，在人类的心理生活中，

---

① ［法］德日进：《人的现象》，范一译，北京联合出版公司 2014 年版，第 178—179 页。

② 我在本书中对这两个概念的使用也是这种认知框架内的意义。以后除非处于特殊语境，不再特别说明。

③ ［英］马尔科姆·吉夫斯、［美］沃伦·布朗：《神经科学、心理学与宗教》，刘昌等译，教育科学出版社 2014 年版，第 101 页。

即使一个不知道“宗教”为何的孩童也会时常产生“超自然”的特殊感受。原因为何？查尔斯·兰姆做了如此肯定的回答：孩子的神话想象、巫术恐惧不是源于书本、图画以及愚蠢的仆人讲述的故事，它们至多只是给出一个方向。它们的原型在我们的肉体尚未产生的时候恐就存在了。[①] 据此，结论只可能是：在人类脑–心理系统中先验地存在着有关超自然信息的加工机制。伟大的恩斯特·海克尔也指认了这一事实：“最低级的原始民族就已有对这一类自然现象进行因果解释的欲望，这种欲望是通过遗传从其灵长类祖先那里传下来的……未开化的原始民族粗陋的宗教萌芽，部分起源于从其灵长类祖先那里遗传下来的迷信，部分起源于对祖先的崇拜、情感需要以及传统的习惯。”[②] 正是它们影响着人们的认知活动。

根据心理学家、神经学家、精神病学家等关于脑、意识、心理的理论，我们不仅可以基本认同荣格的“集体无意识”“文化原型”学说，而且也会对当代社会普遍性的神经症病理有深层次的理解。为什么在既缺乏心理学知识，又缺乏心理医生的传统社会，生活是如此艰难但广大民众却很少罹患精神病，而在理性、科技、医学特别是心理医学或精神医学高度发达的今天，神经症却是如此普遍？一种比较合理的推论就是：在古代社会，人类的脑–心理系统基本上保持着与古老的“社会脑”“文化脑”及远古心灵残留物的合作与沟通，它把不同水平的脑与心理结构整合成一个整体，即理性与非理性、神圣与世俗的意识活动的协调。用宗教心理学的语言来表述，也可以说是灵魂时刻保持着与超自然力量——无论这个力量是上帝、真主还是部落图腾、家族的祖先乃至于中国本土特色的“四大门”——的神秘参与；人人都是上帝的孩子和精灵的朋友或邻居，时刻得到超自然力量的眷顾、关怀与佑助；人们清楚地知道自己来于何处，去往何处，在这个有限的尘世里应该做好哪些事。因此，人们的物质生活虽然单调匮乏但心理生活却是丰富的。但是，现代社会理性的发展，科技的进步，世俗化的暴政，个体化的膨胀，人们拒绝了历史、神话、宗教等的神秘参与，而仅仅依靠理性、知识、技能、个性与环境互动。然而，在复杂的现代生活和世界面前，理性与知识总有力所不及之处。在这种情况下，茫然、无助、孤独、无

---

① ［英］查尔斯·兰姆：《伊利亚随笔》，姜焕文译，四川文艺出版社 2013 年版，第 84—85 页。

② ［德］恩斯特·海克尔：《宇宙之谜》，袁志英等译，上海译文出版社 2014 年版，第 265 页。

聊、忧郁、性变态和人格冲突等心理问题便不可避免，尤其是对于那些新脑活力不足的个体而言。20 世纪早期英国文化评论家切斯特顿曾机敏地指出："废除了超自然之物，留下的是不自然之物。"[①] 尽管切斯特顿此话的"护教论"色彩确实很浓，但却蕴含着一定的真理，尤其是从宗教精神病学的角度看。

三 宗教：神圣的体验

今天，试图对宗教做些哪怕是试探性的界说似乎都是一种徒劳的举动，因为我们这个时代的人类大脑，生产出了太多、太繁、太滥的宗教意象，也创造出多种多样的宗教定理。宗教的生产——无论是其意象生产还是其知识生产——都远远超出了人类的认知能力及心理能力的框架。我们这些思考宗教的知识人就面对这样一种认知的困境：我们既无法将这些知识加工成清晰的经验，又不能无视这些信息。于是，很多学者采取了一种比较明智的方法，由对宗教的理性界定而转向对宗教的现象描写。这样，至少避免了我们因莽撞而失误所导致的风险及其悔恨。

确实，正像英国宗教社会学者斯蒂芬·亨特所展示的那样，在这个多元文化共在的后现代社会，宗教的面孔是多样的：它既有传统的对神圣物的崇拜形式，也有现代的对灵性的信仰形式；既表现为庄严神圣的风格，又表现出松软可口的麦当劳风格；既有人追求终极意义的"大超越"，又有人追求当下生活的"小超越"；既有人通过宗教构建个体的道德体系，又有人希求通过宗教创建个体的生命安全防护技术，甚至于开辟一个新的"消费市场"。[②] 站在这样一个琳琅满目、品牌众多的"宗教大市场"中，你怎么谈论宗教呢？谈论谁的宗教呢？以什么为认知模型来谈论宗教呢？实体论和功能论、心理学和社会学的都不行；基督教的、伊斯兰教的、佛教的或新兴宗教的也不行。面对纷纭繁乱的宗教意象，我们的宗教知识与宗教思维已完全疲软了……

但无论是出于知识的匮乏还是视域的模糊或是慧性的不足，回避毕竟不是出路，那个问题依旧在那。你既然在写宗教与精神病的书，既然和宗

---

① ［英］切斯特顿：《异教徒》，汪咏梅译，生活·读书·新知三联书店 2011 年版，第 58 页。

② ［美］斯蒂芬·亨特：《宗教与日常生活》，王修晓等译，中央编译出版社 2010 年版。

教沾上了，你就必须得说出点什么。那么，我们到底应该在哪种语境框架中言说它呢？在哪种语阵中阐释它呢？其实，按照我的理解，我们现在之所以感到谈论宗教有困难，并非我们的理性出了问题，主要是因为随着社会、文化以及心理的发展，人们关于宗教信仰的目的与实践发生了突变，现代的、后现代的意象遮蔽了传统的意象。也许还不止是“宗教”信仰的目的与实践的突变，还有宗教学理论的突变：传统的、现代的、后现代的……各种话语彼此喧哗，搞得人眼花缭乱。当然，既然面临这样一种宗教文化情境和语境，我们不妨也像维特根斯坦那样“后现代”一点：无论是这种学说还是那种“主义”，都不过是人的一种语言游戏。游戏情境不同，游戏形式也不同。

然而，无论是维特根斯坦式的“后现代”还是费耶阿本德式的“后现代”，也无论人们把宗教看作一种语言游戏还是思维游戏，我始终相信，作为漫步于这颗小行星上的智性动物，作为经过千万年的进化选择而发展起来的传统智慧，作为为了更好地管理生命，诉求存在的幸福而进行的艰苦的心灵探索、刻苦的精神修炼、虔诚的祈祷、无私的奉献、彻底的谦卑等精神生活，不是相对主义、后现代主义的“宗教”观——“宗教不过是人类对神秘事物的好奇心及其满足的一种智力游戏”——所能概括得了的。无论宗教过去曾经是什么——优雅的祈祷和血腥的人祭、迫害异教徒和十字军东征，也无论宗教现在是什么——恐怖主义与人肉炸弹、个性表达与精神消费，我认为它都有一个永恒的人性的元素：超凡的精神体验。如果没有这种特殊的心灵体验，就没有宗教。当宗教先知、神学家和一般宗教徒声称他们在宗教知觉中获得了神圣的启示、神秘的洞见和惊艳的体验而陷入狂喜状态或甘愿为其献身时，我相信他们绝对不是像逻辑经验主义或后现代主义所说的那样，在提供给我们虚假的信息，或者是在说没有意义的话。① 尽管我对“神秘”体验没有任何好感，但我还是觉得用“不能有意义的描述”“不能为经验所证实”来否定人们宗教体验的真实性确实有些缺乏阐释人类宗教心灵的慧根和品位。想想人类文化几千年的沧桑巨变，很多文化成果都被岁月埋葬在历史的废墟中，唯有宗教、艺术等流传了下来，而且无论是科学还是哲学乃至无神论如何攻击与挑战，它仍保持着盎然的生命活力。古往今来，那么多杰出的头脑、那么多丰富的知识、那么多睿智的慧性，如柏拉图、奥古斯丁、阿奎那、蒂利希、克

① 参见［英］A. J. 艾耶尔《语言、真理与逻辑》，尹大贻译，上海译文出版社 1981 年版，第 135—136 页。

尔凯郭尔，这还不算那些世俗思想家、科学家，如海德格尔、薛定谔、爱因斯坦等都对宗教保持着敬畏，做出了那么果断的肯定，这也显然不是什么“骗子”和“傻子”的游戏，人们一定在其中体验到了某种超验存在物。其实，根本不必从传统中寻找依据，只要看看发生在我们身边的那些事件——在一万米的高空，当机舱里传来机长的声音，“飞机现在出现重大故障，请每位乘客写好自己的遗嘱，系好降落伞……”所有的文化相对论或后现代论者都暴露出自己理论的虚伪和轻佻，发出了恳挚的吁求：“万古磐石为我开，容我藏身在主怀”（基督教圣诗）、“主啊，请你佑护我！”

总之，无论是“语言游戏”还是“智力游戏”，都不是关于宗教——人类最古老的文化传统和最奥秘的心灵事件——的科学的解释。我刚才曾说，如果没有某种特殊的心灵体验，就没有宗教，因为人们根本没有创造宗教、拥抱宗教的内驱力。这用不着上升到“理性信仰”这样的精神水平来论证，在最基本的生物调节水平上我们就能够说清楚。宗教信号加工使人产生了快乐的情绪与感受（超自然力量的佑助），而这种情绪与感受又与人类生命管理的宗旨相一致，即使人体验到了快乐和幸福。尤其是对宗教权威的信从，大大拓展了人类的生存空间（爱与合作）。当这种体验编码为一种稳定的心理经验时，便产生了宗教这一认知模型。认知神经科学家近年来也论证这样一种观点，即人类对超自然事件的体验与这种体验所形成的情绪感受是人类宗教生产基本的心理动力学，就是说，它是人类面对这个世界的那些“不可能”事件之时而展开的一种认知活动。认知神经科学在解释宗教的产生时有一种被称为“拱肩”的理论：建筑上的拱肩并非特意设计的结果，而是拱门和穹顶的结构组合起来之后自然形成的，它的形成省去了许多人类因为不解而产生心灵困顿的麻烦。也正像Guthrie的“敏感的神灵探测机制”理论所解释的：在人类的大脑中存在着一种神灵探测机制，它会本能地分析各种现象背后的目的，把一切随机发生的事件解释成有目的的、人为的、带有某种威胁的，从而将自然事件超自然化，解释为神灵的因素。将世界的事务划分自然的和超自然的不仅节约了人类的认知成本，而且也使早期人类可以化解许多认知困境，使之更好地适应环境。

总之，对超验物的神圣体验，不仅是远古人类宗教生产的心理动力，也是几千年来人类宗教信仰活力永不枯竭的心理基础。鉴于此，我相信，多少年来我们一直表述的那个关于宗教本质的命题，无论多么古老和简朴，都是关于宗教实质的真理：

宗教就是人类关于超自然事件的信仰及其奥秘体验的心灵生活和文化传统。

也就是说，“宗教”或“神圣的”虽然不是人类在世的真实知识，但它却是一种心灵经验。这种经验不是提供给人一种认识与把握世界的工具，而是通过回忆、想象、展演等将不共时的东西引入当下而为共同体的存在提供一种意义框架。作为一种意义符号，宗教与其他世俗文化符号之所以不同，就在于它通过体验与想象使我们相信这个世界上存在着一种人类不可企及的“超自然”存在并给人以佑助。有人可能会说，这怎么可能呢？物理宇宙的运动，客观世界的变化，自然万物的消长存亡，这一切都是物理的运动，怎么可能存在一种凌驾于物理规律之上的存在物呢？那不是“疯子哲学”么？（尼采不就因为幻想“超人”而跌入精神病的泥潭了么？）于是，巴罗哈提醒我们：相信“不可能”的事情，不是疯的起点，就是把人搞疯的起点！可是，说此话的人忘了，面对这个世界可能发生的一切——就像贝克尔那血淋淋的文字所描述的那样：

作为一种动物有机体，人感觉到他被安置于其上的这一种星体，感觉到恶梦和魔鬼般的疯狂。在这种疯狂中，大自然释放出亿万有机个体的一切欲望，还不算地震、陨石和飓风，而这些东西也一样有着它们自己魔鬼般的欲望。为了有滋有味的扩张，每一事物总是横吞大嚼着别的事物。①

面对生活彻头彻尾之荒谬，面对存在血肉模糊之恐怖，作为一种被造的血肉之躯，如果没有孩童般的天真和愚蠢——像皮亚杰所说的儿童那样，把自身的活动和力量根据一种心理形态主义而归诸客体②——把客观上的“不可能”想象为“可能”，那才真正是疯狂的起点。疯子的病因就在于他对世界存在采取了过于较真的态度。甚至于一位伟大的思想巨人、一个文化唯物论者、一个自信已经获得“永恒”（文化英雄）的弗洛伊德，在谈论人类横遭遗弃，鲜活的血肉之躯化为“沼尸体”、在说到古埃及阿曼诺菲斯四世将其父的石柱上象形文字花框上的“阿曼”字样抹去之事时，不也是先后两次骇得昏厥过去了么？更何况，其身后还站立着另

①　［美］恩斯特·贝克尔：《拒斥死亡》，林和生译，华夏出版社2001年版，第61页。

②　［瑞士］皮亚杰：《发生认识论原理》，王宪钿译，商务印书馆1986年版，第88页。

一位思想巨人——一个心理学和宗教学炉火纯青、占星术和炼金术造诣深厚的卡尔·古斯塔夫·荣格——不也是在欲前往罗马旅行购票时，被古罗马残垣断壁下那些残躯的凝视击倒了么？在这个问题上，我觉得，没有谁比克尔凯郭尔更为清醒，也更为坦率："纠缠在自然科学里是毫无用处的。在那里，人们孤立无援，完全失控。"① 也许只有相信"不可能"之事的"可能"，才能使我们的精神保持一种正常状态。

回到刚才的话题，在对待"不可能"这个问题上，我觉得帕斯卡尔要比巴罗哈聪明得多。尽管帕斯卡尔也对超自然力量存有异议，但它在权衡了"信"与"不信"的利弊之后，还是把赌注押到了巴罗哈所说的那张"不可能"的牌上：

> "上帝存在，或者是不存在"。然而，我们将倾向哪一边呢？在这上面，理智是不能决定什么的；有一种无限的混沌把我们隔离开了。这里进行的是一场赌博，在那无限距离的极端，正负是要见分晓的。……让我们权衡一下赌上帝存在这一方面的得失吧。假如你赢了，你就赢得了一切；假如你输了，你却一无所失。②

确实，在生与死这个残酷的人生游戏面前，没有谁比谁更有天赋，更有学问。生命就是一场赌博，它不仅需要技巧与知识，更需要勇气和单纯。帕斯卡尔这个"赌事"不是一个博弈论的问题，而是一个心理学问题。宗教的本质也可理解为人类的一种心理"抗生素"，它使得我们在一个全然不可思议的世界里舒服地生活成为可能。哲学家乔治·桑塔亚纳说得好："宗教在高压下产生：在生活的极端之处，每一个人都祈求神的护佑。……当一切办法都被用尽、各种理想都失败的时候，如果在意志中仍有一点活力的话，它就会向超自然界发出庄严的吁求。"③ 过去我曾说过，对超凡力量的崇信几乎可以说是人类的一种存在本能，是人性中最基本的人性。尽管从物理学的角度看，人所崇信的神灵绝对是虚幻的，他所付出的思想与情感、献祭与牺牲也是徒劳的，但从心理学的角度看，这种

---

① ［丹麦］克尔凯郭尔：《克尔凯郭尔日记选》，晏可佳等译，上海社会科学院出版社 2002 年版，第 129 页。

② ［法］帕斯卡尔：《思想录》，何兆武译，商务印书馆 1981 年版，第 110 页。

③ ［美］乔治·桑塔亚纳：《宗教中的理性》，犹家仲译，北京大学出版社 2008 年版，第 32 页。

“错误”人却不能不犯。这使我想起波兰哲学家莱斯泽克·柯拉柯夫斯基说的一段话：“如果形而上学的感情的确是神经过敏的症状，那么可以这样说，这必定是一种有着人类学基础的神经病，一种持久的不可救药的——和潜在地破坏性的——创造性的特征……人类特有的缺陷在于意识到存在着的缺陷，这赋予我们一种特有的感受性”①。

这就是人类宗教的本质，也是人类宗教信仰的最深层的心理动力学。宗教思想虽是唯心的，但它所思之物却是海克尔所说的“纯唯物的”——没有对生命之快乐、永恒之幸福的追求就没有宗教②。动物没有宗教信仰，因为在它那里，世界根本无所谓“善”与“恶”，也不会产生对“幸福”的追求与体验，因而也就根本不存在对某种“可能”的希望（动物有“希望”么？一只狗的“希望”会是什么样子呢？），不存在对“不可能”之物的兴趣。

不过，客观地说，把宗教理解为“人类关于超自然力量的信仰及其奥秘体验”虽触及到了人类宗教信仰之本质，但这也仅仅是人类宗教产生原初之心灵性态。人类宗教形成之后，它不会永远幽隐于个体的灵魂世界，不会永远驻足于奥秘体验的层面，它也会进入交流、传播的领域，并通过交流、传播、表现等形成一种意识形态及文化体制。如相信教理、遵守教义、参加仪式以及通过一种共同的语言形成“同感一灵”、情同手足的共同体；此外，还有教会、寺院、礼拜日、宗教节庆等，它们也同样表征着宗教。特别是近年来兴起的“新宗教运动”、后现代主义宗教、女权主义宗教、本土化宗教等，它们对个人价值、独特的内心体验、灵性培养、族群个性等的关注甚于超自然物的崇拜，并且也都声称自己行为的宗教性而且也被社会认定为一种宗教行为。客观地说，当代世界很多人的“宗教信仰”其实就是对于这些宗教现象的信仰而非“信神”（超自然物）③，他们脑–心理系统中的“宗教”表象基本上就是这些社会事象和

---

① ［英］莱斯泽克·柯拉柯夫斯基：《形而上学的恐怖》，唐少杰等译，生活·读书·新知三联书店 1999 年版，第 16 页。

② ［德］恩斯特·海克尔：《宇宙之谜》，袁志英译，上海译文出版社 2014 年版，第 167 页。

③ 美国哲学家、认知科学家丹尼尔·丹尼特曾有趣地区别过二者：“很多人信上帝，很多人信对上帝的信仰，差别在哪儿？前者认为‘上帝’真实存在，并为此感到安心，因为他们将上帝视作最神奇的奇迹。相反，‘对上帝的信仰’不容置疑（谁会怀疑呢？），并感到拥有这种信仰是幸运的事，应当用一切办法巩固传播——愿福田广种。”见［西班牙］费尔南多·萨瓦特尔《永恒的生命》，于施洋译，北京大学出版社 2010 年版，第 52 页。

文化符号。看来，前述甚至包括怀特海①、威廉·詹姆斯等哲学大师所给出的那个“宗教”定义还是有些不全面，或者说它仅仅表象了我们这个世界上某一些人的宗教，而没有包括“对宗教信仰的信仰”的这些人的宗教。用我近年来所使用的概念来表述，也就是那个命题适合描述人类“灵魂宗教”的特质，而无法将人类的“文化宗教”纳入该框架之中。

尽管如此，我仍然坚持认为，无论我们今天谈论宗教的语境如何复杂，宗教的表象形态如何纷繁多样，我们在把握并界定宗教时都必须注意到这样一种区别：实体的宗教和文化的宗教；在整合各种宗教话语时也应该注意到它们的这种差异：语义学的宗教和修辞学的宗教。有了这一标尺，我们在解释宗教现象时就可以抓住宗教最根本的东西而不至于被其次生的意象搞得眼花缭乱。整理一下，我的思想很清晰。

第一，宗教的界定只能从实体论的角度进行，文化的角度当然也可以谈论，但那谈论的是文化而不是宗教，就像我们谈论某些艺术作品的宗教主题而仍然认为这是谈论艺术而不是谈论宗教一样。我们看到，尽管当代世界宗教的形式多种多样，但主体性的框架仍是一种实体论意义上的宗教，即对某种神圣事物的信仰与实践。其实，那些文化宗教，如把宗教作为一种消费品、市场品牌、个人独特性表现或民族个性的表达等也是在实体论宗教的基础上派生出来的，即人们首先相信这个世界存在一种超凡事物，它能给人带来物质和精神生活的满足；或人们相信这个世界存在这样的超凡事件，因此坚持这种实践就可以达到自我实现、生命潜能的开发；或相信他的民族（甚至于家族）有一种超凡的历史——神选或与神盟约或在神的引领下创造了自己的历史。最简单的事实是，将宗教伦理化的前提首先就必须坚信宗教伦理的神圣性，具有其他伦理体系所不具备的绝对价值。没有这一认知基础，人们就会用康德、列维纳斯的理论而不会用“摩西五诫”或“登山宝训”。

第二，无论是新兴宗教运动还是后现代主义、本土化运动，尽管其声称他们属于与传统宗教不同的宗教，但这种“不同”仅是与传统宗教的组织化形式、宗教行为的不同而已，而其信仰的本质性的东西并没有变，即其仍然坚持对“超凡”事件的信仰。比如，灵性开发、教主崇拜、灵魂治疗等，首先人们必须相信借助于“超凡”力量能使人的灵性得以开

---

① 怀特海把宗教理解为：“人幽居独处时的经验，而仪式、教会、圣典、教义都是宗教的装饰。”［英］A. N. 怀特海：《宗教的形成·符号的意义及效果》，周邦宪译，贵州人民出版社 2007 年版，第 2—3 页。

发、教主崇拜是因为这些人身上有一种超凡的东西，宗教灵魂治疗是因为他们相信治疗者有一种超凡的能量。总之，新兴宗教、后现代宗教等与传统宗教不同的是形式化的东西，而其“信”的本质仍是一致的。

第三，很多新时代运动者、后现代主义者把他们所从事的行为，如膜拜团体、灵性体验等也称为“宗教”，其实就连他们自己都不相信他们所谓的“宗教”是语义学的宗教，这仅仅是一种修辞策略——与主流社会和主流文化保持距离或形成矩阵的话语语用学而已。对此我们应有清晰的认识。

根据上面分析，也考虑到能够与当代世界多元化的宗教格局基本适应这一点，我觉得不妨把宗教定义为：

> 宗教就是人类关于超凡力量、超凡事件、超凡历史的信仰、体验与回忆。

这个定义兼顾了人类宗教生活的心灵维度、社会维度和文化维度：第一，宗教是一种意识现象，即人类关于超自然物的信仰；第二，宗教是一种心理现象，即对超自然现象的情感体验；第三，宗教也是一种文化实践和社会文化现象，即它通过回忆这种活动将共同体不共时的文化结构引入到当下，从而将当下与其超凡的历史、超凡的力量联系在一起，并通过超凡的“过去”之光照耀当下，使得集体共享的假设与信仰保持整体性，保持自我定义的连续性。如犹太教的逾越节，基督教的圣诞节和圣餐仪式，等等。

四 神圣与疯狂的接合

如果说宗教就是人类关于超自然力量的信仰与体验以及由这种信仰和体验所形成的宗教圣事、生活方式，那么，宗教也就与人类心理、精神构成了复杂多样的关系。鲁道夫·奥托曾说过，人们对超自然事物的信仰、对超自然力量的圣秘体验，不仅有“生活在圣灵之中”“无与伦比的幸福”这样令人如醉如痴的神秘感受①，也有惊愕感、战栗感、驱

---

① ［德］鲁道夫·奥托：《论“神圣”》，成穷等译，四川人民出版社1995年版，第39、36—37页。

迫感、压抑感[①]等心理体验。无论奥托如何从“积极宗教心理学”[②] 的角度对这些心理异常现象进行诠释，但都无法改变战栗、压抑这种心灵体验对人类心理所产生的消极作用的性质。品味奥托的思想，我会想起另一位宗教思想家切斯特顿。他曾费尽心思试图证明，使人类产生精神问题的不是神秘主义，而是理性主义[③]；宗教沉思虽然可能导致疯狂但这是因为清醒的爱[④]。切斯特顿很聪明但缺乏坦率，他看到了宗教所能引发的精神问题但又不承认这是宗教之过。这除了引发我们对其坚定不移的护教品质的敬重外，并没有向我们提供任何关于宗教信仰与心理问题无关的数据支持。无论是“宗教沉思”还是对神的“清醒的爱”，它所导致的“癫狂”仍然是疯狂，就像性幻想和鬼神迷信所导致的幻想症一样。相比切斯特顿，乔纳森·爱德华兹还算坦率些。他告诉我们：做一个基督徒就一定有忧伤的情感，甚至把自己看作空虚而贫乏的人，让自己像孩子那样顺从、恐惧、哭泣、寻求父母的庇护[⑤]。尽管爱德华兹在这里谈论的是一个基督徒应有的情感，但从他所谈论的这些情感的性质而观，宗教心理确实与某些问题心理有关联，如忧伤、恐惧、顺从、神神秘秘、向孩童退行等。当然，对于上述病案，宗教界尤其是护教论者也许会像切斯特顿那样予以否认，认为这是出于对神圣理想的沉思所导致的情感异常，这种“异常”并非精神障碍而是一种“清醒的爱”的表达，就像 20 世纪西方社会兴起的“反精神病学运动”所主张的那样，疯狂自有其合理性，它是人的情感的自然表达，是通过这种表达实现自我炼化的过程。从人权和心理现象学的角度来理解，对于疯狂我无话可说。疯狂的表达也是一种表达，是人的精神自由。世界上没有两颗完全相同的大脑和心灵，他人大脑和心理发生的事件我无法感受到，因而，他者的恐惧、忧伤到底是一种快乐还是悲苦的精神体验，我们亦不宜做先验断定，但我们应当直面现实。

---

① ［德］鲁道夫·奥托：《论“神圣”》，成穷等译，四川人民出版社 1995 年版，第 15—17 页。

② 鲁道夫·奥托没有表述这一点，这是我解读出来的信息。

③ ［英］切斯特顿：《回到正统》，庄柔玉译，生活·读书·新知三联书店 2011 年版，第 22 页。

④ ［英］切斯特顿：《异教徒》，汪咏梅译，生活·读书·新知三联书店 2011 年版，第 12 页。

⑤ ［美］乔纳森·爱德华兹：《宗教情感》，扬基译，生活·读书·新知三联书店 2013 年版，第 12、207、229 页。

玛杰里·肯佩生于1373年，是林恩国王富裕的自由民的女儿，由于天赐宗教式的痛苦和狂喜被认定为疯子。在生了第一个孩子之后，干扰在她身上最初发作时，是按照天意用手打响指，以传递对一位自负的年轻夫人的指责，使她免于轻易受到恶魔引诱的攻击。由于上帝的无限仁慈，万能的主将她的思想“回归正轨”，将她从罪恶中拯救出来。她依然与这个世界结合，上帝便使她拥有的啤酒厂经营不善，她的麦芽酒天赐似的变得平淡，以此阻止她走向邪恶并将她引了出来。

经受过分娩的精神异常和生意的崩溃，玛杰里·肯佩感到要将自己与这个世界划清界限压倒性的呼唤，她相信，与地球上情况相反，她要“在天堂结婚”。她跟随神圣指示的意图遭到了无尽的敌对。世上的俗人告诉她，“女人，放弃你过的那种生活，像其他女人一样去纺线织布吧”。

由于肉体上的缺陷，玛杰里寻求从人类身份获得解脱。她斋戒、做忏悔、穿刚毛衬衣。尤其是，她挣扎着想要从性的奴役中解脱出来，她从圣奥古斯汀的反应得知，她和她丈夫在寻求肉体上的欢愉时，是对上帝怎样的冒犯。她告诉他，她是如何只爱上帝一人，并央求他接受贞洁协议。最后她以帮他偿还债务的代价令他放弃了夫妻权利。

虽然这位学徒实行禁欲，但她依然非常自豪：“她认为，她对上帝的爱大于上帝对她的爱”，她回忆道。在那样的状态下，他就是恶魔陷阱里的猎物。他设置了一个淫荡的陷阱。一个男人经过了她的身边。她受到引诱，投了降，只是在最后一刻被抛弃了。她感到屈辱，渴求基督的原谅；她的请求被允准了，而且，作为回报，她的救世主在她的心中许给她一件刚毛衬衣。从那以后，苦难就成了神圣的秘密征兆。

她开始看到幻象，并伴随着频繁流泪，一直到死。她也非正式地听忏悔者的忏悔——一般对神父讲的东西。当一块石头从教堂上掉下来时，一个“奇迹”挽救了她，她只被砸中，并未受伤。

玛杰里的宗教仪式受到了公众的谴责。她发作时哭哭啼啼的样子受到了厌恶，她被叫做“伪善者”，人们纷纷告诫她的朋友们不要再跟她联络。而且，她受到指控，指控她体内有恶魔，而且她是个“假罗拉德派”，也就是说，她是个异教徒。但这样的审判进一步让她意识到自己体内有着神圣的东西。当她听到人们提到耶稣受难的时候，她会狂喜眩晕并听到神圣的音乐声。上帝称她为他的母亲、姐妹和女儿。

起先玛杰里受到了干扰。这些声音和景象会不会是恶魔的尝试呢？为了寻求指导，她咨询了神秘的通灵者，从那里她进一步得到了确认：这些并不是她自己幻想出来的东西，而是上帝显灵。玛杰里对自己的宗教召唤更加自信，为自己赢得了圣女的美名。她获得了少量的语言的力量。有一天，她预言了一场可怕的风暴，它实现了。

最后，她出发去圣地朝拜。接近耶稣受难地令她潸然泪下，并比以往痛哭得更加厉害，还“与自己的身体搏斗”。有些人觉得她因“矫饰和伪善”而自我膨胀，或得了癫痫。另一些人指控她醉酒。还有一些人依然相信她被邪灵侵体。和她同行的英国朝圣者们发现她有一个坏毛病，她不停地哭泣并不断地指责他们，有时他们被迫让她离开他们的团队。类似的困难在英格兰也折磨着她。关于她的“邪恶讨论”在增长，许多人都说她体内有恶魔。她面临着坐监狱的危险，因为政府当局对她太太和母亲的身份持怀疑态度，因为她四处闲逛、伪装成圣女并斥责邪恶的人，还游说妻子们离开自己的丈夫跟随上帝。

自始至终，她对上帝的爱都在增长。她听到上帝和耶稣谈论她的对话。她的注意力集中到了耶稣的“男子气概”上，但最后与她结合的是上帝本人。“我必须与你发生性关系，并躺到你的床上”，神父告诉她，“把我当做与你结婚的丈夫吧……亲吻我的嘴，我的头，我的脚，尽情甜蜜地肆意亲吻吧。”然而，她早期经历的性引诱已经不完全是一种过去了，她现在正被“恶心的幻想”困扰着，这是恶魔召唤出来的幻想，她被命令着对恐怖的男性生殖器卖淫。她一度感到被上帝遗弃了，但后来她痊愈了。在另一个阶段，她克服了吻男性麻风病人的欲望，她的忏悔者对她建议，要坚持做个女人。①

自虐、偏执、幻觉、情绪失控、胡言乱语……这就是玛杰里对宗教的执着、对上帝的爱所获得的心灵收获。像玛杰里一样，很多宗教信众的情绪和心理异常确实系出于对宗教真理的执着以及奥秘的体验，其目的是为了获得幸福而不是成为精神病，并且，我也相信他们也可能从中获得了某

① ［英］罗伊·波特：《疯狂简史》，张钰等译，湖南科学技术出版社2014年版，第149—152页（对部分译误做了修正）。

种心灵体验。但“异常”就是“异常”，他获得了某种东西，但也同样失去了一些东西，失去了人类这个种系正常的心理和精神属性。正如米歇尔·福柯在评述精神病的精神问题时所说的那样：“消失了的，是复杂的协调，是意识，以及它有意的开放和在时间和空间中的定向游戏，是修改和安排各种机械行为的有意识的压力。相反，被保存和突出的行为是节段性的和简单的；它们是在一种绝对的无条理的风格中释放出来的分散元素。零碎的自言自语代替了交谈的复杂综合；作为含义的构成渠道的句法被打破，只剩下言语零件让一些模糊的、多态的和不稳定的含义溜出来，围绕着这里和现在而组织起来的时空协调崩溃，只剩下相继的这里和零星的时刻的混乱。”① 即使后退一步，我们不在“上层”这个层面来分析这种情感活动对个体精神生活产生的消极性，仅在底层的生物学水平上也可以指认它的负面作用：忧伤、忧虑、恐惧等情绪的持续发生，它所产生的神经递质弥漫上行扩散至全脑，会改变大脑的许多机能，导致意识、心理乃至身体的诸多问题。“神圣”信仰和“疯狂”在这里实现了生物学水平的接合。

从宗教作为一种社会体制、文化系统的角度看，随着文明的发展，宗教不再幽居于人类的灵魂深处守护着灵魂，而是被人类将其符号化、体制化，推向了社会空间，成为一种社会制度和社会结构形式以及社会意识形态，人们的宗教生活也由圣洁、恩宠、超越等灵性的发掘而转变为对教义、教律、教派等符号的执迷。在这种情况下，便出现了“上行者压抑自己，一味追求彼岸的‘永恒’，下行者放纵自己，一味拥抱此岸的幻影”② 这样一种现象。在这种“宗教”语境下，宗教对人类的心理和谐、精神健康的伤害就更为深重，也更为恐怖。正如弗洛伊德坚定不移地断言的那样，宗教就是人类从童年到成人的发展中所必须经历的与神经症相似的东西。尽管我们知道，弗洛伊德在骨子里有一种对宗教深深的厌恶之感，他对宗教所发表的诸多评论，都带有一定程度的主观性和偏见性，但我相信，弗洛伊德绝对没有完全用情绪代替他的理性。他关于宗教之消极心理的这个价值判断，尽管偏激但也不乏合理性（也包括他的《一个幻想的未来》《文明及其缺憾》等作品），尤其是就作为一种文化系统和社

---

① ［法］米歇尔·福柯：《精神疾病与心理学》，王杨译，上海译文出版社 2014 年版，第 16 页。

② ［美］肯威尔伯：《性、生态、灵性》，李明等译，中国人民大学出版社 2009 年版，第 367 页。

会体制的宗教而言十分中肯（我想，弗洛伊德对宗教之恶的指控，也是建立在他的这种“宗教观”的基础上的）。

对宗教与人类精神苦痛接合的历史反思，也许会使我们对宗教产生一种类似于弗洛伊德般的厌恶之情。这很正常。但如果我们就此得出结论，完全把宗教的精神价值理解为人类精神疾病之源那就错了。事实证明，在人类这个种系中，有很多人确实是因为信仰宗教或者说宗教痴迷、宗教盲信而导致了心理不适和精神煎熬，很多抑郁症、焦虑症、恐惧症、妄想症、强迫症、人格分裂症都和宗教之心紧密关联。但人类的精神疾病史、医学文化史以及我们生活世界的众多现象也支持了这一理论：宗教信仰也使人获得了心理和谐与精神安宁，甚至通过宗教治愈、康复了个体的心理不适以及精神障碍，更有人因为宗教信仰达到了精神的和谐与灵性的境界。可见，宗教与精神病之间的关系相当复杂，二者的接合既有消极的一面，也有积极的一面，因此，对其精神价值的评定不宜采取简单的二元对立思维模式。在认知心理学的意义上说，宗教与精疾病之间结成何种关系，关键取决于人信什么和怎样“信”，即加工何种宗教信息和如何加工宗教信息。痴迷与功用之“信”容易造成心象紊乱，而以信为“信”则可致人心境平和；沉迷教义、教理、教律、神话可能导致狂躁妄想，而诉求德性的完善、灵魂的升华则获致精神解脱。尤其是从我前文对宗教产生的心理背景这一角度看，如果说，人类的宗教信仰源于某种心理的需要，需要产生了超自然的信仰，信仰（无论是神的真实存在还是对神圣事件的信仰）又满足了人的需要，那么，我们便可以进入宗教与人类心灵、精神之关系的另一维度——预防与治疗功能。精神病，无论我们如何理解其病原病理，是保罗·麦克莱恩所说的“三位一体”的脑结构的分裂也好，是荣格所说的无意识对意识的袭扰也好，是弗洛伊德所说的“超我”对“本我”的压抑也好，还是恩斯特·贝克尔所说的“死亡恐惧”、卡伦·霍尼所说的“人际关系冲突”也好，宗教都提供了一种“化解”手段与途径：“新哺乳动物脑”与“古哺乳动物脑”、意识与无意识、超我与本我的分裂，可以通过宗教象征符号的加工进行整合：人的宗教情感、宗教神话就深潜于人类的“古哺乳动物脑”及其心理深层之中，因此，通过神圣象征生活就可以平息“古哺乳动物脑”和文化原型的暴乱；人类的死亡恐惧、生存磨难、关系（包括“超我”与“本我”的关系）冲突等心理熵能的淤积，可以通过宗教的文化意义进行化解，如生命的终极关怀意义、关爱与慈悲的宗教伦理等。美国宗教学者斯特伦曾把宗教定义为“实现根本转变的一种手段”，我觉得此语亦可用来描述宗教与人类心灵和谐之关系。正如斯特伦所解释的，这种“根本转变”可使人们“从深陷于一般存在的困扰（罪过、无知等）中彻底转变为能够在最深刻的层次上，妥善地处理这些困扰”：从终极价值角度说，它意味着一个人能够认识到最富有理解性的源泉和必然性，为人提供了存在的最高价值和赖以生活的支柱及动力；从现实价值角度说，它用一种具体的生活观引导和激励信徒超越文化习俗和世俗的满足而寻求生活的真谛，将生活转向更高的精神目标。因此，无论生活如何风云变化，人都会充满力量、觉悟与安宁。[①] 在斯特伦这种朴实的宗教观框架下，我们也可以这样说，对宗教所展示的神圣者与彼岸世界的至能、至善、至纯、至美之境界的追求，能够化解人类的生与死、我与他、得与失、荣与辱等关系冲突所引发的心灵烦扰，促进心理生活的充实、祥和、圣洁。我认为宗教是一种精神病学，也正是基于这一特定的宗教语境。

---

① ［美］斯特伦：《人与神：宗教生活的理解》，金泽等译，上海人民出版社 1991 年版，第 2、3、59 页。

第二章　宗教精神病学

在原始医学中，“超自然”涉及疾病与治疗的所有方面。因为疾病与不幸是超自然因素的结果，无数对预防、诊断和疾病治疗是必要的。一切事物有可见的和不可见的原因，因此看不见明显直接原因的疾病必定是由于魔鬼、神灵、上帝、妖术、巫术或是因为受害者丧失了某种灵魂等。

——［美］洛伊斯·N. 玛格纳：《医学史》

一　精神病学模型

无论是知识考古、理论分析还是临床实践，我们都不难发现，精神病学从其诞生之日起，就不是一个封闭的知识体系，它汇聚了人类与精神疾病抗争的多种文化资源。事实证明，作为人类医学文化的精神病学在“生物精神病学”的知识世界之外还有其他“可能世界”的存在。“可能世界”我指的是在我们感知到的世界之外可能存在着其他世界形式。托马斯·库恩曾论述说：“在我们的世界里，地球只有一个天然的卫星（月亮），但还有其他的可能世界，与我们的世界几乎完全一样的可能世界；唯一的区别是那些可能世界中的地球有两个卫星或更多的卫星或根本没有卫星。”① 按照库恩的科学哲学观，如果说“词典给出了通向一组可能世界的通道”②，那么，人类通过不同的语言系统对精神疾病所做的病因病理陈述以及提出和操作的治疗方案，就构成了人类精神病学多元的世界。

---

① ［美］托马斯·库恩：《结构之后的路》，邱慧译，北京大学出版社 2012 年版，第 55 页。

② 同上书，第 69 页。

近半个世纪以来精神病学多元化的发展，如认知精神病学、文化精神病学、精神分析精神病学等广泛应用于精神疾病的临床实践充分证明了这一点。也许正是这种多元格局的精神医学文化，不仅拓展了人类的精神病学知识系统，而且也丰富了人类对抗精神病的知识与智慧。

其实，即使我们不诉诸托马斯·科恩的这种颇有几分“后科学”色彩的“科学革命”理论，只要我们对精神病的发生机理进行科学分析，就肯定知道精神病学的知识世界应该是一个多元化的可能世界。精神疾病的发生，除了基因因素外，还有认知因素。所谓认知因素，主要是环境信号的加工、编码所产生的心理反应与精神体验。环境信号又包括自然环境和人文环境。不同的发生机制需要运用不同的认知模型、语言系统，如神经学的、生物学的、人类学的来解释精神疾病的发生并提出处理的模式。这就是精神病学可能世界形成的生态背景。“宗教精神病学”所以被构造正是如此。尽管它不似生物精神病学那样形成了一套稳定的关于精神病的病因病理陈述、临床治疗模式的生物医学语言系统，但它通过宗教和宗教学等人文科学语言形成了较为自足的“宗教精神病学”语言-知识系统。如果按照目前国际精神病学界的观点，精神病学模型基本可以分为两种——专业模型与非专业模型：专业模型主要是指以生物技术、医学理性建构起来的精神病学体系；非专业模型则是在生物技术和医学理性之外，通过文化、心理分析等语言和知识构建起来的精神病学体系，那么，“宗教精神病学”则属于“非专业模型”的一种。

在“引言”中我曾说过，正如“宗教精神病学”这门知识的名称所示，无论宗教精神病学的内容多么丰富、体系多么完备，“宗教精神病学”都不可能与生物精神病学相提并论，但是，它却是生物精神病学模型之外诸多模型的一种，就像社会精神病学、文化精神病学、精神分析精神病学一样。如果说，宗教精神病学不像生物精神病学那样，通过将生物学、药物学和心理学、神经学的理论整合到一起，将技术思维以及临床经验结合在一起，将症状与其背后的某种病理联系在一起而提出疾病的病理解释，然后再根据这种解释做出神经学、药物学和心理学的治疗方案，是高度科学化、理性化和经验化、技术化的，而仅仅是将“宗教”与“精神病”编码为一个意向范畴，通过宗教学和心理学、精神病学视域的融合，对宗教与人类精神疾病的发生以及预防、治疗、康复之关系进行现象描述、经验提炼和原理解释，那么，这并不意味着它对于人类的精神病学毫无意义。从知识价值论的角度看，它不仅丰富了人类的知识世界，也丰富了精神病学的知识世界，即使从实用的角度看也是如此。事实证明，尽管在知识社会学上人们把精神病学分为“专业”和“非专业”两种模型，但在临床实践中，这两种模型并非完全分离的。“专业”的也往往运用“非专业”的思想及资源。生物精神病学虽表面对“非专业”模型不屑一顾，但在医疗实践中它却往往采取“偷猎”的方式游弋到“非专业”的领域。

如果说“宗教精神病学”是一种人文科学，或严格地说是一种人文知识，并且是以“宗教”“精神病”为主题的人文知识，那么，根据米歇尔·福柯关于“知识”的表述，其一，知识是在详述的话语实践中可以谈论的东西；其二，知识还是一个空间，在这个空间里，主题可以占一席之地，以便谈论他在自己的话语中所涉及的对象；其三，知识还是一个陈述的并列和从属的范围，概念在这个范围中产生和消失、被使用和转换；其四，知识是由话语所提供的使用和适应的可能性确定的①，我们也可以把宗教精神病学理解为由（沿袭、转换和创造的）各种词语、句子清晰而没有矛盾地谈论它所能够谈论的问题的知识。受主题框架以及人文科学认知模型、方法论、语言系统的限制，“宗教精神病学”不同于普通精神病学：它的认知范畴只限于与宗教有关的精神疾病发生、预防、治疗和康复的原理解释（也涉及技艺）；它的学科基质（如符号通式）不仅要考虑到精神病学的通则，更要考虑到心理人类学、宗教学等相关人文科学的通则；它的研究方法也不可能像医学精神病学那样，通过精密的大脑病理学（如大脑组织学、脑组织病理学、神经生化学）、药理学、分子遗传学等自然科学手段解释病理、分析原因、构建策略，而主要采取描述性、分析性、解释性的方式。

二　宗教精神病学的文化考古

作为一个原创概念和知识系统，尽管我在上面从精神病学“可能世界”的角度论证了宗教精神病学存在的可能性以及可用性，但这仅仅是一个理论推断。一门知识或科学的建立，关键还取决于其知识传统，亦即科学哲学家所说的“约定俗成”的传统：“追求真理”与“约定俗成”

---

① ［法］米歇尔·福柯：《知识考古学》，谢强等译，生活·读书·新知三联书店 2003 年版，第 203 页。

的传统的联系与制约，构成了科学发展的基础①。那么，“宗教精神病学”究竟有没有约定俗成的知识基础？回答是肯定的。“宗教精神病学”这门知识是建立在人类通过宗教文化处理精神疾病约定俗成的知识传统之上的：宗教作为人类精神疾病的“病原体”和人类精神疾病的“抗体”。第一章我曾对宗教与精神病的这两种关系做了轮廓式的叙述，现在，我准备离开概念和理论回到经验的层面，通过考古样本就人类对宗教与人类精神疾病之关系的认识做一诠释。

（一）宗教作为精神疾病的病原体

检视人类的精神病史和宗教发展史，我们不难发现，宗教从其诞生的那一天起就与精神病缠绕在一起。人们将由宗教、巫术所导致的精神疾病称为“神圣的疾病”“邪病”。且不论欧洲中世纪基督教大一统时代基督徒群体中流行的各种神经症这一特殊的案例，仅就我们身边的那些宗教徒所表现出来的抑郁、焦虑、偏执、妄想、强迫以及人格衰竭之类的精神病症而观，指认宗教是人类某些精神疾病的病原体并不为过。人类文明史上那些臭名昭著的神经症或精神病案例，很多与宗教有关，很多就源于宗教迷信。不必说宗教中的苦难、原罪、前定等教义系统和那个威严愤怒、冷漠无情的上帝（或真主）使人产生的无法消弭的谴责或被放逐的永恒的耻辱，或被打入低等序列度过漫长的未来生活的恐惧感、焦虑感、忧郁感、眩晕感及其种种心理变态，即使是被视为“至善”的绝对命令——宗教道德也往往构成人类心理冲突的一个方面。正如查尔斯·泰勒所分析的，对宗教的“超善”的强势评价与强势承诺，有时会使人产生强烈的矛盾心理，如圣洁生活与日常生活的矛盾，成为圣徒与作为平常人的矛盾（因为人毕竟拖着一条怎么也进化不掉的“尾巴”）②，甚至产生对他人生活的憎恶、对社会的厌倦情绪（如：为什么那些人不花更多的时间祈祷，与上帝沟通？为什么不把自己的全部生命奉献给神圣的事业?）。美国著名作家盖尔·戈德温在《心的简史》一书中曾记录了一位牧师向她讲述的一个作为母亲的基督教信徒是如何通过对教义的迷信而扭曲、伤害一个儿童身心的悲惨故事：

---

① ［德］汉斯·波塞尔：《科学：什么是科学?》，李文潮译，上海三联书店2002年版，第163页。

② ［加拿大］查尔斯·泰勒：《自我的根源：现代认同的基础》，韩震译，译林出版社2012年版，第92—94页。

> 几个月前，我们收留了一个小女孩，她只有7岁。为了保护她，我们只得把她从母亲身边领走。母亲打她打得很厉害，领她走那天，孩子身上伤痕累累。她刚到儿童之家时，很少说话，郁郁寡欢。过了几天，当她发现身上的伤疤渐渐消失，她变得越来越烦躁不安。后来，孩子陷入歇斯底里，一口咬定自己是在地狱。事情很严重，她真的认为自己身在地狱，她惊恐万状，也不接受任何人的安慰。于是我们给她进行了几次心理矫正，让她把所记得的挨打的事全说出来。原来，在每天结束之前，母亲都要打她，作为防止她在夜间跌落到地狱的“预防措施”。母亲施暴的时候，嘴里还会哼唱着“孩子不打不成器……”，有时甚至母女俩一块唱，直到孩子被打昏。请原谅我话中的讥讽，“孩子不打不成器”居然是女孩每晚睡前的祷告。
>
> 现在，她安全了，没人打她了，但孩子相信这是在地狱，因为用来“保护”她的那些鞭打没有了。孩子的童话世界已经被完全颠倒：对于她来说，她一生所处的（真正）地狱就是家，而（现在）救了她的地方却是地狱。①

其实，这样的案例在那些有着宗教背景的个体生活中并不属于特例，几乎经常发生。从表象上看，这个案例中的母亲似乎具有施虐性神经症，但这不属于一般性神经症，而是对于宗教教义的迷信甚至于曲解所导致的心理变态；而作为受害者的小女孩，受伤害的不仅仅是那幼小的躯体，还有那幼小的心灵。可以说，正是她的母亲通过宗教之善的名义把一个无辜的生命送进了地狱。

至于民间信仰中的鬼魅精怪附身、摄魂、拿法等，更是东西方民俗社会流行的心理-精神障碍。它们给民众的心理和精神生活带来了数不清的麻烦，制造了无数的混乱和灾难。在第三章我会对与宗教关联的精神疾病进行详细的病理分析，现暂不论述。

总之，宗教与人类的精神疾病之间的关系，尽管不似弗洛伊德所说的那样，但二者确有很大程度上的关联性。我们可以把这种由宗教所引发的心理-精神疾病称为“宗教关联精神病”。尽管“宗教关联精神病”在生物精神医学病理系统中尚未占有一个合法的席位，但在文化精神医学系统中，它却是一种主流病症。

---

① ［美］盖尔·戈德温：《心的简史》，彭亦农译，湖南文艺出版社2009年版，第165页。括号中的文字为引者所加。

（二）宗教作为精神疾病的抗体

宗教对精神疾病的抗拒，尤为明显的就是通过为生命、为生活提供意义框架、灵性引导促进人的精神和谐这一层面。这个问题我在前文已有论说，现在不想再回到这个论题上来。现在我就精神疾病治疗实践这一层面做一陈述。通过对医学史、疾病史、文化史大量数据的梳理，我们可以得出这样的结论：宗教通过其“灵魂照料”的神圣使命和智慧、技艺实现了对人类心理不适和精神苦痛的调理和治疗。我们不妨把视域拓宽一些。在混沌初开的远古世界，当人类的前额叶皮层刚刚形成清晰的神经网络，第一次抬起额头惊愕地面对这个完全陌生、充满危险的世界，战战兢兢地在这个不可理喻的星球上展开活动，加工环境信号的那一天起，精神病这种病毒就如同癌细胞一样，在人体内悄悄地生长着。当人类的祖先围坐在篝火旁，用简单的语言谈论第二天的狩猎，此时，他们抬头仰望高悬头顶那神秘的苍穹、星星和月亮，环视周围那黑黝黝的群山森林；当他们身边刚才还有人在谈论明天的劳动计划和丰硕成果转眼便被虎狼掳走而永远消失了，生长在他们体内的精神病病毒便活跃起来。于是，他们惊悸、焦虑、狂乱、歇斯底里……从某种意义上说，人类精神病的历史几乎与人类精神发生的历史一样悠久。

然而，与人类精神病的历史相比，精神病学的历史太微不足道了。从科学的医学视角审视，作为人类医学一个重要分支的精神病学，迄今也不过几百年的历史。这似乎没有必要因此而怨恨和羞耻。作为人类特有的一种心理-精神疾病，精神病在人类早期的意识中，不仅具有一种“怪异”“不可知”的神秘性，而且具有一种与某种超自然力量相联系的恐怖性。从精神病理学的角度看，精神疾病的“怪异”、神秘、“不可知”的特征使得人类早期的医学文化根本无法与之展开对话。不仅医生的认知能力在它面前萎靡不振，甚至于人们历经风雨沧桑惨淡经营起来的疾病诊断与治疗的临床经验在它面前都显得那样的虚弱无力。病患行为、语言的疯狂与妄谵，构造的是一个古朴的医学经验无法阅读的病理文本，表现的是一个无主题、无情节、无线索的混乱的故事，言说的是一套拒绝语法加工的话语体系。也正因为精神病的这一怪异特征，使得传统医学对它大都采取了一种回避的态度。在中国传统本土医学文化中，人们称一些精神病为“虚病”，而“虚病”是不能用实证的医技来医治的，医生们把它交给

“巫医”和“术士”。[①] 传统医学文化对待精神疾病的这一态度，使得精神病愈加成为人类医学文化的一块蛮荒之地。

然而，精神医学在医学领域的荒漠化，并不意味着其他知识在这一领域的荒漠化。疾病是现实存在的，病痛也是现实存在的，由此所导致的个体和群体的苦痛也是现实存在的。医学解释不了也不想解释，总得有其他文化来承担这份使命，从而使个体和群体那个岌岌可危的精神世界和生活世界得以重建。这种文化就是宗教。

从人类精神病史的角度看，在远古、中古乃至于近代社会，无论东方还是西方，人们对精神病的认知，始终是与神秘诡谲的超自然现象联系在一起的。也正像布留尔所说的那样：在原始思维中，特别是对那些经验思维无能为力的问题，“神秘互渗”都是一种正常现象。“神秘互渗”的思维不是非逻辑的，而是具有严格的逻辑性，即因果关联。只不过这种逻辑不是我们今天所说的物理因果律，而是一种心灵因果律。这实属无奈。人们就生存于各种强大的自然力量之下，生老病死、灾难横祸随时在他们身边发生。如果不建构一种解释的逻辑，那么，生活就无法进行下去。昏厥、疯癫、怪异、喜怒无常……经验理性无法解释它们，人们只好通过人类祖先的心灵遗产——集体无意识来映射它们，通过“文化原型”来解释它们，从而使得狂谵、混乱的生命现象能够被秩序化、意义化，诸如“着魔”“精怪附体”“恶眼攻击”“妖魅拿法”等。“着魔”“精怪附体”“失魂”“拿法”等文化语言并非仅仅是超自然故事的描述，它们就是人类最早的宗教精神病学——精神病理学的民间模型，即对精神病发生之因的超自然解释。正是通过这些概念的命名及句法建构，“精神病”这种疾病不但得到了定义，而且引进了一种意向，将缺席的那个情境展现出来，从而使得不可理喻的疯狂现象获得了可叙述、可理解性。从这种意义上看，人类的宗教与其说是以一种“世界观”的姿态，即为人提供一种世界、人类及万物的起源与归宿的理论降临于世的，还不如说是以一种“救世学”的姿态降临于世的。远古社会的巫师、僧侣等宗教家，就是人类最早的精神病医生。古代的宗教家饱含着对人类精神苦痛深切的人文关怀走近了精神病患者，由于缺乏对人类心理-精神疾病的理性分析及丰富的经验的支持，他们只能启动列维-布留尔所说的“神秘互渗”的病理思

---

① 中医学传统所说的“先诊其心”“治神”，其实并不是对治疗精神病而言的，而是在表达治疗其他疾病的相应辅助手段，即医者不仅要观其象还要知其心；不仅治其病还要治其神。

维，通过将病患口中说出的狂言谵语、肢体表达的疯狂仪态与某种超自然事物联系起来建构起他们的临床思维、病理叙事以及祛除手段。于是，昏厥、癫狂、怪异、歇斯底里……常识和经验理性感到恐惧的这些异常行为得到了“合理”的解释和合适处理。我们最好不要指责这些宗教家的愚昧与虚伪。当人类的疾病和死亡都因超自然力量的介入而获得了合理的解释，当人类的悲惨和痛苦都因超自然力量的“青睐”而被转化为神圣的“蒙难”，当超自然力量神秘地“参与”人类生命组织的运动而使病痛得到对抗的时候，他们的行为该是多么高贵的“救世医学”！否则，人类就太不幸了！

检视人类医学史尤其是精神病学的历史，人类最早的精神病学，无论是病理叙事还是临床实践，基本上都是宗教的。考古学家在挖掘出土的5000年前人的颅骨上发现了环锯和钻孔痕迹，这是当时巫师为了将恶魔从人体内释放出来所产生的“杰作”。即使到了文明时代，人们对精神病的发生学解释也仍然是宗教的意向。《圣经·旧约》中记录了大量的恶魔附体的故事。《申命记》中也有这样的表述：“上帝必用疯狂重击你。”由于精神病病因、病理的宗教认知，其重要意义不仅使精神病这种神秘的生命现象可以被叙事，而且它也使宗教背负起“救世医学”的神圣使命，尽管它的“救世医学”仅仅是它的“救世神学”的修辞而已。4000多年前的巴比伦，对精神疾病的治疗就是治疗之神尼那塔和他的妻子古拉及其聚集在他们身边的神灵的职责。医学史学家西格里斯特这样写道：

> 巫术的、宗教的和经验的因素难解难分地混合在原始医学中，以巫术作为公分母。……巴比伦人的医学是一套紧密复杂的宗教医学。一切疾病皆来自神，神医的任务就是发现和解释神的意图，以便能安抚众神。①

在古埃及，对精神病的治疗，是医神伊姆贺特普的工作。在这种精神病学体系中，除了通过咒语和神圣仪式治疗外，还伴以丰富多样的宗教艺术疗法，如音乐、舞蹈等。

在古希腊、希伯来、古罗马的医学文化中，宗教也同样扮演着一种“救世医学”的角色。人们不仅用超验的逻辑解释和治疗精神苦痛，而且

① ［美］亨利-欧内斯特·西格里斯特：《疾病的文化史》，秦传安译，中央编译出版社2009年版，第123页。

还以神的名义建立了最早的医院——神庙。在人类文明曙光乍现的那个时代，一代又一代罹患精神病和其他疾病的人们，络绎不绝地来到这座神庙，接受“灵魂治疗”。医学史学家西格里斯特这样描写道：

> 在遗址中，我们依然可以看到一个大旅店，那是为朝圣者投宿而修建的，共有四个庭院。可以看到剧院，那是一座巨大的建筑，是保存最完好的希腊剧院之一。一座音乐厅，一个运动场，以及为款待游客而准备的公共浴室。圣地被围了起来，只有纯洁的人才允许进入；至于肮脏的人、来月经的女人、坐月子的女人以及弥留之际的人……
>
> 治病的行为就是所谓的 incubatio，它发生在距离神庙不远的一些长廊——被称作 abatio。患者在经历一些预备仪式之后，便来到这些长廊里睡下来。在梦里，神出现在他们面前，当醒来的时候，他们的病就被治好了——
>
> 始终有一种特殊类型的患者在宗教崇拜中寻求治疗：通常是慢性病患者，其中很多是神经官能症。歇斯底里的症状最容易对这样的治疗做出响应。①

从西格里斯特的叙述中，我们不仅看到了古代宗教“救世医学”的人文情怀，而且认识到了这一点：古代宗教对精神疾病的治疗，不仅完全是以“虚”对“虚”，误打误撞，而是蕴含着一定的心理医学的原理。比如，对神圣的超自然力量的信仰可以坚定病患战胜疾病的勇气，消除患者的精神痛苦乃至绝望心理；梦作为一种心理无意识的表达方式，它通过“象征语言”的流动起到了对患者心理世界中的“文化原型”等情结碎片的转化、疏导作用，从而恢复病患意识的正常性。

基督宗教，这一伴随着人类文明的脚步沉缓迈动而一起登上人类历史舞台的思想体系，不仅是一种哲学与神学，也是一种医学与精神病学。基督教的先知拿撒勒的耶稣，不仅是上帝之子，也是一位心理医生。“福音书”就记录了大量的基督治病的案例。耶稣不仅躬身治病，而且告诫他的门徒，授以他们能力，行治病救世之神圣职责：“耶稣叫齐了十二个门徒，给他们能力权柄，制伏一切的鬼，医治各样病。又差遣他们去宣传神国的道，医治病人。”（《新约・路加福音》第9章）在耶稣及其门徒的努

① ［美］亨利-欧内斯特・西格里斯特：《疾病的文化史》，秦传安译，中央编译出版社2009年版，第126—127页。

力下，无数的神经症患者、麻风病人等得以治愈。耶稣及其使徒不仅亲自“临床”治病，而且将异教徒的医学思想引入基督教医学中，并建立了世界上第一所教会医院。大量史料显示，在中世纪，教会就是医院，神父、修士就是医者，无数病患就是通过教堂这一圣地得以治愈的。

诚然，我们不宜高估《福音书》中所描述的耶稣及其十二使徒治病奇迹的真实性。《圣经》毕竟不是一部医学经典而只是一部宗教圣典，其中的叙述不乏虚构、神话的成分，但有些故事确是真实的。这一点已经得到了圣传史学家的一致肯定。有的历史学家甚至认为，耶稣治病的“奇迹”，并非完全是“神思”的结果，而是因为耶稣善用心理疗法。[①] 阅读“福音书”，我有同样的体会。世界上不存在“神力”疗愈的奇迹，理性的头脑也不应该相信这样的奇迹，但是，心理学和认知科学都指认了这样的原理：当人类的眼睛环视如此病态的世界而变得忧伤、哀怨、幻灭时，当人类的心灵渴望幸福、永恒、不朽而变得焦虑、抑郁、狂躁时，一束闪亮的超凡之光投射进人类心灵深处隐秘的世界，心灵的阴影随着这道闪光烟消云散，人类那沉寂的心灵就可以重新恢复生机，焦躁的灵魂就可以重新恢复平静。至少从现代心理治疗学的角度说，如果画十字、抚摸、祷告、咒语可以使人由病态而恢复常态，那么这种“奇迹”的存在就是真实的，对奇迹的相信就是合理的。因为这时的“奇迹”已经不再是神奇的事件，它融入了心理治疗的元素。正如列维-斯特劳斯在评价巫医的行为时所说：“问题并不在于接触啄木鸟的嘴是否真能医治牙病，而在于是否有一种观念认为啄木鸟的嘴与人的牙齿是‘相配’的，在于是否通过这类事物的组合把某种最初步的秩序引入世界。”[②] 例如，在中世纪时，病人通常聚集在教堂守夜，祈祷或梦中呼叫圣人，希望听到圣人的声音。结果，疾病很快被治愈了。更常见的治疗方法是，那些身心病患来到教堂，在教堂圣人的墓地祈祷、睡觉。睡醒后，疾病便痊愈了。这是神话但并不完全是神话，痊愈过程实质蕴含着一定的心理治疗原理：“夜晚，治病的愿望、关于由圣人治愈奇迹的叙述都倾向于让病人入睡，并想象着圣人显灵于他们”[③]；祈祷是疾病治愈美好愿景的展开，它可以激活病患积

---

① ［英］汉弗雷·卡本特：《耶稣》，张晓明译，工人出版社1985年版，第149页。

② ［法］列维-斯特劳斯：《野性的思维》，李幼蒸译，商务印书馆1987年版，第13—14页。

③ ［法］让·韦尔东：《夜歌：中世纪的夜生活》，刘华译，中国人民大学出版社2015年版，第193页。

极的想象和愉快的情绪，从而达到脑-心理问题的调节；在圣人墓地睡眠和做梦，本身就是一种疏通心理无意识的过程，更何况这一活动融入了“神圣”的元素，即圣人进入病患的梦乡为患者治病[①]，这可以为病患创造一种良好的心理环境，使其产生快乐的情绪和积极的心理努力。至少在神经生物学的意义上说，它使得大脑管理生命的机能提高，控制并调整了有机体神经-心理结构失衡混乱的状态。

在古代社会，精神病人的收留、照顾与康复也是宗教的主要工作。“在中世纪末期，开始出现了更正式的隔离措施，这些隔离措施通常都是出于基督教的慈善义务提出来的。……在伦敦，建于1247年的伯利恒圣玛丽修道院（人们一直叫它伯利恒，或疯人院），在14世纪末就是照顾疯子的地方。那时，内藏圣女吉尔神龛的吉尔佛兰德村，赢得了精神异常者康复中心的美誉。15世纪早期，西班牙在教会的协助下也建立了收容所，在巴伦西亚、萨拉戈萨、塞维利亚、巴利亚多利德、托莱多和巴塞罗那都有这样的收容所（原型是西班牙的伊斯兰教医院）。教会的推动也刺激了许多机构在随后建立……在天主教国家，这些机构的员工都是善男信女，而且一直到20世纪的许多国家里，监护和照顾精神病人的工作一直是信徒在做。”[②]

诚然，我们也许不宜过高估计基督教的医学使命感。基督教首先是神学，耶稣首先是宗教家，然后它才是医学，基督才行使医生的职责。无疑，在那个时代，医学其实是基督教的修辞学：它是天国奇迹的彰显，是救世主临世的证明，是上帝全能至善的论据，是恩宠与救赎的象征。但不管怎么说，基督教毕竟将救世神学与救世医学结合到一起。当整个世界布满了幻灭的意象，当人类的心灵充满了焦灼与绝望，当人类文明的成果——哲学、医学、教育——即将化为灰烬之际，不正是基督教和它的先

---

① 据皮埃尔-安德烈·西加尔书中记载：“通常，圣人出现在梦中，不过有时病人醒着，或认为自己醒着。圣人有时形象清晰，有时模模糊糊，以动物或某种物体出现，从墓中走出，或来自天上，从窗户进入。他实现了病人的愿望，即治愈疾病，但根据情况采取不同的方式。他的举止可以像一个医生或外科大夫……但通常，他的举止是非医疗性的：他用手或手指触摸病体，盲人的眼睛，聋子的耳朵，哑巴的喉咙。他可以用福水或油来治病。有时，他甚至只是给病人一个命令，病人在服从命令中治愈。”（[法] 让·韦尔东：《夜歌：中世纪的夜生活》，刘华译，中国人民大学出版社2015年版，第194页）

② [英] 罗伊·波特：《疯狂简史》，张铚等译，湖南科学技术出版社2014年版，第96页。

知耶稣基督，无论是通过宣讲天国的福音、行使治病的奇迹还是通过修道院的“医院”挽救了芸芸众生，保留了人类医学文化的火种么？

宗教与精神疾病的抗争，对人类灵魂的照料与调治，当然不只是西方宗教精神病学的故事，在古代东方，宗教对精神疾病的治疗以及对精神病学的贡献也成为人类医学史的重要内容。殷墟甲骨文以及《山海经》《大荒西经》中，就记载了中国古代社会巫、卜、医三者共同治疗精神疾病的史实。中国最早的医学圣典《黄帝内经》也有对“祝由”进行心理治疗的记述：“皇帝问曰：‘余闻古之治病，惟其移精变气，可祝由而已。今世治病，毒药治其内，针石治其外，或愈或不愈，何也？’岐伯对曰：‘往古人居禽兽之间，动作以避寒，阴居以避暑，内无眷慕之累，外无身宦之形，此恬憺之世，邪不能深入也。故毒药不能治其内，针石不能治其外，故可移精祝由而已。’”（《黄帝内经·素问》）所谓祝由，即由巫祝说明疾病之由来，并通过超自然力量的介入，无论是实施魔法还是巫术，以此改变病患的精神状态而达到康复。

中国的本土宗教——道教——虽然神学理论芜杂粗糙，但其养生学理论却独具特色，尤其是心理养生，可谓世界宗教精神病学中的一朵奇葩。其实，道教的医学体系，有很大一部分就是由心理医学组成的。在道教的医学实践中，不仅有符咒治病、降神捉妖这些信仰疗法和同化无意识的心理医学技巧，更重要的还在于道门“性命双修”的养心理念。心理学家认为，道教的“吐纳服气、导引、按脐、存思、咽液、服食等方法……能够发挥心理意志的能动作用，使体内的精气朝着一定的方向运行而达到治疗疾病的目的。存思治病的这种存想疗法，则是通过自我心理调节和心理暗示来治疗疾病，完全符合现代心理治疗中的静默疗法、想像疗法、暗示疗法的原理”。[①] 享誉东西方心理学界的心理学大师荣格对道教的心理养生术更是备加欣赏，并从炼金术和无意识转化的角度分析了“思道”的心理治疗意义：它为我们指出了一条降低潜意识冲突的道路。[②] 我觉得，道教的“内丹学”从某种意义上说就是一种东方式的宗教精神病学，特别是道门中那些大道仙姑苦心研修所总结出来的心理养生功法，几乎可以与西方的心理医学相媲美。

---

① 杨鑫辉：《医心之道：中国传统心理治疗学》，山东教育出版社 2012 年版，第 40—41 页。

② ［瑞士］卡尔·古斯塔夫·荣格：《金花的秘密：中国生命之书》，邓小松译，黄山书社 2011 年版，第 37 页。

佛教特别是中国化了的佛教，也蕴含着十分丰富的心理养生技巧。禅宗的心物一体，梵我合一，随缘任适，了无机心，不仅是一种悟禅理、获禅悦之道，也为人返归完整性、原生性的生命之道、心理无意识的疏导打开了通道。通过青青翠竹、郁郁黄花的妙赏体验，构造了一个日清月朗、自然生机的心灵世界，实现意识与无意识的整合，避免了无意识对意识的冲撞所导致的心理世界的分裂解体，从而益于心理与人格的和谐。中国的藏传佛教密宗，无论是其灵修的瑜伽术、金刚乘还是绘制“曼荼罗”的沙盘艺术游戏；无论是通过小乘止息自我，还是通过大乘培养慈悲心，都是一种极为高明的心理治疗手段。特别是曼荼罗游艺，它的绘制过程使得人脑中纷纭的意念得以集中，混乱的心思得以同心排列，从而起到了限制无意识意象横逸斜出、不受控制摧毁意识的作用。正如荣格所分析的那样，曼荼罗图案“有把混乱简约为秩序的目的……它们表现秩序、平衡与整体性……对无意识产生一种追溯既往的影响”。①

甚至中国民间社会的民俗宗教（民间信仰），也蕴含着极为丰富的心理医学元素。祖先崇拜、萨满跳神、“四大门”施法，虽然从表象而观显得诡异离奇、荒诞不经，但透过神秘诡谲的神鬼妖魅之游戏表象，运用心理医学、精神病学甚至认知科学的原理进行分析就会发现，这是病患分裂的心理世界重新整合的有效手段，即转化、引导个体无意识和集体无意识进入意识领域的一种医心之道。在中国传统的乡土社会，既没有西方天主教的灵魂安抚仪式，也没有西方社会健全的公共精神医学，更没有职业心理医师的心理干预，但大多数人却没有被精神病所击倒，其重要原因之一就在于，人们的日常生活世界经常表演着与鬼神共在、与妖魅共舞的文化游戏。神鬼妖魅介入人们的日常生活，尽管也可能导致个体的神经紧张，甚至引发个体心理深层文化原型的爆发而导致精神分裂，但它也为个体心理世界神秘文化原型情结的转化提供了路径和机制。可以说，正是这种神秘的人妖游戏创造了中国本土的民间精神医学，守护着一个个虽有缺陷但又相对平和的灵魂。

总之，在人类与精神病抗争的沧海桑田中，在人类精神医学发展的历史坎坷征程上，宗教发挥了极为重要的历史作用。它不仅为这个地球上智能物种生命的进化、精神的发展提供了照护，而且也成为人类精神医学的文化摇篮，为人类精神医学的发展提供了十分丰富的文化资源和精神灵

① ［瑞士］卡尔·古斯塔夫·荣格：《原型与集体无意识》，徐德林译，国际文化出版公司2011年版，第326页。

感，甚至成为与人类生物精神医学模型相补充的精神医学文化体系。确如医学史学家所说："千百年来，原始医学的所有元素都依然存活着，直到我们今天。"① 我之所以认为宗教也是一种精神病学，在一定程度上也正是源于对宗教的这种精神病学性质的认知。

三　宗教精神病学的理论预设

对宗教与精神疾病之关系的文化考古，并不意味着作为一门科学或知识的"宗教精神病学"的建构已经完成，它仅仅是宗教精神病学创建的基础工作之一。因为它们也仅仅是"科学的资料"或传统。作为一种科学（无论是自然科学还是人文科学）理论，尽管它离不开观察到的事实和整理出来的规律，但它还需要"高层次的概括，这种概括不属于观察性定律，而且在某些情况下不能直接来自观察或经受观察的验证。这些更抽象和更具思辨性的命题，通过解释所观察的规律、通过把分离的观察的定律组合到统一的学术体系中，甚至有时通过揭示以前未知的现象"形成科学理论。② 这也就意味着，作为一门科学，"宗教精神病学"绝非"宗教"与"精神病"这两种人类精神现象的简单连接，更不仅是人类精神发展史上那一个个亦狂亦圣传奇故事的叙事，而是需要将故事（事实）归结为临床档案，将经验提升为理性，将观察到的事实和总结出来的定律通过反思、抽象、思辨、假设等理论思维整合成一个系统的思想体系和语言系统③，并通过宗教学、精神病学的概念、典范（如精神病理学、精神防疫学、精神治疗学等的汇合）形成一个系统而又具个性的知识体系。按照这一体系规范，"宗教"不再允许仅被解释为一种意识形态、一种信仰体系与社会体制、一种文化形而上学，而是作为精神疾病的关联方面：既作为"病原体"成为精神疾病之因，亦作为防御心理冲突或精神错乱的"抗体"；寺庙观堂里的忏悔布道、祈祷唱诵乃至荒野村落萨满的狂言

① ［美］亨利–欧内斯特·西格里斯特：《疾病的文化史》，秦传安译，中央编译出版社2009年版，第125页。

② ［英］迈克尔·马尔凯：《科学与知识社会学》，林聚任等译，东方出版社2001年版，第27页。

③ 托马斯·库恩就认为："科学革命的主要特征就在于它们改变了关于自然的知识，这种知识内在于语言本身。"［美］托马斯·库恩：《结构之后的路》，邱慧译，北京大学出版社2012年版，第21页。

谵语、令人心惊肉跳的巫术魔法也不再是人类的生命传奇和文化经验，而是通过心理医学和精神病学原理的解释成为宗教精神病学知识系统中的重要范畴。

总之，“宗教精神病学”这一知识的创建的基础，不仅在于我们关于“宗教”与“精神病”之关系的逻辑分析以及经验的总结，更在于通过宗教学与精神病学知识的融合所形成的新的知识视野。托马斯·库恩曾说：“科学革命的主要特征就在于它们改变了关于自然的知识。”① 如此，我们也可以这样定义“宗教精神病学”的价值：它改变了人类关于精神疾病发生学、预防学、治疗学、康复学方面的知识，使我们认识到个体或群体的精神疾病，具有鲜明的地方特征、本土文化特质；即使那些器质性即神经性的精神疾病也与地方的自然、社会、文化环境具有一定程度的关联。作为地方化、本土化、文化性的心理疾病，通过本土文化中的治疗方法来处理更有效。也正如医学人类学所坚持的：巫术其实是一种与地方疾病（病因和治疗）相关的信仰和实践，并且是地方文化中的中心特征。根据宗教精神病学的这一特质，我们可以提出宗教精神病学的基本理论预设。

（一）精神障碍的宗教病理学

宗教作为人类创造的一种文化形式，宗教信仰作为人类与环境互动的一种神经计算形式，宗教体验作为人类的一种心理经验，人类接收、加工这一信号以及产生的神经-心理反应可引发脑-心理变化，并导致脑、心理机能和活动规律的改变，从而发生精神疾病。对这一精神疾病的宗教病理即本书所说的“宗教关联精神病”的病理描述、分析构成了宗教精神病学的基础工作。

（二）精神障碍的宗教预防

宗教在人类由古至今的照料灵魂、拯救苦难的实践中也形成了它特有的、有别于心理医学和精神医学的精神疾病预防体系。经验证明，很多信徒的心理卫生水平高于一般人与拥有这一预防体系密切相关。从现代预防精神病学的学理审视，无论是终极关怀的意义把持、日常生活的修身养性还是圣事生活的“神秘参与”、信徒沟通的语言游戏等，都可谓精神疾病

---

① ［美］托马斯·库恩：《结构之后的路》，邱慧译，北京大学出版社 2012 年版，第 21 页。

预防的有效手段。

（三）精神障碍的宗教治疗

宗教在救治人类灵魂苦难的行动中，还形成了几乎可以与现代心理医学或精神病学相媲美的精神疾病治疗体系，包括疾病诊断、治疗方式和特殊的临床技艺。这是宗教精神病学作为一种非专业精神病学模型的核心。可将它的这一精神疾病治疗体系分为几个层面按精神病学逻辑结构进行描述。

（1）宗教系统中的一些“灵魂的引导者”，不仅是人们宗教思想的培养者，也是人们精神的开示者，并且拥有较为成熟、高超的“灵魂引导”“精神开示”的技艺与智慧。无论是传统的生命意义诠释、宗教伦理教育还是近年来风行于日本、中国和欧美的“森田疗法”“内观疗法”都向我们提供了很好的例证：它就是宗教心理治疗学与现代心理治疗学的巧妙嫁接而结出的精神治疗“善果”。

（2）宗教生活的一系列灵修实践，无论是西方修道院的灵修生活，还是东方道教的心斋坐忘、禅宗的坐禅止观、密宗的瑜伽或金刚乘，事实证明，都与现代心理医学和精神病学的心理治疗具有相同性：如果说精神痛苦源于精神枷锁，那么，只要放开精神的枷锁，也就解脱了痛苦。

（3）宗教仪式中的一系列符号，作为一种情感的、想象的、象征的、艺术的符码形式，无论是神话的叙述、神迹的展现，还是对神力的赞美、向神灵的忏悔，不仅与人类心理深层的集体无意识形成了沟通，而且也具有疏通情结、转化无意识、整合意识与无意识的功能。

（4）如果我们认同美国著名心理学家和心理咨询师彼得·班克特的理论——心理治疗就是一种“谈话疗法”① ——那么，我们还看到了宗教在精神治疗技艺上与心理医学、精神病学的共通性：心理治疗从根本上来说是个劝告过程，治疗者的目的就在于给你提供一些对生活、对心灵、对存在的观点，并希望你采用，以化解我们的心理困境②，在这一特定语境下，我们谈论的不仅是心理医学和心理治疗师，也像是在谈论宗教活动和神学家。宗教体验，无论是文化的还是灵魂的，从某种意义上说就是人与神沟通的语言实践：“信仰不在于‘意识’上的认信，而在于与上帝形成

---

① ［美］彼得·班克特：《谈话疗法：东西方心理治疗的历史》，李宏昀等译，上海社会科学院出版社2006年版，第1页。

② 同上书，第15页。

‘可沟通’的关系。”① 在生存、生活实践中，人们对生活、对生存、对存在产生困惑而走进寺堂庙观，面对着神言说，倾听神的旨意；或向神父告解、向牧师或法师述说，倾听他们的引导。正是在这种谈话中，人们带着灵魂的阴影走进圣殿，披着心灵的阳光走出了圣殿。这与人们走进心理咨询室或诊室同心理咨询师或精神科医生谈话具有相同的认知心理学原理。尽管宗教性言说和心理治疗所谈论的故事情节、所使用的语言系统，甚至于目标和手段存在着诸多差异，但主题是相通的；尽管由于宗教师的禀赋、慧性不同，这种沟通有时可能还滞留于宗教文化的层面，没有拓展到灵魂、灵性的层次，但无论沟通的境界如何，仅就沟通过程而言，它与心理沟通是一样的，机制也是相同的，即通过维特根斯坦所说的言语“这个车辆”，将心理淤积的“污泥浊水”运出心外，将外界清净的气息运入心间，使心灵变得更清澈、更纯净。

（四）精神障碍的宗教康复

根据康复精神病学理论，我们可以将宗教视为精神疾病康复的公共资源。这一资源一方面体现于宗教场所的生态环境、人文环境通过向当事人输入与其分子生物调节、社会认知活动相协调的生态信号、社会信号和文化信号，唤起有机体的生命快感、心理努力以及和谐的身心运动实现心理疾病的康复；另一方面通过解构精神疾病的“污名化”使病患重新进行自我身份定义而促进当事人心理、精神障碍的自我康复。

四 宗教精神病学与相关学科

对宗教与精神疾病之关系的研究，不仅发生在我们所谓的“宗教精神病学”系统里，还发生在其他学科中，如宗教心理学、文化精神病学、精神分析学、医学人类学等。它们可以说构成了一个“宗教精神病学”的知识集束。但它们并非是相同的。“宗教精神病学”与其他相关知识存在着一定的区别。这里我仅以最接近的知识系统——宗教心理学和文化精神病学之区别做一阐释。

---

① 曾庆豹：《上帝、关系与言说》，华东师范大学出版社 2011 年版，第 43 页。

（一）宗教精神病学与文化精神病学

根据我上面划定的“宗教精神病学”图像与知识框架，可能有人会认为，这与近年来兴起的“文化精神病学”不是很相似么？或者说，它不就是文化精神病学的一种专题研究么？确实，就本书所构造的宗教精神病学之范畴意向乃至于范畴对象而观，它与文化精神病学确有共性之处。文化精神病学所描述的“文化相关综合征”病理现象，诸如“恐缩症”“北极圈癔症”“失魂症”“睡瘫综合征”“巫术相关障碍”等，就是宗教精神病学中的“宗教关联精神病”[①]；文化精神病学关于精神障碍治疗的相关理论，如“与宗教文化相关的心理治疗”[②]，也是宗教精神疾病治疗的主要行为范畴。但是，尽管二者有着这种种相近性，它们确系不同的知识门类。为了使人们更清楚地认识二者的差异，我们不妨花费一点文字具体介绍一下文化精神病学这门学科。

文化精神病学（cultural psychiatry）又称“文化精神医学”，其最早起源于人类学家和精神病学家携手对精神疾病所做的跨文化研究。这项研究的基本意向就是发现并描述在人类不同的文化版图内精神疾病的发生概率和特征，故此，其早期亦称“跨文化精神医学”“民族精神医学”“乡土精神病学”和“人类学精神病学”。按照文化精神病学的领军人物曾文星教授在《文化精神医学大全》一书中的观点，文化精神病学是精神医学的一个分支学科，它主要涉及人类行为、精神卫生、精神病理学和治疗中的文化方面。[③] 经过一个世纪以来的实践与理论研究，文化精神病学基本形成了自己特殊的理论框架和临床工作平台。

（1）关于精神的“正常”与“异常”划分的文化因素。不仅研究在不同的文化体系里，人们对所谓的“精神正常”和“异常”进行分类的文化因素，而且也研究在当代社会，对精神“正常”与“异常”界定的文化标准。

（2）精神疾病产生的文化病理研究。比如，文化与人格障碍的关系、文化源性应激对人们精神卫生的影响、移民人群的文化陌生、疏离与心理障碍问题等。

---

① “宗教关联精神病”是我创造的宗教精神病学体系中的一个术语。其概念内涵请参考第三章。

② 参看李洁《文化与精神医学》，华夏出版社 2011 年版，第 168—183 页。

③ 李洁：《文化与精神医学》，华夏出版社 2011 年版，第 98 页。

（3）精神病理现象的跨文化研究。比如，文化类型与精神障碍类型的关系、一些精神病的文化背景差异、不同文化语言关于精神痛苦和症状的叙事与修辞特性、关于文化特异综合征（如拉塔病、缩阴症、杀人狂等的研究）。

（4）精神疾病的解释与求助行为的文化机理研究。比如，对精神病的解释在有的文化中是自然的，在有的文化中是超自然的；有的则具有鲜明的本土性。也就是说，它的主要维度就是分析当人罹患精神病后，不同文化环境下人们是如何进行求助——求助医学还是超自然力量这种行为。

（5）文化与精神疾病的治疗。一方面是将文化精神病学的研究成果应用于精神病的临床治疗实践，另一方面在治疗一些特殊的精神病案例时，治疗师要考虑到患者的文化背景，同时也要考虑到自己的文化背景，如何消弭“文化信息沟”，从而整合彼此的共同的文化故事。①

按照文化精神病学家曾文星教授的观点，文化精神病学的主要任务就是要发现精神疾病的文化病理，并根据这些文化病理进行文化治疗。那么，文化是如何影响人的心理，导致精神疾病的呢？曾文星将文化因素对精神病的影响总结为七个方面：

一是精神病理的发病机制作用，即一般人所持有的文化观念、信仰等会带来其心理上的应激或挫折感，从而产生精神障碍；

二是精神病理的选择作用，即人们在生活中遭遇强大的应激事件而又无法应付时，便很可能产生病理性的情感反应，而这种反应因个体所拥有的文化机制不同而不同；

三是精神病理的塑形作用，特别是在妄想症的病例中，由于个体的文化背景差异，患妄想的内容会有些不同；

四是精神病理的繁衍作用，某些精神疾病一旦得到社会文化体制的认同乃至支持，就会不断繁衍，形成一种族群性的精神病景观；

五是精神病理的识别作用，个体的某种行为是否为怪异或病态，这不仅应由精神病学来定位，还要由文化来评判。在一般公众场合裸体就属于裸露癖，而在艺术特别是人体艺术课堂就属于正常；

六是精神病理的频发作用，如自杀现象就因民族文化心理的不同而呈不同的发病率。在日本，它成为一种社会集体病理学，这与日本的耻感文化及武士道的抵罪、悔过心理有关；

七是精神病理的反应作用，主要是一个社区、族群的文化影响到社会

---

① 参见徐一峰主编《社会精神医学》，上海科技教育出版社 2010 年版，第 109—118 页。

成员对疾病的认识、态度、治疗行为的选择及预后等。①

文化因素作用于人的心理或精神系统所导致的精神疾病并不是偶然性的，它具有流行病学的特征。因此，文化精神病学家也将它们称为“文化特异综合征”。

美国医学人类学、文化精神病学家阿瑟·克莱曼在其文化精神病学的扛鼎之作《苦痛和疾病的社会根源：现代中国的抑郁、神经衰弱和病痛》一书中，通过对现代中国常发的精神疾病——神经衰弱、抑郁症的文化背景分析，也许可以使我们对文化精神病学的临床思维（病理诊断和治疗）有一个更清晰的了解。在该书的第7章，克莱曼博士写道：

> 抑郁症的社会根源是什么？……部分原因也许存在于潜在的基因或者心理易感性，部分地是由于压力因素对于不同人来说可能意味不同，并且不同人可以利用的抵抗严重的痛苦生活事件的影响的社会资源不同。但是对于抑郁症来说还有更大的决定因素：人类不幸的社会根源造成了绝望、去道德化、自认失败的人格和处境。这些苦难的社会根源造成的情形破坏了自尊，阻碍行为选择，进一步限制了对本已有限的资源的使用，制造了牢不可破的人际紧张关系，使确定的角色失去了合法性，直接导致了难以忍受的后果……人类苦痛的社会根源正是权力的地方场景，它导致了资源的分配是不平等的，大规模的社会政治、经济和生态力量的影响的传递也是不公平的，把特定的人群置于最大的社会压力之下。②

克莱曼这一平淡、从容的叙事，使我们把握到了文化精神病学的核心思想：社会文化环境对个体精神障碍的塑造功能。它使我们想起现代中国那一场骇人的“文化运动”，那一个个被“文化”打造成病患的悲惨故事，想起很多人因“精神病”（思想病）而被囚禁、迫害的一幕幕惨案。

无论是曾文星对“文化精神病学”的定义，还是国内一些学者对文化精神病学的解释，大抵还是那个传统的“人类学精神医学”的思维框架和工作模型，文化精神病学家们的工作也大抵是在医学人类学的范畴意

---

① ［美］曾文星：《文化精神医学：学理与应用》，（台北）水牛出版社2006年版，第89—102页。

② ［美］阿瑟·克莱曼：《苦痛和疾病的社会根源：现代中国的抑郁、神经衰弱和病痛》，郭金华译，上海三联书店2008年版，第169页。

向之内展开的。学人们似乎更关注跨文化比较、精神疾病与族群、社区的文化习性、文化传统的关系，而关于宗教与精神疾病之间的关系并没有成为主体性范畴，或者说它仅仅是文化精神病学理论体系中的一部分内容而已。

通过文化精神病学理论框架及其工作模型的梳理，我们还可以看到，文化精神病学与本书所构建的宗教精神病学确系两种不同的知识系统和科学体系：前者的范畴意向和工作平台是“文化”——人类社会的文化传统、生活习性与制度习俗这个“大文化”，后者的范畴意向则是人类这个大文化系统中的一部分——宗教文化；前者所关注的是因价值观念、生活方式、行为惯制、生活环境这些漫散的文化因素所致的相关精神障碍，后者则主要聚焦于因宗教信仰、宗教情感、宗教生活方式所导致的相关精神障碍；前者的临床思维和行为方式主要是运用相应的文化技术、“文化胜任力”来治疗相关精神障碍，后者则主要研究宗教如何通过灵魂照料的传统技艺与智慧来促进个体的心理卫生、精神治愈以及精神康复。至于二者某些方面出现的“重合”并不奇怪，因为文化精神病学的理论平台是人类宏观的文化系统，而宗教精神病学的理论平台则是作为人类文化系统的一部分——宗教文化。如此，宗教精神病学便成为文化精神病学理论资源的一部分或者说是文化精神病学的一个“科室”。如果我们认同弗洛伊德的“文明的群体病理学”、荣格的“文化原型病理学”、罗杰斯的“人本主义心理治疗学”等都是文化精神病学的一部分的话，那么，说宗教精神病学是文化精神病学的一个分支也未尝不可。

（二）宗教精神病学与宗教心理学

“宗教精神病学”与“宗教心理学”之间的差异，表面看来似乎不大，因为二者都是对于“宗教”这一神圣文化情境下个体的心理经验、心理能力、心理运动形式的研究。从某种意义上，人们也可以将宗教精神病学视为宗教心理学研究的一个专题。

确确实实，它们很相像，或者你可以认为它们属于同一门知识的不同称谓。但它们确不是。宗教心理学是对宗教徒的宗教信仰、宗教情感、宗教生活中心理性态的分析与诠释；宗教精神病学则是对人们的宗教信仰、宗教情感、宗教生活诱发的精神障碍进行病理分析，对宗教于人类的心理防疫、精神疾病的治疗和康复功能的分析与诠释。如果说前者分析与处理的是某一群体的宗教心理状态和心理活动规律的话；那么后者分析与处理的是某一群体由于“神圣”信号的加工所导致的心理或精神活动异常以及对“异常”的修复技艺。尤其是二者的科学典范（库恩后来也称之为“学科基质”）有很大的不同，无论是符号通式、共同信念还是世界观：如果说宗教心理学主要是运用心理学的概念、范畴、理论来分析和解释宗教徒的宗教信仰、宗教情感、宗教行为中的心理特征与规律的话，那么，宗教精神病学则运用现代精神病学以及神经科学的概念、理论和原理对宗教作为一种人类精神疾病的“病原”“抗体”及其治疗技术进行分析与解释。

第三章　宗教与精神障碍发生

> 与诗一样，宗教仅仅通过想象世界已经得到了改善来推动世界进步，但它并不满足于给人类的知识增加这点内容——这些增加的内容对他们也许是非常有用的，并使它们变得崇高——它想劝说人们相信，世界真的就像相当随意的理想所描绘的那样——尽管它是非常表面的，从而带给人类更根本的好处。这种虚假的满足自然是许多失望的序曲，心灵陷入了一些虚假的和情感的问题中，并因此带来了无穷无尽的麻烦。
>
> ——［美］乔治·桑塔亚纳：《宗教中的理性》

一　关于"宗教关联精神病"

按照精神病学的符号通式和我在前文对"宗教关联精神病"的描述，现在我将对"宗教关联精神病"这一病症做一科学的界定。"宗教关联精神病"，我指的是人类因对"超自然信号"的脑-心理加工、表征以及体验所引发的脑-心理系统的异常活动而导致的心理不适和精神障碍。

需要说明的是，"宗教关联精神病"这一短语中的"关联"在此具有双重语义向度：它一方面意味着某些精神疾病与人脑-心理系统中的"超自然"信号加工密切相关；一方面还意味着某种精神疾病与某种特定的宗教信号加工相关联。比如，迷信佛教和道教都可能导致相应的精神疾病，但二者的病理形式却可能有区别；萨满教信仰和"四大门"崇信都可能引发精神障碍，但二者却表达出不同的病理形式；甚至如我前面所说的同属信仰上帝与基督，新教、天主教、东正教信徒发生某种精神疾病的可能性也不同。这就是"宗教关联精神病"这一短语中的"关联"一词的语义内涵。

在世界各民族民间文化话语系统中，并不乏“宗教关联精神病”的陈述。“着魔”“附体”“恶眼攻击”“迷魂”“拿法”“失魂”等，就是民间社会对因超自然因素影响所引发的心理或精神异常现象的叙述及指号。民间医学或大众医学的这套文化语言并非仅是地方经验、疾病风俗的文本化或蒙昧心智的故事化，它是人们在生存的强大压力以及本土文化观念的影响下生产出来的。这有什么办法呢？有病总得要解释，无论是病原学还是病理学，解释的目的并非疾痛故事的编排，而是通过这种解释使得病痛得以定位，建构一个集体共享的文化假设，从而保持生命意义体系的连续性与完整性。其实，对于乡土社会而言，用什么样的逻辑和文化语言解释疾病已不重要，重要的是通过这种解释构建一种地方性的集体共享假设，以此重建个体和社会被“病魔”摧毁了的精神世界和生活世界。当生物医学的技术理性十分匮乏或不能提供合理的、可愈的解释和治疗知识时，那么，发明一套文化神话和医学神话，诉诸超自然的解释与治疗行为就没有什么不合理之处。也正因此，世界各民族民间医学体系都构建了一套几乎相近的“宗教关联精神病”这样一种病理叙事体系和临床治疗系统。它们从病理现象学的角度映现了人类集体无意识的存在。以“失魂”这个疾病指号为例，这个在中国民间精神医学中使用频率很高的符号在其他地方文化语言中也使用着。这个指号凝聚了民间社会对一种特殊的精神苦痛——“宗教关联精神病”的“超验”认识及其由这种认知所发明的集体共享的医疗知识。

但不管怎么说，民间精神医学关于“宗教关联精神病”的解释与知识仅仅是建立在超验因果、集体无意识投射即超自然心理图式参与疾病意象加工和编码的基础上的，它具有很大的随意性和私密性，就像很多人把常识与经验都无法解释的病症都归入“魔症”这个病案一样。因此，民间医学语言并不有助于我们对“宗教关联精神病”形成明确、科学的认识。其实，不仅仅是我们这里所说的“民间精神医学”没有对“宗教关联精神病”做出合理的解释，即便是精神病学、心理学、宗教学在解释这一疾病现象时也仍然没有到位，即多少年来它们的解释主要还是在感性直观的层面游弋，如迷信、情感失衡、宗教幻想等。这没多大意义。我们需要的是对这一病症的事实存在及其发生学原理的解释。为此，我在这里准备从认知精神病学、流行病学的不同视域对“宗教关联精神病”的发生机理予以解释。

二　宗教关联精神病：认知精神病学诠释

在第一章，我根据人的大脑物理结构和神经模块理论曾做出这样一种推想：如果经常加工“神圣信息”，就可能形成人类大脑神经系统模式化的运动形式。认知精神病学家将其解释为由于经常从事与此有关的脑活动而在神经组织形成了一种很强的神经印记。这实际也就意味着，精神病的宗教“关联”不单是一种假设，而且是具有神经生物学的基础。也正是这一神经生物学实在，使很多人经常会发作这种“神圣的疾病”。尽管我并不完全认同近年来有些学者谈论的“宗教神经科学”，认为人的大脑中有一个“上帝模块”或“超自然神经元共同体”，但是，我认为至少从认知神经科学“模块脑”的理论来审视，人脑如果经常加工“超自然”信息，就可能导致脑神经系统被调整得更具倾向性，或用威廉·詹姆斯的话说，即“掘”出了一道“脑沟”。如果人们的脑神经组织形成了关于“超自然”的神经印记或者说形成了具有活力感的神经回路，一旦遇到相应的信号刺激，它就十分容易被激活。这里所说的“信号”，不仅指外界输入大脑的信号，还包括脑神经系统的自我交互所产生的信息。这些神经回路一旦被激活，它们不仅向大脑的动态核心发射干扰信号，使得人的“自传式自我”或理性意识受到扰乱，机能降低，而且还可能导致另一种结果，即由于这些神经组织的活力强盛而形成了对另一些神经组织的抑制（大脑的运动遵循物理学的原理——一个脑区过于活跃，则另一个脑区活动受到抑制），甚至形成对脑“核心”的重置，即脑的动态核心分裂为几种核心或非核心脑区对脑核心的取代。在这种情况下，人就会表现出意识混乱、精神异常之类的超自然意识表达。萨满师、狂热的宗教徒所表现出的“出魂”“狂谵”“狂喜”“着魔”等精神异常现象，其实就是他们大脑神经系统这一物理运动的结果。我们不妨具体解释一下人们大脑中的“超自然”信息加工是如何导致精神疾病的发生的这一原理。

我们知道，人脑中有1000多亿个神经元，这些神经元分布于全脑，并组构了人脑的不同脑区。神经学家R. 达马西奥告诉我们，由于脑的结构有限，那些必需的广泛的知识存储在位处脑中相对分散区域的各个系统内。脑是以空间分割的方式而不是整体空间的方式来储存和回忆知识的。[①] 由于在意识形成的过程中，并非所有脑区的“痕迹”都被回忆和重新建构，而是通常以某一神经空间为主。这一神经空间主要就是杰拉尔德·埃德尔曼所说的“动态核心”。所谓“动态核心”，埃德尔曼解释说，“在任何一个给定时刻，人脑中都只有神经元群的一个子集直接对意识经验有贡献。这是一种可以在几分之一秒的时间里彼此有很强的相互作用且与脑的其余部分有明显的功能性边界的神经元群聚类”。他特别强调说，动态核心是一种过程而不是一个位置或一种东西。也正是这个动态核心的存在才保证了意识的整体性。[②] 正因为人脑被分割为几个脑区，存在着“核心”之外的“副核心”，也就存在着这些核心对意识与心理表征形成产生影响的可能性。这些不同脑区不仅分别储存着各种各样的“痕迹”记忆，而且还可能发生“核心”与“非核心”的彼此相互影响（比如常识语言表述的“情绪压倒了理性”和“理性控制了情绪”），这也就意味着，尽管在脑的常规工作中，有些神经元群的“痕迹”表达虽不会进入动态核心，但会对动态核心形成干扰。一种可能的推测是，在正常性的脑神经活动中，由于埃德尔曼所说的“动态核心”的稳固性或达马西奥所说的“自传式自我”的活力，使得动态核心成为兴奋的、主要的脑运动模式，而其他神经元则处于弱势、被抑制的状态；但核心之外的这些神经元仍在伺机准备连接，随时准备复活。当个体的意识状态被调整，比如，“自传式自我”或“高级意识”[③] 的“关注”松懈或休眠时，或突然遭到某种强烈信号的刺激，“核心”外周的神经元就会被激活，通过我上面所说的以另一种“痕迹表征”形成神经映射和心理表象，这其中就包括由于经常加工、表征超自然数据而被调整成“神圣”神经元共同体的神经映射和表象。我们可以把这种“动态核心”之外产生的神经映射用达马

---

① ［美］安东尼奥·R. 达马西奥：《笛卡尔的错误：情绪、推理和人脑》，毛彩凤译，教育科学出版社 2007 年版，第 69—70 页。

② ［美］杰拉尔德·埃德尔曼、朱利欧·托诺尼：《意识的宇宙：物质如何转变为精神》，顾凡及译，上海科学技术出版社 2004 年版，第 169—170 页。

③ “核心自我”和“自传式自我”指由“核心意识”和“扩展意识”产生出来的两种自我。简单来说，前者指的是人的基本的自我，如我是谁、是个什么样的人等；后者则是随着生活经验不断成长起来的扩展了的自我。详见［美］安东尼奥·R. 达马西奥《感受发生的一切：意识产生中的身体和情绪》，杨韶钢译，教育科学出版社 2007 年版，第 135 页。

西奥的术语表述为“二级映射”[①]。这类“神经元共同体”的二级映射可能会产生下面这种意识的神经生物学事件：如埃德尔曼所说，由于动态核心在脑中处于有利地位并广泛访问不同的信息源，对上下文敏感，因此，其输入端口经常被打开，这就可能使得那些二级映射的神经模式进入动态核心，形成对动态核心的干扰，出现意识性质的改变——“自传式自我”的抑制而“超自然”映射上升为主体，即那些被激活的二级神经映射占据了优势，形成对脑动态核心运动的抑制，并重置了脑的核心，形成了以超自然神经运动为核心的神经映射及心理表象。埃德尔曼把这种现象解释为脑分裂为几个核心，并且高级核心区域和非意识大脑区域之间的折返链接时出现了畸变。[②] 在这种情况下，人的意识以及心理就会发生异常：语法语言、逻辑规则消失了，“自传式自我”也随之消失了，当事人表现出另一种存在：被鬼怪精灵附体或疯狂的前语言、前逻辑的言行。这就是疯狂或人们所说的“精神病”，或荣格所说的“精神分裂”的“神圣”病理。我们可以一个具体的“萨满病”[③] 为案例做一分析。

孟慧英在新疆进行田野作业时，由当地村民赵春生（锡伯族）向她讲述了这样一个精灵附体的故事：

> （赵春生的）舅父曾得过神经病，后由萨满治愈。当时不到20岁的舅父，一天晚上到厨房喝水，很长时间没有返回。其姐姐听到厨房里面有打斗的声音，喊得很厉害，深感奇怪。姐姐来到院子里的厨房前，把纸窗捅了个窟窿，向里面张望。就见他一个人在那里打仗，他往墙上扑抓，在地上跺脚，疯疯癫癫的。再看墙上有一个动物，是黄鼠狼（库林太），原来它成精了，把舅父的魂摄走了。从此舅父生病，神经错乱。不能见水，一见水病情就严重。[④]

赵春生的舅父为什么在厨房里看见黄鼠狼就疯了呢？难道真是民间信

---

① ［美］安东尼奥·R. 达马西奥：《感受发生的一切：意识产生中的身体和情绪》，杨韶钢译，教育科学出版社2007年版，第137页。

② ［美］杰拉尔德·埃德尔曼：《第二自然：意识之谜》，唐璐译，湖南科学技术出版社2011年版，第78页。

③ “萨满病”指的是被精灵附体而精神失常的精神疾病。只有罹患这种病的人才被认为是被神灵“选中”，才有资格成为萨满。详见我的新著《萨满的精神奥秘》，中国社会科学出版社2015年版。

④ 孟慧英：《寻找神秘的萨满世界》，西苑出版社2003年版，第40页。

仰、口述文学中所说的被“黄门”拿法了么？不是。黄鼠狼只是一种普通的动物，与任何生命体一样，在它身上根本就没有什么神秘的魔法；即使黄鼠狼拥有高于一般动物的所谓“灵性”，也是其生物神经组织的物理事件。从神经物理学的角度而言，神经事件不具有神经系统之外的物理因果力，不会产生对其他世界存在的物理影响，更何况在物理世界里根本不存在什么精灵妖怪。人们的精灵妖怪意识以及“着魔”或“附体”是人脑信息加工、表征的结果。用认知神经科学的原理解释，就是因为在当事人脑中存在着与“超自然”事物相联系的神经组织运动模式，尤其是个体后天在锡伯族民族文化环境中不断输入以萨满教信仰为核心的知觉信号，并在其脑中加工、编码，形成了脑中的“黄大仙”神话信息盘存以及稳固的心理图式。这些“信息”甚至可能形成他的“自传式自我”（如萨满教的灵魂观）。在日常生活中，他的活力的“自传式自我”成为其意识活动的主要模式，但他的其他几个脑区也没有完全停止神经运动。人的大脑的神经元都具有“劫掠”和“竞争”的本性，这使得人们的信息加工、编码活动几乎都是在有分心物的背景下进行的，只不过由于人们“自传式自我”处于强势而使得其他脑区的神经活动受到了抑制，没有被他的“自我”感受到；而当他的“自我”关注活动被调整（如对萨满教神话的信息的提取、加工）或“自我”活力不足（如睡眠）时，其他脑神经元活动以及所产生的映射就会干扰他的意识，如做精怪梦等。赵的舅舅到厨房喝水突然接收到黄鼠狼在他面前并做出某些“不寻常”动作的知觉信号，他脑中盘存的萨满教“痕迹”一下被激活，于是建构起关于“黄大仙作法”的一系列神经表征，并通过这一神经回路的高频脑电发放产生“黄大仙作法”的系列表象。此时其舅父的意识活动已由原来的“自传式自我”调整为“超我”（神鬼精怪意象）的神经运动模式。（这可能就是神秘的“萨满梦”形成的意识神经生物学机制）特别是其对这种知觉信号的加工并非是自下而上的，心理图式等相关认知模型参与其中，于是，便出现了“精神失常”。由于人大脑这一活动极为神秘，朴实的民俗心理无法解释这一现象，只好通过祖先遗传下来的精神遗产——集体无意识将其解释为神灵附体、被精怪“拿法”等。恩斯特·海克尔曾说过，人脑的意识活动“‘是心理学的神秘中心’。它是一切神秘的二元论谬误的顽固堡垒，装备极好的理性进攻也难以攻破它的坚壁”。[①]

---

① ［德］恩斯特·海克尔：《宇宙之谜》，袁志英等译，上海译文出版社 2014 年版，第 145 页。

由这种“超自然”的神经元共同体被激活参与知觉加工而重置脑的核心所引发的精神异常仅是“宗教关联精神病”家族中的一种类型。还有一种类型的“宗教关联精神病”，它不是由于脑中的超自然“痕迹”被激活对脑核心的影响，而是由于前文所说的当事人不断接受超自然信息的刺激导致了大脑神经系统的组织病变——癫痫。这种癫痫发作会引发当事人的狂喜、出神体验等，所以精神病学也将其称为“狂喜性发作”。这类病例在精神病学史、宗教文化史上并不少见。如中世纪加尔都西会的修士德尼、圣柯莱特、陀思妥耶夫斯基、圣女贞德、北方民族萨满教中的一些萨满等。我们可以分析几例。

荷兰中世纪史学者约翰·赫伊津哈在《中世纪的衰落》中这样记述道：加尔都西会的修士德尼对于神秘的传达、坚忍的苦行主义、持续的幻觉宗教和神启都投入了巨大的精力。他的著作有四开本的45卷，所有的中世纪神学仿佛众河归一般在他身上汇合。他从不知休息，每天他都背诵《圣经·诗篇》——或完整地背诵，或从一半或从任一词开始，或在穿衣时……他独立完成他的所有著作，一再修订、增补、说明。在临终前，他坦然搁笔：“现在我将进入安然缄默之憩园。”他的这种狂热与激情源于何由，人们大多解释为他的虔诚的宗教信仰。其实非也；而是源于他的“宗教神经元”的激活与发放——癫痫性发作。赫伊津哈描述说：“幻象和神启充满了他的日常经验。迷狂在各种场合降于其身，尤其是在他听音乐时，有时则在听取他明哲意见的显要友人的面前。他年幼时在月亮朗照时就起身，以为是上学的时候……他曾看见一死妇屋中充满了恶魔，即扔出手杖击打它们。他常常与死者交谈。当问及他是否常见亡灵出现时，他答道：‘是的，见过数百次。’”① 可能正是他的癫痫发作——失神性发作，才使他产生了强制性思维、强迫性写作以及非同寻常的幻觉体验。

俄国作家陀思妥耶夫斯基患有癫痫症，30岁以后从西伯利亚流放回来经常发作，尤其是在宗教信号的刺激下会产生“神喜”性发作。这一点已被他的朋友、亲人所证实。他的朋友索菲亚·科瓦莱夫斯基在《童年回忆录》中描述道：有一次，在复活节前夜，陀思妥耶夫斯基正和两个朋友谈论宗教问题，子夜的钟声响了。他突然大声说：“上帝存在，他一直存在！”他后来叙述了这段经历的细节：

---

① ［荷兰］约翰·赫伊津哈：《中世纪的衰落》，刘军等译，中国美术学院出版社1997年版，第197—198页。

> 空气中充斥着震耳欲聋的噪音，我四处躲藏。我感觉上帝铺天盖地地压下来吞噬了我。我真的触摸到了上帝。他进入了我的身体，是的，我喊出来，上帝一直存在，其他的我忘得一干二净。他说，你们这些人，你们所有健康的人都无法想象我们癫痫病人在发作前那几秒钟里所感受到的幸福。穆罕默德在《古兰经》里说他曾经看见并且进入了天堂。所有那些愚蠢的聪明人都确信他在说谎，他是一个骗子。但是不对，他真的没撒谎，他在癫痫来袭的时候确实身处天堂；他和我都是这种疾病的见证者。我不知道这种满足感会持续几秒、几个小时还是数月，但是请相信我，生活中所有的惬意也不能换走我对它的渴望。

陀思妥耶夫斯基的妻子也报告说，他发作时会发出“吓人的哭声”，继而倒地，失去意识；明显的神秘的光环或走神出现在很多次发作之前①。也正是陀思妥耶夫斯基这种癫痫发作的“神喜”体验，使得他对他作品中人物癫痫发作时“神喜体验”的描写能够入木三分。其小说中的人物，也有的患有这种“神圣的疾病”。如《白痴》中的梅什金公爵，就经常出现癫痫发作。小说《白痴》这样真切地描写道：

> 他的大脑好像处于一种潜能爆发的状态，他所有的感受能力都以一种非凡的方式急剧加强。生命的感觉和自我意识在此刻都超过平时的几十倍……他的内心充满了异于寻常的灵光；所有的痛苦、所有的疑惑、所有的焦虑都立刻得到了释放，达到了一种高度宁静，充满安详、和谐和喜悦、希望的状态，充满对事物终极原因的了解和认识……在那个瞬间，也就是在发作前神志清醒的最后时刻，他来得及清楚而明确地告诉自己：“对，为了这一刻可以付出一生。”那么这一刻就值得去付出一生。②

圣女贞德是西方圣徒史、宗教史以及战争史上的一位传奇女性。近

---

① 见［美］奥利弗·萨克斯《幻觉》，高环宇译，中信出版社 2014 年版，第 167—168 页。

② 这部作品的中译本比较好的是南江的译本。可参考人民文学出版社 1982 年版，第 277 页。

600年来，人们一直苦苦思索，为什么一个没有什么知识和没受过任何军事训练的农家少女却可以率领千万法军赶走入侵的英国“神咒兵”？莫非她真的获得了“神力”所助？抑或她执着的信仰给她带来的勇气？很显然，这两种解释物理学和生理学都无法提供支持。后来，人们通过对她的审讯记录、她的辩词的分析，从神经病学的角度解开了这个谜底：她的英勇无畏源于她的癫痫病——狂喜性发作。我们不妨看著名剧作家萧伯纳的诺贝尔文学奖获奖作品（1925）《圣女贞德》[①] 中贞德的自述：

罗勃：你说过圣凯瑟琳和圣玛格丽特天天对你说话，那是什么意思？

贞德：她们是天天对我说话。

罗勃：她们是什么样子？

贞德：（突然变固执起来）我什么也不告诉你；她们尚未给我许可。

罗勃：但你确实看见她们；她们跟你说话就像我现在跟你说话一样吗？

贞德：不，相当不一样。我不能告诉你，你不可以跟我谈论我所听见的声音。

罗勃：你在指什么呢？你听见的声音？

贞德：我听见声音告诉我做什么，声音是从上帝那里来的。

罗勃：是从你的想象中来的。

贞德：当然啦，那就是上帝传达讯息给我们的方式嘛。

——萧伯纳：《圣女贞德》第一场

贞德：杰克，我告诉你一些事：我在钟声里听到的那些声音，今天没有，钟声齐鸣时，除了噪音外，什么也没有。但是在这个角落，钟声由天而降，回音不绝，或者在原野上，钟声来自远方，穿过宁静的乡野，那些声音就夹在其中。（大教堂的声音报一刻钟）听！（她变得迷离恍惚）你听到了没有？“上——帝——亲——爱——的——孩——子”，就像你刚才说的。半点钟时，声音会说“勇——往——直——前”。三刻钟时，它们会说：“你——是——我——的——帮——助。”一点钟时，大钟响起来，接着“神啊——请拯——

① ［英］萧伯纳：《人与超人·圣女贞德》，李斯等译，时代文艺出版社2006年版。

救——法——兰——西”的声音之后，圣玛格丽特、圣凯瑟琳，有时加上有福的迈可，他们会讲一些我事先不知道的话。

——萧伯纳：《圣女贞德》第五场

当然，这仅是一部文学作品对贞德自述的描写，它与历史相比有多大程度的真实性还值得研究。但是，很多证据也表明，贞德确实患有幻觉神经病，而且从13岁就开始。通过对与她的精神体验具有相同病症的患者进行临床病理诊断和脑电图监视录像的观察、对照，神经学家认定贞德的主要病灶属于颞叶被激活的癫痫病症，由于这个颞叶神经元中盘存了上帝、天使等方面的信息，它的激活与发放导致当事人意识的丧失而产生“神的显灵”的幻觉（视、听幻觉）。在这种情况下，“病人可能有心灵的某些基本方面，可能在心灵中有某些内容是与其周围的客体有关的，但是，他却没有正常的意识。相对于其周围客体的表象，他并没有形成一个以自我为中心的认识活动的表象；一种与发生在每一特定的瞬间之前或在此瞬间之后可能发生的事情建立适当联系的感觉”。这意味着，这类患者的意识与神经模式能力之间可以发生分离，“即使没有意识参与，脑也可以通过多种神经中枢处理感觉信号，并且至少使某些通常包含在知觉加工中的脑区得到激活。”① 战场上贞德的“神勇”正源于此类神经病症。如战斗中忽然产生幻觉，听到上帝、天使、圣徒的召唤，脑表征出神灵显灵的意象导致其“自传式自我”丧失，对当下血肉横飞的战场没有形成认知表象，因而此时她也根本没有“危险”意识；但她心灵中的“印记”仍在，她还可以通过神经映射区分她的战友和敌人，也才能够具有无与匹敌的杀伤力，取得战争的胜利。

中国北方民族萨满教神事活动中有些萨满的“昏迷”，我认为也与这类癫痫发作有关。在有的学者看来，萨满作为民族的智者和文化英雄，认为其患有神经病是对萨满的误识。神事仪式上的萨满昏迷不过是人的主观能动创造出来的“痴迷嬉戏”：“萨满在盛大祭祀氛围的特殊状态下，头脑和心智是清醒的，有知觉和感知意识，微闭双眼，身体颤抖，样似不省人事，实际上时时聆听着裁利（助神人）的话语。俗话讲：‘三分萨满七分裁利’，萨满虽在裁利诱护下尽显狂态，但他知道做各式‘迷溜’特技

① ［美］安东尼奥·R. 达马西奥：《感受发生的一切：意识产生中的身体和情绪》，杨韶钢译，教育科学出版社2007年版，第76页。

时，不使身边人受到伤害。"[①] 但这种解释缺乏生态学效度。如果说此时的萨满在做"痴迷游戏"，那么，萨满昏倒在地、神志不清，特别是萨满被神灵附体后，他的一系列疯狂举动，如赤脚蹬烧红的铁铧子、"上刀山""过火海"等就无法获得合理的解释。科学的解释只能是：此时的萨满由于脑中萨满教神话"痕迹"神经被激活，向大脑皮层和丘脑发送了大量的信号，刺激了许多神经元同步高频发放，使意识受到干扰，造成了一时的意识丧失。所以，萨满"昏迷"时才能显现出种种超乎想象的躯体和精神行为。因为此时的萨满完全沉入与神灵一体的狂喜之中，他眼前的刀山火海这些危险的事物并没有在他的大脑中形成一个以自我为中心的认知活动表象，一个正在与之相互作用的、被提升了的客体表象以及建立与之相联系的感觉，这就是萨满"无畏"的神经学原理。至于他能够在这种情况下（丧失了意识）还能做出各式"迷蹓"特技以及不使身边人受到伤害，由于他虽丧失了意识但却有心灵，盘存于他神经组织内的"痕迹"——"迷蹓"的技艺、族人熟悉的面孔——仍然进入他的中枢神经系统，并使得这些感觉信号得到处理。也可以说，此时的萨满虽然丧失了"意识"，但其心灵深处储存的数据还在活动，并时刻对他的运动神经系统进行调控。这就是他能够表演"迷蹓"又不伤害身边人的道理。萨满的"出魂""神游"等，也都是这种癫痫——狂喜性发作的结果。

有人会说，"狂喜性发作"或"失神性癫痫发作"，严格说来属于神经性疾病而不是心因性的精神病，因此也不属于"宗教关联精神病"。并非如此。从认知精神病学的原理审视，这种疾病与个体基因遗传和创伤因素无关，而是与个体早期大脑发育过程中的异常发展有关，主要是与"超自然"认知活动有关，即经常从事超自然信号的认知行为而导致大脑认知机能的改变。这是一种典型的"宗教关联精神病"。

到了现在，"宗教关联精神病"的病理模式已经基本呈现出来：人类的心智系统盘存了什么样的"超自然"印记，形成了什么样的心理图式，并且如果经常被激活，那么，个体便容易发生某种精神疾病。例如，一个信徒的脑-心理系统中如果盘存了"愤怒的神祇""恐怖的地域"之类的信息，就会引发抑郁症、恐惧症、焦虑症；若常沉迷于"天国的喜乐"之类的神经计算，就会引发其狂喜、失神而表现出狂谵、妄想等；如"万物有灵"观念构成了其心智运动的主模式，则可能使其构造出各种精

---

① 富育光：《萨满敏知观探析》，转引自白庚胜、郎樱主编《萨满文化解读》，吉林人民出版社 2003 年版，第 62 页。

灵鬼怪活动的意识场景，进而引发癔症性附体障碍等。

根据上述对“宗教关联精神病”的脑-心理机制以及认知精神病学原理的分析，并考虑到作为一种精神病学理论的科学性，我认为可将“宗教关联精神病”划分为两种不同的类型：一类是神经性的“宗教关联精神病”，一类是心理性的“宗教关联精神病”；前者的主要病理在于个体脑神经系统中“超自然”神经回路的异常发放所发生的精神失常；后者的主要病理在于个体由于宗教信息的心理加工、情感体验以及幻想所产生的心理障碍；前者的临床表现主要为神经性发作，如狂喜性癫痫、神游性癫痫，其典型案例如俄罗斯著名作家陀思妥耶夫斯基、圣女贞德以及北方民族萨满教中的萨满师；后者的临床表现主要是心境障碍（很多信徒的精神疾病都属于这一类型）。按照传统的生物活性论：前一种精神病在某种程度上有一定的积极生命价值，如狂喜、激情、出神体验，可激发生命活力甚至产生某种动力，如陀思妥耶夫斯基的创作激情、圣女贞德的战斗激情、萨满师的神游激情等①；后一种精神病一般情况下只具有消极的生命价值——生命的耗损和人格的病变。当然，也正如上文所述，尽管这两种“宗教关联精神病”具有不同的病理形式，但二者并非彼此完全隔绝，而是具有迁延性：神经性的病症也可能演变为心理性的；心理性问题持续发作也可能导致神经系统的病变。也正因此，本书在使用“宗教关联精神病”这个术语及其对“宗教关联精神病”进行病理分析时并不严格区分二者（只是需要特别区分时才予以说明），而是以“宗教关联精神病”的统称指称。不过，它更多是意指心理性的“宗教关联精神病”。

三　宗教关联精神病的流行病学报告

脑-心理理论与认知精神病学从实证科学的角度支持了“宗教关联精神病”存在的合法性，现在，我们再从流行病学的角度对“宗教关联精神病”的合法性做一论证。

作为现代医学的重要学科，流行病学的主要目的是对人口群体中的疾病分布和致因展开研究。其中“发生率”和“流行率”是流行病学这门学科思维和表达的两个核心概念。所谓“发生率”指的是特定时段内罹

---

① 这个问题很具有挑战性，与一般的精神病学、宗教心理学理论相悖，但我认为这是“宗教精神病学”理论中很独特的一部分，故在上面做了比较详细的描述。

患某种疾病的人数；而“流行率”指的则是特定时刻罹患某种疾病的人数。① 经过若干年的社会调查与临床实践，流行病学家越来越发现，仅从生活环境、种族遗传、分子生物、药物反应等角度来研究流行病的发病致因不仅显得过于机械和僵硬，而且有些病症的病理模式根本解释不清。流行病学家通过大量的田野作业发现，不仅某种疾病的发生、流行往往与人们所持有的文化密切相关，诸如信仰、生活方式、知识体系等，而且疾病的治疗与康复也与人们的文化密切相关。“文化通过许多途径影响疾病模式的形成，比如谁算作病人，应该关注哪些人，人们患病后从哪里求医问药等。”② 正是基于对流行病的发病及流行规律的这种认识，流行病学家和人类学家携起手来，通过引入文化的变量进行流行病的动态研究，即对某一人类群体疾病的发病模式以及影响这些模式的文化因素展开研究。这种研究也被称为“文化流行病学”。

根据流行病学的“二率”这两个核心范畴，尤其是文化流行病学的理论模型，“宗教关联精神病”这一病理现象获得了可能性与可行性的叙事。“宗教关联精神病”这一病理之所以成立，是因为这种精神疾病所呈现的“宗教意蕴”或“宗教关联性”具有流行病学所描述的模式与规律。如果运用文化流行病学的解释模型——时间、地点、人这三个重要的疾病发生变量——进行分析，那么，人类精神疾病症群丛中的“宗教关联精神病”就更具有可陈述性。

首先，“宗教关联精神病”具有鲜明的“时间性”。这方面最为典型的案例就是中世纪西方基督教大一统历史时期发生的精神疾病丛——焦虑症、抑郁症、妄想症、虐待狂、人格分裂等。关于这方面的病案，中世纪史学者为我们做了十分生动的病案描述：

> 中世纪的末期，忧郁笼罩着人们的心灵。我们阅读这一时期的编年史、诗歌、布道文甚至法律文件，首先感受到有一种阴郁的分量压在心头。
>
> 人们害怕地狱、魔鬼及世界末日的来临……所有的生活都是黑色的。……混合着血腥与玫瑰。人们徘徊于地狱的恐惧与纯真的欢乐之间，徘徊于残酷与温柔之间，徘徊于苦行与享乐之间，徘徊于仇恨与

① ［美］詹姆斯·A. 特罗斯特：《流行病与文化》，刘新建等译，山东画报出版社 2008 年版，第 4、8 页。

② 同上书，第 8 页。

善良之间。①

这是一种名副其实的“宗教群体精神病理学”征象：原罪的罪恶感、魔鬼的恐怖感、地狱的阴森感、末日的焦虑感以及对天国焦灼的渴望、对获救的疯狂想象所导致的某一历史时期群体性的神经症征象。它不仅使中世纪人如精神分析学家所说的“全面倒退到前生殖时期的婴儿幻想阶段”，“口唇进攻性、施虐-受虐狂和肛门幻想”在全社会的流行，② 而且也创造了神经过敏、夸大幻想等精神癔症。美国著名中世纪史学家汤普逊通过征用大量的史料向我们展现了中世纪欧洲的这种神经症意象：

> 这个城市布满着手艺人和奴隶，而他们都是有学问的神学家，在店铺里也在街道上，进行传道。如果你要向一个人兑换一块银币，他会告诉你，圣子在哪些方面是和圣父不同的；如果你要买一块面包，他就会告诉你作为回答说，圣子的地位低于圣父；如果你问浴室是否准备好，他的回答是：圣子是从虚无中生出来的。

修道士们志愿流放于沼泽地上，让昆虫刺伤，训练他们的肉体受苦；他们或者在荆棘中祷告几天，或者弯腰曲背，继续留在痛苦的位置上；或者大家一起在麻袋里坐几天，也受不了像圣安东尼的行为：他的皮肤“黑到像埃塞俄比亚人一样”堆积着皮垢，并以“蝎子和野兽作为他唯一的伴侣”。

> 在基督教社会中，兴起了一种永远童贞和永远守寡的趋势，而这种趋势，是由许多伟大传教师培养出来的。的确，出嫁并不是一种罪孽，但是它是一种弱点的招供；第二次出嫁，差不多被认为是一种奇耻大辱。因此，教会所供养的童贞姑娘和寡妇，在人数上与日俱增的

① ［荷兰］约翰·赫伊津哈：《中世纪的衰落》，刘军等译，中国美术学院出版社 1997 年版，第 17、20 页。

② ［美］乔治·弗兰克：《文明：乌托邦与悲剧》，褚振飞译，国际文化出版公司 2006 年版，第 77 页。

比例，一倍一倍地加多起来了。①

上述三种中世纪人的精神征象，尽管汤普逊是从社会史的视角进行叙事的，但是，从精神病学的视角看，它们都是典型的神经症病例。这里不仅有受虐症，也有强迫症和神经过敏症等。

在荷兰中世纪史学家约翰·赫伊津哈的中世纪史料里，我们也同样领略到了中世纪基督教群体的受虐、妄想、精神分裂等精神病样态。比如，法兰西王侯之家族的查理，“习惯于睡在婚床旁的稻草上。在他死后，人们竟发现甲胄下他穿的是苦行者常穿的布衬衣。他每夜忏悔，说基督徒不应在罪中入眠”。被威廉·詹姆斯称为“低智圣徒”的彼得也是一个受虐狂：“他自幼就完全献身苦修，当他兄弟笑时，他严厉斥责，因为福音书只告诉我们，主曾哭泣却未曾笑过。……脏的可怕，且满身跳蚤。……他总是留心己过并每天在一个小本子上记录下来。如果因旅行或其他原因而耽搁，他就为此疏漏而奋笔数小时。人们常在晚上看见他在一豆烛光下读写他的小本本。他午夜即起……进行忏悔。……在他死后，人们发现了满满一整箱记录过失的小本子。”还有圣尼卢斯和圣罗慕德，从不注目妇女，从年少时就没摸过一枚钱币，他直立或稍有依靠地睡觉；须发不剃，不吃肉食，只吃草根。②

除了受虐狂，还有偏执和妄想症，如热尔松所描述的“过于延长的守夜斋戒和过于泛滥的眼泪”；亨利·苏索把耶稣的名字缝在胸口，自诩是他的情人；有的修女经常感到基督的血液汹涌而致眩晕。圣女柯莱特可谓这方面的典范：

> 她极端敏感，既不能近光又怕火热，只能在烛光下生存；她对苍蝇、蚂蚁、蛞蝓之类脏身之物有一种难以扼制的恐惧。她对性功能的憎恶使她反感那些曾结过婚的圣徒，并使她反对那些失贞的人成为她的信徒。③

---

① ［美］汤普逊：《中世纪经济社会史》，耿淡如译，商务印书馆 1963 年版，上册，第 74—75、99、179 页。

② ［荷兰］约翰·赫伊津哈：《中世纪的衰落》，刘军等译，中国美术学院出版社 1997 年版，第 192—194、196 页。

③ 同上书，第 202 页。

人们的心理世界充满了耶稣受难的纷乱意象，它们不时袭扰意识并使人的精神被这一情结所控制，为各种幻想所支配："贫苦修女负薪去厨房，就想象自己正背负十字架；无知无识的洗衣妇带桶去饲料槽或洗衣房就想象来到耶稣降生的马厩"。[①]

除了这些典型的精神病征象，欧洲中世纪还普遍流行一种"夜晚恐惧症"，并由这种"夜晚恐惧症"发展成为病态式幻想。让·韦尔东的文本告诉我们，中世纪人的夜晚恐惧，除了对暴力、战争的恐惧，还有对夜晚魔鬼出没的恐惧、对幽灵的恐惧、对狼人[②]的恐惧。在中世纪人的心中，"'黄昏'时，魔鬼首先出没在田野及森林中。对无人居住区的忧虑渐渐地蔓延到人类居住区。那些无法入睡的人、病人、垂死者无助地躺在黑暗中"[③]。

> 一天晚上（我记得好像是冬天），我从凄惨的梦魇中醒来，我躺在床上，邻近的灯光很亮，使我感到不安。突然，好似来自天上的近距离而嘈杂的声音透过深夜传来。那只是一些没有话语的叫声。强烈的恐惧立即怕打着我的太阳穴，使我失去了知觉，就好像陷入了沉睡中。此时，我觉得好像看到出现了一个已经去世的人，有人说，他是死在浴缸中。这鬼魂吓坏了我，我扑到床下，发出了尖叫，后来，我慢慢清醒了些。我发现灯已经灭了。于是，我看到，离我很近的地方，在黑暗中有一个巨大的黑影，是魔鬼显身。[④]

这种精神问题表面看来属于神经生物学的问题，即人类在夜晚神经资源的分散、注意水平的降低、视觉的限制以及褪黑激素水平的升高而引发

① ［荷兰］约翰·赫伊津哈：《中世纪的衰落》，刘军等译，中国美术学院出版社 1997 年版，第 199—200 页。

② 在欧洲中世纪，人们普遍承认狼人的存在。热尔韦·德蒂尔布尔在 13 世纪初证实了这种信仰的传播："我只知道，在我们这儿，白天，人类的命运是其原样，但有时，根据月亮的变化，会变成狼。"见［法］让·韦尔东《夜歌：中世纪的夜生活》，刘华译，中国人民大学出版社 2015 年版，第 62 页。

③ ［法］让·韦尔东：《夜歌：中世纪的夜生活》，刘华译，中国人民大学出版社 2015 年版，第 51 页。

④ 同上。

了情绪的低迷和幻想[①]，但本质上是宗教的致因，如《圣经》中关于夜晚恐惧的描述（夜晚时，“森林里所有动物都倾巢出动”“害人精在黑暗中行走”等）以及人们对上帝、魔鬼的信仰等。正是宗教文化为人们夜晚心理恐惧的产生提供了环境数据加工的文化模型。

施虐狂也是中世纪流行的一种神经症。比如，屠杀女巫和犹太人等。乔治·弗兰克在其《文明：乌托邦与悲剧》一书中为我们提供了这个主题的诸多史料。总之，正如热尔松这位职业神学家所说，中世纪人仿佛一位年迈昏聩之人，沉迷于种种幻想和错觉之中。

其次，“宗教关联精神病”具有鲜明的“地域性”。这方面的病例可以从中国大陆相关的流行病档案中捕捉到。比如，在20世纪前半叶，中国北方地区民间社会普遍流行一种由于信奉“四大门”或“五大家”的民俗信仰而导致的“被拿法”或被“迷魂”的精神病。据相关史料记载，在华北京津地区的一些乡村，由于“四大门”拿法而导致的癔症发生率很高，尤其是女性群体；甚至发生有些小型村落由于此类病症的高发生率而村民又无计可施只好搬迁而导致村落荒芜的例子。

再如，在我国北方少数民族群体，如蒙古族、满族、鄂伦春族、鄂温克族、赫哲族等民族中，也流行着癔症性精神疾病。这主要与萨满教流行有关。这种双相障碍精神疾病除了与个别人因生活中发生的应激事件相关之外（如孟金福萨满），大多数与族群所生活的生态环境有关。用现代精神病学的理论来解释，即北方民族中有一部分人患有季候性情感紊乱（SAD）病症。这是一种随季节变化而发生情绪和心理变幻的精神疾病。通常发病的模式是：一些单相障碍患者在秋冬季节发生精神抑郁，在春夏则转好；而一些双相障碍患者则是秋冬发生抑郁，春夏发生躁狂[②]。早在维多利亚时代，美国内科医生库克在北极格陵兰岛西北海岸线生活期间，就发现了船员和当地土著居民患有这种SAD精神病。其病症为：精神抑郁、疲惫、丧失活力和性需求。

> 在北极，夏天的阳光……对身体与精神来说是一剂有效的补药。但夜晚来临前，这种刺激就逐渐被低靡代替。之后，黑暗、寒冷以及

---

① 可参见［英］罗素·G. 福斯特、利昂·克赖茨曼《生命的季节：生生不息背后的生物节律》，严军等译，上海科技教育出版社2016年版，第226—228页。

② 同上书，第213页。

孤独将人引向悲伤。①

而对SAD病症做出科学记录的则是德国心理学家格里·辛格。他在1855年写道：

> 病人有规律地在一个特定的季节，例如冬天，出现明显的精神抑郁症，在春天变成躁狂症，然后又在秋天逐渐进入精神抑郁状态。②

英国神经学家罗素·G. 福斯特等也通过北极圈北部边缘的挪威特罗姆瑟市的问卷调查得到了这样的结果：样本中的25%被调查者是SAD患者。因为这个城市的太阳在11月21日—1月21日间都沉在地平线下；随后是从5月21日到7月21日的持续白昼③。

这就是"萨满病"的症结所在。我们不妨看人们对萨满性格特质的一些描述：性格内向、孤独沉郁。富育光先生也这样描写道：萨满喜"静思"，"幽气足"④；其为人，"性情多'静寡无常'，'喜沉思，喜孤单偃卧'，常为一事纠葛难寐，或缠绵悱恻不可自解。萨满多属内向忧郁之人"⑤，通过对人们就萨满的性格、气质、生活习性所做的这些描述的分析，我们可以断定，在北方民族萨满群体中，有的患有单相障碍——抑郁症；有的则发展成为双相障碍——抑郁与狂躁交替，所谓喜怒无常。尤其是一些女萨满。她们一般不是祭司的身份而是巫师的身份，更表现出沉郁与孤独、亢奋与狂躁的性格特征，也可以说符合双相障碍的临床诊断标准。

那么，在北方民族中，为什么有些人会患有这种精神疾病？这里我们不考虑基因与生化因素，因为我们缺乏这方面的临床数据，我们只讨论已为经验证实的环境因素。北方民族均生存于严寒的高纬地区，冬长夏短，天气寒冷。尤其是北方的冬季，天寒地冻，大雪纷飞。这种寒冷的气候会刺激血管收缩以帮助保存身体的热量。这可能导致血液升高，诱发相应的

---

① ［英］罗素·G. 福斯特、利昂·克赖茨曼：《生命的季节：生生不息背后的生物节律》，严军等译，上海科技教育出版社2016年版，第213页。

② 同上。

③ 同上书，第217、218页。

④ 富育光：《萨满教与神话》，辽宁大学出版社1990年版，第15页。

⑤ 富育光：《萨满敏知观探析》，白庚胜、郎樱主编《萨满文化解读》，吉林人民出版社2003年版，第63、65—67页。

疾病，使得身体机能降低。其次，北方的冬季又是流感活跃的季节，流感病毒侵袭是导致冬季出生者患有精神分裂症的主要原因①。再次，北方民族冬季的饮食结构也是孩童罹患精神疾病的重要因素，如怀孕动物缺乏维生素 D 将导致幼儿大脑发育异常（新鲜蔬菜缺乏而以肉类、白菜、马铃薯、萝卜为主，造成叶酸缺乏而导致神经组织缺陷）②。最后，北方的冬季昼短夜长，缺乏足够的光照，夜晚又无事可做早早睡觉，这将导致人体内褪黑色素的水平上升，使得人的情绪处于抑郁状态③。更令人恐惧的则是，这种冬夏节律的巨大反差可能导致有机体日常活动的“内部节律在时间上匹配错误”，即有机体内的生物钟运行紊乱而导致精神紊乱——“人类的生物钟导致我们体温的日高夜低，决定睡眠-清醒周期，控制着许多影响我们生理、情绪、认知能力和行为的功能。昼夜节律失调会导致旅行时差、精神疾病、睡眠失调，甚至一些癌症的发生。”④ 我们不要忘记，人亚科动物在非洲低纬度高温带已经进化发展了 600 多万年之后，才在 180 万年随着动物群的迁徙走出非洲，遍布于地球的广大区域。尽管不断地适应与应付身边的自然环境，但几百万年形成的生物节律已经在有机体内刻下了深深的印记。当人类的生理行为与这些生物节律不匹配时，就会导致相应的心理-精神疾病。尤其是在远古渔猎、游牧以及刀耕火种的蛮荒时代，由于取暖、照明、饮食结构、医疗卫生条件的限制，人罹患这种季候性精神紊乱疾病的可能性就更大。疾病一经形成，还可以家族基因传递的方式向后延续，绵延不绝。这也就是为什么在这些族群中罹患“癔症”的人不绝如缕，并具有家族性的主要原因。这种生态背景与萨满教信仰混合在一起，构成了这些族群癔症式精神疾病多发的重要因素。

我们再来看另一个样本。20 世纪 80 年代在中国海南岛、雷州半岛发生的大规模的“恐缩症”，也是因对超自然神秘力量的迷信（“神打”）所产生的一种宗教关联精神病。据莫淦明记载：一天晚上，雷州半岛海康县下岚乡的村民们正聚集在露天会场看戏时，突然剧场中一位 20 多岁的

① ［英］罗素·G. 福斯特、利昂·克赖茨曼：《生命的季节：生生不息背后的生物节律》，严军等译，上海科技教育出版社 2016 年版，第 183 页。

② 同上。

③ 罗素·G. 福斯特、利昂·克赖茨曼在《生命的季节：生生不息背后的生物节律》中写道：“夜间，SCN 电活动水平下降，去甲肾上腺素水平随之上升。松果体细胞内的受体结合去甲肾上腺素最终导致生成褪黑激素的细胞中钙水平升高。”（该书第 85 页）

④ ［英］罗素·G. 福斯特、利昂·克赖茨曼：《生命的季节：生生不息背后的生物节律》，严军等译，上海科技教育出版社 2016 年版，第 2 页。

男青年得了缩阴症，顿时全场秩序大乱，人们纷纷上前围观。有人紧拉住患者的阴茎，有的用渔网罩住患者，声称他就是“土狸精”。在用艾草抽打此患者的过程中，又有人发病倒地。这时，人们似乎感到一场大难来临，惊恐万状地逃离会场跑回家去。当夜本地即有 70 多人发病。有位公安民警的孩子也患了恐缩症，他左手抓住孩子的阴茎，右手掏出手枪向空中鸣枪 20 多发子弹用以驱赶作祟的“鬼神”。①

最后，我们再从“人”这个变量对宗教关联精神病这一病症做一证明。波士顿儿科医生唐纳德·贝里克博士曾经说过，“告诉我一个人的种族，告诉我他的收入，告诉我他是否抽烟”这三个问题的答案，比任何其他问题更能说明他的寿命和健康状态。② 我们也可把这段话做些改造，形成这样的表达式：“告诉我你的宗教信仰，告诉我你的灵修生活，告诉我你‘信仰’的目的，我就可能了解你的心理和精神状态”。也许，仅以人所陈述的信仰方式和灵修生活、信仰目的这些信息为数据来判断人的精神疾病的症状有些莽撞和冒险，因为这里还涉及人的宗教信仰的“信”的程度、“信”的向度、人的灵修生活的一些细微差异等。例如，同是佛教信仰，但禅宗与净土宗信徒却可能罹患不同类型的精神疾病；汉传、南传、藏传佛教徒也可能产生不同的心理障碍。尤其是精神疾病作为个体的心理紊乱和痛苦状态，触动的是个人十分私密的情绪感受和精神体验，并且很难进行实验室实验，因此，它具有一定的隐秘性和佯装性，也更容易导致诊断失误。尽管如此，我们仍可能从某一宗教文化的风格、教理教义及其信徒的宗教生活方式等来诊断该信仰共同体的成员所可能产生的心理障碍之类型。我们不妨以基督宗教信徒为个案做一解析。

新教、天主教、东正教同属基督宗教文化体系，但三者的风格，不仅是神灵信仰，而且包括灵修生活、教理教义都不尽相同。因而，新教徒、天主教徒、东正教徒所可能发生的心理问题也往往有差别。新教徒的心理问题一般是抑郁和焦虑；狂热的天主教徒则容易罹患分裂样人格障碍；而东正教徒（斯拉夫语族）则往往容易坠入偏执和抑郁。我们不妨以东正教徒为例做一分析。从表象上看，东正教与天主教似乎有诸多共同之处，比如，都十分重视灵修、礼仪、圣事，但它们的差异还是很明显的。正如叶夫多基莫夫所说，自俄罗斯人接受基督信仰以来，便形成了一种特殊的

① 莫淦明主编：《流行性缩阴症》，广东科技出版社 1991 年版，第 12 页。

② 转引自［美］詹姆斯·A. 特罗斯特《流行病与文化》，刘新建等译，山东画报出版社 2008 年版，第 44 页。

"本质上是神秘的、'着魔般'的思维品质，也就是说，他的灵魂被神性真理之绝对所拥抱"，于是，"对于俄罗斯人来说，凡是暂时的、尘世间的事物，都是平淡无奇、无足轻重的。据别尔加耶夫认为，俄罗斯人的理念，从来不是一种文明的理念、一种作为历史中公物的理念，它是关于最终的和普遍的拯救、关于世界和生存的形变的理念。生命的价值不是在末尾之中，而是在终极之中，在启示的末世之中。俄罗斯人或者与上帝同在，或者反对上帝，但是永远不能没有上帝"。[①] 对上帝、天国的这种绝对着魔，不仅使俄罗斯"大地上燃烧着谜一般的乡愁"（果戈理语），而且也培养了"神圣的"俄罗斯民族精神——"圣火点燃了俄罗斯的所有灯盏"——"有产贵族或者富商面对着福音书的真理，在灵魂深处一直考虑最好把财产分给穷人，然后启程上路，成为朝圣者。"[②] 也正是对"天乡"（天国）的"乡愁"和"来世拯救"的执迷，"使俄罗斯人经常陷入绝望和忧虑的深渊"（许多神学家和信徒不仅患有忧郁症，而且很多属于偏执类神经症。这方面的典型不仅有12世纪的弗拉基米尔，他身后还站立着托尔斯泰、费多罗夫等一大批艺术家和思想家）。因为不是所有的人都能进入天国，都能上升到理想的高度，都相信自己的力量。[③]

同样，对于生活于中国北方地区的鄂伦春人、赫哲人、鄂温克人、蒙古人来说，由于信奉萨满教，浸淫于神秘的萨满文化之中，因而，他们更容易罹患人格分裂、癔症性附体障碍之类的精神疾病。在鄂伦春、鄂温克社会和内蒙古地区，很多人患有"萨满病"。罹患"萨满病"，不仅使人遭受着精神的痛苦，而且，也成为其将来做萨满的"灵性"资本，即本族人所说的"神选"或"神抓"。有的学者通过"文化精神病学"理论对其进行解释，认为"萨满病"属于"文化相关综合征"的一种——"北极圈癔症"（pibloktoq）。

其实，"萨满病"并不是一个专业的精神病学概念，也不是对精神疾病医学分类的结果，它只是一个民俗学的语汇。这一文化语言所表达的是一个能够成为萨满的人所显现的最基本的心理或精神特质，民俗学家乌丙安先生将其称为萨满之"灵"。一个部族成员能否成为职业萨满，就取决

---

① ［俄］叶夫多基莫夫：《俄罗斯思想中的基督》，杨德友译，学林出版社1999年版，第31页。

② 同上书，第35页。

③ ［俄］B. B. 科列索夫：《语言与心智》，杨明天译，上海三联书店2006年版，第165—167页。

于他是否具有这种先验之“灵”。这个所谓的“灵”，乌丙安先生描述说，族中一些特殊的病患（主要是青少年），他们有的自幼就精神异常，说异常、超常的话语，做异常的事；有的是突发性神经错乱症，胡言乱语，哭笑唱闹，异常不安……在萨满教文化系统里，由于人们把各种异常的疾病都看作各界精灵的作祟——各种精灵、鬼灵作祟或祖灵、已故的大萨满附体——的结果，于是，他们就被认定为有“通神”之“灵”或被神“灵”选中、被祖先、萨满“相中”“指定而成为萨满的接替人”①。孟慧英的《寻找神秘的萨满世界》（西苑出版社 2004 年版）、郭淑云的《原始活态文化——萨满教透视》（上海人民出版社 2000 年版）等文本，都通过大量的田野资料，向我们介绍了一些著名的萨满，如鄂伦春大萨满戈初杰、孟金福、关小云等成为萨满的个体生活史以及精神疾病史。由于这些学者既不是神经学家、心理学家和精神病学专家，他们的著作亦非神经学、心理学、精神病学专著而仅仅是一些田野志，因此，也不可能对“萨满病”之病因做出科学的解释。但是，这些第一手的田野资料是十分珍贵的，它们为我们提供了对“萨满病”进行科学分析的群体性样本。这里我们不妨摘取几个人（成为萨满）的“萨满病”经历。

> 鄂温克族萨满霍巴太，20 多岁时患精神病，到处跑，医院治不好，只好请萨满治。萨满说，如果她当萨满，病就好了。最后她和师傅一起学萨满跳神，自己的病好了，又为别人跳神治病。②

鄂伦春族女萨满戈初杰，16 岁时得了一场怪病：神志不清，乱跑乱藏，常常爬树，坐在树顶哈哈大笑。病了两年后家人请萨满毛季善为其治病。经过萨满的跳神，她很快痊愈了，并成为一名萨满。另一位女萨满禅灭彦 15 岁时突然疯癫起来，出门就跑，一天到晚不停地乱蹦乱跳，她说耳边总是响着乱七八糟的声音，眼前显出七彩的图画；她经常在森林里爬树，吃树叶。最后，家里人为她请来萨满跳神治病。她的疯癫病治好了，她也学会了萨满技艺，并成为一名萨满。③

---

① 乌丙安：《萨满信仰研究》，长春出版社 2014 年版，第 192—193 页。

② 孟慧英：《寻找神秘的萨满世界》，西苑出版社 2004 年版，第 125 页。考虑到文字的经济性，对原文内容作了删改。

③ 孟慧英：《中国北方民族萨满教》，社会科学文献出版社 2000 年版，第 228—229 页。

> 鄂伦春族大萨满孟金福，16岁时家中连遭不幸，使其突生怪病，终日不吃不睡，呆坐于旷野和莽林之中，两眼模糊，耳畔嗡嗡作响，似有人在与之耳语。其母请人为其祈祷、占卜、招魂均未奏效，只好请女萨满关乌力彦为他跳神，可连跳三次仍不见好转。关乌力彦对其家人说："他若不学萨满病是不会好的，此乃天神之旨意。"孟金福遂跟关乌力彦学萨满，其病也随之痊愈。①

在对这些案例分析之前，首先需要申明一点：上述"病历"无论是萨满师本人的报告还是族人的描述，这些的口述资料都不可视为绝对客观、真实的事实。如同我们眼睛所呈现的世界都是经过我们的大脑修饰过的一样，我们所听到的也都是经过述说人修饰过的。这虽然会影响我们对"萨满病"的科学分析与解释，但不会产生太大的影响。因为没有一种科学的描述和解释能够代替真实的存在，只要事物变化的过程清晰就可以了。

上述几个"萨满病"病例，从精神病学病理看，首先，它们不属于"北极圈癔症"。根据文化精神病学的病理报告，"北极圈癔症"是生活于北极圈内的因纽特人罹患的一种特异精神病，亦称"北极歇斯底里"，核心语义为疯狂。主要临床特征表现为疲倦、抑郁或错乱；随后出现一系列破坏行为，包括尖叫、骂脏话、撕毁衣服、砸烂家具、打滚儿狂奔、吞食粪便等。一般持续30分钟，之后开始惊厥或昏迷，一般可达12小时。然后完全缓解，伴有遗忘。② 显然，"萨满病"不属于这一症群。

其次，"萨满病"也不属于脑外伤所导致的神经组织疾病。尽管从病理上看，病患突然神志不清、疯狂乱舞或出现幻觉（幻听、幻象），可能与神经系统受损及其分裂性遗忘、分裂性神游、分裂性认同失常等分裂性障碍十分类似，但从这些萨满的个体生活史及其以后成为颇有才干和智慧的职业祭司、巫师这个角度看，可以断定这不属于脑损伤引起的神经性疾病，尤其是他们没有丧失与脑神经物理运动有关的意识、思维能力，在某

---

① 转自郭淑云《原始活态文化：萨满教透视》，上海人民出版社2000年版，第78页。孟金福的"故事"有几个叙事版本，均有差异。如孟慧英的调查为：孟金福自称得了"孤独症"，又和妻子关系怪异——一经接触如同触电，其妻死后病情益重，最后在关乌力彦的治疗劝说下做了萨满，病也好了。（见孟慧英《寻找神秘的萨满世界》，西苑出版社2004年版，第19—20页）

② 李洁：《文化与精神医学》，华夏出版社2011年版，第122页。

种程度上甚至拥有比常人高超的智慧和预见能力，这说明他们的“萨满病”与神经系统损伤关系不大。

可能的解释是，我推测这些人的“萨满病”属于一种特殊的心理-精神问题。我这里所说的特殊的心理障碍与精神问题，不是孟金福萨满所说的“孤独症”。虽然我们没有对孟金福进行遗传和脑呈像方面的研究，但从精神病学对孤独症所做的临床表现，如社交障碍、语言交流障碍、刻板重复行为（兴趣局限，专注于某种模式和对某物有特殊兴趣或强迫性地固着于特殊而无用的仪式性活动）、感知觉异常、认知缺陷[①]这个视角看，尤其是从认知神经科学家所说的孤独症之根本病因在于其“与社会交往不良相联系的广泛性发育障碍”和认知心理学所说的“心理理论能力有缺失，不能恰当表征他人的心理状态”的“心理盲”[②] 这种病理描述看，孟金福认为自己属于孤独症是他主观性的“疾病假想”（我怀疑他可能是把“性格孤僻”与“孤独症”混淆了）。

此外，我认为这些人属于心理/精神问题也不同于有的心理学家所说的“青春期心理问题”。“青春期心理问题”是近年来人们解释为何有的人在青少年时会罹患某类特殊的精神障碍之因的一种理论。按照美国宗教心理学家埃德文·迪勒尔·斯塔博克在其《宗教心理学》一书中的分析，这些人在青少年期间之所以罹患“某类特殊的精神障碍”，是由于在14—17岁阶段，个体有一种觉得不完全、不圆满的感想，常产生出沉思、抑郁、病态的内省和罪孽之感，因怀疑而烦恼，对将来感到忧虑；此外，在青春期常见的兴奋、紧张也会引发神秘的体验。按照斯塔博克的理论，在青春期与宗教发生关系，是由儿童的小世界转变到成年人的、较大的、理智的、精神的生活的过渡时期的连带现象。[③] 这种“青春病”的病理分析是没问题的，但它不具有普遍性，缺乏生态性样本的支持。按现代心理学理论，在人类这一种系中，青少年都经历过青春期，也可能都有某种程度上的“青春期心理问题”，可为什么只有在北方民族的一部分青少年身上表现出“萨满病”之症状呢？

前文我曾分析过，有些萨满的这种精神问题之病因主要系大脑在早期发育、心理早期发展过程中因其生存的自然环境和文化环境信号的刺激导

---

① 见张亚林主编《高级精神病学》，中南大学出版社2007年版，第433—434页。

② 见［美］葛詹尼加《认知神经科学：关于心智的生物学》，周晓林等译，中国轻工业出版社2013年版，第532—533页。

③ 见吕大吉《西方宗教学说史》，中国社会科学出版社1994年版，第801页。

致了异常发展，致使神经元连接模式特异化，脑的某些认知机能受到重组，甚至发展出“特异脑”，如神鬼精怪之类的信息输入更容易激活神经元的广泛连接而产生意识障碍；此外，一些萨满尤其是女性萨满在早期心理发展过程中由于受到自然环境的影响而导致的心理疾病——双相障碍，当狂躁症发作时会产生意识障碍。

他们的心理/精神障碍主要是癔症——癔症性附体障碍和癔症性癫痫①。

根据精神病学的病理研究，无论是癔症性附体障碍还是癔症性癫痫症，其病因都和神鬼妖魅迷信有关②。按照荣格学派的精神分析理论来解释，也就是当事人心理世界的文化原型即神鬼妖魅情结的爆发所致。或者我们也可以这样理解，这些人心理世界的集体无意识内容不仅十分丰富而且十分活跃，当遇到相应的外界信息刺激就会将其激活（而使意识失活），并向意识领域渗透乃至压抑意识，主导当事人的心理生活。这一心理活动的结果如荣格所说，心灵越是沉没到远古的层面，无意识的影响力也越是成倍地增进，开始引发对主导功能的病态性扰乱③。此时的病患，理性自我意识丧失，人类远古意识残留物尽情展演，于是，人变成了神、鬼和精怪，他们于是也就成为拥有萨满之“灵”者。

如果我们再将这些“萨满病”患者与其所生存其中的自然环境、文化生态、个体生活-心灵史互文而观，就会更相信我们对他们所做的病理分析是正确的。无论是霍巴太、戈初杰还是禅灭彦、孟金福，他们都生活于“万物有灵”的萨满文化世界中。正如列维-布留尔所分析的那样，原始民族生活于万物有灵这样的神秘世界中，因而不管在他的意识中呈现出的是什么样的客体，必定包含着一些与它分不开的神秘属性；当原始人感知这个或那个客体时，他是从来不把这些客体与这些神秘属性分开来的，他的知觉根本上是神秘的④。荣格通过心理分析将布留尔的这一“集体表象”理论又向前推进一步：人类这一神秘“集体表象”可以通过基因遗

① “癔症性癫痫”与一般性癫痫不是同一种精神疾病，尽管二者很相像；但癔症性癫痫发作没有一般性癫痫发作的临床特征，尤其不存在一般性癫痫发作那样的电生理改变。它不是由脑神经病变引起的而是由情绪、暗示，尤其是与宗教、巫术有关的情绪、心理表象引起的。

② 见张亚林主编《高级精神病学》，中南大学出版社 2007 年版，第 647—650 页。

③ ［瑞士］古斯塔夫·卡尔·荣格：《心理类型》，吴康译，上海三联书店 2009 年版，第 255 页。

④ ［法］列维-布留尔：《原始思维》，丁由译，商务印书馆 2010 年版，第 34—35 页。

传的方式登录于后人的心理世界，形成了共同体每一成员先验的心理系统——集体无意识即文化原型，它们多以神鬼妖魅意象为主。在日常心理生活中，人们的理性意识活力十足，这些集体无意识便被压抑在意识域下，但它们并没有消失，而是以潜意识的形态蛰伏着并待机准备复活。当外界的输入与个体心理深层中某些集体无意识内容相对应时，便可激活它们形成强烈表达。据此，可以想象，作为萨满教文化世界的每一个体，其精神的生物属性、先验心理模式（萨满教所形构的个体的“文化知识”）的共同作用，使得那些具有某些特异心理/精神气质的个体（如荣格所说的“内倾心理”类型者）心灵中的萨满教神话能量更强，神鬼精怪意象更丰富，“原型”更活跃，甚至可以说它们就游荡于动态核心的边缘，一但复活便可向意识发送干扰信号，使当事人表现出异常的行为与精神状态。

我想再补充一个数据对上述分析做一加强。前文我曾提及这一点，北方民族都生活于高纬度的寒带地区。寒冷的气候，漫长的冬夜，日照的稀少，不仅导致有机体血管收缩，血液流动少和血压升高，而且也干扰了有机体生命体内的生物节律，影响生命体内的物理、化学成分的正常秩序。这使得这些地区的居民容易发生“季候性情绪紊乱”（SAD）这种特殊的流行性神经疾病，并且有可能通过生物基因遗传。尤其是当个体这种“季候性情绪紊乱”的精神特质与当地的民俗文化——神秘的萨满教文化——交会在一起，就会生产出新的精神疾病——宗教关联精神病。它既是不同病理相互作用的结果，又是族群文化建构的结果。这就是在北方民族中某些青少年早早就被认为是具备萨满之“灵”、也是这些族群中为什么会发生众多“萨满病”的环境（自然环境与人文环境）心理学原因①。

四 宗教关联精神病的若干病理样本

人类学家克利福德·格尔兹在《作为文化体系的宗教》这篇出色的论文里曾为我们提供了一个因宗教偏执而导致精神苦痛的案例：

> 她是一位家系绵延的［Ba-Ila］老妇人。莱萨（Leza）（“the Be-

① 孟金福萨满的情况是个例外。如果郭淑云的调查属实，他应该属于个体所遭遇的重大生活事件的精神刺激所导致的应激障碍。

> setting one”，“困扰者”）将黑手伸向这个家庭。他在她还是个孩子的时候就夺去了她的父母，在随后一些年里，她的所有亲人都相继去世。她对自己说：“我抱在自己膝上的那些亲人一定会活下来的。”但事与愿违，即使是他们——她的孙子们——也都离她而去。……她在绝望中下定决心，一定要找上帝问问这是什么意思。……她于是走上旅途，走遍一个国家又一个国家，头脑中萦绕着这样一个想法：“我要走到世界尽头，发现一条通向上帝之路，我要问他：‘我对你做了什么，你要如此折磨我？’”她始终没有找到世界尽头，虽然失望，但她并不放弃寻求。当她路过不同的国家时，人们问她：“您到这里来干什么，老妇人？”回答总是：“我在寻找莱萨。”“寻找莱萨！为什么？”“我的兄弟，你问我！在这个国家有谁受过我这样的苦？”他们会再问：“你如何受苦？”“就是这样。孤独。你看我，一个孤老太太。我就是这个样子！”他们回答道：“是的，我们明白。你是这个样子！没了朋友和丈夫，这和别人有什么两样呢？困扰者骑在我们每个人的背上，我们没办法把他甩掉。”她始终未获得她所渴望的，带着一颗破碎的心死去。①

可以断定，这是一个典型的“宗教关联精神病”案例——个体因重大生活事件造成的心灵创伤与其宗教信仰之间的矛盾所导致的精神障碍。患者把接踵而至发生在她身上的所有不幸与苦难都归结为超自然的原因——莱萨对她的折磨和上帝对她的不公。对这位老妇人而言，她实在无法承受她所信仰的那个仁慈、公正、至善的上帝为什么对她如此的默然、冷酷，更无法像与她交流的那些人那样来理解生活——它本身就是一个问题，每个人都可蒙受各种各样的厄运与苦难——而是对她所信仰的“文化谎言”采取了过于较真、过于偏执的态度。对这位老妇人而言，关于上帝的信仰，无论是爱、救赎还是永恒，都是其人生与生活清晰而稳固的意义框架，然而，现实生活中的一系列不幸事件却颠覆了她的这套框架的稳定性，她因她曾拥有的这套意义框架的矛盾而陷入了严重的精神危机——抑郁症之中，并由这种抑郁症进一步发展成为严重的心境障碍，最后死于这种恶劣的心境。

一个集思想天才和护教论者为一身的切斯特顿曾说过：“默想基督或

---

① ［美］克利福德·格尔兹：《文化的解释》，纳日碧力戈等译，上海人民出版社 1999 年版，第 119 页。

佛的僧侣心中却有一个全然的健康形象，一个有着鲜明色彩和洁净空气的东西。他对这种理想的健康和幸福的沉思也许过度，也许到了忽视或排除生活基本需要的程度，也许到了坠入梦幻或胡言乱语的地步，尽管如此，他沉思的仍然是健康和幸福。他甚至可能癫狂，但他癫狂是由于对清醒的爱。”① 切斯特顿的坦率令我十分敬佩，他承认宗教崇信可能导致精神的紊乱；但是，如果切斯特顿否认因对神圣事件的沉迷而致的精神紊乱的心理学意义上的“恶”，我认为就显得有些不明智，甚至令人觉得有几分愚钝。追求快乐、幸福可以说是人的一种生命本能，甚至就连那些疯子也沉迷于他所想象的快乐、幸福的幻想之中。但是，如果人对快乐和幸福、对某种理念的追求采取了虚幻不真、过于偏执或紧张不安的态度而走上了疯狂之路，尽管值得我们怜悯甚至崇敬，但却不值得认同甚至赞美。它无论在生物学还是心理学上都是一种恶——人类的精神的紧缩与解离，生命的悲惨与苦难。

讨论精神疾病的宗教病理，我们又一次与荣格相遇。荣格曾以他的“心理类型学”理论解析了东西方民族的心理特征，其中有些内容与宗教关联精神病密切相关。在荣格看来，西方人心理基本属于外倾型，东方人心理基本属于内倾型，之后，荣格从思维、情感、感觉和直觉等不同的心理层面分析了内倾与外倾的心理特征及其可能的心理问题。尽管荣格也承认，“这种划分太浅薄而笼统，只不过是一个大致的区别”，并且，“即使是同一类个体之间也存在着极大的差异”②，但我认为，“心理类型学”对于我们理解、分析、解释不同宗教信仰、心理模式以及所可能引发的精神疾病仍有着极为重要的启发意义。例如，西方宗教心理是外倾型的（基督教），东方宗教心理是内倾型的（印度教、佛教）；外倾型心理模式对世界的态度是移情，内倾型的心理模式对世界的态度是抽象。“西方人以移情的态度为世界灌注生气。但在东方人那里，客体从一开始就已充溢着生气，并且凌驾于他之上；因此东方人必须退入到抽象的世界中，”因而，外倾型宗教心理容易滑向夸大妄想、歇斯底里；内倾型宗教心理则容易变得抑郁僵硬，人格衰竭。③

---

① ［英］切斯特顿：《异教徒》，汪咏梅译，生活·读书·新知三联书店 2011 年版，第 12 页。

② ［瑞士］卡尔·古斯塔夫·荣格：《心理类型》，吴康译，上海三联书店 2009 年版，“导言”第 3 页。

③ 同上书，第 251 页。

参照荣格的“心理类型学”理论，结合与宗教相关联的心理、精神障碍的临床征象，我们可以把“宗教关联精神病”以“关联”为模型大致编排成一个系统的病理档案。当然，档案文本中的角色并不完全是固定的，也是开放的。他们不仅病倒在“宗教关联精神病”的病榻上，而且也可能游走于文化特异综合征、神经性病理等各个病房，成为不同科室专家诊断和叙事的对象。这一现象尽管为我们进行“宗教关联精神病”的诊断及病理叙事制造了诸多麻烦，但并不影响这份病理报告的合理性。因为任何一种知识都不可能十分准确地描述客体，更何况对人类隐秘的心理、精神问题的描述。也正因此，下文的病理报告并不意味着此种病症就一定是某种宗教所致，也可能掺杂着其他病原，但就病理的基本模式而言，它应与该宗教有着更密切的关联。

（一）抑郁-焦虑症

作为宗教关联精神病系统中的一种，焦虑症的发生既与神创宗教有关，也与原发宗教有关。由于这两种病症的临床表达形式有些差别，故我分别对它们进行陈述。

1. 清教主义焦虑

经过帕斯卡尔、克尔凯郭尔、兰克、博斯等思想家、精神分析学家的心灵体验、经验整理与心理分析，我们今天已拥有了关于“抑郁-焦虑症”的基本临床病理模型。按照克尔凯郭尔的文化精神病学理论，人作为一种精神与肉体混合的产物，焦虑乃人之在世的心理常态。但是，也正像存在主义心理学家罗洛·梅所指出的，为人皆焦虑，可人的焦虑却有正常性的和非正常性的：正常性的焦虑是人的一种心理驱动力，是一种生命的创造力；但神经性焦虑①则是一种精神疾病，是克尔凯郭尔所说的“致死的病症”；正常性焦虑是心灵哲学研究的课题，神经性焦虑则是精神病学研究的课题。

那么，如何理解正常性焦虑和神经性焦虑这两种不同的心理现象呢？早在300年前，帕斯卡尔曾以忧郁的笔调描写了他的存在焦虑：

> 我不知道是谁把我安置到世界上来的，也不知道世界是什么，我自己又是什么？我对于一切事物都处于一种可怕的愚昧无知之中。我

① “神经性焦虑”不属于精神疾病，而且从神经科学的原理而论，“神经性焦虑”这个概念也不准确。

> 不知道我的身体是什么，我的感官是什么，我的灵魂是什么，以及甚至于我自己的那一部分是什么——那一部分在思想着我所说的话，它对一切、也对它自身进行思考，而对他自身之不了解一点也不亚于对其他事物。我看到整个宇宙的可怖的空间包围了我，我发现自己被附着在那个广漠无垠的领域的一角，而我又不知道我何以被安置在这个地点而不是在另一点，也不知道何以使我得以生存的这一小点时间要把我固定在这一点上。我看见的只是各方面的无穷，它把我包围得像个原子，又像个仅仅昙花一现就一去不返的影子。……
>
> 正像我不知道从何而来，我同样也不知道我往何处去；我仅仅知道在离开这个世界时，我就永远地或则是归于乌有，或则是落到一位愤怒的上帝的手里，而并不知道这两种状况哪一种应该是我永恒的应分。这就是我的情形，他充满了脆弱和不确定。①

不难理解，帕斯卡尔这段文字所描述的焦虑就属于正常的焦虑。之所以属于正常，是因为它是个体对存在之意义的一种思虑；之所以不属于神经系统的病理形式，在于它并没有使人产生一种无助感，或如罗洛·梅所说的那种“引起压抑以及内心冲突的形式，并且受到活动或意志的各种受阻形式的操控”的病理式反应②，而仅是个体对生命、对人生的意义、过去与未来的反思、追问与求索。那么，病理性焦虑的特征又是什么呢？根据精神分析学者卡伦·霍尼对神经性焦虑的病理分析，焦虑症的主要病症是无助感：“他像踩钢绳的演员，保持平衡的能力保护他不从高空掉下来，但也使他面对其他危险显得无助。”③ 也正因此，我们看到，焦虑症通常又都牵引着抑郁症，如米歇尔·福柯所说的那样，病人的“元气（精神）完全陷入某种躁动，但这是一种微弱的躁动，没有任何狂暴的力量，而是一种软弱无力的激动。这种激动不是沿着明显的途径或公开的途径推进，而是通过不断创造新的细孔穿行于大脑。”④ 所以在临床上，这种病症又合称为“抑郁-焦虑症”。因为无助感、恐惧感、危机感、不确

① ［法］帕斯卡尔：《思想录》，何兆武译，商务印书馆 1981 年版，第 92—93 页。

② ［美］罗洛·梅：《心理学与人类困境》，郭本禹等译，中国人民大学出版社 2010 年版，第 96 页。

③ ［美］卡伦·霍尼：《精神分析新动向》，张长英等译，上海锦绣文章出版社 2008 年版，第 121 页。

④ ［法］米歇尔·福柯：《疯癫与文明》，刘兆成等译，生活·读书·新知三联书店 2003 年版，第 119 页。

定感时刻缠绕着个体，使其整日忧郁伤感，焦虑不安。为了避免彻底的精神崩溃，有人采取了一种“分离”的形式，使自己与外界隔离开来以免受伤害。天长日久，这又演变为孤独症。

让我们再次回到克尔凯郭尔。早在弗洛伊德、罗洛·梅、卡伦·霍尼前的一个多世纪，克尔凯郭尔就以一个文化精神病理学家的敏锐为我们揭示了焦虑症的病因——自由。克尔凯郭尔总是让我们感到突然甚至惊愕。按照现代哲学理论，无论是康德、黑格尔还是马克思的思想，自由都被厘定为人之本质属性，也是人类精神发展的至高境界，可到了克尔凯郭尔这里，它怎么就变成了精神病的“病原”了呢？是克尔凯郭尔解释错了还是康德、马克思等思想家理解错了呢？我们先不急于辩解，姑且顺着克尔凯郭尔的言路往下看。在他看来，焦虑就是“自由的头昏眼花”，“那自由的可能性在恐惧之中宣告其自身的降临，这是一种预告能够使得那个体的人在恐惧之中沉沦”①。克尔凯郭尔提醒我们，个体一旦从他所坚信、所依附的文化系统里抽象出来获得了自由，那么就意味着可能踏入虚空的危险，就意味着焦虑的开始。确实，作为一种精神性动物，人渴望自由；但切不可对自由用心太甚，因为人还是一种社会动物，他还需要吸纳他所在环境的文化氧气，靠对各种社会符号的“物恋”来消除虚无与孤独。如果用弗洛姆的话说，也就是只要人还是那个世界不可分割的一部分，还没意识到个人行动的可能性和责任，他就用不着害怕；一旦成为一个“个人”，一旦独立存在，与世界分离，个人突然觉得世界强大无比，能压倒一切，而且危险重重，他就开始产生一种无能为力感和焦虑感。② 克尔凯郭尔对焦虑症所做的病理诊断——“自由的头晕眼花”——通过弗洛姆的精神分析，现在彻底真相大白了。

如果说焦虑症源于人的自由所致的“头晕眼花”，那么，这种病症与基督宗教新教徒心灵生活的关系最为密切。从基督教所创造的“神-人”关系这个视角看，清教徒也可以说是孤苦伶仃的孩子。马丁·路德的宗教改革，革除了教会权威，简化了宗教仪式，缩减了圣礼数量，废弃了对圣徒的崇拜，甚至玛利亚这位优雅可爱的圣母也被边缘化了。这当然很好，至少它使新教徒的精神生活获得了很大的自由。“因信称义”，因信获救。

① ［丹麦］克尔凯郭尔：《概念恐惧·致死的病症》，京不特译，上海三联书店 2004 年版，第 113 页。

② ［美］埃利希·弗洛姆：《逃避自由》，刘林海译，国际文化出版公司 2000 年版，第 23 页。

只要坚“信”，任何外在的清规戒律、繁文缛节都可以取消。与中世纪的基督徒相比，新教徒确实获取了精神自由，但与此同时，它也挖掘了一个巨大的灵魂漏洞。首先，新教徒不再像天主教徒那样，生活于虽然充斥着繁文缛节但却不乏几分诗意的圣境之中：每一个灵魂都受到圣母的精心呵护，每一个人都可以通过向天国缴纳足够的税赋为自己的来世买份保险，或者通过各种象征符号而与神圣的世界融为一体。尽管圣母、圣徒崇拜和各种仪式使人的心灵多了几分牵绊甚至还可能使人变得有些多愁善感，但它确可以保证信徒的心灵维持一种相对平和宁静的状态。哲学家乔治·桑塔亚纳曾以优雅的文笔如此写道：

> 抱负与恩典可以通过雅各的梯子不断地上升或下降。出生时有通往超自然的神圣的献祭仪式，即洗礼，成长有按手礼，自我意识方面有忏悔，青春期有圣餐，努力有祷告，打胜仗要举行祭祀（牺牲），犯罪有忏悔，沉思有启示的智慧，艺术有崇拜，自然的善良有慈爱，贫穷有谦卑，死亡有自我的放弃和复活。当心灵因沉思而变得疲惫的时候，嘴唇可能续续回响着某些虔诚的祈求，保持着身体的谦卑、吉祥的姿势和富于表达力的习惯，以便接受上帝的恩典；并且，当膝盖和嘴唇都疲倦了的时候，一根蜡烛可以留在祭坛前燃着，以见证暂时被忘却的欲望在心中并未被消灭。通过祷告和宗教工作，可以得到那些短乏的东西，死者在命归黄泉的途中也可以得到帮助，在满是冷漠和不公的世界上，始终保留着对所有人开放的教堂和天国的社会。①

确实有些烦琐，但恰恰是这些圣事游戏，不仅使天主教徒体验着圣秘的快乐和生命意义的完整性，而且也实现了心理情结的转化与疏导。与天主教徒这种诗意、圣秘的信仰生活相比，新教徒的精神生活则显得太贫乏、太冷漠，也太凄清了。亨利希·海涅以诗人的直觉和诗意的语言描写道：经过宗教改革，“上帝自己重又变成了一个没有家室的天上老童男；他的儿子的合法性被否定了；圣徒们被撤职了；天使们的翅膀被剪断了；圣母丧失了她对天界的王冠的一切权利要求，不再行使奇迹。……随着古

① ［美］乔治·桑塔亚纳：《宗教中的理性》，犹家仲译，北京大学出版社2008年版，第98页。

老的奇迹一起丧失了其他许多诗意”①。这就是新教徒“心灵自由”的代价。诚然，新教徒虽然也有大教堂，但那已不是过去那个充满神圣之美意味的圣殿：那里没有圣像，没有圣徒，没有圣坛，没有恍惚迷离的烛光，也没有神父展演的象征剧，而只有空旷冷漠的空间、例行公事主持祈祷和布道的牧师，人们只能孤苦伶仃面对无言的十字架和自己罪孽深重的心灵；新教徒心中虽然也有一位权威的上帝，但却生活于“后母”的家庭之中；新教徒的信仰尽管充满理性，可这种理性却是那么原始，虽然充满着青春的活力，却有几分蛮性的味道，最终不可避免地衰落成“一种虔诚的怀疑论”（桑塔亚纳语）；伴随着这种怀疑论的弥漫，则是“欲说还休，欲说还休”的忧郁和“睡也无聊，醉也无聊”的焦虑。更严重的是，孤独、紧张、抑郁、焦虑的心境积重难返，但却没有疏泄的途径，只能靠清教徒自己的苦闷和压抑来消化。然而，个体心理承受压力的能力是有限的，当压力超过阀限时，人们便会跌落到神经症的痛苦之中。荣格从心理学的角度分析了新教徒的这一心理问题：

> 新教徒被留下来孤独地面对上帝。对他来说，既不再有忏悔，也不再有告解，也没有任何赎罪的神圣可能。他不得不独自消化自己的罪；而且，由于不再有适当的宗教仪式，他也就无从指望神圣的恩典。由此便产生了新教徒良心的敏感——这一有愧的良心具有迁延性疾病的一切不受欢迎的特征，它总是使人周期性地感到不舒服。但也正是由于这一缘故，新教徒便拥有唯一的机会使自己在最大限度上意识到罪……新教徒于是被留给了他的紧张，这种紧张继续使他的良心变得敏锐。②

尤其是当个体经常处于一种抑郁性焦虑的消极背景情绪之中，就可能引发脑组织异常连接，进而导致心理障碍以及躯体疾病。我们不妨用神经生物学原理对这一病理做一解释：焦虑、紧张其实是一种与新皮层、边缘系统和下丘脑等层面上的很多脑系统运动有关的状态，它的形成主要是受当事人消极的背景情绪影响，如果这种状态经常持续，就会导致大脑机能

---

① ［德］亨利希·海涅：《论德国宗教和哲学的历史》，海安译，商务印书馆 1974 年版，第 40—41 页。

② ［瑞士］卡尔·古斯塔夫·荣格：《精神分析与灵魂治疗》，冯川译，译林出版社 2012 年版，第 50 页。

的降低，推理能力受到影响和情绪极不稳定，并导致相应的心理障碍。可能也正因此，我们看到，清教徒都有一种传播福音、向外扩张的疯狂热情。以往每当遇到这种情形，我都疑虑不解："真有那么好的人生结局、真有那么好的事，为什么你自己不好好享受而要拉上一大批人来分享呢？难道真是伟大的博爱主义？"现在我幡然醒悟：尽管我并不否认这其中源于很多清教徒对上帝的爱、对恩典的感激的圣洁情感，但在很多新教徒那里，则是对自己孤独、焦虑心理的一种安慰——有那么多人信，那就说明他的信仰、他的救赎是没问题的，这至少缓解了他对能否获救而犹豫不决的焦虑；从另一个角度看，这也是新教徒孤独心理的一种补偿——有那么多人加入新教，有那么多人与自己相同，通过从众，通过向外投射，使自己的孤独感受到些许抚慰。然而，在投射的热情消淡下来之后，他会感到更加孤独，也会产生更深的焦虑。

其次，路德的宗教改革为清教徒提供了一种"炼狱心理学"：对上帝的忠爱，对神恩的期盼，对天国的向往，本质上是一种苦行。它不仅要求清教徒付出极大的身心代价，如路德所说，"我必须忍受伤痛，带有伤痕，戴过荆棘冠冕，受过鞭打，所有的基督徒也都必须如此。"[①] 而且付出如此沉重的代价能否获得神恩和救赎仍是未知的。没有可预知的神恩，也没有其他途径可行，个体只能在焦灼中遥遥无期地等待，再等待……"我们要等到什么时候，这个盼望才可得实现呢？"不知道！"我们的盼望终究是要实现的……但现在我们必须等待。"[②] 无限的苦役，无限的等待……个体要想在这苦役与等待中维系心理的能量守恒，受阻抗的恐怕就不仅是时间的漫长所导致的抑郁，还有结局的未知所导致的焦虑。

当然，正如前文所述，对于生活于中世纪的基督徒而言，也同样承受着身心痛苦的折磨：对魔鬼、对地狱的恐惧，对救赎、对天国的苦苦期盼，甚至由此导致一些人形成了一种受虐癖的心态。但仔细辨察你会发现，中世纪人的受苦与清教徒的受苦感受是不一样的：前者受苦但有明确的回报，心灵是宁静的；后者受苦而回报却遥遥无期，心理是焦虑的。我们不妨看中世纪史学家笔下的中世纪人"苦行"：

谁看到过这样的情况呢？谁会在过去的时期听到过这样的情况

① ［德］马丁·路德：《马丁·路德文选》，马丁·路德著作翻译小组译，中国社会科学出版社2003年版，第302页。

② 同上书，第366页。

> 呢？就是说，世俗世界上有势力的王公们、富贵家庭里出身的人们、男女贵族们，弯下他们骄傲的头颈，套上运货车的绳索；他们像驮兽那样，拖着这些满载着葡萄酒、谷物、油脂、石头、木材以及一切为建造教堂所必需的东西的货车，走向基督的住所……他们沉默地前行，一句怨言也没有……当他们停息在路上的时候，没有什么声音，可以听到，除了忏悔罪孽声和纯洁的祈祷声之外……当他们达到了教堂以后，他们排列车辆于教堂的周围，像一个宗教营那样，而在整个夜里，他们唱着赞美诗和《雅歌》来歌颂守夜。在每部车辆上，他们点着蜡烛。①

若从表象上看，我们似乎可以肯定，中世纪的基督徒几乎类似于一种受虐狂似的精神病群体，但是，也正如这段文字所描绘的，对于这些“苦役者”而言，他们的心灵与新教徒的心灵却属于两种完全不同的性态：他们不是在体验无奈的痛苦而是在体验存在的意义。如果不从这个角度来理解中世纪人谦卑与受苦的意义，我们就无法理解中世纪人献身于神圣事业的那种热情与激情：

> 有许多例证，可表明整个村庄或社会参加运动，包括教士和俗人、农民和贵族、男人和女人。在一块地方建筑师和别块地方上建筑师之间，在这里的教堂和那里的教堂之间，在此处的寺院和那处的寺院之间，有着真正的竞争。为了提早完成工程，群众自愿担任了劳役。②

因此，我们也可以说，除了那些因极度狂热的自我摧残而导致的疯狂之外，中世纪人的心理生活虽有几分不安与忧郁，但整体状态仍然是和谐的；偶然的身心痛苦也可以说是一种“甜蜜的痛苦”，而不像清教徒那样被一种地老天荒的焦虑折磨着。

再次，路德宗教改革所开出的新的通往上帝之路又布满了魔鬼，路德为清教徒开出的天国之路是一个“魔鬼心理学”之路。在路德的神学理论里，没有魔鬼就没有上帝，没有魔鬼就没有生活。清教徒的上帝是通过

---

① ［美］汤普逊：《中世纪经济社会史》下册，耿淡如译．商务印书馆 1963 年版，第 292 页。

② 同上书，第 291 页。

魔鬼映现出来的，魔鬼才是这个世界的主人。路德如是说：我们不过是这个世界这一客栈里的仆人，而撒旦则是房东，这个世界是他的妻子，整个世界都为撒旦所拥有，甚至在每一种事物中都充满了魔鬼，在诸侯的宫殿里、在宿舍里、在田野里、在街道上、在水中、在树林中……甚至在马桶里——路德在如厕时就屡次产生与魔鬼相遇的幻觉，因此，他甚至病态地想象如何通过排除体内的气体和物体来驱逐魔鬼。正像路德在《日用灵粮》中提醒清教徒的那样："我们必须时常挺胸昂首，准备抵御仇敌的攻击，因为我们的仇敌不睡觉也不休息。"① 上帝啊，清教徒真是太不幸了！他们的心灵世界就是这样时时刻刻被邪恶而恐怖的魔鬼意象包围着。

当然，阅读中世纪心灵史我们也可以发现，在中世纪，对魔鬼横行所造成的世界的混乱、恐惧是那个时代人们普遍的心理特征。但中世纪人的这种恐怖感与清教徒又是不同的。在中世纪史学家的叙述中，中世纪人的心理基本是平静的，因为每一个人都是上帝的孩子，都沐浴着至高无上的神恩的光芒，都知道自己来自何处、归于何处，都知道自己应该做什么，知道自己如何从这个世俗的罪恶世界上升到神圣的永恒世界之中去。这是桑塔亚纳所说的"恐怖与雅致相混杂，局促不安的缝隙中存在着田园诗的宁静"② 的心灵生活。然而，宗教改革却彻底瓦解了中世纪人这一平和有序的心理生活，无期的苦役和遍地的魔鬼不仅使清教徒的心理世界被忧郁、焦虑所环绕，而且时时刻刻心惊胆战。历史学家 R. H. 托尼曾就此评述说："这是一条可怕的旅程，悬崖丛生，妖魔横行，因此，他要驱除一切障碍，把自己从头到脚武装起来。在必要的情况下，娱乐、书籍，甚至同朋友的交往都必须放弃。因为，即使是瘸了腿、肢体残废地进入永恒世界也要好过肢体健全却被扔进永恒之火。……清教徒就像钢制的弹簧，被一种内部的力量紧压着，当它弹起来的时候会把一切障碍击得粉碎。有时这种力量太强烈，因此，当他内部的力量被释放时，他自己也会粉身碎骨。"③ 特别是对于那些意志薄弱的清教徒来说，它完全变成一种难以忍受的灵魂炼狱。

---

① ［德］马丁·路德：《马丁·路德文选》，马丁·路德著作翻译小组译，中国社会科学出版社 2003 年版，第 249 页。

② ［美］乔治·桑塔亚纳：《宗教中的理性》，犹家仲译，北京大学出版社 2008 年版，第 103 页。

③ ［美］R. H. 托尼：《宗教与资本主义的兴起》，赵月瑟译，上海译文出版社 2006 年版，第 119—120 页。

最后，路德否定了所有外在的规制，主张“因信称义”，这太好了！因信称义，因信而获救。然而，这一个“信”字却是一个巨大的精神“漏洞”。它可以吸入一切东西，包括明确的和模糊的、可确定的和不可确定的、可言说的和不可言说的。人们不仅在概念上不可建构它，而且在心理上也无法拿捏它。如何“信”？“信”到何种程度才可获救？不仅教会无法评估，而且就连清教徒自己也着实拿捏不准。在这里，我们再次看到了路德新教所面临的一个令人纠结的“神学难题”：因信称义虽然凸显了信徒个人的主观能动性，但能否获救却取决于神恩；没有“神恩”，你的“信”不过是“无用的激情”。这样一来，“信上帝”对清教徒而言就变成了一个无意义的命题，而由此所引发的疑惧、自卑、焦虑感也日趋深重，最后则可能完全把人压碎。这与中世纪人那秩序、稳定的心理状态完全不同。在中世纪人看来，他们的“世界是小的，是易于观察和理解的，这个世界上的每一种事物都恰当地排列着，井然有序，每一个人都有自己要干的事情，都有自己的尊严。没有空旷地方和空白的住所；没有什么东西是多余的和不需要的；每一种声音都是那样的和谐，每一种动物甚至魔鬼和邪恶的异教徒穆罕默德，也是在扮演着由上帝为他们预先排定的角色，正确无误地履行上帝赋予的职责”。① 现在，这一切都变得模糊了，个人的信仰和救赎、个体的当下和未来都变得不确定。在这种情况下，人除了与精神病为伍又有什么出路呢？弗洛姆在谈到清教徒的这一心理困境时曾指出：“焦虑状态、无能为力感和微不足道感，尤其是对个人来世的怀疑，代表了一种任何人实际上都难以忍受的不确定状态。几乎没有一个受这种恐惧的人能够放松自己，享受生活。”② 这一点，就连那个呼吁做一个“信仰骑士”的克尔凯郭尔也未能幸免。他告诉人们要扔掉所有的外在衣衫，无限弃绝俗世的幸福而投向上帝的怀抱，但他自己却未完全生活于其中。因为这太折磨人了，而且，他的后期生活也是与忧郁和焦虑结伴而行的。

2. 民俗信仰焦虑

与清教主义焦虑不同，由民俗信仰所致的焦虑大都源于当事人接收到某些特异的环境信息，这些输入通过个体心智系统的文化模型由上而下的

---

① ［俄］A. 古列维奇：《中世纪文化范畴》，庞玉洁等译，浙江人民出版社 1992 年版，第 74 页。

② ［美］埃利希·弗洛姆：《逃避自由》，刘林海译，国际文化出版公司 2007 年版，第 64—65 页。

心理加工生产出危险、灾难、凶兆的象征意义，于是便产生了当事人挥之不去的忧郁与焦虑。如中国北方农村因“四大门”崇信所引发的“被拿法”恐惧与焦虑、中国北方少数民族因萨满教信仰所引发的“失魂”恐惧与焦虑、我国西南少数民族地区因信奉各种巫术所引发的焦虑等。在人类学和精神分析传统中，这种心理障碍也被称为“巫术焦虑”。尽管这种心理问题尚未达到临床水平，但它对当事人造成了巨大的心理压力和精神负担，持续下去将可能导致严重的心理崩溃、精神分裂和躯体障碍。地方病学和流行病学的一些样本显示，在有的民族地区，由这类“巫术焦虑”所导致的心理障碍以及躯体障碍乃至死亡者并非个案，具有样本的生态性。我们来看李世武在云南苗族村寨采集到的一个样本。

2009 年秋季的一天，母亲去地边的柿子树下给植物施肥，她抬起头来，猛地看到柿子树下有一对白蛇紧紧地扭在一起，蛇头高高地竖立起来，朝母亲吐信子。这对白蛇的直径大概有五厘米，长两米左右。母亲顿时吓得哭爹喊娘地跑回家来。几分钟后，她才反应过来，她是看见了蛇交。在云南少数民族社会中，见蛇交被认为是凶兆。母亲的三叔曾在牛圈里看见蛇交尾，他立刻举起棍棒将两条蛇打死了，后来并没有不祥的事情发生。母亲这次见蛇交后，陷入了长期的焦虑之中。这种焦虑是由禁忌带来的，这种禁忌是禁止看到，一旦看见禁看的事情或物件，如没有采取相关的巫术行为，必然大祸临头。

母亲在家中一边痛哭一边向父亲说起这件事，父亲取笑她说：“这是很正常的事情”，可是两条恐怖的蛇在一起交尾的形象持续地在她脑海中浮现。她请教了很多长老，因为她认为老人们拥有这方面的知识，可以为她指点一二。村里的一位长老说：“哎呀，你既然看见了，你要么就把它们打死，不能放过其中任何一条，要么就应该高声说：‘好了好了，二龙抢宝。’”母亲说：“我哪里敢去打它们，逃都来不及，我也没有说什么，就吓得跑回家了。应该怎么办呢?”这位长老长叹了一口气，什么也不说了。母亲又请教了邻村的一位长老，这位长老说：“哎呀，你的运气怎么会这么差？我们村曾有一位妇女在地里看见两条蛇交尾，几个月后，她背着一捆小麦在路上跌倒了。人们发现她时，她鼻中和口中涌出鲜血，已经死去了。”母亲愈加恐惧了，慢慢地她也不愿再和别人谈论这件事，因为只要她一说这件事情，人们就会说：“好可怕呀，肯定要大祸临头了。”

有的人甚至会直白地说，见到蛇交尾，三年内必死无疑。母亲的焦虑令全家人陷入了不安之中，家里有人劝她到城里的寺庙内向佛爷祷告，祈求庇护。她在儿媳的陪同下，去了城里西山香火最为旺盛的寺庙，在佛爷面前跪下，上香祷告，还把仅有的五元钱捐入功德箱。看管功德箱的老妇人说：“你才挂五元钱的功德，还好意思来上香?”可是母亲身上没有钱了，她磕完头，郁闷地走出寺庙。在她持续焦虑的这段时间里，她只有向家人倾诉，一天天回忆着关于蛇的事件。

她回想起来，父亲的哥哥患肝癌去世之后，她前去奔丧。丧事结束后，她在返回途中看见两条很小的四脚蛇在交尾。刚回到家中，就有人来报告说，父亲的生母也去世了。母亲越来越相信，见到蛇交的人必然要死去。父亲的养母三次化成黑蛇来人间与亲人们相见的往事依然缠绕着她。两年前，父亲在地里干活，他一锄头挖下去，发现锄头上沾满了鲜血，他仔细一看，原来挖死了一条小白蛇。第二天，他去锄地时，锄头挖在一棵树枝上，反弹回来，挖在自己的天灵盖上，流了很多鲜血，一个多月后才复原。

在当地人的意识里，蛇是一种极其灵异的动物，它们蜕皮、冬眠，老而不死。提到蛇，绝大部分人都会毛骨悚然，胆小的村民看见，立即撒腿就跑。蛇还是一种会报复人类的动物。一位村民在水沟边发现一条蛇，他抡起锄头奋力击打，可惜灌木丛太茂密，这条蛇被打得遍体鳞伤，最后还是溜走了。很多年后，他的孩子被一名乞丐用巨石砸碎了脑袋，人们认为这男孩的死亡和他打蛇未死有关，乞丐的谋杀，正是未死的蛇的报复。

……

母亲见蛇交之后产生的焦虑牵动了所有家族成员的心，家族成员为她的未来感到非常担忧，每当她谈论起这件怪异事件的时候，有关蛇的恐怖叙事就会以家族成员为中心，形成一个关于蛇的连锁记忆和口头讲述，这些与蛇有关的社会事实所具有的神秘属性尽管和蛇交事件的关联性有强弱之别，但却因为联想的存在，形成了一种集体焦虑。外婆知道了这件事，久久无法释怀。V村一家亲戚办喜事时，外婆遇上了来自下玑鲁的妹夫。他居住的村落是隐秘在乌蒙地区万丈悬崖之中的一个鲜为人知的苗族村落……他是一位苗族香通，外婆悄悄地将他从热闹的人群中唤至安静的小屋里，请他帮忙点破应当如何禳解母亲的不幸。苗族香通说：“不用着急，我来帮你解。我已年迈，不能去那么远的地方为你女儿解了。你回家后告诉你女儿，让她买一个筛子，一尺六红布，九炷香，再将水和饭混合在一起，放在一个瓷碗中。制作两只木马，这两只木马一只由桃木做成，一只由柳木做成。你用小麦面做成两条蛇，再用七种颜色的丝线拴住两条蛇的脖颈，然后请家中的人端着这些祭品去你看见蛇交的树下念咒语……"

外婆仔细地记住了每一个细节，回家后他立刻告知母亲如何施行。母亲让父亲和二舅准备好所有的祭品，然后端着祭品来到当日母亲见蛇交的柿子树下。母亲躲在家里不敢去看。二舅将祭品放在柿子树下，口中念到："走，走，走！我走一里你走十里，我走一步你走十步，你先去十字路口等待，谁撞见你你就带走谁，让我的妹妹平平安安。"二舅随即起身，在夜色中将所有的祭品送至村口的十字路口，将它埋下，然后就回家了。

母亲一天天地数着日子，当她数到二十八天的时候，忽然听见邻村的一个妇女去世了，那天正是属虎日。母亲没有任何的病痛，生活非常平静，以后的三年时间里，母亲没有发生任何的不幸，三年已满，母亲的焦虑解除了。……那位邻村死去的妇女，她回娘家的必经之路就是村头的十字路口，香通认为这位死去的妇女踩到了埋在十字路口的祭祀品，所以一个多月内就死去了。有的村民质疑道：这位妇女本来就患有心脏病，属虎日那天，她在梨园中劳动，突然病发，就死在了梨园中，两件事情仅仅是巧合而已。但如何解释这名妇女长期患有心脏病不去世，却偏偏在祭祀仪式实施之后快足一个月的时间内死去呢？这不恰恰应验了苗族香通的预言吗？对此，当地人持一种模棱两可的心态。①

从科学的角度说，蛇交只是一种自然现象，即动物性欲、生殖、繁育愿望的表达，它所产生的物理、化学因果力只发生在行为者那里，而对他者不具有因果力。但在民俗信仰这里，这却是一件不祥的事件。当事人以及家族成员的焦虑不是因为蛇交这件事本身产生的直接后果，而是由认知心理引起的焦虑，即当事人关于蛇之灵异的种种迷信、关于目睹蛇交不祥的民俗信仰文化构成了对她所见的蛇交意象心理加工的认知模型，并由这种认知模型产生了关于厄运、灾难的各种心理建构，从而导致持续性的心理焦虑，并扩展成了一个家庭的集体性焦虑。

---

① 李世武：《巫术焦虑与艺术治疗研究》，中国社会科学出版社 2016 年版，第 215—219 页（有删节）。

蛇交禁忌以及由这种禁忌所引发的心理焦虑在我国北方农村也具有普遍性。

（二）强迫症

作为自然性/社会性二元同体的哺乳动物，强迫也可以说是人类维系生存的最原始的隐含技能。为了更好地适应文明与文化，我们不得不让渡我们的一部分自由而强迫自己做一些情非所愿之事。从心理学意义上说，强迫也是人自我压抑的一种方式。如果按照克尔凯郭尔的精神病理学，自由容易使人头晕眼花，那么，通过强迫与压抑，人就把生存的危险挡在了外面，从而使心理生活保持平衡。在这种意义上，我们也可以把强迫性意识和行为理解为个体面对外面世界的巨大危险力求自我保护不受伤害而建立起来的一种合理的心理防御体系。但是，万事皆有度。当我们的某种意识、思想、观念乃至行为超越了强迫的合理阀限而变得僵硬甚至变态时，人就不再是为了保护自己而是在伤害自己，就变成了神经病患者。如果你为了防御细菌侵入一天洗 20 遍手，虽然显得敏感但还属正常；可是如果一天洗 200 遍手，并且每次洗手都要用去半块香皂，甚至把手洗到皮破血流方才安心，那么你就成为强迫性神经症患者。

在现代精神病学体系中，强迫症属于一种较为常见的精神疾病。其发病机理之一便是个体对侵入性思维的过渡即不良的反应。这种侵入性思维内容包括性、攻击、宗教与神秘、污染、伤害等。其临床特征主要表现为强迫观念和强迫行为。强迫观念是指那些反复出现的、难以摆脱的思维和联想；强迫行为是为了摆脱强迫观念所导致的焦虑而采取的特定的行为仪式。①

从宗教心理学的角度分析，那些特别强调顺从，重视烦琐仪式的宗教容易导致信徒罹患强迫症。

顺从，在世界宗教文化系统中都是一个核心教义。不仅是对上帝、对真主、对佛主的无条件顺从，也是对圣书、教义、律法的绝对顺从。这种“顺从”不仅形成了信徒对教义的绝对确信和坚信，形成了信徒们宗教、道德、法律及日常生活的严谨秩序，而且形构了一些天主教徒、佛教徒、穆斯林最基本的心理品质及个性：虔敬、谦卑。从宗教生活以及社会生活的视角看，这种心理类型和心理模式确有可取之处，但从个体心理学尤其是个体人格发展的角度看，它却极可能导致个体的人格阴影。正如阿德勒

① 见张亚林主编《高级精神病学》，中南大学出版社 2007 年版，第 459 页。

所分析的，“顺从”心理不过是一种“为奴性精神所渗透”的神经症人格：它不仅使人缺乏创造性，而且也使人变得充满依赖性和强迫性。对于顺从的人而言，她“纯然变成了一台机器，对她来说，除了义务、服务和更多的服务，就没有别的了。每一独立的姿势从他的生命中消逝了”。[①]在这种情况下，人就会变得机械、僵硬、冷漠、被动，造成生命的巨大浪费。

尽管神学家们对“顺从”做了全新的理解，认为顺从并不等于盲从，而是要在服从上帝、先知和教义的前提下行使个体的自由意志，但我认为这只是神学家们通过“神学解释学”而赋予“顺从”的一种语义内涵。对于那些普通的信徒尤其是拘泥于圣典原教旨的信徒而言，顺从无疑是个体心理的一块“压心石”。退一步说，即使我们认同神学家所赋予的“顺从”的语义内涵，但在人们所说的那个“前提”下，个体又有多大自由而言呢？原罪、前定、神意……尽管神学家们也小心地厘定“自由”与“顺从”的辩证关系，认为“前定如大海，自由如舟楫”，但是，这种对个体行为、能力及价值的“神学”理论预定，无疑构成了对个体心理的沉重压抑，发展到极端，便可导致严重的神经症。弗洛姆十分睿智地把脉到了这种神经症的人本病理学：“病理的根源在于没有能够发展出一种富于创造性的倾向”[②]。人本主义心理学家马斯洛晚年在谈到个体对成长的恐惧这种神经症时也一针见血地指出：

> 如果说神经症患者已经完全放弃了成长的潜能，杜绝了自我实现的可能性，那么他看起来却是一个典型的“好人”了：谦逊、顺服、腼腆，甚至自我贬低。这种潜力的放弃及有害后果的最具戏剧化的结果，便是导致人格分裂。其中，受到否定与压抑的潜能最终以另一种人格的形式逃离出来。[③]

这确实是一幅顺从命运、压抑个性而导致心理障碍和精神苦痛的神经症患者的逼真的人格肖像。也正因此，我们才看到，在一些宗教徒那里，

---

① ［奥］阿尔弗雷德·阿德勒：《理解人性》，陈太胜等译，国际文化出版公司2000年版，第200、201页。

② ［美］埃利希·弗洛姆：《健全的社会》，孙恺祥译，上海译文出版社2011年版，第232页。

③ ［美］马斯洛：《洞察未来》，许金声译，华夏出版社2004年版，第41页。

我们不仅看到了卡拉·德·瓦克斯所描述的伊斯兰信徒“忧郁与骚动不安的外貌特征”[①]，而且，即使是在一些佛教徒表面谦逊温顺、冷静镇定的行动及语言背后，也有着某种自我压抑和强迫的元素，骚动着某种不可言喻的精神苦闷与痛楚。

马斯洛在分析强迫性神经症的病理时这样写道：这种人有一种对人自身内部的冲动和情绪的畏惧。因此，他一方面严密控制自己，另一方面他又把这种内心的戏剧性情绪和冲动投射到外部世界并力求控制它。他在自身内抵制的东西——情绪、冲动、自我实现，他在外部也做出拒绝。因为他拒绝他的内在呼声和信号，从而丧失对他的自发的愿望和类似本能的冲动的信赖，所以他只好仰仗外界信号告诉他如何行动以及何时行动。[②] 如果把马斯洛的这一强迫症病理分析与一些天主教徒、佛教徒的基本生活规范结合起来进行互文阅读，我们就会更加明晰地勾画出他们强迫性的心理不适图像。比如，天主教、佛教以及伊斯兰教要求信徒对每天必行的仪式雷打不动的严格遵守，这种模式化、机制化、规范化的观念与行为的过渡性侵入甚至变成一种无意识的强制性侵入时，便往往成为强迫症的发病机理。在佛教的一些文献中，我们就可以阅读到这样的强迫症病例。比如，有的僧人每天扫十几遍院子，被人们称为“扫帚和尚”；在一些天主教徒尤其是孩童信徒的身上，每日必不可少的晨祷和晚祷——饭前和饭后须念诵经文等，若非出于信仰而是迫于教理，就形成了某种强迫型人格。在我收集到的强迫症案例中，有个病例就很说明问题：一个天主教家庭的儿童，因为已经习惯做晚祷，或者说已经形成了强迫症似的夜礼拜，每天晚上不做晚祷都不能入睡。有一次她随爸爸外出旅行，在旅馆住下后，虽然天已很晚，可这个孩子仍然焦躁不安地在地上走来走去不肯上床睡觉。她爸爸问及原因，她说还没有向圣母晚祷。因为旅馆既没有圣母像，也没有家里圣母像下那两盏小灯。无奈，她爸爸在旅馆桌子的抽屉里找到一本印有电影明星照片的画册，把电影明星的画像贴在墙上，小女孩对着电影明星做了晚祷后，便上床安然入睡了。类似这样的强迫症病例，在那些僵硬呆板的天主教家庭儿童身上并不少见。它对孩子的心理及人格的健康成长的影响不可低估。诺贝尔生理学奖获得者杰拉尔德·埃德尔曼用神经生物

---

① 见［美］J. M. 肯尼迪《东方宗教与哲学》，董平译，浙江人民出版社 1988 年版，第 116 页。

② ［美］马斯洛：《马斯洛人本哲学》，成明编译，九州出版社 2003 年版，第 115—116 页。

学的原理解释强迫症的病原说，强迫症这样的精神性疾病，可以理解为在一些条件下过多地触发了某些运动和认知过程：强迫症病人不断重复某种思想或者想做某些动作，他的这种强迫症状是自我失调的，也就是说是他自己不愿意的。因此，强迫症的特征就是在病人的意识中强加上固定的无意识内容，就如同核心的某些输入端口和输出端口被不正常地打开了①。

强迫症患者尽管看起来都很正常，通常情况下也不会影响其日常生活，但是，它却给患者带来了明显的心理不适和人格僵硬。它不仅导致个体精神活动效能的降低，使人变得冷漠、僵硬，如威廉·詹姆斯所说的那样："这样的人内心充满了习惯性地经过却不能促成任何行动的情绪，于是毫无活动力的多愁善感的情境就会一直保持着。"② 而且它还可能带来焦虑、恐惧，导致由强迫症引发的抑郁症、焦虑症、人格障碍等，甚至出现自杀行为。

（三）分裂样人格障碍

分裂样人格障碍在现代精神病学分类体系中属"人格障碍"的一种。根据精神病学家的临床观察和病理分析，分裂样人格障碍患者的临床特征可以概括为：对他人的淡薄、对社会的淡薄以及对与他人的人际关系缺乏真正的反应。卡伦·霍尼用"缺乏真诚"的"爱的假象、善的假象、兴趣与知识假象、诚实公正的假象、痛苦的假象"来概括这种人格的特征。③ 我国精神病学者将其临床特征描述为：喜欢独自活动，缺乏亲密朋友或信任感，同时缺乏发展这种关系的友谊和愿望；行为退缩，外表不修边幅；会谈时孤僻，缺乏回应，缺乏热情和幽默，甚至不能体验到任何强烈的情感，如愤怒、悲哀和高兴；不愿谈论自己的问题，他们在职业上尚能尽责，因此并不完全脱离现实。④

根据分裂样人格障碍的这一临床特征，结合对相关宗教文化个性及信徒的心理生活分析，基本可以推断，佛教徒通常是这类精神疾病的献身者。

---

① ［美］杰拉尔德·埃德尔曼、朱利欧·托诺尼：《意识的宇宙：物质如何转变为精神》，顾凡及译，上海科学技术出版社 2004 年版，第 227 页。

② ［美］威廉·詹姆斯：《心理学原理》，田平译，中国城市出版社 2003 年版，第 172 页。

③ ［美］卡伦·霍尼：《我们内心的冲突》，王作宏译，译林出版社 2011 年版，第 115—118 页。

④ 张亚林主编：《高级精神病学》，中南大学出版社 2007 年版，第 599、570 页。

尽管阿德勒的个体心理学具有鲜明的“教育社会学”的特性，但阿德勒认为人格的形成与个体的生活风格密切相关，还是很有道理的。儿童期的生活环境、成人的生活方式，它们像空气中的微生物一样，侵入个体的生命组织特别是大脑神经系统，对个体脑的发育，尤其是神经回路的构建以及心理、人格的发展产生了持续而强烈的影响。当然，人类的心灵并非先天“白板”一块，完全靠后天的社会与文化来填写。个体分子生物系统的基因结构、心理系统的先天印记（如荣格所说的文化原型、阿尼玛/阿尼姆斯情结）等，也都是极其重要的人格变量元素。只有我们把脑-心理社会、文化这三个不同的层面结成一个知识网络，才能对此类人格障碍的病因做出合理的解释。

首先，按照荣格的心理类型学理论，东方人属于内倾型心理类型。关于这种心理类型的特征，荣格分析说：他们对客观世界采取了一种抽象的态度：“持抽象态度的人发现自己处在一个可怕的生气勃勃的世界中，这个世界企图压倒他、窒息他；因而他退入自身，以便思考出精心设计的挽救的方案，增强它的主体价值，至少达到使自己能抵御客体影响的程度”，“因此，他的心理是战败者的心理”，“他脱离了他的真实自我而将全部的生命投入到他的抽象物中，也就是说他在其中被凝固化了”。[①] 荣格所说的这种抽象态度、退避及战败者心理、僵化的心理，确实系印度宗教（婆罗门教、印度教、佛教）的心理真实。在早期的印度宗教文献——无论是《吠陀本集》《梵书》还是《森林书》《奥义书》中，我们都可以清晰地把握到这种宗教心理。

其次，正因为这种内倾型心理，使得印度宗教构建了与基督教完全不同的世界知识表象。在它看来，这个世界虽然生机勃勃但却充满了污秽、恐怖与痛苦，是人的苦难之源。因此，为了避免它的伤害，人必须从这个世界中退出，“通过苦修，获得善性；通过善性，获得思想；通过思想，获得自我！获得自我，不再返回”。[②] 通过苦行，压抑肉身之欲；通过沉思，压抑精神之欲。苦修与沉思，其实就是要个体把对客观世界的欲力（肉身与精神）撤回，退回到内心世界（自我），即摒弃对一切声色世界的精神投入，“抑制体内呼吸，控制动作，让鼻孔中的呼吸渐渐减弱，智

---

① ［瑞士］卡尔·古斯塔夫·荣格：《心理类型》，吴康译，上海三联书店2009年版，“导言”第250、253页。

② 《奥义书》，黄宝生译，商务印书馆2012年版，第366页。

者约束思想，毫不放松，仿佛控制野马驾驭的车辆”①。这样，便可使精神进入“灭识”之境；而“一旦进入无意识状态，便达到最高境界”。②

佛教把古印度宗教的这种悲观主义、恐惧心理及退避意识做了进一步发挥和扩张，构成了以“四圣谛”为核心的生命哲学体系。苦谛、集谛、灭谛、道谛不仅浓缩了佛教关于人生无常、苦海无边的悲观主义人生观的核心元素，而且也创构了佛教面对无所不苦的世界如何寻求解脱之道的自我拯救心理学。佛陀开出的拯救之道就是：从这个苦难世界抽身而退，通过摒弃各种欲望而沉思冥想，空掉自己，在彻底的“空”中获得解脱。由此可见，无论是婆罗门教、印度教还是佛教，它们面对外在世界、面对生存环境所采取的态度不是积极的干预和改变，而是退避、切割、分离、隔绝。这实际已为分裂样人格障碍这种精神疾病的降生铺好了床榻。

正是在这种悲观主义人生观的指导下，和尚们形成了沙门独特的修行方式：弃离生活，与世隔绝，晨钟暮鼓，冷壁青灯，吃斋拜佛，坐禅诵经。“僧家竟何事，扫地与焚香。清馨度山萃，闲云来竹房。身心尘外远，岁月坐中忘。向晚禅房掩，无人空夕阳。”（唐·崔侗）尽管摆脱了尘世的喧嚣与烦躁，获得了心灵的冲淡与宁静，并且也有很多高僧在这种宁静淡泊之中证得了佛理，证悟了禅机，获得了禅悦，然而，并非所有的和尚都有如此“慧根”，对于那些缺乏“慧根”的和尚来说，这种生活方式无疑是一条如马斯洛所说的以“脑蛋白切除术”的方式来“了断”与人情世故、世界万象相联系的心理退行之路：“不对任何人负担任何责任，当然可以使人获得宁静。但是，这样的生活同时也意味着放弃更高境界的机会”，“不可避免地引起内心失调和人格分裂。”③ 所以我们才看到，无论是在和尚群体中还是在尼姑群体中，有那么多的“木讷”和“僵硬”，甚至于早发性痴呆症的病态人格。这可谓“水到渠成”。离群索居，遁世隐修，从社会认知科学的角度看，这是一种知觉输入剥夺。长期的社会知觉剥夺不仅导致其“心理理论”的降低，而且还会导致个体“社会脑”的变异，边缘系统出现萎缩，性格孤僻、情感冷漠、行为僵硬、缺乏共情等人格障碍就会自然发生。

这里我想特别强调一点的是，我所积累的和尚人生经历档案资料显示，有些人之所以跳出红尘，摒亲弃爱而选择一种晨钟暮鼓、冷壁青灯、

① 《奥义书》，黄宝生译，商务印书馆 2012 年版，第 317 页。

② 同上书，第 387 页。

③ ［美］马斯洛：《洞察未来》，许金声译，华夏出版社 2004 年版，第 30 页。

与世绝缘、万念俱空的沙门生活，并不是他们悟得了佛理、参透了世相、执着于信仰，而是为生活境遇所迫：有的人因遭遇了重大人生变故，如生老病死；有的人则因遭遇了沉重的情感打击，如婚姻解体，爱情失落；还有的人是为了逃避社会的责任感或制裁；另有一些人因天生的心理缺陷而持有一种自卑心理。由此可见，在这些信徒当中，有些人不仅根本就没有什么“慧根”以及证悟佛性的心灵意向，且已经罹患相应的心理障碍，如“应激相关障碍”、轻度单向障碍、敌意型人格等。由于这种心理障碍没有得到及时调理和治疗，反而采取了一种“压抑”“退行”“否认（逃避）”的方式，结果只能导致其精神和心理疾病的进一步发展。尤其是当他们走进佛门尼庵而又缺乏通过佛理升华这些情感障碍的“慧根”时，这种与世隔绝、单调僵硬的生活只能使积聚于心理的“情结碎片”愈加厚重，最终走向完全的人格分裂。

（四）分裂型人格障碍

分裂型人格障碍与分裂样人格障碍不同：如果说分裂样人格障碍的主要临床特征是孤僻内向、情感冷漠、兴趣寡淡、心理封闭的话，那么，分裂型人格障碍的主要临床特征则是认知或行为古怪、感知异常、幻觉妄想、情感表现不适当等。从病理现象学上看，这种精神疾病的症状类似于精神分裂症的阳性症状，患者本人基本上不感到痛苦。因此，现代精神病学也把此种症状认作开放性的精神分裂症。[①] 荣格在其关于精神分裂研究的出色论文《精神分裂》中认为，精神分裂源于患者的无意识——集体无意识和个体无意识的积郁过重而患者又无能力把持，导致强烈的无意识冲动将意识边缘化，于是，患者成了无意识中的一个角色。[②] 荣格对此疾病的病理诊断采用的是心理分析的模型，因而也较适合本书的病例分析框架。故在这里我们不讨论因神经生化因素所导致的分裂型人格障碍，只讨论由宗教生活所引发的这种人格障碍。

根据精神病学家所描述的分裂型人格障碍的临床特征，综合精神分析、宗教心理学对相关宗教群体的灵修生活、心理生活及脑组织运动、行为特征的分析，基本可以做出这样的病理报告：痴迷的天主教徒很容易罹患分裂型人格障碍。

---

① 张亚林主编：《高级精神病学》，中南大学出版社 2007 年版，第 576 页。

② ［瑞士］卡尔·古斯塔夫·荣格：《精神分裂》，《分析心理学与梦的诠释》，杨梦茹译，上海三联书店 2009 年版，第 220—231 页。

荣格曾通过新教徒与天主教徒心理的比较以及天主教徒的生活风格分析认为，天主教徒比新教徒更少受到抑郁症、焦虑症等精神病的困扰，因为天主教比较完好地保存了神圣的礼拜仪式，这些仪式起到了同化教徒心理无意识的作用。确实，天主教的象征系统、礼拜仪式对教徒心理无意识的同化使天主教徒避免了像新教徒那样因情结过浓过重无从消化而遭受抑郁、焦虑的折磨，但它也并不是什么问题都没有。从人类认知行为这个角度看，这种生活所产生的最大麻烦就是，由于天主教徒频繁地加工宗教神话方面的信息，很容易激活信徒大脑中的“神圣”神经元共同体或如荣格所说的集体无意识。这些无意识心理能量一旦被激活形成强势发放，就可能导致对意识的干扰，使人堕入幻觉、妄想等精神分裂之中。特别是那些传统、僵化的天主教徒以及狂热痴迷的灵修者，由于过分沉迷礼拜仪式，频繁地进行天主教文化方面的意象加工，不断激活对天主的情感体验，沉迷于对天主和圣母的忠爱乃至“情爱”，如此（尤其是那些天性敏感的女信徒）过多过密地与心理无意识——无论是天主教的神话意象还是对基督或圣母献身的情结——纠缠在一起，更容易导致其无意识心理能量的激活以及产生暴乱，从而毁掉人的意识，使人的心理为幻觉、妄想所表象，成为分裂型人格障碍的牺牲品。

从大脑物理学和神经生物学的原理看，人的脑神经系统并不是只有一套单一的相互联系的聚合区，或者说人脑中并不单只有一个脑区对意识形成产生作用，而是几个脑区相互影响；但只有一个脑区对核心意识起作用。如果其他脑区的知觉表征过强，不断向这个脑区发射干扰信号（本能性的或“原型”性的）或将这个脑区抑制，也就是大脑创造出不止一种意识的控制点，就会出现我们所说的精神分裂①（精神系统分裂）。也就是说，这类患者的脑组织虽然只有一个“自我”意识核心区，但却存储着众多不同“自我”的信息。当某种信息激活了脑神经组织的其他“自我”时，所形成的神经映射和心理表象就可能使得其理性的“自我”被其他“自我”神经发放所抑制、所主导，这时，人就会失去文化、社会所组成的共同世界中的那个“我”而变成一个荒无人烟世界中的“怪物”似存在。

有人也许不以为然：东正教与天主教属于同宗，也十分注重礼拜仪式，为什么东正教徒很少罹患分裂型人格障碍，而偏偏是天主教徒？其实，东正教与天主教尽管属于同宗并且文化风格形近，但二者还是有相当

---

①　这里的“精神分裂”指的是心理分裂。

大的区别的。本节的主题不是做比较宗教研究，因而不宜详细比较二者。不过，简单梳理一下彼此之别，对我们的讨论也有好处。我们不妨做个轮廓式的对照。从宗教圣殿风格看，天主教堂是哥特式建筑风格，高高的塔尖直冲云霄，象征着崇高与理性，使人产生一种几乎感到压抑的超越、升腾、净化感，如黑格尔所说，“心灵在虔诚的修持中起先动荡不宁，然后超越有限世界的纷纭扰攘，把自己提升到那里，才得到安息”①；尤其是那青灰色的石头、紫红色的玻璃窗、变幻神秘的光影、异常空旷的空间更容易使人产生一种紧张、激越的情感；而东正教堂则是拜占庭风格，那穹顶的造型、绚丽斑斓的色彩、铺天盖地的彩色图案给予人的却是一种和谐欢乐之感，正如拜占庭历史学家普洛克比乌斯所感受到的，走进教堂，人们好像来到了一个可爱的百花盛开的草地，可以欣赏紫色的花、绿色的花……人来到这里祈祷时立即会相信，它并非人力和艺术，只有上帝的恩泽它才会如此，他的心飞向上帝，飘飘荡荡，离上帝不远。从崇拜对象看，天主教崇拜的对象是耶稣和圣母玛利亚，东正教崇拜的是三位一体的上帝——东正教虽然也有玛利亚崇拜，但与天主教有别：天主教的圣母是姑娘（激情性），东正教的圣母是妇女（娴静性）；在天主教那里，圣女旁边的是骑士（崇高与牺牲），在东正教那里，圣母旁边的是奴仆样子的上帝（温馨与共在）。从宗教造型艺术理趣看，天主教堂的圣像造型追求肖像一样逼真（质感性）；而东正教堂的圣像造型则隐秘象征，相当的概括（抽象性）。从宗教庆典习俗看，天主教的主要宗教节日是圣诞节，东正教的主要宗教节日是复活节：前者是耶稣的诞生日，后者是耶稣的复活日；前者是肉体的物理的生命的开始，后者是精神的复活；前者是在家庭中，后者是对所有人而言；前者是庄重的风格，后者充满了喜庆的气象。从教义教理方面看，天主教强调教会的等级、具体事物的循章，东正教则看重个人在信仰中获救；天主教神学是经院主义的，它面向理智，讲究逻辑，而东正教神学是教条主义的，理智欠缺但情感充沛；天主教徒的获救之路是坚忍不拔的努力，东正教徒获救的途径则是一直保持情感的充溢和心灵的冲动力，等等。还可以列举二者的其他差异，但这已足够了。通过这些比较，我们不仅可以把脉到天主教徒和东正教徒所面对的不同宗教文化情境、所加工的不同的宗教文化信息及其所形成的不同宗教心理体验，而且还可以预见到二者所可能罹患的不同精神障碍。如果说，东正教容易

---

① ［德］黑格尔：《美学》第3卷上册，朱光潜译，商务印书馆1979年版，第92—93页。

将教徒引向忧郁与偏执，那么，天主教徒则容易走向人格分裂。①

在天主教的圣徒史诗里，我们并不难阅读到那些因分裂型人格障碍而被视为与主合一的圣徒尤其是“圣女”的心灵传奇。比如，自16世纪以来就一直保存在西班牙的阿尔巴·德·托尔梅斯女修道院的一个镶嵌着珠宝的水晶圣瓮里的修女圣·特蕾莎的心脏，就为我们留下了一个失去“自传式自我”而沉浸于“与主合一”的神秘爱情之中的精神分裂者的传奇故事。她的心脏之所以受到如此的珍藏，是因为据其主诉，她经常生活于与主一体的神秘爱情中，并且神用燃烧的金箭刺穿了这个修女的心脏。据心脏病学家的检查分析，特蕾莎左心室的心肌上确有一道裂口。这道裂口究竟是神箭所伤还是心血管病所致我们不去讨论，但在特蕾莎的主诉中，她每一次的心脏隐痛，都把她带入神箭所刺的那种“甜蜜的痛苦”的幻觉之中……

我们当然不会忘记锡耶纳的修女圣·凯瑟琳，不会忘记凯瑟琳留给我们的那些充满幻觉和妄想的叙事。在这个圣女书写下来的文字里，我们清晰地看到一个女子是如何沉迷于与耶稣的密谈、与耶稣的情爱、同耶稣一体化的幻觉世界中的：在一个神秘的夜晚，耶稣把她的身体的左边部分打开，取出她的心脏，保存了几天；当她做祈祷时，耶稣又来到她的身边，把他自己的心脏放进了她的胸膛，并对她说：“你看吧，可爱的姑娘，我曾经拿走你的心脏，现在我把自己的心脏给了你，让我和它同在。”一些人在阅读凯瑟琳的这些文字时，根本无法理解她的这种心理生活。由此人们认为，这不过是天主教会的神化或凯瑟琳本人的杜撰。不过，我倒相信这些文字所表述的是她真实的心理体验。我们之所以不理解，是因为我们用理性意识或经验思维去解析一种非正常的——无意识、幻觉的、神秘主义的意识与心理，或如米歇尔·福柯所说，是因为我们在用公共语法去解读那种“被显赫的心象笼罩着的语言与逻辑”②。

玛格丽特-玛丽阿拉柯克是天主教圣徒史诗里又一位充满传奇色彩的圣女。她24岁开始进修道院当修女，两年之后便开始产生与耶稣情意缠绵的一系列幻觉。在她43岁去世之前，她一直专注于完成在幻觉中神对她的指示的记录。1824年，即在她死后的134年，她被罗马天主教庭尊

① 此处对天主教和东正教文化风格的比较，参阅［俄］B. B. 科列索夫《语言与心智》，杨明天译，上海三联书店2006年版，第47—50页。

② ［法］米歇尔·福柯：《疯癫与文明》，刘北成等译，生活·读书·新知三联书店2003年版，第93页。

为圣女；1864 年，她被教会宣布升入天堂；1920 年，她被正式封为圣·玛格丽特-玛丽。

在玛格丽特-玛丽留下的书信中，即《对吾主耶稣基督圣心的虔诚敬仰》（在其死后一年印行）的文本里，我们看到了这位修女在短暂的圣修生涯里，大部分光阴几乎是沉迷于三种混合的幻觉之中：视觉、听觉、触觉。比如，她曾多次看到基督的心被万丈光芒围绕，那光芒比阳光还要灿烂；虽然基督的心像水晶一样清澈透明，但仍然留有十字架受难时的伤痕。再如，她看到在基督受难时，士兵们如何用长矛刺进他的身体，带出血水；她还看到一个用荆棘做的顶冠包围着基督的心，上面还有一具十字架。玛格丽特-玛丽不仅能看到耶稣的身影，还能听到耶稣的声音：耶稣告诉玛丽，由于他再也没有能力保留对人类爱的火焰，他选定她来传播他的智慧，于是，他取出玛丽的心，放进自己的心里，然后在火上焚烤；最后把这颗心放进玛丽的胸膛，说："今天，你已经是我的仆人了。从今往后，你是令人尊敬的我的圣心之信徒。"在另一个幻觉里，基督一五一十地告诉玛丽用怎样确切的方式来敬奉他。他说：圣餐礼的那个星期结束后的第一个星期五，务必作为一个特别神圣的日子，以向他的心表示最虔诚的敬意。如果他的圣心受到轻慢，就必须举行更为盛大的圣餐以及其他敬奉活动来弥补过失。他还向她许诺，那些参加敬奉活动的人以及鼓励其他人参加敬奉活动的人都将得到他圣心博大无边的眷顾。①

从"神秘主义心理学"的角度说，神秘主义者宣称他们能够看到我们这些凡夫俗子所看不到的奥秘，这未必就是精神异常，即便是幻觉，也不意味着精神分裂（因为每个人都可能有幻觉体验）。但是，如果一个人经常出现甚至主动激发这种特殊的感觉，并沉迷于这种感觉之中而狂喜，那就不是"神秘主义"，也不是一般的幻觉问题而是"精神分裂"② 了。

在天主教这些圣徒、"疯女"的传记中，还有一位虽然其名声远不如特蕾莎、凯瑟琳等那样显赫，也没有获得那么高的封赏，但她的灵修经历却比她们还要富有传奇性，还要引人入胜的人物。无论从精神病学还是从宗教心理学的角度看，她都是一个十分典型的案例。只可惜她很少被关注。这个人就是西班牙马德里的若瑟法·梅能台。

---

① 关于玛格丽特-玛丽的这些传奇，参见［美］盖尔戈德温《心的简史》，彭亦农译，湖南文艺出版社 2009 年版，第 91—92 页。

② 这种幻觉与器质性神经病患者的幻觉不同，它不是神经生物学的病变而是心理生活的结果。因此，只能将其归入"精神分裂"。

若瑟法·梅能台于1890年2月4日出生于西班牙马德里，2月9日取名玛利亚·若瑟法，并在圣老愣佐大教堂领受圣洗。据述，在她5岁领坚振圣事时天主圣神便占领了她幼小的心灵。1897年她第一次告解以后，便在心中和她的“好朋友”——耶稣神秘交谈了，直到1923年12月29日她蒙召归天。在这26年间，她几乎完全生活于疯狂的幻觉和妄想的人格分裂之中。

若瑟法也给我们留下了很多记录她与基督神秘相爱所产生的幻觉文字。她的幻觉也有视觉、听觉、触觉。1919年，据若瑟法自己记载，她就开始产生与耶稣神交的幻觉：经常听到耶稣对她讲话；1920年，她开始出现视幻觉，看见了耶稣向她显形。她这样记录道：

> 我正在和耶稣谈话，耶稣使我进入他的圣伤中。我看见圣心的小门开了……我所看见的一切，我实在描写不出。我看见我的心在一球火星中燃烧。我望不到这火海的底，因为这球火星太伟大、太光明了。我完全浸沉在这火海中，我竟不知说话，也不知祈求什么。我的眼睛，我的一双可怜的眼睛，竟看见了我灵唯一的希望：吾主，吾天主，我最可爱的耶稣。在他圣心的火焰中，他抓住我，并向我微笑。我不知怎样做才好。他把圣伤贴近我，我觉得万分高兴。当时过去的一切，我真无法形容……这时，我听得耶稣很温柔，同时也很庄重地对我说：
>
> “如同我牺牲自己当了爱情的牺牲品，我愿意你也当牺牲品；真的爱情不推辞任何要求的。”
>
> ……当时我不知说什么话，我但说：“吾天主，你要我做什么呢？你说吧，你在我身上随意处置吧，因为我已经不属于我，我完全是你的了。”之后，耶稣去了。①

若瑟法在幻觉中，经常看到耶稣具体的形象。比如，在一次祈祷中她又出现了幻觉：

> 忽然，我见了他，真的，我见了他，他是这样的美丽，使我不能形容。他身着白袍，立着，双手托着浸在火窖中的圣心。他全身发出

① ［西班牙］若瑟法·梅能台：《爱的呼声》上册，姚景星译，天主教上海光启社1992年版，第25页。

明亮的光芒。他的金黄色的头发，发光的眼睛，精神饱满的面容……我不能形容，我找不到可以相比的！圣心上的伤口透出火焰……像太阳一般。双手双足的钉痕发出光明的火星，有时他托开双臂，向我伸展过来。我向耶稣说："我的好耶稣，你太美丽了！你足够使众人喜欢。但是荆茨呢？"耶稣向我微笑，并且告诉我说：

"荆茨吗？我已经没有了。没有比爱情的力量更厉害了。这个灵魂现在重新做我的净配了。"①

在若瑟法的幻觉中，不仅有耶稣的形象，也有圣母的形象。在一次领圣体的礼仪中，出现了圣母的幻象，她记述说：

讲道后，我上前领受发愿苦像和黑纱。这时，我忽然看见很美丽、很光明的圣母玛利亚。她手中托着一块纱，当我走到我的跪凳时，她把纱放开兜在我头上。在她四周，一排排包围着她的，我看见有许多发光的小头，看来似是很高兴很快乐的孩子……圣母像一位王后，仪容美丽、纯洁、可爱；她穿一件金色长跑，她有一双雪白柔软的手！这些灵魂，这许多小头……真美观啊！我不能形容这一切给我的整个影象。②

甚至就连临终的前几天，她还生活于她的幻觉世界中：魔鬼、天堂、白鸽、十字架……③

阅读若瑟法留下的文字，我们不难发现，这是一个类似于阳性精神分裂症即分裂型人格障碍的典型病例。其病因可以诊断为其早期社会化过程中家庭、社区的天主教文化环境在她发展中的脑-心理系统植入了天主教文化记忆，这些记忆又因环境信号的不断刺激经肯激活与反复表征而形成了她的"天主教神经特异脑"，它可以随时表征当事人生活中不在场的东西。特别是若瑟法天资敏感，喜欢幻想即卢皮奥神父所惊奇的她的"超性"能力，又加之早期神学教育中神父教她如何默想，和耶稣交流，向

---

① ［西班牙］若瑟法·梅能台：《爱的呼声》上册，姚景星译，天主教上海光启社 1992 年版，第 38 页。

② 同上书，第 107 页。

③ ［西班牙］若瑟法·梅能台：《爱的呼声》下册，姚景星译，天主教上海光启社 1992 年版，第 352—361 页。

耶稣表示爱情①，这使得她的意识活动长期加工与表征天主、圣母等这些意象，使其心理生活的理性化水平进一步降低，幻想力异常活跃；其次，她早期所接受的向耶稣表示爱情，做耶稣的净配的这种神圣的情爱意识也构成了她心灵深层与耶稣之间纠缠不清的“爱”的情结。也正因此，我们也就不难理解她幻觉中所出现的那些情意缠绵甚或有几分色情意味的意象了：

> 当我在扫地时，耶稣两次问我，是否爱他。
>
> 星期一整个一天，耶稣同她在一起。
>
> 耶稣和她片刻不离，有时，尤其她和其他修女共同生活时，使她手足无措。②

总之，若瑟法的脑-心理系统盘存的天主教文化意象过繁过密，她自己又经常加工与表征这些神秘的意象，并被“神爱”“净配”的情结死死抓住；尤其是修女院的宗教仪式过多过频，十分强调冥思、默想的灵修生活，这使得她的心理生活始终处于天主教神话意象的表征与体验之中。这些心理意象对其意识形成了严重的干扰，甚至以与天主合一的意象表征构造意识场景。于是，她只好生活于幻觉与妄想之中，在精神分裂的泥潭里越陷越深。

（五）分离性障碍

在传统的精神病学分类系统中，“分离性障碍”和“转换性障碍”一起被归入“癔症”的病理。因为这两种精神障碍不仅病因难以捉摸，而且其临床特征也十分复杂，与其他精神疾病纠缠不清。正如人们所说，癔症患者都是天才的戏剧大师，他对各种疯狂的角色都能模仿得惟妙惟肖。近年来，随着精神病学的发展，特别是通过对癔症患者的致病原因和临床特征的心理分析，人们逐渐废弃了“癔症”这个概念，转而用“分离性障碍”“转换性障碍”这两个概念来描述这种疾病。正像精神病学家所一致认同的，无论是分离性障碍还是转换性障碍，都与个体的神经生化因素关系不大，更多是社会文化原因所致，比如重大生活事件、强烈的内心冲

---

① ［西班牙］若瑟法·梅能台：《爱的呼声》上册，姚景星译，天主教上海光启社 1992 年版，第 2 页。

② 同上书，第60—61 页。

突、激烈的情感波动以及某种文化传统的影响等。按照荣格的精神分析学理论，也可以这样理解，癔症或分离性障碍主要病因是由于患者心理的集体无意识，尤其是神话、巫术、迷信等超自然意识以及个体无意识（情结）能量过强过躁、反复表征而达至顶点突然爆发所致的意识功能丧失。我们不妨根据精神病学家对分离性障碍患者临床特征的报告对其做一大致的描述。

分离性障碍的第一个临床表现是癔症性附体障碍状态。其特征为明显的意识范围缩小，对过程有全部或部分遗忘；其行为特征则表现为巫术或迷信活动中患者与神鬼妖魅的交往，如这种状态之中的患者声称自己是已经死去的某人、上天的某个神灵以及自然界的某个精灵附体在身并借位发表言论等。其实此时的表演者已不是患者本人，而是那些附身的神鬼妖魅。

分离性障碍的第二个临床表现是分离性木僵状态。当事人在精神创伤后为创伤体验所触发而出现较深的意识障碍，在相当长的时间维持固定的姿势、仰卧或坐着，没有言语和随意动作，对光线、声音和疼痛刺激无反应。此时患者的肌张力、姿势和呼吸虽无明显异常，但却失去了正常的意识功能。①

从某种意义上说，分离性障碍或癔症属于一种典型的地方性“宗教关联精神病”。不同的地方文化系统特别是宗教文化传统所导致的分离性障碍以及表达形式也不同。在中国本土民间精神医学经验中被表述为“外病”“虚病”；在民间宗教精神病学中也被称为“附体”“拿法”“迷魂”。在中国民间信仰——萨满教、鬼神崇拜、妖魅崇信的地区比较常见（如北方乡村的“四大门”或“五大家”信仰）。从精神分析的角度说，这类患者不仅具有某种特殊的心理特性，如比较敏感、容易激动、性格内向，而且深信并恐惧神鬼妖魅，心理世界中积聚并活跃着浓郁的“鬼神妖魅情结”。当这些心理无意识内容激烈冲撞并最终冲破意识的阈限而取代意识时，患者便出现上述症状（关于此症的详细讨论请见本书第八章）。

五　东方视域：中国宗教与民众的人格阴影

要谈论中国宗教与中国民众的精神世界，我们就不能不想到20世纪

---

① 参见张亚林主编《高级精神病学》，中南大学出版社2007年版，第433页。

上半叶一位中国思想家说得话："中国根柢全在道教。"①

这话听起来也许让人觉得有些言过其实。如果不是这位思想家头上笼罩的意识形态光环，恐怕他早已被讥讪得无地自容了。除了道教，中国还有儒教，还有佛教。虽说佛教是舶来品，但至少那个禅宗总算中国宗教文化的"转基因"品种吧？其实，即使拨开笼罩在鲁迅头顶的意识形态光环，我们也不得不承认，他的确是一位敏锐的文化心理学家和民族文化病理学家。对于中国人而言，儒释的思想尽管也有市场，但大多流连于文人士大夫群体之层面。对于中国的普罗民众来说，其心理模式、人格结构确实与道教相互勾连，难解难分。你要了解这个民族的文化心理特征，要了解这个民族的精神病理，你就要从道教这里把脉。

近年来，关于中国文化的讨论、关于中国传统文化的价值评述、关于道教，已有很多研究。尤其是进入20世纪90年代以来，面对西方现代化进程的加速及其所发生的普遍性心理与精神的"现代病"，中国传统文化开始受到了一些学者的推崇。而一些人所谓的中国传统文化，其实主要指的是道家（也包括道教）文化（新儒家尽管倡导复兴儒家的"心性哲学"以治愈这种"现代性"的心理疾病，但可惜底气不足）。在一些人看来，无论是太上老君的虚静恬淡，还是南华真人的逍遥而游，抑或是一般道士的清心寡欲，回归自然，都可谓调理、医治当代世界群体性的焦虑症、抑郁症、狂躁症、人格病变等精神问题的妙术良方；并且这些良药特别适合西方人。这并非没有道理。无论是道教的养生学还是炼金术，甚至方术、斋醮、符箓等，对于调理这个物欲横流、礼崩乐坏的社会的各种抑郁困倦、焦虑不安等心理问题，对于平民百姓心理世界中无意识能量的疏导，确有一定的效果。这一点甚至荣格也表示认同。有的人甚至认为，中国民众的心理和谐与人格健康，也正是得益于道教。

然而，我觉得，这种种言说其实只是看到了道教对于中国民众心理卫生价值的部分表象，它忽视了另一些现象。特别是我想提醒，在一千多年历史的道教文化和数以千万计的信道群体中抓出几个闲云野鹤般的恬淡闲适、清风明月中逍遥自在的仙人、真人、大道为样本并不是难事。但只要我们把视野由"天师道教"转向民间道教，由文人士大夫阶层转向民间社会，投向中国民众的日常生活、心理生活，深入中国民众的人格结构，我们就会发现，中国道教尤其是民间道教对于中国民众心理世界和人格结构的影响，并非如人们所畅想的那么浪漫、乐观与积极。如从人格心理学

① 《鲁迅全集》第9卷，人民文学出版社1958年版，第285页。

的角度看，它倒是“神构”了中国民间社会大众群体性的人格阴影。正是这种人格阴影，尽管没有使中国民众像近代和现代西方人那样发生激烈的心理冲突和精神困扰，但却使大部分人带着人格缺陷存活着。这不仅导致人们的生命质量较低，而且也构成了中华文明进步和人格健康发展的严重心理阻抗。

我们不妨把思想和语言的节奏稍稍放慢一些。

在描述中国民众的人格特征方面，与鲁迅同时代的另一位中国文人林语堂有一个极为妥帖的概括：稳健、单纯、酷爱自然、忍耐、消极避世、超脱老滑、多生多育、勤劳节俭、热爱家庭生活、和平主义、知足常乐、幽默滑稽、因循守旧、耽于享乐等。在林语堂看来，中国人的这种人格特质正是道教所为。① 林语堂不是一位心理学家而只是一个文人，他对中国人的心理和人格特征的概括不是建立在科学的心理分析的基础上而是通过对中国民众的生活分析甚至直观得出的，但这并不影响他的概括的入木三分。特别是“稳健单纯”“消极避世”“超脱老滑”“知足常乐”“因循守旧”这些个性化词语，可谓中国民众一幅惟妙惟肖的人格图像。在描述中国民众的“人生的归宿”即终极性存在价值时，林语堂以诗一般的笔调写道，对于中国人来说：

> 人生仅仅是一场闹剧，有时最好站在一旁，欢之笑之，这比一味介入要强得多。同一个刚刚走出梦境的睡眠者一样，我们看待人生用的是一种清醒的眼光，而不是带着昨日梦境中的浪漫色彩。我们会毫不犹豫地放弃那些捉摸不定、富有魅力却又难以达到的目标，同时紧紧抓住仅有的几件我们清楚会给自己带来幸福的东西。我们常常喜欢回归自然，以之为一切美和幸福的永恒源泉。尽管丧失了进步与国力，我们还是能够敞开窗户欣赏金蝉的鸣声和秋天的落叶，呼吸菊花的芬芳。夕阳朗照之下，我们感到心满意足。②

林语堂先生的这段文字，不仅在我们在大脑中表象出一幅与世无争、安贫乐道的中国社会风俗画，而且还使我们联想到很多中国学人所讴歌、赞颂的中华民族性格温纯、人格健康、心理和谐的精神形象。确实，中国人不像西方人那样，因对神圣、绝对、理性的信仰，崇高、圣洁、超越的

---

① 林语堂：《中国人》，郝志东等译，学林出版社 1994 年版，第 56 页。

② 同上书，第 335 页。

精神追求而产生某些紧张、恐惧、焦虑乃至幻想等心理问题，他们的心境是那样的波澜不惊。然而，人们却为获得这份平和的心理和简淡的人生而付出了太大的生命代价：人们丧失了理性（不是“实践理性”）的精神，压抑了自我实现的冲动，丧失了自我价值实现的高峰体验，变得如马斯洛所说的不仅压制自己危险的、可怕的、可憎的冲动，也常常压制美好而崇高的冲动，放弃了自己最高的可能性以及实现自己全部潜能的权利。其结果是导致了人格的萎缩，严重地阻滞了一个民族精神的进化、生命的完善乃至社会文明的进步。

我们不妨再以中国美学家宗白华先生的感悟为切入点做一解析。宗先生在描述中国人的日常生活、心理生活、精神生活的风格时这样写道：

> 他们从屋宇得到空间观念，从“日出而作，日入而息”（《击壤歌》），由宇中出入而得到时间观念。空间、时间合成他的宇宙而安顿着他的生活。他的生活是从容的，是有节奏的。对于他空间与时间是不能分割的。春夏秋冬配合着东南西北……时间的节奏（一年十二月二十四节）率领着空间方位（东西南北等）以构成我们的宇宙。①

宗先生的这些国人心灵性态的描述也是中国诗画的艺术旨趣：生活气韵蓬松，天人温情脉脉，意境氤氲浑和。然而，从发展认知神经科学和文化演化史的角度看，这却是远古农耕文明时代人类与自然浑然一体的世界图像，是那个时代的心理模式。诚然，作为文化与历史的动物，作为麦克莱恩所说的“三脑一体”的物种，人应该拥抱历史，拥抱我们的根，保持与“古哺乳动物脑”和“爬行动物脑”的沟通与合作，但我们必须清楚，照顾、珍视、拥抱我们古老的“根”是一回事，沉睡于那苍虬老迈的根部，甚至为了与根同体共生而拒绝新的枝叶生长是另一回事。总之，道教的“天人合一”是传统农耕社会的“炼心术”。人与自然浑然不分，尽管避免了像西方人那样由于与根的分裂所导致的紧张与焦虑，但它却造成了人脑的固化和精神的退化。没有新的信息，没有新的神经回路的生长，没有新的心灵意向，当然也没有新的希望和新的创造力。当西方人通过科技理性、市场经济、人本主义这些现代意识跨入了人与社会的现代化甚至进入后工业社会时，中华民族还沉浸于传统农耕文明睡眼蒙眬的梦境

---

① 宗白华：《美学散步》，上海人民出版社 1981 年版，第 89 页。

之中。若套用保罗·麦克莱恩“三脑一体”的语言①来表述，如果说西方人由于“新哺乳动物脑”过于发达并造成了与“古哺乳动物脑”的分裂的话，那么，中华民族则是“新哺乳动物脑”与“古哺乳动物脑”没有很好分化，甚至是“古哺乳动物脑”活力较强而“新哺乳动物脑”活力不足，因此，人们的生活（心理生活、精神生活）更多地为情绪②、表象所左右；如果说西方人由于“新哺乳动物脑”与“古哺乳动物脑”“爬行动物脑”的分裂从而导致了紧张、焦虑等现代性精神问题的话，那么，中国人则由于“新哺乳动物脑”与“古哺乳动物脑”“爬行动物脑”没有很好分化，甚至于“古哺乳动物脑”成为精神运动的主体而陷于神话、巫术、迷信、自我丧失等精神问题之中。正如发展认知神经科学所揭示的：“个体的发生发展是基因和环境的各个层面之间相互作用的建构过程，其结果产生了像脑这样复杂的器官结构及其所支撑的认知过程。”③

有人可能会反驳说，不是这样，儒家的伦理哲学就是“新哺乳动物脑”运动的结果。表面看来确实很像，但仔细分析却并非如此。我觉得，古代儒家的伦理思想也大抵是古老的“社会脑”工作的结果。就像我前面所分析的，这是一种很原始的“社会情绪”，还不是理性的伦理意识（如康德的“绝对理性”）。亦因此，当西方人由于“三个脑”的分裂产生了相应的精神困惑而向中国的老子、孔子、禅宗、道教寻求精神治疗之途径时，我们却不能沾沾自喜而自以为是，也跟着说什么“中华文化是人类精神发展的希望”“道教是医治西方现代病的良药秘方”云云。道教的回归自然、抱朴守一确实可以调理西方工业社会的“现代病”，但它也同样创造着东方社会特有的“宗教关联精神病”，所不同的是与西方人不在同一个病理水平上而已。

如果说人类的大脑、心理、精神的分化、发展、超越产生了新的疾病，不分化、不发展、不超越也会产生疾病，那么，这是否意味着我们在玩一种没有意义的思维游戏，或者说我们所说的“精神健康”也是一种语言游戏，是个伪概念？不是。作为人类认知器官的不同“神经元共同

① 关于种系“三个脑”的脑结构与不同种群“三个脑”的差异、遗传、发展、建构问题是一个十分复杂的课题，解释清楚需要一部书，故此处不做展开。

② 近年来社会、经济生活中出现的房价下跌而找房地产商索赔、打砸房屋销售部，医生没有治好病便遭到围攻与殴打等诸多怪事，就是中国民众“古哺乳动物脑”主导，缺乏理性意识的充分体现。

③ ［美］马克·约翰逊：《发展认知神经科学》，徐芬等译，北京师范大学出版社 2007 年版，第 15 页。

体”，“爬行动物脑”“古哺乳动物脑”“新哺乳动物脑”确实需要很好地合作，但也同样需要相互分化。如果彼此浑融不分，就会导致大脑的混沌，生存本能、“原型”阴影就会干扰人们高级的精神生活，理性精神与超越性人格就不会形成，“跻身于世界先进民族之林”就是一种白日梦。就“精神健康”这个概念而言，我认为它是一个很实在的概念，其有明晰而普适性的标准。在这方面，我觉得人本主义心理学大师弗洛姆所厘定的“精神健康”的标准具有超时空的意义。他这样写道：

> 一个心理健康的人是一个生活丰富、不遗世独立的人，他与自身及这个世界都保持着良好的关系；他是一个运用理性来客观把握现实的人；他把自己看作一个独立的个体，同时感到自己是个平凡的人；他不反抗愚蠢的当局，对于开明的当局更是欣然接受；他认为，只要活着，生活就是充实自己的过程，生命的馈赠即为最神圣的机遇。①

可能有人还会坚持说，弗洛姆的那个“精神健康”的标准是在西方文化语境下出来并为西方人开出的，它并不适合东方人，特别是我们这些温文尔雅、中庸平和的中国人。我当然承认人类的心智个性尤其是人格系统具有鲜明的文化地形学风格，当然也可以“文化语境”“文化不可通约”这些时髦的理论来为我们的人格特征辩解，甚至以此掩饰我们的心理阴影。但这并不能解决问题。无论是闭着眼睛否认还是硬着头皮辩解，你都不能不承认人性的最基本事实：作为从动物种群中分化出来的一种智性物种，其心智或者说人类精神生活的基本原理乃是，无论东方人还是西方人，每个人都有实现高级生命价值的潜能与冲动，一旦这种潜能和冲动受到压抑，就会发生人格病变，就会因灵魂的“肿块”而产生周期性的精神紊乱。回眸中国社会史，每当社会震荡之时，特别是社会秩序和理性价值观颓废或解体之时，中国民众所表现出的那种神秘与狂乱的行为，就可以使我们对此有更清醒的认识。即使到了现代社会，中国民众的这种人格阴影仍未散去：市场经济对人的原始本能的激活，使很多人除了金钱、贪婪、自我、放纵之外什么都无所谓。这种心理疾病与马克斯·韦伯所说的“理性的资本主义精神”所产生的精神

---

① ［美］埃利希·弗洛姆：《健全的社会》，孙恺祥译，上海译文出版社 2011 年版，第 233 页。此处对孙的译文略做修改。

不适根本不在同一个层面。

概括性解析结束后，下面我就具体分析道教对于中国民众心理和人格发展消极影响的几个方面。

Ⅰ 萎缩性人格

在中国社会风俗史和艺术史画卷中，我们随处可见那些从社会、家庭的舞台退出而幽隐于山川溪谷、明月松风之中的道士、隐士以及受道教文化影响的文人士大夫。他们闲居山野，虚融淡泊，一觞一饮，啸吟歌咏，如闲云野鹤、清风明月一般的轻盈闲适，自由自在。如：

> 独山云梯入翠微，濛濛烟雨映岩扉。世人知在中峰里，遥礼青山恨不归。
>
> ——刘长卿：《寄许尊师》
>
> 夜吟秋山上，袅袅秋风归。月色清且冷，桂香落人衣。
>
> ——施肩吾：《秋山吟》
>
> 午夜君山玩月回，西邻小圃碧莲开。天香风露苍华冷，云在青宵鹤未来。
>
> ——吕洞宾：《过洞庭湖君山》
>
> 何处同仙侣，青衣独在家。暖炉留煮药，邻院为煎茶。画壁灯光暗，幡杆日影斜。殷勤童回首，墙外数支花。
>
> ——鱼玄机：《访赵炼师不遇》

这些出自道教道士、道姑、居士之手的诗词，尽管所表现的是道庭人士的不同心境，但却有一个共同的主题，那就是轻盈闲适，与世无争。它们不仅表现了人们那种自然恬淡的心态，而且也彰显了他们人品的清雅。然而，我们不能仅仅以这些文人、仙道为典型来评价道教对于人们的心理、人格涵养的意义，因为他们毕竟是道门中的精华，社群中的精英。用威尔伯的意识层次理论来表述，也可以说是他们的意识层次已达到了“灵性”阶段。我们不妨把目光投向民间大众和民间道士。对于这些缺乏“仙根”的道士而言，恰恰是在这种闲淡的隐修中，隐隐地感受到心理的某种“不适”。按照“隐修心理学”理论，隐修心理实质是一种失败心理学：个体从生活的舞台退出，与世隔绝，泯情灭欲，既是一种残酷的自我压抑，又是一种心理的退行。个体希望从这种压抑与退行中获得精神的避乱，但对这些人而言不但没有获致心灵的宁静，反而加剧了内心的冲突，导致神经症人格。再进一步，如阿德勒所分析的那样，隐遁者往往把自己想象得特别优秀，极高评价自己的精神，并极力去证明他人的邪恶。[①] 这又可能发展人们的自恋心态，并由这种自恋心理发展为人格偏执。

退一步说，民间道士的这种隐修闲居即使不产生自恋与偏执，但个体终日与清风明月、山川溪石为伴，以炼丹导气为生，追求一种清风不起，水波不兴的萧然无系的生活方式，也将使人发生心理退行：一种渴求回归到母体内的宁静的病态人格，从而丧失了人类实现自我潜能与价值的机会。在这种情况下，个体体验不到真正的生命快乐与幸福，而是一种无奈、空虚与忧郁。美国哲学家 C. W. 莫里斯在开列人类不健康的生活方式之一——道教的生活方式时这样分析道："当自我不再提出要求而且在安静的感受中等待时，它才容纳得了那些给它营养并通过它而对它发生作用的力量；而自我得到这些力量的支持就懂得了快乐与和平。独自坐在大树和天空下面，倾听自然界的声音，平静而善于接纳，然后智慧才可能从外面走到内部来。"在莫尔斯看来，这种在"道教生活方式里得到满足的内形态型的人就是在苦难中可能变得比较消沉的发狂-抑郁的人"。[②] 倾慕道教生活方式的人也许会说，莫里斯是以美国人的心理来审视、理解东方道教的独特的生活意趣的，其"子非鱼焉知鱼之乐"我也承认不同的心理倾向（类型）会有不同的生活意趣；或后现代一点说，所有的真理都是相对的。如果说人性具有一种文化类型学的特征而不宜进行比较优劣，那么，我们就从人性的底部——生物性开始分析。美国著名神经学家安东尼奥·R. 达马西奥通过对生命体的感受、情绪、体验与神经运动及其心灵状态之关系的分析告诉我们说：高尚的精神是根植于高尚的生物体之中；"精神生活需要一种富于斗志的立场"；失败的经历使我们变得有些愤世嫉俗，觉得不可能管理好人类事务并宣布世界末日到来也是可以理解的。但是，没有什么比退回到孤立的自我保存更能让我们注定要失败的了。[③] 达马西奥对"隐退"心理的评价是颇耐人寻味的。隐修对个体人格的消极影响，甚至就连对东方宗教尤其是道教赞誉有加的荣格也察觉到了。他

---

① ［美］阿尔弗雷德·阿德勒：《理解人性》，陈太胜译，国际文化出版公司 2000 年版，第 181 页。

② ［美］C. W. 莫里斯：《开放的自我》，定扬译，上海人民出版社 2010 年版，第 62、92 页。

③ ［美］安东尼奥·R. 达马西奥：《寻找斯宾诺莎——快乐、悲伤和感受着的脑》，孙延军译，教育科学出版社 2009 年版，第 175—176 页。

指出，东方人虽然避免了西方人对“客观性”的狂热所导致的焦虑与不安，其精神返回到它混沌的起源，虽不乏智慧和宁静，但却在无所执着的凝滞中远离了生命本有或当有的一切悲欢，显出了心理与人格的片面性。① 道教的这种清心寡欲、自我保存的生存哲学，甚至也模塑了中国文人知识分子内心克制、随遇而安、柔弱不争的人格阴影，致使中国社会理性的民主政治、市场经济和社会文化建设步履异常艰难和缓慢。因为我们缺乏希腊文化和希伯来-基督教传统哺育下的那种追求绝对、追求超越，敢于为信仰、社团、理性、公义而献身的公共知识分子。

Ⅱ 自私-刻毒的变态人格

从宗教精神与人格涵养的角度看，道教与佛教、基督教、伊斯兰教的本质区别因而也是其最粗陋之处在于它的终极预设太短视、太功利也太粗糙。佛教、基督教、伊斯兰教的终极预设系统是超时空的神秘而又神圣的彼岸世界——西天极乐世界、灿烂的天国和丰饶的天堂。这个世界只能在人离开此世之后才有希望到达。因为它的超时空性，所以，它也成为激发人的心理能力的一种动力系统。尽管它也常使人感到压抑、焦虑，但它还是激励着人们以执着的信念、谦卑的态度去不屈不挠、锲而不舍地追求。但道教却非如此。它将人的终极关怀系统就设置在此岸——活着成仙，享受玉露琼浆。如果说，死后进入天堂培养着人的超越精神的话，那么，活着成仙享受则培养了人的功利心态。更成问题的是，无数铁的事实证明，活着成仙，这根本就不可能。无论是炼丹服药还是导引行气，无论是祈求鬼神还是吞符扶乩，那些道士、贵族乃至真龙天子没有一个跨过生命大限。这残酷的生命现实不仅令人焦虑和恐惧，也引发了人们对于道教的仙学方术、对人生的价值产生了怀疑：无论是仙丹妙法还是鬼神佑助，都是虚幻不实的；只有人必然要死才是真实的。看来，在生与死的无情游戏面前，没有谁比谁更高贵。成仙成圣太离谱，长生不老也不现实，真正现实的是通过各种各样的丹气方术延长自己的寿命，多享受几天做人的佳宴。道士和道教信众的这种心理，如犬儒哲学一样，其骨子里就浸透着几分自我或自私的病毒：除了修道养生，长生不老，这个世界已没有什么是重要的东西。必须排除所有外在事务，如社群、家庭、国家等而专注自己的性命双修，把握一切可能而尽情享受人生的点滴快乐。所以我们才看到，在

---

① ［瑞士］卡尔·古斯塔夫·荣格：《精神分析与灵魂治疗》，冯川译，译林出版社 2012 年版，第 167 页。

中国传统社会，有那么多人抛妻弃子，丢下父母而去寻仙访道炼丹养生。它虽然成就了若干“得道成仙”、逍遥快乐的仙道，但也造就了功利、自私的民族性。

为了消灾避祸，使自己长寿长生，个体不仅需要炼丹导气，而且还要自我保护。这种自我保护意识发展到极端，便可生成刻薄而欺凌、歹毒而敌意的变态心理。正如精神分析学所揭示的那样，忧郁与焦虑作为一种心理癔症，它需要向外投射，不然的话，它积聚越多越深，最终就会把人彻底压垮，导致完全的精神分裂。而投射则是一种解脱自己的方式，无论是采取施虐狂的方式还是采取受虐狂的方式都是如此。也正因此，我们便能看到这样一幅中国人尤其是中国农民身上所展现出来的讽刺性画面：一方面是被我们反复讴歌与赞颂的温柔敦厚、彬彬有礼、泰然处之、淡泊自乐这些“美德”；另一方面是在社会生活、家庭生活中所表现出来的狭隘与刻薄，妻子、儿女甚至老人和牲畜常常是农民施虐的对象。过去，我们常常把农民的这些性格特征归结为封建礼教和大男子主义，其实这是咒鬼骂错了坟头。在家中推行男尊女卑是封建礼教，但辱骂父母、虐待老人却是与孔老夫子的礼教背道而驰的；在自己的女人面前专横跋扈是大男子主义，但对自己养的牛马猪狗大打出手却只能是“大人类主义”。人们的这种行为就源于生存恐惧与焦虑压力下实施的一种外向投射施虐。投射过后，他们也会感到愧疚，但又无法控制。要不怎么办呢？如果不在日常生活中证明自己的力量，表演个体的英雄主义戏剧，人们就会被生存之重压彻底击垮。刻薄和歹毒就是转移灾难的一种方式，当然也是使自己能够长生的一种“癔念”。门口的“照妖镜”对着自己的邻人；念动咒语用“移疮法”把自己身上的痈疮转嫁于他人；身体出现某些异常的生理现象，如耳热、眼跳等而猜疑村人或邻居之恶搞便对“替身”每天针扎、水烫、诅咒；自己家大门口的沟渠水流的走向也力求把灾祸引向他人，即使没有明确的所指，就是让路人带走，只要不伤害自己就行。中国民间社会的这些“恶意”“歹行”可谓五花八门，应有尽有，并且因此导致邻里之间没完没了的恩怨、纠纷乃至冲突。农人并非天生的恶棍，他们没有作恶的天赋，但是，他们所浸淫其中的文化——民间道教——却模塑了他们这种刻薄歹毒的心态。确实，对于怕死而又必死的人类这种哺乳动物来说，即使他人都死了，但只要我不死就无所谓。这用西方哲学的“他者”理论很难解释清楚，但对于中国民间道教文化中的农人来说，却又合情合理。因为道教所追求的就是遗世独立，逍遥而游，身超三界，位列八仙；或“跨鸾鹤而朝金阙，或驾彩凤而赴瑶池”这样一种无拘无束、无累无赘的

“唯我”人生。

Ⅲ 偏执性人格

中国民间道教神秘莫测、诡异奇幻的斋醮仪式以及扶乩法术、神仙佑护、鬼怪助威这些文化戏剧，常常使人沉迷于神秘的幻境之中。用认知神经科学的原理解释，也就是这些神秘诡谲的知觉信号输入与个体对这些知觉信号的反复加工、表征，已经在那些朴实无华的脑组织中刻出一道“脑沟”——连接成一个神经回路并不断表征意象。用心理分析的语言来表述，这种信息加工模式也可以说在主体的心灵深处埋下了又浓又密的神鬼妖魅情结。这些情结与日常生活世界中的神秘符号频频相遇，不断被激活，会产生对意识和理性的压抑。这时，人们便会被各种幻想所左右，做出各种离奇古怪、神神叨叨的举动。这就是所谓的偏执狂行为。在中国近代史上，我们不难发现那些整日做着“皇帝梦”而落入“皇帝案”被砍头的偏执狂：那些一无所有、目不识丁的农民在神鬼精灵佑助情结的鼓动下、在扶乩法术、谶书天启神秘幻觉的诱引下，已经不再意识到“皇帝”乃“真龙天子”之化身，岂尔等平民布衣所可为之？他们完全为神鬼方术的原型情结所操控，变成了狂人和疯子。所以，在那些偏鄙乡野，经常会冒出一些令人啼笑皆非的农民“皇帝”。清末的刑部档案记载，每年都有“逆案”十数计，一批又一批土头土脑的农民就这样懵懂地丢了脑袋；有的农民甚至被推上了断头台还称“朕”不止：“崩即崩尔，终当不易尊号”。[①] 这不是农民的愚昧无知，而是民间道教对人的心理的影响；他们不是封建制度的牺牲品，而是民间道教所营构的神秘的民间文化所激活的人的文化无意识的牺牲品。

Ⅳ “癔症”的流行

一位研究中国宗教的美国学者曾这样说，中国人的宗教信仰不是理论化的而是实践化的；中国人不是对教理教义感兴趣，而是对宗教实践感兴趣——一种习俗化的宗教生活感兴趣。[②] 确实如此，对于中国人尤其是普通民众而言，他们对于宗教的信仰不是形而上的义理而是形而下的礼仪。通过或主动或被动、或理性或迷狂地投入具体的宗教活动之中，人们获得

---

① （明）冯梦龙：《古今笑》，河北人民出版社 1985 年版，第 53 页。

② ［美］克里斯蒂安·乔基姆：《中国的宗教精神》，王平等译，中国华侨出版公司 1991 年版，第 185 页。

了自己的利益。中国的本土宗教——道教的特征恰恰如此。道教文化大众化的精髓与其说是修真养性，开发灵性，不如说是那些令人神秘莫测的斋醮符箓、令人惊恐不安的星灯烟雾、令人魂魄出窍的法令道场、令人想入非非的神籤仙旨、令人神秘兮兮的日常生活世界中的鬼灵妖魅以及那些贯穿于年终岁尾的宗教节日。在某种意义上说，中国人的道教信仰已经生活化、民俗化了。

中国人的村落、宅居就为道教的四个神灵佑护着："凡宅左有流水，谓之青龙；右有长道，谓之白虎；前有清池，谓之朱雀；后有丘陵，谓之玄武。"① 走进院门，两侧有道教的门神护卫，门上悬挂着"照妖镜"；进入室内，灶台上供奉着"灶君"；正厅供奉着福、禄、寿三神；家有病患，由道士驱邪治病，诸如叫魂画符、镇妖移病；家有亡者，有道士超度亡魂，冥途指引；甚至于晚上梦境不断或小儿啼哭，也要祈求床神或者"打咒"——书写一贴张于路边："夜梦不祥，书在高墙，行人读过，凶化为祥"；若是眼跳耳热，也要念念有词，破灾驱邪。一年四季从正月到腊月的岁时节日更是接连不断：正月初二祭财神、正月十五上元节（天官大帝寿辰）、二月有土地神的生日、三月清明是鬼节……而在房前屋后、村头巷尾则散落着"财神楼"（"四大门"居所）、财神庙、龙王庙、城隍庙、狐仙堂……

走进私塾学堂，人们接受的启蒙教育是道教的劝善宝卷——《太上感应篇》《文昌帝君阴骘文》《关圣帝君觉世真经》；走进茶楼酒肆，人们听到的是源于道教的神仙鬼怪故事，诸如人神相爱、人妖联姻、八仙过海、麻姑献寿、王母蟠桃会、黄氏女游阴……文学欣赏我们有《西游记》《三国演义》《水浒传》《封神榜》，七十二变的孙悟空、九尾狐的神功、姜子牙的法术、太上老君的仙丹、诸葛亮登坛祈风、公孙胜摆阵斗法、九天玄女授天书、奇门遁甲变幻术……

这就是中国民众知觉输入的生态数据和心智资本构形的文化资源。人们的日常生活、文化生活、心理生活、精神生活完全被神仙妖魅、鬼怪精灵的神秘诡谲的信号所充斥。虽然这种神鬼无处不在的观念形成了人们的道德自律，但是，我们必须看到，人的大脑经常加工这些神灵鬼怪信号、心理世界集结大量的神仙鬼魅内容，脑和心理表征总是以这类意象为主体毕竟不是什么好事，因为它会激活那些远古意识的残留物。文化无意识一旦被激活，就会形成强大的心理能量，并且以无意识的方式操控心理生

① 《阳宅十书·论宅外形》。

活。久而久之，就会导致理性意识的沉寂并最终导致其解体。这时，人就不再是自己意识的主人而成为文化无意识的牺牲品——人为神鬼妖魅所附身，或成为精灵鬼怪的代言人，一句话，成了精神病患者。也正因此，我们看到，在传统的中国乡土社会，会有那么多的分离性障碍精神病；在一些民间道教盛行的村社，它甚至成为一种流行病。

六 宗教关联精神病：可能与不可能

对“宗教关联精神病”的群体性样本和个案性的分析结束了，我的心情十分沉重也十分矛盾。面对人类文明几千年的传统，面对人类精神的古老力量源泉，面对宗教史上那些伟大的宗教先知、宗教领袖、宗教圣徒为我们所描绘的融真善美为一体的玲珑巧妙的伊甸园图景，我们该对宗教说些什么呢？显然，在“宗教关联精神病”面前，说宗教是人类对真善美的追求、是苦难世界的情感抚慰、是人类灵魂的救赎云云，倒是显得有些精神异常了。但是，如果我们就此断定宗教就是这个世界罪恶的渊薮、是人类灵魂的地狱、是人类精神病孕育的温床也显得太鲁莽、太缺乏慧性。我觉得，在这颗星球上，在人类这个智性的种群里存在着“宗教关联精神病”并非人类生命的“原罪”，也非宗教的先验之“恶”，就像文化精神病学在分析“文化特异综合征”的发生时所认为的那样——作为优化自己存在的实践结果，人类的文化创造不会是反讽的，用来给自己制造麻烦，而是为了优化生存策略，降低生存的认知成本，使生命更好地适应环境。人类宗教原创的心理活动和心智计算的目的也是如此。不过，我们也必须看到，发生学意义上的“宗教”与人类学意义上的“宗教”，脑-心智系统产生的计算并非完全统一的。对这些信息的加工与编码不但创造了哲学与伦理、美学与艺术、信仰与道德，也创造了传说与故事、神话与巫术、禁忌与预言甚至于荒诞不经的谶语和迷信。客观地说，它们也同样都是人类为了优化自己的存在而进行的一种心智计算活动。若用维特根斯坦的“工具箱”比喻来表述，人类的宗教知识就像那个工具箱，里面的物件杂糅多样，人们可根据自己的需要从里面抽取任何一种为自己或高尚、或低俗、或邪恶的目的服务，行动的结果是善是恶与工具箱无关。就此意义而言，宗教不仅不存在真假之分，也不存在善恶之分；它产生了“善果”还是“恶果”是由人类的脑-心灵活动决定的，是由人类所使用的心智计算模型决定的。我相信桑塔亚纳的观点是对的：“宗教行使理性生活的功能，把人从个别的局限中解放出来，把人的心灵转变到更好的状态。”①

在精神病理学的层面上，“宗教关联精神病”发生的“可能”与“不可能”之因素较为复杂，涉及到脑、心理、环境等不同的系统。为了清楚、科学地解释这个问题，我在这里引进认知科学的心智计算理论做一解释。按照心智计算理论，人的心理建构或心理经验的形成，至少是发生在三个系统水平上的心理活动：一是心理结构，包括心理水平、心理经验、心理努力趋向；二是由这种心理结构所产生的心智计算的计算规则，即算法；三是输入的环境信号。不同的心理水平、心理经验对输入的环境信号会采取不同的“算法”，产生不同的心理表征与心灵体验。我们可以人类宗教观念和宗教生活为例做一分析。信仰什么样的神灵和选择什么样的宗教生活，不同个体的心理水平、心理努力判然有别，对这些信号进行计算的算法也不同。我曾在其他著作②中说过，宗教完全可以理解为人为了存在的幸福而创造的一种与超自然事物的思想游戏；游戏的结果并不取决于游戏之物，而是取决于游戏的规则，即在游戏中如何进行心智计算。个体如何加工与编码“信仰的至福”这种理念，就会选择什么样的精神游戏方式，产生什么样的精神之果。这也就是为什么有人信上帝、信基督、信真主、信佛主促进了心理/精神的和谐以及灵性的发展，而有些人则成了精神病的牺牲品的原因。作为一个执着的护教论者，切斯特顿提醒我们说：“宗教和哲学信念确实像火一样危险，没有什么能够夺取它们身上的那种危险之美。”③ 切斯特顿这里的话绝不是幽默，他是认真的。宗教信仰不会必然导致人类精神的病变，若是那样的话，宗教早就绝迹了；但你总是去触碰它危险的“美”而又缺乏消费这种“美”的智慧，那么，等待你的也只能是精神的癌变。确实，作为鲁道夫·奥托所说的那种神圣而又神秘、令人狂喜而又令人恐惧、使人安宁而又使人战栗这样一种超验的事物，我们走进它、拥抱它需要一种高级的智性。尽管人们常说信仰依靠的是情感的投入而非理性的计算，但真正的信仰却离不开理性的计算。纯

---

① ［美］乔治·桑塔亚纳：《宗教中的理性》，犹家仲译，北京大学出版社 2008 年版，第 6 页。

② 可参见高长江《天使的和弦：全球化时代的宗教冲关与对话》，中国社会科学出版社 2008 年版，第 112—115 页。

③ ［英］切斯特顿：《异教徒》，汪咏梅译，生活·读书·新知三联书店 2011 年版，第 193 页。

洁无瑕，为信而信进行信息加工则心灵和谐；功利主义的神圣计算则使人堕入狂热偏执、狂躁和焦虑。宗教信息加工与人的精神问题之间的这种关系，睿智的克尔凯郭尔早就看到了。他告诉我们说，我们之所以会感到“不适”，其原因就在于对一些人来说他们太过努力，对另一些人来说则是努力不够。[①] 用心智计算理论来表述，也就是“太过努力”属于那种过于功利和狂热的心智计算；“努力不够”属于那种缺乏真诚的心智计算。这两种“神圣计算”的心智活动都可导致心理和精神问题。

“神圣”心智可能导致的心理、精神问题，除了“不够努力”和“太过努力”的心智计算因素之外，还与进行神圣事件心智计算时所使用的认知模型有关，也就是对宗教认知的心理图式有关。我在前文曾提出区分两种不同的宗教形态，即文化宗教和灵魂宗教。有的人信仰宗教、过宗教生活是因为其对“神圣”的认知是宗教属于灵魂救赎、终极关怀意义系统；有的人则将宗教认知为可以开掘存在的广度与深度，使人生价值最大化的文化资源；也有的人计算出了它的美学维度，将其作为一种文化与艺术，像欣赏建筑艺术、造型艺术、表演艺术、音乐艺术那样走进宗教，增添生活的诗意与美感；还有的人则把宗教视为社会资本与文化资本，企及通过它增加个体的身份光泽；更有的人把它作为愚民的工具、战争的借口，甚至放纵享乐的手段，等等，不一而足。作为一种人类生命管理、获致幸福的心智计算，人对神圣信息的加工、编码不可能是绝对纯洁的，每一个神经元的活动、每一种意识活动、每一次心理活动都与人的心理图式黏黏糊糊地粘连着。正因为人们宗教信仰的“信”的内容不同，计算模型不同，计算的结果也不一样。有些人通过宗教信仰和宗教生活，确实开掘了存在的深度、广度与诗意，获得了灵魂的和谐与愉悦；有的人则使自己变得孤独与抑郁；还有的人则变得妄谵与疯狂。如用我提出的“宗教类型”的理论来表述，也可以这样说，因宗教意识而导致的精神障碍大都属于那些“文化”计算之果；因宗教意识而获得精神喜乐大都系“灵魂”计算之果；前者对宗教“用心不纯”，利益计算，故而脑浆浑浊；后者对宗教虔敬谦卑，圣洁无瑕，故而心智清明。切斯特顿曾说过：“人间只要尚有奥秘，就仍有健康；摧毁奥秘，就会病态萌生。”他是想说，有

---

① ［丹麦］克尔凯郭尔：《克尔凯郭尔日记选》，晏可佳译，上海社会科学院出版社 2002 年版，第 13 页。

些人之所以成为疯子，就是因为在“信仰”的每件事情上看出太多的心思。① 虽然切斯特顿的观点护教色彩太浓，情绪也太冲一些，但仔细品味一下，也不能说全无道理。如果一个人在教义教理、名义地位上过于理性，用心太甚，那肯定容易发生心智偏失；如果一个人只是为了爱而信，为了一种灵性的生活而信，为了存在于与伟大的造物主一体化的恩宠与喜乐之中（如爱因斯坦），那么，他就会感受到真正的灵魂愉悦。

从宗教人类学的角度看，“文化宗教”和“灵魂宗教”这两种不同的宗教文化我们不能说这一个比那一个更好或更糟，它们都是人的认知需求、幸福愿望及价值观念的产物，并适合于不同心灵水平的个体需求；从心智计算理论的原理看，个体对信息的加工、编码以及意义建构，不仅取决于心智计算的模式，也取决于输入的计算数据。纯洁无瑕的善、爱的信息加工和功利、唯我的信息加工会建构不同的心理经验。用奥尔波特的宗教心理学语言来表述，也就是说对“灵魂宗教”的信仰可以产生一种“成熟的宗教情感”，它具有独特性、综合性、整体性、启发性的特征，因而，这种宗教情感也就更健康；只有当宗教情感处于“不成熟状态”时，才会引发“宗教关联精神病”。这也就意味着，尽管我们从文化相容论的角度说宗教不存在优劣之分，但从心理发展和精神卫生的角度看，灵魂宗教显然比文化宗教更有益于人的心灵和谐。这也就是为什么在有的宗教信仰群体中，特别是一些地方性的巫术文化系统中神经症发生率要高于其他宗教的原因。检视人类宗教文化史、圣徒心灵史和精神病史，我们不难发现，那些伟大的神学家和圣徒之所以拥有和谐的心理、愉悦的灵魂和无相的灵性，就在于他们大脑所加工的神圣数据是真善美的，对神圣信息的加工活动是和谐的，产生的宗教情感是一种“成熟的情感”；而当人们所加工神圣数据不具备这种品质，导致人的宗教情感半生不熟，那么，“神圣”体验就会演变成精神的魔鬼，不仅伤害自己，也伤害他人。切斯特顿说得好：“每个心肠不会软化的人，其脑袋必难逃软化的厄运。”②

论说至此，我想起切诺基族印第安人的一个古老的智慧的传说。它这样讲述道：

在切诺基族印第安人中，有一个小男孩得到了一份礼物，是一面

① ［英］切斯特顿：《回到正统》，庄柔玉译，生活·读书·新知三联书店 2011 年版，第 13、22 页。

② 同上书，第 40 页。

十分漂亮的鼓。他最要好的朋友看到了，问他能否让他敲打一下。小男孩很不高兴，非常不愿意跟别人分享他的这个新礼物，便气呼呼地说："不！"他的朋友于是走开了，留下他独自坐在溪旁的岩石上思考他遭遇的两难。他后悔自己伤了他的好朋友的心；但那面鼓实在太珍贵了，他真舍不得和别人分享。他苦恼极了，便去找他的祖父问询意见。

老人家静静地听完后说道："我常有一种感觉，好像有两只狼在我的内心打架。一只既小气又贪心，一幅无理傲慢的样子；另一只则和善又慷慨。它们一直都在冲突。而你，我的孩子，同样也有两只狼在心里。"

"哪一只会赢呢？"男孩问。

老人家笑着说："你喂哪一只，哪一只就赢。"

用切诺基族印第安人传说中的"两只狼"来比喻人类精神系统中的两种宗教类型虽有些牵强，但用来比喻我们的宗教认知活动与心智计算方法却比较中肯。人类精神世界的"宗教"可能有多种意象，但大抵以"文化的"和"灵魂的"为故事脚本和认知模型。宗教知觉与体验到底会使我们走进精神的天堂还是堕入精神的地狱，不仅取决于我们的心智计算的水平，也取决于我们用什么样的数据来计算以及如何进行计算。关于这一点，400 年前西方哲学界的一位伟人在荷兰海牙一座普通的房子里就这样告诉我们：要获得存在的幸福，获得拯救，你无须恐惧神，也无须讨好神，因为你从神那里什么也得不到。你唯一可做的事情是照顾好你的心灵——倾力地爱你心中的神，或像神所告诫你的对人类的爱：

我们可以明白了解我们的得救、幸福或自由何在了，即在于对神之持续永恒的爱，或在于神对人类的爱。而这种爱或幸福，圣经上叫做"光荣"并不是没有理由。因为无论这爱是出于神或基于心灵都可以恰当地叫做精神的满足，而精神的满足……其实与光荣并无区别。因为就爱之出于神而言……爱也是为神自己的观念所伴随着的快乐。①

---

① ［荷兰］斯宾诺莎：《伦理学》，贺麟译，商务印书馆 1997 年版，第 261 页。

第四章　宗教与精神障碍的预防

> 传统社会的神话仪式体系，是人防御精神病的一种机制：在这种文化中，所有重要的生活决定乃至于日常事件都仪式化地得到规定，向个体提供了一套现成的关于生活意义的诠释。个体所能做的一切，就是将其视为现实而投入其中；并且，仪式也是疏通强迫症的一种社会形式。我们可以说，它在每个人力所能及的范围内置放了创造性的强迫观念。这就是仪式的功能。
>
> ——［美］恩斯特·贝克尔：《拒斥死亡》

一　深度关怀与预防精神病学

据世界卫生组织披露，目前，全球大约有近5亿人罹患各种精神障碍以及由此而产生的行为障碍。在所有疾病所导致的伤残人数中，神经病和精神障碍问题占13%，估计到2020年将升至15%；在全球前十个导致伤残和早死的疾病中，精神疾病就占了5个。这个规模庞大的精神病患者群体不仅给人类文明的发展带来了巨大的经济负担、社会负担，导致人类生存质量的严重下降——很多精神病患者忍受着剧烈的精神苦痛，生不如死，且还将家庭、亲属以及社区拖入困难的境地——而且它也产生了人类巨大的心灵阴影：对心理问题的忧虑使人们忧心忡忡，噩梦惊魂。世界卫生组织推测，中国的心理、神经、精神疾病负担到2020年将上升到疾病总负担的1/4。目前，我国的精神疾患总数已超过1600万，并且这个人口数目还将随着工业化、城市化、现代化的快速发展而不断增长。尽管在这个群体中很多人尚未达到临床水平，但是，心理-精神问题对于个体有效率地学习和工作以及心理和精神的和谐发展都构成了十分严重的妨碍。鉴于此，世界卫生组织早在2006年就提出，精神疾病预防已成为一个优先的公共卫生问题。也正是在公众精神卫生这种严峻的背景下，预防精神病学脱颖而出。它的主要目标就是依托公共卫生体系，强化社区精神卫生服务来降低人口患精神障碍的风险和增加个体的精神卫生保护因素，降低某些精神疾病的发病率和患病率。

根据目前预防精神病学的工作框架，人们将精神疾病的预防体系划分为一级预防、二级预防、三级预防这三个层次。从目前公共卫生系统对这三级预防体系所做的规划看，一级预防属于病因预防，即消除个体罹患精神疾病的致病因素，提高人类精神系统的自我保护机能；二级预防主要是精神疾病的干预和治疗行为；三级预防重点在病患的康复。可见，在这三级预防体系中，一级预防是基础性的，也是最根本的预防。如果这一层级的“防护墙”构筑结实严密，让“精神病毒”无隙可入，后面的二级、三级预防就减缓了压力，甚至没有存在的必要。

WHO 曾就一级预防开出了 7 个行动方案。总体而观，这 7 个方案基本上属于公共卫生系统的活动及职责范畴。我觉得，鉴于目前大多数国家的公共卫生体系尤其是精神疾病的预防、干预方面的有限能力（经费、人员、设备及投入）和精神障碍患病率的逐年飙升这一严峻现实，精神疾病预防仅仅依靠国家公共卫生体系是远远不够的，它需要全社会的协调行动，需要动员社会所有预防精神疾病的医学文化和非医学文化资源，形成一种整合的力量。我过去曾说过，预防精神病学不仅仅是公共卫生学，也是人类学精神病学；不仅仅是精神病学工程，也是一项社会工程，而且社会文化工程十分重要。比如：一个社会如果不摒弃那种物质主义、消费至上、政治不平等的文化价值观，就很难企及社会成员的心理宽舒与和谐；一个社会如果不能为每个社会成员提供个体英雄主义实现的文化机制而是推行一种机械、僵硬的文化，人们就会像弗洛姆所说的“社会组织人”那样，虽然没有堕入疯狂但却可能陷入委琐与无聊、抑郁与解离等心理困境；一个社会如果不能为个体提供消除生死焦虑即灵魂安抚的文化，而是用浮华、浅薄、感官麻醉的“文化致幻剂”来麻痹神经，那么，群体性精神病的爆发就在所难免。特别是我们考虑到，精神疾病作为一种特殊的疾患，它不仅是个体特别隐私的心理紊乱状态，也触动着个人的隐痛感觉和人格系统，具有很大的隐秘性，很难为公共卫生体系所捕捉到，因此，对于精神疾病的预防，公共卫生系统只是一种保障体制、一个工具体系甚至于一种象征系统。全球有近 10%的人罹患各种精神疾病，可公共卫生体系救助和治疗的又有多少呢？看看我们身边那些被各种各样的心理-精神问题困扰和折磨的普通生命，国家的公共卫生系统又为他们提供了多少援助呢？这些事实足以说明，对于精神疾病的预防，仅凭公共卫生体系效果委实有限，尤其是像我们这样的对精神疾病有着顽固的“污名化”心理的民族而言。总之，人类精神问题解决的出路在于社会、文化、个体三者的携手联动，如此我们才能筑起公众精神卫生坚实的“防火墙”。

那么，从精神卫生学的角度而论，人类该如何构筑精神卫生“防火墙”呢？弗洛姆对此给出了明确的回答。虽然弗洛姆切入的角度并且表述的方式是社会的，但他触及的却是人类的精神深穴——灵魂的层面：

> 在这个社会里，人与人相亲相爱地联系在一起，根植于友爱和团结，不受血缘和地域的约束。这个社会能够使人以创造而不是摧毁的方式超越自然，每个人不是靠求同，而是通过将自己体验为自身力量的主体来获得自我感；没有人歪曲事实，崇拜偶像，有的只是一种倾向和信仰的人，所有生命的东西融为一体；听从良心的召唤，这种召唤令我们回到自身，但同时，在听不清良心的声音而无法遵从时，不沉溺于个人的仇恨之中。①

心理学家弗洛姆为现代人开出的精神疾病预防良方，常被人们诠释为人本主义心理学。这确实是人本主义的心理卫生学，但这种人本主义又与一般的人本主义心理学不同，它融入了更丰富的哲学、心理学和宗教的元素。在这里，我们既看到了海德格尔的存在哲学、马斯洛的心理哲学，还看到了蒂利希“新在”神学的影子。就我的观点看，弗洛姆所描述的这种社会、文化与人类群体，已经远远超越了一般的人口社会学水平，也许在马克思所描绘的未来的“自由人的联合体”里、在犹太-基督教“启示录”所描绘的天国中我们才能看到这一景观。特别是弗洛姆所希冀的这种人，几乎就是存在主义神学家蒂利希所说的“新人”。这种“新人”的诞生，对社会、文化都提出了更高的要求，我们现在的社会、文化形态远远没有达致这个层次。也正因此，各种心理与精神问题才成为当代世界不仅仅是公共卫生系统，也是社会管理、政治发展、文化现代化等面临的一个世纪难题。确实，我们可以抛开人类精神系统不同水平的“三个脑”的相互交错纠缠以及基因遗传的“文化原型”这些分子生物水平的元素

---

① 参见［美］埃利希·弗洛姆《健全的社会》，孙恺祥译，上海译文出版社 2011 年版，第 168—169 页。

不谈，仅就人类这种符号动物而言，要真正做到超越“小我”与“大我”、超越一切外在的偶像与律令而把自己毫无保留地全部交给信仰、良知和开放的“大精神”谈何容易！

被誉为一般系统论之父的奥地利著名生物学家路德维希·冯·贝塔朗菲曾说过这样一段话：“根本就没有什么心烦意乱的大脑心理学，也根本没有出现与通常的心理学即弗洛伊德式的范畴相吻合的奇迹，如由于存在所引起的忧虑和新式犯罪之类，只有一种可能，那就是，这些都是由于价值体系崩溃、生活目的和精神支柱丧失所引起的精神失常——也就是说，它们来自与物质和精神不同的第三个王国。”① 贝塔朗菲所说的“第三王国”即他所谓的“符号王国”。在他看来，精神紊乱或精神疾病与“人所特有的符号活动密切相关”②。我不知道作为一个生物学家，贝塔朗菲所谓的“符号”是否有他自己的指称，但很显然，贝塔朗菲把人类精神紊乱的原因完全归于符号系统的问题，确实有将符号的精神影响功能过于夸大之嫌。不过，他的话并也非毫无道理。从更为广义的符号学意义上说，对符号的误解、符号的实在化以及符号知觉的分裂与冲突（如果考虑到意识与无意识的心理活动都离不开符号的参与的话），确实是导致个体心理冲突和精神紊乱的一个重要文化因素。正如我在第一章所分析的那样，动物是安全的，因为它不像人那样生活在符号王国里而是生活在天生的洞穴或甲壳里；但人却不同了，他的生命活动不仅受“生物脑”“社会脑”的牵制，更受“文化脑”的支配。人游走于各种符号构成的信息世界之中，成为一个实实在在的符号动物。符号如何作用于我们的脑与心灵，我们的脑如何加工、编码并重新生产符号的意义，决定了我们的心灵性态。比如，当社会不能为其成员提供一种与人的“社会脑”和“文化脑”相匹配的符号系统时，当个体不能对其所接收、所储存的符号进行正常加工时，就会导致符号动物的某种精神问题，特别是对那些游走于生与死之游戏场上的战战兢兢的动物而言，公共精神疾病预防学所说的消除人际关系紧张、同伴排斥、营养不良、种族歧视、工作压力等不良社会环境，为那些心理不适者提供心理咨询和干预，加强人的心理卫生教育……确实可以消除他们的一些心理不适，但问题并没有得到根本的解决。对于那些被死亡恐惧扰得惊魂不定的人，对于那些心灵深处的无意识情结积重难消的人

---

① ［奥］冯·贝塔朗菲、［美］A. 拉威奥莱特：《人的系统观》，张志伟译，华夏出版社1989年版，第115页。

② 同上书，第45页。

来说，人际和谐、营养合理、心理咨询、心理健康教育最终又能给予他们什么呢？对这个问题的理解与解释，我觉得没有人比弗洛伊德更为睿智也更为坦率："我们治愈了神经症患者的痛苦，为的只是让他接受生活之正常的痛苦。"看来，心理防疫学或精神卫生学要想真正成为大众生命管理和精神的"防火墙"，它就必须具有某种绝对、超验的文化元素，或用克尔凯郭尔的话说，就是要使心理学变成某种教义学①，即，它必须拥有生命终极关怀的维度，具有灵性开化的向度。说得再明白一点，它应该具有宗教的意蕴。正如荣格、兰克、贝克尔这些心理学大师所分析的那样，宗教不仅以文化形而上学的意蕴出色地回答了人之存在的生死难题，向人敞开了任何尘世的逻辑都哑然失语的天国的大门，破解了人类生命存在的荒谬性，而且，它也通过从最基本的人性层面入手，为存在者提供一种积极的生活目标以及达成目标的生活方式：从对物的依恋中、从弗洛姆所说的那种"社会组织人"的委琐的生活方式中、从耽于现象的"无明"状态中超越出来，使自己积极地献身于一个伟大的目标，献身于个体的英雄主义理想，献身于普遍的责任与爱。如此，个体便可能从焦灼、琐碎、痛苦的存在中超越出来，心灵变得更自由，精神变得更和谐，灵魂变得更愉悦。宗教于个体精神卫生的这种价值，就连倡导人本主义路线的弗洛姆也作了肯定。在他看来，对一种人本主义宗教的信仰就是人与宇宙整体的完全同一；人们用理解和爱的眼光而不是用藐视和轻鄙的眼光来看待人们违反生活准则的倾向，对犯罪的觉悟不是自我憎恨，而是积极鼓励做得更好；我们可以在否定偶像崇拜中坚定地团结起来，寻找更多的谦卑和兄弟般的爱。②

但宗教精神病学毕竟不是心灵哲学和一般心理学，不能仅游弋于心灵炼化的层面，它还要切入具体的心理游戏之层面，具有心理防疫的操作性规程，体现出相应的技术含量。从精神疾病预防的层面审视，宗教之所以可以帮助人们构筑抗御精神疾病的"防火墙"，就在于我在"引言"所析，那些伟大的宗教在与精神病抗争的千年历史中，积累了很多也很成熟的预防心理困扰与精神障碍的智慧和技艺。比如，许多传统宗教都比较完好地保存了它的象征仪式，这些象征仪式如同心理学家导演的心理剧，可

---

① ［丹麦］克尔凯郭尔：《概念恐惧·致死的病症》，京不特译，上海三联书店 2004 年版，第 244 页。

② ［美］埃利希·弗洛姆：《精神分析与宗教》，孙向晨译，上海人民出版社 2006 年版，第 34、67、88 页。

使个体心理深层集体无意识的投射和移情成为可能。几千年来，人类与精神疾病抗争的历史告诉我们，在传统社会，在没有任何专业精神卫生服务的情况下，正是那些贯穿于生活之流中的各种宗教仪式，无论是神话讲述还是祈祷、献祭、告解等，成为大众心理疏导的重要途径，构筑了平民百姓的精神卫生“防火墙”。

今天，尽管人类已经不是生活在传统社会，而是生活在商业主义、科技理性、娱乐文化主宰的世俗世界里，宗教也不再像过去那样具有广泛的社会影响力心灵影响力，但是，人类同样还是那个“老亚当”的后裔，还是那个“三脑”交互的种系，还是那个维特根斯坦所说的“与野蛮人有血缘关系”的人种，还在用那个古老的不可思议的神经系统进行加工和计算信息。也正因此，决定了人类同样需要人类古老的“灵魂照料”的传统技艺。特别是面对占人口总数近十分之一这样一个庞大的宗教信徒群体和有限的公共精神卫生资源的张力，面对心理咨询和心理干预开出的一张张难以兑现的空头支票而导致的更为普遍的焦虑，挖掘、提炼、运用人类宗教古老的灵魂照料之方便与智慧，对丰富现代预防精神病学的文化资源、对新世纪人类心理卫生状态的改变，都具有十分重要的意义。

二　宗教与心理卫生：神经科学的视角

上文我就宗教与心理-精神疾病预防之关系做了一个鸟瞰式陈述。尽管这一陈述只是建立在宽泛的预防精神病学、心理学、心灵哲学基础上的，但至少它使我们对宗教的精神疾患预防效用有了感性直观的认识。为了使宗教的心理防疫价值获得更充分的证明，下面我从神经科学的角度对宗教的心理卫生原理做一解释。

神经学家安东尼奥·R. 达马西奥通过对脑的情绪感受、记忆与心灵表象的神经生物学研究，为我们提供了积极的信息加工对脑以及心理方面影响的数据：

> 在自传式记忆的帮助下，意识使我们具有了一个带有个人体验的自我。作为有意识的个体，当我们面对生命的每一瞬间时，与此有关的过去的欢乐或痛苦以及以后可能会有的更多快乐或痛苦也涌上心头。……具有了意识和记忆……人类生活就产生了悲剧意识。幸运的是，这两种特性也是无限快乐、荣誉的源泉。……幸福的人生必须包

舍如何才能抵制痛苦和死亡带来的痛苦，消除它们并用快乐来代替的方法。……与痛苦相比，生命更偏好快乐，而且快乐能使我们更为健康，更具创造性。①

达马西奥的表述用一句话来概括，就是对快乐、祥和的信息加工以及所激活的情景记忆、心灵体验能给人带来生命畅快与幸福的感受。

对于不具备神经学知识储备的人来说，达马西奥的这一阐述会使人觉得比较抽象和深奥。那我就将这一原理再细化一些，加强一些。认知精神病学研究表明，人的情绪激发部位的脑区主要有杏仁体、颞叶深层、被称为前额叶腹内侧皮质的那部分额叶以及在辅助运动区和扣带区的另一片额叶区，统称为额叶。通过大脑扫描呈像技术，神经学家们发现，杏仁核脑区主要是愤怒、恐惧、忧虑性情绪的激发区和生产区；额叶脑区则主要是良性的社会性情绪，如慈悲、同情、怜悯、和谐、安宁性情绪的激发区和生产区。对于脑损伤病人的脑呈像表明，杏仁核损伤者既不能感受消极的情绪信息（无动于衷），也不能激发这些情绪；而额叶严重受损者也无法接收积极的情绪信号并激发这些情绪。② 这一发现告诉我们，人的大脑神经系统感受区及其状态，将影响到人的情绪状态并进而影响到人的心灵状态。如果杏仁核经常被激活，那么，就会使人产生恐惧、愤怒、焦虑性情绪，这些情绪又可能激发身体中释放出大量的压力分子、肾上腺素等破坏性化学物质并涌入大脑，造成对大脑神经系统的损坏。

对人的情绪发生有重要影响的另一个脑区是前扣带。它位于额叶与边缘系统（杏仁核正是该区域的主要器官）之间，作用是担任情感与思想，也可说消极情绪与积极情绪的中介；或者说它类似一个支点，平衡人的思想与情感。如果前扣带接收到的信息过于情绪化，那么它的活动便降低，这样，大量的血液便会流入边缘系统，激活杏仁核而产生愤怒、恐惧、忧虑等消极情绪；如果额叶比较活跃的话，便会激活前扣带而抑制了杏仁核的运动，从而阻止了恐惧、愤怒、忧郁等情绪的产生，而生发出慈悲、克制、怜悯等积极的情绪。这也就意味着，个体脑中的杏仁核是否被激活以及产生何种情绪体验，关键取决于前扣带这片脑区，即所谓的 25 区接收

---

① ［美］安东尼奥·R. 达马西奥：《寻找斯宾诺莎——快乐、悲伤和感受着的脑》，孙延军译，教育科学出版社 2009 年版，第 165 页。

② ［美］安德鲁·纽伯格、马克·瓦德门：《改变大脑的灵性力量》，邓伯宸译，译林出版社 2012 年版，第 38—39 页。

和传输的信息形式。理性的宗教信仰、灵性修炼与积极观想也可谓为脑中的25区提供了一种积极和谐的信号。美国的两位神经学家安德鲁·纽伯格和马克·瓦德门曾把杏仁核、额叶和前扣带的运行态势用一个图做了说明：

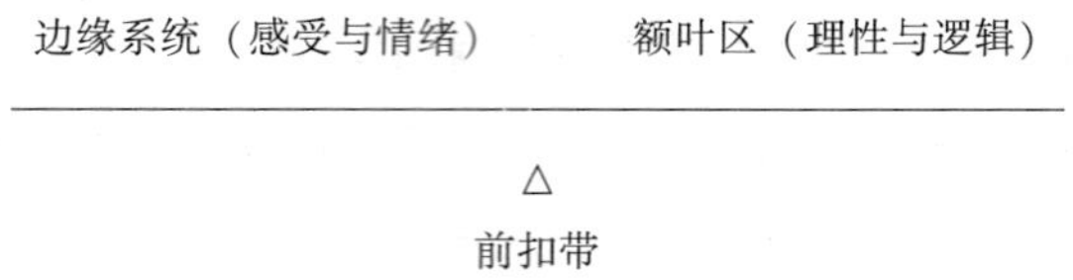

边缘系统（感受与情绪）　　额叶区（理性与逻辑）

△

前扣带

通过此图[①]我们可以看到，要维持前扣带、额叶皮质的和谐，控制消极情绪的产生，这些区域所接收、加工的信号必须是能够给人带来信念、希望、乐观、慈悲、和谐的信息，由于这类信号可刺激前扣带的活跃，阻止了血液进入边缘系统，从而抑制了消极情绪产生的脑区的运动。

在《改变大脑的灵性力量》一书中，安德鲁·纽伯格和马克·瓦德门告诉我们说：信仰、灵修、宗教体验及个体所信仰的宗教个性等可以影响人的大脑神经系统，进而影响到人的情绪、心理与精神。他们的主要观点可以概括为如下五个方面：

1. 对于神，大脑的每一部分建构出来的知觉都不相同；

2. 每个人的大脑都以独特的方式将神的知觉加以整合，赋予神不同的意义和价值；

3. 即使不带任何宗教信仰色彩，灵修也可以提升大脑的神经机能，由此改善身体和情绪的健康；

4. 对于神和其他灵性价值密集而长期的观想，似乎可永久改变大脑中控制情绪的部分，提升有意识的本我，并塑造我们对世界的感官知觉；

5. 静观修行可以强化特定的神经回路，产生宁静、社群意识和慈悲心。[②]

安德鲁·纽伯格和马克·瓦德门围绕他们的上述五个观点进行了详细的论证。尽管目前学界对他们的这一研究及其所得出的结论还持有怀疑，但就他们提供的研究样本以及对脑的物理/化学运动原理的分析而，我觉得基本观点是可信的。我们不妨通过认知神经科学的原理略作解释。

---

① ［美］安德鲁·纽伯格、马克·瓦德门：《改变大脑的灵性力量》，邓伯宸译，译林出版社2012年版，第134页。

② 同上书，第7页。

第一，宗教徒的灵修生活，比如冥想、静观或祈祷、念诵经文和唱颂赞美诗，从神经化学的原理看，可以有效地降低心理压力、血压、焦虑以及罹患帕金森氏症、阿尔兹海默症等影响身心健康的疾病发病率。因为当一个人的意识密切专注于某种意念与价值目标时，流向大脑额叶与前扣带的血液量就会增加，从而使大脑情绪中心内的活动随之减少。特别是人经常性地从事灵修生活，会促使大脑前额叶皮质活动量的显著增加，而这一点对于维持一个人大脑清晰的专注力、调整情绪和强化学习与记忆功能特别重要：大脑的前额叶、前扣带、基底核与丘脑这些神经组织主要掌管知觉、思维、对现实的认知、对错误的检查以及产生同情心、慈悲心等社会性情绪，因而，这些神经组织的活化，不仅能改善认知与记忆，也可对抗与老化失调相关的精神病——抑郁症、老年痴呆症等。事实证明，这一回路若不经常活化便会因老化而衰退；当它们出现故障或衰退时，便会导致沮丧、焦虑、强迫性行为和人格分裂。临床数据表明，患帕金森氏症和阿尔兹海默症的精神病人就与前扣带的新陈代谢活动降低密切相关。

第二，无论是灵修生活还是日常宗教活动，无论是对美好未来的想象还是善良、积极的观想或祈祷美好的愿景，这种认知活动可使大脑唤起快乐的、幸福的情景记忆，形成一种积极的心理经验，产生欢乐与和谐的精神体验。大脑扫描监控技术显示，当个体经常预期会有负面事情发生或思虑不幸的问题，大脑杏仁体的活动就会加剧，而前扣带的活动则会降低，就可能导致焦虑、抑郁等情绪的产生。要避免这种不愉快的情绪的产生，人的大脑所模拟的必须是快乐、幸福的身体感受，所加工的必须是和悦的信息。也就是说，人如果想要维持大脑神经系统中的前扣带皮质、额叶皮质的平和状态，无论是集中精力观想还是随意性观想，前提是认知活动——无论是意象加工还是语义加工，必须是能够给人带来爱、欢喜、乐观与希望的信息。这一点，西方心灵哲学的先知斯宾诺莎在几百年前就作出了洞见：

> 如果一个人认为他期待中的一个东西好，他的心灵就采取一种我们称之为希望的样式；而当他确有把握可以取得这个被假定的利益时，他的心灵就具有这样一种我们称之为安心的恬静。①

---

① ［荷兰］斯宾诺莎：《简论上帝、人及其心灵健康》，顾寿观译，商务印书馆 2010 年版，第 112 页。

这就是斯宾诺莎的思想，也是斯宾诺莎所说的“你不必讨好神，只需在‘永恒的形式下’观察生活便获得幸福的人生”这一逻辑的主要论据，更是他一生追求一种平淡而高贵的生活的精神动因。

第三，从神经化学的原理审视，无论是静修还是对宗教伦理信号的加工，都有益于人的脑与心灵的和谐。首先，它可使大脑的额叶释放多巴胺这种化学物质（比平时增加了65‰），此时人虽然保持着意识的知觉，但却处于完全放松的状态，并可使人产生愉快的感受，增加安全感和幸福感；其次，此时个体神经组织中的血清素浓度也会增高，这可使人远离抑郁症的困扰；再次，灵修也会改变大脑组织中的其他化学物质的结构与性态，比如坐禅、瑜伽就可使大脑中的氨基丁酸的浓度增加，这使人较不容易沮丧、焦虑；静观也可降低压力分子、肾上腺素、正肾上腺素，使人产生一种、平和、兴奋与安全的感觉。

第四，安德鲁·纽伯格和马克·瓦德门的研究还告诉我们，人们所信仰的神灵及其教理教义的性质，还会影响大脑神经系统的运动形式并进而影响到心灵状态。如果一种宗教中的神是暴躁的、易怒的、冷漠的，教义中充满了罪恶感和救赎无助等理念，则促进了杏仁体的活跃，从而使人产生持续的痛苦与焦虑等情绪感受。更重要的，对某些信仰目标的思虑，如果人用心过甚，还将导致有些脑区过度活动，以至于将其他神经组织有效运动的大量能量都消耗掉了，便可能导致人的幻听、幻视，罹患妄想症。① 关于前者，清教徒的心理不适是典型的案例；关于后者，一些天主教修女的精神障碍是典型的案例。这些内容我在第二章已做过详细的病例分析。这一点提醒我们，要保证神经活动与心理的和谐，人必须为脑提供一个积极的认知环境：拒绝不和谐的宗教信息（如宗教殊别主义、他者魔鬼等）。

第五，在静修或日常交往中，诵念宗教的某些特殊的“真言”或语词，也是人们获取心理正能量或调整心理能力的一种心理防疫手段。我们可以从神经语言学、心理语言学角度做一分析。念诵某些语词为什么会成为修炼者的心理正能量或转化人的心理无意识能量的精神活动？因为禅修中所复诵的某些感叹词，它们都贮满了佛教文化神话的意义与意象，如“阿弥陀佛”或“唵”。诵念“阿弥陀佛”，脑对它们的语义加工可使诵念者的大脑建构出宁静、超脱、慈悲、永恒的佛身意象；诵念 OM AH

---

① 这些分析主要参见［美］安德鲁·纽伯格、马克·瓦德门《改变大脑的灵性力量》，邓伯宸译，译林出版社 2012 年版，第 1—5 章。

HUNG BEDZAR GURU PEMA SIDDHI HUNG（藏化的梵文，意即“诸佛身语意的化身，莲花生，祈请赐予一切加持”）这样的上师真言，如仁波切所说，“随着诵念和开放，从根本上师发射出各种颜色的加持光接触到你，带来温馨和身心的开放。这些光不但美丽、清净，而且是安详、温馨、快乐和开放的能量。让这种感觉透过每一个毛细孔和孔门渗透你全身，驱逐一切忧虑和压力，好像太阳光驱逐黑暗一般。感觉你的全身转化成光和能量”①。

如果你认为仁波切的描述只是一个佛僧的神秘体验的话，那么我们就离开佛心体验而从心理认知的原理做一分析。诵念“唵”的过程，其实就是运用语言的心理“能”即词语语义加工激活大脑快乐、安详、幸福的“情景记忆”的神经运动过程。《蛙氏奥义书》说，“唵（OM）这个音节是所有这一切……过去、现在和未来的一切只是唵这个音节，超越这三时的其他一切也只是唵这个音节”②，故发出“唵”这个音节，进入这个音节，便达到永恒。③ 我们也许会认为这不过是古印度宗教的语言神话。确实，《蛙氏奥义书》的作者确实是在宗教神话的背景下写下这些感受的，但仅仅靠宗教信仰是不可能写下这么深刻的感受的。我觉得它实际蕴含着上古时代婆罗门长期从事精神修炼所获得的心灵体验的经验。人类语言学家沃尔夫在论述人类语言的能量时特别提到“唵”这个词并分析说，由于“唵”这个语词的特殊文化意蕴，所以，诵念这个专门语言可以“重新组织神经系统和腺体的状态”——“在这种巧妙的型式组合发生之前，这些有机体的部分只不过是‘闲散装置’，就像散置的磁铁和电线那样，无法产生运动的能量。但在适宜的型式之中，它们则与零散状态的属性大不相同，能够增强和激活潜在的能量。”④ 这里所谓的“增强”“激活”“重新组织”生命体的“潜在能量”，到底是源于“唵”这个词的特殊念诵方式所产生的物理能量还是它所蕴含的文化语义所产生的心理能量，沃尔夫没有明确告知我们，可能在他的直觉中，两种能量都有。神话学家约瑟夫·坎贝尔曾就“唵”的文化语义及其所产生的精神能量解释说：唵，“‘阿—欧—姆（A—U—M）’是出生、成长与死亡的循环三

---

① 东杜法王仁波切：《心灵神医》，郑振煌译，中国藏学出版社2006年版，第162页。

② 《蛙氏奥义书》，《奥义书》，黄宝生译，商务印书馆2010年版，第308—310页。

③ 同上书，第131页。

④ ［美］本杰明·李·沃尔夫：《语言、心理与现实》，高一虹等译，湖南教育出版社2001年版，第254页。

部曲。‘唵’被称为‘四合一音节’。除了阿—欧—姆之外，第四音是什么？那便是沉默之声，唵声由此而生，由此而灭……我们的生命除阿—欧—姆之声，但还有一个沉默之声作为它们的基础。这就是我们所谓的不朽，这是必朽，那是不朽，如果没有不朽，就不会有必朽。”[①] 正因为“唵”这个符号将生与死连接为一个整体，于是它的诵念——加工与感受——也就使人产生了超越生死的心理表征，也就达到了永恒。《歌者奥义书》曾云：“任何人知道这样，发出这个音节，进入这个音节，这个永恒和无畏的音；进入后，便达到了永恒，如同永恒的众天神”[②]。“当你真正的了解‘唵’（AUM）的意义时，你便不需要外出或为任何目标而死，因为它已经涵盖一切。你只需要安静坐下来，观察它、体验它、认识它就是了。这是个高峰体验。”[③] 约瑟夫·坎贝尔的这一超级体验就是从“唵”这个符号所蕴含的佛教语义即“永恒与不朽”这种加持意义的加工获得的。从认知语言学的原理分析，诵念“唵”这一语词的过程实质是脑对“唵”的加持义进行加工、编码的过程。由这种佛教文化语义加工所产生的心理表征使人产生“永恒”的想象，从而消除个体的生死忧虑。但这也仅仅是其中的一个方面。我推想，诵念者此时所产生的如沃尔夫所说的“生命潜在能量的增强和激活”这一生命现象，其实还有有机体分子生物系统的刺激-感受-反应的因素：首先，由于“唵”这个词特殊的发音形式，即 A—U—M——这个具有音乐基质的物理声音通过听觉器官输入脑神经组织，脑对其音质的加工——由元音到辅音，由高至低，由重到轻——形成了脑连绵的、节律化的物理运动，这种活动可使大脑物理运动秩序化、和谐化。其次，“唵”这个词的加持义的加工激活了当事人关于佛教文化的相关记忆，从而表征出“观世音菩萨显现”[④] 的意识场景和心理表象，使人产生了与观世音菩萨同在的心理想象。这是一种更大的心理正能量。

第六，根据神经建构主义理论，大脑的某些空间或神经元群经常进行宗教伦理的语义和图像加工，可以形成这些神经元群连接的模式化，甚至

① ［美］约瑟夫·坎贝尔、比尔·莫耶斯：《神话的力量：在诸神与英雄的世界中发现自我》，朱侃如译，浙江人民出版社 2013 年版，第 289 页。

② 《歌者奥义书》，《奥义书》，黄宝生译，商务印书馆 2010 年版，第 131 页。

③ ［美］约瑟夫·坎贝尔、比尔·莫耶斯：《神话的力量：在诸神与英雄的世界中发现自我》，朱侃如译，浙江人民出版社 2013 年版，第 288、289 页。

④ 东杜法王仁波切认为诵念“唵”这个词代表着“观世音菩萨”的显现。仁波切：《心灵神医》，郑振煌译，中国藏学出版社 2006 年版，第 194 页。

于皮层区域功能的特异化。在日常生活中，这个区域模式化的神经活动可使人产生喜悦、畅快的持续的背景情绪，这对心理卫生十分重要。当大脑的其他区域接收到不和谐的信息，但由于脑的交互使得这一“皮层矩阵”的信息可以扩散至其他脑区，还可以对其他脑区的信息加工、编码及建构起到调节作用。一些僧道、居士即使是在受到侮辱、打击、伤害的情形下，仍能保持从容不迫、不嗔不怒的心态，虽和个体信仰的意志力量有关，但与其脑神经组织因经常性的佛教文化信息加工而被修剪、被建构成某种特异模式以及其自动化活动有关。即使是意志力量，其实也与脑的认知活动、模式有关，即这些内容经过脑神经反复表征所形成的神经连接以及自发活动模式形成了对脑-心理活动的自动调节。

三　信仰：精神灵性的滋养

“灵性”一词，既是大众话语中的寻常语汇，如日常语言中所说的某些动物或人有“灵性”，又是心理学的一个专业概念，如肯·威尔伯所谈论的“灵性”。现在，它也广泛运用于宗教学、艺术学、美学等领域。也许是因为这个语词太寻常了，时至今天也没有哪一个学科对“灵性”给出一个内涵丰满、语义清晰的解释。就“灵性”这个概念在不同知识体系中频繁出现的意义上我们完全可以说，无论是日常语言中的“灵性”还是心理学话语中的“灵性”；无论是宗教学表述中的“灵性”还是艺术或美学叙事中的“灵性”，几乎都是在一种近乎朦胧甚至于直觉本体论的基础上对其意义的编码。至于解码者如何解读它的意义，则主要取决于人们所选择的知识视角或个体的文化经验以及具体的语境。“灵性”一词具有如此开放的意义空间，使得谈论“灵性”并非明智之举，它很可能使我们陷入某种尴尬之中。

但是，既然“灵性”为人们所津津乐道，既然它寓意着人类的某种心灵现象，我们就不能回避它。特别是作为一种科学理论，我们应该为它划定一个清晰的语义内涵而不仅仅是一种朦胧甚或有些诗意的感觉。在此，我尝试着从存在心理学的角度并参考民俗心理学在使用这个概念时所施以的语境意义为其做一界定。按照我的理解，所谓灵性，指的是人类对生命存在之觉悟达致本源层次的一种心灵或精神状态。肯·威尔伯认为，灵性是在人的物质、生命、心智领域之后发展起来的另一个精神领域。按照威尔伯的观点，灵性就是“你内部的观察者、内部的见证者，超越单个的人……从你的内部或背后，开启了一片广阔的意识领域：你不再为个体的身心所困扰，不再是个体的尊敬者和辱骂者，不再为孤立自我一时的快乐、分离的痛苦所震慑，而是作为森林中的一片空地，持久地处于平静的状态，光明照耀着那里，不是来自凡俗世界之中，却照耀凡俗的世界。”① 威尔伯关于“灵性”的这些界说有些诗性化，甚至有几分感觉化了，要想准确地把握其意蕴，还真需要几分“灵性”。不过，威尔伯的描述有一点还算明了，那就是“灵性”这种精神向度是超个人、超分离、超心智的。对威尔伯的“感觉”进行提炼与整合，或许我也可以这样说，一个具有灵性的人，虽然还是一个普通人，虽然还生活于这个纷纭扰攘的世俗世界，但却不是活在虚伪、浮夸、轻佻与强制之中，而是活在本然、安详、自由、深刻、圆满的精神境界中。“当你以你的灵魂去做事，你就会感到一条河流在你的内在流动，一种喜悦。”② 鲁米如此说。用19世纪的美国思想天才爱默生的譬喻说，就是“伟大的灵魂以一个妇人的形象出现”，虽然贫穷、悲哀、孤独，做着仆人的工作，打扫庭院，擦洗地板，但她灿烂的阳光是无法被遮蔽的，打扫庭院和擦洗地板会立刻成为高贵而美丽的动作，是人类生活的最高贵和灿烂的工作③。基于“灵性”的这一精神品质，我认为可以把人类精神的“灵性”概括为以下几个维度。

第一，生命意义的终极性。对生命、人生的意义的诉求不是滞留于当下或现实的层面，而是逼近根柢，即人的存在的最根本的意义与价值，或用蒂利希的话说，是一种“终极性的眷注”。

第二，心理生活的超验性。能够在超越日常经验和日常意义框架的基础上构建心灵生活的维度，或者用马斯洛的话说，能够经常体验到“巅峰时刻”或“高峰体验”，因此其生活充满了激情与喜乐。

第三，精神的圆满性。没有匮缺、遗憾、痛苦，而是感到人生意义浩瀚丰盈，也可以说是活在灵魂深处的意义空间里，感觉到自己与某种神圣的力量或万物本源的一体化。用印度哲学家阿罗宾多的话说，也就是“从无名的沉默中流动着无形的欲望，宁静的实践中暗涌着意志或能量，就像太阳在无时间性地自我发觉，辉射出自我认识的光线一样：它从永恒

① ［美］肯·威尔伯：《性、生态、灵性》，李明等译，中国人民大学出版社2009年版，第288页。

② ［波斯］鲁米：《让我们来谈谈我们的灵魂》，万源一译，湖南文艺出版社2016年版，第79页。

③ ［美］爱默生：《美国的文明》，孙宜学译，广西师范大学出版社2002年版，第275页。

的自我觉知意识里不时地掀起‘变’的波澜，转化成自我知觉的存在——予以展露；从永恒静止的愉悦中涌动着不尽的兴趣与博爱”。[①]

这就是我对于“灵性”这一精神品性的界定。可见，“灵性”既非我们日常语言所谈论的“聪明”“灵智”，亦非神秘主义者所说的幽玄之灵。它是人向真实的自我（不同于弗洛伊德的那个“自我”）或原我、向存在之真理的一种开敞；或如里尔克的诗句所说：它是在存在的“真理中歌唱，是另一种气息，一种无所求的气息。一丝神灵的嘘气。一阵风”。[②]正因为灵性是这样一种精神境界，因此，灵性的发生与成长总是与能够同深度的精神进行对话的知识有关，如宗教、哲学、艺术；甚至我们完全可以说，开发、滋养与发展我们的灵性，其实就是通过哲学修养、宗教涵养、艺术教养对我们心灵的淬炼。正是通过宗教、哲学、艺术的修为及心灵的淬炼，我们弥合了心理图像中的物我之别、社会知觉中的主客对峙、精神活动中的小我大我之冲突，脱落了我们在社会体系中编织起来的人格幻象，超越了庸常心理恬燥的干扰，去体验圆润无边的心灵之本，即阿罗宾多所描述的“融化在没有形式与所有形式中，也在无限的不可分离的永恒知觉中。[③]

如果说，具有了灵性的生命是一种本真和喜乐的生命，是一种健康的、根本的、充满激情与活力的生命，那么，生命管理及心灵料理，开发和培养人的灵性尤为重要。按照肯·威尔伯的“意识光谱”理论，人的意识即使达到“灵性”层次也还是粗重状态和微细状态的中介，不过是从粗重状态达到微细状态的过渡阶段，还没有完全摆脱意识的粗重相的纠缠，故而，精神不应停留于这个层次，还要不断地上行，由灵性层次进入光明神圣的“微细层次”，再向上攀越到空性无形的“无相层次”，最后达到极致的“不二层次”，即“大精神”境界。这当然很好，也颇值得每一个人去为之而努力。但是，人类精神发展史证明，那种精神境界仅仅是人类这个种系中极少数人（爱默生所说的“罕有的天才”）能够达到的精神水平，如卓越的思想家、禅僧、神秘主义者（这也就是我们为什么

---

① ［印度］阿罗宾多：《神圣的人生引论》，秦林译，光明日报出版社 2010 年版，第 222—223 页。

② 里尔克：《献给奥尔弗斯的十四行诗·第一部》，李永平编选《里尔克精选集》，北京燕山出版社 2005 年版。

③ ［印度］阿罗宾多：《神圣的人生引论》，秦林译，光明日报出版社 2010 年版，第 151 页。

会强烈地感受到威尔伯的“意识光谱”中充满了佛光禅影和神秘主义色彩的原因）。对于普通大众或一般信徒而言，“无相”或“不二”境界确实可欲而不可及，甚至多一点“可欲”都有些头晕眼花。因为人毕竟要在活在生活之“相”中，生活毕竟是由各种游戏构成的。完全脱离社会游戏、文化游戏而专注于“无相不二”的精神游戏，生活就解体了。生活需要灵性，但也需要酒精、咖啡和各种各样的消费游戏。现象学家梅洛-庞蒂说得好，存在并不是一个意向性的东西，它只能通过沉浸于世界之中来侧面接近它。① 另一位现象学家列维纳斯表述得更加朴实而睿智："生活就意味着真诚。……我们在这里散步、用餐、访友、上学、探讨问题、做实验、搞研究、读书写作。"② 现象学家对生活之本的这一洞察，告诉我作为一部精神病学著作，不宜过多论说宗教如何培养人的“大精神”的问题，尽管我对威尔伯所描述、所推崇的“大精神”十分欣赏，尤其是考虑到本书宗教精神病学的知识价值而非精神哲学或宗教哲学这一写作宗旨。因此，本节我的工作重点是分析宗教信仰如何使有血有肉的“粗重生命”摆脱“粗重肉身”的纠缠而生长出灵性——虽然不能成为圣人、真人，但能够成为一个心理健康的普通人——这样的大众精神卫生问题。

概括而言，宗教信仰对人的精神灵性的开发与养育及其心理卫生的价值，主要体现在以下两个层面：一是为人们提供一种终极性的精神关怀，即生命永恒的信仰；二是为人们指出了一种超越性的生活方式。

第一，宗教为人们提供了一种终极性的生命意义体系。宗教信仰和世俗信仰虽然都是一套意义符号，但两种意义符码的指向是不同的：世俗信仰的意义指向是当下性、有限性的；宗教信仰的意义指向是终极性、无限性的。若用神学-哲学家保罗·蒂利希的话说，也就是宗教为人们提供了终极的意义和最后勇气的源泉。③ 所谓“终极意义”，即存在的最根本意义，也可以理解为超越生死困扰而达致永恒的喜乐；或者用斯宾诺莎的思想来表述，它使人“活在永恒里”。

“终极关怀”并不等于“灵性”，但它却是人类精神灵性生成的重要

---

① 参见［法］梅洛-庞蒂：《可见的与不可见的》，罗国祥译，商务印书馆 2016 年版，第 21 页。

② ［法］艾玛纽埃尔·列维纳斯：《从存在到存在者》，吴蕙仪译，江苏教育出版社 2006 年版，第 42 页。

③ ［德］保罗·蒂利希：《文化神学》，陈新权译，工人出版社 1988 年版，第 9 页。

心灵资源。正如我在第一章所分析的，死亡是困扰人类精神生活的核心元素，是深藏于人的存在之中最可恶的蛆虫，也是人类心理困扰的深层致因。对于许多精神病患者而言，他们之所以疯狂，就在于他们被死神吓破了胆，被死亡之恶惊扰得心神不宁，在生命的最终归宿——空无——这个巨大的难题面前一筹莫展，陷入了深深的焦虑和绝望之中。作为存在主义神学家，蒂利希对此有着较其他神学家更为清醒的头脑。他指出，神经症人格之所以不同于一般性焦虑的正常人格，就在于他对非存在的较大敏感以及随之而来的更深的焦虑，并随着这种焦虑的深化而坠入无限的绝望之中。[①]“非存在”并非就是单一的死亡焦虑，但死亡焦虑却是人类“非存在”思虑的核心内容。也正因为它所导致的是人类的“无限绝望”，所以我们才看到，各种各样的心理疗法和世俗信仰很难彻底治愈某些精神病，即使是改变了一些人的心理状态，其实也不过是由一种精神病的病理形式转换为另一种病理形式而已。这不难理解，对于那些在生死游戏场中失败了的个体来说，心理干预或许可能使他们从一时的心理抑郁或精神苦痛中解脱出来，但却可能使他陷入更深层的焦虑之中。正如贝克尔所分析的，常规性的头痛与不适是一种压抑形式，它使患者沉浸在这些琐碎之中从而忘却存在的那个根本之“恶”；但人一旦从这种琐碎和不适中清醒过来，面对存在的真理时，他将会更加痛苦。因为此时神经症患者才真正明白，什么才是真正的虚无与荒谬。兰克曾略带揶揄的口吻这样说道：对于有些病人，“问题不在于我们是否能够治愈其病痛，而在于是否应该”！因为，他一旦清醒过来之后，将无退路可走。

能够破解精神病患者的这种“非存在”意识的恐怕只能是宗教。当然，也有人会提到哲学。确实，正如哲学家桑塔亚纳所言，心灵有一定深度的人都不曾热心地去考虑延长自己生命的问题[②]。不过，桑塔亚纳这里所说的“深度心灵”已经不是一般的哲学修养而是触及生命的“灵性”层次，即他所说的“精神性”的生命（如桑塔亚纳所列举的“圣·弗兰西斯”）；而且，也正像桑塔亚纳所感叹的那样，这种“精神性”在人类的生活里是如此的稀少。[③]对于那些“精神性”稀少或灵

① ［德］保罗·蒂利希：《存在的勇气》，成穷等译，贵州人民出版社 1998 年版，第 53 页。

② ［美］乔治·桑塔亚纳：《宗教中的理性》，犹家仲译，北京大学出版社 2008 年版，第 214 页。

③ 同上书，第 170 页。

性未开的人又该怎么办呢？那就只有宗教。宗教就是他们生命之舟的“压舱石”。宗教，无论是基督教、伊斯兰教还是佛教，都出色地解决了个体的生死难题：它不仅指导人们如何在日常生活中保持着对神圣王国的信仰，通过对恩典的信仰来消除心中的恐惧与不安，而且，它还在人类生命的终结之处预设了一个新的世界——天国、天堂或极乐世界。彼岸世界的设立不仅将人类被物理时间切断的生命链条重新接续起来，即通过生命的“死亡—复活—回到天堂”这一超时空的无限循环为生命赋予“永恒”的意义，而且，彼岸世界优于此岸世界。用宗教神学的理论来说，此世的生活不过是一个与罪、苦、无知相伴的痛苦的过渡期而已；只有那个彼岸世界，才是真正生命的开始。也正是彼岸世界的信仰，才使得很多人看到了生命的希望与意义，并且能以巨大的勇气面对生活中的不幸、痛苦与失望。这就是生命意义的“神圣性”“终极性”，也是我这里所说的精神的灵性维度。

宗教“终极关怀”对生命的灵性开发及其心理卫生之功能，我们也许可以从帕斯卡尔这位理性主义者、一个杰出的思想天才身上看得更加透彻。正如我们在帕斯卡尔的伟大著作《思想录》中所感受到的，帕斯卡尔对于存在的清晰理性使得他的伟大的《思想录》尤其是第二编中的那些文字被一种忧郁、焦虑的格调贯穿着。即使我们没有帕斯卡尔关于存在之虚无的那种深刻的体验，仅读他的文字也会感到寒意彻骨，战栗不已。然而，帕斯卡尔却没有躺在忧郁与焦虑的床榻上不能动弹或被这个冷酷的自然界活埋，而是活得那么有激情，有勇气，无论是在数学、机械还是哲学研究方面都为人类留下了宝贵的财富。原因何在？人们在他死后随身携带的一个小皮口袋里，破译了这位思想天才的心灵奥秘：口袋里的一张羊皮纸上，记载着 1654 年 11 月 23 日星期一帕斯卡尔的灵魂体验——“晚上十点半到午夜十二点半”，接下来是一个孤单单的单词“火”；后面的文字是《圣经》的一些语句和他兴高采烈的欢呼：“毫无疑问，毫无疑问，内心的欢愉……平静……甜蜜而彻底的放弃……”

这就是帕斯卡尔为我们宣示的坚挺存在意义的真理。在帕斯卡尔的身后，还站立着无数的思想伟人。比如，俄罗斯伟大作家果戈理死后留下的“小纸片”上的颤抖的文字，托尔斯泰从虚无、忧郁、焦虑中醒来而走向生命的圣路……

前面我曾介绍过帕斯卡尔的那个著名赌注。我们看到，帕斯卡尔不仅拥有一般人所不具备的理性天赋，而且拥有一般人所不具备的“愚蠢的偏见”——以上帝为注打赌。从博弈经济学的角度说，帕斯卡尔输定了；

但从博弈心理学的角度说，帕斯卡尔赌赢了，他赢到了生命的意义和精神的快乐。美国宗教现象学家斯特伦曾这样写道：

> 信仰不仅是一种思维方式，而且是一种生活方式，它把日常生活置于永恒实体的笼罩之中。这种信仰的行为不仅使人精力充沛，而且使人获得一种信念，即人们可以从至善的无限力量中获得最深厚的充实感。①

力量感、充实感也就是生命的意义感，或桑塔亚纳所说的“深度精神”。正是这种意义上，我们才说宗教信仰开发了人类的灵性，维系着人类的心理卫生。

第二，宗教对人的灵性的开发以及对心理卫生的维系，还在于宗教培养了信徒们超越俗世尘缘的生活态度和生活方式。伟大的宗教先知告诉我们，人人都有神性，只因迷障所蔽不得展露。他们所说的“迷障”，也就是人与世俗尘缘的牵绊。人带着“原罪”之身凹陷于尘世，不仅为各种社会幻象和文化符号所囚禁，也始终摆脱不掉贪、嗔、痴等各种欲望。正是这种种自我意识与社会幻想，吸走了人们的精神觉照力，掠夺了人类的灵性资源，使人在尘世的苦海里痛苦挣扎而不得解脱。

人都是肉体凡胎，不可能无欲，无欲则不为人；人都是凡夫俗子，不可能无情，无情亦不复为人；人又是文化的动物，不能不与各种文化符号游戏，无论是语言、神话、人格面具还是英雄主义、自我尊严。生命的真谛告诉我们，人不可能完全节识灭欲，即使是高僧大德也做不到。但是，人与禽兽的区别就在于，人不能像它们那样完全遵从自然欲望的起伏涨落律动来推动生命运动；高级的生命与低等的生命之间的区别就在于，既尊重人的欲望，又将欲望限定在一个合理的框架内。看看我们身边上演的那一幕幕人生悲剧，我们也许会更加透彻地理解这个真理：很多人之所以被神经症痛苦地折磨着，就在于他们把人生的“文化脚本”当成了真事，或者说，他们把“符号的世界”和“符号的自我”当成了真实的世界和真实的自我，不肯卸下背负的那一大堆心像符号，不肯脱下紧缩在身的“寿装”，不肯摘下自己的人格面具。很多人只有当人生戏剧收场的大幕缓缓拉上之际才如梦初醒，觉悟到人生的真理，才开始放开真正的自我亲

---

① ［美］斯特伦：《人与神：宗教生活的理解》，金泽等译，上海人民出版社1991年版，第59页。

吻生活。美国心理学家凯瑟琳·辛格用自己临终陪伴的诸多实例向我们展示了人生的这种悲剧：很多人接近临终大限才灵性展现，悟出人生的真理："我这辈子总是马不停蹄地奔波……从没停下脚好好看看蓝天，看看绿树。直到现在……那天空和树真美呀！"有些患了绝症的人每天早晨醒来发现自己还能呼吸，就特别开心："可以呼吸是多么美妙啊！"① 临终绽开的灵性虽然也是灵性，尽管也会使人平静甚至于尊严地告别这个世界，但那毕竟是日落之际闪现的灵光，无论它多么美妙动人，但很快就会消失在永恒的黑暗之中（这里不讨论灵魂轮转的问题）。辛格的样本也启发我们悟解这样一点：很多人到了暮年，到了生命的临终时刻，敞开胸怀热烈地拥抱自我、亲吻生活，这并非他们平时生命、生活快乐的爱恋情结，而是因为他们一生活得很痛苦。也许正是生命的苦难，为他们在生命的终点开启了灵性的禅机，绽开了精神的灵性。从宗教的意义上说，我对此深感欣慰；但从生命哲学的角度说，我对此却深感遗憾。因此，当我们还健康的时候，当我们还活得自由的时候，当我们还有能力享受造物的恩宠的时候，就应开发我们的灵性，体验灵性的生活。如此才能使我们活得更幸福，生命更有价值。

世界上那些古老的宗教尽管对人的自然情欲的斩绝过于残酷和极端，在某种程度上甚至导致信徒罹患了相应的精神障碍，但是，它们对人的灵性的开发与培育却不无裨益。宗教告诫人们，不要把精力皆投放于物质和心智领域，而是要注重灵魂的修炼。在那些注重灵性生长的宗教看来，这个物理世界不过是人在尘世的一个短暂的过渡期、见习地，是通向真正的人生归宿的一段路、一个驿站。人们在尘世辛劳工作，获得丰厚的物质财富和社会财富，然而这些财富并不属于你，它们属于上帝、真主和梵天等那个伟大的奥秘。人只不过是那个伟大的造物主和"大财主"的一个管理者和恩典的领受者。"该上帝的归上帝，该撒旦的归撒旦"。无论你手中的财富如何广博，但总有一天要物归原主，空手上路。个体心智世界中的各种符号也不过是人的心愿生成的各种幻象而已。人赤裸裸地来，赤裸裸地走。只有人心无挂碍，才真正能够享受灵魂的和谐、愉悦、圆满。因此，解脱之道不是死后的永恒，而是控制你的心智运动，也就是摆脱各种业力、幻象的羁绊，从聒燥、狂热、疯狂的欲望世界退身出来，沉思存在的真理，转向灵性的修炼。人类最古老的智慧箴言《弥勒奥义书》如此

① ［美］凯瑟琳·辛格：《陪伴生命：我从临终病人眼中看到的幸福》，彭荣邦等译，中信出版社 2012 年版，第 111—112 页。

说："通过抑止思想，依靠自我看到比微小更微小的、闪亮的自我。依靠自我看到自我，也就成为无我者。由于这个无我性，也就被认为不可测量，没有起源。这是解脱的状态，至高的奥秘。"①

四　节制的生活与心灵的平和

20 世纪 80 年代中国的改革开放，推动着中国社会成功地实现了由传统文明向现代文明的转型。高度发达的物质文明与精神文明，蓬勃发展的科技文明与信息文明，表征着当代中国已跻身于"现代文明"的行列，中国人一百年来梦寐以求的现代文明生活正在成为现实。然而，吊诡的是，正像存在主义所表达的那样，现代文明的莅临非但没有使人更快乐、更幸福，反而使人的幸福感日益稀薄，"不幸"感与日俱增。人们每天都被秀色可餐的食物和琳琅满目的商品包围着，但却感到乏味与厌倦；人们每天都在分分秒秒地创造着财富，但却感到匮乏与贫困；人们每天都被色彩斑斓的"文化"簇拥着，但却毫无美感与激情。人们用一个很文雅的概念形容现代文明光环下的人的存在困境："文明综合征"。与大自然对我们的身体创伤相比，现代文明对我们的创伤更令人恐惧与无望。它不仅摧残人的肉体，更戕害人的灵魂：苦闷、焦虑、抑郁、烦躁、自闭、变态、失控；它不仅诱发人对现代文明的恐惧，对现代生活的厌倦，而且也导致人对于人生的意义、价值、信念的怀疑、动摇与绝望，并由此引发了大量的心理问题、社会问题。也正因此，长期以来在中国人心目中一直被视为"左道旁门"的心理治疗、"精神保健"等近年来急剧升温，甚至成为一种社会时尚。

这很奇怪！山珍海味、名车时装、沙滩别墅、歌舞升平……这在中国老百姓的心目中就是神仙的生活，就是大富大贵，如今它怎么成为一种折磨人的魔症了呢？难道确如存在主义所说，是文明发展的必然结果？或如弗洛伊德所说，神经症是我们固有的人格特征？其实问题并非如此简单。文明的发展并没有错。社会要发展，人民要康乐，文明就必须发展，这一点恐怕就连存在主义也十分清楚。至于神经症的说辞也不确切，尽管作为文化的动物，我们天生都有些神经兮兮，但因为我们又是文化的动物，我们也就能够用我们所创造的文化调理大脑神经系统。那么，问题的症结到

① 《弥勒奥义书》，《奥义书》，黄宝生译，商务印书馆 2012 年版，第 378 页。

底是什么呢？我以为，现代社会的这种“文明综合征”之根源就在于人们在现代文明面前丧失了节制欲望的能力，既我们通常所说的“欲”逾“度”外。作为被逐出天堂的新哺乳动物，人类此生注定要为这个物质世界所累所困，注定要在这个现象世界里寻寻觅觅，跌跌撞撞，疲惫不堪，折腾的伤痕累累，神经兮兮，焦虑不安。这就是海德格尔所说的“操心”、列维纳斯所说的“疲惫”与“厌倦”。尽管从生活现象学的角度说，这就是人类最基本的生活游戏，正是它们建构了我们的生活实在；但对于芸芸众生而言，它们虽有乐趣但同样是一种身心负担，也就是人之为人不得不承担、不得不操心的沉重的债务，变成了列维纳斯所说的“努力”与“天谴”。[①] 也正因此，它使很多人常觉身心憔悴，苦不堪言，很多人甚至因此而罹患了抑郁症、焦虑症等人格疾病；许多人到了人生垂暮之年和生命终点才长吁一口气：“终于解脱了！”我想，“解脱”二字对这些人而言，绝对不是幽默，更不是生命尽头绝望的自我解嘲。对于那些奔波劳碌一世，身心伤痕累累的人来说，他们早就想回家了——回归于婴孩般那无忧无虑、安详平静的存在状态。哲学家怀特海曾说：“倘无超验的精神目标，文明化生活或则会沉溺于声色犬马的享乐，或则会因循沿袭，渐渐地褪去热情。”[②] 韩国人类学家赵永植先生也提出了类似看法。他认为，把肉体和欲望错当成人类生存的目的，为了提高生产指数而倾注了全部的关注和努力，最后沦落为物质的奴隶，这就是现今社会一些社会问题的根源。[③] 我们通常说“生活是一种艺术”，实际上并非是指生活像艺术一样愉快，而是说生活有一种内在的法则，这个法则其实就是“度”。“度”里“度”外，两种生活艺术，两种人生境界。套用莎士比亚笔下的人物麦克白的话，人在“度”里，我们就可以说活过了人生幸福的时光；逾出“度”外，人生就失去了它严肃的意义：生命的美酒已经喝完，剩下来的只是一些无味的渣滓。作为女人所生的肉体凡胎，人不能无欲，但纵欲则生悲哀；作为因“原罪”而沦落尘世必须靠“努力”而生存的物种，业不可不勤，但忙碌则为奴役；作为梦游一般的动物，好事不可不想，但贪婪则致烦恼。人的心理分裂并不仅是“肯兰福斯汀”这头文明的怪兽对人的残害，而是人被自己欲望的魔鬼所戕害。

---

① ［法］艾玛纽埃尔·列维纳斯：《从存在到存在者》，吴蕙仪译，江苏教育出版社 2006 年版，第 22—23 页。

② ［美］A. 怀特海：《观念的冒险》，周邦宪译，贵州人民出版社 2000 年版，第 75 页。

③ ［韩］赵永植：《重建人类社会》，青玉等译，东方出版社 1995 年版，第 78 页。

如果说世俗生活给人带来了烦恼、疲惫、痛苦乃至荒谬、无意义感，那么，人如何寻求一种解脱之道，达到心灵的平和、存在的幸福呢？上文我从超凡信仰与人的精神灵性养育的角度分析了宗教的这一意义。作为以拯救人类灵魂为神圣目的的宗教，从文化形而上学的意义上说，其宗旨就是为人类开出一条灵魂解脱之路。也正因此，一些睿智的宗教先知殚精竭虑，惨淡运思，为人类提供了一种由物质世界到精神世界的心灵升华的生活形态：卸下粗重的心智负担，走向灵性的“大我”之境。但这一艰难的心灵转向并非仅靠熟记教理教义就可以达到的，还需要日常生命的高级管理——身心修炼。宗教在这方面可谓颇具慧性。伟大的宗教尤其是那些灵魂宗教不仅倡导人们过一种简朴自然、真诚自由的生活，而且引导人们过一种灵性的生活。基督教神学把这种灵性的生活解释为“属灵的生活”，即圣洁、恩典、谦卑、无边的爱的生活；佛教（尤其是密宗）则强调“小我”消失、“大我”回归的生活。这一生活模式的转换并非生活格调调整的问题，它本质上系心灵调养的日常功夫，也可以说是为了培育生命灵性而打造的精神“生态体”。正是这一生态体为人的脑-心灵提供了灵性的认知资源，我们这个世界才诞生了那些圣人，我们才能看到在这个繁花似锦、灯红酒绿、秀色可餐、欲火腾腾的世界上，仍然有圣雄甘地、史怀泽等那么多人过着一种粗茶淡饭、简单质朴的生活。但客观地说，无论是仿圣甘地还是“出世”，对于那些虔信者、心如止水、万念俱空的人而言并不是难事，但对于那些仍执着于家庭义务、社会游戏和个体价值的人、对于那些慧根不足、灵性未开的凡夫俗子而言，却并非一件易事。也正是由于个体、族群心理水平、生命管理模式的这一差异，宗教先知们从共同体的生产生活实际出发，结合民族的历史传统和文化心理为这些人设计了另一条生活路径，即为人们指明一种使身心从浑浊的物质世界退出而进入清纯世界的生活模式——节制的生活。“节制”，不是使人彻底地离弃生活世界，而是理性地调节人向色相世界投注的生命能量结构。这一“调节”，无论是从物质世界转向精神世界，还是从现象世界转向灵性世界，不仅使人们拥有了超越俗世存在的高级体验，丰富了人类生命体验的广度与深度，而且，它对人类的身心保健也起到了积极的作用，或者说为人类提供了心灵防疫的“善巧方便”。

“善巧方便”这个词虽常为佛家所用，但它并不神秘。它指的是通过灵便巧智的方式促使人类生命管理工作的优化，从而提升生命管理和存在的境界。综观世界宗教的生命之道，我们不难发现，几乎每一种宗教都为信徒提供了超凡而又日常化的生命管理的善巧方便。道庭善“养”，沙门倡“修”，伊斯兰重“戒”，基督教强调“节（制）”。在我看来，“养生”“修持”“斋戒”和节制并不单纯是一种宗教制度，一种灵修的文化风格学，也不单纯是个性化的宗教生活方式，它就是生命管理的日常性功夫。中国道教的辟谷清空、填亏补虚、抱朴守一、气定神闲；佛门的吃斋禁欲、坐禅止观乃至担水运柴、礼佛诵经都可谓信徒日常生活中模式化、规制化的修身养性的善巧方便。从现代生理学和心理学的角度看，无论是道教还是佛教，无论是辟谷导气还是禁欲斋戒，这些宗教戒制都可谓平衡生命系统的能量结构，调理生命组织中的物理、化学成分，优化生命管理①、净化心灵的一种生命之道。藏传佛教大师东杜法王仁波切曾分析说，禅修其实就是清除能量障碍的一种养心之道。它不仅可以缓解精神紧张的枷锁，使能量障碍得以清除，达到身心轻松，而且可以恢复安详和喜悦的能量：

> 在观想时，……让影像在你心中所引发的正面和放松感觉自行升起。慢慢建立一个有信心的认知：这个影像是全宇宙一切正面能量或圣人的化身。停留在影像之上，把你自己全部交给它。安住在它所产生的温馨和喜悦的感觉之中，为从中出现的任何正面感觉而欣喜。②

按照东杜法王仁波切的观点，人不一定非要成为和尚禅师，只要每天“花点时间沉浸在花绽放成诱人花朵的时刻。它的美丽和纯洁令一切众生喜悦，享受此一禅修所引发的动人而开阔的感觉……日常生活中，当你栽种培育植物时，想象你正分享自然世界的丰富生命，你就会有一种心境清新、开放、喜悦和安详之感，美的概念和美的能量其实是从你心中升起的”。③ 仁波切于禅修过程所产生的这种平和而喜悦的心灵体验，虽然有些理想化色彩但却真实可信。我也觉得，在日常生活中，无论是正念观想、吃斋念佛还是辟谷清空、气定神闲，只要持之以恒，形成规律，我们就可能像仁波切所说的那样，调解生命能量，纾解精神的枷锁，获得安详的喜悦之乐；甚至可以生成我们的“觉照力”——觉照出“自我”的虚伪与苦难，觉照出存在的真理与慧性。尽管禅修结束我们又回到了原来的

---

① “生命管理”不仅是人类“生物脑”中自动平衡装置系统的主要工作，也是人类脑与心灵、身体运动的基本工作。它包括身体管理、脑管理、心灵管理。

② 东杜法王仁波切：《心灵神医》，郑振煌译，中国藏学出版社 2006 年版，第 104 页。

③ 同上书，第 104—105 页。

那个“生活中的我”，还要与各种世俗尘缘打交道，但至少我们觉照到了那个“自我”的虚妄，日后也就不会太执着于此。我以前曾表达过类似的思想：禅学虽然不是为神经症设计的，但却有益于调节我们痉挛的神经。

道教、佛教身心修炼与心理医学的关系，近年来受到了广泛关注和探究，本书后面也将不时涉猎，故此处不再展开。这里我想就迄今尚未引起人们注意的基督教、伊斯兰教的节制“美德”与心灵平和的关系做一分析。

（一）基督教的节制

近来我一直在思考这样一个问题：当代中国社会所出现的肤浅虚幻、困倦乏力、精神萎靡、心理抑郁等精神问题，表面看来是由于很多人富足之后没有更高的生活追求，存在的意义与价值出现了模糊乃至于消解（这也是当代哲学、社会学和心理学所一致认同的），但问题并非如此简单。同样是从传统向现代的变迁，为什么欧美国家早期现代化进程中却没有出现我们今天在中国所看到的这种精神现象？我认为，其深层因素主要是我们这个民族的文化心理结构中缺乏西方早期现代化进程中的那种中产阶级美德。从历史心理学的视阈审视，近现代以来中西方民族文化心理的巨大差异就在于：西方社会在从传统向现代变迁的过程中有一个稳固的精神基础，这就是基督教文化对人性的改造所形成的贵族美德——中产阶级文化，并在此基础上发展出与工业文明精神相协调的市民文化；而中国的“中产阶级文化”基本是一个空白。中国的现代化过程是一个由农民和土豪到“新农民”和“新土豪”转换的历史进程。今天，传统“农民”虽然成了“市民”和中产阶层，但也仅仅是他们的消费水平、生活形式、财富累积的“市民化”“中产化”，而人们的心理水平、人文教养并没有达到西方社会“市民”和“中产阶级”的那种水平。近年来媒体经常用“崛起的中产阶级”这个概念来形容当代中国社会结构的转型，其实这个表述并不准确。中国确实崛起一个“中产阶层”但却没有产生中产阶级。当代中国的“中产阶级”是一个经济学概念而不是历史社会学和历史心理学概念。萨特说过：要成为中产阶级，不仅要有中产阶级的生活，还必须要有中产阶级的教养。也正因为中国的“中产阶级”缺乏西方中产阶级的那种文化与心理品质，所以我们才能看到在中国民众身上所发生的那种要么因欲望不满足而痛苦、要么因欲望满足而空虚以及狭隘、浅薄、无聊、乏味等心理问题。

那么，西方中产阶级品质是如何构建起来的？中产阶级品质与人们的心理卫生又有什么关系呢？这几乎是我在这节有限的文字空间难以完全解释清楚的一个重大历史心理学课题。不过，我可以框架性地做一简要勾勒。

从历史社会学的角度看，西方近代社会的中产阶级文化与中世纪的贵族文化有着渊源关系；而贵族文化或“贵族的美德”则源于基督教文化对社会上层阶级的教养。[①] 德国著名社会学家诺贝特·埃利亚斯在其近百万字的《文明的进程：文明的社会起源和心理起源的研究》这一历史社会学名著中，用了将近占全书三分之二的篇幅向我们描述了西方社会的宫廷礼仪、行为方式、心理素质与基督教教化的关系。在埃利亚斯看来，中世纪以及文艺复兴以来上流社会的礼节，就是通过基督教文化培养起来的[②]。尽管中产阶级文化与中世纪以及文艺复兴以后的“贵族美德”已经有很大的不同，但其精神原型与文化传统仍然是基督教美德和贵族文化。英国历史学家 R. H. 托尼在《宗教与资本主义的兴起》中也指认了这一事实：西方近代资产阶级的进取心、勤勉和节俭的美德，正是清教通过“超自然的良心”把它们从一种非社会的神学转变成一种习惯和宗教[③]的结果。社会学大师马克斯·韦伯更为直率地指出：“在构成近代资本主义精神乃至整个近代文化精神的诸基本要素之中，以职业概念为基础的理性行为这一要素，正是从基督教禁欲主义中产生出来的……中产阶级生活……根本上是禁欲主义的特征。”[④] 其实，“中产阶级文化”或“中产阶级品质”正是基督教文化与中世纪形成的贵族美德经过清教主义的改良而在资产阶级这个群体身上的新生。

要解释清楚中产阶级美德与个体心理健康的关系，我们就必须了解中产阶级美德的基本内涵。尽管不同学科（历史、社会、心理学）对中产阶级品德的描述不同，但我们将这些理论做一梳理便可发现其共性的东西：节俭坚韧、醉心发展、面向未来、讲究礼节、热爱家庭、忠于爱情、留恋传统与历史、重视对下一代的人文教养、超感性的审美体验等。北欧

---

① 高长江：《神与人：宗教文化学导论》，吉林人民出版社 2000 年版，第 350 页。

② 参见［德］诺贝特·埃利亚斯《文明的进程：文明的社会起源和心理起源的研究》第一卷，王佩莉译，三联书店 1998 年版。

③ ［英］R. H. 托尼：《宗教与资本主义的兴起》，赵月瑟等译，上海译文出版社 2006 年版，第 164 页。

④ ［德］马克斯·韦伯：《新教伦理与资本主义精神》，于晓等译，生活·读书·新知三联书店 1987 年版，第 141 页。

的两位民族学者在《美好生活：中产阶级生活史》一书中从全域的视角并通过与农民文化相比较的方式向我们呈现了19—20世纪北欧中产阶级文化的品貌。关于中产阶级文化的时间意识、未来意识、节制品德与文明礼貌等已为埃利亚斯、托尼、韦伯等进行了详细的描述，此不赘述。这里我们就他们没有关注的一些内容介绍一下。

首先，在奥维·洛夫格伦、乔纳森·弗雷克曼的文本里我们看到，中产阶级是一个崇信传统、怀旧的群体。“农民紧紧抓住传统不放，是因为对那些屡试不爽的可靠知识有一种现实的态度。资产阶级对过去的回望则更多带有神秘、浪漫的特征”，“只有在资产阶级里面，才形成了设立家庭祭祀台的传统……这些都是制造象征性财富的手段，赋予血缘关系以圣洁和神圣的意义”①。特别是对孩子的教育，主要是以历史和神话教育为主：

> 昆赛尔的父亲是位政府官员。在她家里，孩子们的游戏和幻想被英雄国王的历史所主宰。在别的回忆录中也可以见到同样的迷恋，人们不断表演历史故事，孩子们扮演十字军战士、将军还有探险家的角色。
>
> 这种历史是孩子思想世界的主导特征，是资产阶级生活中的一个重要因素。由历史书籍和表现历史场景的图画编制成的神话故事，为孩子们提供了模仿偶像。它的基础是资产阶级的世界观；与此世界观相似，历史的观念即是具体人物的历史：男人或女人使自己凌驾于万众之上，掌控自身的命运，也将整个国家的命运握在手中。
>
> ……托儿所的游戏、罐子上士兵的战斗、史诗的宣读、家庭聚会所表演的历史戏剧、学校教育，还有为纪念某位伟大的国王而进行的盛大游行，所有这些所建构起来的历史梦幻，都坚实地嵌入现代以及当代资产阶级对人、社会和国家的观点之中。②

崇尚传统与怀旧并非仅仅是为了传递集体文化记忆，在历史心理学的意义上说，这是一种集体共享知识和文化神话的传递与再生产。它怀的是“昔日”，但却面向未来，从而使一个群体的精神习性能够沿习下去，并

---

① ［瑞典］奥维·洛夫格伦、乔纳森·弗雷克曼：《美好生活：中产阶级的生活史》，赵丙祥等译，北京大学出版社2011年版，第27页。

② 同上书，第28页。

为未来提供精神能量。中产阶级正是通过对英雄主义、文化神话等集体共享知识的怀旧与崇信，培养出了近代西方的资本主义精神。

其次，“中产阶级文化发展出这样一种观念，即强调情感对于维系家庭的重要性，爱成为丈夫与妻子之间的黏合剂”①。中产阶级的这一家庭观查尔斯·泰勒也注意到了：“正是中产阶级家庭——它意识到把家庭团结在一起的爱的情感和关心力量的正确性——首先对其成员提出了新的要求”。这也是基督教《圣经》关于孩子服从父母的训令以新的方式获得的体现。简·刘易斯在《追求幸福》中也这样描述到：“……上流社会，抱有一个家庭安宁的理想，一种温暖而充满深情的，同时又是单纯和受限制的家庭生活理想。家庭被看做是‘与喧闹的世界形成对照的……男人和女人从他们的配偶和孩子那儿寻找情感支持；他们指望在冷淡的世界里建立一个避难所’。”家庭之爱甚至成为“抚慰死亡的那种对不朽的愿望……相爱的人超越死亡重新结合。天堂被定义为家庭重组的地方，在那里由死亡造成分离的人会被重新聚合……不再分离”②。家庭之爱使得中产阶级家庭长大的儿童不仅保持着爱的忠贞意识，而且心理也十分和谐。

再次，正是这种理性的家庭之爱，中产阶级对孩子的教育是不能溺爱，克己是必须具备的道德品质：

> 在物质层面，孩子们每天的饭菜非常简单，父母买的玩具也很有限。家长反对孩子在各方面沉迷、过度和放纵，主张通过其言传身教，营造自我规训和有责任感的家庭氛围，使孩子们学会严格自律。所有这些都是与新教职业伦理相关的克己生活方式，他意在培养儿童勤勉、刻苦的作风。这种未来工作的态度对官僚子弟更为重要。他们的社会地位并不像资本，能够由父亲传给下一代；子女只能通过培训和专职竞争才能重新获得父辈的职位。孩子们把坚持不懈的努力视作一种美德，因为父母、亲戚，充满雄心壮志精神的学校每天都在灌输和践行它。③

---

① ［瑞典］奥维·洛夫格伦、乔纳森·弗雷克曼：《美好生活：中产阶级的生活史》，赵丙祥等译，北京大学出版社 2011 年版，第 75 页。

② 转引自［加拿大］查尔斯·泰勒《自我的根源：现代认同的形成》，韩震等译，译林出版社 2012 年版，第 419—421 页。

③ ［瑞典］奥维·洛夫格伦、乔纳森·弗雷克曼：《美好生活：中产阶级的生活史》，赵丙祥等译，北京大学出版社 2011 年版，第 94 页。

中产阶级文化的这种“爱”的教育，尽管也对个体心理发展产生了一些消极后果，如我在分析清教主义对清教徒心理的消极影响时所说的那样，自我控制的绝对要求为许多精神性疾病提供了温床，但是，它的积极意义是不可否认的。怀特海说得好：婚姻关系、家长与孩子的关系中的奉献自我的爱，“在这种爱中，可以强烈地感觉到被爱着的潜力在声称，他发现自己处于一个友好的世界之中”。[①] 特别是对孩子勤勉、刻苦的严格要求，为孩子将来积极的人格发展尤其是更好地驾驭生活奠定了坚实的心灵基础。正如奥维·洛夫格伦和乔纳森·弗雷克曼所说：

> 中产阶级的孩子将以训练有素的克制和虚饰技巧，步入世界，在父母期望的鼓励下，他们更是自信满满。许多孩子认为家长的这些期望带来一种安全感，它们传达着这样一种信息：自己成长在最优越的环境中。[②]

中产阶级除了对孩子进行刻苦、勤勉的教育与训练，还着力培养孩子的另一种德行，即被人们视为中产阶级美德的重要范畴——谦卑的性情。谦卑不仅是列维纳斯所说的面对他者的一种伦理姿态，也是人类心理卫生的基础。在人类的心理生活中，为什么有很多人陷入忧郁、焦虑、偏执的泥潭，被神经症痛苦地折磨着，就在于他们缺乏一种谦卑的平和心灵。他们过于迷恋自己的天生丽质，出类拔萃；崇拜自己的知识、能力与才智，认为自己应该得到这个世界所有对他有诱惑力的东西，包括财富、地位、荣誉、尊敬乃至整个世界。正是这种自负、自恋与骄傲、贪婪的认知自我，为他们埋下了神经症的祸根。阿德勒所诊断的“争取优越”、霍尼所描述的“理想化”之类的神经症，就是由自负、自恋、傲慢的心理发展起来的精神病症。

前文已述，作为社会动物，自负与自恋是人性中根深蒂固的顽疾，很难予以剔除。欲纠正人的这种狂妄自恋心态，克制焦虑、偏执性神经症，你把“谦虚使人进步、骄傲使人落后”这类格言念一万遍也不管用，可行的途径就是使人形成一种谦卑的性情。而人们这种谦卑性情的培养，大都和宗教教育、宗教美德教养有关。通过宗教文化所展示的智慧、美德、

---

① ［美］A. 怀特海：《观念的冒险》，周邦宪译，贵州人民出版社 2000 年版，第 268 页。

② ［瑞典］奥维·洛夫格伦、乔纳森·弗雷克曼：《美好生活：中产阶级的生活史》，赵丙祥等译，北京大学出版社 2011 年版，第 95 页。

美感这面棱镜，宗教徒看到了无论是人的出身与地位、才智与能力还是财富与荣耀，与伟大的造物主、与基督、与佛陀等伟大的宗教先知、圣徒的精神境界的巨大落差；认识到了眼前的这点“现实利益”与天国的永恒喜乐相比都是那样的微不足道。这是消除个体傲慢的十分重要的精神资源。特别是个体通过对这些信息的反复加工、编码，便会建构起这样的意识：个体的能力、成就、才智、成功、地位并非出自天赋和己力而是出于恩典，如此人就会变得谦卑与祥和以及由此而达到心灵的平和，我们不妨看作家普鲁斯特笔下的巴尔马公主。巴尔马公主的谦卑平和的品质与开阔乐观的心灵正是源于她从小在家庭所接受的福音主义教养：

> 她的和善出自两个原因。其中之一，即一般性的原因，是这位君主的女儿所接受的教育，她的母亲不仅和全欧的王族沾亲联姻，而且比任何一个在位公主都富有，这与巴尔马亲王府形成对比；她从女儿幼年开始就灌输福音主义的箴言，既高贵又谦逊，这在当时是很时髦的；现在女儿脸上的每一根线条，双肩的曲线，两臂的动作仿佛都在重复母亲的教诲：“你要牢记，上帝让你降生在御座的台阶上，你可不应鄙视比你低下的人们，你出身的高贵和家产的富有是神明赐予的，感谢上帝！相反，要对小民们和善。你的先辈们从647年开始便是德·克莱夫和德·朱利埃亲王；上帝大慈大悲，让你拥有苏伊士运河公司几乎所有的股份和相当于埃德蒙·德·罗特希尔德和王家荷兰公司的资产的三倍；你的直属家系已由家系学家确定，追溯到公元63年；你有两个大姨当上皇后。所以，你在谈话时永远不要露出记得得天独厚的家世的神色，并非因为天赋特权有如过眼云烟（人们无法改变名门望族古老的历史，并且人们总是需要石油的嘛），而因为没有必要打招牌来说明你比别人出身高贵和你的投资是一流的，既然大家都知道了。要乐意帮助别人。由于上苍对你特别宠爱，你就要向那些比你低下的人们提供你力所能及的帮助，但同时又不失身份，比如说提供金钱的救助，甚至医疗护理，当然绝不能邀请他们参加你的晚会，这对他们没有好处，只能削弱你的威望，从而使你乐善好施的行为失去效应。
>
> 因此，即使在不能行善的时候，公主也竭力表现出或确切地说，用所有无声的表情使人相信她并不自以为比呆在他周围的人们优越。她对每个人都彬彬有礼，和蔼可亲，就像教养好的人士对待下级那

样，主动帮助，热情周到……①

尽管按照乔纳森·爱德华兹的“宗教心理学”，上面我们所分析的谦卑有些还仅仅停留于“律法的谦卑”之层面，还没有进入“福音的谦卑”的层次，或者说没有进入“属灵”的层次，但我还是相信，这种谦卑之心仍然是个体摆脱心灵困扰的精神基础。尤为重要的是，随着人的谦卑性情的发育，人的精神也就展开了由“心智”层次向“灵性”层次的转换。十分明显，一个人连“律法的谦卑”都没做到，又怎么可能迈出下一步，进入“福音的谦卑”或“属灵的谦卑”的层次呢？

宗教道德所磨炼出来的人的谦卑的品质，其心理学意义不仅仅在于催生了人的平和的心灵，更重要的，还在于它拓展了人的精神，亦即狭隘的“自我”的消失、兴趣的广泛以及审视世界的审美眼界。兴趣狭隘或只凭个性感知世界的人是一个终其一生也不会感到生活快乐的人；缺乏广泛体验的人是一个庸常而乏味的人。在这种人那里，生活、存在就是一潭毫无生气的死水，成为人之生物机能的一种机械耗损。他们只能眼睁睁地看着自己的两腿在衰败的荒野里一天天越陷越深而焦虑不安，被神经症痛苦地折磨着。而一个兴趣广泛的人则不然，在他的世界里，每一天都是新奇的，每一件事情都充满了诗意与禅意，或用切斯特顿的话说，它会使人“意识到生活的每一个瞬间都是无法想象的奇迹，大街上的每一张面孔都具有童话故事里那不可思议的出乎意料”。② 这种对广泛的体验、这种对奇迹的感受的确是一种更高层次的平和心灵。尽管它还没有进入威尔伯所说的“无相”的精神境界，但这种“生命觉醒、平等体验乃至普遍的宇宙意识”③ 则可以唤起“灵魂的躁动和不安”，“挑起我们对这个世界更深刻和更宽广的视野，大大超越了我们日常生活习以为常观看事物的角度”④。用马斯洛的语言来表述，它可使人活在幸福的“高峰体验”里。也正因此，大艺术家歌德在 80 岁时感叹道：“惊奇乃是人类所希翼的存

---

① ［法］马塞尔·普鲁斯特：《追忆似水年华》，沈志明译，上海译文出版社 2009 年版，第 318—319 页。

② ［英］切斯特顿：《异教徒》，汪咏梅译，生活·读书·新知三联书店 2011 年版，第 35 页。

③ ［美］肯·威尔伯：《性、生态、灵性》，李明等译，中国人民大学出版社 2009 年版，第 310 页。

④ ［德］约瑟夫·皮珀：《闲暇：文化的基础》，刘森尧译，新星出版社 2005 年版，第 130 页。

在的最高境界！”

最后，在审美情趣上，中产阶级也形成了自己独特而高雅的审美文化。比如，在自然审美方面，中产阶级与农民形成了鲜明的对比：对于农民而言，自然的价值永远是与经济利益联系在一起的；但中产阶级喜欢农民不屑一顾的雄伟的山脉、裸露的峡谷和奔腾的激流，它们“代表了野性和新奇，更代表孤独、疏离、新鲜和纯粹”，喜欢在悬崖绝顶观看日落，这是在体验沉静、圣洁以及完整；发展到后来，“人们最喜爱的地景已不再是荒山野岭或波涛汹涌的海岸，而是那些略带怀旧和忧愁色彩的地方：飒飒作响的松林，繁星点点的寂静冬夜，一小片年轻的白桦林，林中空地上的一簇五叶银莲花。”① 大自然的个性已经与人们的心灵体验联系在一起。

在艺术审美方面，对绘画、音乐的喜好代表了中产阶级的审美品位。在 19 世纪，中产阶级家庭的客厅既是休憩的空间，更是艺术体验的空间。这里被绘画与音乐占据着：

> 中产阶级的客厅和休息室均被一些充满异域情调的、承载自然母题的装饰占据着，诸如藤蔓植物和野生植物图案装饰的地毯……在壁炉或者附近刺绣的垫子上找到更为奇特的风景图案。客人可以在饰有玫瑰图案的沙发上休憩，浏览记录着纯粹自然风景的相册，或者静静欣赏对面墙壁上令人过目难忘的风景油画——画面上海浪拍打着崎岖的海岸，远处蓝色的山脉融入地平线中；这些巨幅风景画大得足以让观众有身临其境之感。

人们工作之余的休闲，也大多是以欣赏绘画艺术来消费的：

> 在 19 世纪，不同类型的艺术作品存在着有趣的相互影响，比如，宏伟的风景油画、艺术家和旅行者的水彩素描、维多利亚时代艺术爱好者的摄影与全景画、透视画之间就存在着有意思的交集。周末家庭出游，即可以直接去户外欣赏风景，也可以去艺术画廊，在那里，逼真的油画向观众展示出同样宏伟的风景。这些类型的艺术作品建构出人们应该如何欣赏自然，应该欣赏自然中的何物的标准，也在潜移默

① ［瑞典］奥维·洛夫格伦、乔纳森·弗雷克曼：《美好生活：中产阶级的生活史》，赵丙祥等译，北京大学出版社 2011 年版，第 41、43、46 页。

化中表达出怎样的自然才是生动、充满田园风情、新奇和雄伟壮丽的。[①]

如果说“艺术品是艺术家通过深刻的心灵体验和丰富的表达手段创造出的一个玲珑巧妙的美的世界。那丰富的意象、深刻的情感刺激人的感觉组织，激活了人的全部认知资源，扩大了人的时空想象，激发了心灵远游的动力，使人的生命洋溢着淋漓的元气，焕发出蓬蓬勃勃的造化的生气。……不仅为人类创造了一个审美的世界，也创造了一个感觉深度的世界，一个深化与丰富人的感觉与体验的世界”[②]。那么，中产阶级的“生活艺术化”使其生命更具人文厚重感。尤其是音乐欣赏，对中产阶级而言，“音乐修养不是知识和经验再加上谈论它们的才能之简单总和。音乐是最具崇高精神的精神艺术并且对音乐的热爱是‘灵性’的一种保证”，“音乐与最‘深刻的内在性’（‘内心的音乐’）有关”……对音乐的无动于衷，也许代表了物质主义无教养的一种极端可耻的形式。“音乐尤其是一种‘纯粹的艺术’，……代表了对世界，尤其是对社会世界的最彻底、最绝对的否认形式，资产阶级的精神气质导致在所有艺术形式中期待这种否认形式”[③]。历史学家对 19 世纪音乐家舒伯特的作品研究发现，舒伯特的大部分作品，都是为中产阶级家庭的客厅这块地方而作的：“这些歌曲透露出资产阶级社会的希望和恐惧，渴望爱情和幸福婚姻，也迷恋孤独；渴望逃出纷纷扰扰的城市生活，而遁迹于田野山林之间，可以沉醉在‘独与天地精神相往来’的静谧之中。”[④]

这就是欧洲近代历史上的中产阶级品德。中产阶级品德作为一种“高级文化”，它的历史意义也许并不像布尔迪厄所分析的那样，仅仅是创造了一种社会区隔，培养了精英阶层的审美趣味；从历史心理学的视阈看，它的重要意义在于培育了现代欧洲人——不仅是中产阶级而且包括市民阶层——的心灵境界：理性、谦卑、节制、坚韧。诺贝特·埃利亚斯对此有着超越一般人的深刻认识。他这样写道：

---

① ［瑞典］奥维·洛夫格伦、乔纳森·弗雷克曼：《美好生活：中产阶级的生活史》，赵丙祥等译，北京大学出版社 2011 年版，第 44—45 页。

② 高长江：《艺术与人文修养》，吉林大学出版社 2016 年版，第 83 页。

③ ［法］皮埃尔·布尔迪厄：《区分：判断力的社会批判》上册，刘晖译，商务印书馆 2015 年版，第 26—27 页。

④ ［荷兰］彼得·李伯庚：《欧洲文化史》，赵复三译，上海社会科学院出版社 2004 年版，第 477 页。

> （贵族阶级）完全有时间精心设计高雅的交际行为，训练温文的举止，培养高尚的审美观。崛起的市民阶层也紧跟而来。他们都有职业，没有时间精心设计培养其行为与审美能力。然而他们的理想首先是也像贵族那样靠年金过活，如有可能，进入宫廷的圈子。宫廷圈子对于很大一部分注重自己声誉的市民人士来说，也是一种理想的榜样。于是他们成了“Bourgeois Gentilhommes”。①

总之，无论是民族学者奥维·洛夫格伦、乔纳森·弗雷克曼的民族志文本所呈现的中产阶级品德还是普鲁斯特笔下巴尔马公主的美德，抑或社会学家、历史学家所勾勒的资产阶级的生活方式，都可以归纳为一点：节制。节制不仅仅是一种生活风格，其实质乃是人们照料心灵的日常功夫。我所说的日常性的“心灵照料”，就是通过节制之理性使日常生活模式化，以克制生命能量系统中某些成分的感性骚动与狂躁，使其达到一种平衡调和的状态，从而让心灵从有限的关注与单薄的个性表达中超越出来，产生更高级、更广泛的兴趣与感觉组织。用哲学家怀特海的话说，即达到一种“平和”的心灵状态。在《观念的冒险》一书中，怀特海在讨论人类平和的心灵性质时这样写道：

> 平和……它是完成灵魂的“生命和运动”的一种积极感觉。……它是由于某种形而上学的洞见（不可言述却对价值的调整十分重要）的出现而引起的感觉的扩大。它的第一个影响便是致使不再强调由于灵魂专注于自身而造成的渴求感觉。这样一来，平和便带有一种对个性的超脱，一种诸价值相互关系的倒置。它主要是对美的效能的一种信仰。它是一种感觉，这种感觉认为：成就的优点犹如一把钥匙，它可以打开被事物的狭窄性质隔离得远远的宝藏。这就涉及一种对无限的理解，一种不可限量的要求。它的情感结果便是，起抑制作用的骚动平息了。更准确地说，它保持了能量的源泉，同时掌握了这些源泉以避免具有瓦解作用的事物来分散注意。……因此平和是最大限度的自我控制——这种程度扩大到了乃至于“自我”的消失，兴趣转化为比

---

① ［德］诺贝特·埃利亚斯：《文明的进程：文明社会的起源和心理起源的研究》，第2卷，袁志英译，生活·读书·新知三联书店1999年版，第329页。

个性更广泛的协调行为。①

确如怀特海所说，没有一种理性的节制，人就不可能有平和的心灵。而心灵一旦失去了平和的能态，也就为各种心理疾病的滋生提供了土壤。

（二）穆斯林的节制

伊斯兰伦理作为穆斯林的绝对道德理念，渗透于穆斯林的日常生活、社会生活以及精神生活之中，构成了穆斯林美德的基本范畴，如克制私欲、襟怀坦白、兢兢业业、坦诚待人、勇表己见、判断公正、坚持真理、一意行善、导人干好、止人作恶、讲究卫生、维护秩序、主持正义、敬畏安拉……②。其中，“克制”是穆斯林美德的核心范畴。

在语义学上，“克制”与“节制”意义相当，但在文化语言学上，伊斯兰的“克制”又有其特定的语境指涉：它不仅是一种宗教义务，也是一种日常生活戒律。在中文中，“克制”也被表述为“斋戒”。在阿拉伯语中，斋戒就是“自我控制”的意义。自斋戒被伊斯兰教规定为一种宗教义务实施以来，它的意义其实已经远远超过宗教意义上的自我克制或履行一项宗教义务的范畴，从现代神经生物学、心理学的角度看，斋戒俨然穆斯林群体的一种心灵体验，并通过这种心灵体验达到生命管理、身心保健的效果。我一直觉得，在严厉的伊斯兰律法面前，在缺乏佛门道庭修身养性之章法的情况下，大多数穆斯林都能葆有一种从容平和的心理能态而很少为神经症所困扰，在很大程度上就得益于伊斯兰教克制（斋戒）戒律为穆斯林所提供的身心管理之道。

按伊斯兰教的规定，斋戒，就是要求穆斯林在斋月（伊斯兰教历9月）这段时间里，每天从日出到日落这段时间内不许进食和进行性生活。无论封斋恰逢炎热的夏季还是适遇严寒的冬天；无论是口干舌燥还是饥肠辘辘，都不得进食任何食品，也不许喝一口水，过分漱口、呛鼻子、口噙水果也是不允许的，甚至滋补壮阳也被认为是一种不敬行为。但在日落之后，可以进食和进行性生活。斋月不仅对穆斯林的饮食和两

---

① ［美］A. 怀特海：《观念的冒险》，周邦宪译，贵州人民出版社2000年版，第264—265页。

② 努尔曼·马贤、易卜拉欣·马效智：《伊斯兰伦理学》，宗教文化出版社2005年版，第9页。

性生活提出了禁止，而且要求穆斯林尽可能少从事物质生产活动，把大量的时间用来阅读《古兰经》，参悟伊斯兰真理，反思和忏悔自己的过失，强化对伊斯兰教的信仰。如果不局限于伊斯兰神学的视角，就伊斯兰对穆斯林斋月期间提出的饮食、两性、经济、社会生活这些节制准则而观，我觉得，它无疑是穆斯林进行心灵管理尤其是身心保健的十分有效的方式。

从某种意义上说，伊斯兰教相当于一种世俗宗教。除了伊斯兰的少数派别外，伊斯兰并不主张出家修行。它的信仰和德行修为就在日常交往、妻子儿女、经商宰牲这些俗世生活之中。由于浸淫于日常生活的尘缘凡务，使得人的身心很容易为俗世生活所劳顿，并因此导致人们伊斯兰神圣信仰的衰退和相应的身心疾患。伊斯兰先知也许正是看到了这种生活对穆斯林信仰颠覆的危险，于是设定了斋月，让人们从纷纭扰攘、食性财利的俗世生活中抽身出来变换一种生活。封斋，不仅使穆斯林能够体验饥饿和干渴的痛苦、灵性开悟和参悟真理的快乐，而且培养了穆斯林克制、坚忍、虔敬以及同情的美德。斋戒设定的目的虽是宗教的，但穆斯林的收益却不仅仅是宗教的，它更多地具有心理养生学的元素。可略析一二。

首先，封斋期间严格限制饮食和性生活，这比较有益于个体由生理到心理系统的卫生。尽管它不能与道教的辟谷术相比，但是，在一定时间内控制进食，这种饮食习惯不仅有助于增强胃肠及整个消化系统的活力，而且它也适当地清理了人们胃肠中的垃圾。特别是穆斯林的饮食习俗，由于吸收大量的牛羊油脂，这无疑增加了消化系统、神经系统的负担。因此，适当进行一下胃肠清空，便可降低体内自动平衡系统的工作压力，有利于化学信号（血液）在神经组织的畅快传递，使人神清气爽。生理心理学研究显示，我们身体的感觉，包括血液中的成分、体内的化学环境、肌肉的运动模式、骨骼的紧张松弛程度以及心脏的跳动频率等身体信号通过脑干向大脑皮层神经系统传递，从而引起人的情绪体验和心灵感受。所谓快乐的“精神体验”或“情绪感受”与有机体的生命组织状态即来自于身体信号在大脑神经系统的映射密切相关。素食和适当地节食，对于人的大脑神经系统的健康是有益的；而肉食与饱食则增加了血液循环和相应器官乃至于体内各种化学成分运动的压力，从而导致脑接收身体信号路径的不畅，产生慵懒和不快的情绪反应，并可能导致相应的神经性疾病的发生。尤其是从人体生物节律的角度看，夏季天气炎热，生命能量消耗大，有机体生命机能也随之降低。这个时候适当抑制进食和运动，可以提高生命管理的效果。伊斯兰教之所以选择在这个季节封斋，可能也考虑到了这一点。“对于所有的生物，每天都是一场与其他生物和自然环境的竞争。要活下来，生物就必须能预期环境的变化，对事物做出反应。”①

其次，斋月期间穆斯林要尽可能少的从事生产性活动，而是把主要精力用于阅读《古兰经》。这一活动的意义不仅在于增强穆斯林对伊斯兰真理的理解这一神学层面，而且具有心理学意义：它类似于佛教修炼之功的“正念”，即排除一切散乱的意念，让自己纷扰的心理安定下来，把全部注意力投放到目前正在做的事情上。这不仅是一种收敛混乱心思、摒弃烦燥心性的极好的心理保健术，而且大脑的语义加工活动也可以促进个体平和的心灵的发展，从而使人从紧缩的“自我”中解脱出来。诚如诗人鲁米所说：“当你放弃其他的动机，并且只听从威严的命令，那自性的喜悦，你生命中真正自发的能量就会来临。”② 这是人类所有宗教心灵保养的共同智慧。其实，作为一种社会的、文化的动物，人不可能完全没有“自我”或“私我”的东西，那是神才有的品性。有自我就有痛苦。解脱苦难之道不是彻底泯灭自我，而是适时停止其活动。这样，即使斋戒结束，人回到世俗生活之中，“自我”又开始了活动，但人在体验了它的停息使人产生的愉悦的精神感受之后，也就知道并学会了控制它的技巧。自我的每一次止息都为人的平和的心灵的成长奠定了一块基石。

这里我想特别解释一点的是，伊斯兰教要求穆斯林斋戒期间诵读《古兰经》，这也是一种很高妙的精神保健术。从神经语言学的角度看，大脑经常接受规范的语言信号，可以促使大脑神经回路的活跃，防止脑的退化、老化以及焦虑情绪的产生。从文本修辞学的角度看，伊斯兰教的圣书《古兰经》不是默读的而是念的。它没有佛典那冗长的因果论证；也没有《新约》的喃喃细语。它的句式短小轻快，词语掷地有声，韵律和谐悦耳，节奏整齐分明，具有音乐一般的旋律。不仅特别适合人的生命组织运动习性，而且诵念《古兰经》的过程，也几乎可以说是人的艺术游戏过程。从神经生物学、神经语言学以及我提出的“语言能量理论”的角度分析，这些清晰、响亮、韵致、和谐的信号形式使大脑内的信号传递、加工十分畅快，从而引发了脑神经组织快乐情绪的产生，产生愉快的

---

① ［英］罗素·G. 福斯特、利昂·克赖茨曼：《生命的季节：生生不息背后的生物节律》，严军等译，上海科技教育出版社 2016 年版，第 1 页。

② ［波斯］鲁米：《让我们来谈谈我们的灵魂》，万源一译，湖南文艺出版社 2016 年版，第 96 页。

精神体验。

再次，斋戒期间控制食性，使人体验到了生活困苦对人的身心的折磨，这不仅增强了穆斯林的同情心，而且也激活了穆斯林的心理努力，培养了其心理抗压能力：面对美味佳肴和俊美妻子不动声色，从容淡泊，这种顽强的心理能力使穆斯林们在日常生活中能够面对逆境而意志坚定，面对荣辱得失而平和淡定。这已经成为一种比较高级的心灵卫生术了。

五　象征：日常存在的双重维度

列维-布留尔在其名著《原始思维》的末尾这样写道：

> 即使在我们这样的民族中间，受互渗率支配的表象和表象的关联也远没有消失。它们或多或少独立地存在着，受到了或多或少的损害，但并没有被根除，而是与那些服从于逻辑定律的表象并行不悖的。真正的智力倾向于逻辑统一，它宣告这种统一的必然性；然而实际上，我们的智力活动既是理性的又是非理性的。在它里面，原逻辑的和神秘的因素与逻辑的因素共存。①

多少年来，布留尔的这一观点一直被哲学与心理学家所诟病。但是，伴随着现代心理学的崛起，尤其是荣格的精神分析学通过集体无意识理论对其的诠释与拓展，人们开始重新理解布留尔。其实，布留尔所说的逻辑思维与原逻辑思维、智性活动与神秘参与这种心理现象就是现代心理学所说的意识与无意识共在这样一种心理事实。在荣格的精神分析理论中，人类的这种原逻辑思维、神秘互渗的意识活动被改造为一个重要的心理学范畴——集体无意识活动。

布留尔没有说错，无论人类的意识、心灵以及文明化程度进化到如何“现代”甚或后现代的高度，但是人类心理世界中神秘互渗的这种集体无意识现象永远都不会消失，就像荣格用大量的临床案例和心理分析所证实的那样：根本不存在什么现代人，“所谓的文明人，不管他们

---

① ［法］列维-布留尔：《原始思维》，丁由译，商务印书馆 1981 年版，第 452 页。

的意识发展如何，在心灵深处他们依然是古代人”。[①] 如果运用神经科学“三位一体”脑这一理论来解释，所谓“现代”，其实不过是人类大脑结构中后发展出来的那个新脑的进化现象，还有很大的一部分脑区仍然保留着千万年前的古朴品质。正因为人类的大脑和心理系统的这种“混沌”性，即原逻辑思维与逻辑思维、无意识与意识的共存，因而，随着文明的发展，理性的扩张，人类的精神生活基本遵循着智性和逻辑的规则，但精神问题也与日俱增地发生。对人类文明发展与精神进化的这一悖论现象，传统心理学曾做过很多似是而非的解释，诸如生活的压力、人际关系的复杂、个人应付生活的技巧与生活中无数新问题的出现的巨大反差，等等。如果根据所谓“生活心理学”简单的关联逻辑和一些病患的感觉主述，这倒很像是事实，但其实这并不是事实。对于那些生活于神秘莫测、危机重重的深山密林、几乎每天都会遭遇出其不意的危险与“怪事”的古人来说，他们所承受的生活压力与心理压力并不比现代人轻，甚至远远重于现代人，但在原始社会里，精神病的发病率为什么却比今天生活在文明“保险箱”中的现代人还低呢？这说明什么呢？道理很简单。真正的原因并不在于古代人与现代人相比谁的生存压力大，而是谁更能够化解这些压力。古人之所以不像现代人这样精神困扰更多，正如荣格和许多人类学家所分析的那样，就在于原始人的精神生活不仅是理性的，而且更多的是非理性的；他们不仅满足于意识的探究兴趣，而且更经常地满足于文化原型这种心理无意识激动的欲求。如果用“三位一体”脑的理论来解释，也就是古人不仅为“新脑”提供了表达空间，也给“旧脑”以表达的空间，能够满足精神世界中那些古老而神秘的情绪表达需求。用达马西奥“建筑物”的比喻来解释，也就是“楼上”与“楼下”部分协调着；用人类学家爱德华·萨丕尔话说，也就是原始人不仅生活于逻辑世界中，而且更多地生活于仪式世界中。沉迷于神圣而又神秘的仪式，并非古人自寻烦恼，也并非有的心理学家所说的仅是为了促进群体的团结合作，重要的是通过这些象征符号满足“旧脑”的需求——在仪式中，人体验“超验”的情感与认知需求得到了满足。这就是古人表面看来神经兮兮、神魂颠倒但其心理、精神却还正常的认知因素。而在现代文明世界里，在现代人高度理智的生活中，却很少再有这些象征符号。尽管仍然有仪式，但也是切斯

① ［瑞士］卡尔·古斯塔夫·荣格：《文明的变迁》，周朗等译，国际文化出版公司 2011 年版，第 38 页。

特顿所说的“肯斯特”式的空洞的仪式，它并没有与人类心理深层的集体无意识形成连接。也正是在这种情况下，现代人要么以一种十分野蛮亦即神经症的方式来安抚它，诸如社会巫术、群体暴力、施虐性冲动、意识形态狂热等；要么任文化原型的摆布与折磨，成为精神分裂症的牺牲品。

那么，人类如何怎样才能走出目前这种意识与无意识分裂的困境，或者说把不同水平的脑很好地整合为一个系统呢？出路只能有两条：其一，彻底敲除人类心理世界中的文化原型或大脑中的那个“远古心理残留物”，以此来摆脱它的干扰；其二，通过与古脑或心理深层的“远古心理残留物”的沟通与对话而维系精神世界的统一。这两条路，前一条路干净利落，但事实上却根本不可能，因为那些东西就是人类精神系统的一部分，就是人类的生命之根，一旦切除也就意味着他不再是这个地球上生物进化结果的种类，而是成为一个“外星人”或“怪物”；不再有地球人的属性（如无情绪反应），即使没有越出“人类”的”的“类”属性之外，也会变成一个“卓尔不群”的“超人”，就像集哲学天才与疯子为一身的尼采一样：他站在群山之巅，站在宇宙的边缘，头顶是星空，成为一个“超人”，然而，他脚下的历史已经消失得空空如也，面前是未来的深渊。[①] 这种人虽然完全理性化、逻辑化了，不再受古脑或文化原型的纠缠，避免了这一特殊“文化基因”暴乱所导致的精神冲突，但却失去了脚下坚实的大地，失去了他的文化之根为他提供的灵魂呵护，只是漂浮在抽象的符号世界里；而当这些抽象符号一旦出现问题，他便没有退路，从符号的上空坠落下来，彻底毁灭。尼采就是人类这一“纯现代”物种的典范：“尼采的疯癫，即其思想的崩溃，恰恰使他的思想展现给现代世界。那种使他的思想无法存在的因素却使他的思想直接面向我们……它实际上是在自身内部与世界的时间打交道，驾驭时间和引导时间。”[②] 多少年来，人们一直疑惑不解，为什么像牛顿、爱因斯坦、史蒂芬·霍金这些伟大的科学巨匠的大脑竟然会给“超自然事物”、给某些神秘的事物留下表象的空间？“自然神论”和“神工论”絮絮叨叨，口干舌燥，但始终在人的精神世界外围打转，抓不住实质性问题。其实，问题的核心在于，作

① ［瑞士］卡尔·古斯塔夫·荣格：《文明的变迁》，周朗等译，国际文化出版公司 2011 年版，第 55 页。

② ［法］米歇尔·福柯：《疯癫与文明》，刘北成等译，生活·读书·新知三联书店 2012 年版，第 271—272 页。

为自然选择和文化修剪的产物，人不可能也不能完全生活在逻辑、理性的符号世界里。平民百姓的精神生活完全逻辑化，他就会成为疯人院里的疯子；思想家的精神生活完全逻辑化，他就会成为第二个尼采。特别是作为物理学家，他越接近宇宙存在之真理，他就越可能显现出精神生活的某些非理性倾向，因为只有这样，他们才能在“虚空”的物理宇宙里体验到和谐、秩序和美感，才不至于使自己的精神面对如此森然神秘的世界而哑然失语。美国著名脑科学专家克里斯托弗·科赫在其带有自传性质的著作《意识与脑：一个还原论者的浪漫自白》的结尾，在论述了他的基本思想——“宗教情操展示出人类最美好的一些东西。可是总体上，对于理解我们存在之谜而言，它的作用是有限的。唯一确定的答案来自科学”之后这样写道：

> 我被放逐到这个宇宙中，这是一个辉煌、陌生、可怕且常常荒凉的地方。我努力通过其嘈杂的示现（manifetations）——它的人、狗、树、山脉和群星——辨别永恒的天体音乐。
>
> 当讲完和做完这一切后，在我心中留下的是持久的惊异感。跨越两千多年的回响，当时生活在犹太山地社区中的那个《死海古卷》里不为人知的抄书吏，恰如其分地表达了这一点。……
>
> 我行走于广袤无垠的高地
而我知道仍有希望
为你除去尘封
与永恒事物相伴。①

科赫对那个“超验”存在的态度，也正是无数科学家对“超验”存在的态度。而且，我相信，也正是科学家的这种精神意向，才可能使他们的心灵突破逻辑秩序和物理法则的限制，去探索更高的存在。英国两位著名物理学家为我们解释了科学家这一独特的心灵现象。戴维·多伊奇说道：“人类对环境的虚拟现实绘制是人类借以生存的独特方式，换句话说，这是人类为什么存在的原因”②；保罗·戴维斯说道：只有从各个方

---

① ［美］克里斯托弗·科赫：《意识与脑：一个还原论者的浪漫自白》，李恒威等译，机械工业出版社2015年版，第187—188页。

② ［英］戴维·多伊奇：《真实世界的脉络》，梁焰等译，广西师范大学出版社2002年版，第103页。

面全方位地了解世界，从还原论和整体论、从数学和诗、从上帝和伦理学……全方位地了解世界，我们才能最终了解我们自己，了解我们的家——宇宙背后的意义。[①] 一句话，保持理性与感性、逻辑与想象的统一，是科学家心灵活动的基本模式，也是其保持精神的稳固性和超越性的基础。

第二条路即保持与脑中的远古文化残留物或心理深层的集体无意识的沟通与对话，已为心理学、精神病学经验证明是可行的。如若前文所示，古脑中的远古文化残留物有很大一部分是神话、宗教内容的话，那么，这一条路主要就是具有神圣意蕴的象征生活。作为一种符号形式，象征并不为宗教所独有，艺术及其他文化系统中也拥有大量的象征符号，甚至我们的梦也是一种象征。但是，无疑，宗教象征符号对于同化人类心理深层的集体无意识具有特殊的功能。宗教象征与梦的象征、与其他象征是根本不同的。无论是那些具象符号、仪式符号还是语言符号，宗教语境中的这些象征符号很多就是人类集体无意识的产物，它们本身就具有人类集体无意识的丰富元素，因而也更能与人类心理深层的集体无意识形成对接并成功将其转化。

为了更清楚地解释宗教象征于人的精神生活尤其是心理卫生的积极意义，我先来解释一下何谓“象征符号”。“象征符号”这个概念，指的是某些符号的意义超越了经验和在场的层面，而是有某种特殊的意向性；或者说当人对这些符号进行加工时，脑和心理所表征的不仅是该符号所拥有的概念或命题性的意义，而且还可由其产生联想，体验到缺席的空虚意象。如果用象征人类学的代表人物维克多·特纳的话说，就是这类符号通过与另一些事物有类似的品质或在事实或思维上有联系，被人们普遍认作另一些事物理所当然的典型或代表物体，或使人们联想起另一些物体。[②] 比如，婚礼上的白色婚纱、珠宝钻戒这些符号，人们对其加工所获得的编码就不再是一件服装和一件首饰的意义，它使人联想到爱情的纯洁和永恒；清真寺圆顶的弯月，它所激活的也不再是宇宙空间那个寂寞的星体等心理表征，而是伊斯兰教超验观念的知识表征；基督教堂的“十字”，不再是两根交叉在一起的木棍，甚至也不单纯是钉死基督的十字架，而是使人联想到基督的爱和奉献精神，等等。白色婚

---

① ［英］保罗·戴维斯：《上帝与新物理学》，徐培译，湖南科学技术出版社 2002 年版，第 251 页。

② ［英］维克多特纳：《象征之林》，赵玉燕等译，商务印书馆 2012 年版，第 23 页。

纱、弯月、十字架就是象征符号；而披上婚纱走进婚礼，信徒走进清真寺或教堂，通过这些象征符号产生超越、爱与奉献的精神体验时，就意味着生活展开了双重维度：在场与缺席、过去与未来、有限与永恒……由此可见，象征表达总是具有超越的维度：超越在场而转向不在场、超越经验而感受超验。尤其是宗教象征符号不仅具有“超越”性，而且具有“超验”性，即这些象征符号输入人的知觉系统，人的意识与心灵表征的就不再是语义知识或经验命题，而是某种神圣的意象。它使个体体验到非共时存在的共时化，或神圣实体的在场化。生命进入了一种双重时间之维度。

正因为宗教象征的这种心灵体验维度，所以，它更可与人们心灵深处的圣秘情感、意识形成对接与沟通，或者说它更适合人类深度的精神生活——灵魂生活①。从精神卫生学的角度看，宗教生活之所以有益于人的心理卫生，就在于宗教生活中充满了诸多具有超越维度的神圣的象征符号。从某种意义上甚至可以这样说，宗教生活就是由各种象征符号组构起来的一套关于非共时存在的文化叙事。在宗教生活中，人之所以能够与非共时存在者、与不在场的各种超验存在发生联系，精神的地平线由当下延展到远古与未来，体验到生命的双重时间维度，就在于象征符号的知觉输入不仅将人的意识活动从知性的、逻辑的、经验的条框中解放出来，使其保持开放性、无限性、鲜活性的样态，有益于灵魂的活化；更重要的，这些象征符号所放射出来的是一种完全不同的光芒，被凸显出来的是那些被日常凡俗生活压抑的、缺席的事物，浮现在脑海中的是远古神话、未来

---

① 关于“灵魂生活”，尽管人们的解释存在差别，但总体上倾向于将其理解为深度、原型、感性、神秘这样一些特征。如托马斯·莫尔所说，“灵魂是体验生命的一种属性或维度，它与深度、价值、交往、内心和个人素质都相关”；或如希尔曼所说，“灵魂是深不可测的，只能靠洞察力去启蒙，在一个深不见底的洞穴里发光”；或如美国心理学家大卫·艾尔金斯所归纳的那样，灵魂的属性为深度的、艺术的、女性气质的、想象力的、原型化的、神秘的、广袤的等，那么，也就决定了“灵魂”这一人类特殊的精神存在物注定与数学、逻辑这些理性的符号活动和世俗表达活动无缘。能够触动它、能够向它嘘气、能够将其激活的只能是那些具有深度意蕴的符号形式，即宗教象征符号。只有宗教象征符号的加工才能使灵魂受到激活，产生特殊的经验表征。正如大卫·艾尔金斯所说：“当我们被一支曲子打动，被一首诗感动，被一幅画吸引，或被一场礼仪或一种象征符号所触动时，我们也就与灵魂不期而遇了。”与“灵魂”相遇也就是与深度精神相遇。以上均见［美］大卫·艾尔金斯《超越宗教——在传统宗教之外构建个人生活》，顾肃等译，上海人民出版社 2007 年版，第 40、41 页。

“伊甸园”这些神圣意象。它不仅为人的精神输入了“超自然”能量，而且将心灵世界中那些激动不安的文化原型能量进行转化。理解了宗教象征符号对人的灵魂的这种照料意义，我们也就理解为什么宗教象征生活会产生如此奇妙的精神卫生的意义。关于宗教象征系统对精神障碍治疗的功能的诠释，我将在第六章展开分析。这里我们仅就它的心理卫生价值做一呈现。

第一，宗教象征符号可以维系精神的鲜活性。前面的分析告诉我们，作为深度的精神，人的灵魂具有情感性、想象性、多元性的属性，因此，能够满足人的这种灵魂生活之渴求的，能够为灵魂存在提供养料与能量的，也只有那些艺术性、情感性、想象性、多元性的符号形式。然而，世俗生活，尤其是在追求功利与效率的工业社会里，人们的心智计算却完全是逻辑的、理智的、线性的。尽管这种理性的心智计算可使单位时间内的工作效益、财富积累、社会资源的开发与利用效率都得以大大提升，有益于人类的物质生活、社会生活，但却不利于精神生活，特别是深度的精神生活。正如我曾描述过，在传统社会，虽然人们的物质生活十分简单，常常为生存问题操劳，但灵魂却鲜活圆润，充盈自足，心灵和谐自由，因为人们的精神生活并不简陋。你看：“银烛秋光冷画屏，轻罗小扇扑流萤。天阶夜色凉如水，卧看牵牛织女星。”“阶前流水玉鸣渠。爱吾庐，惬幽居。屋上青山，山鸟喜相呼少白功名空百许，今老矣，欲何如？闲来活计未全疏。日边渔，雨边锄。花低风来，吹乱读残书。谁唤九原摩诘起，凭画作，倦游图。”虽然平淡无奇，但却充满诗情画意；虽是日常惬趣，但却散发着一种美感；虽然也流露出淡淡的惆怅，但在这惆怅中仍有一种古典的优雅。而现代生活却不是这样。伴随着技术文明的节节胜利和工具理性祭坛的青烟缭绕，人类的灵魂正悄然无息地走向枯萎乃至于死亡。当然，你不能说现代生活缺乏象征符号，但那是商业文化、技术文化拼凑起来的粗俗的象征符号。神圣象征符号对于现代人来说，是真正的“奢侈品”，或者至多成为一种附庸风雅、装潢门面及自我包装的附属物。现代人虽然有钞票，有时装，有高档汽车，有海边度假村；有夜总会，有咖啡厅，有高档酒店，有名门会所；有知识，有技术，有信息，有时间意识，然而，却不再有温馨的圣诞小屋，不再有小教堂的风琴乐，没有但丁的《天堂》，没有莫扎特的“安魂曲”，不再有老祖母和妈妈讲述的美丽的神话故事，不再有家庭和社区神圣的节日庆典，不再有爬满青藤、开满鲜花的小教堂……现代人成了一种真正的“贫血”的怪物：物质生活应有尽有，精神生活却一贫如洗——

人们拥有了这个世界所有的所有，但却仍可能没拥有生命完整的意义。

人们掌握了地球和宇宙的原理，但仍可能不理解落日的绚烂与瑰丽。

人们拥有丰富的法学、政治学知识，但却可能不懂得人性的伟大与光辉。

人们拥有豪宅别墅，但仍没有自己的精神的家园。①

也正因此，我们才看到，随着物质生活与社会生活水平的提高，随着科学技术和公共医疗体系的发展，人类的心理问题和精神疾病却日渐流行起来。很多人觉得活得疲惫，生活没意思；也正因此，心理咨询师和“灵学大师”才成为我们这个时代的“弥赛亚”。

但是，无论是心理医师还是各种“大仙”“大师”都不可能真正解决现代人的这种“神经官能症”。能够使现代人走出这种精神泥潭的，首先是他们自己，即为精神生活注入鲜活元素。我想说的是，现代人要想摆脱神经症、精神病的困扰，不仅需要与这种线性的、理智的生活保持合理的距离，适当地与各种象征符号进行沟通与对话，而且社会也应像弗洛姆所说的那样，为大众精神生活提供一种“集体艺术”——仪式之类的象征符号系统。象征符号语义的开放性、多元性、广袤性及其表现的情感性与想象性，都能够与人类的灵魂形成对话，并为灵魂注入活性元素。哲学大师海德格尔曾说，艺术符号以它自己独特的方式开启存在者之存在。在《艺术作品的本源》一文中，海德格尔面对梵高的作品《鞋》，灵魂便展开了一趟神奇的远游：“从鞋洞磨损的内部那黑洞洞的敞口中，凝聚着劳动者步履的艰辛。这硬邦邦、沉甸甸的农鞋里，聚积着那寒风陡峭中迈动在一望无垠的永远单调的田垄上的步履的坚忍和滞缓。皮制的农鞋上粘着湿润而肥沃的泥土。暮色降临，这双鞋在田野小径上踽踽而行。在这鞋具里，回响着大地无声的召唤，显示着大地在冬闲的荒芜的田野里朦胧的冬眠。这鞋具浸透着对面包的稳定性的无怨无艾的焦虑，以及那战胜了贫困的无言的喜悦，隐含着分娩阵痛时的哆嗦，死亡逼近时的战栗。”② 正是在想象尽情地畅游中，灵魂挣脱了理性的囚笼与重压而恢复了活

① 高长江：《艺术人类学》，中国社会科学出版社 2010 年版，第 90—91 页。

② ［德］海德格尔：《林中路》，孙周兴译，上海译文出版社 1997 年版，第 7 页。

力。虽然海德格尔在这里所叙述的是灵魂在一件艺术品面前所激活的状态，但是，作为一件艺术品的一双农鞋所激活的想象与宗教象征符号使人产生的精神体验并没有多大的区别。如盛开的莲花使人联想到灵魂的超凡脱俗；精致的十字架使人联想到耶稣的蒙难、赎罪和对世人的拯救；圣杯、圣水、摇曳的烛光等感觉信号的输入，都可以使在场者产生超常性的认知活动：神经元的广泛连接、信息网络的整合以及丰富的想象，使人的心灵穿越当下的在场而进入到更为广阔的历史时空之中，用海德格尔的话说，就是使思想遨游在天、地、神、人四位一体的世界里。总之，无论是人们在寺观庙堂辗转徘徊，凝视墙壁上那一幅幅宗教寓言画面，还是参加仪式观看象征剧表演，当人们的情绪、心灵被这些象征物所打动、所激活而浮想联翩时，被日常经验和工具理性压抑得麻木枯萎的灵魂便复苏了、鲜活了。心理健康或精神卫生首先就意味着我们大脑中的“灵魂”不是僵尸的机械运动，而是充满了活性。

第二，宗教象征符号具有超越在场的有限之意义域而将人的意识与心灵引向不在场的非共时意象，使人产生与超自然存在联结在一起这样一种神圣的维度，从而驱除个体心理中的自卑、无能、不幸、痛苦、无助、绝望等情结，为精神输入一种“积极能量”。兰德尔曾描述宗教象征的四种功能：其一，它们唤起种种情感，激发人们去行动，因此它们可以增强人们在实践中为自己所相信的正确的东西而献身的勇气；其二，它们鼓励了合作的行动，从而通过对象征的共同响应，把一个群体团结在一起；其三，它们能够把语言的通常的字面用法所无法表达的那样一些体验的性质传达出来；其四，它们既能激发，又有助于培养并澄清人类对世界的这么一个方面的体验，这个方面可以称为“辉煌壮观的秩序”或者神圣者。[①] 确实，在宗教仪式上聆听宗教神话故事或参与宗教庆典，它们唤醒了集体的文化记忆，“通过文化记忆，人类的生命获得了在文化进化的任何阶段中都可保有的双重维度性或曰双重时间性”。[②] 它将人的现实生活与人类古老的“黄金时代”、与历史岁月中的光芒”、往昔生活中“星光连缀”

① ［英］约翰·希克：《宗教哲学》，何光沪译，三联书店 1988 年版，第 169 页。

② ［德］扬·阿斯曼：《文化记忆：早期高级文化中的文字、回忆和政治身份》，金寿福等译，北京大学出版社 2015 年版，第 52 页。

的日子（或“苦难时代”）、共同体（民族与家族）记忆中的先知圣贤[①]这类集体共享的“过去”联系在一起，将那个超越“凡俗之上”以及日常世界背后的“秩序框架”这类非凡的文化意象再次呈现出来，为共同体提供连续性的“历史意识”，“来自那里的光辉可将当下和未来照亮”[②]。正如查尔斯·泰勒在《自我的根源：现代认同的形成》中所阐释的那样，《出埃及记》《以赛亚书》《福音书》……它们或者能恢复我们已经失去联系的古老源泉的力量，就如在圣弗兰西斯或爱拉斯谟那里看到的。或者它们以另外一种方式有力量，即表达我们的情感或我们的故事，以使我们同我们一直渴望的根源相连接。这或许通过用新的叙述来重新铸造我们的生活来实现，或者通过凭借《出埃及记》的棱镜来看我们的斗争……或在无数不那么著名和意义重大的地方，人们通过一种新故事来理解自己的生活。”[③] 没有这些神圣的象征，如果人类完全生活于世俗符号之中，生命仅仅是单一的自然时间维度，那就太不幸了。

总之，精神，作为人类的高级意识和心灵，它的活力、它的健壮源于人的快乐、积极的情绪体验，这种体验与这个世界为我们提供的信息、与人类大脑对这种信息的加工活动密切相关。伟大、慈悲、爱的信息不仅会使我们产生快乐的情绪，而且使人体验到存在的深度感、价值感、神圣感。说到此，我想起几年前经历的一次灵魂震撼。那是2005年，我到四川康巴地区旅行，在一座山脚下的小庙里看到了一位老喇嘛。室内空空如也，可谓一贫如洗：一个火炉，一把水壶，几件粗糙的

---

① 这里的“英雄圣贤”包括祖先。在中国上古时代，氏族英雄就是氏族祖先。随着历史的发展，“英雄”与祖先虽分离开来，但中国人祖先崇拜同样具有“英雄”“圣贤”崇拜之内涵。不是每一个共同体都需要一个家系和“根”的归属，而是每一个共同体都需要一个值得骄傲和自尊的先祖作为自己认同的对象。所以，中国人在功成名就之后做的第一件事就是重修族谱，把自己的祖先和家系与历史上的某个英雄、圣贤联系起来。不止在中国，在欧洲亦如是。17—18世纪，威尔士人发明了“凯尔特人是自己的祖先”的文化神话（参阅［英］E. 霍布斯鲍姆、T. 兰杰《传统的发明》，顾杭等译，译林出版社2008年版，第79—80页）；在19世纪，北欧的中产阶级中盛行祖先崇拜，在家庭设立祭祀台。其目的是“赋予血缘关系以圣洁和神秘的意义”，以制造“象征性财富”。民族学家将其宗旨解释为“用历史来合理化现在的行为”（见［瑞典］奥维·洛夫格伦、乔纳森·弗雷克曼《美好生活：中产阶级生活史》，赵丙祥等译，北京大学出版社2011年版，第27页），我认为是对的。

② 同上书，第75页。

③ ［加拿大］查尔斯·泰勒：《自我的根源：现代认同的形成》，韩震译，译林出版社2012年版，第138—140页。

日常用品。一只小木桌上放着一尊佛像，一个香炉。老喇嘛约有 80 岁，虽然清瘦但很健康，视力不好却十分热情地招待我这个陌生人。他的僧袍很陈旧，但他手臂上挂着的佛珠串子却磨得闪闪发光。他踉踉跄跄地提起水壶要为我烧水，我实在不忍心打扰这位老僧，婉言谢绝后便上了路。他把我送出小屋和我告别。我走出很远回头看看，他还伫立在小屋门口，就这么站着。望着秋风瑟瑟之中站立的风烛残年的老喇嘛，我似乎忽然间明白了什么。老喇嘛的生活是贫穷的，他的全部财产也比不上我背着的旅行袋里的物品贵重；他除了必需的生活品外一无所有；他可能没有亲人，没有同伴，没有文化娱乐，然而，从他的表情、言谈、行动看来，他又是安详富足的、幸福的，可以说比我这个衣食无忧且有闲情逸致外出旅行的知识分子更富有、更幸福！因为他每天的工作就是焚香、礼佛和摩挲佛珠，他每天就与这些神圣的象征符号互动，他的大脑每天就加工这些神圣的知觉信号。也可以说，老和尚的大脑的已经形成了一个神圣的“皮层矩阵”，并调节着他的不同脑区的信号加工。他已不再存有无之思，不再有生死之虑，甚至不再有时间与空间。他的精神境界似乎已经达到了普拉提基斯所说的那样，“从孤寂飞向空寂，从小我升华到大我”。这是任何一种世俗的超脱与宁静根本无法比拟的大超脱、大幸福！

在宗教文化系统中，不仅宗教器具、语言是神圣的象征符号，宗教中的各种礼仪圣事也是一种象征符号。正是通过这些神圣象征符号的加工，人们仿佛融入了神圣实体，获得了存在的另一维度。比如，基督教的圣餐礼，作为基督教教会基本的宗教仪式，它的意义已经不是圣徒分食酒和面包，而是把基督的灵与肉赋予了圣徒。整个礼仪不仅有酒和面包这些象征着基督的血和肉的符号，而且有神父象征性的语言符号和体态符号。当神父把“圣饼”掰开，并把一小块“圣饼”放入“酒”中同时祈祷说：“愿这我主耶稣基督的血与肉的混合体把永恒的生命赋予我们！”此时，酒和面包以及神父的动作这些知觉符号在信徒的心理中产生的意象已经不单是耶稣的最后晚餐的表象，也不是编码出一个物理意象，而是重演那一幕神圣的历史事件，仪式所有在场者的精神也都从当下进入神圣的历史情境之中；仪式参与者此时已不再是日常生活中的那个“个体”，而是感受到成为基督献祭的一部分。特别是神父念诵祈祷文之后，信徒们三次吟诵祷文：“上帝的羔羊，你带走了世界的罪恶，把仁慈和怜悯赋予我们！”就在此时，奇迹或者说圣秘发生了：信徒们体验到了新生，不再是刚刚走进教堂的那个肉体凡胎，而是融入了圣灵的新人，灵魂为一种难以言喻的充盈、喜乐、美妙的感受所拥抱。“这真奇妙！主真的显灵了！”一个刚参加完圣餐礼的中年妇女神采飞扬地对我说。世界是物理的，也没有神显灵。神之“灵”感源于她的脑-心理加工的符号的形式，源于这一知觉加工所产生的情感体验和心理意象。宗教象征符号的这种灵魂抚慰意义，神学家们可谓深有觉悟。世界基督教协会在论及“圣礼之神圣仪式（圣餐礼）”意义的文字中作了如下的精彩表述：

> 在圣体中，上帝与人的契约更新了，这使信徒们感受到上帝的不能不信的爱，并使自己激情奋发。所以，来自圣餐仪式（尤其是圣体）的恩典就像来自某种源泉一样注入我们心中，从而使我们最强烈地感受到基督教徒的神圣化以及对上帝的赞美。

当然，神学家对仪式象征的这种“觉悟”是直觉的，也是神秘的，但从神经科学的原理解释，它却符合人们此时心理活动的规律，也可以说是宗教认知活动的核心：水、面包、神父的肢体形态以及他的言语等，这是一个复杂的、综合的信号系统，它输入信徒的脑中，产生了人脑复杂的信号加工活动——视觉信号与听觉信号或感觉信息与语义信息加工同时展开，甚至可能是大脑半球交互协作进行信息加工。意识表征、心理表象、想象统合等多种认知活动建构出一个意象丰满的图像：水和面包变成了耶稣的血和肉并在信徒的身上融为一体。

其实，在宗教象征系统和宗教生活中，不仅像佛珠、法轮、舍利子、十字架、圣水池、圣杯、酒和面包等这些具有较为明确宗教意味的符号可以产生超验的认知活动，而且就连那些意义比较宽泛的符号形式，如色彩、空间、图案等，由于以具体的宗教文化情境和语境为背景衬托、认知模型，也可能产生象征的认知功能。比如，在东正教文化中，颜色的象征意义就十分突出：教堂的圆顶是金色的，圣像画的颜色也是金色的。这与斯拉夫民族的颜色审美无关，而是出于天堂象征这一认知宗旨：金色的背景使人仿佛把每一形象从尘世的现实的周围环境中孤立出来，隔离开来，从而使人们的精神由这种色彩进入到超自然领域。正如东正教神学家弗洛连斯基所说：金色意味着‘神光’，和任何尘世的色彩没有关系，它意味着这个世界的所有都是在灿烂的神恩里产生的，沐浴在源源不绝的神光里。[①] 对于基

---

① ［苏联］乌格里诺维奇：《艺术与宗教》，王先睿等译，生活·读书·新知三联书店 1987 年版，第 140 页。

督徒来说，大教堂整体上就是一个象征。“对于他而言，天堂高高在上，金碧辉煌，散发着神圣的光芒。然而，这些都是说说而已。在普通的环境中，当他试图通过自己的想象力想象天堂时，他不可能取得太大的成功。但是，在大教堂中，即使没有人帮助，他也不需要太丰富的想象力。能够察觉到空间与灯光的美丽使他不费力气就可以理解另一种大得多的天国。”①

伊斯兰教清真寺墙壁上的花草图案，也不单纯是一些大自然物象的符号，它同样是一种象征：这些重复整齐，对称均衡，纷杂繁缛，令人眼花缭乱的图案，不仅象征着在伊斯兰世界没有魔鬼的空间，而且象征着真主无时无刻不在。“这些几何形状转换循环，组成各种森罗万象、奇妙万千的图案。穆斯林从中可感到循环往复的世界以及造物主的存在，思索生命的回旋与更迭，领悟真主之美和无始无终的神力”②。黑格尔在论及伊斯兰象征艺术给人带来的精神愉悦价值时曾如此分析道：

> 自然现象和人类关系中的精神本身的生活灌注生气和精神于这些现象和关系，而且在诗人主体方面的情感和灵魂与他所歌颂的事物之间造成一种特殊关系。既然充满了这种被灌注生气的伟大庄严，心情就泰然自得，自由自在，宽弘开朗……凭想象使自己进到事物灵魂里，去分享其中同样的平静统一的生活，和自然事物及其庄严景象，和所有的美人，和捧杯献酒的侍女，总之，和一切值得赞赏和喜爱的对象，一齐享受最丰富、最欢乐的徜徉自得的内心生活。③

不仅佛教、基督教、伊斯兰教的文化系统和宗教生活充满了象征，就是那些生活化的民俗宗教也不乏象征。在中国民间信仰的祖先崇拜中我们就可以感受到这种象征生活：古朴典雅的祠堂，供桌上肃穆的祖先牌位，闪闪烁烁的烛光及其墙壁上悬挂的共同体“英雄”或奇山异水的画幅。这些知觉信号加工所产生的心理表征都超出了慎终追远的伦理学界面，而是把人的心灵引向了先祖开山立业的英雄时代，引向了与祖先神秘参与的

---

① ［美］段义孚：《空间与地方：经验的视角》，王志标译，中国人民大学出版社 2017 年版，第 94 页。

② 刘一虹、齐前进：《美的世界：伊斯兰艺术》，宗教文化出版社 2006 年版，第 157 页。

③ ［德］黑格尔：《美学》第 2 卷，朱光潜译，商务印书馆 1979 年版，第 86—87 页。

体验之中。在与这些象征符号的互动中，个体或产生一种非凡的历史意识，或仿佛与祖先神秘地结合在一起，或者祖先就坐在自己的身边，佑护着他的子孙后代。这也许就是那些平民百姓每当遭遇生活中某些重大挫折和不幸，或被突如其来的灾难击得六神无主、紧张焦虑之时一定要走进祠堂，在祖先的牌位前静静伫立的心灵奥秘。

前文我在对“宗教关联精神病”进行病理分析时曾说，个体的脑或心灵中如果充满了过多过泛的象征符号，特别是具有超验维度的象征信号同样不利于人的心理卫生，它可能使人的大脑神经陷入异常亢奋的活动之中，认知行为缺乏秩序而漫无边际，从而扰乱了结构化的表征形式；即使表征可以形成，但可能是受到歪曲的非正常表象，从而引发意识和心理的混乱。但是，这种意识现象的发生往往与个体的心理能力、水平以及皮层模态（如特异脑）有关，通常情况下发生这种精神紊乱现象的可能性不大。

总之，由于人脑、心理的特殊属性（古脑与远古心理残留物），象征特别是神圣象征成为人类灵魂生活不可或缺的一种文化补养，缺失了它，人们就会感到精神的乏倦及不适，尤其是那些心理深层远古意识残留物较为丰厚的信徒。当然，在有些人的生活中，除了逻辑、理性、实用的生活之外再无其他，也能活下去。然而，他们只是作为一个生物物种、作为一个社会元件而存在：表面看来虽然衣食无忧，精神正常，但他们的灵魂生活却很贫瘠，不时受到生命的缺陷和世界的混沌感的困扰，存在缺失杜夫海纳所说的那种“深度”[①]感，导致生活世界秩序的畸形、混沌和生命意义的幻灭这样一种宿命论经验，如里尔克的噩梦一般——“我们在哪，越来越自由。像彩色风筝断了线，我们被抛上半空。尖叫着，被风撕碎”[②]。如果将上述观点再向前推进一步，甚至可以认为，人类本身其实就不单单是一个有机物，也是一个象征符号：如果人类不把自己视为某种象征物——神圣历史的产物（任何一个共同体都希望将自己的历史神圣化，都认为自己是“被选中的”；“传统”是一种“发明”[③]）、神圣灵性

① ［法］米·杜夫海纳：《审美经验现象学》下册，韩树站译，文化艺术出版社1996年版，第443页。

② ［奥地利］里尔克：《献给俄尔甫斯的十四行诗·第二部》，《里尔克诗选》，黄灿然译，河北教育出版社2002年版，第121页。

③ 参见［英］E. 霍布斯鲍姆、T. 兰克《传统的发明》，顾杭等译，译林出版社2008年版，第2—3页。

的投射、奔向彼岸世界的匆匆旅行者，而仅仅把自己看作由一套皮囊包裹着的一堆骨肉这样一种分子生物体，那么，他的生命就毫无价值而言。心理分析大师荣格从无数神经症治疗的案例中提炼出了对此的深刻认识。他这样写道：

> 只有象征性生活能表达灵魂的需要——灵魂的日常需要，请记住吧！并且因为人们没有了这样的东西，他们就永远无法摆脱那种折磨——那种糟糕的、无止境的、平凡的生活。在这种生活中，他们是“微不足道”的。在仪式中，他们接近了上帝，甚至于成为神圣的一员。想象一下天主教堂里的牧师，他沉浸在神性之中：他在圣坛之上保持着献祭的姿势，将其自身作为供奉。我们这样做吗？我们从何处得知我们这样做了呢？无处得知！一切都是平凡的，一切都是“微不足道”的，那么，这就是人们患精神症的原因了。[①]

六　雅言：凡俗世界的圣洁体验

在20前出版的一部专著中，我表述过这样的观点：宗教或神圣世界就是通过语言符号建构起来的，没有语言就无所谓宗教。[②] 记得当时有一位语言学者以略带调侃的口吻对我说：“那我们这些语言学者不都成了神学家了么？”语言学不会变成神学，语言学家也不会成为神学家。因为在语言学和语言学家那里，语言也仅仅是供分析与描写的符号系统而已。但语言确是神圣世界的基石，语言表演者也很可能成为魔法专家。著名符号哲学家恩斯特·卡西尔就坚定不移地相信，神的概念、神的世界只是通过语言才获得了具体的发展和丰富性的。[③] 尽管卡西尔的“语言-神话”符号哲学理论之思路还有些狭窄，仅仅从语言和神话思维的形成、发展、丰富这个“语言-思维史”角度来诠释语言与神话世界建构之关系，但他的

① ［瑞士］卡尔·古斯塔夫·荣格：《象征生活》，储昭华译，国际文化出版公司2011年版，第214—215页。

② 参见高长江《符号与神圣世界的建构：宗教语言学导论》，吉林大学出版社1993年版。

③ ［德］恩斯特·卡西尔：《语言与神话》，于晓等译，生活·读书·新知三联书店1988年版，第92页。

分析昭示了一个最基本的文化语言学①原理：语言奠定了人类神圣世界的基石。如果我们再向前一步，走出卡西尔那个有限的"语言/神话"思维网络空间，从语用学、社会语言学、文化语言学、认知语言学等知识网络做一宏观考察，我们就会惊奇地发现，作为宗教徒或宗教共同体的一员，人们总是生活在这一文化体系的方言系统之中：人们不仅通过"神言"了解了世界（神说），通过"圣言"认识了神（聆听与阅读）；信仰者通过言说建构了与神的关系（赞美、祈祷、告解、遵守语言制度即教义），而且人们也通过认同与遵守某一文化方言共同的游戏规则而形成了共同的生活形式，即宗教共同体，结成了教会和社团。甚至于宗教神学中所谓的人之"罪"，无论是"原罪"还是后天之罪，也基本上是一个语言问题，即语言之罪——谎言、妄言、秽言、谬言言说，这些言语不仅意味着人背叛了神之造人的初衷，而且也意味着人与神的契约关系的解体：老亚当因为对神言说"谎言"而沦落尘世成为"罪人"；"异教徒"因为言说"谎言"而成为"魔鬼"；信徒因为言说污言秽语而被定罪，逐出教门。伊斯兰神学家哈里发阿里告诫穆斯林说："要看好你的舌头，像看守你的金子和银子一样，或许一句话就夺去了你的幸福，招致灾祸。"② 总之，人的罪孽、人的获救与恩宠，都是一种语言之道，也都取决于言说游戏——"神说"与"人说"。也正是在"语言-宗教"的这种关系网络的意义上，有的宗教学者干脆认为："神学是关于语言（上帝之言）的信仰，或者是一种信仰的语言，通过上帝之言以及在上帝之言中，我们得以说出与上帝的关系。"③ 曾庆豹先生这种神学的语言转向与我 20 年前的思路不谋而合。只不过我的思想与观点比曾先生更大胆，也更疯狂：神不仅通过言说建构世界；人不仅通过言说构建与神的关系，而且人的言说本身就是一种宗教行为。④

从语言学的角度看，人类社会的语言体系基本上可以划分为三种不同体式，它们分别是：自然语言，用于人们的日常交流与沟通；科学语言，

---

① 语言与宗教之关系是文化语言学（人类语言学）的重要课题之一。参见高长江《文化语言学》（辽宁教育出版社 1992 年版）一书。

② ［伊拉克］穆罕默德·本·侯赛因、谢里夫·莱迪选编《辞章之道》，张志华译，宗教文化出版社 2003 年版，第 578 页。

③ 曾庆豹：《上帝、关系与言说：批判神学与神学的批判》，华东师范大学出版社 2011 年版，第 10—11 页。

④ 高长江：《符号与神圣世界的建构：宗教语言学导论》，吉林大学出版社 1993 年版，第 158—171 页。

属于科学领域和科学家共同体所使用的一套专业语言；文化语言，我指的是人类特殊的文化系统中的语言。这套语言具有高度秩序化、重复化、模式化的形式以及神圣庄严的格调。它的活动目的不在于交往与信息沟通，尽管它也承载信息，而是通过这种仪式化、定型化的符号形式叙述一个集体的文化神话，唤起人们的文化记忆，建立言说者（个体或共同体）与神圣过去、与超凡存在的连接关系，从而不仅给人以清晰稳固的意义框架，而且维系个体和共同体的文化认同，进而维系心理生活的秩序性。文化语言具有特定的语境性，如宗教文化、仪式系统、民俗系统的语言都是高度定型化、模式化、规范化的符号形式。这种言语体制不仅仅形成了不同宗教文化的认知风格，其语言游戏与宗教信徒心理卫生有着密切的关系。

首先我具体解释一下宗教文化系统中的“文化语言”的基本内涵。这是神圣文化体系的一种媒介形式，它是经过宗教精英以“神圣的语法”规范后的言语形式，具有典范、规则、圣洁、优雅的特征。通常所说的“卡农”①、“雅言”“圣言”，指的就是这种文化语言。在认知语言学的视角下，文化语言游戏的意义与其说是信息沟通，毋宁说是情感体验。更重要的是，人们在这种圣、雅语言的质感体验中升华了精神，体验到了生活世界的圣洁和存在的幸福。②

要把宗教文化中的文化语言游戏之心理卫生功能论述得较为清晰，我们就要从基础做起——对语言符号以及言语游戏的心理调节功能进行重新解释。

人类所使用的语言符号，不仅是认知的结构要素，思想沟通的媒介，我也把它视为人类精神存在的生态系统。精神不仅通过语言信号刺激所激

① 根据历史学家的解释，“卡农”指的是传统的一种形式，即它的内容具有至高无上的约束力，而且它的格式也达到了极其固化的程度。它不需增加一个字，不许删减一个字，也不需改动一个字。要求后人保持文本原样的“套话”出现在人民社会活动中的许多方面。比如如实地复述一个事件，忠实的传达信息，一字不差地复述样本等。参见［德］扬·阿斯曼《文化记忆：早期高级文化中的文字、回忆和政治身份》，金寿福等译，北京大学出版社2015年版，第103—104页。

② 扬·阿斯曼在谈论卡农的意义时说：“它可以促进和强化身份认同，同时也是个人身份得以确立的基础，它是一个人通过社会化来形成自我意识的媒介，一个人通过融入到‘整个民族具有规范性的意识当中’来实现自我。”［德］扬·阿斯曼：《文化记忆：早期高级文化中的文字、回忆和政治身份》，金寿福等译，北京大学出版社2015年版，第129页。

活，通过加工、编码、存储语言的语义乃至于语法形成自己的内涵，并且还通过对语言的加工——从语义到心理或从形式到感受质的加工体验——形塑自己的品质。马克思、恩格斯曾写道："'精神'从一开始就很倒霉，受到物质的纠缠，物质在这里表现为震动着的空气层，声音，简言之，即语言。"① 对马克思、恩格斯这个表述再诠释，我们可以得到语言对人类精神习性建构的一幅新的图像。维特根斯坦对此也坚信不疑。他认为，人们的精神问题就源于语言的问题。维特根斯坦后半生所从事的工作，就是通过消除语言的"迷惑"来消除人们的精神困惑。其实，早在维特根斯坦之前一百多年，著名人类语言学家威廉·冯·洪堡特就提出了比维特根斯坦走得还远的观点：语言影响着人类的精神气质。在洪堡特看来，语言对民族精神的影响，不仅在于语言的概念系统影响人的世界观范畴，而且语言的体式、风格也会影响人们的精神状态。他在《论人类语言结构的差异及其对人类精神发展的影响》这部人类语言学名著中不止一次地论述了人类的精神状态与语言样式之间的关系。如："如果形式既贫乏，又含混不清，思想就不可能在广阔的言语领域里自由驰骋"；语言具有准确性、灵活性、明晰性、生动性以及和谐悦耳的声音（他所谓的"散文语言"），精神就同样能够得到自由、从容、审慎的发展；"语音配合具有独特的节律和音乐形式，借助于这些形式，语言把人们带入了另一个领域，强化了人们对自然美的印象"。② 在这些言简意赅的文字里，洪堡特告诉了我们一个基本的语言心理学观念：语言不仅是精神的表达媒介，它也影响着精神的风貌。

维特根斯坦作为一个语言哲学家和"语言技术工程师"，通过对语言与思想实在之关系的技术分析提出了语言影响精神的理论；洪堡特作为一个人类学家和文学理论家则通过大量的样品分析和敏锐的直觉为我们描述了语言对精神的"震动"原理。如果说维特根斯坦和洪堡特的"语言技术学""语言人类学"的理论还有些笼统和抽象的话，那么，我们不妨再进入神经语言学和认知语言学的领域。让我们再次回到马克思和恩格斯在《德意志意识形态》中给予我们的那个知识描述句：精神注定受物质的纠缠。确实，精神只有通过对语言的加工、编码，通过意识、观念才能形成。很少存在赤裸裸的精神。这是马克思和恩格斯这个永恒句的原意。其

---

① 《德意志意识形态》，人民出版社 2003 年版，第 25 页。

② ［德］威廉·冯·洪堡特：《论人类语言结构的差异及其对人类精神发展的影响》，姚小平译，商务印书馆 1999 年版，第 109、239、74 页。

实，“物质”即符号系统对精神的“纠缠”，不仅表现为其为精神提供运行的框架、内涵和媒介，而且，它也同样影响精神的品质。要把这个问题说清楚，就涉及语言理论的一个重要问题，即“语言能量理论”。

语言具有超凡之“力”是人类自古以来的一种语言意识。《旧约》中上帝以言语创造世界、中国古代神话中仓颉造字惊鬼神等，就是古人对语言所拥有的某种不可知的神秘之“力”的一种直觉与想象。尽管古人的这种“语言之力”之思是神话思维的结晶，但神话思维也有它的经验基础。用今天认知科学的原理来解释，远古时代人们之所以会产生“语言神力”的思想，并非空穴来风，一定有它的认知基础，人们一定是在语言知觉活动中体验到了语言具有某种“力”的存在。语言之“力”的物理因果律就在于语言信号对人的脑–心理系统的刺激–反应。我这里所说的语言之“力”，没有任何神话学的成分，它指的是语言作为一种信号系统本身固有的“张力”和“活力”。只不过由于当时人们的认知模型太简单，无法解释这种“力”的来源，只好将其想象为超自然现象而使其神话化了。

语言的“张力和活力”，用物理学的理论来解释，也就是“语言能量”。语言能量理论是我近年来提出的一种语言观。这种语言观的理论背景是认知科学（主要是认知心理学和认知神经科学）。依据认知科学的基本原理，我在构想一种“语言物理学”理论。语言物理学的核心思想是：人类所独有的语言系统，作为物理世界的一种信号形式与其他物理信号系统一样，具有一种原生性的“力”质。我们知道，作为一套符号系统，人类语言存在的基本元素是形式与意义。形式包括语音和句法；意义即语义。正因为人类的语言符号系统是形式与意义的结合体，所以它具备了一种最原始的“力”。现在我就解释语言的这种原始“力”。

首先，从语言形式的层面看，无论是语音还是句法结构，它们输入人的大脑，会令人产生一种心灵哲学家所说的“感受质”的涌起。所谓“感受质”，意识科学家把它解释为“拥有一种特定体验像是什么的感受就是那种体验的可感受的性质”①；在心灵哲学家那里，它是“给予心理状态现象特征的感觉状态的性质”②；用我的“语言能量理论”来表述，也就是语言固有的“张力”，即海克尔所说的物体本身所具有的“一定数

① ［美］克里斯托弗·科赫：《意识与脑》，李恒威等译，机械工业出版社 2015 年版，第 29 页。

② ［美］西德尼·梅舒克：《物理实现》，王佳等译，商务印书馆 2015 年版，第 5 页。

量的不可磨灭的力”①。例如，语音输入人类的感觉器官，人能够感受到元音、辅音、声调、语调，甚至能够形成对说话人的态度的表征。尤其是句法形式，由于它是按照物理法则将离散的单词组合起来，这一规律恰好与人类大脑神经元的活动规律相一致，因此，句法知觉可以产生意识体验。

其次，从语义的角度看，无论语言的意义多么复杂，尤其是基本意义，如杰夫里·N. 利奇所说的理性、内涵、社会与情感意义②等，它们都是人类感受、体验、认识、思想、经验的反应与概括，因而，语义输入就可激活人们的意识活动，产生相应的心理表征。这就是由语言的“张力”转化而来的“活力”。

总之，无论是体验到某种“感受质”还是产生某种心理表征，这些初阶和高阶的意识活动，都源于语言最基本的“力”的作用——形式和意义的刺激。我把语言的形式之“力”称为语言的“物理力”（即张力），把语言的意义之“力”称之为语言的“心理力”（即活力）。其实，“物理力”与“心理力”之说不是因为组成语言“力”的元素不同，而是因为它们在人们不同的精神系统所产生的刺激与反应的差异：脑和心灵水平的。尽管心灵是以脑为基础的，但自从人类的心灵产生以后，它与脑就形成了不同的知觉反应形式。因此，将力分为“物理力”和“心理力”两种不同的形式是必要的。

语言“力”的属性虽是一个迄今尚未有人系统思考和论述的课题，不过，一些富有洞见的语言学家已经察觉到了。美国人类语言学家爱德华·萨丕尔在论及语言的语音成分，如长短、音势之类的现象时，就把它们理解为一种“动力现象”，指出它们具有“心理动力价值”。③“动力”也就是“力”的表现形式。如果说萨丕尔关于语言的“力”意识还不十分清晰，其“动力”概念还有些模糊的话，那么，他的门生、杰出的人类语言学家本杰明·李·沃尔夫则毫不隐晦地表达了他对语言的能量质感的体验，尽管有些笼统也有些粗疏。在《语言、心理与现实》这篇出色的论文中，沃尔夫在谈到印度的曼怛罗公式语言时认为，这是一种“专

---

① ［德］恩斯特·海克尔：《宇宙之谜》，袁志英译，上海译文出版社 2014 年版，第 98 页。

② ［美］杰夫里·N. 利奇：《语义学》，李瑞华等译，上海外语教育出版社 1987 年版，第 13—22 页。

③ ［美］爱德华·萨丕尔：《语言论》，陆卓元译，商务印书馆 2000 年版，第 47 页。

门语言”，用来表达另外一种能量的运动；或者说是生物体内部和周围更微妙的“电能”或“西迷能”①。可惜沃尔夫没有将他的这一洞见系统化。但我觉得这已经足够了。哲学家皮尔斯所说的符号的“物质品质”“显示性”“再现性”②，也可以理解为对语言的“物理力”和“心理力”作用于人的意识活动所产生的认知效应的另一种描述。借鉴语言学家、哲学家的思想，根据神经语言学借助于“脑血流”呈像所绘出的“脑波图”及其大脑认知的“三级模型”（神经运动→初级信息加工→高级心理活动），我们可以对人类语言“力”的发生机制作出具体的描述。

（1）低阶水平的语言“力”——物理力的发生。

我们知道，知觉并非人类这种动物所独有的神经生物学现象，很多动物也都有这种能力。只不过与其他动物相比，人类知觉的加工与表征更为复杂而已。那么，动物的知觉是如何产生的？所谓知觉，不过是环境信号对动物感觉系统的刺激所引发的神经反应活动。刺激，是知觉产生的基本的物理力。输入信号的不同，刺激动物的感觉系统不同，产生的神经加工和神经表征、编码形式也不同。输入刺激最主要的是声音、物象、触动、味道这些信号形式。这种种不同质的信号发生的刺激产生有机体不同的感受质体验，如听觉、视觉、触觉等。人类之所以能够产生言语知觉，不仅在于人类拥有与其他动物不同的“感受器”，还在于人类的语言与一般的刺激物不同。人类不仅可以从言语的声音中知觉到辅音、元音、音调，而且可以从言语中知觉到音韵；不仅可以从这些声音形式中产生“人的语言”的感受质，还可以通过句法形式和语义形式的加工产生意识活动。也正是人类语言的这种物理属性，我们才能在一个充满各种噪音符号的宇宙里不仅感受到哪些是人类的语言，哪些是纯粹的自然声音，而且还可以从这些信息中加工出意义，产生相应的体验模式。

（2）高阶水平的语言“力”——心理力的发生。

大脑在接收到语言信号后，通过对信号的语义加工所唤起的脑的“工作记忆”“情景记忆”等意识体验，这个时候就是我们的心灵在活动。相比脑活动，人类的心灵活动更复杂，产生的心理表征也更加多样化。我

① “曼怛罗”，印度教、佛教的咒语，即“唵”，沃尔夫认为，发出这个音，能够帮助意识进入本体模式的世界，在此它起着关键的驱动作用。它可以驱使人的肌体传递、控制、增强各式各样的能量。见［美］本杰明·李·沃尔夫《语言、心理与现实》，高一虹等译，湖南教育出版社 2001 年版，第 253 页。

② ［美］皮尔斯：《论符号》，赵星植译，四川大学出版社 2014 年版，第 35—37 页。

们不仅可以根据语义表征出符号指代的事物，而且还可以表征出缺席的不在场的事物，甚至于即使在没有输入刺激的情况下，通过我们内部的言语活动，也可以产生情感与意识体验。比如，只要我们想起诸如“亲吻”“美丽的草原”这些概念，就会产生某种幸福感、舒畅感。

现在，人类语言“力”产生的脑-心灵原理已经完全清楚了。作为人类这个物种所拥有的独特的符号体系，语言不仅承担着传递信息、分享经验、形构思想的媒介职能，而且它也是精神运动的能量源，即通过其“力”的刺激影响有机体的知觉系统以及“内环境”，如心脏、血液，产生脑的物理和化学反应，形成脑的神经表征以及心理经验、精神体验。

其实，上面所分析的语言的“物理力”和“心理力”现象，还仅仅是在语言“力”的“原质”框架下展开的，即这两种能力属于人类语言作为一种信号系统所拥有的原生性能力。作为物理化的形式和心理化的意义的合成体，只要它们输入人类的大脑空间，刺激神经组织，就可以启动大脑的信息处理活动，影响到人的意识及心灵状态的变化。如果我们再深入地考察人类的言语加工活动，还可以发现，人类的语言经过特殊的加工、编码形成的某种语式还有另一种更高位层次的“力”的发生。这种“力”对人的脑神经和心理系统的刺激更强烈，激活的心理活动更复杂，产生的心灵体验也更丰富。例如这样的表达式：

[1] 我在呼唤你，回来吧！
我在千万次呼唤你，回来吧！
[2] 我服从你的决定，
我绝对服从你的决定。
[3] 故乡，你是我生命的支点。
你就是我生命的支点，故乡。

上面三组例句，每一组上下两句所表达的语义内容是相同的，但由于后一个句子经过了特殊的语言加工，话语的组成项目以及其项目的排列方式发生了一些变化，如在动词前加数量词、副词、添加语气词以及使用分裂句形式等，使得某一论元得到重点凸显，人们所产生的心理反应和情绪体验与前句就有很大的不同，对听者的意识、思想、情感改变的力量也更强。认知心理学将这种语言的深水平加工称为“项目内精细化”，也就是说，在某一特定项目的编码活动中，通过将项目中的相关单位进一步精细化，采取不同水平的加工方式，使得人们不仅对这一项目的记忆更深，而且对它也有不同于一般项目的体验深度。我把这种通过对一个语言项目内部进行细加工而导致人们产生对该语言单位的特殊认知的这种语言“力”称之为“语用力”。“语用力”这个概念所揭示的是此类言语形式所产生的能力不是源于语言的物理和心理属性，而是源于言语加工所产生的认知属性。如果说，语言的“物理力”“心理力”系语言作为一种信号系统是语言的原质属性的话，那么，“语用力”则是言语细加工所产生的语言的突生属性。

通过对语言的物理“力”、心理“力”，尤其是语用“力”的分析，我们可以得出这样的结论：某种语言体式之所以能够令人产生特殊的心理体验，就在于言语不仅拥有语言原生之“能”，可以激活人们的意识体验，而且在于其语言原生“力”的基础上又增加了语用“力”。这种语用“力”使得言语更具魔性。

到现在，语言与人类精神存在之神秘关系现在已经完全清楚了。作为人类这个物种所拥有的独特的符号体系，语言不仅承担着传递思想、分享信息、构造思想的媒介职能，而且它也是精神构形的刺激力以及“外环境”，并通过这种“环境刺激”影响有机体的“生命性态”，产生脑与心理的各种反应，并形成不同的神经表征以及精神体验。当这种“体验”形式形成了系统的表征模式和经验模型后，便产生了通常所说的“精神品质”。清晰明了、悦耳动听、典雅庄重的语言更有益于塑造人们健康、和谐的精神；而含糊不清、杂乱刺耳、轻浮无味的语言则可使人们的情绪悲观失落，精神颓唐不振，甚至丧失存在的信念。就是说，语言感受质的性态会影响信息接收者的“精神”状态；或者说语言不同的物理特质会在信息终端产生不同的物理实现。

语言感质与人的精神品质之间的关系解释清楚之后，我们也就可以解释在宗教社群日常交往中文化语言互动的心理卫生意义。正如人类语言/精神生活史所呈现的那样，前现代社会，在那个“神光普照”的年代里，人类的语言生活不仅遵循着神话设定的语言规范，如冯·洪堡特所说的那样，“心灵最有利、最敏感、最深刻亦且最富足的内在源泉，它用自己的力量、温暖以及深奥的内蕴浇灌着语言，而语言则回应以一些相似的音，以便在他人身上引发相同的情感”①，而且也拥有诗性的特质。尽管我们现在已经难以复原上古时期人类语言生活的原始场景，但是，原始语言的

① ［德］威廉·冯·洪堡特：《论人类语言结构的差异及其对人类精神发展的影响》，姚小平译，商务印书馆 1999 年版，第 31 页。

诗性特征，即它的情感性、真诚性、艺术性（比喻）特征却是语言学、人类学所公认的，并得到了人类社会那些尚未为现代文明所改造的土著部落语言生活样本的支持。恩斯特·卡西尔曾分析说：“人类文明初期，语言的诗和隐喻特征确实压倒过其逻辑特征和推理特征。”① 人类的先祖正是通过这种诗性的语言“诗意地栖居”在海德格尔所说的“天、地、神、人”相互通达、彼此面对的天人合一、万物一体的生活世界之中的。

诗性的语言创造“诗意地栖居”，并非如“生活美学”所说的属于“生活艺术化”策略，也不仅如海德格尔所说，把人“置身于诸神的当前之中，并且受到物之本质切近的震撼”②，而且意味着这种诗意语言令人产生的美感使人体验到了世界的美好：善、爱、圣洁。可以说，在人类文明大部分时间里，人类几乎都这样“诗意地栖居”着（这种情况即使在工业文明之早期也是如此）。晨曦中，山坳上、田野里，人们言说着“拟人诗”，与天地万物做神秘交流；斜阳下，大树旁，老奶奶言说着“史诗”，在孩子的头脑里复现着社区、家族的神圣起源与历史；静夜里，在透过窗棂照射进茅舍内的月光下，妈妈言说着“叙事诗”，“爱”的生活故事使孩子学会了理解、同情、宽容、感恩；老村的石板巷里、熙熙攘攘的集市里，人们彼此言说着“戏剧诗”，于是，生活变成了一场喜剧，一场快乐的狂欢游戏，语言成了联络彼此的纽带，缝合生活缝隙之网的纤维；幽静的荷塘柳下，情侣们言说“抒情诗”，词与词之间的碰撞演绎成甜美的呢喃细语，句与句之间弥漫着温和的空气，言辞像柔嫩的手指在彼此的身上轻柔地抚摸，带来了难以言喻的快感，使人恍如进入温柔的梦乡——“在听觉中，我找回了至福、感觉的神奇、肉体的欢欣。这不仅仅是我得到一个信息，而是让我欢乐的颤动”③；破旧的神庙里，人们言说着“赞美诗”，赞颂造物主之至大、至善、至美，也放飞自己对未来美好生活的想象和希望；在那“落后”“贫穷”的年代，漂泊、孤独的游人用诗的语言叙事或是抒情，言辞的灵息透过村庄的石头土墙，呼唤着人类的原始情感，引来一双双温暖的手，在言语掠过人们心头的刹那，天使飞过头顶，餐桌上又多了一副欢快的面孔。这就是海德格尔所说的“道

---

① ［德］恩斯特·卡西尔：《语言与神话》，于晓等译，生活·读书·新知三联书店 1988 年版，第 134 页。

② ［德］海德格尔：《荷尔德林诗的阐释》，孙周兴译，商务印书馆 2000 年版，第 46 页。

③ ［法］吕西·依利加雷：《二人行》，朱晓洁译，生活·读书·新知三联书店 2003 年版，第 6 页。

说”，是人类原初的交流，是诗的语言，是牧歌的语言。经由这种语言，人类为伟大的造物主所“牧”，进入了一个田园牧歌般的和谐世界，一个玲珑巧妙的艺术的世界，一个集真、善、美为一体的圣洁的世界。

不幸的是，随着文明与文化的发展，人类心智的发展和存在方式的变化，人类语言的诗性正逐渐消失；或者说它从人类的生活世界隐退了——

如今，人类的语言不再是一首诗，一个故事，一种蕴涵着盎然禅机的“道说”，而是变成了真正的人工符号，一种被功用吸干了鲜血的干尸般的逻辑符号，一种由浅薄粗俗的心性流放出来的虚空的符号。特别是在这个商品化、技术化、信息化、数字化的世界里，人类在古典语文学时代所构建起来的那个牧歌般的生活世界完全被工具“符号”殖民化了。正如后现代思想家弗朗索瓦·利奥塔所说：“科学技术手段对文化领域的渗透绝不意味着知识、敏感性、宽容和自由在精神中的扩增。加强这种手段并没有像启蒙所希望的那样释放精神，我们做的是相反的探索：新蒙昧、新文盲、语言的贫乏、新贫乏……”① 丧失了神性、毫无生气的语言符号不仅构造着毫无生气的生活（机器人的生活?），也构造着猥琐的生活——

人们不再说发自真情实感的语言而是说从“明星”口中学来的语言、从大众传媒中模仿而来的语言、从商业广告中移植过来的语言、从商品交换中学来的冷酷的计算语言、从“官场语言学”中流传而来的令人恶心的官话、套话、假话、空话、废话。无意义的语言创造了无意义的生活。在人与人的交流中，“你变成幽灵，普通的明星，标准的复制品，时髦的形象，无休止的繁殖、不可触摸的美丽和日渐衰老的肉体”②；人类的交流不再是一个故事，不再充满激情与想象，不再具有诗情和画意，不再荡漾着美感，当然也不再具有文化的厚重感和生命的意义感。于是，生活不再是一个故事，不再有激情，有想象，有惊异，有美感，人际关系模式化、形式化和疏离感、冷漠感以及人们对生活的厌倦感、存在的空虚感、无意义感充斥着这个世界。

我不具备夸张的才能，也不想夸张，我只是痛心地感受到，我们生活的这个时代，语言生态的恶化丝毫不亚于自然生态的恶化：从政客们历史赝品的虚伪，到大众们不堪入耳的粗鄙；从文化明星俗不可耐的浅薄，到大众传媒骇人听闻的夸张……这些被严重污染的“震动的空气层”包围

---

① ［法］弗朗索瓦·利奥塔：《非人》，罗国祥译，商务印书馆2000年版，第70页。

② ［法］吕西·依利加雷：《二人行》，朱晓洁译，生活·读书·新知三联书店2003年版，第142页。

着人们，刺激着知觉，使人们仿佛又回到了中世纪人所看到的到处都是麻风病、侏儒、女巫等丑恶现象的那种末日景观之中。坦诚地说，我们也许还远不及中世纪人那样幸运。中世纪人在这种丑陋的景观之外还能听到谦和礼仪的问候，典雅庄重的诵经，优雅动听的晚祷，天使传来的欢乐的歌唱以及神父充满爱意的祝福。正是它们，为人类的精神系统注入清新而圣洁的气息，给人以灵魂的安抚，使人对生活、对世界充满了信心和希望。如果说地球上的每一次生态危机都导致了人类的精神紊乱的话，那么，语言生态的恶化也同样导致了当代社会群体性的精神紊乱。乌尔里希·贝克等就此吁叹道：

> 倘若一切都变得毫无希望、毫无意义、支离破碎，那么人们在跳下埃菲尔铁塔之前，其实应该先去看语言医生。宿命论是一种语言障碍。概念是空洞的，再也把握不了什么，也不再具有启发性。悬在世界上空的阴霾，人们苦苦忍耐的乏味常规、无聊、忧郁、非人的东西和非常人所能承受之事，也许全都根源于语言病菌。当词语在空洞重复中缓慢、安静地死去，当语言流尽了最后一滴血，不言自明的真理和它们特有的那种自明性就会变得既聋又哑。①

海德格尔曾经认为，无论一个时代多么贫乏，但诗人却是富有的。他们之所以富有，就在于他们用诗的语言创造了一个艺术或美的世界，诗意地栖居在语言的大地上。“我凝视着你/嗓音和歌喉甜蜜/那弦乐/我听着恍若来自从前/百合花香气四溢/溪水金色映照我们。”（荷尔德林：《离别》②）在海德格尔的“富有”与“诗意地栖居”诗性哲学的语境下，我们也可以说，那些生活于宗教文化语言世界中的人也是“富有”的。正是这一文化语言将人们的凡俗生活与共同体超凡的历史、与圣洁的世界接合在一起。检视人类宗教语言学，世界伟大的宗教，无论是佛教、基督宗教还是伊斯兰教等，不仅对向神的言说而且对人与人之间的言说、对日常生活中的语言游戏规定了“神圣的语法”。这种“神圣的语法”不仅是言说的句法学问题，即对与不对，也不是单纯的修辞学问题，即好与不

---

① ［德］乌尔里希·贝克、伊丽莎白·贝克-格恩斯海姆：《个体化》，李荣山等译，北京大学出版社 2011 年版，第 229 页。

② ［德］荷尔德林：《离别》，《荷尔德林诗集》，王佐良译，人民文学出版社 2016 年版，第 321 页。

好，更不是简单的语用学问题，即恰当与否的问题，而是一个神正论问题：它关涉到的不仅是个体的语文学修养问题，而是个体能否获得神恩、能否获得救赎这样一个存在的终极本体论问题。从犹太教的“摩西五戒”到耶稣为基督徒规定的“登山宝训”；从佛门的“丛林清规”到伊斯兰教对穆斯林提出的语言准则，尽管规则的框架不同，但主题都是一致的，那就是力戒假言、妄言、谵言、污言而倡导“雅言”。雅言即圣洁之言，就是要讲真话、说实话，言之有物，不做伪证；就是要言谈朴真、礼貌、谦逊、和气，即佛教所说的不妄语、不两舌、不恶口、不绮语，如寂天菩萨所言：“当你说话时，必须不贪不嗔；以温柔的语调和适当的长度，轻松、切题、清晰而愉快地说”；如《古兰经》所说：不要“驴子的声音”（《古兰经》22：24）。总之，这是一种以“真”为语法、以“善”为语义、以“美”为原则的语言体式。遵循这种圣洁的语法、语义、修辞规则的语言生活，其意义已远远超出了沟通信息的框架，也不仅仅如阿斯曼所说的确保宗教文化记忆的准确性问题，而是神圣记忆的唤回。我认为，人类语言世界中的文化语言，其价值不在于信息的承载和传达，而在于它所激活的人们的文化记忆。无论是在节日庆典还是在日常生活中的沟通实践中，文化语言所展示的世界已经超越了语义划定的框架，它使人回到了创世之初的“超凡时代”，把握到了高级秩序的真理，因而也成为人类灵魂安抚、诗意地栖居在大地上的神圣守护。我们不妨略作钩沉。

第一，日常生活中人们相遇以“雅言”彼此互动，互相祝安，如穆斯林们互说“伊俩目”（阿拉伯语：“愿安拉恩赐平安于您”；回答是：“愿安拉也恩赐平安于您”），佛教徒互说“阿弥陀佛”，基督宗教的“主赐福与你”“主与你同在”；或如乔纳森·爱德华兹所说的，因为恩典的情感使得人们的言说不会鲁莽、轻率、喧哗，而是使言说谨慎、谦卑、圣洁，如孩童般温柔①，不仅创构了和谐融洽的社群生活，而且，人们接收这种语言信号，沉浸于这种信号加工活动中，当这种语言质感被人们所体验，人们的脑－心理所表征的就不单纯是语言之美，也产生了心灵之畅、灵魂之悦的幸福感，因为它们唤起的表征不仅是交往记忆中的某种声音，而是宗教文化记忆中的天堂意象——伊斯兰教所说的天堂“善言”，佛教所说的极乐世界的“音典和雅”的“妙音”，基督教所说的“没有辱骂”、污秽、谎言的“天国语言”。用认知神经科学的语言来表述，人们

---

① ［美］乔纳森·爱德华兹：《宗教情感》，杨基译，生活·读书·新知三联书店2013年版，第229页。

知觉这种语言以及所产生的意象表征，如同大脑播放“天堂的电影”，使人产生“天国的欢乐联想”。

第二，即使后退一步，社群交流不进行精心的“神圣修辞”，没有那么优美的“妙音”，仅仅是“善言”的信号加工，也可以激活人们的宗教记忆——圣德、博爱的情境回忆。特别是宗教社群成员在这种信息“输入-输出”的语言处理时，会形成“同感一灵”的心灵体验。同感一灵，无论这“灵”是基督的圣灵、是佛的真谛还是真主的奇迹，都使语言游戏者产生了这样的心灵向度：无论你是谁，是富贾还是穷人；来自哪里，是城市还是乡村，你-我都以“灵”为核心结成了一个大家庭。这个以“灵”为核心的大家庭，要求每一个家庭成员都具有奉献、相爱、委身、宽容、和睦、诚信的美德。一位参加基督教大学生联谊会的学生对我说：“每次参加完团契，我都被教友们彼此间爱与和睦的情感感动着。大家像兄弟姐妹一样相亲相爱，甚至超越了血缘意义上的兄弟姐妹情谊。”我想，他应该不是夸张。因为对于基督徒而言，爱主、爱人是最大的诫命。“没有爱，就不能认识上帝。因此上帝是爱。”（《约翰福音》4：8）对于基督徒来说，恩典、救赎都与爱有关，与以爱心言说、尊重言说、雅洁言说有关。随着“善言”丝线的伸展，随着“善”的信号加工所激活的爱的想象的徐徐展开，人们的生活结成了一张爱意浓浓之网。从孩童开始，人们就被罩在这张语言网之中，于是，幼小的心灵开始知晓爱自己，爱为数不多的照管人；成人后，人们爱自己的邻人、爱自己的同事；随着圣心的扩展，人们把这张网铺展到社区，延伸到生活世界的每一时空，如帕姆·卡利斯特所说：“我们所做的一切，无论在闲暇时，在工作中，在做父母中，还是在同别人关系中，都作为整个生命的一部分来做。而我们的生命又是为了过好和保持我们自己的和别人的生活，为了彼此欣赏和享有对方的存在和人性。在做父母时，我们教给孩子们和平和正义的价值，告诉他们怎样互相关心互相欣赏以及怎样关心和欣赏整个世界；在工作中，我们为创造一个公正和平的世界而斗争……在闲暇时间，我们只需互相欣赏，欣赏世界并享受它赐给我们的生活，我们的生活将会是单一完整的生活，在做任何事情时我们将是一个整体”①。在今天，宗教社群“雅·善”的文化语言游戏尤为可贵。在这个人际关系冷漠、利益冲突加剧、贫富分化扩大、社会缺乏最基本的关爱所导致的公众普遍伦理安全感缺失，快乐

---

① 转引自［美］查尔斯·L. 坎默《基督教伦理学》，王苏平译，中国社会科学出版社1994年版，第211页。

感、幸福感丧失，紧张感、焦虑感加剧的时代，“善”的言说，作为R.尼布尔所说的“生命的律法”，不仅保证了人们能够公正地对待人的精神自由和人与人的相互依靠以及人们在相互关系中完成自己的那一需求，而且，作为一种源于神圣的恩典之爱，它也能指向人类生命和历史的最后完成。① 所谓“人类生命和历史的最后完成”，用两千多年前犹太山地库兰社区居民唱诵的诗篇来描述，也就是“不再有痛苦与叹息/罪行永远绝迹/你的真理将如同旭日东升/放射出永远不息的荣耀与平安。”（《感恩诗篇·第十八首》②）。

看了上面的分析，有人也许会说，这不就是早已被语言学家批判和遗弃的“语言相对论”的翻版吗？不是。这不是“新语言相对论”，无论是洪堡特的“语言相对论”，还是萨丕尔-沃尔夫假设的“语言相对论”；即使这是语言相对论的另一种模式也并不为过。其实我们过去对“语言相对论”的态度过于僵硬，也过于偏执，从某种意义上说，它不是一种科学态度而是一种意识形态偏见。这里我不想浪费很有限的文字资源来讨论这个问题，只想申明一点，无论是洪堡特还是萨丕尔、沃尔夫，他们当年提出语言会影响人的世界观或精神气质的断言并没有错，只是他们的分析与论证主要限于人类语言学的层面，缺乏一种更宽广的视角、更丰富的知识平台。今天，我们可以通过认知神经科学的原理对此做一验证。言语行为作为人的认知活动，当信号传递到接收终端时，便产生了对接收端点的刺激：信息接收的特定体感区——内耳中的耳蜗——将这一信号传递至脑，脑通过血液传输的化学信号和神经传输的电化学信号在相关的脑区折返传递而形成了全局映射，产生了意识场景、心理表象与精神体验。③ 意识场景、心理表象与精神体验不仅取决于语义，也取决于语言的质感：人的知觉系统接收到的是畅快、和谐和文雅、和善的信号时，这种信号在相关脑区的加工、编码，便使人形成了畅快、和谐、幸福的“感质体验”。这种“感质体验”④ 就是精神体验。

---

① ［德］R. 尼布尔：《人的本性与命运》，王作虹译，贵州人民出版社2006年版，下卷，第366页。

② 《死海古卷》，王神荫译，商务印书馆1995年版，第132页。

③ ［美］安东尼奥·R. 达马西奥：《寻找斯宾诺莎——快乐、悲伤和感受着的脑》，孙延军译，教育科学出版社2009年版，第121页。

④ “质感体验”，美国神经学家杰拉德·埃德尔曼使用的术语，指在正常的意识状态下对某种神经运动特征的特定体验，如温暖感等。杰拉德·埃德尔曼：《比天空更宽广》，唐璐译，湖南科学技术出版社2012年版，第7页。

总之，现在我们已经清楚了，和谐、健康的心理以及生命的幸福源于生命系统从环境中接收到的知觉信号的感受质的优雅。只有当生命置身其中的环境即信息呈现出形式的优美、节律的和谐，生命才能和谐，才能健康，才能幸福。尽管语言仅仅向人类传递了一种物质化的信号，它们所引起的也仅仅是脑进行信息加工所形成的有机体的物理/化学反应，并没有改变人类存在本身所固有的苦难与荒诞，没有改变我们“终有一死”的命运，但是，体验这种“感受”，不就是有机体生命运动的最基本原则，因而也是生命存在的最根本的现实吗？其实，所谓存在的幸福或生命意义的最大化乃至于由此而产生的心灵对美好生活的持续不断地追求，就源于我们大脑产生的某种感受以及通过这种感受所虚拟的存在想象。只有在这一前提下，人类才有可能去思考和谈论理想、信念、美感和形而上学。美国哲学家杜威在谈及这一问题时曾说过的一段话，我觉得可以说是对我上面所论述的思想的最好的诠释。现将其引录于下，作为本节的结尾：

> 无论我们是多么微弱，也要求我们培植我们的愿望和理想，以至于我们把它们转变成为智慧，而按照自然所可能允许的途径和手段去修正它们。当我们尽量运用我们的思想而把我们微薄的力量投入这种动荡不平的事物均衡状态之中时，我们知道，虽然宇宙在残害我们，我们仍然是可以信任它的，因为我们的命运总是和存在中的一切好的东西相一致的。我们知道，这样的思想和努力乃是产生更好的东西的一个条件。①

七　节日：宗教文化记忆与身份归属

按照我 20 年前提出的观点，教会是一个语言集团，宗教共同体本质上是一个语言共同体。② 把教会或宗教共同体指认为一个语言集团或语言社

① ［美］杜威：《经验与自然》，傅统先译，中国人民大学出版社 2012 年版，第 306 页。

② 扬·阿斯曼在谈论卡农的意义时说：它可以促进和强化身份认同，“同时也是个人身份得以确立的基础，它是一个人通过社会化来形成自我意识的媒介，一个人通过融入到‘整个民族具有规范性的意识当中’来实现自我”（［德］扬·阿斯曼：《文化记忆：早期高级文化中的文字、回忆和政治身份》，金寿福等译，北京大学出版社 2015 年版，第 180 页）。

群，并非否定宗教观念、宗教情感在宗教共同体中的黏合与凝聚作用，而是凸显这样一个事实：一个因基因与环境复杂多样的交互作用而重建生命结构的特殊物种，人事实上是活在信息世界中，活在记忆中。没有信息，失去记忆，人就会发生心理异常。“记忆丧失会引起空洞、缺口和空虚”，没有人会忍受这种真空状态①。无论是自传体记忆、社会记忆、文化记忆都是如此。但信息与记忆不在基因组中，而是在有机体与环境相互作用产生的信号中、语言中。我们总是置身于具体的言辞中，总是处于某种语言加工活动中，总是游戏在周围词语的计算中。对于共同体来说，语词、言辞并非零星的或者偶然发生的事件，或在彼此之间的闲聊，而是一个网络空间，使人想象着某种生活方式。正是通过“言说”，人们与言说某种语言的人形成社群，该系统内的每一个成员通过感悟共同的语言游戏规则形成共同的文化“通感”，或如维特根斯坦所说，通过共同的语言游戏形构共同的生活形式，结成了共同体。滕尼斯的古典共同体理论已明确了这一点：“默认一致的真正的机关是语言本身，默认一致就是在这个机关里发展和培育它的品质。”② 宗教社群也正是建立在宗教语言的基础上的。所谓“圣徒相通”“同感一灵”，其实就是通过有效的信息加工、编码或者说语言游戏认同所产生的一种心理经验。没有共同的语法感知、语感体验，说我们同是“基督的肉体”或“穆斯林兄弟”，几乎是不可思议的。

那么，宗教行为中的言语行为是如何建构宗教社群的呢？其心理卫生的意义又是什么呢？

首先，宗教行为中的语言游戏可使个体的宗教文化记忆永不褪色，从而将个体与神圣者连接在一起，强化个体存在的意义感。文化、信仰、教义、圣灵、神话史等这些宗教核心要素及历史传统，其实就是一种语言传统和语言记忆，就储存于“神圣方言”的语词和句法系统中。对宗教记忆的维系实质就是对这种宗教文化的语言记忆。法国历史社会学家莫里斯·哈布瓦赫说得好：“言语的习俗构成了集体记忆最基本同时又是最稳定的框架。”③

我们知道，无论是传统社会还是现代社会，信仰作为一种意识形态，

---

① ［荷］杜威·德拉埃斯马：《记忆的风景》，张朝霞译，北京联合出版公司 2014 年版，第 258 页。

② ［德］斐迪南·滕尼斯：《共同体与社会》，林荣远译，商务印书馆 1999 年版，第 72 页。

③ ［法］莫里斯·哈布瓦赫：《论集体记忆》，毕然译，上海人民出版社 2002 年版，第 80 页。

其形成后并非永恒不变，尤其是与世俗生活形成割据的宗教信仰。正因为它与世俗生活的割据，反而使它更容易遭受世俗文化的侵蚀与“酸”化。这没有什么深奥的道理需要论证。人作为“破落的天使”，带着原罪的粗重肉身陷落尘世，他必须立足于尘世这块大地。尽管我们对圣秘、圣洁、喜乐的生活也充满了向往与热忱，但世俗生活的吃、穿、住、行、家庭情感、社会习惯、消费与休闲等同样重要，并以其松软甜爽的风味以及上手的日常性不断地磨蚀着个体的宗教记忆和宗教情感。与此同时，其他信仰符号也同样构成了对个体的宗教记忆的颠覆。比如印度教之于佛教、基督教之于佛教、伊斯兰教之于基督教，等等，这就是宗教中所谓的“离经叛道”。作为一种文化动物，人类所具有的断裂、涂抹、修改意义世界地图的特性是十分有趣的。无论是信仰的涂抹还是信仰的消失，对个体而言，不仅是一种精神上的体验，也是一场严重的精神危机。它的直接后果就是导致个体的存在性焦虑，造成人生意义感的迷失，甚至沦落为神经症式的存在。

理性睿智的宗教先知们，早已觉察到人们宗教信仰和宗教情感的这种“可褪色性”和可涂抹性，于是，便创造了各种各样的方式以不断强化人们在世俗生活磨损下可能“褪色”的宗教信仰和激情。宗教节日就是这样一种十分重要的手段。信徒对“圣秘”的体验、对“恩典”的领受，以及对集体共享知识的认同、对自我的定义，主要源于宗教节日中的各种圣事。佛教徒、穆斯林、基督教徒每周定期的礼拜以及从年初到岁尾接连不断的宗教庆典其意义就在于此。曾庆豹先生曾分析说：“圣事不仅是纪念与回忆，更重要的是人与上帝的关系再一次获得更新；圣事最大的意义不是墨守成规，而是接受改变，因为所有参与圣事的人都必须开放自己，服从与日常生活经验不同的行动和表达；圣事的复杂不代表繁文缛节，而代表真理的严肃和神圣，它还培养我们的敬畏感和专注的宗教德性。”①所谓“人与神之关系的再度更新”也就是被世俗生活磨损了的信仰与情感的强化。尽管从仪式现象学的角度看，信徒的这种“人与神关系的更新”是通过宗教圣事中的“人与上帝的互动”、通过信徒“聆听”神圣之言、领受由神圣流溢出来的恩典实现的，但从仪式心理学的角度看，它也是通过仪式庆典的语言游戏实现的。从某种意义上说，人的宗教意义领悟与其说是源于神圣者，还不如说是源于语言符号——共同体成员的语言沟

---

① 曾庆豹：《上帝、关系与言说：批判神学与神学的批判》，华东师范大学出版社 2011 年，第 144 页。

通游戏。用基督神学的语言来表述，即“言成肉身”。现象学家说的好，在游戏中，“我们的言语不只是在我们自己中间的闲聊；如果我们避开模糊性的迷雾的话，这种言语也是对事物的揭示，事物在我们的言说中被显露。我们提供了一道光亮，事物在这道光亮中能够显明它们自己；我们开出了一块澄明之地，事物可以在那里得到聚集（collected）和回忆（re-collected）。”① 正是节日礼仪庆典的言语游戏，使人们复活了将要失去记忆的宗教文化传统的回忆；通过聆听神话和圣传，“将那些与认同相关的知识传达给每个参与者……通过保持‘世界’的活跃性方式，构建和再生产出集体认同”②。我还认为，仅仅把圣事中的言说理解为单向度的“聆听”、理解为单向度的“神-人”关系的巩固和更新是片面的，它其实是多向度的网络化信息系统：不仅是对圣言的倾听，也是圣徒之间的相互倾听。正是由于信徒间彼此能够倾听对方的语言并能进行正常的信息加工和编码，彼此之间能够进行规则化的语言互动游戏，才能将不同的意识经验整合为一个共享的意义框架，形成与他者共同的“文化记忆”，维系个体清晰的文化认同和身份定义。如果用哈贝马斯的言语行为哲学理论来表述，也就是个人与文化以及社会之间是通过语法关系保持着紧密的内在联系的。③ 近年来我在从事“基督教人类学”的田野作业中深深体悟到这一点：在那些偏远的山村小教堂，没有牧师和其他神职人员，信徒们每周聚到一起，叙述古老的圣经神话故事，共同颂唱赞美诗，互相交流“信”之经验。正是这种周期性的语言游戏，使每一只“牧羊”在没有“牧人”的引导下能够体验到“神的眷顾”和“恩典降临”的喜悦，感受到他们不是“被主抛弃的人”，维系着他们的宗教文化记忆，巩固着个体的身份认同与文化想象，保持着心灵的秩序与和谐。只可惜，这一淳朴而又纯粹的“圣事”并没有为那些大都市、大教堂、神学院的神学家们的“倾听神学”所注意到。他们的眼睛只盯紧了神，而忘记了人并且人是社会中的人这一重要元素。

如果我们再扩展一下视野还会发现，节日语言游戏不仅是个体意义框

① ［美］罗伯特·索克拉夫斯基：《现象学导论》，高秉江等译，武汉大学出版社2009年版，第159页。

② ［德］扬·阿斯曼：《文化记忆：早期高级文化中的文字、回忆和政治身份》，金寿福等译，北京大学出版社2015年版，第49页。

③ ［德］于尔根·哈贝马斯：《后形而上学思想》，曹卫东等译，译林出版社2001年版，第86页。

架与文化认同稳固的重要媒介，也是群集体以及民族自我定义与文化认同的重要媒介。节日和仪式上语言叙事一方面保证了共同体共享知识记忆的连续性，另一方面促进了集体文化认同的强化以及再生产。正是通过犹太神殿文化语言的复述以及逾越节家庭晚宴对《申命记》的诵念及其所激活的文化记忆，使得“在两千多年的漫长岁月中，无论犹太人分散在世界何处，他们都能够回忆起一方国土和一种生活方式，也正因为这方国土和这种生活方式与他们当下的现实之间存在巨大的反差，他们得以坚守希望：‘眼下是奴仆，明年便成为自由人；眼下寄人篱下，明天一定会重返耶路撒冷’”[①]。正是文化记忆通过巩固文化认同与想象，驱逐了世界的混沌与昏暗，给集体以心灵的秩序感。

关于集体文化记忆、文化认同与人的心灵健康的关系，我在前面的叙述中不时提及，但没有系统论述。现在我将前面零散的思想汇拢起来，就此做一系统阐释。

作为一种社会动物，归属感与认同感是人的基本属性之一。谈论身份认同与归属，就不能不论及格奥尔格·齐美尔这位社会学家。在经典的社会学理论中，齐美尔的“空间社会学”和“界隔社会学”都是最富洞察力的社会学天才之思。在齐美尔看来，“处于自身本性与行为的各种范围内的人们，每时每刻都置身于两条界限之间。正是这一情况决定着他们的世界地位”[②]。齐美尔把这种界限称为生命的“外形结构”。齐美尔分析说，在生命运动过程中，尽管没有使用抽象的界限概念，但人们却始终坚持不懈地遵循自我与超自我的原则，为了随时随地都有界限，我们自己也成了界限。界限不仅给人以意义感，而且也使人们的行动有一种规则感，人只有在这个界限内的行动才是合理的。当然，齐美尔也觉察到，界限虽然给人以方向感、定位感，但是，它也构成了对生命存在的自由性的威胁：“生命只有通过形式来表现自己和实现它的自由；然而形式又必然妨碍着生命的发展并阻止它的自由。”[③] 这又有什么办法呢？如果你为了自由而放弃了界限，你就会感到头晕眼花，世界与生命瞬间变得不可理喻。因此，我们宁

---

① ［德］扬·阿斯曼：《文化记忆：早期高级文化中的文字、回忆和政治身份》，金寿福等译，北京大学出版社 2015 年版，第 245 页。

② ［德］格奥尔格·齐美尔：《生命直观》，刁承俊译，生活·读书·新知三联书店 2003 年版，第 1 页。

③ ［德］格奥尔格·齐美尔：《现代人与宗教》，曹卫东等译，中国人民大学出版社 2003 年版，第 42 页。

可成为“形式”的囚徒，也不能放弃界限的划隔。“生命不管其绝对尺度是什么，都只有在它是额外生命时才存在；一般来说，只要存在生命，就会生育出生动活泼的东西来，因为生理上的自我保存就是不断生育新的东西：这并非生命在别的职能之外行使的一种职能，而是因为它这样做了，所以才成为生命。”① 也正是基于对生命这一本质的洞察，使齐美尔陷入了不安与恐惧之中：“生命和矛盾分不开，它充满了矛盾。它只有在它的对立物的形式中才成为真实，即只有在‘形式’的形式中才成为真实。”② 这也使得齐美尔的“社会学”染上了几分悲观的色彩。总之，对于齐美尔来说，界限感是人生存经验中最重要的范畴，其重要意义是为了使人在这个世界上有一种方向感、定位感。如果没有界限，我们的生命就会变成一种“迥然不同的生命”：混乱无序的世界扑面而来，令我们震惊，将我们淹没。

其实，齐美尔对人类生命“矛盾性”存在的惊愕与感伤，对于符号动物来说完全正常。界限的标划并非仅仅是为了诉求方向感与定位感，其更深层的心理动机是个体身份的认同与归宿：将自我归属为一个超越自己的更大的组织或群体，个体在心理上就战胜了作为一种被造物的渺小与无能；通过向这个群体移情，个体就获得了坚实的存在意义感。作为人类特有的一种心理现象——“移情”——的奥秘，弗洛姆以他出色的精神分析为我们做出了解释：

> 他可以通过顺从于一个人、一个团体、一个组织，或者顺从于上帝，来与这个世界结合在一起。……他超越了个体存在的分离性，成为某人或某个大于他的团体的一部分。在与他所顺从的权利的关联中，他体验到了自我的存在。③

另一位精神分析学者恩斯特·贝克尔通过更犀利也更冷峻的语言揭开了人的归属与认同欲望的心灵奥秘：“面对超验的自然，人感到可怕的渺小和无能。如果他顺从于自己对普遍依赖性的自然感觉，即屈服于融入某种更广袤

---

① ［德］格奥尔格·齐美尔：《生命直观》，刁承俊译，生活·读书·新知三联书店 2003 年版，第 17 页。

② ［德］格奥尔格·齐美尔：《现代人与宗教》，曹卫东等译，中国人民大学出版社 2003 年，第 43 页。

③ ［美］埃利希·弗洛姆：《健全的社会》，孙恺祥译，上海译文出版社 2011 年版，第 23 页。

之物的欲望，他就会感到安宁和完整，感到一种自我扩张，进入了一个更大的超然之境，自身存在因而得到提升，获致一种超验的价值感。”① 一言以蔽之，人类对他者、对集体的归属与认同这种“亲缘感”，就是为了实现弗洛姆和贝克尔所说的神秘的“共生关系”和心理投射。虽然精神分析学和大量临床经验都证明了这一点：移情和共生感虽使个体摆脱了孤独感、无助感，但它也使个体的生活变得琐碎不堪，人不再是独立的个体，而是群体的一个部件或合成分子，这严重阻碍了人的个性发展。可这又实属无奈。你要个性化、自由化，你就必然承受孤独和无力的眩晕。也正因此，涂尔干将自由、个性称为“丧失边界的恶”。人的存在的这种二律背反，再一次回应了我在本书第一章提出的观点：人注定是一种神经症的动物。

确实如此，与存在的孤独、无力、恐惧相比，缺乏自由，丧失个性以及被黏糊糊的依赖性所纠缠等这些轻度的心理不适，人毕竟还可以承受，或者说它也仅仅是个体在生存之路上被“群体”与“个体”你推我搡地弄跌了一跤而已。这和人为了肠道健康而不得不吞食一些粗纤维而导致腹泻一样，毕竟它换来了更大的利益。也正因此，尽管哲学家认为人一定要个性化，甚至如奥特加·加塞特所说的只有“在孤独中，人才是思维的真理”，但事实上人却从来没有放弃对集体的强烈认同和归属的疯狂追求。因为正如梅洛-庞蒂所说，我们的经验不以某种方式来表现和谈论与他人，我们连谈论孤独的根据都没有。② 有了这种意义感，个体心理就安宁，精神就充实；处在一种神圣的“共生”关系中，我属于你、他等多人组成的神圣的共同体的一员，这个群体的无数个分子也融入了我的机体之中。于是，个体不再孤单，不再无力，不再恐惧，因为他的身后站立着一个群体；进一步说，他将随同他们一起进天堂，他们也将随同我一起下地狱。

八　圣境：生态自我的满足

东杜法王仁波切在言及心灵怡养与生态环境的关系时这样写道：

> 对大自然的欣赏，让我们可以立即而直接地走出自我和所关心的

---

① ［美］恩斯特·贝克尔：《拒斥死亡》，林和生译，华夏出版社 2001 年版，第 175 页。

② 奥特加和庞蒂的观点，详见［美］弗莱德·R. 多迈尔《主体性的黄昏》，万俊人译，广西师范大学出版社 2013 年版，第 52、107 页。

> 事务。……我们只需要打开眼睛和感觉，自然界的美丽就可以带领我们更接近我们的真我。当觉察一旦开放了，我们就被带领到心的真性。[①]

法王的这一表述虽有几分浪漫色彩，但并非在煽情。将其置于生态心理学的视角下审视，此话可谓直逼宗教环境与精神卫生关系之本相：在生态环境中人类体验到了生命基本的律动。

从地球生命史的角度看，自人类由爬行动物进化为哺乳动物，脑神经系统日益完善，并在与客观世界的相互作用中加工各种环境信息，形成各种情绪感受以及初级意识之日起，生态世界就不再是一个单纯的动物栖身场，也不仅是一个客体化的“环境”，而是成为动物摄取各种信息并将其转化为生命元素的“资源库”。人类不仅与他所栖身的这个世界相依相伴，从中获取各种物质能量，维系生命的基本运动，也从生态体中接收各种信息并加工成各种意识与心理经验。用生态心理学的观点看，人类所栖身其中的生态世界绝不单纯是人类的物质仓库，也是人类的心灵源泉。人的生命畅快、心理和谐、精神健康或生命痛苦、心理紊乱、精神疾患很重要的一个原因就是生态信号作用人的身心的结果。很可惜，迄今为止，对生命而言这个十分重要的问题人们并没有清晰的认识。无论是生态哲学还是生态心理学[②]，要么是一种纯粹理性思辨的视角，要么是从良知角度讨论的伦理学框架，或者是人类心性层面的泛泛而谈，还没有触及生态系统与人类心智系统之关系的深层问题。这也可能就是生态心理学之所以遭遇冷落，受人诟病的重要原因。我觉得，生态心理学不仅是心理学的重要分

---

① 东杜法王仁波切：《心灵神医》，郑振煌译，中国藏学出版社 2006 年版，第 131 页。

② 关于生态心理学，我认为人们并没有对其内涵进行准确的科学界定。它所研究的基本问题、它的理论资源、框架、范畴对象是什么，仍然很模糊。因为本书的主题并非生态心理学专题研究，我不想在此展开详论，只能做简明扼要的概述。我的基本观点是，生态心理学是研究有机体所栖身的生态世界与人类的心灵世界相互作用之关系的一门科学。更具体一点说，生态心理学所要研究的核心问题是生态系统如何作用并影响人类的心理/精神系统（优化与劣化）以及人类的心理/精神系统是如何作用并影响生态系统的（优化与劣化）科学。它的理论资源当然不排除生态哲学、生态伦理学、生态神学、生态政治学甚至生态女权主义等，但我相信它们不会提供太多有价值的东西，有的甚至还会影响我们的理论思维，创造伪科学。生态心理学最基本的理论基石是生态神经科学。没有生态神经科学提供的人类对生态数据加工、编码的脑神经运动模型及其心智活动规律理论的支撑，人们仍然难免当下生态心理学所面临的那种困境。即使是征用“巨链”理论、“全子”理论、系统论生态学、“盖娅”学说也同样于事无补。

支学科，也是生态学的重要分支学科。它不仅可以使我们理解生命体与生态体之间的深层联系，让人类认识到自己的根，而且它对于新千年人类走出生态失衡的困境，推进生态保护，促进人类的精神和谐与生命幸福，都具有极为重要的意义。

那么，生态系统对人类为什么重要？

喋喋不休于它是宇宙存在巨链上的一个环节；或者说它是宇宙“全子系统”的一个支系，它的破坏会影响整个“巨链”或导致系统的紊乱[①]；或者说地球表面上的一切生命以及一切物质构成了一个系统，一个体系庞大的“有机体”，一个活着的“星球”；我们人类是这个有机体的一部分，我们的命运不仅取决于我们为自己做些什么，还取决于为作为一个整体的盖娅做些什么[②]；或者说当代人对生态的破坏有违道义，即剥夺了其他动物生存的空间，等等，对于人类，即使不再像他的堂亲、表亲那样只能依附生态体而存活但也离不开自然的养育的这种“亚自然”动物而言，这些宏大的理论到底会使其改变什么呢？从地球生态史的角度看，自然物只能依赖自然物而存活；一个物种只能依赖其他物种维系生存，这是这个世界有机体存在的冷酷法则。人类作为自然和文化合成的动物，首先，他也只能依靠其他自然物而存在；其次，他必须通过自然的改造即文明化来创造自己的快乐与幸福。正如德国哲学家奥特弗利德·赫费所说：“对自然进行理性的剥削不只是一种文明现象，还是一种自然现象。”[③] 尽管我们说人类是一种有“人性”的物种，但无论这种“人性”是神性还是德行、美感还是灵性，在权衡人与自然的关系时都必须服从这一铁律：自然为人的存在服务，人从自然中要获得的是快乐、舒适与幸福而非人卑躬屈膝于自然面前成为它的仆人。

在与环境长期的相互作用中，早期人类之所以形成了某种环境心理模式，即对某种生态环境的喜与恶，其实并非有的学者所言，源于人类伦理和审美的意识。我认为它仅仅是人类生物属性的一种表征，亦即它可以促进人类生命的快乐。这当然不是伊壁鸠鲁哲学的现代版。远古人类有它自

---

① 美国学者肯·威尔伯就选择了这一分析路径。见［美］肯·威尔伯《性、生态、灵性》，李明等译，中国人民大学出版社 2009 年版。

② 参见［英］詹姆斯·拉伍洛克《盖娅：地球生命的新视野》，肖显静等译，上海人民出版社 2007 年版，第 57 页。

③ ［德］奥特弗利德·赫费：《经济公民、国家公民和世界公民——全球化时代的政治伦理学》，沈国琴等译，上海译文出版社 2010 年版，第 257 页。

己的“生态哲学”，这就是最基本的生物调节——趋乐避苦。生态美学、生态伦理学等都不过生物生态学的衍生物。社会生物学创始人爱德华·威尔逊说得好：“人类心智是为生存和繁衍而设计的，推理则仅仅是其各种技巧中的一种。”① “原始自我”对生态数据知觉形成的意识向度是：它们能否提供食物来源、这些食物能否转化为能量以维持与生命相一致的内部化学平衡；能否保护有机体抵抗外面的威胁，等等。简言之，能否有益于促进生命的快乐。即使在现代人这里，“生态感”也是建立在“生命感”的基础上的。试想一下，当你躺在绿荫如毡的草坪上，仰望着蔚蓝的天空，耳畔传来阵阵悦耳的鸟鸣，夹杂着沁人心脾的花香的微风拂过你的脸庞……此时，你的感觉是什么？你可能会立刻联想到很多词：舒适、放松、平静、快乐、幸福……这也就是我们所说的生命存在的最佳状态，也是有机体生命运动的最基本的宗旨：“为实现积极的生命调节而进行的持续努力是我们生存中深层的且被详细定义的一部分——我们生存的第一现实。”②

那么，人类是如何通过环境数据加工形成舒适、快乐的精神体验的呢？源于人类的身体所接收到的环境信号的刺激以及这些刺激在生命体内的物理实现。更具体地说，也就是当环境世界的某些信号刺激人的感觉系统，感觉系统将这些信号传输到相应的脑组织，随着信号在脑结构几条路径的传递与加工，人的身体产生了相应的感受，便形成了人的生态体验（意识）。身体的舒适、畅快给我们以快乐的感受，也就是说当环境信号刺激人们的感官所产生的化学、电化学信号的传输活动以及形成的感受恰好与人类体内平衡系统生命管理的工作原理相协调时，人们便可产生愉快的情绪和心理体验。相反，还以刚才那个“构造意象”为例——当我们躺在凹凸不平的土地上，仰望天空乌烟瘴气，耳畔传来尖利刺耳的声音，闻到的是恶臭的空气，这些感觉数据的输入与加工产生的感受因与人类生命管理系统工作的模型、与我们快乐的心理经验发生冲突，便令我们产生不适、痛苦的情绪与心灵体验。和谐的心灵源于脑的和谐的感受，和谐的脑感受源于身体输送给脑有效管理生命的各种化学、电化学数据。人们之所以喜欢、钟情于美丽的环境，就是因为它就是有机体自我调节的一部

---

① ［英］爱德华·威尔逊：《论人性》，方展画等译，浙江教育出版社 2001 年版，第 2 页。

② ［美］安东尼奥·R. 达马西奥：《寻找斯宾诺莎——快乐、悲伤和感受着的脑》，孙延军译，教育科学出版社 2009 年版，第 23 页。

分，即保持体内平衡并达至快乐的一种“高级生命管理”[1]。这就是人类生态心理范畴中“生态图式”以及“生态自我”起源的奥秘。爱德华·威尔逊所说的“生物偏爱”（biophilia）、生态心理学家吉布森所说的人对环境的“可供性”需求（如人类对某种树的形状的偏爱，是因为在物种进化过程中，这些物体或景观给了我们更多的生存机会[2]），其实就是我所说的人类的“生态自我”或心理深层的“生态图式”运动。我一直强调这一点：对生态环境的保护与优化的目的并不在于生态本身，而是为了使我们的生命更快乐。如果我们每一天甚至每一刻，无论是坐在家里还是在路上都承受着污染的空气、刺耳的声音、衰败的景象等感觉输入，因而被一种沮丧、忧郁、焦虑的情绪与心态所缠绕，并不意味着我们的运气不好，而是意味着我们忘记了人类生命系统只是生态系统的一部分，我们生命存在状态的优化之根本在于优化生态世界。“人类与其他生物之间的相互关联如此深刻地影响着人类自身发展，无论从进化角度还是从文化角度，都可以说是共同进化的过程。”[3] 在这个意义上也可以说，人类的心理危机和精神疾病都是生态危机的结果。而心理危机（神经症）反过来又推动了新一轮的生态危机（如沮丧、失意、焦虑、恐惧所产生的沉沦性、破坏性、施虐性、敌对性等）。

根据“环境输入–心理加工–精神体验”的这一生态心理学原理，我们可以再跨前一步：人类大脑的某一神经空间以及心智系统中存在着一种“生态原型”，如生态神话之类的东西。这一“生态原型”较荣格所说的“文化原型”的历史更古老。其基本内涵为：在人类大脑的某个空间和心理深层，先验地存在着对某种环境“好”与“恶”评价的信息，这种评价信息与人类后天对环境的“审美”无关，而是源于爬行动物时期有机体的分子生物系统与大自然相互作用编码于神经组织中的环境模型，即通过基因与环境之间复杂多样的相互作用而建构起来的神经结构，并以遗传的方式在种系基因中延续。例如，人类对某种景观的好恶偏向，并非像“生态美学”理论所解释的那样，源于人的审美/审丑体验。如前所述，

---

① 我认为，“美感”有理性的和非理性的或高级的和初级的。高级美感是理性的审美意识；初级美感属于快感的范畴，是生命调节的一部分。

② 见［美］保罗·贝尔等：《环境心理学》，朱建军等译，中国人民大学出版社 2009 年版，第 36 页。

③ ［美］J. 唐纳德·休斯：《世界环境史：人类在地球生命中的角色转变》，赵长风等译，电子工业出版社 2014 年版，第 19 页。

对某种生态体的喜爱，起初并不是生态美学的产品，而是基本的生命调节活动，人类的“生态美学”不过是其“分子生物学”的副产品，是人类生存能力的衍生物。只是随着脑的进化，“心理脑”和“文化脑”[①] 的出现，并具备了复杂的认知能力，人类的“生态美学”意识才得以形成。以人对蛇的恐惧为例，人之所以恐惧蛇，并非因其狰狞的面目和怪异的身体，而是因为人脑中编码了这种基因数据。当早期人类遭遇蛇的袭击而产生痛感体验时，这种体验就在人的神经突触刻下了痕迹，并在 DNA 中编码。以后，当蛇的信号传送到人脑时，随着大脑对这一信号的加工，人被蛇袭击的痛苦的情景记忆就会被激活，当蛇的意象与疼痛的情景记忆连接在一起时，便使人产生了恐惧感。这种恐惧感反复产生激活模式和编码序列，便成为一种基因模式。它通过生物机制遗传，便构成了人类“蛇恐惧”的“生态原型”。其实不仅人类，一些动物的大脑中也印刻了这种“生态原型”。一只没被老鹰袭击甚至从未见过老鹰的幼鹅看到天空中出现的老鹰的轮廓就会十分恐惧，这说明在小鹅的基因中已经通过遗传基因盘存了老鹰恐惧的信息。人类脑-心理系统中的“生态原型”，是生态神经科学、生态心理学研究的相当重要的课题，只可惜现在还没有人进行系统的认知方面[②]的研究。

上面我关于人类心理生态图式形成的基本原理的解释还只是驻足于理论预设的层面，很多细节性原理并没有呈现出来。为便于理解，下面我就以一个具体的事件为例对人的“生态心理图式”的生产流程做一物理还原。

假设你外出旅游，来到了茫茫草原或神秘莫测的原始森林。你一边走一边欣赏风景，乐不可支。突然，你发现草丛或林木中有一个陌生的动物在跟踪你，这时，你立即警觉起来，一方面做着应敌的准备，一方面开始加快脚步，以免自己受到这个家伙的伤害。这里的描述不仅是我们从生存实践中悟到的基本常识，而且也是各种各样的安全知识喋喋不休地教育我们的，但事实上此时我们大脑的反应过程要比这里的描述复杂得多：在我

---

① “文化脑”与一般的“新脑”还是有区别的。它是伴随着人类“文化自我”的产生之后而发展起来的一种脑神经元共同体。

② 有人认为，“生态潜意识”也就是荣格的“原型意象”或“原型”，它是指潜沉在人类的记忆中，流淌在人类的血液中，是人类在与自然既斗争又统一的生存发展中的一切快乐与悲哀、希望与憧憬、想象与情感的根底。（吴建平、侯振虎主编：《环境与生态心理学》，安徽人民出版社 2011 年版，第 75 页）这种观点并不准确，也缺乏心理认知的基础。

们发现这个异常事件的一刹那间，我们脑的神经和化学反应使得身体各个组织的运动都发生了重大的改变，有机体的能源使用率和新陈代谢也都改变了，我们的情绪、意识以及行动也都改变了（比如，由轻松转为紧张、由悠闲地踱步变为疾步快行等）。具体地说，人脑在处理这一事件的认知活动和生命调节机制是这样的。

其一，一个陌生的环境信号输入你的神经系统，你的上丘脑等皮层下结构被激活，早期感觉皮层、相关脑区以及边缘系统也被激活，脑开始了对这一输入的信号的加工过程。

其二，通过脑加工使得与这一信号有关的记忆或知识被各个脑区的神经表征出来：它或者是你的“痕迹”记忆中所没有盘存的，是陌生的表征；或者是你的“痕迹”记忆中盘存的——直接经验或间接经验——危险的信号（如草原或森林中的危险动物）。这一神经不断持续地发放，并在各处脑区传递，特别是刺激下丘脑，引起人的恐惧感。

其三，这种恐惧情绪信号在神经回路的传递，尤其是刺激脑的最古老的部分——脑干和下丘脑中的自动平衡系统。作为生命管理的基本装置，尽管它是无意识地但却是高效地与心脏、肺、肾脏、内分泌系统和免疫系统相协调，使得生命的参数保持在平衡的范围之内；这个系统一旦激活，就会释放出一些神经元，如甲肾上腺素能蓝斑、多巴胺等神经调质。它们弥散地向皮层发放；脑皮层将接收的信号进行整合，形成一个整体场景——危险的事件。然后脑向身体运动神经发出信号，改变身体原有的行为方式——由慢行到快跑。

其四，当你离开了危险情境，经历成了一个故事。这个故事便以经验的方式储存于你的神经系统之中，形成了所谓的“记忆”。以后，当你再次接收到这样的数据的时候，你的“记忆”被激活，就会在你的脑中重构以往的意识场景，使你对事件的性质和所要采取的行动做出合理的判断。这个关于“危险动物的恐惧”就是你心理的“生态图式”。

如果说人类的脑、心灵与环境密切相关，人的脑组织或心理系统中印刻着某种“生态原型”，人类的心理卫生与精神健康就与人们的“生态原型”“生态自我”活动密切相关，那么，我们也就找到了宗教与个体心理卫生之关系的另一个观察点：宗教环境有益于人的心理卫生。

其实，生态环境与人的心理健康之关系，生态心理学早在 20 世纪末就开始关注了。罗扎卡在其《生态心理学：恢复地球，愈合心灵》一书中就提出：治愈地球与医治人的心灵是同一个过程。西方生态心理学提出的“心智健全”理论等就将心理健康与生态健康紧密联系在一起；近年来东西方心理治疗学倡行的“森林疗法”“荒野疗法”等也都是通过生态环境对人的心灵的影响这一原理来营造人类的“精神绿色”，促进精神卫生的。只可惜，“生态心理健康”理论目前还只是停留于心理理论的层面，缺乏一种认知科学的解释，因而理论基础也不十分牢靠。现在，通过生态神经科学，我们可以对这一原理做出科学的解释。和谐、优美、淳朴的生态环境之所以有益于人的身心健康，就在于对这类环境信号的加工及其所产生的生命律动恰好与人类生命管理的模式——基本模式和高级模式——相一致。用生态心理学和生态神经科学的理论来解释，所谓基本模式，就是这一环境知觉使有机体的身心处于中等程度的唤醒水平或环境负荷适宜状态，与人类生命管理的脑-心灵活动模式相和谐；所谓高级模式，就是对这种环境信息加工可以建构个体淳朴、自然、无相的精神意向，即生成心灵水平的“生态自我”。下面我将就宗教场所生态环境对人的生态自我的唤回与满足这个视角就其心理卫生之意义做一解释。

第一，宗教场所的生态环境有益于人的心理卫生。首先，在于它与人类生命系统的体内平衡装置之工作原理相一致，即生态环境知觉使人产生一种畅快、安全感，避免了个体的焦虑、恐惧情绪的产生。上个世纪兴起的“风景美学”，流行一种“瞭望-庇护理论”。这种理论的基本观点是，幽雅清静的环境，有益于个体的心理安抚，因为这种环境不仅可以给人以美感，而且可使人产生一种庇护感、安全感。即是说，居于山水林泉之中，使人远离了外面世界的危险：既能发现外面世界的危险信号，又可将不安全的因素隔离在外，从而使人心安神定。巴彻拉德在《关于空间的诗学》中引用了亨利·巴奇林童年时期关于生活环境的幻想的一段文字，用以论证关于人的生存环境与心理安全感受之间的内在关系：

> 亨利·巴奇林童年时代的家不可能再简单了……晚上，父亲在有灯的房间里阅读关于圣人生活的书，他既是一个教堂司事又是按天计酬的劳工。这个有灯的房间就是这个小男孩幼稚的白日梦发生的场景，这是强调孤独的白日梦，以至于想象自己住在森林深处的小屋里。……“在这些时候，我强烈地感觉到（我保证这点），我们与小镇隔绝了，与法国其他地方隔绝了，与整个世界隔绝了。我愉快地想象（尽管我控制着我的情感），我们生活在森林的深处，在有碳炉供暖的小屋里；我甚至希望听到狼在用厚花岗石铺砌的门阶上磨爪子的声音。但我们的房子代替了小屋，它保护我不受饥饿和寒冷；如果我

感到颤抖，那也只是从幸福安逸中而来的颤抖。”①

这段文字作为景观美学“瞭望-庇护理论”的支撑性论证，生动地叙述了人类的居住环境，无论是房屋还是环境的设计都与人类的安全庇护心理相关这一原理。高级灵长类动物对某种生态环境类型的选择，首先是它是否使人们感受到安全和庇护，然后才可能产生审美之类的副产品。人的大脑先天不是为了审美设计的，而是为了最基本的生物需求设计的。有的学者亦曾做过调查，用一组环境图片测试人们对环境的喜爱和憎恶态度，结果，人们最喜爱的是大草原，其次是森林，最不喜欢的是都市景观。这显然不是一个审美趣味的问题，而是一个生态心理学问题，即它是远古人类在与生态环境的交互作用中所选择出来的一种“进化稳定策略”，或者说在脑神经系统中编码的“环境亲和模型”的表达。这种模型或神经模块通过种族遗传的方式烙印于人类的基因组中，成为人类脑-心理系统中的“生态无意识”或“生态原型”。地球人类史与环境史支持了我的这一思想。人类祖先生活在神秘莫测的大自然中，时刻受到强大的自然灾害和其他动物群体的威胁。在这种恐惧心理的作用下，人们一般选择能够发现危险同时又能将这些危险隔离于外、并能提供充分的生活资料的环境作为栖息地。人们之所以喜爱大草原，首先因为它碧绿无垠而令人心旷神怡，与人类生命最基本的自动调节工作目标——畅快——相协调，或者说，这一环境信号的输入、加工与感受同人类脑组织和心理结构中编码的环境亲和模型相匹配；其次，它适合人的眼睛瞭望，便于发现危险的信号，使人感到更安全。对山林的感受也是如此：葱茏的树木、清新的空气、叮咚的林泉、悦耳的鸟鸣以及山峦森林对外界的阻隔……这些感觉输入作用于人的身体，刺激人的大脑产生快乐、舒适的情绪，形成人的畅快的心理体验。可以说，早在古哺乳纲时代，动物便在与大自然的交往中构建了生命管理的这一生物调节模型。对生态环境适应的生物组织伴随着生命的进化而融入染色体中，形成了一种“进化稳定策略”或程序化的环境模型。它不仅产生了后来人类栖息地选择的“生态无意识”，还影响了人类的生态审美取向和审美趣味。总之，无论是广阔的草原、清幽的山林还是林中的小屋、温暖的炉边；或是清澈的溪流，都与人类心理深层的生态无意识产生了对话，使之产生安全、舒适、畅快的感质体验和心理经验。S. 卡

① 转引自［美］史蒂文·布拉萨《景观美学》，彭锋译，北京大学出版社 2008 年版，第 106 页。

普兰和 R. 卡普兰曾提出一个人类“环境偏好模型”：人类喜欢或偏好的景观是那些适合于我们这个物种的特点并在其中用得上的环境——水、事物，此外还有遮蔽、可理解性——开阔的视野能让我们看清周围的环境，一览无余；遮蔽处能给我们一个安全、隐藏自己的地方。这一“环境偏好模型”用生态心理学的原理来解释，即能够使人偏爱的环境就是能够刺激人的信息加工能力、并能使人加工的环境，包括可理解和有意义（这解释了人类为什么会喜欢山重水复、曲径通幽的神秘环境的原因：虽然不开阔，但有意义、有刺激性）。①

根据生态心理学的这一原理，我们现在可以对宗教场所生态环境的精神卫生功能做出这样的阐释：宗教场所生态信号的加工，不仅使人产生了快乐的感受，益于人养心安神，而且，它那质朴淳厚、天然混成的生态意象也与人类脑神经组织中的生态神经回路、与心灵深处的“生态无意识”相呼应，甚至令人产生亨利·巴奇林式的心理意象：外面世界所有于己不利的事物都远离了自己。这种快乐的情绪又调节着人们的心理运动，维系着心理卫生。

第二，宗教场的生态环境还与人类生命管理的心理安宁模式相一致，即宗教场所静谧优美的自然环境，更容易促进人积极的生物调节，使人产生心神安宁的心理体验，这十分有利于此社区居民的心理卫生。“自古天下名山僧占多”，特别是中国的佛教、道教与基督教、伊斯兰教寺院选址的心理不同——不是选择市镇中心或荒山野岭建筑寺院、修道院，而是选择清幽淡雅、风景秀丽的山林湖畔建筑寺院道观。这里花果飘香，莺歌燕舞，山水林泉，桥渡悠闲，古刹肃穆，梵呗悠扬。古人早已直觉到优美的环境与精神和谐之关系。宋人郭熙云：“猿声鸟啼，依约在耳；山光水色，荡漾夺目。岂不快人意。”② 直至今天，佛道寺院仍是中国风景美学特色的重要象征。我在前面曾分析过，很多人认为，佛道寺院的这种环境特征源于佛僧道士独特的审美趣味和审美理念，其实这是一种误解。佛道寺院的这种风景特色，根本上源于一种宗教的目的，与世俗的审美意趣无关。我们知道，无论是佛家的禅那冥思还是道门的性命双修，都是一种收心炼神的功夫，而要达到心如止水，收心住性，返璞归真，了悟本源，不仅需要主观上的刻苦修持，同时也需要环境提供的背景支持，至少修炼者不仅不会因环境的纷乱喧嚣而影响静心与凝神，而且还能通过与这些环境

---

① 见［美］保罗·贝尔等《环境心理学》（第5版），朱建军等译，中国人民大学出版社2009年版，第38—39页。

② （宋）郭熙：《林泉高致·山川训》。

的交互而产生积极的观想，如永恒、超越，从而摒弃心灵的聒燥。古代东方的智者早已直觉到了环境与精神修炼之间的这一密切关系。《白骡奥义书》告诫人们要“选择一个避风的洞穴，平坦清洁，没有沙、石和火，那里有水声等等，令思想随便自如，也不刺激视觉”[①] 的环境进行修炼。正是出于禅修和炼心的目的，佛僧和道士们才选择远离人间烟火、环境清幽淡雅的环境作为修炼的场所。从生态心理学的角度而论，吸纳松风晨露，携手明月幽竹，这种“充满乐趣而又精致的召唤性的风景可能能够吸引人”，十分有利于安心养神，本身就可谓一种心理防疫术。

第三，宗教场所的生态环境可以使人体验到与大自然同体的生命自由律动，精神返璞归真，更有益于个体的心理卫生。

长期以来，我们一直有个疑惑：在那些远离文化与文明、远离社会与交往的深山老林的古刹道场，信徒们何以拥有一种淳朴、自然、高尚、圆润的心灵？很多学者把思域聚焦于文化，即宗教修养。我觉得，文化修养即宗教真理的修为只是其中的元素之一，更主要的还在于宗教场地那淳朴、美丽的大自然的“教化”。其实，若要使我们的身心更健康，也许不必像肯·威尔伯所说的那样，苦修小乘、大乘、金刚乘；只要安住青山绿水之中的古刹道场，感应大自然的节律，感悟宇宙所有生命存在之本真，就可恢复我们的生命元气。米歇尔·福柯在论及生态的“返璞归真疗法”时所说的一段话，为我们提供了理解这一问题的入口：

> 因为它有力量使人摆脱自己的自由。在自然状态中——这种自然状态至少可以用对强烈的欲望的排除和对非现实的幻觉的排除来衡量——人无疑摆脱了社会约束（这种约束迫使他“计算和权衡有名无实的想象中的欢乐”）和无法控制的感情运动。但正因为如此，他受到自然义务亲切而内在的约束。有益于健康的需求所产生的压力，日月流转、季节更替的节奏，衣食住行的平缓要求，都抑制着疯人的躁动，迫使他们循规蹈矩地生活。这样就消除了不着边际的想象和过分急切的情欲要求。在温馨而毫不压抑的欢乐中，人接触到了自然的理智。这种自由的忠诚真朴驱散了非理性——那种非理性自相矛盾地包容着极端的感情放纵和极端的意象妄想。[②]

---

① 《白骡奥义书》，《奥义书》，黄宝生译，商务印书馆 2012 年版，第 317 页。

② ［法］米歇尔·福柯：《疯癫与文明》，刘北成等译，生活·读书·新知三联书店 2012 年版，第 182 页。

确实，无论是佛门的深山古刹还是道教的洞天福地，其淳朴的自然风光、大自然各种有机体的生命意趣，不仅激活了人的生态无意识，给人以安住家园的灵魂关怀，更重要的是它十分有利于人类精神灵性的孕育和生长。美国哲学家杜威曾经说过："这个世界就是认识的题材，因为心灵就是在那个世界里面发展出来的。身心的结构就是按照它在其中的这个世界的结构发展出来的，所以身心就会很自然地发现它的某些结构和自然是吻合的、一致的。"[①] 人类的心理结构首先是宇宙设计的产品。人脑的某些神经元共同体和意识、心理以及高级的心灵即精神尽管与文明或文化的修剪有关，但它的模版仍然还是环境（文化也是自然的摹版）。因此，可以这样说，大自然就是人类精神的能量场，就是人类心灵的模板。人类不仅通过接受它的信号产生意识活动，而且也通过对它的信息加工与表征产生心灵表象影响着人类心理的发展。正如美国环境史学家唐纳德·休斯所说："人类在穿越历史长河的过程中，从其他物种那里学到的远不仅仅是几种技艺而已。在与无数种动植物的互动中，人类形成了自己的身体形态，产生了文化方向，更重要的是形成了区别于其他动物的特质。"[②] 19 世纪美国伟大的思想家、自然主义者亨利·大卫·梭罗通过其心灵转化的经历向我们证明了这一道理。梭罗的文化资本与社会资本足以使他惬意地享受大都市的舒适生活，然而，他却放弃了都市生活而到瓦尔登湖畔搭起木屋，开荒种地。在文学评论家眼里，梭罗的这一举动不过是他对一种简朴自然的生活方式的追求；但从生态心理学的角度审视，其乃是梭罗希望通过与生态世界的信息交流，探寻"真我"的存在，或者说对精神灵性的开发。梭罗这样写道：

> 我到林中去生活，是因为我想生活得谨慎小心一点，只想去面对生活中最为基本的事实，看看自己能否学会生活必须教给我们的东西，免得到了离开人世时，才发觉自己白活了一场。我不想去过那种不能称之为生活的生活，因为生活是如此的珍贵；除非万不得已，我也不想对生活逆来顺受。我想扎根于生活的土壤，吸取生活所有的精髓，生活得像斯巴达人一样强壮结实，清除生活中一切无用的东西，我要割划出生活中一块宽宽的田地，然后细心地修剪，我要将生活的车轮驶入一个角落，把它降到最卑贱的地步。如果生活本身就是卑贱

① ［美］杜威：《经验与自然》，傅统先译，中国人民大学出版社 2012 年版，第 203 页。

② ［美］J. 唐纳德·休斯：《世界环境史：人类在地球生命中的角色转变》，赵长风等译，电子工业出版社 2014 年版，第 18 页。

的，那为什么不去追寻生活中完整而真正的卑贱，然后向全世界展示它呢？如果生活是高尚的，那就要亲身去体验它，以便在我下一次的游历中来真实地讲述这种经历。①

这就是梭罗来到瓦尔登湖畔选择自然朴真的生活的目的。这不是一种生活方式变化的游戏，而是诉求心灵与朴真的大自然的对话，或者说通过与自然生态的“大精神”交互修改脑中的生态神经网络，重构一种“灵性化”的自我——生态自我②：从对物的追逐与物的桎梏中解脱出来，生发出自由、纯真、高尚的精神习性。用生态心理学的语言来表述，即通过与大自然的日常互动，通过与生态世界的信息交流，通过接收和加工自然界“大精神”的信号，不仅唤起了人类源于自然母体的远古记忆，而且也唤醒了心灵底层那个被现代文明所压抑的“生态自我”。就像加拿大哲学家查尔斯·泰勒在分析18世纪西欧“复归自然”的风尚对人的道德情感变化的影响时所写的那样：

我们复归自然，是因为它显示了我们内部强烈而高尚的感情：敬畏创造的伟大，田园风景的安谧，风潮和荒漠僻静的庄严，某些孤零的林地的忧郁。自然吸引我们，是因为它在某种程度上调解我们的感受，或者唤醒休眠的情感。自然就像一个大键盘，我们的高级情感在上面演奏。我们求助它，就像求助音乐一样，去唤起和加强我们内部最好的情感。③

泰勒的这种理论分析也正是梭罗生活方式转向背后的心灵意向。我们

① ［美］亨利·大卫·梭罗：《瓦尔登湖》，杨家盛译，漓江出版社2013年版，第77页。

② 我认为，人类的意识中有不止一个“自我”。人类与环境的交互，对环境信息的加工与编码，是在不同的脑水平上展开的，因而也产生了不同水平的“自我”：某种环境使我们放松、舒适，这是“生物脑”对环境信号加工产生的“自我”，即“原始自我”或“生物自我”；某种环境使我们产生“领地意识”（个人空间）或安全、私密感，这是“社会脑”对环境信号加工编码产生的“自我”，我将其称为“认知自我”；某种环境使我们产生纯真、超越感，这是人类的高级“文化脑”对环境信号和文化信号（哲学、宗教、伦理、美学等）加工编码而产生的一种自我意识，我称之为“灵性自我”，或生态心理学所说的那个“生态自我”：“作为‘生态自我’的人，不仅是把人作为自然的一部分，更是一种人与自然情感相互交融、心灵交相辉映的整体有机的生命共同体，是一种回归生命本源的‘原生’状态的人。”（吴建平、侯振虎主编：《环境与生态心理学》，安徽人民出版社2011年版，第76页）

③ ［加拿大］查尔斯·泰勒：《自我的根源：现代认同的形成》，韩震译，译林出版社2012年版，第425页。

接着看梭罗在瓦尔登湖畔、在森林中的心灵体验：

> 我们常常忘记，太阳总是同时把阳光洒向耕地、草原和森林，不分彼此。大地万物不仅反射光线也吸收光线，耕地只是太阳在它每日的行程中看到的整个优美画卷的一部分。在太阳的眼中，大地应该是被平等地耕耘得像个大花园一样。因此，我们必须以同等的信任与大度来接受太阳的光和热的恩赐。即使我在每年的秋天收获豆子，那又怎样呢？我们久久凝望这宽阔的田野，它并不会认为我是主要的耕耘者，而是离我而去，去迎合那些给它水分，使它变绿，更投它脾气的各种因素。
>
> 这些豆子的成果并非由我来收获。它们的一部分不也是为土拨鼠生长的吗？麦穗不应该是农夫唯一的希望，里面的麦粒也不是它唯一的果实。因此，我们怎么可能会歉收呢？那些生长繁茂的杂草，它们的种子成了鸟儿们的粮仓，难道我有何理由不为此感到高兴吗？相比之下，田野是否装满农夫的谷仓，显得就不那么重要了。真正意义上的农夫是不应该为此感到焦虑不安的，就像那些松鼠，它们从来不操心林子里今年是否会长出栗子。真正的农夫每日完成活计，并不关心地里的收获是否归他所有。在他的内心深处，他不但应该奉献他的第一次收获，而且应该奉献他的最后一次收获。①

美国自然主义思想家爱默生曾说：万物的全部使命就是教会我们信仰；心灵接受大自然的忠告我们就会兴旺发达②。瓦尔登湖畔小木屋的这位主人正是在对大自然淳朴、慷慨、无相的生命律动体悟中、在对自然界无欲则刚、清澈透明的生命本相的觉照中、在与宇宙“大精神”的交流、互动、回响中进入了没有得失计较、没有主客对立、没有“自我”与“真我”分离的精神境界，或者说达到了人类“生态自我”的最高境界——“大精神”的层次。肯·威尔伯分析说，“大精神”就涌现于这种人与自然一体化的实践中：“通过将我沉浸在这个如此开放的世界中并与其统一，我可以发现我的解脱和得救。……当我能够放松我的自我束缚（很多人为自然找到了使这更容易发生的、更合适的和吸引人的空间），然后我可以放松地进入

---

① ［美］亨利·大卫·梭罗：《瓦尔登湖》，杨家盛译，漓江出版社 2013 年版，第 139 页。
② ［美］爱默生：《美国的文明》，孙宜学译，广西师范大学出版社 2002 年版，第 257 页。

伟大的超灵，然后通过我涌现出一元论的精神光彩。”①

根据生态心理学和生态神经科学的上述理论，我们可以对生态哲学的“巨链理论”进行一番改造与升华：宇宙的所有现象，无论是生物世界还是人类世界都是一个巨大的链条；但这个“巨链”并非仅仅反映了宇宙系统的层级性，更重要的是它们是一个“信息网络链”。这个“链”上的每一个节点都通过信号传递在人的神经组织形成了一个信息网络系统：质朴纯真的大自然将其无欲则刚的“大精神”信息传递给人类，人类通过这些信号在脑神经系统的加工、编码建构起大自然生命运动的神经表征，并形成了稳固的神经模块和心理图式，于是，大自然的“大精神”便在人类的精神世界里复制出来。仁波切曾说：“大自然没有界限、标签、压力或紧张。以开放的方式享受大自然，就可以软化分别心和执着心的壁垒。”② 老喇嘛的“拈花微笑”通过生态神经科学获得了印证。诗人里尔克在《论风景》一文中曾这样写道：

> 人们专注于景物的伟大的静止，感觉到它们的存在转化为规律，没有期待也没有急躁。动物在它们中间悄悄游逛美，像它们一样忍受着白昼和黑夜，浑身充满着规律。后来人转入这个环境，作为牧人，作为农夫，或者简直作为自图画深处出现的一个形象：这时所有自负心理从他那里消失殆尽，瞧他的样子，他想成为物。③

意趣之爱是人的一种天性，优美的景物使人流连忘返并产生幻象，成为其中的人或物。中国古代艺术家最明白艺术的这种“引人入境”的奥妙：“春山烟云连绵人欣欣，夏山嘉木繁阴人坦坦，秋山明净摇落人肃肃，冬山昏霾翳寒人寂寂。看此画令人生此意，如真在此山中。”因此，中国山水画不仅讲究可观，更研究可行、可望、可游、可居，并认为“画凡至此，皆入妙品”④。正是由于人们在自然之美的作品的阅读中的情感移入，薄薄的纸张、流动的文字或石头、色彩、数字、线条都成了人们

---

① ［美］肯·威尔伯：《性、生态、灵性》，李明等译，中国人民大学出版社 2009 年版，第 485 页。

② 仁波切：《心灵神医》，郑振煌译，中国藏学出版社 2006 年版，第 131 页。

③ ［奥］里尔克：《论风景》，《里尔克散文选》，绿原等译，百花文艺出版社 2002 年版，第 117 页。

④ （宋）郭熙：《林泉高致・山川训》。

行、望、游、居的空间。此刻，人与世界的主客对峙溶化了，物我界限消失了。人变成了山水中的樵夫、渔者；变成了山中的行者、隐者；变成了花鸟鱼虫。不仅享受着大自然拥抱的幸福，而且进入了与万物融为一体的和谐境界。中国的禅宗可谓参悟透了自然对人性的这一化育功能。禅师们摒弃言辞理据，离弃黄卷青灯，要弟子们在“青青翠竹”“郁郁黄花”的自然妙赏中感受青山无处不道场，进入心物一体、梵我合一的灵性境界。这种境界不仅是禅悟之境，更是人的“大精神”之境。禅“所贡献于中国人的，是一种极其细巧精致、空灵活泛和微妙无穷的精神享受。”①

九　个案研究：临终关怀与心理卫生

从宗教现象学的视角审视，宗教生活与日常生活属于两种完全不同的生活世界：它们一个指向人类精神圣化的层面，一个指向人类精神庸常的层面。若用涂尔干的宗教社会学理论来表述，即前者属于“神圣的领域”，后者属于“世俗的领域”。但是，无论是现象学“超越”与“庸常”的分辨，还是涂尔干“神圣”与“世俗”的分别，其实都是一种学理层面的划分而非心灵生活层面的事实。其实，对于一般信仰者而言，很难把宗教从其日常生活实践中泾渭分明地分离出来。根据我的理解，尽管宗教生活理想指向超越日常生活的层面，或阿尔弗雷德·舒茨所说的“更高的实在”，但在生活实践的层面，“神圣”也仅仅是个体某种异样生活的精神体验，或者是日常生活的一段插曲而已。一个社会或共同体越是臻于神圣，越是对神圣全神贯注，就越意味着神圣已融入人们的日常生活，并成为日常生活的一部分。神圣向日常生活的广泛侵入，不仅扩大了宗教对日常生活的影响，也涂抹了宗教的神圣性。虽然从理论上说，神圣性的“涂鸦”是神学的一场灾难，但却是日常生活世界饮食男女的一种精神福祉。从个体精神卫生的视角来分析，至少它为那些没有“灵性”“慧根”的普通、平凡的生命提供了廉价的日常生活中心理防疫的“疫苗”。

根据世俗与神圣的这一互动关系，本节将选择一个特殊的视角，就密教的“亡灵指引”和萨满教的“亡魂祭”仪式对普罗大众心理卫生之影响做一分析。

正如我在第一章所析，死亡是人类生命的最大之“恶”，它的存在，

① 张节末：《禅宗美学》，北京大学出版社2006年版，第3页。

使人类所有的生命幻想都变得微不足道；但死亡又是人类生命存在之大“善”，也正是由于它的存在，才激发了人类生命创造激情，并产生了蔚为大观的文化成果：从物质文明、制度习俗到精神文化乃至生态文明（如中国的阴宅“风水学”就蕴含着中国民间朴素的生态学意识①）。

就人类创造的“死亡文化”之本体论意义而言，此类文化成果的享受者确是死者，是生者为使他们在冥界的旅行更为顺畅、在彼岸的生活更加幸福而创造的；但透过心理分析的思想棱镜，我们不难发现，死亡文化真正的受益者却是我们这些“终有一死”但尚活着的人：人们不仅通过这些符号所凝聚的文化隐喻和社会象征获得了相应的文化资本与社会资本；更重要的还在于，通过与这些文化符号的游戏，无论是寄托情思还是意义参悟，都十分有益于人的心理卫生。可惜的是，死亡文化的这种心理学价值的开发至今仍很薄弱。

在人类所创造的死亡文化辉煌成果中，人们为临终或死者所作的冥界“旅行指南”是很重要的一部分。古代的东方和西方都曾生产出这类奇异的语言体式，其中尤以古埃及人创作的《埃及亡灵书》和佛教密宗莲花生大师所著的《西藏生死书》堪称典范。这两部“亡灵书”自从被发掘出来之后，引起了举世的瞩目，吸引了一大批学者对它展开研究。但迄今为止，我们发现，学界对这两部“亡灵书”价值的解读与阐释主要还是在佛学或宗教学的框架之内，即它们对灵魂不死的宗教理念的诠释和宣传，而对它的心理学特别是心理卫生学价值却鲜有涉猎。精神分析学大师荣格当年曾睿智地捕捉到了这类文本的心理学意蕴，并撰写了《〈西藏度亡经〉的心理学评论》（“西藏度亡经”即“西藏生死书”另一种译名）一文，首次揭示了该书对于心理学的贡献。但荣格关于其的心理分析视野主要还聚焦于文本之语义所映现出的人类集体无意识存在这个框架之内；当然，荣格也看到了它还有生者希望为死者做点事情的这种“心理动机”，但没有展开分析。② 我认为，《西藏生死书》的重要心理学意义不仅在于荣格所说的它使人认识到了人类集体无意识的存在，还在于它特别有益于诵念仪式参与者的心理卫生：优化心理能量结构、促进人的精神性成长、开化人的生命灵性。

---

① 高长江：《民间信仰：和谐社会的文化资本》，《世界宗教研究》2010 年第 3 期。

② ［瑞士］卡尔·古斯塔夫·荣格：《精神分析与灵魂治疗》，冯川译，译林出版社 2012 年版，第 168—187 页。

（一）优化生者的心理能量系统

按照荣格的“心理能”理论，人类的心理能量结构同样遵循“守恒”的原则。如果某些能量过多或过强，就会造成对其他心能的压抑，导致心能系统的紊乱。而要达到心能的守恒，就要将一些多余的心理能量消化掉。前行与退行、转换与释放都是优化心理能量结构，维系心能守恒的基本路径。① 依据心能守恒的这一原理，我觉得，藏传佛教诵念《西藏生死书》的语言游戏其实就是优化人的心能结构的一种途径：不仅可以释放当事人的哀伤情绪，还可以优化生死间性之“共生”关系，转化当事人心理的无意识碎片等。不妨略析一二。

第一，诵念《西藏生死书》的语言仪式，可以使生者强烈的丧亲哀痛情绪得以宣泄与释放。我们知道，丧亲之痛是人生中的最大痛苦之一，然而，作为被造的哺乳动物，我们在生死游戏的无情法则面前完全无能为力。死神把我们亲爱的人从我们的身边粗暴地掳走，这不仅颠覆了我们的“生命哲学”，而且扰乱了我们的心理秩序，将我们拖入精神痛苦与混乱之中。正如瑞士心理学家维蕾娜·卡斯特所说，亲友的去世，不仅使我们承受着巨大的生死离别之痛，而且使我们面临“向死而在”哑然失语：“当一个所爱的人去世时，我们感受到了什么是死亡。我们所遭遇到的这种对死亡的感受，是对我们的伤害，使我们对我们自身和所有我们至今一直认为不言而喻的东西都糊涂起来。”② 基督教神学家奥古斯丁在描述他朋友的过世给他造成的巨大心灵伤害时曾这样写道：

> 这时我的心被极大的痛苦所笼罩，成为一片黑暗！我眼中只看见死亡！本乡为我是一种刑罚，家庭是一片难言的凄凉。过去我和他共有的一切，这时都变成一种可怕的痛苦。我的眼睛到处找他，但到处找不到他。我憎恨一切，因为一切都没有他；再也不能向他生前小别回来时，一切在对我说：“瞧，他回来了！”我为我自身成为一个不解之谜：我问我的灵魂，你为何如此悲伤，为何如此扰乱我？我的灵魂不知道怎样答复我。……只有眼泪是甜蜜地，眼泪替代了我心花怒

① ［瑞士］卡尔·古斯塔夫·荣格：《心理结构与心理动力学》，关群德译，国际文化出版公司2011年版，第10—25页。

② ［瑞士］维蕾娜·卡斯特：《体验悲哀》，赖升禄译，生活·读书·新知三联书店2003年版，第1页。

放时的朋友。[①]

奥古斯丁的感受是真实的。当我们至亲至爱的人突然撒手离我们而去，我们的世界仿佛瞬间坍塌了。我们不仅为此而伤痛，也为此而愤怒和羞耻。面对这种令人肝胆俱碎的死亡震撼，有人以泪度日哀伤不止，有人采取自我压抑，也有的人跌落到神经症那里避难。就心理学的角度而言，丧亲之痛是人的一种正常的心理性态，没有这种情感体验，人的心理就不正常；但从心理卫生学的角度分析，无论是以泪洗面还是抑郁沮丧，甚至“选择性遗忘”，都是心理熵的聚集，将人推向心理危机的临界状态。如果不及时干预调理，就会对我们的心理健康构成消极影响，甚至导致相应的精神疾病，如应激障碍等。[②]

现代心理学对心理危机进行干预的主要方式，就是给当事人以情感支持和提供情绪宣泄的机制。所谓情绪宣泄，也称为“倾诉疗法”，即通过当事人的述说，将其心理的负面情绪倾泻出来，以达到心理疏泄的目的。心理学的这种“倾诉疗法”与藏传佛教在亲人临终或死亡之时举行的在其身边诵念《西藏生死书》的仪式具有异曲同工之处。二者的区别仅在于：心理学家和精神病学家临床工作的目的是通过当事人的倾诉疏导情绪碎片；而喇嘛和家人诵念经文的目的是指导亡灵获得灵魂解脱。尽管两种言语行为的宗旨不同，但却收到了相同的效果，即都是通过维特根斯坦所说的“语言的车辆”[③] 将生者心中的负面情绪运送出去。特别是诵念《西藏生死书》的语言仪式，不仅时间长——三个“中阴”阶段每阶段要诵念 7 遍或 12 遍——如此循环往复的语流，即便当事人心理的哀痛情结再浓再重，也难以抗拒言语的疏导与运载；而且倾诉的内容十分具体——从临终中阴到法性中阴，再到投胎中阴——当事人心中的哀伤随着“中阴”故事的转换、语言符号的流动而消逝于语流之中。美国诗人伊萨克·狄尼森说得好：“所有的悲伤都可以忍受，只要你把它们放到一个故事里或讲成一个故事”。尤其是随着“三个中阴”旅程的展开，诵念者似乎看到了

① ［古罗马］奥古斯丁：《忏悔录》，周士良译，商务印书馆 1996 年版，第 56 页。

② 精神病学所说的“应激障碍”指的是在日常生活中，某些突发性的灾难（所谓“应激源”），如交通事故、火灾洪灾、四川绵阳和青海玉树的大地震等，瞬间使我们与亲人阴阳两隔，很多人承受不了这突如其来的剧烈精神创伤而导致抑郁沮丧、痛苦压抑（“闪回”）和选择性遗忘、“心因性木僵”等。

③ ［奥］维特根斯坦：《哲学语法》，韩林合译，商务印书馆 2012 年版，第 161 页。

通过他持续不断地反复叮嘱引导，亡灵摆脱了各种业力幻想的束缚，进入了极乐世界或获得一个较为圆满的投胎转生。这种想象使得亡者的“冥旅”这幕生物学意义上的悲剧转化为一种生命美学意义上的喜剧，生者的情感也就在这一语言游戏中达到了升华，即将哀伤转化为喜悦。正如约瑟夫·坎贝尔所说：当人以神的方式死去，从神话的意义上说，就是走向了永恒的生命。所以我们又有什么好悲哀的呢？让我们庆祝他。[①] 这也是中国民间丧葬文化中之所以上演着“喜丧”这一幕文化戏剧——不是哀伤痛楚，而是喜悦与庆祝——的文化神话内涵：人完成了生物学（自然年轮）和社会学（家族绵延）意义上的生命历程，转而走向另一种新的生命——极乐世界或转世轮回。

诵念《西藏生死书》仪式对生者哀痛情绪的疏导功能，除了上面分析的语言倾诉因素外，我觉得还在于这种语言游戏的形式即唱诵。唱诵，作为佛教文化的声乐艺术，多少年来我们对它的关注与论说一直聚焦于佛学仪式的层面，而很少思考其心理学的意义。其实，无论是梵呗歌唱还是偈语唱诵，作为一种声乐艺术，它们与其他音乐形式一样，都具有抒发情感、疏导情绪、净化心灵的功能。密宗临终关怀仪式上念诵《西藏生死书》的语言游戏之所以能够使生者的哀伤情绪很好疏泄，就在于它不仅是一种语言叙事行为，而且还是一种语言歌唱艺术，即唱诵四种“偈”。从我前文提出的“语言能量理论”及神经学的角度来分析，“唱”比“说”更能达到情绪疏导的效果。尤其是佛教唱诵的舒婉、和谐的节奏与音律以电化学信号（神经）的形式在神经回路传递，可引发脑神经组织的畅快感，使人产生轻松、愉快的情绪感受。

总之，藏传佛教为亡者所举行的诵念《西藏生死书》仪式，因其综合了“念诵”与“唱诵”两种表达形式，把“倾诉疗法”与“唱诵疗法”有机结合起来，对当事人的心理危机干预的效果也更显著。在遥远而神秘的雪域高原，在艰难的生存环境之下，在生死无常的游牧生活中，在既没有心理医师又缺乏公共精神卫生服务的情况下，藏民们却很少罹患精神疾病，这不能不说是个奇迹。但这一点也不奇怪。除了佛教信仰为藏民们提供了生命终极关怀这一因素外，与藏传佛教的临终关怀仪式对人的心理疏导有密切关系。

第二，诵念《西藏生死书》的仪式，也将生者从与死者所缔结的僵硬

---

① ［美］约瑟夫·坎贝尔、比尔·莫耶斯：《神话的力量：在诸神与英雄的世界中发现自我》，朱侃如译，浙江人民出版社 2013 年版，第 145 页。

的“共生”关系中解脱出来，从而以一种开放而积极的心态迎接新的生活。丧亲尤其是人们至亲至爱的人的离世，不仅使人们的情绪低落悲哀，而且还可以使人产生“共生”心理，并由这种“共生”心理导致持续哀痛和心灵的对外封闭，容易引发抑郁症。所谓“共生”，精神分析学指的是一个人与另一个人、与具有一定思想的团体、与一片土地、与一位死者等的融合。[①] 这种“共生”心理，体现于意识的层面，比如，凡是有可能损害这种融合的行为都受到排斥，凡是关于死者永远离开的话语都会受到反击；有时候是无意识的，比如，看到死者生前的用具、住宅，仿佛死者就在眼前；经常在梦里与死者在一起等，就心理学的角度而论，“共生”心理并不完全是一种病态心理，它也是人类正常心理生活的一部分。但是，如果这种“共生”心理持续时间太久或能量过强，当事人很长时间无法摆脱它的纠缠，沉迷其中，就会导致神经症。维蕾娜·卡斯特分析说：沉陷于“共生”心理中的当事人，由于对于死者的理想化与移情化，对其他任何的人和事都不满意，不允许也不想要去建立新的联系，甚至于对遭遇到的丧亲损失抱怨不停，哀伤不止。这不仅导致其心理封闭，而且会导致情感枯竭、生活空虚。[②] 总之，“共生”心理虽给当事人提供了某种情感寄托，避免了其因移情对象的突然丧失而导致的情感混乱失衡，但是，如果当事人完全沉陷其中而不能自拔，也会导致相应的心理障碍，如心境恶劣、心力衰竭等。在我的临床心理分析病例中，这样的现象并不少见。

作为一种“被造物”，人既软弱无能又无所不能：作为大自然的“造物”，人类渺小、脆弱、无能；作为文化的“造物”，人类又放纵幻想，向外移情，以“自恋”或“物恋”的形式获得精神支撑。如此看来，对人类这种战战兢兢的动物而言，“共生”心理或弗洛姆所说的“恋尸癖”也是人性的一部分。其实，心理治疗也不是要彻底驱除个体的“共生”心理，而是如卡斯特所说，是为了“优化”人们的“共生”心理。因为人不能总与死者在心理上纠缠不清，不能总是通过“阴魂”的“神秘参与”而获得力量感，甚至于梦想着在另一个世界与死者的再度“融合”而成为一个“活死人”。作为一种“自然物”，人有生就有死，尽管我们不愿意接受如此冷酷的生物逻辑，却无法改变这一事实。走的毕竟走了，我们怀念他们，并且偶尔在梦里、在想象中与他们融合也属正常；但我们毕竟还活着，生活

---

① ［瑞士］维蕾娜·卡斯特：《体验悲哀》，赖升禄译，生活·读书·新知三联书店 2003 年版，第 132 页。

② 同上书，第 144 页。

还要继续，还要面对新的关系，发展自己的能力和争取生活的幸福。作为海德格尔所说的“向死而在”，我们总有一天会与他们在另一个世界“融合”，但不是现在。生者的当务之急是如何把“活着”这件事做好。若用美国哲学家汉娜·阿伦特的话说，也就是要走出死亡的虚无而开始“行动”①；或用美国另一位哲学家C.W.莫里斯的话说，不能做一个整天穿着“丧服”的“活死人”，而是要“走向一个更丰满的未来”②。

那么，面对亲人之死，人如何从与死者僵硬、封闭的“共生”关系中走出来，由“活死人”脱胎为新人呢？哲学的高谈阔论解决不了问题，对于那些普通、日常的生命而言，需要的不是“思辨”而是“体验”。哀悼仪式就是这样一种“体验”的方式。亲友走了，我们送他最后一程，和他平静地告别；为他祈祷，让他在另一个世界里生活得更好。这就是基督教“悼别礼仪”和佛教的“超度仪式”之所以深受人们重视的原因。正如维蕾娜·卡斯特所说，“哀悼经验”在心理治疗中具有决定性意义：它不仅可以使人接受分离，而且通过哀悼使得这种分离重新体验我们自身。③ 就此而论，密宗为亡灵所举行的诵念《西藏生死书》仪式可谓世间解脱生死烦恼，消化“共生”心理的大智慧。诵念《西藏生死书》，通过对亡灵在三个中阴阶段所经历的旅行故事的叙事，使生者体验到了死者确已离开了我们：他已经从临终中阴进入法性中阴；或从法性中阴到了投胎中阴而一去不返。这种语言加工所构造的意识场景和想象空间彻底消溶了生者心理中“只要我们耐心等候，死者还会回来，或至少他有时候还会和我们融合在一起”的那种“共生”意识，使人们幡然醒悟：我们已亲手将亲友的灵魂送往净土或轮回的世界，接下来人们要讲述的故事应该是，我们该如何认真地过好我们现在的生活。等到了“那一天”，我们开始了另一个世界的旅行，也有人像我们今天的所为一样，为我们提供一份冥界的旅行“指南”。循着这份“指南”，在郁郁的菩提树下或在人世间某一个芳香馥郁的春天，我们与离散的亲友再度团聚。

第三，《西藏生死书》的诵念游戏也可以同化生者的无意识心理碎片，保持意识与无意识的和谐统一。亲人的离去，使生者尤其是老人的灵魂为肃杀的秋气所笼罩，心灵的阴霾挥之不去，身上的“寿衣”难以解开，对

---

① ［美］汉娜·阿伦特：《人的境况》，王寅丽译，上海人民出版社2009年版，第192页。

② ［美］C.W.莫里斯：《开放的自我》，定扬译，上海人民出版社2010年版，第92页。

③ ［瑞士］维蕾娜·卡斯特：《体验悲哀》，赖升禄译，生活·读书·新知三联书店2003年版，第168页。

来世生活的想象也十分活跃，使得心理生活为无意识内容所充溢。前文已述，所谓无意识，不仅指个体在风雨沧桑、爱恨情仇的生命之旅中产生并沉落于心灵底层的各种情绪碎片，如情结，还有荣格所说的通过种族遗传方式烙印于个体心理深层的集体无意识，如神话、宗教、鬼魂的情结和意象。无论是个体无意识还是集体无意识，这些情绪化、神话化的心理片段，在人的意识功能比较正常时被意识压抑着，但它们并没有消失而是缠绵悱恻于意识的边缘；当人的意识功能弱化时，它们便会走出心灵底层袭扰意识。特别是老年人，随着年龄的增长，大脑神经系统的老化，意识机能亦呈退化之态；再加之丧亲（尤其是丧偶）的震撼所引发的对未来生活的联想，都使其心理生活被无意识所主导。从认知心理学的角度而论，无意识上行至意识活动的空间，虽然可以弥补意识的某些缺陷，给人的创造性工作带来灵感，但对意识机能退化的老人而言却绝非妙事。它不仅导致人心理能量系统的失衡和混乱，而且如荣格所说，无意识影响力越是成倍地增长，心灵越是沉没到远古的层面，越会引发对心理主导功能的病态性扰乱，导致相应的心理疾病或精神崩溃。[①] 诵念《西藏生死书》仪式恰恰是对老人无意识心理能的一种转化：丰富的原型意象能够与人的心理无意识形成对接，使得当事人心理世界中激动的文化原型被经文的原型意象所同化。

第四，在亲友临终、死亡之际为其诵念《西藏生死书》，为他们在另一个世界提供“旅行指南”，尤其是生者相信，如果亡灵遵循这个“指南”的引导，刻苦淬炼自己的灵魂，就可以通往极乐世界，或至少在投胎转世时有一个好的来生，这对生者是一种巨大的心理抚慰：不仅获得了表达对亡者付出最终之爱的机会，而且通过此生为亲友所做的最后一件有意义的事情，也减轻或消除了生者的愧疚感乃至于罪恶感。人生在世，奔波忙碌，我们被嵌上社会这台机器随着马达疯狂地旋转，很少有时间陪伴在亲友身边，为他们做些力所能及之事。因此，无论是对亲人还是对朋友，我们都自觉亏欠许多。所以我们常想象：“等到有一天，我们有了条件……”然而，我们可以有这样的耐心，死神却没有。于是，每当听到亲友病危或死亡的噩耗时我们都懊悔莫及，愧疚不已；甚至因愧疚感和罪恶感的冲动而产生医患纠纷。然而，这一切都为时已晚，很多人因此便一直活在痛苦的懊悔和愧疚的阴影里，并罹患了相应的精神障碍，如忧郁症、受虐癖等。这实属无奈。但亡羊补牢，至少在心理学上我们还有赎罪的机会：在亲人

---

① ［瑞士］卡尔·古斯塔夫·荣格：《心理类型》，吴康译，上海三联书店2009年版，第255页。

临终之际，陪伴在他们身边，为他们做些什么；在亲人离开之时，在他们的灵魂尚未走远之际，为他们做些什么，就是我们向故去的亲友赎罪的行为。西方中世纪基督教修道院盛行的迎接死亡的“临终艺术”，即牧师和亲人围在临终者身边祈祷轮唱，其实就具有这样的心理补偿功能。基督教神学把这种“临终艺术”解释为对临终者的爱，即使其灵魂安宁地走在朝圣的路上。这从另一个侧面印证了这种“临终艺术”的受益者是生者：通过这种临终关怀仪式，使生者获得一次补偿自己对死者的亏欠、安抚自己不安的良心的机会。《西藏生死书》的诠释者达赫先生曾深有感悟地说：如果我们真心想要弥补对死者的亏欠，为他们做点什么，那么，“就让我们来以虔诚之心为亡者助念，使他们心有所归，心有所依，不至像落叶一样在另一个世界里随风飘零；让我们来悉心地为他们做死后旅程的指引，使他们能够避开中阴世界的险境和磨难，领悟慈悲的净土明光，进而随佛往生西方极乐世界。我们应该相信，在那片没有烦恼，没有困惑，没有苦难，也没有罪恶的清净之土，故去的亲友将获得永恒的解脱和快乐。”①

确实，藏传佛教诵念《西藏生死书》的仪式，不仅要求家人与上师对亡灵进行冥界旅行指导，而且要反复叮咛，悉心引导，帮助亡灵松绑，摆脱各种幻象业力的羁绊，在离开人世的刹那间体认明光，获得解脱；如果亡灵失去此次机会，便不厌其详地指导其在下一个中阴如何洞破幻象业力，证悟新的明光往生净土；如果再次失败，则耐心教导亡灵如何选择转世的胎门获得理想的来世。诵念完毕，生者仿佛目睹了在他的引导之下亡灵已达至理想的归宿。对亡灵往生之旅的这种引导，从感恩心理学的角度说，是生者心灵的极大抚慰。心理学家马斯洛晚年几次谈到感恩的心理学意义。在他看来，能有感恩、报恩的行动，对于人的情感健康是十分重要的，至少我们不会因遗憾、后悔而耿耿于怀②，从而避免了由于愧疚感和负罪感所导致的心理障碍发生的可能。

（二）促进个体“精神性”的生长

所谓“精神性”，在哲学、心理学理论中，通常也称为“精神成熟”。美国心理学家大卫·艾尔金斯曾说，迈向精神成熟的历程不止是智慧的过程，也是心理发展的过程。在最激进的形式上，精神性意味着为我们自己

---

① 莲花生原著，达赫释著：《西藏生死书》，陕西师范大学出版社 2010 年版，第 269 页。

② ［美］马斯洛：《洞察未来》，许金声译，华夏出版社 2004 年版，第 136—137 页。

的精神发展负责任，并且知道如何培育我们自己的灵魂。[①] 在哲学家乔治·桑塔亚纳那里，“精神性”则意味着一种内在的目标，是感情中的稳定性，这种稳定些知道该从这个世界中带走什么，该留下什么，并用自己的平静感染世界。[②] 由此可见，无论是心理学家的“精神性”还是哲学家的“精神性”，尽管知识视角有别，但其深层语法却是一样的，那就是对生命本身的深度觉醒。生命深度觉醒的最核心表征就是对待死亡的超然态度，用神话学大师约瑟夫·坎贝尔的语言来表述，也就是不再对死亡恐惧，而是把死亡看作是生命中正常的事件，在生与死之间找到平衡，甚至为某种死亡（如英雄或再生的生命）而庆祝。[③] 确实，正如大卫·艾尔金斯所分析的，生命的精神性有多种维度，但严肃地意识到人的生存悲剧，对人的痛苦、困惑和死亡具有深刻意识：既感到生命存在之严酷性，又能对其保持着愉悦和赞赏，是其主要内涵之一。[④] 品味艾尔金斯的表述，使我想起伟大的艺术家歌德的一句凄美的名言：凡成熟的事物都希望自己死去。歌德的这句名言可谓对精神成熟或精神性生命一个绝妙的诠释。

那么，个体如何获得“精神性”的生命呢？尽管有人认为“精神性”是人与生俱来的一种自然潜力；有人甚至认为它就是人的一种心理原型（肯·威尔伯所谓的“大精神”），但我认为无论是成熟的精神还是精神性，都非个体生命自然发展的结局，它其实系人类创造的文化对人的灵魂淬炼的结果。哲学、艺术、道德、宗教都可谓在人类生命的深层埋下的精神性“种子”。尤其是宗教，它为人生设定了某种神圣性的目标并引导人们向着这个目标前进，因而，它更有助于个体精神性的成长。正如乔治·桑塔亚纳所说，宗教的催人上进就是人的精神性的生长，精神的兴盛从离不开宗教。作为存在主义神学家的保罗·蒂利希对此的表述更为深邃：宗教就在人类深层的精神生活里，它赋予人类精神的所有机能以要旨、终极意义、判断力和创造的勇气。[⑤]

---

① ［美］大卫·艾尔金斯：《超越宗教：在传统的宗教之外构建个人精神生活》，顾肃等译，上海人民出版社 2009 年版，第 10 页。

② ［美］乔治·桑塔亚纳：《宗教中的理性》，犹家仲译，北京大学出版社 2009 年版，第 170 页。

③ ［美］约瑟夫·坎贝尔、比尔·莫耶斯：《神话的力量：在诸神与英雄的世界中发现自我》，朱侃如译，浙江人民出版社 2013 年版，第 143、145 页。

④ ［美］大卫·艾尔金斯：《超越宗教：在传统的宗教之外构建个人精神生活》，顾肃等译，上海人民出版社 2009 年版，第 33 页。

⑤ ［德］保罗·蒂利希：《文化神学》，陈新权等译，工人出版社 1988 年版，第 9 页。

为了清楚地论述这一点，我们不妨再回忆一下《西藏生死书》的主要内容。

如前所述，《埃及亡灵书》与《西藏生死书》虽然都是为亡灵而作的“书”，但二者的目的与意义却略有不同。《埃及亡灵书》是真正送给亡灵的“工具书”。按照古埃及人的宗教信仰，在冥界有各种各样的恶魔，它们阻挠亡灵通向“奥西里斯王国”。因此，亡灵必须念诵宙斯的咒语（在古埃及王朝，《埃及亡灵书》的作者一直被认为是宙斯）才能打败所有的敌人，使自己得以幸福地再生。① 但《西藏生死书》却与其不同。此为莲花生大师创作的一部于人临终或死后由密宗上师和家人在临终者或亡者身边诵念的经文，目的是为临终者或亡灵提供一个在“中阴”② 世界旅行的

---

① 参见［美］E. A. 华莱士·布奇《〈埃及亡灵书〉序二》，罗尘译，京华出版社 2001 年版，第 4—6 页。

② 按照密宗的“灵魂”学说，人在临终至死亡这一时期，要经历三个“中阴”阶段。“中阴”在藏文中念 Bardo，指一个过程的完成和另一个过程的开始之间的过渡或间隔。(1) 临终中阴阶段：人在死亡前会有短暂的昏迷状态并处于无意识境界，一般为三天左右，而这也是根本明光两次显现的时候；如果临终者能够把握其中任何一次明光，从中获得体悟，那么就可以获得永久的解脱——往生于根本明光的净土。(2) 法性中阴阶段，也称“实相中阴”：如果临终者没能在临终中阴获得体悟，亡灵便进入法性中阴，这时，意识将脱离肉体，成为独立的意识体之后，亡灵开始展开 49 天的冥界旅行。在这一阶段，亡灵从昏迷中醒来，首先会清楚看到自己家中的情景——此时亡灵已停止呼吸 3—4 天，故家中人去物非，比如亡灵的衣服已被脱下，亡灵生前睡过的床铺已被撤换，原来摆放的食物也被拿走，亡灵找不到自己往昔的痕迹，心情十分低落和沮丧；再加之看到亲人为自己伤心哭泣，亡灵想要安慰他们却又无法引起他们的注意，所以会更加痛苦和无助；而比这更痛苦折磨亡灵的则是业力逐渐苏醒并频频对亡灵发出干扰，亡灵面前将会出现各种幻象，包括形象各异的诸佛菩萨的法相以及五颜六色、明暗不同的光影，其中还夹杂着使人畏惧的声音。这时，亡灵如果听从经文的引导，看穿幻象业力的本质——它们不过是业力作用下的幻景和自己心理的投射——就不会对亡灵构成危害，并获得证悟，在来自宇宙中央的大日如来、来自宇宙南方的宝生如来等五位佛陀的接引下往生纯净的虚空净土。(3) 投胎中阴阶段：亡灵如果无法通过法性中阴的考验，将进入投胎中阴。进入投胎中阴后，亡灵将具备完整的感官知觉，能够不受阻碍地到处游走，并且还可以感觉到自己的生前色身和未来色身。所谓生前色身，就是亡灵记忆中生前所拥有的血肉饱满的身躯，这个身躯的实体在亡灵进入投胎中阴以后早已腐败变质或不复存在，但是它却可以以“中阴体验下的意识体”的形式散发出明亮耀眼的光芒，使亡灵清楚地感受到自己仿佛拥有了一个有形的身体；所谓未来色身，则是亡灵所体验到的未来投生时的身躯。亡灵在投胎中阴可以诞生在天道（亡灵往生此道可以成为天神）、阿修罗道（这里有美丽的树木或相背旋转的火圈，此道众生极具妒忌嗔恨之心，十分好战，亡灵在此受战争之苦，是一个令人讨厌之道）、人道（即成为人，经文未详述）、畜生道（这里遍布雾气弥漫的岩石洞穴以及稻草盖的茅屋，亡灵在此将受愚昧无明之苦）、饿鬼道（这里到处是一片寸草不生的荒原和荒无人烟的沼泽地，亡灵在此将忍受饥渴的痛苦）、地狱道（这里有凄切痛苦的哭声、黑白交错的房屋、遍地的陷阱以及昏暗不明的道路）。这“六道”幻景诱惑着亡灵前往堕落。因此，亡灵要听从经文的指引，将注意力收回到自己的内心，使其安住在纯净赤裸的自己心中，尽力领悟空无与光明的合二为一，这样就可以抵制进入胎门，重获永久的解脱。若胎门不能关闭，亡灵则可在经文的指导下审慎选择胎门：选择转生为宇宙之王，或转生为像婆罗树一样利益众生的婆罗门，或转生为有大德成就者的后代，或投生在清白正信的家庭而避免在饿鬼道、地狱道、畜生道这“三道”投生。

"行动指南"，即通过上师和协助者的诵念，使临终者或亡灵宁静地走完生命的最后一刻，安详地度过肉体崩溃的恐怖景象，并在经文的提示下识认明光，获得解脱；或进入法性中阴之后如何摆脱幻象和业力的纠缠获得证悟，在如来的接引下前往净土；或在进入投胎中阴之后如何掌握选择胎门的诀窍，获得一个理想的转世轮回。本经的原名为《中阴闻教救度大法》，即临终者（或死者）在三种中阴（临终中阴、法性中阴、投胎中阴）阶段应当聆听的获得解脱的根本大法。

正如《西藏生死书》所描述的，无论是临终中阴、法性中阴还是投胎中阴，虽然此时亡者已离世而去，但其灵魂仍然存在。只要亡灵能够听从经文的导引，灵魂就会有一个很好的归宿。这确是生者献给亡者的"冥界旅行指南"，但又何尝不是诵念者及其所有参与者的一次神圣的精神圣餐。至少我认为，在人本心理而非宗教心理的意义上，喇嘛和家人的经文诵念亡灵是否听到或听到后是否能够被引导而达致乐土或理想的转生其实并不重要；重要的是这个诵念仪式俨然生者灵魂庄严的升华仪式：相信亲友在他的诵念指引下无论是进入乐土还是顺利往生，从神话的意义上说都是走向了永恒的生命。这不应当悲哀而应当为他庆祝。也正是这种生命意识和精神体悟，为个体精神性的成长——坦然、平静甚至心怀喜悦地面对死亡——注入了心理正能量。

（三）人的灵性的开化

《西藏生死书》，无论是临终关怀仪式上诵给亡灵还是个体的阅读参悟，这部密宗经典对亡灵在另一个世界旅行故事的叙述，都使我们仿佛看到了亡灵是如何经过艰难而痛苦的灵魂磨炼才最终放空自我，安详幸福地走上了"回家"之路。这一"冥旅"故事从心灵哲学的角度看，不啻为人类生命灵性的深刻启蒙。在我们身边，有很多人只是在经历了人生骇人的一面后才敞开胸怀拥抱真实的生命。这种精神转变固然也令人欣喜，但其生命代价实在太大了。尤其是如果没有一定的心理准备，这种"生命考验"往往会产生很可怕的后果。很多人正是由于承受不了这些生活事件的惊骇而瘫倒在精神病的床榻上的。但有了《西藏生死书》的语言游戏，我们也就无须再经历精神的"可怕的旅行"便可达到生命灵性的开化：我们不仅当下便开始敬畏"活着"这个事实，而且也明白了什么是"活着"以及如何活出真实的生命这个道理。其实，所有的死亡体验仪式，无论是哀悼仪式还是临终陪伴，从"死亡心理学"的角度说，都具有生命启蒙的意义。曾在美国佛罗里达州医院为几百位病患提供临终陪伴的超个人心理学家凯瑟琳·辛格在总结自己多年来临终陪伴的心灵体验时曾说过这样一段肺腑之言："透彻认识临终过程，本身就是一种转化的力量，借此，我们进入了不同的存在状态。我们的生命变得更大气、更完整，视野也随之开阔，不再划地自限。就这个意义上来说，我们的生命将变得更加真实。我们得以进入的存在层次，是让我们的深层内在向着本然开放的层次：没有太多的花哨把式，也没有太多的大道理，不管是在活着的当下，还是临终的时刻，都可以拿得起、放得下，生命里少了些轻佻浮夸，却多了些喜乐；少了些痛苦，却多了些感激。"① 与辛格临终陪伴的生命"灵性启蒙"相比，我觉得，《西藏生死书》诵念行为对人们的生命灵性启蒙也许更为深刻。正是通过《西藏生死书》对亡灵在"三个中阴"旅行故事的叙事、通过亡灵得到提示而得见明光，超越生死轮回，最终进入涅槃解脱圆满景象（或至少圆满重生）的描述，使人真正觉悟到了生命存在的神圣真理：人不仅应珍惜当下的存在，而且还应在有限的存在中精进灵修，以摆脱沉重的肉身和虚伪的自我的束缚而达致无相自由的生命灵性境界。这乃是人生至高无上的福祉。荣格当年也认识到了《西藏生死书》于生者灵性开化的这一意义。在《〈西藏亡灵书〉的心理学评论》中他写道：《西藏亡灵书》在生者礼仪中的意义就在于，它启悟人们，超越的生命并不意指超越冥界之外，而是象征其精神指向和世界观的彻底转变，亦即一种心理上的"超越"，意味着脱离先前的无明状态，通向光明和解脱，超越所有一切"给定的"东西。②

宗教的临终关怀、死者祭奠仪式对人类精神卫生的意义，不仅体现在佛教、基督教等理性化宗教中，也体现在中国民俗宗教即民间信仰的各种葬礼、死魂祭礼中。下面我们再以萨满教的"亡魂祭"为例做一分析。

在北方民族中，萨满不仅是巫医、术士，还是族群的大祭司，族群一年四季、个体从生到死的诸多重要礼仪都由萨满主持并亲自担任导演和主演，如祭天仪式、祭祖仪式、婚嫁仪式、葬礼仪式等。通观这些仪式，有的具有明显的民俗学意义，如婚礼；有的具有鲜明的宗教色彩，如祭天仪式；有的则具有心理学价值，即促进氏族成员的心理卫生，最典型的如"亡魂祭"。萨满教"亡魂祭"仪式的宗教学、民俗学意义已有诸多学者

---

① ［美］凯瑟琳·辛格：《陪伴生命：我从临终病人眼中看到的幸福》，彭荣邦等译，中信出版社 2012 年版，第 6 页。

② ［瑞士］卡尔·古斯塔夫·荣格：《精神分析与灵魂治疗》，冯川译，译林出版社 2012 年版，第 173—174 页。

予以描述和阐释，而其心理卫生学意义则很少有人论及。我认为，萨满的“亡魂祭”仪式也是萨满为族众进行“灵魂安抚”的主要内容之一，或者说它就是一种精神卫生工作。下面我就赫哲族萨满主持的“亡魂祭”仪式的精神卫生功能做一简析。

赫哲族“亡魂祭”仪式一般分为“小祭”和“大祭”两种。前者被称为“尼姆干”；后者被称为“卡萨塔乌里”。我们根据民俗学家乌丙安先生的记录介绍一下“卡萨塔乌里”仪式，然后再对其的精神卫生意义进行分析。

> (在举行“卡萨塔乌里”仪式时) 人们去召请萨满时先献酒，萨满用右手食指沾酒，往左手上点几滴，作为给自己的守护灵“色翁”的供物。接着穿上萨满的装束，拿上神鼓，求神灵为自己增添力量。到达死者家里后，萨满首先坐到“法尼阿”① 旁，接着再作好“尼姆干”祭中搭设的神帐，再次在东西两门前燃起火堆。事先制作“木哥呆”草人，穿上死者的衣服，脚像走下河水的样子面向流水放在“法尼阿”旁。这时，萨满先把自己的装束全整理好，打起神鼓，在神帐中追逐隐藏着的恶灵，接着再寻找游荡远行的亡魂。跳神开始，萨满唱着他和护法诸灵一道去冥国的经过 (的神歌?)，敲打着神鼓跳舞，高声唱诵，还在帐房周围转圈快跑，助手们急速地追赶着。突然，萨满用手抓住亡魂进入帐房，向家属询问亡魂的特征与死者是否吻合一致，直到最后确认无误时为止，遂将亡魂移入“法尼阿”。移魂时萨满跪在“法尼阿”前，两手握魂放在它的上面，从手缝中只一吹，魂便移入了。这时，萨满为亡魂医病治伤，据说这些病伤都是亡魂在游荡徘徊中被恶灵所欺造成的。……然后，众人开始用各种供祭的食物和酒款待亡魂，使亡魂放心。最后，萨满把吃剩下的食物和酒投入火中，再由妇女们把床抬到帐房中，把“法尼阿”和“木哥呆”都横放在床上，萨满在床旁跪下，劝慰“法尼阿”中的亡魂，让它安眠，给它盖被。同时，萨满和家族中有人留在帐房过夜。
>
> 第二天，萨满再穿好服装，打起神鼓，唤醒亡魂，从被中取出白

---

① “法尼阿”，是一种在死者下葬后的第七天，在死者生前睡眠的地方放一个特别的白靠垫，用它代表死者。如死者是男性，在白靠垫上放上他的衣帽；若死者是女性，则放上她的首饰匣（或梳妆匣）；如果是儿童，就放上他的玩具。这种白垫就被称为“法尼阿”。它与死者的关系极为密切：既是死者的替身，又是亡魂可以附着的载体。

垫和草人；妇女们再进食，餐宴如昨，残食再投入火。入夜，与前一天一样，“法尼阿”再眠。这样，不停地反复行祭，直到最后把亡魂送往冥国的祭日为止。萨满每天早上向亡魂劝食，晚间劝睡，要唱诵许多很诱人动听的词语。每天反复跳神时，萨满要在脸上涂上黑道，以防恶灵认出自己的真面目。不停地请神灵相助，做着各种鸟兽的动作和叫出鸟兽的声音。因为据说萨满要想知道去冥国的路，就要靠这些鸟兽。萨满施术时悬挂着两个鸟形神偶，一个是“布秋”神，一个是“阔力”神。因为魂到冥国，全靠“阔力”领路，在最困难的时候，萨满要由它背起飞跃而过。长时间施术之后，萨满乘在雪橇后部面向西坐。橇板上载着“法尼阿”“木哥呆”和装食物的筐篮。萨满要求由最快的狗牵引。萨满再求诸灵守护，同时请一个使佣人坐在后面，吩咐狗出发快跑，述说一路上的见闻，还要叙述如何到达死国，怎样见到了早先的死者，遇到艰险“阔力”和“布秋”如何解救，小动物到死国如何帮助美言等。所有的冥国景象及亡魂如何顺利到达的情形，一律由萨满坐在雪橇上向参加仪式者唱诵出来，形成动人的冥国之行故事。萨满唱到归来时，仪式终了。萨满将“法尼阿”“木哥呆”都投入火中，把装食物的筐篮也烧毁。然后，助手们编一根草绳，一头牵在萨满手中，另一端放在死者近亲手中，在火上烤后，再由萨满斩断，将一端投入火中，剩余的剁碎，向西方投去。这表示死者与家属之间的全部关系至此断绝，近亲们也从此割断了联系，预告亡魂今后对家人不要再提出任何要求，不要作祟。①

对上面这个“亡魂祭”仪式进行分析，我们不难发现，这个祭礼的意义其实已经远远超越了人类学家和民俗学家所说的“人生转折仪式”的民俗秩序层面，而是具有对亡者的家人乃至于整个族群进行心理安抚的意义；或者也可以这样说，有些族群中的“送魂萨满”就是该氏族的心理医师，他所主持和表演的“安魂”仪式现场，就是一个“心理剧剧院”。仪式或戏剧——无论是悲剧还是喜剧——都使参与者获得了精神的“净化”，即在将死者的灵魂送往冥界的同时，也实现了生者灵魂的慰藉与安抚——恐惧与哀伤心理的消除，即萨满通过戏剧化的表演，通过一系列象征符号，将死者——一个即将成为鬼魂的存在者——从生者的生活世界中分离；或者说，仪式程序、仪式符号本身成为一个界限，将生者与死

① 乌丙安：《萨满信仰研究》，长春出版社 2014 年版，第 140—141 页。

者隔离开来。我们不妨分析一下“卡萨塔乌里”仪式的几个关键“场景”。

首先，萨满表演的“捉亡魂”以及为亡魂供祭仪式，象征性地抓住亡魂，并将其移入“法尼阿”；同时，萨满在亡魂前述说“劝慰词”劝其安眠。这一幕幕象征性的戏剧表演，使人们仿佛看到了亡魂已被萨满抓住并移入了“法尼阿”；并且，亡魂在萨满的劝慰下已经安眠，不再会对家人及族众构成威胁。

其次，第二天及其以后的祭礼尤其凸显了“亡魂祭”对生者的心理卫生意义。一是萨满每天向亡魂劝食劝睡，唱诵相关神歌。此情此景，使人们联想到在萨满的劝慰下，亡者灵魂已安，开始了前往冥途之旅，不再对人们形成威胁。二是萨满用跳神的方式模拟相应鸟兽的声音和动作，也使人们想象到在萨满神灵的引领下，亡者行进在冥途的路上。其三，萨满坐在雪橇上飞奔，同时一路述说冥国之旅的见闻故事。这一语言游戏与诵念《西藏生死书》的密宗临终关怀仪式可谓异曲同工，生者似乎看到了亡魂在萨满的引导下如何顺利经过冥途之旅，最终到达冥界这一景象。

再次，仪式终结，萨满用象征的方式将“法尼阿”、食物的盛具烧毁，把一草绳斩断、焚烧、遗弃，象征死者从此与家人关系彻底断绝。此后，亡魂与生者再无任何瓜葛，人们也就不再恐惧亡魂回来作祟，伤及生灵。

特别值得说明的是，萨满教与佛教的亡魂祭礼不同：如果说佛教（也包括基督教）为亡者举行的仪式是崇高的、悲剧化的风格，即通过对亡者的哀悼、与亡者悲剧性的诀别及其为其作最后的送行与开示，使其体认明光，获得解脱，灵魂升到庄严灿烂的国度，其肃穆的气氛、虔敬的祈祷、庄重的送行使“生命显得可贵、丰饶、美丽，从而令死亡可畏”①，使生者更加体悟生之智慧；那么，萨满教的“亡魂祭”则是幽默的、喜剧化的风格——它通过萨满“捉亡魂”、连哄带骗地劝说亡魂“入睡”以及送亡魂前往冥国途中见闻的说唱，使人体验到了与死亡游戏——如儿童时代玩耍的死亡游戏一样——的轻松。“个体在受保护的和好玩的环境中演出其内心的真实世界，并以这种创造性和适应性的方法替代性地掌控和应付那些带着个体压力的生活事件。”② 从这种意义上说，宗教为死者举行的“死亡祭礼”就是心理学的“心理剧”，起到了纾解情绪、同化无意

---

① ［美］苏珊·朗格：《感受与形式》，高艳萍译，江苏人民出版社2013年版，第379页。

② ［英］威尔金斯：《心理剧》，柳岚心译，中国轻工业出版社2009年版，第5页。

识心理卫生功能。

为了更好地理解萨满教死亡祭礼的心理卫生学意义，我们不妨再来欣赏一个韩国巫堂为死者举行的祭礼。韩国巫堂（萨满）为亡者举行的祭礼，尽管在仪式表象上与赫哲族、满族不同，但其剧情与表演风格基本相同，那就是充满了风趣、幽默甚至诙谐的格调。

在东海岸，为死人做的祭祀中，巫婆只是低声地吟唱公主神话，但并没有穿特殊的服装。她通过对部分故事的表演而使这个吟唱变得有趣。这种表演可能会持续几个小时。在这种情形下，预先表示死者注定结局用的祭祀性的道具，如佛教的彩色纸灯，一只带着她通向彼岸的纸船以及一块象征到另一个世界之水路的白布。

当巫婆结束了解说，她就开始了两个需要使用背景中的道具的仪式活动，将祭祀带到高潮。第一个仪式活动中的一个彩色的纸灯看起来似乎是死者的亡灵在天堂中居住的大厦。巫婆将花圈高高地举过祭坛，并跳着缓慢而悲哀的舞，她对金先生（死者）说："现在骑着这个灯笼飞向天界吧。"第二个仪式活动主要是围绕象征彼岸路途的白布和一个粘满了纸花的纸人而进行。这个纸人代表这个死去的人。巫婆扯着白布并对金先生说："现在我们必须上船，你必须走。"当她的助手将放有贡品的桌上的纸花、瓷器和其他小饰品抛到地上时，巫婆就开始拿着两个小灯笼挑一种慢节拍的舞，想象性地将他们引渡上船。她接着手拿这个小纸人走向金先生的妻子和儿子，替金先生道别。一个助手将纸船和小灯笼慢慢地放在了白布上并说这是最后的时间，"现在让我们走吧!"……随着这个撕开的过程，人们相信，金先生已经到了另外一个世界。接着再有一些驱赶前来观看的飘忽的亡灵的简短仪式之后，祭祀就完成了。

汉城祭祀中的在被花覆盖的"刺门"前跳的强有力的舞和东海岸祭祀中的顶端有纸花的棍子撕开白布，都将祭祀活动带到了高潮，推向了高峰，舞蹈和撕布的动作将一开始就有的显示死者注定结局的戏剧化活动推向了高潮。只有祭祀的迷信者才相信巫婆成功地帮死者到达了另一个世界，但是祭祀用另一种戏剧性的方式将一个人的死亡用神奇的形式表达出来，它同样也能感动祭祀的非迷信者。①

① ［美］丹尼尔·吉斯特：《韩国萨满祭礼的象征性戏剧》，转引自白庚胜、郎樱主编《萨满文化解读》，吉林人民出版社 2003 年版，第 233—234 页。

这则韩国巫婆表演的“亡魂祭”，无论是祭礼仪式上模仿死者的口气发出的抱怨——“我有一个妻子、儿子和大家庭，但没有人去我去的地方；我有许多亲密的朋友，但没有人去我去的地方”——还是巫堂对死者发出的劝告——“现在我们走吧”、“现在你必须上船，你必须走”——迷离之中掺杂着几分风趣，严肃之中不乏轻松与幽默。巫婆的这一系列言行尽管也展现了死亡的残酷与可畏的一面，但也同样嘲弄、颠覆了死神的威严与森然。因为“巫婆创造了一个喜剧的场景”①。也正是在巫婆表演的风趣的喜剧中，生命中的残酷被“轻佻”化了，人类的严肃被琐碎化了。“喜剧的感受是生命力的增强，是才智和意志的挑战，是与偶然的伟大嬉戏”②。游戏的心灵是思想中的轻松节奏，是生命的谐适状态，是神经学家所说的有机体的幸福状态。

---

① ［美］丹尼尔·吉斯特：《韩国萨满祭礼的象征性戏剧》，转引自白庚胜、郎樱主编《萨满文化解读》，吉林人民出版社 2003 年版，第 237 页。

② ［美］苏珊·朗格：《感受与形式》，高艳萍译，江苏人民出版社 2013 年版，第 364 页。

第五章　宗教与精神障碍的治疗

宗教把人们的某些注意力引导到潜意识起源的所有现象上去，不管是梦境、想象、感觉、幻想，还是同一事物在奇人异事身上、或在任何异乎寻常的官能性或非官能性过程中的投射，注意力的这种集中使得潜意识的内容和力量流溢到意识生活中，从而对其产生影响，造成改变。

——［瑞士］古斯塔夫·荣格：《文明的变迁》

一　宗教心理治疗的一般公理

近年来，宗教与心理治疗的话题又多了起来。特别是在荣格、弗洛姆这些精神分析学大师的思想得到开发、吸收和诠释之后，宗教对于人类心理不适、精神障碍治疗之效用开始为宗教界、宗教学、心理学或心理治疗学等相关人士所津津乐道。这一点，只要我们访问各大宗教的门户网站，或浏览一下最近几年学术期刊杂志发表的相关文章，就会有这样的体会。

然而，当我们从当下这片人声鼎沸、话语喧哗的“宗教心理治疗”的热浪中抽身出来，冷静地审视与反思当下人们关于宗教与心理-精神障碍治疗之关系论述的种种思想、学说乃至于理论“创见”时，又不免产生几分困惑。正像我们所看到的，无论是基督宗教、伊斯兰教还是佛教、道教、各种民俗宗教，甚至宗教学与心理学理论，其关于宗教与心理障碍治疗的各种理论与学说，目前基本上还游弋于形上之思、玄妙之言的层面，即人们的所思所言大体还流连于宗教信仰对于个体的精神安顿与超越这个意义关怀层面，或如我在前文所分析的宗教信仰对个体的终极关怀及“灵性开发”这个层面。对很多学者和宗教界人士而言，宗教之所以能够治疗相关的心理–精神障碍，就在于它赋予人的精神以一种超越、灵性的维度或者说一种意义疗法。这就是当下人们为“宗教精神治疗”所圈定的“牧场”。神学家、宗教学家和一些心理学家就是在这个牧场里“觅食”和丰满着。其实，如果回顾“宗教心理治疗之可能”的这一思想传统，应该说早在 20 世纪初就基本形成，甚至像保罗·蒂利希这样的有着杰出头脑的神学家、恩斯特·贝克尔、诺尔曼·布朗乃至于埃利希·弗洛姆这些卓越的精神分析学大师，也几乎同样游荡于这个场域。

当然，也正像我曾经分析的，宗教对于个体生命的终极关怀及超越性、智慧性的灵性的开发与培养，确实为人类尤其是信徒构筑了一道基本的精神卫生防线。但是，如果宗教对精神疾病的治疗理论仅仅徘徊于构筑精神卫生“防火墙”这个层次，那它的价值就会大打折扣。因为这方面的思想成果虽称不上汗牛充栋，也可谓硕果累累，且不乏像蒂利希的《存在的勇气》、弗洛姆的《心理学与宗教》、布朗的《生与死的对抗》等这些“宗教灵性学”“宗教心理学”方面的经典之作，它们足够我们用半生的时间来消化和开掘。特别是对于那些罹患了各种心理障碍或精神疾病，正在蒙受精神苦痛的个体而言，现在的问题已经不是如何构筑精神卫生防线而是如何治愈他们的精神苦痛，使他们像正常人那样生活的问题。显然，这已经不单是一个灵性开发与培育这个纯精神层面的问题了，而是涉及精神病学、心理治疗学的相关技术性问题，如神经系统、心理系统的调节等。各大宗教门户网站和出版的流通读物很少有人浏览和拜读，相关的宗教心理研究、宗教心理治疗理论倍受诟病的原因之一就在于只讲“怎么不犯病”的故事而不讲“怎么去治病”的故事。

客观地说，宗教，无论是“三大宗教”还是各种民间信仰，都不是以心理医学或精神病学的身份降生于世的，而是肩负着“灵魂照料”的神圣使命走进人类的生活世界和精神世界的。虽然它在世的目的不是为了治疗人类的精神疾病，但是，因为它关注与照料的是人类的灵魂，于是便与人类的心灵生活、人类心理与精神问题交互在一起；神学家、巫师等宗教专家便与心理学家、精神病学家汇聚到同一条路上，创造了共同的工作目标——心理或精神问题治疗。关于宗教的心理治疗之意蕴与心理治疗之“宗教性”的这种“无意识”汇合，奥地利精神病学家弗兰克尔的话可谓客观而又不乏卓见：“尽管宗教不是以心理健康为目的，它却可能带来这样的结果。同样，心理治疗也常常产生类似的副产品。虽然医生不会，也绝对不能帮助病人从上帝那里重新找到信仰，事实上却不止一次地发生了，无论它是多么有悖原意，出人意料。”[①] 特别是经过几千年来对人类“灵魂堕落”的拯救及“灵魂升华”的引导，宗教不仅形成了宏大而自足的“灵魂照料”神学理论，也积累了较为丰富的灵魂关怀、心理矫正、精神治疗的临床经验与技艺。不仅它的学说像哲学、心理学一样开示、启悟人们处理一系列精神困扰，如意义模糊、秩序紊乱、价值瓦解等问题，而且其治疗技艺也像医学——心理医学和精神医学——一样，通过一系列的操作技艺，处理人的心理不适乃至于特殊的精神障碍。虽然大多数执行这种操作或“临床”活动的巫师、萨满、僧侣并没有从知性的层面悟解其中的心理医学和精神病学奥秘，甚至于把疾病的治愈神化为超自然力量介入的神秘效能，但事实上，宗教在治疗相关心理和精神障碍过程中所施行的各种技法及其所产生的愈后效果，倒是完全可以从心理治疗学或精神病学的相关原理进行解释的。我在其他著作中已经分析过这一点：宗教对相关精神疾病的治疗，蕴含着一定的心理医学、精神医学原理，如药物学、药理学、理疗学、心理学、神经学等；而且，即使那些表象上（至少在理性主义和生物医学那里）看起来荒诞不经、幽玄神秘的行为也蕴含着脑结构、心理系统调节的相关原理[②]。确实，并非像有些心理学家和精神病学家所理解的那样，宗教治疗，无论是神父或牧师的谈话、密宗上师的开示还是萨满巫师的“跳神”，之所以能够取得出其不意的效果，无非是误打误撞的偶然巧合，而是因为宗教治疗师的治疗行为蕴含着相当的精神病学、心理医学的重要元素。在其他著作中，我将宗教对于精神障碍治疗的这些合理性元素称之为治疗之“能”。

论说宗教心理治疗之“能”，很容易使人想起“心理能”这个概念。心理学家冯·格罗特、利普斯和荣格都曾使用过这个概念。但我这里所说的宗教治疗精神疾病之“能”与他们所说的“心理能”不是同一个概念。在冯·格罗特、荣格等心理学家那里，“心理能”指涉的是人类心理所体现出的能量形式，是受物理学的“能量”理论启发而构造的一个心理学概念，如熵能、平衡能等；而我所提出的宗教对于精神疾病的治疗之“能”则与人类心理系统无关，它指涉的是宗教作为人类特殊的精神文化系统所拥有的精神治疗的“能力”与“能量”。如此解释“能力”与“能量”，人们可能又会想起文化精神病学的“文化胜任力”这个术语。

① 见［美］古尔德《弗兰克尔：意义与人生》，常晓玲等译，中国轻工业出版社 2000 年版，第 108 页。

② 参见高长江《萨满的精神奥秘》，中国社会科学出版社 2015 年版。

其实，文化精神病学所说的“文化胜任力”和我所说的宗教的精神疾病治疗学之“能”确有某些相似之处。按照文化精神病学家曾文星等学者的观点，文化精神病学所说的“文化胜任力”主要指的是文化在精神疾病治疗方面所展现出的如下功能。

（1）文化敏感性：是指能够认识到人们在观念、态度和生活方式方面存在的多样性，因此，临床医学对不同的文化要有所欣赏，而不是带有偏见和僵化的认识；尤其是要了解来自不同文化背景下的人们的生活方式，而不是用自己的主观认知解释别人的行为。

（2）文化知识：指的是临床医生应具备一些基本的文化人类学知识，大体了解不同文化背景下人们的习惯、风俗、信念、价值体系以及相关的病患行为。

（3）文化同理心：是指要求临床医生有能力从情感的层面上去领悟患者的体验，这对心理治疗的质量至关重要。因为设身处地去理解患者，为患者着想，就容易取得患者的信任，从而为建立良好的医患关系打下牢固的基础。

（4）医患关系的文化相关：这涉及临床医生与患者双方的文化背景。临床医生要有能力观察、处理明显来自于少数民族背景的患者的移情与反移情。

（5）文化指导：为了制定更为有效的干预方法，使得患者能够处理他们自己的问题，临床医生事先要了解与患者问题相关的文化因素。

这就是文化精神病学所说的“文化胜任力”这个术语的意义内涵。由此可见，所谓的“文化胜任力”其实是指心理学家、精神病学家在临床工作中所具备的文化理解能力、文化包容能力及文化知识实践能力等整合而成的一种对精神疾病治疗的技能。

理解了文化精神病学的“文化胜任力”之后，我们也就可以将宗教的精神疾病治疗之“能”与“文化胜任力”区别开来。宗教对于精神疾病的治疗之“能”与“文化胜任力”的差别就在于：它不是指心理学家、精神病学家在临床工作中通过文化人类学知识的整合及创意、多元文化视角的建构与应用以及文化包容心的作用而形成的一种技能，或如美国心理学家尼斯塔尔所说的“艺术”①；而是意味着宗教作为一种意义系统、一种文化实践、一种心理刺激模式本身所具有的心理调节、精神治疗之能力

---

①　参见［美］尼斯塔尔《心理咨询入门：艺术与科学的视角》，张敏等译，高等教育出版社2007年版，第11—13页。

与能量。

那么，作为一种关于神圣事件信仰的文化系统而非临床精神病学，宗教精神治疗的这些“能力”又是如何凝聚和展现出来的呢？这可以说是宗教心理治疗的核心问题。这个问题若不能得到充分的解释，那么，宗教心理治疗的种种理论同样难逃当下人们所泛泛而论、凌空蹈虚的命运。

我认为，宗教所拥有的精神疾病治疗之“能”，主要在于这样三个既属于“神圣”又属于精神医学的行为模式：①医疗信仰系统；②超验病理叙事系统；③神圣的“临床技术”系统。从理性和科学的角度看，这三个系统本质上并不属于精神病学而属于宗教文化的一部分，但是，由于宗教作为一套关于神圣事物的符号体系，由于神事活动作用于人的大脑神经组织和心智系统，引发了相应的脑结构和心智系统的运动，亦即“神圣数据”的输入激活了当事人相应的心理资源，启动了相应的神经计算，调整了大脑神经网络的连接方式，所以，它产生相应的脑神经与心理系统的调节效果应是必然之事。美国“新萨满教”创始人迈克尔·哈纳在论及萨满教医疗的核心实践时曾分析了萨满师“灵魂治疗”的这种能量：萨满医师治疗的核心实践是“灵魂恢复”（招魂）、灵魂附体分离、保护灵恢复（找回保护精灵）、精灵侵入祛除①。不难看出，哈纳的分析虽在很大程度上带有感性甚至于萨满神学的色彩，但他的思路是对的。他所说的萨满师的这些医疗实践，如果上升到理论的层面，就是我所说的宗教精神治疗之“能”的运行方式。如，萨满教的“灵魂观”“神灵论”。无论是“神圣论”的数据加工还是疾病的超自然解释，它就具备心理治疗“意义疗法”的功能；萨满师的神歌表演，无论是招魂还是驱魔，不仅具备了心理治疗“谈话疗法”的功能，而且还具备了精神病学脑神经物理运动调节的功能；甚至萨满跳神仪式现场的各种符号，当它们以象征的意蕴被病患的脑神经和心智系统进行加工时，就具有了心理能量调节和荣格学派所施行的抚平“文化原型”暴乱之功能，亦即通过神圣化的信号加工调节脑空间某些组织的运动模式，从而平息这些神经元群的躁动所引发的精神紊乱。

宗教对人类心理-精神问题调治的理论概况结束之后，下面我就结合本书的主题对宗教心理治疗的原理从认知行为的视角做一解释。我的基本观点是，如果按照美国心理学家班内特的观点，所用的心理疗法都是一种

---

① ［美］迈克尔·哈纳、山德·哈纳：《萨满医疗的核心实践》，转引自白庚胜、郎樱主编《萨满文化解读》，吉林人民出版社2003年版，第31—39页。

谈话疗法，那么，人类心理治疗学的“谈话疗法”就不止一种模式，即专家模式和非专家模式。宗教心理治疗便是非专家模式中主要的一种。

（一）神医文化信仰：心理动力学原理

在爱德华·埃文斯-普理查德和维克多·特纳的人类学田野志中，我们看到，无论是在阿赞德人那里还是在恩登布人那里，都存在着一种对于疾病的解释、对于医技的解释、对于疾病与“困扰”之关系的解释、对巫医所使用的草药的“奇效”的解释等一套本土化的疾病起源以及治疗的解释系统。这套解释系统并非伽达默尔哲学解释学意义上的“语言游戏”，而是原始民族医学系统中十分重要的组成部分，即本土医学体系中的“神医文化信仰学”。正是这种医疗信仰产生了该文化中宗教、巫术对精神疾病治疗的重要“能量”。确实，萨满教、巫术、佛教、道教、基督教等都不是心理医学，也不同于以神经学、心理学和生物医学为基础的精神病学。因此，它在处理人类的精神疾病时，萨满、巫师、僧侣也不会像现代临床医学那样，通过对病人表现出来的症状的观察与分析，然后将症状分析的结果与症状背后的生物性、心理性事件联系在一起，并通过一系列生物医学、神经医学、心理医学的语言系统建构一套解释体系，提出一套疾病干预机制。它主要通过“神思”的临床思维、“神意”的疾病诊断、“神圣”的符号编码形成关于疾病的解释。对于现代文明的理性思维和生物医学的技术思维而言，这种解释模式是如此的荒诞不经！然而，也正是这种解释模式。在远古社会，在那些原始民族中，在缺乏科学的临床诊断学、药物学和治疗学理论与技术的背景下，人们竟然能够对抗和治愈一些躯体和精神疾病，这令人们颇为不解。对原始思维来说，在巫医那里确实具有某种超自然的神秘的能量存在；民俗心理认为这很大程度上取决于巫师的“神通”；神学家则干脆将其解释为神力的干预。其实，这既不是巫师的“神通”问题，更非某种神秘能量所致，其奥秘在于巫师、僧侣在精神障碍临床治疗活动中，无论是病因还是病理解释都充分激活了人的心理努力，从而解决了疾病治疗的核心问题——医疗信仰。正是其非理性的“医疗信仰”而非理性的医学技术创造了那些令现代临床医学——无论是技术医学还是生物医学——的理性所解释不了的治疗奇迹。具体地说，宗教、巫术的精神治疗之“能”就源于对病患“医疗信仰”的神经元的激活，病患心理的“积极能量”战胜了疾病的“消极能量”。正如美国文化精神病学家阿瑟·克莱曼所说，在与磨难的抗争中，“激情是绝对需要的，否则我们就会沉溺于自我安慰的幻觉，满足于机械的无意义的社会生活需求，最终导致道德颓废，意志消沉。”①

医疗信仰构成疾病治疗强大的心理能量，这不仅在阿赞德人、恩登布人、萨满教信众及其他信徒那里是如此，即使对我们这些现代工业社会的所谓文明人而言也同样如此。今天，只要我们走进各大医院，看看挂“专家门诊”者排起的那长龙般的队伍以及票贩子手里的大把钞票，我们就能体会到这一点。其实，病患之于专家，就像病人之于耶稣和萨满。尽管人们并未经过专家的诊断与治疗，专家的信息对于病患而言完全是第二手、第三手的；甚至我们大多数人也都没有忘记专家也有误诊与医疗事故这样的事实，但我们还是拜倒在专家的脚下。这些事实都使得我们不得不承认这样一点：疾病的治疗并非完全是理性的、精湛的生物/技术医学的结果，而是和非理性的，即和病患虔敬而又谦卑的医学信仰——无论是世俗的还是神圣的——密切相关。这让我想起心理学家布鲁斯·胡德曾在某处说过的一句话：“即使最理性的唯物主义者，多半也会拒绝穿上一个连环杀手曾经穿过的毛衣——好像那件毛衣受了什么诅咒似的，并且在我们当中，有哪个人不曾相信过幸运物或是某种仪式呢?”这实属无奈。因为无论是文明人、现代人还是后现代人或“新新人类”，其实还都在用那个古老的不可思议的大脑来体验疾病和进行疾病思维。从医学人类学的意义上说，如果说无论是躯体疾病还是精神疾病都和人的心理因素有关的话，那么，对医生和医术信仰的形成就意味着疾病疗治过程的展开：向病患心理注入安慰剂，“安慰剂是自我实现的治疗良药”②。

对宗教心理治疗之“能”的信仰（其实不止精神疾病这类“虚病”，也包括躯体疾病这类“实病”），就源于人们对治疗者所拥有的特殊的“神力”的信仰。“神力”就是宗教精神疾病治疗之“能”的“硬核”。所谓“神力”，不仅包括僧侣、巫师所禀有的“超凡”特质，而且还包括他（她）所信奉的神灵、使用的药物、所言说的话语、所表演的戏剧，甚至“治疗仪式”（跳神、驱魔等）展演中所使用的道具与饰物。这些平凡之物由于被置于神圣而又神秘的情境之中都变成了非凡之物，具有了超自然的能量。当然，这种信仰挺立的前提，就是病患坚信这个世界上存在着一种超自然的神秘的力量，并通过布留尔所说的“神秘互渗”的心理

---

① ［美］阿瑟·克莱曼：《道德的重量：在无常和危机前》，方筱丽译，上海译文出版社2008年版，第202页。

② ［美］罗伯特·汉：《疾病与治疗：人类学怎么看?》，禾木译，东方出版中心2010年版，第112页。

模式对僧侣、巫师表演的请神、驱魔等言行进行编码，生成体验。正是“神力”信仰下的“信息”加工产生了个体神圣而又神秘的心灵体验：那些日常生活中也会遭到人们的奚落与讥讽的巫医在仪式上具有了神力；那些由日常语言编码而成的言语此时也具有了神秘的魔力。这并非假想。因为在病患的心理表象中，此时的巫师已不再是日常生活中的那个肉体凡胎，而是神与人之间的中介，他的言行与他身后某种神秘的超自然力量相联系。于是，他的言说，无论是请神降临、附体还是驱魔也不再是平凡的音声形式，而是代表着神圣者的意旨，具有神奇的效力；甚至于他的每一个动作都灌注了神灵之力，具有“神奥”的能量。也正是这种神秘的认知行为，使得作为文化现象的宗教与作为神经、心理现象的“疯狂”的游戏变成了“医术”与“疾病”的交互。当事人产生一种神圣的力量降临现场，并神秘地进入了自己的身体，使得身体里那些遭到冷落和不恭而进行报复的魂灵得到安抚而离开了自己；或神圣的命令已将那些附身的阴魂驱走；或那些更有力量的神灵已将那些“缠人”的精怪呵走等神秘的心灵体验。总之，不论“神力”源于何，其展演的形式如何，病患都会相信，医者的言行不再是一种普通的符码，现在与病魔斗争的就是“超人”的力量，因此对诊断更加确信，对治愈也更加充满信心与激情。正如人类学家维克多·特纳在描述恩登布人疾病治疗实践中的宗教仪式——困扰仪式——的意义时所分析的那样：这种仪式的目的就在于表达了对祖先的崇奉和安抚；而巫术专家所使用的药物由于与仪式相符，并且按仪式的程序正确使用了它，那么，无论是巫术专家还是病患，都会相信，困扰人的祖魂就必须停止困扰病人。在这里，“自由意志”显然高过了必然性。[①] 特纳所说的“自由意志”其实就当事人在本土医学文化模型的作用下想象的放纵。我们不妨结合中国本土的样本略析一二。

V 村地区的香通偶尔会出现神灵附体的现象。当地人认为，神灵附体现象的存在是因为香通有一种特异功能，这种功能称为“下神”。V 村地区的香通不是专职的，而是兼职的。平时他们与常人无异，从事劳动生产，只有在他们施行巫术的超常时空中，他们才具有香通这种超常身份。下神是一种特殊的异能，所以他们本人在社会中具有神秘属性。如果村民患有疾病，前去请香通，香通一般不会拒绝，香通到患者家中施行下神仪式时，坐在病人家中，手握一炷点燃

① ［英］维克多·特纳：《象征之林》，赵玉燕等译，商务印书馆 2012 年版，第 443 页。

的香，弯腰低头，脸庞埋在膝盖上，起先是手发抖，紧接着是手和脚都迅速地抖动，不一会神就附在他的肉身上了。神灵附体之后，他的话就不再是作为一名农夫的日常语言，而是属于神谕。神灵附体后，神灵对凡人说，它是天上的某某神，下来和凡人们一起玩耍。

……一天夜里，一位香通去 V 村一位村民家下神。这户人家的女儿生病了，打针吃药很久，疾病仍未痊愈。香通是受患者家属的邀请前去下神的。……两分钟的时间神灵就附在他的身上了。香通对众人说："我是天上派下来的电光神，我到凡间来，是来看看这个病人得了什么病。"他朝痛苦不安的病人打量了一番，接着说道："你是被瘟神害了，必许让雷公给你起个名字，才能够解除这个祸害。暴风骤雨、电闪雷鸣的时刻，当天空巨雷响起，家里人立刻让病人跪立院中，然后给他起一个名字，这样一场灾难就解除了。"

……病人家属唯唯诺诺。第二天恰好下雨了。病人的父亲将病人从床上抱出来，雷电来临的瞬间，他立刻将女儿放在地上跪着，给她起了一个名字，再抱回屋中躺下。第三天病人家属说，病人已经痊愈了。①

这个案例昭示了这样一个道理：巫师治疗效验的发生，就在于当事人对巫师及其巫术有一种坚定的信仰。在这种信仰的作用下，当事人遵照巫师的吩咐如此而行，这实质意味着心理治疗的施行——自我治疗。不是"电光神"的神力介入而是患者的自我心理调整实现了疾病的治愈。

在北方民族的萨满教治病仪式上，萨满通常先以唱神歌的形式请神，降神之后开始用神歌与病患沟通，问病情，谈"交易"。若沟通出现故障，如病患没有反应或抗拒，那就意味着萨满所请的神灵法力不够，不足以制伏病患附体的精灵，需要降法力更大的神灵，直至将病患附体的精灵制伏为止。如果治病仪式结束病患没有好转，那就证明这个萨满的"神通"——他与神灵沟通的能力、他的护法神灵或助手神灵的"神力"——有限，以后他也就丧失了所在族群的威信。

中国北方农村"四大门"崇信中的香头治病仪式也是如此。如果家里有病人，请香头治病，请哪位香头，是颇有讲究的。一般来说，病患家属更相信那些"坛上"所供奉的"仙家"法力大的香头，认为他下的神

---

① 李世武：《巫术焦虑与艺术治疗研究》，中国社会科学出版社 2016 年版，第 161—163 页。

灵具有别的香头所不具备的法力，所以更灵验。我在调查中甚至发现这种情况：当一个病患分别由两位香头一起治病时，两个香头便展开了竞争：你降“白门”，我降“常门”；你降“黄门”，我降“胡门”，不分伯仲；那我再降“姑姑”，另一方则降“奶奶”（王奶奶），甚至请出观世音。这种治病仪式上的“香头竞争”就像医院临床治疗中的专家竞争一样：虽然都是“主任医师”，但要看谁的文化资本雄厚——同是北京大学医学院的医学博士，那还要看谁的导师威望高。导师若为名家，其医术自然高于一般的专家，因而也受到病患的迷信和崇拜。萨满、香头、僧侣等宗教治疗的效果，在很大程度上就与这种医学信仰密切相关；至于药物或理疗等，很多是辅助性手段而已。

总之，宗教治疗精神疾病之“能”，绝非有人所说的只是医者各种的神话系统、粗糙的巫术系统及其各种“骗人伎俩”拼凑而成的地方文化“大杂烩”施行的偶然性结果。它也像现代心理治疗学一样，是通过一套明晰的信仰体系作用于病患心理而产生的——不仅是对疾病的超自然因素的解释，还有在治疗过程中所施行的“神力”干预（这里的“神力”就是语力）。尽管对现代人而言，面对巫师治病的治疗行为尤其是疯狂的跳神仪式，我们会觉得无论是病患还是治疗师都愚不可及，但是，对于那些生活在这种文化生态、对于那些处于此种脑-心理水平的个体而言，这又是相当合理的心理。即使从世俗的观点看，在一个人突然丧失理智而变得疯狂，或长时间被抑郁、焦虑困扰的身心早已疲惫不堪而又难以说明病因、病理的情形下，选择医学治疗还是巫术治疗更合理早已不是问题。人们需要的是尽快建立起对某种解释体系与行为体系确定无疑的信仰，并通过某些手段尽快重建被疾病摧毁了的生活世界与精神世界。萨满的“巫术”治疗或僧侣的“超验干预”尽管没有什么心理医学、精神医学的根据，但对于民间社会而言，人们看重的不是疗法而是疗效；不是学理而是经验。特别是当某种宗教、巫术治疗与某一族群的文化传统联系在一起的时候，这种治疗就具有了历史与文化的合理性。这也就是在传统社会以及现代世界一些乡土社会、民族地区，宗教精神治疗仍然成为一种主要的精神治疗模式的原因。用我前面的语言重新表述，就是在这类医疗实践中，信仰也许比理性更重要。

（二）超验病理叙事：神经计算匹配

从某种意义上说，疾病，尤其是精神疾病的临床诊断与治疗过程就是一个病理叙事过程。传统的临床医学往往把病理叙事仅仅理解为对病患的躯体或心理的某种病理的现象学描述，从而为人们提供一个认知对象或临床医学经验档案。当然，我并不绝对排除临床医学病理叙事的这一意义维度，但我更相信，病理叙事本质上就是临床治疗工作很重要的一部分，甚至是治疗行为的“重要程式”：当病患的疾痛主诉与医生的病理叙事达到某种契合时，对疾病的治疗实际就已经展开。其实，很多疾患之所以令人痛苦不堪，沮丧绝望，并非疾痛本身令人不堪忍受，而是因为它们所表现出的现象学意义上的显象模糊与神秘，拒绝进入句法，无法进行心智计算，耗尽了个体的心理资源。病理的叙事化过程之重要意义就在于通过将疾病“对象化”，将疾病事件由感觉状态而转化为句法形态，使其能够在病患大脑的“硬件”（尤其是语言加工区硬件）系统操作计算，并通过这种计算形成关于病因病理的经验表征，使原来那不可捉摸、不可理解的疾病成为可以理解、可以把握、可以定义的存在物，从而实现病患由心理上的沮丧、绝望到自信、希望的转变这样一种心理效度。美国医学人类学家拜伦·古德分析说：“治疗过程中的主要努力之一就是将苦难的根源符号化，是找到一个形象以便围绕着它能够形成某种叙事。”在他看来，“叙事化是一种在历史中定位苦痛的过程，是一种在时间中以富有意义的顺序放置事件的过程。同时，它还具有这样一种目的：将未来开放给一种积极的结局；使得患者能够设想一种战胜逆境的手段，能够设想各类容许活生生的经验去反映被投射的故事的活动。”① 古德的分析没错，由于人类的生命是一台信息处理机器，使得宇宙万物惟信息而在。不仅活生生的人像海德格尔所说的那样栖居在语言的世界中，世界上所有的“与人有关的”存在者都如梅洛-庞蒂所说，栖居在语言中：“我们不能设想无言地来到世上的事物或观念。”② 维特根斯坦在《关于伦理学的讲演》中曾说过：“用语言来正确地表达世界存在着这个奇迹的方式（虽然不是语言中的命题）就是语言自身的存在。”③ 包括像“量子理论”“引力子”“信使网络”“黑洞”等这些“新物理学”的世界，也是物理学家通过语言系统构造的另一世界图像。物理宇宙的很多事件之所以令人感到神秘，就在于人

① ［美］拜伦·古德：《医学、理性与经验：一个人类学的视角》，吕文江等译，北京大学出版社 2010 年版，第 191 页。

② ［法］莫里斯·梅洛-庞蒂：《世界的散文》，杨大春译，商务印书馆 2005 年版，第 4 页。

③ ［奥］维特根斯坦：《维特根斯坦论伦理学与哲学》，江怡译，浙江大学出版社 2011 年版，第 8 页。

类这个种群所谓的“智脑”还没有建构起关于这些事件处理的概念系统。因此，能够被语义指事、被句法构造、被心智加工和编码的事物就没有神秘之处，因为它已在脑神经屏幕上得到了显现。总之，从心理学到医学，从语言哲学到认知科学，我们完全可以得出这样的结论：病患对疾病的恐惧乃至于绝望，其实是因叙事无力或者说因大脑网络系统的短路无法驱动加工程序所产生的萎靡与恐惧，并导致了疾病的次生性衍变。只要疾病能够被言说、被叙事、被心智所编码，于病患而言，也就完成了疾病治疗的基础工程。

这话听起来不仅令人觉得有些玄奥，也更像是奇谈怪论。依此逻辑，医生不必接受各种医学知识训练，只要掌握了各种疾病名称，擅长于叙事技巧就可以了。其实，这里没有任何玄奥和幻想的成分。首先，从心理医学的原理分析，于病患而言，精神疾病不仅是心理或精神的异常与怪异，它也意味着个体正常的生活世界与生命世界的无序与摧毁。因为陷入疾痛折磨的病患此时的心理水平急剧下降，不仅他的躯体进入了一个异常化的过程，他的心灵也进入了一个“世俗化”的过程：日常生活条理清晰的秩序、自我扩张的生命激情全被“疼痛”吸走了，个体不得不从日常生活计算中退出、从生命的扩张中撤回而使注意力——不仅是有机体的知觉和感受，包括任何一种知觉加工乃至于意义的建构——全部由“疾痛”这种顽固的心理图式所控制。阿瑟·克莱曼形象地描述道：

> 疾痛像一块海绵，在病人的世界中吸走了个人和社会的意义……对病人来说，社会生活不再那么至关重要，疾痛才是他们眼前性命攸关的大问题。①

查尔斯·兰姆对疾痛的体验及其表述更令人深刻理解了疾痛和人的意义世界的关系：“疾病用它唯一的一只眼睛独独凝视着自身；那一切想法都排除在外的世界——一个人就是他自己的全世界，他自己的剧场——他逐渐缩小成了一颗微粒。”② 美国哲学家图姆斯曾写过一部《病患的意义》的书。在这部著作中，图姆斯以自己的切身体验描述了疾病是如何夺走人的生活世界和社会世界，使人沦为纯粹生理性关注的一种存在物的。当

① ［美］阿瑟·克莱曼：《疾痛的故事：苦难、治愈与人的境况》，方筱丽译，上海译文出版社 2010 年版，第 33—34 页。

② ［英］查尔斯·兰姆：《人间谬误》，梁欣琢译，江苏文艺出版社 2013 年版，第 222 页。

然，图姆斯的这部著作不是疾病现象学的进路，而是疾病社会学的进路，她更多地是想通过疾病给人造成的躯体痛苦和精神痛苦来反思一些社会问题。而美国医学人类学家拜伦·古德笔下的布莱安，则通过其对病痛的叙事为我们展现了一幅生动而骇人的“疾痛现象学”的图像。正如拜伦·古德对布莱安口述的“疾痛现象学”所做的分析那样：

> 病痛和疼痛使体验服从于身体的重大节奏，将其扭曲的仪态注入日常体验，把我们的意识完全专注于作为对象的身体，而疏离于体验着的自我，也即文化实践的对象。体验之正常的个人的与社会的节奏常常被颠覆了，而被按照身体的要求予以形塑。①

也正因此，面对病患此刻的心理模式与水平，治疗首先面临的重要问题不是采取何种方法更科学的思辨，而是如何尽快重建其摇摇欲坠的世界，即恢复他被疾痛这个恶魔扰乱的精神世界的秩序，这才是最根本的。

按照现象学社会学家阿尔弗雷德·许茨的社会现象学和知识社会学理论，我们的日常生活世界（实在）就是由各种知识镶嵌拼组起来的。许茨所谓的“知识”，无论是常识的、经验的还是科学的、艺术的，其实就是他所说的“符号”。尽管许茨对符号与存在之间关系的阐释还更多地沉湎于“主体间性”这个层面，但从他的分析中我们还是能够清楚这一点，即我们的世界，无论是日常生活还是科学艺术，或者宗教与神话，都离不开符号。它们不仅由符号来形构，也由符号来支撑。② 所谓的符号“形构”和“支撑”，用我这里的语言来表述也就是“可叙事”：信号能够输入大脑并启动加工，编码成一定的意义模式。只有当生活世界的事物能够被符号化、对象化、被召唤、被定位、被叙事，生活世界才是一个秩序化的世界。也正是在这种意义上我们才说，疾病的符号化、叙事化本身就是临床实践的一个重要步骤。很多疑难病症之所以令人感到比绝症更痛苦，就是因为它拒绝命名和叙事。这不仅使病患的心理世界与生活世界变得混沌与畸形，而且也使其陷入精神绝望。

对于心理、精神疾病而言，病理的可叙事或符号化显得尤为重要。我

---

① ［美］拜伦·古德：《医学、理性与经验：一个人类学的视角》，吕文江等译，北京大学出版社 2010 年版，第 196 页。

② 详见阿尔弗雷德·许茨《社会实在问题》，霍桂恒译，华夏出版社 2001 年版，第一部分、第三部分。

们知道，在民俗社会，由于受心理医学和精神病学知识与技能的限制，心理或精神疾病在传统医学叙事系统中大多处于缺席状态，即是说它被排挤到了“医学叙事学”的框架之外。中国本土医学文化对于有些精神疾病的处理方法是将其归之于“虚病”一类，推出诊所和堂倌的大门。“虚病”不是一种所指的疾病符号，而是对某些疾病之因的神秘化隐喻，它无法使当事人进行疾病信息加工，编码出意义模式，当然也不可能给当事人以心理上的安慰；相反，它倒像是为这些疾病笼上了一层神秘而骇人的面纱，使人更觉其恐怖无比，也更像是一种“定罪”——无论这一“罪”是指向道德评价还是文化神话。总之，无论是“虚病”还是“邪病”，这些符号经过病患大脑加工、编码所产生的意义表征与想象都是令人不寒而栗的，对病患的精神更具摧毁性。即使是在现代社会，由于心理疾病或精神疾病的复杂性，对其的命名与叙事亦非易事。对于病患而言，无论是病症的拒绝叙事还是对其的犹豫叙事、朦胧叙事，都会给他们本已伤痕累累的心灵增加了又一负担（即使我们不考虑道德分量的重压也是如此）。近年来不断呈现的医患纠纷，很大程度上就是与医务人员的朦胧或迟疑的病理叙事引发了病患及其家属的愤怒密切相关。经验证明，很多早期轻度的心理或精神病患恰恰是由于病症的不可叙事而陷入痛苦乃至于绝望，最后完全为精神病所俘获。

病理叙事不仅是现代生物精神病学治疗学的重要程序，也是传统宗教精神病学临床行为的重要程序。宗教之所以拥有精神疾病治疗之“能”，就在于它用一套独特的文化语言建构了自己独特的精神疾病“病理叙事学”。对于那些被拒绝叙事、拒绝命名的各种“虚病”“邪病”痛苦折磨得神魂不安的病患而言，它的病理叙事无疑是一副特效的心理能量剂。

我们知道，宗教精神病学与生物精神病学不同。它没有科学、理性的病史采集与精神检查的方法和工具系统，更没有现代生物精神病学的生化检查技术。它所凭借的唯一手段是通过简单的对话进行病史采集（治疗师的问诊和病患的主述）和神秘的占卜定位病理。病史采集是治疗师通过语言获得疾病性质的基本数据；占卜则是借助“超自然”力量对疾病的一种“神断”。美国医学史家洛伊斯·N. 玛格纳在《医学史》这部名著中描述原始宗教精神病学的疾病诊断活动时这样写道：

> 对巫师来讲，疾病的原因比症状更有意义，因为病因决定了治疗方式是用药草还是驱魔咒语。辅助诊断可能需要一些精神媒介、水晶占卜和卜卦。医者做了一系列初步诊断试验后，开始进行一系列复杂

仪式，包括巫术咒语、妖术、对可见物或不可见物的驱除以及夺取与归还病人失去的灵魂。①

询问和占卜几乎是所有原始医学尤其是宗教精神病学对精神障碍进行诊断的主要方式。通过询问，医者在传统宗教精神病学的分类体系中划定范畴，即属于“实病”还是“虚病”。若是“实病”，宗教治疗师一般会建议病患去找医生治疗（在没有职业精神或心理医生的情况下，甚至为家养动物治病的兽医也可充任），或者采取药物治疗的方式进行治疗；若是“虚病”，则需要选择“超自然”的方式进行治疗，如驱魔仪式、招魂仪式、咒语等。我们不妨以中国北方民族萨满教“灵魂治疗”临床活动中的疾病诊断为例做一说明。

萨满师对疾病的诊断，与其他民间宗教精神病学一样，主要方式是问诊与占卜，然后根据问诊与占卜的结果将疾病装进他们的“分类系统”（“实病”与“虚病”）；之后按照这一分类框架再找出更具体的“病由”，随后决定采取何种治疗方法。我们具体来看萨满的降神诊病活动。

萨满师临床诊病通常要举行一定的仪式。萨满诊病活动区别于精神病医生的主要特征就是他创造了一种超凡的情境：萨满逐一呼唤他所信奉和所领的神灵精怪的名称，祈请它们降临；当神灵降下并在萨满身上附体后，萨满开始对病人的病情问诊。一般做法是：萨满首先探问病患的家庙各神，了解病患是否对其有什么“开罪”之处；再探问病患是否扰及各种精灵鬼怪……如果萨满说中病源，病患则会回以相应反应；如说不中萨满会继续探问，直至追查到病源为主。由这个简单的程式我们不难看出，萨满的病理叙事与心理医师、精神病学家不同的最鲜明的特征，就是其病因追访与病理叙事的语境系“萨满教神话”。

萨满以占卜方式进行疾病诊断和病理叙事的程式为：蒙古族萨满占卜通常是在治病的第三阶段，主要施的是酒盅卜——将酒盅扔三次，口向上为吉，向下为凶；此外还有用牛羊骨之灼裂纹理断吉凶等②；有的萨满则是在治病前进入梦境，根据梦的信息做出卜测。如，有的萨满为人治病跳神前拿病人的一样东西枕着，萨满用它引导做梦和占卜③。根据孟慧英对

① ［美］洛伊斯·N. 玛格纳：《医学史》，刘学礼等译，上海人民出版社 2009 年版，第 15 页。

② 见乌丙安《萨满信仰研究》，长春出版社 2014 年版，第 234—237 页。

③ 孟慧英：《中国北方民族的萨满教》，社会科学文献出版社 2000 年版，第 227—228 页。

一些萨满的调查，对于那些萨满来说，治病前的梦对于他们诊病、治病尤其重要，因为这些梦被视为神灵为他们提供的信息。有的萨满说：“给病人治病前天天做梦，就一个个记在那里。治病时、有事时，就可以从那里得到信息”；还有的说：“来我这里治病的人我能接到信息，2—3 天前就知道。”①。

总之，在萨满临床活动中，萨满所做的病理叙事，无论是“恶魔附体”“魂魄迷失”还是“老萨满神抓”，尽管这一病理叙事或疾病的符号化过程所依据的不是心理医学或精神病学的病理诊察与分析，而是诉诸于萨满教的神话系统，但它毕竟使那些摧毁了当事人精神世界莫名其妙的“病魔”的由来、属性得到了一种解释，获得了一个符号与意义单位，尤其是它与病患关于疾病的认知模型和文化模型、与病患此时的心理水平相匹配，其就更产生了心理抚慰效应。用现象学的观点看，萨满师所进行的“精灵附体”“神抓”“失魂”等病理叙事也可以说是通过其特异的文化语言对疾病的一种“明见性”（语言的明见性），即言语对事物的揭示，使事物在言语中被显露。尽管对疾病的这种叙事或定义有的也具有负面意义，如“精灵附体”“恶魔摄魂”等，很容易令人将疾病与萨满教文化框架内的某种“罪”联系起来，但人宁愿背负着这种负面意义的符号，也不愿自己的病痛什么意义都没有。（疾病）不可抗拒来路又神秘莫测，那才是真正令人恐怖的事件。

神创宗教以及现代宗教精神病学尽管不再使用占卜的方式进行疾病诊断，但问诊及疾病分类标准却与原始宗教精神病学无异。基督教的“忏悔室”就是一个“疾病诊断室”；病患与牧师或神父交流的过程，也可以理解为问诊的过程。通过宗教文化语言的病理叙事，人们在混沌昏暗的疾痛世界开出了一块澄明之地，病理在那里得以显露和回忆。当然，这里的“显露”不属于“客观”显露，而是想象性显现。但也正如现象学家所说，无论是何种显露，“当可理解的对象向我们呈现的时候，我们有所作为”；或用维特根斯坦的话说，事物得到命名，听到名称，我们也就应声出现了所命名的东西的图像。② 于是，原来朦胧、神秘、不可理喻的事物现在变成澄明、可理解也可解决的事物。这俨然一种心理治疗——“心理咨询”或“谈话治疗”。其实，对于病患而言，患病不是问题。人是肉体凡胎，进食五谷杂粮，生活于“万物有灵”

① 孟慧英：《寻找神秘的萨满世界》，西苑出版社 2004 年版，第 48、93、101 页。

② ［奥］维特根斯坦：《哲学研究》，陈嘉映译，上海人民出版社 2001 年版，第 29 页。

的世界难免跌跌撞撞、伤痕累累、头晕目眩，问题是我们不能对这些异常的肉体与精神现象进行叙事，不知道病魔是什么、在哪里，这才是最令人焦虑和恐惧的。病患与其说是被疾病折磨，不如说是被语言所折磨——尽管疾病是一种实实在在的生理、心理现象。而比这更严重的是，如果疾病不能被命名、被叙事，那么它所折磨的就不仅是身体的某个部位，而是全身；不仅是肉身，也是心理与精神；不仅是患者本人，也是其亲人乃至整个家族。这也就是我肯定疾病的命名工作是疾病治疗的基本工程的原因。维特根斯坦在谈到语言与哲学困境之消解的关系时这样写道："当那个（句子）打破僵局的语词（话）被发现时，哲学中的平静便出现了。"[①] 我觉得，这句话用于疾病与命名二者之间的关系特别合适：当名称打破僵局被命名给某种疾病时，病患心理的平静便出现了。因为正如我前面所说，任何疾病都不仅是发生在身体上的事件，也是发生在心理上的事件；不仅是一种生物生理现象，也是一种文化语言现象。心理治疗学所谓的"谈话疗法"，其实就是一种"语言疗法"，包括解答疑难、病理叙事以及语言指导。对某种文化习性和特定脑-心理水平的病患而言，宗教治疗师做出的这种与超自然事件相关的病理叙事对于疾病治疗的功能更为明显。人类学家通过田野作业也证实了这一事实：对于恩登布人来说，尽管疾病的治疗与巫医-草药及治病的经验有关，但也同样于对疾病的"神圣"命名以及治疗过程的清晰的结构有关[②]。李世武在我国西南少数民族地区所做的人类学田野调查也通过大量的样本向我们呈现了巫术-艺术治疗中病理叙事的治疗学意义。

为了使我的解释更具说服力，这里我不妨通过认知神经科学的神经计算理论对宗教治疗活动中的病理叙事的治疗之"能"的原理做一还原。神经计算理论创始人戴维·马尔告诉我们，我们大脑的信息加工需要在三个水平上展开，即"硬件"、驱动硬件的"算法"以及用算法进行计算的"计算理论"。"硬件"是由神经元构成的脑结构；"算法"是指神经元用什么样的规则来进行计算；"计算理论"相当于计算目的是什么，为什么要那样解释结果。由此我们可以看到，宗教治疗师在临床活动中的超验病理叙事，如萨满演唱神歌解说病理是与病患大脑进行疾病神经计算的原理相符合的：病患有一个硬件的大脑，能够进行信息输入；病患的脑水平（神鬼妖怪意识、情结浓重）与输入的"神圣"信号相匹配可以进行有效

---

① ［奥］维特根斯坦：《哲学语法》，韩林合译，商务印书馆 2012 年版，第 220 页。

② ［英］维克多·特纳：《象征之林》，赵玉燕等译，商务印书馆 2012 年版，第 487 页。

加工（计算）；此时病患心理活动最核心的问题是，当生物、生理的解释都失效之后，他迫不及待地想弄清楚是什么使她遭受如此磨难，因此，“超自然”的神秘因素就是合理的计算。

根据神经计算理论，我们可以再向前跨出一步：宗教师在临床活动中所做的病理叙事的意义还不单单是使疾病得到定位，为病患注入一支心理稳定剂，即相信找到了病因，还在于他的解释作为向病患大脑输入的信息由于与病患的脑水平、心理模型相匹配而引发当事人广泛性的心理活动，于是，某些精神障碍，如神鬼妖魅情结爆发所导致的“着魔”“中邪”“神抓”等精神障碍由于输入与心理模型的匹配就可能将这些模糊、混乱的情绪与意识碎片句法化、经验化，即通过句法表征消化病患原来的集体无意识表征，从而实现了心理学家所说的“情结转化”。它不仅使病患心理狂躁的集体无意识被转化，而且使患者家人象征性地看到了疾病的神秘性起源，为下一步治疗活动的展开以及当事人与治疗行为的配合奠定了坚实的心理基础：既然疾病源于神秘的精灵，那又有什么理由不相信巫师所请来的那些法力无边的精灵不能驱逐这些病魔呢？

也许有人会提出质疑：病患为什么会相信宗教治疗师对疾病所做的超验病理叙事而不想到其他病因？如物理学、遗传学、生理学的？知识水平能力条件是一个因素，但更重要的因素是我在前面所说的心理-精神疾病具有一种地方性、本土化、民俗化的向度，因而它也更适合地方的、本土的、民俗的理论模型来解释。尤其是当这套超验的解释系统与社区、族群的文化系统联系在一起时，它就更具备了历史合理性，对它的质疑也就是对祖先、传统、社区文化的质疑。这无疑将使人蒙受更大的灾难。这就是宗教精神病学的超验病理叙事系统获得延续与尊重的文化生态学奥秘。

（三）生化与心理配合：临床治疗技艺

无论怎么说，宗教对精神障碍的治疗与现代心理医学和精神病学毕竟不同。现代精神病学的临床治疗模式是通过将生物学和心理学、神经学的理论整合到一起，将科学理性、技术思维与及临床经验结合在一起，将症状呈现与其背后的某种病理联系在一起而形成神经学、药物学和心理学的治疗方案。它是高度科学化、理性化和经验化、技术化的。而宗教治疗师则不然。他既没有这套科学、理性的临床思维，也没有生物精神病学科学的神经学、药物学体系、没有系统的心理医学的干预技术。它所依凭的主要是宗教的文化传统及千百年来灵魂治疗所积累的智慧和技艺①。但它也并非如我们所想象的那样，完全是依靠神圣而又神秘的“超自然”力量蛮干。在很多宗教治疗师那里，“超自然”力量在其整个临床活动中到底占据何种位置、可以产生什么效果，他心里是十分清楚的。一位患病的萨满师请求中医为其治病的案例清楚地说明了这一点。当别人问他“为什么不通过跳神给自己治病时”，他回答说：“跳神并不是什么病都能治。有的病和神灵没关系，跳三天三夜也治不了，只能请大夫治。”尽管宗教治疗师临床行为的主要思维是神话思维，但即使是“灵魂”病患的治疗，也不是简单地调动“超自然”力量来蛮干。他们同样通过病情观察以及治疗经验这些理性而决定采取何种治疗手段。

概括地说，宗教对于精神障碍治疗的基本原理可以概括为：生物治疗为辅，心理治疗为主，也就是药物学治疗为辅助手段，宗教心理调节为主要手段。前者是通过药物的活性效用作用于病患的脑与心理获得治疗效果；后者则是通过民族文化的神圣资源、通过“超自然”力量的干预达至对疾患的治疗。从现代精神医学的角度看，后者其实就是一种心理治疗。

宗教对于精神障碍的药物治疗，尽管并非完全出于理性的生物学原理认知，其中也掺杂了一些直觉乃至欺骗，或我所说的“治疗学的修辞学”，以渲染其治疗活动的神圣性，即通过这些修辞符号产生心理暗示作用与投射效果，如香灰、圣水、某种特殊的植物、动物等，但在很多情况下，宗教治疗师的药物治疗也是建立在对药物的活性及其效验的长期实验、观察、评估、总结的基础上的。比如，在萨满教的医学体系中，药物学就占据了很大的比重。郭淑云的文本为我们开列了萨满教医学庞大的药物数目②，从中可见萨满“灵魂治疗”对药物的重视；人类学家维克多·特纳也通过田野调查向我们呈现了恩登布巫医治疗精神障碍（疯癫）的药物学系统，其中有多种植物③在现代药物学系统中仍占有一席之位。尽管恩登布巫师这一药物学体系中的有些草药并不是什么药物，根本没有实际效用，它们仅仅是通过巫术思维所创造出来的一些象征符号，但有些药

---

① 这里的“技艺”还包括萨满教的药物学、理疗学等，但我认为其在萨满“灵魂治疗”体系中不是主要的。

② 郭淑云：《原始活态文化：萨满教透视》，上海人民出版社 2000 年版，第 347—356 页。

③［英］维克多·特纳：《象征之林》，赵玉燕等译，商务印书馆 2012 年版，第 471—478 页。

物是有一定的药物学原理的。

宗教治疗师对精神障碍的药物学治疗不仅体现在原始民族的宗教精神病学体系中，就连那些神创宗教也不例外，只不过它们比起民间宗教的抗精神疾病药物学来说更多了几分理性。比如，在中世纪西方修道院，就流行一种用“狼草”（一种草药）治疗癫痫发作、精神错乱的药物治疗方法；有时也把它作为毒液的解毒剂用来治疗由精灵、魔鬼所导致的疾病。这种草药用于治疗相关精神障碍的药理作用，已经得到现代药理学的验证：癫痫的发作与病患脑中锰的缺乏有关，而狼草的种子含有很高的锰，因此以其治疗癫痫类精神病是有效的。再如，天仙子、颠茄和曼德拉草以及其他曼陀罗属的植物都含有大量的生物碱，用这些草药的提取物作为药物（毒剂、迷幻剂）用来治疗相关的精神障碍也具有一定的神经化学和神经生物学的低效价功能。

心理治疗是宗教精神病学临床活动的最主要手段。所谓“心理治疗”是我们今天通过心理医学和精神病学理论对宗教精神病学利用人类神圣文化资源治疗精神障碍之原理的一种解释。其实，无论是在民间宗教精神病学还是在基督教、伊斯兰教、佛教的精神障碍治疗体系中，都没有“心理治疗”这一概念。医者的治疗行为，无论是咒语、驱魔仪式还是神秘的象征剧，都是“神思”支配下的一种宗教行为。但也正如前文所分析的，精神障碍的发生除了神经性的因素外，还有心因性因素，尤其是“宗教关联精神病”，主要是与病患的宗教观念、宗教情感、宗教认知、宗教修炼等意识、心理、情绪因素有关。因此，这一“神圣的疾病”病理更适合“神圣化临床”机制进行治疗。

宗教师的临床心理治疗，除了通过“医疗文化信仰”和“超验病理叙事”产生效果外，更重要的则在于它拥有自己独特的“临床技艺”：神圣符号行为。这套符号系统在治疗师那里既是抗精神病的药物，又是心理治疗的干预技术，还可以是脑疾患的化疗手段。病患也正是通过这一符号的加工、编码和意义建构而消除了心理不适或精神障碍。

“符号治病”？这是不是一种新型的精神病——“符号妄想症”？其实，人作为一种符号动物，几乎都带有某种“符号思想病”的元素，否则就没有神话、宗教、哲学、艺术、伦理乃至于科学等人类精神文化成果。但在这里，我相信自己没有任何符号“妄想”成分，也不是“符号唯灵论”的迷信者。只要我们理解了符号与人类精神疾病的关系，我们也就理解了宗教治疗师所使用的这套符号系统的“精神肿瘤”之“化疗”奇效。这里我们不妨以宗教符号系统中的重要形式——语言符号为例做一分析。

首先，正像维特根斯坦所深信不疑以及像前文所简要分析的那样，高级灵长类动物的精神疾病基本都具有一种“语源学”之病因病理，因此，通过操作“语言干预技术”便可消除这一疾患。语言不仅是一种物理信号，一种言说形式，一种交往媒介，它也是物理世界各种流动粒子能量的一种，或借用量子理论的语言来表述，它也是构造大脑网络的“信使粒子”，即人类进行认知、编码与意识建构的主要资源和框架。正像生命吸收环境的物理/化学能量一样，对语言符号的接收、加工、表征与体验，不仅给我们带来了快乐与幸福，也可带来麻烦与痛苦。人类不仅因语言拥有了自我①、生活与世界，也因语言产生了心理或精神困扰。“人生识字忧患始”。自从人类脑中的语言加工区开始工作、进行信息加工的那一刻起，人就接触了精神的“病毒”。如果不能经常地“对症下药”，消解“病毒”的毒性，人就会被这一病毒所“毒倒”。被誉为系统论之父的冯·贝塔朗菲就毫不犹豫地坚信这一点：动物的精神错乱与符号活动密切相关②。我们可以循着贝塔朗菲的这一“语言精神病理学”思路继续向前摸索。人一旦跌落于语言构造的玄秘洞穴，就容易被这些玄奥乃至于神秘的迷宫搞得神魂颠倒，产生各种各样的妄念与幻想。维特根斯坦把人由语言而生的这种“妄念”称之为“冲撞语言界限的冲动”：“冲撞语言界限的冲动”也就是“语义上溯”，欲实现对语言自然、纯朴的本性的僭越，而去追寻其“超验的”东西，也就是想要勒索语词之外的东西，结果导致了人的“精神”的“肿块”，用贝塔朗菲的话说，就是因语言的“实物化”而走进了精神分裂症之中③。亦因此，维特根斯坦提醒说，要将人们从“被深深地埋入哲学的，也即语法的困惑之中……解救出来的前提条件是：人们将他们从他们落入其中的那些及其多样的关联中拖出来”，也就是让思想回到语言的平淡无奇、日常性上来。④ 人一旦沉陷于语言编织的人格脚本、社会幻象之中，就会沉溺于“伪我”而失去“真我”，变得自卑与自恋、敏感与多疑。人一旦被语言的情感之箭射中，就会激活情绪

---

① 这里的“自我”指的是“自传式自我”和“自我”，而非“原始自我”或“生物自我”。

② ［奥］冯·贝塔朗菲、［美］A. 拉威奥莱特：《人的系统观》，张志伟等译，华夏出版社1989年版，第46页。

③ 同上书，第87页。

④ ［奥］维特根斯坦：《哲学语法》，韩林合译，商务印书馆2012年版，第294—295、293、93页。

反应，使其起伏波动，甚至于产生情感上的紊乱。人脑中的某些模块一旦被盘踞于语言中的“远古幽魂”所激活，就会引发这些神经元的广泛访问，超常链接，产生神话幻想和鬼怪精灵意识，落入恐惧、焦虑、妄想、癔症等精神障碍之中。总之，只要人类生存于宇宙“震动的空气层”中，只要人类的这套信号系统不仅有物理“张力”还有心理“活力”；不仅有形式还有意义；不仅能够呈现实在还能够指表征空虚，产生虚幻的意识场景和心理表象，精神障碍就会发生。

如果运用精神病理学理论来分析精神病患者的临床现象，我们也会清楚发现，精神病象同样呈现出一种典型的“语言病理”。这里所谓的“语言病理”与神经语言学所说的“失语症”不是同一病理现象。精神病患并没有丧失语言机能但却丧失了“语法”能力：他脑中的“硬件”完好，可以接收语言信号，但启动“计算过程”和“算法”出了问题，即他对语言的加工不属于共同体成员通行的神经计算规则：他们不仅言说“象征性语言”，提供给我们的是缺乏生活形式的意象碎片，也言说一种漂浮于虚幻世界的“私人语言”，一种米歇尔·福柯所说的“逻辑推理”① 加工出来的信息形式，如蓬头垢面、衣衫不整却以玉皇大帝或“孤家寡人”自居的夸大语言；光天化日、万物廓然却言说有人持枪追杀他的妄想语言以及原始世界“万物有灵”背景下的癔症式语言。一旦病患走出语言的这些迷宫，能够与人们进行正常的语言游戏时，他也就被治愈了。

倘若说，人类的精神疾病在很大程度上是一种语言病理的话，那么，治疗精神病的可能方案之一当然也是语言疗法。正如一位曾经与我晤谈了两个小时的女性所感触的那样：“没有任何药物，我们就是一直在聊，甚至聊的不是我的病；可进门时的我和现在的我完全不是一个人了。喔，这太神奇了！”确实神奇。只不过这位妇女不晓得这“神奇”源于何故。其实，个中的道理并不神奇，更不玄奥。只要这位病患能够知道她不仅是个被造的雌性哺乳动物，而且知道她是一种精神动物、一种语言动物，就完全可以破解她所惊讶的“神奇”。从哲学的意义上说，作为生物性、社会性、文化性组构而成的所谓人性，它不是自我的、幽隐的、沉思的，而是主体间性的、对话的、交流的。蒙田用了近大半生的人生经验总结道：“没有人与人之间的交流，就没有快乐而言。”② 蒙田是个经验主义者，他

---

① 参见［法］米歇尔·福柯《疯癫与文明》，刘北成等译，生活·读书·新知三联书店2012年版，第92—93页。

② ［法］蒙田：《蒙田随笔全集》下卷，陆秉慧等译，译林出版社1996年版，第241页。

没有向他的这种经验注入什么理性，然而他的话却直逼生命存在之根底。形而上学大师海德格尔没有诉诸经验，而是通过对人的存在之本的理性思辨告诉了我们同样的道理："人的存在基础是交谈。"[①] 只有在交流、言说的基础上，我们才有资格谈论存在与生活。对于心理学家而言，只有交流与沟通，才能促进人的心理能量的新陈代谢，维系有机体生命能量结构的和谐。苏联文艺思想家巴赫金通过"对话性"的视角解释了那位妇女的"神奇"惊愕：

> 关键不是在内心发生了什么事，而是在自我意识与他人意识的交界处，在门槛上发生了什么事。一切内在的东西，都不能自足，它要转向外部，它要对话；每一内在的感受都处在边界上，都与他人相遇；这种紧张的交会，便是感受的全部实质。[②]

巴赫金虽只是一位文艺思想家，但却有语言心理学的天才。"奇迹"就在这里：心智系统由于某种刺激产生了"异常"，改变了有机体必需的信息能量新陈代谢的回路；谈话与言说就如同由外界向有机体内输送一种调节信号，由于这一信号所具有的"物理能"和"心理能"，使得系统的"异常"得到了调节，恢复了有机体信息输入-输出的正常机能。这也就是心理学家为何如此看重"谈话疗法"的原因所在，也是宗教在治疗人的精神疾病方面所特有的能量。如果说这些解释有些宽泛的话，那我们就从认知神经科学的原理对宗教治疗师如何通过其特有的符号活动而产生治疗能量的原理做一番具体分析。

人类的心理，其实不只是心理，包括人的身体或者说有机体的生命组织本身就是一个各种装置与环境相互作用而形成的不同能量组合的大系统。按照 Kosslyn 和 Rosenberg 在《心理学：大脑·人·世界》中的观点，所谓心理，不过是在大脑、人、世界这三个不同水平上发生的事件：大脑是生物系统，它能产生人的情绪、感觉等；世界是社会、文化和环境系统。人的身体与脑、脑与环境、环境与身体之间的相互作用，产生了感觉、体验、意识、心理以及精神等不同的能量。（能量这里指的是信息）脑神经对环境信号的接收、加工，对我们身体感觉的映射，形成所谓的情

---

① ［德］海德格尔：《存在与在》，王作宏译，民族出版社 2005 年版，第 122 页。

② ［苏联］巴赫金：《巴赫金全集》第 5 卷，白春仁等译，河北教育出版社 1998 年版，第 318 页。

绪、意识反应以及脑从记忆中提取各种信息加工成各种意象、经验和观念，其实都可以理解为生命体的能量形式。按照能量守恒定律，无论是心脑、心身还是心物交互产生的能量，能量系统必须保持平衡状态，不能出现此多彼少的情况，那将导致能量系统的失衡与紊乱；用热力学第二定律的理论来表述，即导致熵的增加。依据能量守恒定律，只有当情绪、意识、欲望这些能量能够保持平衡状态，能够将多余的能量转化成其他形式，才能维系心脑、心身、心物关系的和谐，保持情感与意识的和谐与一体化，否则，各种能量强弱不均，相互冲突，就会导致精神系统的紊乱。然而，就作为一种复杂的脑、心、物相互作用构建起来的生命系统而言，其实很难做到这种不同水平系统活动的和谐。例如，从神经生物学的理论来说，我们的大脑只能有一个意识生成的核心——动态核心，正是这个动态核心的信息整合保持了意识的单一性和清晰性；但大脑其他脑区也盘存了丰富的没有进行深加工的信息，并且它们也具有竞争性神经发放的潜势。如果这些脑区的神经发放连接了动态核心，就造成对“核心”信息加工活动的干扰，导致意识的混乱；如果其他脑区的神经发放形成了强势，对大脑的“核心”进行了重置，则会导致表征的扭曲，出现人格-精神的分裂。

如果神经科学的理论过于高深，不易理解，那么，我们可以通过荣格的分析心理学帮助我们理解这个问题。生命本身就是能量转化器，它以某种方式参与到能量的转化过程。有生命的身体是一个机器，它把它使用的能量转化成等值的其他形式的功能。不过，在我们的心理本性中，只有很少一部分能量能被转移，其他则因其自然的流动转向别的方面。于是，力比多就被分配到各种功能系统里，而且不能从这些系统里完全撤回。由于力比多是作为一种不能被转化的特定能量被置于这些功能之中的，也就引发了心理“能”的紊乱，导致心理混乱。[①] 例如，对性的强烈欲望、对权力的强烈欲望、对财富的强烈欲望、对神圣、神秘世界的强烈欲望（宗教意象过于活跃）等，若不能转换为其他形式，就会导致心理混乱或精神紊乱。

厘清了人类心理或精神紊乱的主要根源——有机体能量系统的失衡与紊乱——我们也就明白了宗教治疗精神疾病的重要机制。英国语言学家韩礼德虽然保守但却不乏洞见地如此说：语言具有一种“投射”能力，可

---

① ［瑞士］卡尔·古斯塔夫·荣格：《心理结构与心理动力学》，关群德译，国际文化出版公司2011年版，第29、33页。

“把经验的全部理解为两种不同的事件：符号的事件和其他的事件。后者可以通过意识过程被转化为符号的事件。”① “经验”转化为“符号”，其实就是将神经网络用句法网络组织起来，将意识表征转化为言语表征，并随着言语工作记忆的消失而消失。例如，基督教祈祷活动中的言说与神父的引导，就是将情绪事件转化为语言事件而实现心理疏导的；萨满教治病仪式上萨满演唱的具有萨满教神话意象的神歌就与病患心理激动不安的神鬼妖魅情绪形成了链接，这些混乱的情绪、意象便通过萨满师输入的符号所组成的“文化能量流”的流动得到调节和疏导（转换成意识与观念的形式）。前文巴赫金所说的在“自我意识”与“他人意识”的交界处发生的事，现在看来，其实就是当事人心智系统中的“变异”点在外界输入的刺激下所产生的信息加工活动及其所产生的意识、经验、观念等。

诚然，所有的精神治疗尤其是心理治疗都充分发挥了言说或谈话这一语言“力”的功能；但是，以语言为核心手段或主要工具的宗教精神治疗对某些特殊类型的精神障碍治疗（如癔症类精神障碍）更具优势。因为宗教治疗师所使用的语言与心理治疗师和精神病学家所使用的语言有很大的不同。如果说，心理、精神病专家的临床语言技术主要是通过以下5种技术：①解释技术，即运用某一心理学理论对当事人症状的性质、程度和原因、实质进行合理化的解释；②指导技术，即咨询师直接给予求助者某种意见或指导其怎样行动；③面质技术，即咨询师直接指出求助者言谈中出现的矛盾现象，以促进当事人对自己心理问题有所察觉；④情感表达技术，即心理治疗师直接将自己的情绪与情感坦然地告知求助者，不仅有助于共情也有助于促进顿悟和行为示范；⑤自我开放技术，即为了启发当事人顿悟，心理治疗师将自己的成长经历、思想与情感、人生经验与病患分享等这些手段来进行心理治疗②，那么，宗教治疗师对精神障碍治疗的语言技艺则是对作为人神沟通的符号、文化记忆的载体、社区传统的记忆等人类超验观念栖身物的语言的文化形而上学能量的充分发挥；如果说，心理治疗师的言语行为还大抵是一种教育社会学维度的话，那么，宗教治疗师的言说则是一种“底层社会学”或弗洛姆所说的“象征语法”的维度；如果说，心理治疗师的语言治疗更多是通过语言的信息、经验、理性

---

① ［英］唐纳德·韩礼德：《语言和自然的秩序》，《韩礼德语言学文集》，姚小平译，湖南教育出版社2006年版，第71页。

② 参见邱鸿钟《医学与语言：关于医学的历史、主体、文本和临床的语言观》，广东高等教育出版社2010年版，第251页。

来达到对求治者失衡的心理能量结构进行调整的话，那么，宗教治疗师则更多地诉诸符号的神圣性与象征性作用于病患的脑-心灵系统，即通过与病患此时的脑水平或心理水平相匹配的神圣信号的输入，从而使病患通过同一水平的神经计算活动调节神经通路，建构心理经验，转化心理能量。再简单一点说，如果说精神病学家和心理学家主要是通过信息、经验、理性的符号形式来向病患解释某些问题、抚慰病患的情绪而进行心理干预与疏导的话，那么，宗教师则通过向当事人的脑输入一套超越人们日常经验的符号形式刺激人产生特殊的信息加工活动——激活“文化自我”和神话经验。亦因此，心理治疗师和精神病医生医治不好的某些精神障碍却可以在宗教治疗中获得奇效（如癔症）。其中并无奥秘也不神秘。因为我们知道，所谓心理与精神疾病，除了基因和大脑创伤和生物化学成分病变的因素外，主要是个体信息加工所导致的知觉表征与心理经验的异常化。心理学家所说的“心理问题”其实就是意识问题。也正因为人类的精神疾病是这样的一种特殊的脑-心灵现象，因此，无论是建立在“身-心”二元理论基础上的生物精神病学还是建立在谈话疗法基础上的心理治疗学；无论是像前者那样在病患的头上钻一个洞，挖去一些神经元或是向脑神经注入大量的利血平，还是像后者那样对病患进行絮絮叨叨的心理宽慰，都无法使得某些精神疾病获得根本的治愈。它们也不过是将一种症状转换为另一种症状（如服食药物产生的忧郁、麻痹和心理治疗后更深层的焦虑）而已。也正因此，有的学者甚至质疑精神病学作为一种科学的合法性。如美国雪城大学的托马斯·萨兹教授就否认精神疾病和精神病学存在的合法性：“精神病学通常被定义为关于诊断和治疗精神疾病的一门医学专业。我个人认为这个定义虽然至今受到广泛认可，但它在本质上却将精神疾病学同炼金术与占星术归为同类，使之成为一门伪科学。”[①] 虽然有些极端，但不能不说也击中了精神病学的一些软肋。

总之，由于宗教治疗师在精神障碍治疗中使用的是一种完全不同于心理治疗师和精神病医生的符号体式，更充分地发掘了我前面所说的由语言符号所具有的物理、心理“力”衍生出来的魔法功能，即：它一方面融入了一个社群的共享知识——神话传统、宗教信仰、巫术-魔法经验；另一方面与病患疾病思维的心理模型相对应，对这些信号的加工与编码不仅激发了病患对于疾病治疗行为的信念、意志，即我在上面所说的对于神力

① 见［英］罗伊·波特《疯狂简史》，张钰等译，湖南科学技术出版社 2014 年版，第 1 页。

的信仰，产生了对于神力的移情，这本身就是一种心理治疗手段，如同精神病学家工作室墙壁上悬挂的各种荣誉证书，或者说类似于存在主义心理学所说的“意志疗法”与积极想象，而且对这套符号体式所负载的神话信息的加工也与病患的脑或心理中激动不安的“神圣”意识形成了匹配，并通过这种匹配将病患那些混乱、非理性的心理水平提升语言经验的层次，即鬼魂观念的层次，从而实现了病患混乱的迷信意识的调整，尤其是激动不安的集体无意识的转换。荣格对这一机制的心理分析可谓为我前面的论述做了另一种视野的完美总结：个体之所以陷入心理矛盾之中，不是因为其力比多没有转换成功，而是无意识地顺着原来的渠道溜走了。因此，需要一种“比自然更陡峭的阶梯”；“充满神圣东西的仪式常常非常清楚地揭示出它们是能量的转换器”。①

其实，即使不在神圣信息对“神圣意义”意义转换这个层面上运思，仅就人类脑-心理运动的基础层面——大脑物理学这个层面来分析，我们也可以解释宗教治疗师言说的“精神治疗”之机理。脑科学研究发现，人类的脑系统是由各种离散粒子（神经元）构成的，并且按照基本的物理规律进行活动。当各种离散的“脑粒子”组合正常，形成网络，并按基本的物理规律进行活动时，人的大脑就正常；反之，如果在外力的作用下，大脑组合的各个粒子离散开来，且不能按基本的物理规律进行活动时，大脑神经网络系统就会出现异常，如意识混乱或丧失意识等。语言系统与人类的大脑系统构成及其活动方式基本相同，它也是由不同的离散粒子（单词）按照语法规则组合而成并进行活动的。因此，人们的语言加工过程实质是通过句法形式对大脑进行空间架构即物理运动进行排列的过程。也正由于语言系统及其活动模式与人脑系统及其活动模式相吻合，因此，对于那些大脑神经网络连接异常或无法进行活动的病患来说，通过向其输入相应的语句，使得大脑按照语言的句法模型进行空间架构，便产生了对脑结构及其活动方式的调整，也可以说是通过语言句法重组“大脑模型”。还可以再大胆一点假设：按照有的认知神经科学家的观点，人类的语言机制以及语法原则属于人类的“生物蓝图”，先验地内在于大脑系统之中，那么，狂言谵语等精神异常也可谓这个“生物蓝图”出了问题；这时，如果向这个机制进行句法输入，刺激当事人的大脑模型做出调整，

① ［瑞士］卡尔·古斯塔夫·荣格：《心理结构与心理动力学》，关群德译，国际文化出版公司 2011 年版，第 34 页。

那么，这种输入加工的过程也就成为大脑的调理过程①。

二　“灵魂引导”与意义疗法

若按心理学家所说，心理治疗从根本上来说是个劝告的过程②，那么，我们就可以说，宗教对于心理障碍的治疗，具有心理治疗学技术的基本“潜质”，因为信徒们在发生精神困惑或心理危机的情况下走进寺院与神职人员交流，就是在接受一种特殊的“劝告”——灵魂的引导。正如荣格所分析的：天主教徒之所以很少被神经症所折磨，就在于天主教会有一种被称为良知引导——灵魂导师劝告——的古老的传统。那些“引导者”在这项工作上具有超凡的经验、技能和智慧。③ 荣格没有夸张。“灵魂引导”确实可以说是宗教在精神障碍疗治方面最重要也是最具特色的临床技艺之一。

这里的“灵魂引导”与我前面所说的“灵性开发”不同：灵性开发是通过日常生活和宗教生活对人的高级心理机能的开发与培养，其旨在提升个体的心理水平和精神层次，从而形成一种超然的精神境界；而灵魂引导（在“宗教”这个语阵的意义上说）则是在个体发生相应心理障碍或精神困扰的情况下，通过宗教治疗师的开示导引，使其错位了的性情和扭曲了的灵魂的归位和矫正。我在前面已分析过这一点，心理或精神障碍在很大程度上就是一个存在意义的混乱、心灵的错位亦即灵魂的扭曲或迷失的问题。因此，通过对病患进行人生意义、宗教伦理方面的灵魂引导，纠偏其混乱的意义体系和心灵错位，便成为宗教对精神障碍治疗的最重要的技艺。

为了更好地理解灵魂引导与心理或精神问题矫正的关系，我们首先分析一下宗教文化的灵魂引导在个体精神健康成长过程中的重要作用。先来看一个案例。

---

① 见［美］斯蒂芬·克莱恩、罗莎琳德·桑顿《普遍语法探究》，李汝亚译，商务印书馆2015年版，第14、193页。

② ［美］彼得·班克特：《谈话疗法：东西方心理治疗的历史》，李宏昀译，上海社会科学院出版社2006年版，第15页。

③ ［瑞士］卡尔·古斯塔夫·荣格：《象征生活》，储昭华译，国际文化出版公司2011年版，第211页。

位于印度南部的 Andhra Pradesh 省有一所“哲人山谷学校”。这所学校所教授的基本内容都是克里希纳穆提的教义；所采取的教学方法主要是引导学生关于“神圣”的冥想。这种教学内容与教学方法旨在培养受教育者的“心灵内部革命”。所谓“心灵内部革命”，按照我的理解，其实就是个体性情的转变与灵魂的升华。我们来看该校日常生活中的一个特殊的环节——观看落日仪式：

> 在一天学习的最后，克里希纳穆提学校所有的孩子们都要到一个特定的地方一起去看日落。这个共同经历有大约二十分钟。学生和老师一起，有的坐在地上，有的坐在石头上，面对着太阳将落在其后的那座山。当铃声响起的时候，活动就正式开始了。一些学生凝神闭目冥想，一些注视着太阳和山脉——所有人都很安静。
>
> 观看落日（asthachal）的仪式是一个指向发展儿童内部心理建构（个人文化）的制度化情境。……学生（十二至十七岁）在学校中的反应表明他们中的一半人认为日落仪式的经历使他们放松，用“平和”“平静”“安宁”等词语来说明这个经历并表现出他们有能力看到自己的问题和担心，理解他们的内心想法并且在漫长的一天后平静他们的心情。他们中的一些人用“美丽”的日落和环境表达他们对自然的欣赏。其他一些提到了他们在日落仪式中体验到“愉快”和“开心”。……在他们的课余时间，他们中的许多人都独自静静地去日落仪式的地方。因此，这个环境就和他们在仪式时的积极体验联系在一起……①

“哲人山谷学校”观看日落仪式之重要意义就是使孩子们从小在这里接受灵魂引导，为他们及时清理心理中的“问题”和“担心”，为以后人格与心灵的健康发展奠定坚实的心理能力。这个“观看日落仪式”虽是平凡的，但其意义却是超凡的——指向了灵魂深处的“大问题”，因此也是灵魂引导最直观而又最深刻的方式。当一个人能够以平和的心境观看大千世界万物的有无变化，当一个人能够在寻常的自然事件中体验到美丽、

① 见［美］J. 瓦西纳《文化和人类发展》，孙晓珍等译，华东师范大学出版社 2007 年版，第 377—378 页。

愉悦，那么，这个人的心灵就是茁壮的，灵魂也是鲜活的①，自然也就消除了心理或精神问题。

领略了印度宗教学校的灵魂引导活动之后，我们就可以进入本节主题的核心：宗教的灵魂引导对个体的心理困扰、精神危机干预的意义。肯·威尔伯在《超越死亡：恩宠与勇气》一书中提供了他的未婚妻崔雅——一个患了乳腺癌的女性——所写下的在一次参加复活节活动时接受“灵魂引导”所产生的心灵变化的日记。日记中这样写道：

> 我们簇拥在这些华服与复活节的礼帽中，好不容易找的视野很好的位置。我们从一位号手的后方向下俯视一个个灰的、棕的、金的、秃的、戴帽子的、没戴帽子的脑袋。教堂四周的金箔，高高矗立的拱门以及圣坛上庄严的十字架，使我们的灵性为之提升，提醒着我们都是属于上帝的儿女。
>
> 我喜欢这次礼拜所讲的道，简朴，有内容。牧师提到了我们在人世间的苦难，以及那些曾经被苦难试炼的人所坚守的古老信念，他问道：“我们难道不能放弃古老的迷信吗？那些受苦者理当受到苦难的折磨吗？每天晚上，全世界有三分之二的人是在吃不饱、穿不暖、无庇佑之所的情况下就寝的。”他将耶稣所受的苦难与人类的处境结合在一起，我从未听过有人以单纯的人性而非神圣使命的角度来诠释耶稣所受的苦难。这位牧师也提到我们对意义的需求，并且为我们祈祷，使我们能够在平凡与超凡中觅得个中的意义。上帝一定知道那些话是在对我说。因为我一直对意义有着强烈的渴望。
>
> 就在我聆听讲道时，奇妙的改变发生了。突然间，“意义”这两个字给我的感觉和过去迥然不同，不再觉得不愉快、不满足，甚至慌张不安。我想我对自己可能比以前慈悲一些，对生命和人性也更温柔了。……我知道自己并不是在伪饰，因为每当我写到或谈到那些过去曾经困扰我、至今仍未消退的问题时，我心中的抱怨、棱角和苦涩已经不再强而有力，我并不想拿我的进步去说服任何人，因为我仍有坏脾气、爱抱怨与自怜，只是当我提起这些问题时，感受不再那么强

---

① 怀特海曾认为，“平和”是完成灵魂的“生命和运动”的一种积极感觉。见［英］A. N. 怀特海《观念与冒险》，周邦宪译，贵州人民出版社 2007 年版，第 265 页。

烈，甚至有点乏味，这时我知道自己真的有进展了。①

崔雅的这段文字，使我们真正领略到了宗教导师的“灵魂引导”在信众心灵、精神积极转化中所发挥的独特作用。换一种视角，宗教文化中的“灵魂引导”，从心理治疗学的原理看，其实就是罗杰斯、皮尔斯、弗兰克尔、罗洛·梅等心理学家在心理治疗活动中所施行的“意义疗法”。按照弗兰克尔的解释，所谓的意义疗法，就是通过劝告、指导使病患重新对存在的目的、意义、意图的理解。它所强调的是：

第一，参与具有创造性的、内容丰富的活动，追求理性、智力和以服务为目的的工作——“奉献给世界”；

第二，接受陌生的体验，把自我放置到自然和艺术的美丽环境中，感受它们的力量，在集中的体验中释放自我——“伟大的时刻”；

第三，建立一套价值观，有目的地、勤劳地、勇敢地生活，接纳不可避免的事实——“超脱自我”。②

“意义疗法”的集大成者罗洛·梅更加鲜明地规划了“意义疗法”的基本理念和行动：“帮助人们坦诚地承认和面对他们的焦虑、敌意、内疚，面对世界上文化方面与心理学方面的破坏性和邪恶；存在主义取向就是个性的获得，不是通过回避我们在其中找到自我（这对于我们西方文化而言是不得已的）的世界中的现实冲突而获得，而是通过直接地面对它们、应对它们来获得个性和有意义的人际关系。”③ 从意义疗法的这一宗旨看，宗教的“灵魂引导”可谓心理治疗学“意义疗法”的源头。无论是耶稣向病人讲述的比喻，还是神父对心理危机者的“灵魂引导”，乃至于中国禅师对弟子施行的机锋与“棒喝”，都是一种意义疗法：不沉湎于现实，不安于现状，不做肉身的奴役而追求灵魂的圆满和精神的超越。这是宗教治疗师的“灵魂引导”，但也是心理治疗：空虚、厌烦、无助感以及抑郁、焦虑和物质滥用等心理问题大都是由意义拥有水平较低的因素造成的；而当生命富有意义时，人的积极情感更丰富，主观幸福感和生活

① ［美］肯·威尔伯：《超越死亡：恩宠与勇气》，胡因梦译，生活·读书·新知三联书店 2011 年版，第 217—218 页。

② ［美］彼得·班克特：《谈话疗法：东西方心理治疗的历史》，李宏昀译，上海社会科学院出版社 2006 年版第 333 页。

③ ［美］罗洛·梅：《心理学与人类困境》，郭本禹等译，中国人民大学出版社 2010 年版，第 176—177 页。

满意度也更高，能积极投入生活，享受其中的快乐，并且，“高水平的意义拥有有助于缓解心理创伤和压力的影响，能抑制健康风险行为，调节应激条件下的负性情绪和一般健康问题”。[①] 千百年来，宗教之所以能够化解信徒的心理危机，治疗相应的心理障碍，其原因就在于它对信众施行的这种“意义疗法”。

宗教的灵魂引导疗法在精神障碍治疗中的重要作用，最典型的案例当属近年来风靡东西方心理治疗界的“森田疗法”和“内观疗法”。20 世纪，日本精神病学家森田正马和吉本伊信借鉴佛教灵魂引导经验创立的“森田疗法”“内观疗法”，就是通过让病患通过静思、内省、接受指导及其生活能力、技巧的训练，使之精神省悟、灵魂改变而达到对神经症的治疗的。按照高良和佐藤对“森田疗法”的本质定位，这种治疗即使病患“带着强健的性情去生活”。可见，森田疗法其实就是一种通过更新存在的意义达到心理治疗的方法。比如，在森田疗法中，病患首先要静心，并接受生活能力及技巧的训练；同时接受治疗师的开导与教育。森田疗法治疗师（高良、佐藤）通常的做法是，先给病患开出一个单子，里面有十条给病人的暗示或者说指导。按彼得 · 班克特的整理，这“十条”的内容是。

1. 让治疗师解释你的处境的心理机能上的本性，确保你理解了你为什么如此感受着你所感受的。

2. 彻底地让你的症状如其所是的存在。你必须接受，你的症状——感到困窘，所以结结巴巴、脸红，像火在烧，或别的任何东西——已经完全地和你本人合为一体了。

3. 把你自己绝对地、毫无保留地投入工作。在你被抢先占据的时间里，你必须工作得有效率，还要弥补好自己的失败，以便完成你分内的活。

4. 绝对地不要抱怨任何东西。永远不要提起你的症状，也不要把注意力转向它们。

5. 期望征服那种“逃进病症中”的诱惑，并为征服做好准备。在一开始你的症状也许会有些许加重，但你得把这种发展看成是无意义的而予以忽视。

6. 开始检查你的自身，为了找出你那些反常行为的源头。你是在何

---

① 杨慊、程巍、贺文洁、韩布新、杨昭宁：《追求意义能带来幸福吗?》，《心理科学进展》2016 年第 9 期。

时第一次学会以这种无益处的自私的方式来思考的？你这些无礼举动的模型是什么？

7. 立即停止你对于没有把握的事物的不尝试。

8. 正如在理性情绪行为疗法那样，你必须明白人类很少（倘若不是没有的话）经历到精神的彻底的宁静。“去带着苦恼生活吧！”必须成为你的日常生活座右铭。你必须把不安当作你的居所。

9. 调整你的外在形象，以便你不以一个神经质病人的形象出现在世界上。带着一个好的“表情”，严肃认真果断地投入你目前的任务。在短时间内，你的内在自我就能与外在自我配合起来了。

10. 承认并信赖你的体内平衡。你的恢复将是自然的，如果你恢复了你自然地行为和思考的能力。①

对于高良和佐藤开出的这十条“便方”，人们的看法也不一样，我也觉得它确实不适合所有的神经症患者，即使是属于内倾型心理类型的日本患者也是如此。但是，森田疗法所获得的成功疗效也告诉我们这样一个道理：一般性心理障碍的治疗，灵魂引导特别是存在意义的反思与重构十分重要。我们不妨再回过头来品味一下高良和佐藤为病患开出的“十项”自我反思、觉醒的纲目。很明显，它的任何一项都指向了病患的灵魂层面，都强调病患良好的性情与健壮的人格的培养：正视、轻视自己的症状，并以一种开放的胸襟拥抱它，以坚韧的毅力战胜它。美国著名心理学家、心理治疗师彼得·班克特认为，良好的“性情的本质就是学着像这个世界本身所是的那样接受这个世界——不是像你喜欢、希求、盼望和强迫它去是的那样”。② 在他看来，森田疗法治疗的核心就在于：“就像它们所是的那样接受你自己，你的症状，以及现实。”他还尝试运用森田疗法治疗西方文化背景下的 PMS——月经前综合征。他的做法是：先给病人看一大堆文献，这些文献的基本主张是：PMS 这种失调是“虚构”出来的。他问他的患者，是否能够接受这样一种可能性，即她们的“痛苦”只是那些重男轻女的医学机构用以贬低女性的另一种方式？他告诉他的患者：“不要抵抗你们的症状！让它们去！如果你觉得有一点点紧张，那么也许这是个好日子，人们不至于在你面前把他们的职责搞得一团糟。习惯于你那每个月的情绪波动吧。期望它们并且欢迎它们。对它们怀有一种友

① ［美］彼得·班克特：《谈话疗法：东西方心理治疗的历史》，李宏昀译，上海社会科学院出版社 2006 年版，第 450 页。

② 同上。

善的感觉。成为这个世界上最有名的 PMS 人！让这个世界看看，你的脾气可以比月球望远镜更准确地刻画出每一天是这个月的哪个日子。”班克特运用森田疗法治疗 PMS 的基本理念就是：鼓励他的患者如其所是地接受生活，无须理论地去生活，因为生活本来就是你现在所过的这个样子。结果，尽管接受森田疗法的治疗者结巴的人仍旧结巴，头疼的人仍旧头疼，但他们的内心世界却发生了很大的变化：他们不再逃避他们的责任了，现在他们有能力去履行那迄今为止曾让他们感到如此沉重的责任了。①

内观疗法也是一种灵魂引导疗法，或者说是一种通过患者的沉思、默想、忏悔、省悟而把错位的灵魂重新复位的治疗方法。内观疗法的过程一般是这样的：治疗师首先问病患，他所想、所沉思、所考虑的是谁，之后，治疗师与当事人开始交谈，这个治疗性的交谈内容主要聚焦于下面三个问题：

（1）关于那个人过去为他或为她所做的事，病人回忆起了什么？他从那个人那里接受了怎样善意的行动、怎样的礼物、怎样的服务？从本质上说，这个病人得自这个关系中的“on 档案”中有什么？

（2）那么这个病人做了什么作为回报，以履行应尽的职责呢？他对那个人做了什么好事？他有没有试图深化和丰富这种关系，还是试图通过一个大的礼物来消解一切的责任？

（3）这次面谈的最重要的部分就是引导病患去探索在这个关系中必须由病患负责的所谓麻烦、不便、吝啬及类似的东西。

经过这样的内观、自省，病患的灵魂或者说存在的意义的坐标发生了很大的变化：

> 在第五天（是在一个安静孤独的气氛中进行深入的自我反思），我开始明白，我是我生活中的他人的关心和善意的产物。生命、食物、住所，以及类似的，这都是我的父母给的；知识是由我的家庭、同伴、老师传递给我的。任何的技能，任何的财产，任何的观念，这些我以为是“我的”，其实都是由他人或“无”创造出来的，培养发展的，给予我的……在沉思中感恩的泪水从我的两颊滚落！得把他者

① ［美］彼得·班克特：《谈话疗法：东西方心理治疗的历史》，李宏昀译，上海社会科学院出版社 2006 年版，第 451—452 页。

所给予我的传递下去，以此来报偿我所得到的，这是多么重要啊！①

可见，这种以忏悔、醒悟为宗旨的内观疗法确使病患的灵魂发生了重要的变化，或者说错置了的心灵得以重新归位。接受这种治疗的人这样描述了自己的心灵的更新：

> 在第三天的下午我的自我分析达到了最深。我为我浪费精力，也为我无视他人而充满了自责。我看到，为了我周围的他人，我需要更新了的努力。我要把自己奉献给这样的目标。②

彼得·班克特总结说：森田疗法和内观疗法尽管有些细微的差别，但本质上是相同的，即它们都有一个共同的假定：个体完全是可以自我修正的——错误地聚焦了的心灵可以重新聚焦；错置了的心灵也可以重新复位。两种疗法临床治疗的共同机理是：它给予病患的就是一个机会，一个有利的环境，使他能够从现在的世界中撤回，从事一种仔细构建起来的自我检查过程。③ 用本节的主题词来表述，两种疗法的共同特征就是让病患在治疗师的引导、教育下，进行灵魂的反思、内省、调整与重建。

宗教在精神治疗方面所具有的优势能量，不仅在于它开创并睿智地施行了人类心理治疗的重要技法——意义疗法，而且在于宗教领域有丰富的意义治疗资源。我们知道，无论是佛寺道观，还是教堂、修道院，都不乏高僧大德和神学家。这些宗教专家不仅神学造诣深厚，成为修行者的神学导师，而且作为人们“灵魂的引导者”，也拥有丰富的心灵生活引导的经验和智慧，成为荣格所说的“良知引导者——灵魂的导师”。这些“灵魂的导师”不仅向弟子、信徒传授神学真理，指导其如何臻于神圣，而且对他们进行存在教育和性灵教育，比如，如何宽恕他人，如何施爱，如何对待人生、对待生命、对待生活中的磨难与罪责等。弟子和信徒正是通过这些灵魂导师的引导与教育，不仅提高了宗教修养，而且使自己的性情和灵魂发生了很大的转变。藏传佛教密宗上师、享誉西方的佛教心理治疗大师仁波切，在回忆自己的精神成长、佛性圆满以及后来为人治疗精神苦痛

---

① ［美］彼得·班克特：《谈话疗法：东西方心理治疗的历史》，李宏昀译，上海社会科学院出版社 2006 年版，第 453 页。

② 同上。

③ 同上。

的智慧之源时曾这样写道：

> 西藏家乡的寺庙，一直在我的心中保持鲜活的宁静和喜悦的影像。在我小时候，无比睿智、慈悲的老师们那些温和、慈祥的话语，仍然在耳中回响。更重要的是，当时我所体验到的旷达、安祥和力量，被我在生命中所遭遇的困境琢磨的更精练、更明亮，有如冶炼黄金一般。那些影像、言语和经验，一直是我生命中的指引明灯和治疗力量，让我安然度过痛苦、混乱和挫折。①

就这段文字的表层语义而观，它似乎在向我们讲述法师的佛教信仰与人生观的形成之关系，但透过文字表层的网幕，我们可以悟出这样一个道理：正是仁波切从小在密教文化中所接受的灵魂引导培养了他良好的性情——旷达、安祥、勇气，这对个体心灵的和谐、灵魂的矫正以及形成战胜痛苦、混乱和挫折的精神韧性具有十分重要的意义。可以这样说，仁波切后来能够成为一名密宗大师、心理治疗大师与他早年在佛寺所接受到的灵魂引导密切相关。特别是当我们品读法师的《心灵神医》《觉悟之旅》等有关心理治疗的著作时，更能体会到这一点：仁波切的心理治疗智慧始终与他的灵魂引导、性情教育理念形影不离；或者也可以这样说，他的《心灵神医》著作本身就是对读者进行灵魂引导和性情教育的良好教材。

写到这里，我想起发生在自己生活中的一件趣事。1988 年，我在撰写《禅宗与艺术审美》一书②时，有幸结识了吉林市观音古刹的清信法师（尼姑）。有一次，我去拜访清信法师，她告诉我，前不久，该市某商店和宾馆的两名工作人员——20 岁左右的女青年因账务和恋爱问题而罹患了心境障碍（抑郁症），离开工作岗位和家庭，每天到寺院拜佛念经，并拟拜清信法师为师，坚决要求剃度出家。法师见其青春年少，又无佛性慧根，只是心理问题：对生活矛盾的回避和逃离。于是便悉心开导，点拨性情，对她们进行精神开示。法师对她们说：生活就是一大堆问题组成的，出家人也面临很多生活问题。因此，当你与问题相遇时，不是躲闪逃避，而是与它直接面对。当你直面它、走进它时，它或许就不再成为精神的负担，反而会成为你生活中的良师益友。清信法师的这种精神开示，促使这两位女案主的心灵发生了一些变化。法师知道我正在写禅学著作，还动员

---

① 王仁波切：《心灵神医》，郑振煌译，中国藏学出版社 2006 年版，第 5 页。

② 高长江：《禅宗与艺术审美》，吉林大学出版社 1989 年版。

我向她们说讲禅法。经过我与法师一个多月的开导教育，两个女青年明白了人生哲理，心理障碍逐渐消除，高高兴兴地离开了寺院，回到了家庭和社会。

坦率地说，20 年前我并不晓得我对两位女案主施行了意义疗法，只是庆幸自己的禅学研习和修辞学素养以及对清信法师菩提之心的敬佩。如今反思那一经历，尤其是清信法师的劝导，这不就是真正的意义疗法么？也许，对于宗教治疗师而言，他们并不晓得其对他人所施行的“灵魂引导”是什么意义疗法，但他们的所为却达到了意义疗法的疗效。这并不需要鸿篇阔论来阐述。作为生物性与文化性的合体，人的生存就是与存在之恶的一场无穷无尽的斗争。如何面对这场“斗争”？回避还是直面？在很大程度上将决定我们生活能否幸福。无数事实证明，那些生活的强者恰恰是那些拥有灵魂韧性的人。逃避者也许会获得一时的安逸，但最终会躺倒在神经病的床榻上。这也让我想起皮尔斯颇富启发的一段话：

> 为了分散我们对这种痛苦矛盾的注意，我们可以用盲目的愤慨和琐事来充斥生活……但最终吵闹会平息，胡言乱语会停下，大脑会进入思考状态。当我们开始认识到、感觉到、至少开始知道一些事情的时候，我们便无处躲藏。那么我们该怎么办？打开另外一瓶廉价的酒，寻找一夜情？制定一个发动战争秘密的计划？还是做一些更有创造性、更有内涵的事情？①

人们到底该如何“选择”？在法师这里得到了圆满的解答和未来指向：“不回避，走进它，让它成为你的良师益友！”从这个意义上说，宗教治疗师就是一位精神领袖和灵魂向导，求治者则是朝圣人。追求意义、幸福的存在本身就是一种精神朝圣！

三　灵修与脑-心调整

灵修亦称“修炼”。它不只是宗教徒臻于神圣的一种基本功，也是其最基本的生活方式。从某种意义上说，“修炼”几乎就是“宗教生活”的

---

① 转引自［美］彼得·班克特《谈话疗法：东西方心理治疗的历史》，李宏昀译，上海社会科学院出版社 2006 年版，第 336 页。

等义词。尽管佛教与道教、基督教与伊斯兰教所倡行的灵修方式各有千秋，修炼旨趣也各有所重，但它都是一个宗教徒必须践履的功课。

从宗教信仰的角度看，“修炼”作为一种宗教制度及生活形式，其主要目的是使修炼者摆脱各种世俗之念，打通迈向神圣的心灵通道，即通过意识的聚拢，摒弃心灵的聒噪，使精神专注于神圣的目标，进而达到与终极实体（佛教的“梵”、道教的“道”、伊斯兰教的“真主”、基督教的“上帝”）的合一。也正因为修炼是通过凝神聚思摒弃杂念而达到精神归一的一种认知活动，它在提升信仰水平、践履宗教义务的同时也成为人们祛除各种心灵滋扰、精神混乱的一种功夫，成为信众心神调节的一种方法，成为宗教治疗相关心理障碍的一种“临床”技艺。

那么，作为一种宗教生活的修炼是如何改变人的心理性态，达到对心理困扰或精神障碍的理疗的呢？多少年来，无论是佛道的高僧大德还是苏菲派大师、基督教神学家，往往都从神正论的角度构建阐释，把它解释为修炼过程中超自然力量介入而产生的心灵回应。近一个多世纪以来，随着心理学、精神病学特别是神经科学对这个问题的探究与开掘，笼罩其上的神秘烟雾逐渐消散开来，我们终于获得了对它心理治疗机理的科学认识。宗教修炼，其实就是人类心灵淬炼的过程，或者说是个体将在各种世俗幻象符号诱惑下散乱的心灵重新聚归的过程，所以它也被称之为“灵修”。与西方中世纪炼金术士的心理活动一样。“炼金”的过程就是“炼心”。今天，关于这方面的经验提炼与理论论说可谓汗牛充栋，不仅有心理学家、灵智学家的理论阐述，也有宗教徒的修炼体验以及各种养生学理论对其半生半熟的解释，当然，其中也包含着大量错误和神秘的东西。鉴于此，本书不打算再来描述宗教修炼的一些过程和细节。作为宗教精神病学理论研究，我准备从心理医学和神经科学这个视域对宗教灵修与心理治疗之关系做一解释。

藏传佛教法师、东杜法王仁波切整整用了 13 年的时间离群自修，证得心灵解脱大法。其所著《心灵神医》一书，通过对藏传佛教灵修奥秘的阐发及喇嘛们修行经验的总结，并结合藏医学的传统智慧，为我们展现了密宗精神修炼如何治愈人的身心疾病的相关原理。尽管作为一名喇嘛，仁波切的解释掺杂了诸多藏传佛教的神秘心性之元素，并且，其所叙述的治疗经验也有很多限于个体佛心体验的层次，对我们这些没有闭关修炼经验的俗家弟子而言很难体验佛法修行游戏三昧的精神愉悦。但是，由于其将“小乘”“大乘”“金刚乘”的佛心修炼与人的心灵活动规律结合在一起，所以，参悟这些文字，我们还是可以领略到密教的精神修炼与心理问题调理之基本原理。在《心灵神医》的第八章，仁波切专门描述了如何通过禅修治疗相关心理障碍的一些原理，其中不乏精神医学与心理医学认知疗法的一些规律，在某种程度上甚至远远超越了当下心理医学和精神医学注重“谈话指导”的理性而拙于灵性发掘的局限性。尤其是其从“心理能量”调整的角度描述修炼与心理治疗的关系，可谓超越了一般佛教理论在论及这个问题时泛泛而论的“意念”功能的层次，给人以诸多启示。现择要概述如下。

在仁波切看来，密宗修炼的主要目标，在于从我们的心理空间清除自小以来一直在收集的知识和情绪垃圾，并把心灵空间提供给真正的放松与享受。具体而言，禅修可以清除我们的诸多心理能量障碍。它包括以下几点：

（1）纾解紧张的枷锁。集中能量然后放松，是纾解任何身体或心理紧张的好方法。专注你的心，感觉紧张，然后放下，这是纾解身心能量障碍的简单方法。

（2）恢复安详和喜悦的能量。把全部注意力放在观想的影像上，并建立起一个有信心的认知：这个影像是全世界一切正面能量或圣人的化身，停留在影像之上，把你自己全部交给它，安住在它所产生的温馨和喜悦的感觉之中。

（3）培育正面能量的花朵。花点时间沉浸在花绽放成诱人的花朵的时刻，它的美丽和纯洁令一切众生喜悦，享受此一禅修所引发的动人而开阔的感觉。

这种通过默观练习或“内观法门”的小乘修炼来解脱精神的枷锁和心理能量桎梏的方法其实就是一种认知疗法。通过改变认知方式与认知结构，不仅可使心理能量自由流通，而且可以为心理系统输入积极能量，以此抵消负能量。

除了心理能量的调整，禅修还可以治疗人们的情绪障碍。仁波切介绍了通过禅修治疗情绪障碍的方式。具体如下：

（1）放下悲伤的乌云：当悲伤来临时，承认并迎接它，短暂但充分地感觉悲伤之后就可以放下它。

（2）点亮悲伤的黑暗：想象光从你的身体中发出或来自上方，像一百个太阳那样明亮、温暖和喜悦，接触到你，你、世界和光已经变成一体，为此而高兴、欢庆，立刻驱散了黑暗。

（3）擦掉悲伤的眼泪：平静地感觉你的悲伤，观想它是你体内的暗影或乌云，观想你的力量来源，出现在你的上面和前方，是赐予生命的热的中心和要素；渐渐地，观想那个影像所发出的明光接触你的头，如此，黑暗和泪水渐渐地蒸发了。

（4）消除恐惧的幻想：观想在你的面前出现一尊强有力的神祇，由你的心眼凝视它，看见并感觉到一股惊人的力量从这尊神祇发射出来，然后，祈祷神祇赐予力量或想象神祇变成阳光，融入你的体内，去感受现在无畏惧的情况。

（5）清除潜在的忧虑：花点时间静静往内看，你也许就会认出某些熟悉的焦虑和恐惧，以友善的方式请它们现身，这样，一切黑暗都离开你的身体。

（6）打破自我保护的敏感：承认并接受你的敏感，然后想象你变成微妙的形态——虚空、透明而开放。你可以把你自己想象成光的组合体，一切都不能束缚和伤害你。当你这样观想时，一切脆弱、敏感和自我执着的感觉都会消失。

（7）纾解自我批评的态度：不要对你的罪恶产生罪恶感，把罪恶感当作不必要的负担放下，想象明亮的光束从你的力量来源射出，接触罪恶感，给它温暖，让它感觉起来空无实质。

（8）集中散乱心：想象你的躯体就像金山、银山或水晶一样高大而厚重无法移动，让你自己的心和身感觉重量。

（9）安定浮动的能量：观想光从你的力量来源射出，由上而下照遍你全身，从头到脚感觉这个光的稳定力量。当它进入你的脚掌时，把你稳固地安置在地上，你正赤脚站在活力十足的绿野上，充满生命的温馨。

（10）抚慰负面的记忆：观想光、风或甘露，用这些合适的治疗能量来净化记忆，尽量停留在舒服的感觉中。

（11）切断不愉快关系的束缚：从内心深处祈求你的力量来源解脱你，想象它喷出一道锐利、镭射般的加持光，直接命中并烧断那根绳索。

（12）在治疗和爱的光中与别人交往：想象你的敌人是迷途的“如母众生”，他正在打造地狱，来危害自己的幸福，如果你能修习忍辱和慈悲，你的心将变得更加强壮和稳定；观想温馨的云、白色的治疗光从你的身体发射出来，碰触到你的敌人，她的身心立刻充满欢乐，把你们二人融入一个光体中。

（13）净化噩梦：在睡觉时禅修，观想治疗光以驱逐噩梦。

（14）抚慰神经质状态：如你觉得狂躁而失去控制时，就安静地休息，对于你的真实生命所给予的自在感了了分明；如你感到极端混乱，就平静地笃认：只要休息与治疗，混乱就会过去。

（15）熄灭烦恼的火焰：想象一股清凉的治疗甘露从力量来源流出，进入你的身体，从头到脚注满全身，熄灭那破坏性的火焰；想象任何对你有帮助的快乐和治疗感受，感觉并相信火焰已熄灭了。

（16）净化欲望和情绪毒素：坚定地在你心中建立你与力量来源的接触，祈求它给你帮助；观想一个象征智慧的巨大治疗火焰，只要它一接触你，你体内的一切情绪垃圾立刻被烧成灰烬。

（17）利用你的呼吸疏解烦恼：放松并专注呼吸。

除此之外，仁波切也向我们介绍了禅修中如何借助一些辅助性的技术手段来为心理输入正能量的方式。例如，可以利用声音的能量来治疗心理障碍，如念诵佛经中所谓平和的声音 AH，或念诵 OM AH HUNG 这些所谓“真言”为心理输入正能量——OM 带来安详、快乐、清明、坚定、勇气、力量；AH 带来开放、扩展和加持；HUNG 则与开悟、无限一体有关。①

对东杜法王仁波切关于禅修与心理障碍治疗之关系的基本思想做一简单梳理，可以看到，仁波切的这些经验与思想，既有密宗金刚乘修行的觉知、能量、光明的游戏三昧，即外密、内密和秘密的修行之道，也有追求个体解脱的“小乘”修行和诉求众生解脱的“大乘”修行之道［如上第（12）项］；既有个体坚持不懈的心灵努力的心理因素，也有通过“加持外力”增加治疗能量的可以把握的技术手段。不过，总的来看，客观地说，上面的表述有很多属于法师个人修炼体验、经验的总结与升华，带有很大的个人感受的私密色彩。因而，这些手段能否在一般的心理障碍患者临床治疗中复制和施用，还是很值得怀疑的。虽然我并不否定仁波切禅修时所获得的心灵体验的真实性，但我更强调的是不同个体的脑水平、心理水平对同一知觉的加工编码与心理表征以及认知加工模式的差异性。忽视了这一脑-心理水平差异可能会适得其反。当然，我并不是责备仁波切的这一疏漏，因为仁波切毕竟是一个密宗法师、一个老喇嘛而非心理学家和精神病学家，他不可能从心理医学和精神病学的原理来解释禅修是如何治疗人的精神障碍的；尽管他的这些解释得之于修行的实践经验，他也难以把这些经验升华到心理医学和精神病学理论的层次。我的一位朋友曾评论此书说：这不过是一个“老喇嘛的玄想”而已。

但我觉得问题远非“玄想”这么简单。虽然仁波切的经验表达确有上述种种局限性，但如果你仔细体味法师所描述的小乘禅修的义理，再佐

① 仁波切：《心灵神医》，郑振煌译，中国藏学出版社 2006 年版，第 103—115 页。

以相应的静修实践，你就会觉得，这又绝非法师纯粹的玄想神思，他的这些禅修经验及其“解脱”体验在脑-心理理论的平台上是可以通过认知科学原理来进行验证的。尤其是他关于观想修炼的心理正“能量”输入观点，可谓与我在前文所论及的宗教治疗精神疾病之“能”的理论有众多契合之处。为了更好地理解法王仁波切的“心灵神医”思想以及宗教灵修实践治疗抑郁、焦虑等精神障碍的基本原理，下面我将他的这一学说纳入到心理治疗学“认知治疗”[①] 的框架内做一解释。

在仁波切的“禅修医学”理论中，禅修，无论是小乘修习、大乘修炼还是金刚三昧游戏，其对于心理障碍治疗之原理主要是“观想”。所谓观想，仁波切解释说，就是要人以温馨和全心全意之心唤起正面的影像，将你的全部注意力放在心的对象上，全然融入其中，让心和对象合而为一。[②] 仁波切关于“观想”产生正能量的阐述，尽管并没有完全肯定观想神或“能量光”“声”等心理活动之所以能够为心理治疗注入积极能量，乃是因为这些图像和声光所具有的神圣背景，但他还是倾向于这一点。为什么观想神或佛、唱诵佛经特别是某些关键性的梵文词会给人一种明净、空灵、轻松、喜悦感？是一个老喇嘛佛教信仰与修行的神秘体验还是确有心理医学、神经科学的理论依据？我觉得前者的因素固然不能排除，但后者的原理也同样存在。正如我在前文分析宗教精神治疗之“能”时所说，这些活动，无论是佛的意象观想还是“真言“的语义加工，它们之所以能够产生心理正能量，就在于它已不单纯是我在前面所说的对于“神力”信仰的问题（神力信仰的确可以为病患植入一种积极的心理能量，这也是“意义疗法”的全部家底），还在于如果从近年来流行的“认知心理学”的角度分析，人们对积极、快乐、慈悲、善良等具有正面价值的意象的加工，往往会产生一种快乐、愉悦的情绪体验。这种快乐、愉悦的情

---

① “认知治疗”是近年来新兴的一种精神疾病治疗技术。根据国际社会对“认知”的普遍性理解，人类的认知活动包括十分丰富的内容，诸如心智运作、心智结构、意义、概念系统、语言等。那么，认知治疗其实就是对人的心智运作或心智活动异常的一种调节，如视觉加工、听觉加工、动觉加工、记忆、注意、情感、思维、语言等。如此可见，认知治疗与心理治疗密切相关。可惜，目前精神病学界对认知治疗的理解还没有达到这个层次。多数人更多地关注药物治疗。如有的认知精神病学著作在介绍非药物治疗时，就只论及环境治疗、行为治疗和工娱治疗。而其所说的“环境治疗”也主要是强调为病患提供一个安全、支持性和平静的环境，与本书所分析的环境治疗不是同一回事。（周卫东主编：《认知神经病学》，军事医学科学出版社 2013 年版，第 278 页）

② 仁波切：《心灵神医》，郑振煌译，中国藏学出版社 2006 年版，第 43 页。

绪体验其实就是心理学家所说的“心理正能量”。若从认知心理学的角度分析，默观、冥想作为一种特殊的认知活动，它可以产生两种认知结果。其一，在集中意念观想某些对象时，个体可以停止被各种社会、文化符号装备起来的“自我”的活动，将人们心理世界中那个被“伪我”或“小我”所激活的各种消极的情绪活动平息下来。消极、混乱的情绪一旦平息，我们的意识就会变得光明、透彻、圆润。《奥义书》云：“属于意识之中的无意识，不可思议、隐秘、至高，应该将意识安置其中，让微妙生命无所执着。”① 也如鲁米诗中所说：“只和你甜蜜的芬芳在一起，来到这条街上，不要穿着长袍走进这条河流！……现在，是赤裸裸而活的时候。”②

其二，对于“爱”“善”的信息加工。想象你为他人、为共同体施以美德，为他人带来幸福之类的情境，可使人唤起快乐、幸福的情景记忆，产生一种自足与快乐的心灵体验。这就是精神的畅快，就是一种心理正能量。如果说前者通过意识活动抑制、消除负面情绪而使个体获得小乘解脱，那么，后者则是通过快乐、愉悦的情境加工、表征使人产生快乐与幸福的感受，从而获得大乘解脱；前者达到了“小我”的解放，后者达到了“大我”的充盈。美国灵智学者肯·威尔伯的“灵性学”理论虽然充溢着神秘主义色彩，且更多地由密宗的灵修理论发展而来，我多不苟同，但其对于宗教观想之心理治疗机理的分析，还是神秘主义色彩淡了些，理性化元素多了些，对于我们把握宗教灵修与心理障碍治疗的关系很有启悟。在此不妨略作介绍。

在肯·威尔伯看来，我们之所以活得不开心，之所以会产生心理不适，如忧郁、焦虑、偏执等，就在于日常生活中我们意识的焦点主要聚集于个体的“自我”或“私我”上：我们的觉知不是开放、放松和以神为中心的（“神”在这里不是宗教学或神学的那个语义，而是他所说的“大精神”），而是封闭的、紧缩的和以自我为中心的。正因为我们认同、拥抱着这个紧缩的自我，所以无法发现“我”真正的身份，于是那个“自然人”便堕落了，活在与“大精神”分离的“原罪”中。在静修中，当我们不再执着于外在世界或身心的内在世界时，意识便开始转化主客的二元对立。随着意识转化的完成，外在世界和内在世界也就都开始了超凡入

① 《奥义书》，黄宝生译，商务印书馆 2012 年版，第 318 页。

② ［波斯］鲁米：《灵魂放射光芒，太阳也一样》，《让我们来谈谈我们的灵魂》，万源一译，湖南文艺出版社 2016 年版，第 237 页。

圣，也就是说意识本身开始变得光明、神圣和庄严，即与人类的“大精神”圆融无碍地体合为一。[①] 威尔伯深谙密宗金刚乘要旨，又有丰富的灵修经验和厚实的心理学素养，因此，他的分析与描述比起仁波切显得更加容易理解。确实，正如苏菲派神秘主义者阿比·哈耶尔所说：人的心灵世界“没有地狱只有自我，没有天堂只有无我”。心灵枷锁的解除，精神的快乐自由，就在于自我的停息，“大我”（即“无我”）的复活。正是这种心灵活动带来了灵魂的生机与活力。“静静地坐下，聆听一个内在的声音，它会说：更加静默。当这种情形发生，你的灵魂就开始苏醒。”[②]（鲁米：《赛伯伊城》）威尔伯还就大乘观想的功夫及其心理调适的功能做了进一步的分析：

> 在静修时观想一个你所爱的人正在经历许多苦难，如疾痛、损失、沮丧、痛苦、焦虑、恐惧，等等。当你吸气时，想象这个人的痛苦如同浓烟般的乌云进入你的鼻孔，然后深入你的内心。让那份苦难在你的心中停留一会，安静地体会一下；接着在呼气时，呼出你所有的祥和、自由、健康、善良与美德给那个人。想象这些好的品质如同治疗和解脱的光明进入那个人的身体，那个人因此感受到彻底的解脱、释放与快乐。以此方式连续呼吸几次。再想象那个人所居住的城镇。吸气时吸入这个城镇所遭受的所有苦难，呼气时把你的健康与快乐吐给其中的每一个居民。接着把观想的对象扩大到整个州、整个国家、整个星球、整个宇宙。你将每个地方所有生命的苦难全部吸入，再将你的健康、快乐与善良反吐给他们。[③]

直观地看，无论是仁波切还是威尔伯，他们关于“小乘”“大乘”宗教修炼及其对心理障碍治疗原理的解释，都缭绕着一层或浓或淡的禅光佛影，不足为证，但我们可以通过认知神经科学原理对其进行验证。从认知心理学的角度看，观想过程中大脑进行的信息加工以及所导致的紧缩的自

---

① ［美］肯·威尔伯：《超越死亡：恩宠与勇气》，胡因梦等译，生活·读书·新知三联书店 2011 年版，第 75、190 页。

② ［波斯］鲁米：《让我们来谈谈我们的灵魂》，万源一译，湖南文艺出版社 2016 年版，第 62 页。

③ ［美］肯·威尔伯：《超越死亡：恩宠与勇气》，胡因梦等译，生活·读书·新知三联书店 2011 年版，第 243 页。

我意识的抑制、愉快情绪的激活以及幸福情景记忆的唤起。它不仅使大脑与心灵处于明晰的状态，而且还把那些激动不安的混乱情绪纳入到意识的范畴，降低了消极情绪对脑认知活动的干扰和心理压力，比如内环境失衡（心跳过速、血压升高等），而且，也正像我在前面所分析的，专心致志的观想，作为注意力高度集中的信息加工活动，可以加大前扣带的运动量，抑制杏仁核的活动，控制消极情绪的弥散上行。特别是“大乘”观想，因主要是通过对积极、愉悦的意象加工唤起当事人积极幸福的情景记忆，伴随着这一认知活动的展开，也伴随着爱、快乐、慈悲心理体验的形成，而使人们感受到生命的丰厚意义感和充实圆满感。它不仅与有机体的生命管理之道高度一体化，产生和谐的生命感受，而且还培养了人的超越精神，即无相不二的心灵。

在基督教文化系统中，灵修也是一个信徒重要的义务。与佛教的修炼方式不同，基督徒的灵修生活包括冥思、祷告、仪式表演等。通过这种活动，使得人的“灵魂完全沉浸在默思上帝之中，已失去了现实的意识。‘灵魂只具有真实的默想，思想纯洁坦露，让身体的一切活动都停止下来，于是它在祈祷中见到了上帝的显灵。’”① 可见，基督徒的灵修生活不仅是人们走近上帝的途径，也是调节各种情绪、心理障碍的心理治疗之道。

四　仪式与心理剧

从仪式现象学的角度看，宗教仪式是信徒通过某一特定的时间、空间、媒介、情境结构与超验现象进行沟通的文化游戏。由于这种游戏发生在特定的时空场域，又为大量象征符号所充溢，因此，它不仅可以培养信徒的宗教谦卑与虔敬，而且也可使人产生神圣的、超越性的心灵体验——神圣的临在、恩典的光辉、天国的喜悦、情感的圣洁。也正因它的这一心灵效应，使之不仅成为神人沟通、强化信徒宗教观念与情感的主要载体，也成为调节人们心理与精神障碍的手段，尤其是对于特异精神障碍的治疗。正如荣格所说，这些象征充分满足了那些心地较为单纯、头脑较为简

① ［法］让·韦尔东：《夜歌：中世纪的夜生活》，刘华泽，中国人民大学出版社2015年版，第210页。

单的人的需要和他们那模模糊糊的激情①。

从心理治疗学的原理审视，宗教仪式相当于心理治疗师导演的一幕心理情景剧，通过一系列象征符号的展演，创造一个具有超验意象的戏剧故事。病患通过这些物理（时间与空间）、人文（历史与传统、宗教）信号的加工，产生具有超验维度的意识表征，使得那些狂躁的集体无意识以及其他的混乱观念被各种符号所替代。置言之，随着情景剧中符号的流动，故事情节的展开，特别是当事人所接受的信号与其脑和心理水平达到了匹配，从而启动信号加工活动——意义编码与建构。这一脑-心理活动的直接后果就是：符号将在场与不在场者连接在一起，使人们对某种超验物的想象有了介质和通道。它不仅使个体原来心中的那些模糊混乱的情绪、意念、无意识被清晰的意识所取代，而且也使某种欲求找到了替代形式，从而抚平了心灵的躁动（如恐惧、焦虑等）。正如诺依曼所说："通过象征，人类从无形式的远古阶段，从一种盲目的、没有意象的纯粹无意识心理出发，达到了赋形阶段，这一阶段的意象创造，乃是意识发生和发展的基本前提。"② 宗教仪式上的这一功能已为一些心理人类学家和宗教心理学家所注意到，但可惜的是，人们习惯用"舒缓心理压力""心理净化"这些术语对之进行诠释，使得阐释较为表象化。我更喜欢将其称为心理剧"化疗"。

我们先来征引象征人类学派的重要人物维克多·特纳在《象征之林》一书中为我们提供的其在中南非洲赞比亚西北部一个较为原始的部落——恩登布社会——进行田野作业获得的一个案例。这个案例主要描述的是恩登布人在遇到所谓的各种生理和心理"困扰"时所举行的本土宗教仪式。这些宗教仪式为我们理解宗教仪式及其象征符号与化除精神困扰之关系提供了很好的素材。尽管特纳作为一名人类学家，他的诠释与我的阐释存在着知识背景的差异，包括学科视角的差异以及我们所使用的范畴与模型的差异，但这并不影响我们得出共同的结论，尽管仍有经验和实证之别。

在恩登布社会，人们几乎把任何的疾病都看成"歹运"的一种，诸如打猎时的坏运气、生育问题、人身事故和财产损失等。恩登布人没有"意外事故"这个概念，他们像埃文斯-普理查德人类学故事中的阿赞德人一样，力图为每一场灾祸都找寻到超自然的原因。特纳描述说，"恩登

① ［瑞士］卡尔·古斯塔夫·荣格：《精神分析与灵魂治疗》，冯川译，译林出版社 2012 年版，第 6 页。

② ［德］诺依曼：《大母神：原型分析》李以洪译，东方出版社 1998 年版，第 17 页。

布人的思维远非‘前逻辑’的，而是非常逻辑的，尽管乃是基于神话式前提。恩登布人和阿赞德人一样，觉得各种灾祸和不幸都源于某种神秘力量，而创造出或唤起并引导了这些力量的是些有意为之的人。这些人可能活着，也可能死去了；可能是人类，也可能是非人类。他们可能向对方直接施法，也可能通过神秘中介间接起作用”。① 这也就是恩登布人所谓的“困扰”。由此可见，恩登布人疾病思维的逻辑结构就是布留尔所说的“神秘参与”，即无论是对被困扰者还是消除困扰的巫师而言，“困扰”都是恩登布这个族群特有的一种集体无意识——鬼魂及魔法观念——神秘参与下的一种疾病认知。对被困扰者而言，他是这种活跃的集体无意识支配下的表演者和被折磨者；对巫师而言，他则以这种集体无意识为认知模型对他所面对的各种疾病进行临床思维，从而对病痛做出某种超自然的解释。在具体的疾病治疗过程中，巫师就是通过创造与表演一个具体的心理情景剧，向病患输入具有“超自然信息”的信号，病患通过对这些信号的加工、编码，从而将心理无意识情结转化为清晰的意识形态而达到对这些情结的化除。在这里我们看到，恩登布人的原始医学不单纯是一套芜杂粗糙的巫术体系，也蕴含着一定的认知心理学原理（当然他们是无知的）。也正是这套本土的宗教精神病学，使得一个原始蛮荒的恩登布部落虽然有各种各样的身体疾病但却很少有心理或精神疾病（这可以从特纳所开出的恩登布人常患疾病的“病录表”中看出）的暴发。

我们不妨来看特纳用叙事人类学的方式为我们讲述的恩登布巫师通过象征仪式治疗妇女不育症［及心理疾病］的一个案例。

对恩登布人而言，已婚妇女不育不仅有生理问题，而且有超自然因素——巫术或祖魂的困扰。当事者本人也因此被认为是丧失了女性的能力与责任而遭受到很大的精神压力。于是，在恩登布社会，围绕着这种不育症（和心理负担）的象征仪式便展开了。仪式中，女人像男猎手一样披着兽皮，带着弓箭，在仪式的某个阶段表演一场专门的狩猎舞蹈；而且，当她这样做的时候，额际之上的头发里插着一根蕉雀鸟的红色羽毛（在恩登布部落，只有使血液溢出者，如猎手、杀人者和施割礼者，通常才有资格佩戴这种羽毛）。这个仪式最具核心意义的象征表演是，人们把放在象征子宫里的婴儿小雕像送给了病人之后，病人会抱着雕像跳一种专属于施割礼者向上挥舞着割礼棚中主要的恩芬达药物时才跳的舞蹈。为什么女

① ［英］维克多·特纳：《象征之林》，赵玉燕等译，商务印书馆 2012 年版，第 412—413 页。

人被等同于如男性一样的使血液出者呢？这些象征符号暗示了恩登布人的这样一种观念：他们认为一个浪费了经血、不能怀孕生孩子的女人，就是在抛弃她作为一个已婚的成熟妇女所被期望的角色，她表现得像个男性杀手，而不是一个女性养育者。特纳分析说，这个仪式的象征意义暗示了该病人在无意识地拒绝她的女性角色，事实上她是有罪的。仪式就是为使精神生物学的个体适应并周期性地再适应一些基本条件以及人类社会中一些不证自明的价值。①

我觉得，特纳在这里只看到了这个象征仪式的一部分功能。其实，对于这个女性来说，她不仅有不孕不育的妇科病，也有因这种妇科病的后果而产生的巨大社会压力和自我认同压力所导致的心理障碍，还有恩登布人所特有的集体无意识对心理生活的干扰所导致的精神障碍，即超自然力量的困扰。这些心理不适和精神困扰反过来又加剧了她的生理性疾病。巫师表演的这个象征仪式不仅具有重申恩登布社会女性基本价值观的人类学意义，而且也具有心理治疗的意义，即病患通过对这些象征符号的加工所形成的意识表征，不仅使其象征性地看到了自己的角色失落，而且还可以对那个具有神秘色彩的婴儿小雕像进行移情，把她性别角色混乱的心理压力和超自然力量“困扰”的集体无意识投射到这个小雕像上，从而使心中长期积聚的负面情结和躁动的鬼魂情结得以转化。这不仅避免了其精神崩溃的可能，而且心理问题的解决，则更易于其生理症状的消失，并可能使其孕育能力得以恢复。荣格分析说：“任何圣事，不管其形式如何，其作用的发挥都像是一个用来接收无意识的内容的容器。”②

其实，宗教或巫术仪式作为心理剧对个体心理无意识的疏导与转化，不仅在埃文斯-普理查德人类学文本中的阿赞德人、维克多·特纳人类学田野志中的恩登布人这些原始社会中普遍存在，即使在理性化的宗教治疗中也普遍存在，并成为宗教治疗精神疾病的临床技艺很重要的一部分。如天主教和东正教，它们不仅保留了丰富完好的宗教仪式，而且在宗教活动场所里，信徒们也被各种象征符号包围着：圣坛、圣杯、圣剑、圣盘、圣水池、圣像、圣言……甚至金色的屋顶、血红的玻璃窗等。这些感觉输入不仅使信徒在礼拜活动中产生了神圣的美感，而且对于神圣的美感的体

---

① ［英］维克多·特纳：《象征之林》，赵玉燕等译，商务印书馆 2012 年版，第 53—54 页。

② ［瑞士］卡尔·古斯塔夫·荣格：《精神分析与灵魂治疗》，冯川译，译林出版社 2012 年版，第 3 页。

验，也激活了信徒的心理想象，使其产生上帝、天使、天国等系列心理表象。这种心理活动不仅使人形成与“神圣”的一体感，也可将人们由于宗教意识所引发的一系列情绪及无意识躁动消除。我们以一个中世纪复活节之夜的基督教仪式为例证来说明这一点。

> 午夜，修士修女们去修道院的附属教堂，修士们走南边长廊，修女们走北边长廊，走向祭坛。12 个修士走进遮住坟墓的天篷，在墓上拿取圣饼盒，而修女们则站在坟墓前唱颂歌。
>
> 随后举行仪式。程序包括 7 组，标志着 7 个阶段。顺序而至的是抱蜡侍童，抱盛圣饼的金属器皿的修士，手执十字架的执事，拿着盛圣物盒的修士们，由抱蜡侍童陪伴的拿着圣体的值周修士，拿着 11 世纪初的圣书的副执事，最后是修女们。在加洛林王朝时期，圣理基耶教堂的复活节程序与之非常相似。
>
> 7 个阶段。在西方唱诗班中，在圣彼得祭台前，背诵 7 首忏悔诗中的第一首。然后，便离开教堂，去修女幕前继续举行。在那儿，女修道院长举行一个奇怪而神秘的仪式。她登上一根做杠杆的梁的端头，梁的另一端放着一只羊。这个在墓地举行的仪式表现的是耶稣复活与即将到来的亡灵的复活之间的关系。回到教堂，仪式继续在主祭坛、修女唱诗班祭坛、地下墓室主祭坛、圣艾蒂安祭坛和圣十字祭坛前进行。值周修士重新放回他在圣周五从墓地拿走的圣饼盒，所有的人一起瞻仰十字架。
>
> 随后便唱响了晨祷。首先以演剧的形式参观坟墓。在教堂中殿的神职祷告席上，修女们坐在北边，修士们坐在南边。在他们前方西边的横排座位上，坐着学校的学生。作为演员，修士们装扮成坟墓的看门天使——圣让和圣彼得，修女们代表着 3 个玛利亚。随后，人们用德语唱起了颂歌。①

这个仪式显得复杂了一些。唱诗、祈祷、表演以及瞻仰圣物等构成了不同的场次，它们在将人们的思想引向上帝之城之时，也医治着中世纪人的“黑夜恐惧症”。即使新教，尽管它不像天主教会那样布满了大量的符号，但信徒们的日常生活也被各种各样的宗教礼仪编织成一个超凡的时间

---

① ［法］让·韦尔东：《夜歌：中世纪的夜生活》，刘华译，中国人民大学出版社 2015 年版，第 207—208 页。

节律：降临节、圣诞节、显现节、受难周、棕树节、圣餐节、复活节、升天节、五旬节以及感恩节、诸圣日等。这些接踵而至的宗教节日并非为了在日常时间之外创造“震撼”——它们奠定了可唤醒的神圣记忆：在节日里，人们与神相遇，从而对信徒的心理无意识起到了很好的转化作用。桑塔亚纳虽然不是心理学家，但他以一个诗人哲学家的敏锐和直觉洞察到了宗教仪式符号与个体心理无意识转化之间的关系。他写道：

> 那些神祠、圣像以及与它们相联系的节日都已经与你最初的感觉一道进入到了你的心中。你对人世沧桑最初的一瞥已经与对神的敬畏和祈求守护神时的精神相一致；在更深刻的经验中，以及这些印象赖以存在的非理性主义的较低的阶段上，它们都构成了某种神秘的资源……但凡在医生无能为力的地方——就像他们经常会出现的情况一样——圣徒就可以大有作为；毕竟，圣徒在治疗病人方面的成功几乎就像外科医生一样。[①]

桑塔亚纳的表述虽然有几分诗化，但却切入要旨，宗教仪式上的各神圣符号由于与信徒当下的脑、心理水平相一致，被整合成一个经验框架，于是，它们也就成为一个神秘的收纳心理无意识“容器”，将当事人心理的各种情结吸收、转化为另一种意识形态，起到了对相关心理障碍的治疗功能。

阐释宗教仪式的心理剧功能，就不能不讨论语言。从仪式现象学的角度而言，仪式的主要元素就是语言。“仪式的操作性部分上说是一个言说问题”。[②] 从宗教心理学的角度而言，宗教仪式之所以能够令人产生强烈的心灵反应，和仪式语言有很大的关系，因为神圣情景剧主要是由语言符号组织起来的。作为一种语言展演，宗教仪式中的语言当然可以从艺术或美学的角度进行诠释，但宗教仪式上语言展演却并非出于艺术或美学的考量，它更主要的是宗教或神学语用学认知模型。从心理治疗的视角观照，心理剧不仅是一种表演行为，更是一种语言行为。一般地说，构成心理剧的主要元素包括情景、表演者、艺术媒介和语言符号。其实，如果我们对

---

① ［美］乔治·桑塔亚纳：《宗教中的理性》，犹家仲译，北京大学出版社 2008 年版，第 96 页。

② ［美］保罗·康纳顿：《社会如何记忆》，纳日碧力戈译，上海人民出版社 2000 年版，第 66 页。

心理治疗的情景剧案例做一梳理就会发现，心理剧疗效的发生，主要取决于这两个因素：一是剧情，二是语言。二者相互配合共同作用。

关于仪式语言的特征问题，人类学、宗教学、民俗学都做了相当深入的研究。纵观这些研究，无论是保罗·康纳顿的话语体式分析[①]还是理查德·鲍曼的“符号系统框架转换”[②]，我觉得都可以将其理解为一种象征模式。这种象征言说的功能不仅是为了引发人对不同意义模式的连接，还是为了“情境”表征，即通过语言独特的感受质体验使人仿佛置身于某种情境之中，从而产生心灵体验。美国哲学家 J. P. 蒂落在《哲学：理论与实践》一书中论述在宗教语言的表达特质时就曾这样写道：“宗教的经验发生在这样一种情形中，在这种情形中存在着能引起参与者宗教反应的词语和强有力的象征性对象。参与者常常感到，神圣的或某种不可亵渎的力量真的就存在于这些象征性的对象和词语中，例如，罗马的天主教徒相信，当神父在最后的晚餐上对这弥撒期间的面包和酒，用耶稣的词语说‘这是我的肉……这是我的血’的时候，这些面包和酒真的在事实上不知怎么地就在一种叫作‘化体’的神秘过程中变成了耶稣的肉和血。在这些场合下，人们使用的象征物是那些诗一般的、令人浮想联翩的词语或者其他的有意义的东西（例如，雕像、圣符、十字架和上供的香）。这些东西有一种力量，它能深深地唤起参与者那令人激动的体验模式，并使这种体验维持下去。”[③] 存在主义神学家保罗·蒂利希，在《系统神学》《文化神学》等著作中也较多地讨论了宗教语言的象征性问题。在他看来，因为宗教信仰是处于终极存在的状态，因此，它只能通过象征性语言来表达：“关于同我们有终极的关联的那个东西，无论我们说些什么，无论我们是否称之为上帝，所说的话都有一种象征的意义。它所指的东西超越了它自身，虽然它也分有它所指的东西。信仰不可能用任何别的方式来恰当地表达自身。信仰的语言是象征的语言。”[④] 这也就是说，正如维特根斯坦所表述的那样，宗教想突破自然语言的界限但又无法突破，所以采取了

---

① ［美］保罗·康纳顿：《社会如何记忆》，纳日碧力戈译，上海人民出版社 2000 年版，第 69 页。

② ［美］理查德·鲍曼：《作为表演的口头艺术》，杨利慧等译，广西师范大学出版社 2008 年版，第 316 页。

③ ［美］J. P. 蒂洛：《哲学：理论与实践》，古平等译，中国人民大学出版社 1989 年版，第 337 页。

④ 见［英］约翰·希克《宗教哲学》，何光沪译，生活·读书·新知三联书店 1988 年版，第 159—160 页。

象征。在《文化神学》中，蒂利希更加明了地表达了他的这一思想："宗教象征展示了对灵魂中这一深度的体验……终极实在的维度就是神的维度，……宗教象征就是对神的象征。"① 美国民俗学家理查德·鲍曼则通过民俗心理的理论分析说，宗教仪式作为一种文化表演，其目的就是为了制造神秘，让人沉迷，使人畏惧；而要制造这种神秘，就牵涉到从日常符号系统到表演符号系统的框架转换，这一框架转换可以通过相关特定文化的戏剧性、象征性展演，把经验与意识形态编织在一起。② 例如，古典风格的语言叙述神话，使人们将当下与一个族群的神圣——创世之初、世界起源——连接起来，使仪式现场被神圣光芒所照耀；特殊的语调、模拟的声音，将缺席的非共时存在引入现场，使人们产生超自然存在在场的感受，如在基督教仪式上，用日常语言祈祷就毫无效果；在天主教仪式上，不用古拉丁语祈祷就没有效能；印度僧人为香客祈祷时使用的祷辞如果平平常常，韵味平淡，就不会对香客有任何益处；民间信仰仪式上的萨满或巫师不仅言说的词语是象征性的，表达的语气是象征性的，就连他所呼唤的神灵名称、数量及其所指也具有一种象征意味，即众多的神灵名称使人们将其与"神通""神力""神效"的联想连接在一起。

那么，作为一种语言展演，仪式象征语言是如何发挥心理剧的心理治疗效果的呢？下面我尝试着从认知科学的角度对其做一解析。

根据认知神经科学的原理，人类的大脑在处理信息时，神经元表现得十分活跃，善于构筑链接，这使得人们处理一个概念时，同时和上千万个神经元连接。特别是人类的大脑有一种被神经科学家称为"启动"的神经现象，即人们在处理一个概念时，思维会发散至另一个概念，使另一个概念记忆容易被激起。这就是当人听到"非洲""黑白相间色"之后最容易产生"斑马"的记忆的表征的原因。大脑神经元的这种特质，本来就可使人的意识呈现多元化的意向，再与具有联想性的象征符号相遇，便激发了认知活动的想象力，将信号与信号所意向的那个缺席意象连接起来，在脑-心理中构造出一超验的神圣的表象。特别是当这类象征符号与仪式情境中的其他符号交融在一起之后，由于情境信号的背景衬托，使得人产生的心灵表象更为丰富。

正因为宗教仪式上语言象征符号的这一"圣秘学"效果，所以，它

---

① ［德］保罗·蒂利希：《文化神学》，陈新权译，工人出版社 1988 年版，第 72 页。

② ［美］理查德·鲍曼：《作为表演的口头艺术》，杨丽慧等译，广西师范大学出版社 2008 年版，第 90 页。

不仅可以激发人的神秘体验、强化人的宗教情感，作为一种形象的心理剧，它也可以对相关精神障碍进行调节，尤其可以调治与宗教意识有关的精神障碍。

第一，宗教仪式上语言的象征性展演，使得表演者（言说者或治疗者）被象征符号泼洒上一层神秘乃至神圣的光彩：他是传递神圣信息的灵媒；他的动作、言语此时也不再属于那个自然人的行为而是代表着神灵，呈现着“神力”。对神通的想象、对神力的膜拜、对神迹的体验，为病患的心理世界注入了战胜疾病的正能量。用保罗·蒂利希的话说，在这种状态下，病患的精神被一种存在的力量所控制，并且这种力量超越一切存在物，受制于此力量的个体能够自我肯定①。用认知语言学的理论来表述，也就是对这种象征符号的加工可使病患建构一种积极的心理经验——“神圣的临在”。如果说某些心理或精神障碍的根源就在于存在的恐惧和焦虑的话，那么，此时“神圣”心理经验的建构，特别是当治疗活动被象征语言展演为一种神圣的戏剧之后，就基本消除了疾病的心理问题——负面认知导致的情绪与意识障碍。比如，在基督教仪式上，当牧师布道涉及到上帝或先知的话语时，一般都要变换语气语调，这是超凡物临场的象征，人们仿佛亲耳聆听到上帝或宗教先知在讲话；在民间信仰仪式上，灵媒或巫师更是擅长通过模拟的表象手法来创造“神秘”，制造出一种幻听的效果，使人对其治病“法力”深信不疑：萨满请神时往往根据所请神灵的生物属性（如虎、熊、蛇、狐等）而描摹其声音和动作——熊的人立而行与咆哮、虎的蹿跳与长啸、鹰的翱翔与唳鸣、蛇的爬行与窸窣声，在歌舞中都会通过围观者的联想而判定某个神灵或精灵的“显灵”②；中国北方乡村“四大门”崇信中的香头“下神”仪式也是如此，香头往往根据所下之“门”而模仿该灵异动物的声音——所降精灵是“胡门”，香头语言声音粗重，语调缓慢；如是“黄门”，香头语言则尖声尖气；如是“姑姑”，香头语言又变得细声细语。这种通过语言模仿特技来制造超自然力量临场的象征手法在世界各民族的巫术治病活动中都十分普遍。这种象征性语言展演与巫师失常的行为、阴森恐怖的仪式环境融合在一起，足以令人产生一种神鬼妖魅现身的神秘感，从而对巫师的法力——治疗能量——更加深信无疑。

第二，宗教仪式上语言的象征性展演因将人的意识与神圣的存在

① ［美］P. 蒂利希：《存在的勇气》，王作虹译，贵州人民出版社 1998 年版，第 133 页。

② 乌丙安：《萨满信仰研究》，长春出版社 2014 年版，第 226 页。

者——上帝、佛法或精灵的世界连接在一起，因而它极易与人类心理的集体无意识形成对接，即通过象征符号对人类灵魂深处那些躁动不安的神灵崇拜、祖先崇拜或鬼怪精灵迷信等各种情结的替代与同化，使这些模糊不清又狂躁不安的情绪与意象碎片通过象征符号的加工而表征为一种神圣剧目，从而达到无意识的意识化。也正因如此，宗教、巫术对于治疗各种由鬼魂精怪情结所导致的癔症特别有效。比如，早期基督教的"驱魔仪式"、中国道教的"驱邪仪式"以及萨满教的"跳神仪式"对癔症类精神疾病的治疗可以说都是充分发挥了象征表达的"心理剧"功能。我们不妨再以萨满教的追魂仪式为例做一分析。

萨满教的"追魂"仪式及其所产生的治疗效果，就是与萨满通过象征表达式所展演的惊心动魄的"驱魔"戏剧实现的。仪式上，萨满不仅念诵咒语驱魔，而且其语言也随着神灵的变化而变换格调，并多以仿神灵口吻言说命令句为主，象征着神灵的在场。比如，在维吾尔、哈萨克等民族的跳神驱鬼仪式上，萨满师就唱着这样的"神歌"来驱鬼：

精灵鬼怪们听着：
不论你是在天上遨游的，
还是骑着云彩的，
转眼间能游一万八千世界的，
住在旷野的，
住在废弃的旧磨坊的，
住在戈壁荒野的，
住在河边的，
住在残垣断壁院墙的，
野游的鬼怪们，
尔辈必须……
听着：
火速离开她。
若不离走，就用刀剑杀尔辈；
倘若再不走，就用火烧死你们。
走吧！快走吧！[①]

① 郭淑云：《原始活态文化：萨满教透视》，上海人民出版社2001年版，第339页。

香烟弥漫，神鼓震天，腰铃叮当，萨满师的狂歌漫舞、威严的“驱魔词”（神歌）这众多视、听觉信号输入到人们的大脑，经过脑的加工构造出这样一种意识场景：神灵正在命令妖魔离开，妖魔也正在乖乖离开。语言学家罗曼·雅各布森曾说：“魔术的或者妖术的功能主要是把一个不在场的或者无生命的‘第三人称’转化为一个呼吁语篇的听话者。”① 这种转换的戏剧化效果正是通过象征表达式（模仿）实现的。尽管这里的呼吁、命令等象征言语在语法层面还是共同体通用的自然语言，但在特殊语境的衬托下，尤其是经过信众高层心理图式的参与，它们在意义、音韵和风格的层面都被表征为“超验”的意象。

对于我上面所做的宗教仪式心理剧——无论是情景剧还是语言剧——的心理治疗功能的解释，有人也许会提出质疑：人们为什么会把这些象征剧体验为真实？为什么不把它体验为一种故事表演、口技表演？在戏剧欣赏中人们为什么不会产生如此的精神体验？多少年来人们对心理治疗中“情景剧”疗效的怀疑也大多与这个问题有关。比起人们对心理医师导演的心理剧，宗教仪式的象征剧疗效更容易被上面的质疑所颠覆。但事实上问题并没有那么糟糕。宗教象征剧在传统民俗社会一直是治疗某些特殊精神障碍的主要手段。原因何在？我的观点如下。

首先，正如我一再论说的，疾病尤其是心理疾病不但是一种生物生理现象，也是一种文化现象，即它具有地方化、本土化、民俗化意蕴。为什么某一地理环境、文化传统与社区民俗情境下的族群某种心理、精神疾病发病率这么高？文化流行病学为我们提供了诠释的数据：就在于这些疾病不仅是当地生态环境的产物，如纬度高低、季节变化方式、光照与空气等，还是人文生态的产物。宗教治疗师所表演的仪式情景剧恰好与当地居民疾病认知的文化语境相匹配，因此更容易产生相应的心理反应。

其次，人们对输入的加工以及形成表征与意识体验，不完全遵循从下而上的模式而更多是从上而下的模式，即是说，人们加工知觉输入形成哪种表征与体验模式不仅仅取决于输入的形式而更取决于心理加工所使用的认知模型。如果以宗教意识或本土信仰习俗这样的民间文化模型去进行仪式情景剧的心理加工，必然形成超越在场化的心理表征。这就是认知心理学所说的认知元素的心理经验建构作用。所说的认知元素，不仅包括认知语言学家所说的“认知域”，还包括仪式参与者对于仪式相关社会信息的

① ［美］罗曼·雅克布森：《语言学与多元语言问题》，《雅克布森文集》，钱军编译，商务印书馆 2012 年版，第 60 页。

加工、编码所形成的有关表演者的“社会知识”，如知识系统、价值评价、人格形象等。尤其是受众在知觉过程中，不仅仅是感觉器官的运动，而是动用了个体的全部神经资源和心智资本。马克·弗里曼在《传统与对自我和文化的回忆》一文中，描述自己在柏林街头观赏花园、勃兰登堡大门、国会大厦等，刚刚还是令人着迷的巨大建筑物，突然间令其产生一种沉痛的悲哀。为什么？马克·弗里曼分析说：是因为当事人以某种方式把某些东西“随身带到”柏林来了。这是些什么东西呢？一是文化无意识，即文化传统。他引用乔治·艾伦在《传统与变迁》一书中的一段话说明了文化无意识对个体心灵活动的重要影响：我们在世上活动时所运用的那些基本知识和方法，其中有一部分“不用说明和论述，就是心灵、理智或肌肉的习惯，我们无需加以思考，它们就是为我们服务的”，并且，无论我们走到哪里，它们都随身携带，并参与我们的心灵活动。它使得人随身带来了一个世界、一种文化视野；二是知识系统；三是个体的文化身份（作者的犹太人以及犹太教背景）。正是这些认知资源，影响着作者对所知觉的信息的心理加工以及意义建构①。马克·弗里曼的这一自我认知心理分析，为我们了解信众的象征语言语感知觉原理提供了一个很好的路标，特别是对于我们认识信众心理深层的集体无意识即“文化原型”这一认知元素参与语言的知觉而对其“语力”产生特殊体验的深层认知背景以及如何影响人们在语言加工过程中的神秘想象，从而创造出对语言魔力的独特感受有着十分重要的启示②。而我们在欣赏戏剧时却不是这样，那时我们是以戏剧艺术或审美的认知模型进行知觉输入加工的，因而，我们清楚地意识到我们是在与符号进行游戏，我们获得的是美感经验。

再次，宗教仪式象征剧表演的具体情境与其他文化表演的情景不同也是一个重要因素。例如，北方民族的科尔沁博治病行博仪式通常都在晚上进行。晚上举行行博仪式，不是因为这段时间属于劳动之外的闲暇时间，人们能够不受条件限制而参加仪式，而是基于一种仪式心理学的计算。综观世界上各民族的巫术仪式，几乎都选在晚上这个特殊的时间而举行。弗里茨·格拉夫的古希腊、罗马巫术研究发现，古代的巫师举行仪式所选择

---

① ［美］马克·弗里曼：《传统与对自我和文化的回忆》，［德］哈拉尔德·韦尔策编《社会记忆：历史、回忆、传承》，李斌等译，北京大学出版社 2007 年版，第 7—8 页。

② 可参见高长江《萨满神歌语言认知问题研究》，吉林大学出版社 2017 年版，第七章。

的时间通常是在新月之时和太阳升起之前①；马塞尔·莫斯等在《巫术的一般理论》这篇论文中也告诉我们，举行仪式的时间和地点有严格的规定，而且有些仪式只能在夜间或者在夜间的某几个小时当中举行，比如在深夜②。按照传统的巫术理论，白昼与黑夜不仅是生与死的象征，而且也是自然世界和超自然世界的分别：白昼是世俗生活的时间，夜晚则是精灵鬼怪出没的时间。因此，在夜晚举行巫术仪式（除祭祀太阳神仪式外），人们更能与精灵鬼怪进行交流，产生奥秘的体验。但从认知心理学的原理分析，夜晚人们认知活动的理性化程度较弱、感性化更强一些，因而更能产生异常的感觉体验：首先，在夜晚，人们的视力受到相应的限制，视觉信号的输入更少，大脑加工信号的广度受到了削弱，这样，人们就可以把注意力集中到眼前的事件上来，从而使得对这些信号的加工凝聚更多的心理资源，即我在前文所说的把外部刺激（感觉）和内部刺激（思维和记忆）的光亮变暗，而使得人们感兴趣的刺激发光亮，被强化的焦点增强了人们对有趣刺激快速准确反映的可能性③；其次，根据上述原理，在夜晚，人们接受的视觉信号变少了，人们将注意力集中于当下的仪式环境——熊熊的篝火、闪闪的烛光、各种奇形怪状的神偶以及萨满师的服饰、动作与语言，这些新奇而不断变化的信号刺激，使人的生理和心理都在高度唤醒的阈限上，更能激活人们的兴奋、激动、想象等情绪反应和认知行为，此时，不仅萨满语言中的每一个单词、每一个句子、每一种语气都可能被深加工，而且还在情绪的影响下产生特殊的体验；最后，仪式环境的人文信号对仪式参与者情绪的激活以及展开定向化的认知行为产生了重要作用。以萨满治病仪式为例，这些人文信号包括萨满师穿戴的具有神圣象征意义的神帽、神服、法裙以及手持的神鞭、腰上悬挂的神镜等。按照萨满教文化的寓意，神帽上的各种装饰都是一个个具有神圣象征意义的符号，法裙也不是一件普通的服饰，而是萨满祖师郝伯格泰博的象征，穿上它萨满就有了神通，可以飞天；腰上悬挂的神镜是神灵的象征，戴上它能够驱逐恶魔，保护萨满；神鼓不仅是萨满神歌表演的乐器，而且还是萨

① ［瑞士］弗里茨·格拉夫：《古代世界的巫术》，王伟译，华东师范大学出版社 2013 年版，第 122—126 页。

② ［法］马塞尔·莫斯、昂利·于贝尔：《巫术的一般理论·献祭的性质与功能》，杨渝东等译，广西师范大学出版社 2007 年版，第 58 页。

③ ［美］斯滕伯格：《认知心理学》（第三版），杨炳钧等译，中国轻工业出版社 2006 年版，第 53 页。

满的神骑、神笔的象征。除了服饰与器具，还有其他人文信号，如香案、神像、明烛等。这些人文信号的输入与参与者心智系统中储存的（文化）认知模型形成互动，更容易使人产生萨满与神灵沟通、神灵在萨满的祈请下降临、附体的丰富的心理经验。也正因此，萨满诵唱的神歌，无论是“请神歌”“附体歌”还是“驱魔歌”，就已不再是一种单纯的言语行为和文化表演，而被人体验为一种“魔法”施展。

五　言说与谈话疗法

如果按美国心理学家彼得·班克特对“心理治疗”的定义——所有的心理治疗都是一种“谈话疗法”，那么我们就可以说，宗教对于心理问题的治疗拥有独特的优势和能量。我在前文已指认了这一事实：神话、巫术、仪式本质上都是一种语言游戏，在某种意义上我们甚至可以说，人的宗教观念、宗教情感、宗教制度、宗教行为都是通过语言符号得以建构和维系的。尽管宗教活动中的言说与心理学家心理治疗过程中的言说的宗旨、体式不同，但从认知语言学的原理看，它也是一种信息加工活动，能够产生相应的情绪体验、意识反应以及想象等活动，从而达到对人的心理能量系统的调节。

也正如我在前文指出的，宗教活动中的“言说”与心理治疗中的“言说”有很大的不同：它不是那种理性的解释、指导、面质的言谈体式，而是艺术性、象征性的言语体式，这使之更能产生“谈话疗效”。很多心理医师、精神病医生“谈话”无效的病例在宗教治疗师的“谈话”中获得了治愈，原因就在这里。泽纳康特寇曾这样区别职业治疗师和宗教治疗师的谈话不同：“我们的治疗是机械的和非人格的，我们的医治者以拉开距离、冷静超然、关系正式并运用抽象概念为特征；他们的治疗运用饱含感情的符号，其治疗关系以彼此亲近、意义共享、温暖、非正式、日常语言为特征。”① 泽纳康特寇确实抓住了心理学家与宗教治疗师心理治疗效果不同的关键因素——理性语言与感性言语。情感性言说以及由此所产生的温暖、亲切、意义共享的精神体验，不仅可以安抚病患焦虑、恐惧的心理，激活病患愉悦、和谐、幸福的情绪感受，产生战胜疾病的心理努

① 见［美］拜伦·古德《医学、理性与经验：一个人类学的视角》，吕文江等译，北京大学出版社 2010 年版，第 38 页。

力，而且它还可以产生患者对医者的信任、依靠乃至于移情。也正因此，它特别适合治疗各种心境恶劣障碍、人格障碍、应激障碍以及徘徊在远古时代心理水平的那些附体性癔症等相关精神疾病。

为了更充分阐释宗教言说的谈话治疗功能，我们不妨先对言说、宗教言说的特征及其心灵体验做一分析。

语言作为一种符号系统，它不仅可以帮助我们澄明意识，整理思想，构成命题，而且它也为我们提供了表述思想、意识、观念的媒介。这是迄今为止我们从语言学那里获得的最为丰富的关于语言符号功能的相关信息。但现代哲学、心理学、认知科学已经不再满意语言学给出的这些解释。人们开始透过词语符号游戏表层的茧皮，去触摸这层老茧下那新鲜稚嫩的肉芽。其实，语言符号不仅具有廓清意识、稳固意识，使“脑中之水”得以稳定的功能，即生成意识、传递思想，使沟通与行动成为可能的功能，而且，它也具有使“脑中之水”流动起来的功能。言语行为者犹如一位乘客，语言犹如一艘舟船，当人踏上这艘舟船时，一次奇妙的“漂流”便开始了。这艘舟船不仅可将我们漂流到我们想去的地方，而且也可能将我们带往一个意想不到的陌生的世界，甚至于中途触礁翻船而落入水中。“语言漂流”不仅有兴致，也有新奇与浪漫，当然也有冒险和灾难。作为符号动物，我们注定要被赶上由各种符号幽灵打制而成的这艘舟船。这趟“漂流”是快乐体验还是一场灾难，不仅取决于我们的驾驶技术，也取决于我们的运气。但不管怎么说，人（思想、意识、情绪等）毕竟是漂起来了，流起来了。这个譬喻意在说明这样一个道理：我们在使用符号的过程中，其实不仅是向他者传递我们的意识、观念与情感的“为他”行为，其实也是使我们心理世界中的某种意识、观念、情感等流动起来这样一种“为我”的行为。这就是梅洛-庞蒂所说的“言语是我本己地拥有的东西，是我的生产性”① 的含义。正是言说的这一“引流”奥秘，使其成为一种几乎带有“神秘”色彩的心理疏通术。

前文已述，在与世界互动的过程中，我们的知觉系统不但接收而且加工出了诸多信息，包括意义、意象、情感等。这些信息有的是与人类的生命管理活动相匹配的，有的则是与人类生命管理的宗旨相矛盾的，即心理学家称之为“负面”的信息。虽然趋善避恶是人的一种本能，但由于受文化惯制、社会游戏规则的限制，这些消极的“心理能”不可能都得到正常排解。它们一部分活跃于我们的意识活动之中，缠绵悱恻、纠缠不休

---

① ［法］梅洛-庞蒂：《世界的散文》，杨大春译，商务印书馆 2005 年版，第 159 页。

地滋扰着人们，导致人们情绪低落、抑郁寡欢或敌意仇视等；另一部分则由于受到压抑而被排挤出意识活动的脑空间，但它们并没有消失，而是以潜意识和情绪碎片的形态隐匿于人的心理深层，凝结为“情结”。它们像一个个幽魂一样蜷曲在心灵的底层，窃窃私语，等待时机浮上意识的水平面。尤其是随着这些心理无意识的积淀越来越多，能态越来越强，超过了人正常的心理容纳力、控制力的阈限时，只要个体的“自我”稍一懈怠或遇到相应环境信号的刺激，它们就会冲破意识的控制而进入到意识与心理活动之中。这种情况一经发生，人就会变得怪异癫狂，不可理喻，也就是我们所说的精神失常。因此，保证我们心理生活的秩序化，就需要通过相应的方式将心理世界中的这些东西——无论是意识性的负面情意，还是无意识的情结——消化掉，即让它们流出我们的心理世界。那么，如何使这些情绪和情结流出来呢？一个重要的途径就是言说，特别是通过那些能够引导和承载人的情绪、意识的言说。随着这些语言信号的“输入-输出”，我们的脑-心理系统忙碌地进行信号处理工作：加工、编码、表征、存储、匹配……由于这一认知活动相当复杂，不仅调动了不同水平的神经资源，也调动了相应的心理资源，于是，无论是活跃于大脑边缘系统的情绪还是处于意识水平线下的无意识内容，通过信息处理活动都变成了清晰的意识与观念，即语言记忆。由于人们的言语工作记忆表征特别是多个表征共同产生而使得这些表征不能长时间保留，很多信息便随着这一表征的消失而消失了。这也就是为什么我们在情绪激动、心神不宁时观赏戏剧、阅读小说、观赏绘画、诗歌朗诵和向自己的亲友吐露心曲之后会产生心身轻松之感的原因。

如果我们理清了情绪、思想流动的认知语言学原理，我们就可以讨论宗教言说是如何对个体的心理障碍进行调节的原理了。

关于宗教言语行为，我们当下已有了太多的论述。诸如“圣事是上帝与人沟通的方式，人可以藉此与上帝相遇，基督的奥秘即是一项圣事”①，等等。如果我们承认宗教行为最主要的表征就是各种各样的宗教仪式的话，那么，我们关于言说游戏与信徒心理障碍调节之关系的解释就有了比较坚实的认知语言学基础。因为宗教仪式基本就是由各种象征符号构成的。这个象征系统中不仅有各种具象符号，也有各种语言符号。从表演符号学的角度看，我们甚至可以说，宗教仪式作为一种神圣的戏剧表演，其实就是一种语言的展演。正如我在他著所分析的，宗教仪式的语言

---

① 谢辉：《与基督有约：从庆典到奥迹》，香港公教真理学会1995年版，第46—60页。

展演——无论是祈祷、告解还是宣讲、唱诗等，其言语体式都具有修辞学的共性：情感性、想象性、象征性。从语词的选择、音韵的配置到语句的修饰皆如是。曾庆豹先生在其著作中曾把人与神沟通的言语归结为四种形式——象征之言、诗化之言、祈祷之言、沉默之言。这四种言说体式均是高度情感性、想象性的言语形式。[①] 这种语言体式的设计，从宗教认知语言学和神学语用学的角度分析，无非是通过情感和意象符号的加工激活信徒的宗教情感体验，坚定神圣的信仰；但从认知心理学的角度看，它起到了引导心理无意识流动、疏通心理积郁、消耗情绪能量的作用。这里我们不妨以曾庆豹先生的"圣事语言"框架为平台，对宗教场域言说游戏的心理疏导功能逐一展开分析。

有必要说明一点，曾氏所描述的四种圣事语式中的"沉默之言"，按曾氏之说，即是聆听，倘若如此，我个人觉得，"沉默之言"属于"他者的言说"。

关于"象征之言"，曾著论述说，"象征之言是一种系于人的存在的语言，提醒人语言的有限；象征之言指向超越，而且还保护语言的真实性，寻访神圣的踪迹"。也就是说，"象征语言可以指向无限，通过想象的作用，人可以用丰富的热情，置身于各种可能之中，快乐和痛苦内化为自己的一部分，犹如亲身体验一般……以便在属于时间的作品中揭示永恒，并在有限中展现无限，使人看得见上帝的真理，并激发出对上帝的爱"。比如，圣经中的历史故事、福音书中耶稣的生平、耶稣讲的比喻等。[②] 其实，这些仅是宗教仪式上象征语言系统中的很小的一部分，并且仅属基督宗教文化语境里的语言游戏形式。在各种宗教仪式上，象征语言都是一个开放的体系。不仅有语义学的开放，还有语音学、修辞学的开放。正是它们构成了宗教象征语言多元而丰富的形态。这一点我将在后面详加讨论。现在我们将思路拉回到曾氏文本。在曾氏看来，这些象征语言具有"联结"的作用，即联结世俗与神圣、有限与无限，是领悟上帝荣耀之光的一种手段。确实，宗教象征尤其是有意识创造出来的象征都是为神圣的目的服务的。但既然是象征，不仅它的意义具有多元性，而且它的功能也是多元的——在将人的观念与情感引向神思与圣秘之时，也将人的心灵由在场引向不在场，由理智引向情感，由逻辑引向想象。就是说，人们在与这些象征符号游戏时，

---

① 曾庆豹：《上帝、关系与言说：批判神学与神学的批判》，华东师范大学出版社 2011 年版，第 91—95 页。

② 同上书，第 91—92 页。

情感与意识、心理或精神在这些符号的作用下都会发生变化：人们心理生活的工具理性与逻辑理性开始松动，精神开始松绑，使其由理性的僵硬而变得活脱自由；人们在日常生活中所产生的忧郁、焦虑、恐惧等情绪，人们心灵中盘踞的远古人类心理残留物即集体无意识也为象征符号所吸引、所磁化。维特根斯坦在谈论人们的精神困扰时曾认为，人们之所以产生情绪的混乱等心理不适或精神苦恼，是因为“一大堆思想无法出来，因为它们都想冲出来，因而都挤在了出口”。[①] 它们之所以挤在门口出不来，除了为“思”与“言”的不协调所困外，更主要的因素就是意识，是因为缺乏打开意识之锁的相应的机制或者说一把“钥匙”，而象征言语恰恰是一种可以打开意识之锁的工具系统。它通过超然于语义之外、托义于物的“串联”把我们的意识活动由“在场”“理性”“自我”的监控而引向了不在场的想象——象征符号的输入-加工引发了人大脑神经元的广泛链接，在脑-心理系统表征出缺席的“神圣”意象，使得人们原来因对于祈盼、救赎等所产生的焦虑与忧郁情绪现在由于“神圣”表征而转化为清晰的意识。例如，宗教仪式上的神话讲述就是如此。神话以象征语言引导人的意识超越有限的在场而进入无限的历史文化域，与仪式参与者心理模糊不清的意识以及集体无意识形成了对接：无论是天神或上帝造人还是先知、圣子救世，或是各种神话英雄与恶魔搏斗，它们不仅使人与古老源泉的力量联系在一起，也将心灵深处那些模糊、混乱的集体无意识转化为清晰的心理经验，即荣格所说的被这些象征符号所同化。这样，也就调节了无意识对意识的袭扰，治疗了因心理混乱而导致的心理疾病。

即使后退一步，在曾庆豹所谈论的语义学层面审视，即这些象征符号可以将世俗与神圣、有限与无限联结起来，这种“联结”对个体而言也具有心理疏导的意义，或者说是仪式参与者进行心理矫治的一种途径。正如前文所析，象征语言因实现了神圣与世俗、无限与有限的联结，使人的精神超越了在场和当下的境地而为神圣的光辉所笼罩，从神圣王国那里获取了积极能量，从而使这些普通而平凡的生命在生存实践中产生并积聚于心中的无能、无力、苦难、无望、焦虑等各种情绪障碍得以化除。从这个意义上说，宗教仪式上的象征之言就是“精神的圣饼”。

关于宗教言语中的“诗化之言”，曾氏对我们说，这是一种“与生产、交换无关，而与信仰的增进以及经验的深化与否有关”的语言。它的“特

---

① ［奥］维特根斯坦：《维特根斯坦论伦理学与哲学》，江怡译，浙江大学出版社 2011 年版，第 11 页。

殊功能就是以部分暗示全体，以片段情境唤起整个情境的意象和情趣，以最经济的语言唤起极丰富的意象和情趣”，信仰经由诗化的语言获得了提升和洗涤的作用。[①] 比如基督教仪式上的“赞美诗”、《圣经》中的《诗篇》《雅歌》《耶利米哀歌》等，就是宗教诗的文本典范。从曾氏分析的思路看，他其实是把神学和诗学的因素综合到一起而对宗教圣事上诗化之言的神学-美学功能作出的解读。从辞章学的角度看，诗化的语言确与神话的语言不同。神话语言是一种叙事语式，诗化语言是一种抒情语式；神话依靠具有原型意象的故事叙事把人的心灵带离在场而进入到不在场，而诗则通过语言的丰富意象与炽烈情感撞击人的心灵，深化人的生命体验。戴维斯曾说过，诗“为我们提供了将我们的生命作为整体来体验的可能性”。[②] 其次，因为诗是一种高级的语言艺术形式，它的语言不仅“言简义丰”，要理解一首诗乃至一句诗，不仅要求精神的高度集中，而且还要展开想象，这需要个体保持一定的意识张力，而且诗的语言又具有高度的艺术性，意象丰满，情景交融，音乐感强，人在诵读和接受诗句时不仅情绪与意识被诗的意境所激活、被音乐的节奏所激动，心灵也被诗的语言艺术技巧所吸引，从而偏离了现实乃至于诗的主题而进入一个虚幻世界——纯粹技艺的世界。正如苏珊·朗格所分析的：“出自诗人之手的每一词语的意图在于，创造诗的基本幻想，吸引读者的注意力，展开现实的意象，从而超越诗暗示的情感(那首诗的元素）……以致人们听见的是技艺本身，而忘了去感知它所致力于创造的虚幻事件了。”[③] 也正是在这种“超越”与“忘记”中，人们心中聚集与膨胀起来的情感能量也由躁动而滑向了舒缓甚至于消失，也就是达到了情感能量的释放。在宗教仪式上，很多信徒在唱赞美诗或诵读《诗篇》之后感到心情愉快、心理轻松就是一个例证。只是他们不理解这其中的心理体验奥秘，认为这是“赞美诗”或“诗篇”的魔力，至少是他的赞颂传到了上帝那里而使上帝愉悦“反馈”给他们的“神爱”，殊不知他们的这种喜乐并非来自于“神爱”，而是来自于语言。因为“诗篇”的唱诵过程作为语言加工的过程也是一个复杂的心理过程，是人的情感由增强、紧张过度

① 曾庆豹：《上帝、关系与言说：批判神学与神学的批判》，华东师范大学出版社 2011 年，第 93 页。

② ［美］戴维斯：《哲学之诗：亚里士多德〈诗学〉解诂》，陈明珠译，华夏出版社 2012 年版，第 9 页。

③ ［美］苏珊·朗格：《感受与形式》，高艳萍译，江苏人民出版社 2013 年版，第 258—259 页。

到舒缓、释放的动态流程。论述至此，我想起正统的基督教神学家乔纳森·爱德华兹就此所发表的评论："'不同的经文一句接一句地流进我心里，都是最美、最舒服的、最适合我的。它们充满我。我忍不住站起来崇拜上帝，泪水流下来，我充满喜乐，不能再怀疑上帝的存在。'于是，他们自以为有确凿的证据说明自己的情感肯定来自上帝，是属灵的情感，说明自己的属灵状况很好，但这些想法都没有依据。"① 作为一种真伪宗教情感的甄别，爱德华兹应该说是敏锐的；但作为宗教心理分析，爱德华兹确有几分愚钝。他没有看到也不懂"诗化语言"对人的情感的影响能量。其实，此时宗教徒的心理"喜乐"是源于"灵"还是源于"情"都不重要，重要的是通过圣事中诗化语言的加工，人们情感的能量结构经历了一次"增强—释放"的运动过程。尤其是诗化之言作为一种节奏感、韵律感很强的音乐语言，人们游戏其中如与音乐游戏。从神经心理学的角度看，这些具有和谐的节奏、音乐的韵律的语言犹如向人脑输送着和谐、畅快的信号。这些信号不仅可以使大脑产生愉快的"感质体验"，而且随着这些信号在神经元的传递，随着人舒畅的感质体验弥漫于整个脑区，大脑所加工的信息、提取的经验、所形成的体验也与情绪同步化，就有了愉快的性质，从而改变了心理状态。苏珊·朗格注意到了诗性语言的这一神经生物学功能："语言的节奏化的声音重点，元音的长度，或以汉语及其他较偏僻的语种说出来的文字的音质，皆可使得某种命题表达更显快乐或悲哀。语言节奏是一种神秘的性质，这似乎暗示了尚未勘查的思想和感受之间的生物学上的联系。"②

祈祷语言是宗教仪式特别是宗教徒发生心理应激时经常言说的一种语言。所谓祈祷，即人向神的祈求和祷告。采取哪种形式祈祷并不重要，重要的是祈祷必须真诚投入。"真正的祈祷是上帝在说，或者恰当地说，是人在上帝面前等待言说的一种状态，一种对话的状态"。曾氏解释说："祈祷只能有一种，即是用最为彻底的语言进行自我批判，在无助地求告、自我有限根基的揭露之中，一次又一次地将自己置于深渊之中，等待上帝的救助。"③ 曾氏的分析没错，人之所以向神灵祈祷，就是感悟或体

---

① ［美］乔纳森·爱德华兹：《宗教情感》，扬基译，生活·读书·新知三联书店 2013 年版，第 44 页。

② ［美］苏珊·朗格：《感受与形式》，高艳萍译，江苏人民出版社 2013 年版，第 272 页。

③ 曾庆豹：《上帝、关系与言说：批判神学与神学的批判》，华东师范大学出版社 2011 年版，第 94—95 页。

验到了自我的有限性，不管这种“有限性”是浅薄、谬误还是无能、无力。当个体陷入这种有限而产生抑郁、焦虑时，他向超自然力量发出祈求和呼告，以求得超自然力量的佑助。从心理学的角度看，祈祷也可以理解为个体在发生某种心理危机时对所信赖的力量发出的一种求助行为。正由于祈祷发生在这种心理情境下，所以，祈祷者此时的情绪往往处于高度紧张、亢奋状态，也可以说是心理能量的骤升阶段。因此，我们看到，祈祷语言往往是结结巴巴、语无伦次，或像儿童说话一样逻辑松散。因为此时祈祷者的意识和心理已经被亢奋的情感所干扰，或者说由于大脑的情绪执行区过于活跃导致脑的言语加工区活动受到了影响，干扰了语言的编码。根据认知语言学理论，也可以说在这种亢奋的情绪影响下，当事人的大脑无法按照要求迅速提取语言项目，言语工作记忆系统超负荷，导致未经加工的片语存储于工作记忆的缓冲区①。这时，如果祈祷者能够调整大脑的活动，按照语言的语法进行编码和言说，无论是“自我批评”还是求告，都可以起到调解脑活动尤其是情绪能量上冲的作用，并通过语句的输入-输出疏通情绪通路。再具体一点，从神经语言学的角度分析，“祈祷之言”此时至少发挥了两种功能：其一，这些符号通过其“句法形式”在言说者神经组织的流动，起到了将大脑活动结构化、条理化的功能，使得当事人心中那些模糊散乱的情绪转化成明晰的观念；其二，这些祈祷之言也可通过其“语义形式”在言说者脑中产生被我们称为“想象”的高级意识活动，也就是在祈祷者的脑中呈现出一系列的“意象流”，或者说在其脑中播放“神圣的电影”，使人产生某种神圣的宗教体验，从而消除了祈祷者心理的紧张、焦虑与不安。用认知语义学的视角看，也就是语言符号的意义在言说者的脑中构造了一种“虚拟的心灵表象”。祈祷者仿佛看到神灵听到了他的求告，并做出了积极的回应。② 桑塔亚纳生活的时代，

---

① ［美］斯蒂芬·克莱恩、罗莎琳德·桑顿：《普遍语法探究》，李汝亚译，商务印书馆2015年版，第14、121页。

② 有些祈祷者描述：有时祈祷者会出现幻觉——幻听、幻象；基督教神秘主义者甚至绘声绘色地描述自己在祈祷达到最高潮时所产生的与基督合一的“神交”感——“如同婚姻中的情谊，坚实而丰满”（甘兰：《教义学大纲》，光启出版社1975年版，第四卷，第1431页）这类感质现象。过去我们一直认为这是教徒和神秘主义者的“心灵虚构”或情感失控，其实并非如此；此时他们的情感体验、心灵表象完全是真实的。不过出现这种精神现象与我们上面所分析的“祈祷之言”的情绪疏通功能不属于同一现象。我怀疑是祈祷者此时高度集中的默祷与冥想，脑神经组织自我交互所产生的意象刺激了其大脑的某些神经元引发其异常亢奋而出现的幻觉。

尽管神经心理学还没有现在这样发达，他当然也无法通过神经科学的原理来解释祈祷带给人的心灵幸福的奥秘，只能在一般精神现象的层面对祈祷所带来的人的精神愉快作了描述，但这种描述确是十分贴切、逼真的：

> 祷告虽未带来任何物质的东西，但它还是培养了人的某些精神方面。它不会带来雨，但直到雨来到之前，它可以培养一种希望、一种屈从，可以培养一种心情以应付任何可能的结果，即展开一种远景，在其中人类的成功会根据它的被限定的存在和有条件的价值显示出来。一支在影像前浪费自己的蜡烛不可能阻止不幸的命运，但是它可以见证某些沉默的希望，或通过它的光亮来减轻某些悲伤；它可以减弱一点无能感觉中的痛苦，这种无能在意识到对物质的依赖性，而不能意识到精神自主时，会耗尽人的心智。①

总之，祷告作为人对于神灵的言说，其功能不仅在于强化人对于神的依赖性，强化人的宗教情感，它也是祷告者通过语言加工进行的脑-心理结构秩序化的活动。它的意义不仅使个体发生精神困惑时能够获得一种心理疏导，也是个体意识、情绪调节的一种手段。

宗教活动中言说行为的心理疏导功能之一般性原理分析结束之后，下面我们就具体分析宗教活动中的言说作为一种谈话疗法是如何治疗相关心理障碍的。

为了分析的清晰，我把宗教精神病学的这种“谈话疗法”分为两种基本形式：主体的言说和他者的言说。就宗教治疗的临床经验看，这两种谈话形式都比较适用于抑郁症、焦虑症、应激障碍的治疗。

（一）言语输出与情感宣泄

当事人在发生心理应激时走进寺观庙堂，通过言语输出进行谈话治疗，主要形式就是祷告，其中尤以忏悔为主。这一言说主体作为普通的、日常的生命，他们或被日常生活中产生的愧疚、悔恨与罪恶感所痛苦折磨，或为生活中重大的灾难性事件所打击而罹患了相应的心理不适或心理障碍，如抑郁症、应激障碍等。对于此类精神疾病，专业心理治疗和精神病学采取的主要干预手段就是为病患提供情感、心理和社会、文化的支

---

① ［美］乔治·桑塔亚纳：《宗教中的理性》，犹家仲译，北京大学出版社2008年版，第43页。

持，同时为他们提供释放和宣泄这些负面情绪的途径。宗教治疗师治疗这类心理疾问题主要技艺就是引导当事人做忏悔。忏悔可以使当事人寻找到情感支持，更重要的这是一种情绪宣泄的方式。

我们先来分析忏悔对抑郁症的治疗。

抑郁症属于心境障碍的一种，也是较为常见的精神疾病。其主要临床表现。一是心境低落——情绪低落，抑郁悲观，终日忧心忡忡，郁郁寡欢，愁眉苦脸，长吁短叹。抑郁症较轻者总是感到闷闷不乐，无愉快感，凡事缺乏兴趣，平时非常爱好的活动如球类、棋牌、种花养鸟等也觉乏味，心里有压抑感，高兴不起来；症状较重者可痛不欲生，悲观绝望，有度日如年、生不如死之感；部分患者伴有焦虑症状。

抑郁症患者的临床表现之二是思维迟缓，反应迟钝，思路闭塞，言语减少，语速减慢，声音低沉，意志活动减退，如行为缓慢、生活被动，不想做事，不愿与周围人交往，严重时连日常饮食和个人卫生都不顾，蓬头垢面，不修边幅，甚至于不语、不动、不食，可达木僵状态，精神病学也称之为“抑郁性木僵”。

罹患抑郁症的主要心理和社会因素：一是应激性事件，如丧偶或身边的人去世、婚姻不和谐或离婚、失业和严重的躯体疾病以及社会地位低下、生活状况差；二是长期受不良生活环境的困扰，如失业、贫困、家庭关系破裂等。[①] 尽管从病患的情绪表达看，有些人一般情况下并没有明显的情感恶劣表现，但其实病患的情感和心理创伤已经凝结为持续低迷的背景情绪。神经科学家 R. 达马西奥告诉我们，“当情绪过程导致基底前脑、下丘脑以及脑干中的神经核团分泌某些化学物质时，以及随后导致了将那些物质传输到其他几个脑区域时，与认知状态有关的变化就会产生。当这些神经核团在大脑皮层、丘脑以及基底神经节中释放神经调节物质时，它们会引起脑功能发生许多重大改变”。[②] 达马西奥所说的认知状态的变化，包括认知结构、信息加工方式等的异常化，结果导致精神病学家所说的思维迟缓、反应迟钝、思路闭塞、意志减退等症状。

正因为抑郁症的生成、发作病因是负面情绪尤其是那些聚集心理深层的无意识情结，因此，它特别适宜采取“宣泄疗法”进行心理干预。基督教、天主教、东正教的忏悔、告解仪式于是便成为治疗抑郁症的一种心

① 张亚林主编：《高级精神病学》，中南大学出版社 2007 年版，第 388—389、386 页。

② ［美］安东尼奥 · R. 达马西奥：《感受发生的一切：意识产生中的身体和情绪》，杨韶钢译，教育科学出版社 2007 年版，第 217 页。

理干预手段。荣格通过对新教徒与天主教徒罹患抑郁症的临床数据比较得出结论说，天主教徒很少有患神经症的，他们有更少的情结，或者说其情结对自身有更少的显现，其主要原因之一就是天主教会的忏悔仪式。他征用了很多病例说明，天主教徒主要是通过向神父忏悔而使其心境障碍得以消除的。[①] 我与一些病患愈后的经验交流也得出这样的结论：天主教会的忏悔仪式其实就是“谈话疗法”中的宣泄疗法。

首先，从精神分析学和认知科学的角度看，忏悔不仅是向神灵的悔罪与认罪，即通过语言向神悔罪、告解，从而达到与神圣者和谐的一种圣事，作为一种语言游戏，作为一种认知活动，它也具有消除个体紧张体验或宣泄情绪的功能，即在语言加工的过程中，病患痛苦、隐秘的心灵体验、个人的失误、挫折和悔意、说话人对个人命运的焦虑等这些平日不可言说的心灵奥秘，这些潜隐于意识域下的模模糊糊的心灵碎片，通过语言的意义编码得以条理化，通过语言的句法系统得以结构化。按认知神经科学的原理，倾诉，作为大脑神经组织的自我交互，其实也是一种内隐信息的加工活动。这种活动不仅可以激活脑的各种记忆，而且对这些记忆的重新梳理与建构，可以使大脑意识活动条理化、心理活动结构化，进而使个体心理模糊混乱的情绪、意念化为清晰的意识、观念。

其次，作为宗教活动的忏悔，这种言语加工与一般的言语加工活动具有不同的认知情境。在忏悔活动中，除了忏悔人自己进行的内部语言加工（言说）之外，还有对输入信号的加工，即神父的指导与劝勉。这些“灵魂的导师”不仅具有神圣的身份象征，而且他们也具有超凡的经验、技能和智慧；即使他们不具备“超凡”的经验与技能，仅凭借他们特殊的身份即“神的代理人”以及语用资源——“以上帝的名义”和“神圣真理的代言人”——就足以令忏悔者对他们的“指导”绝对相信，从而消除心理的紧张和不安。

最后，作为忏悔的语言游戏与日常生活中的言语行为之不同还在于，这种言语行为有特殊的认知模型，即它与神圣者连接在一起：不仅是向神告解悔过，而且谈话的情境也不同——忏悔室和教堂。这是与神圣相遇的空间，整个言语游戏完全浸淫于超凡的背景之中。因此，它不仅需要认真、严肃、坦诚、谦卑，更需要毫无保留地全部开放和全身心地投入。也正是在这种毫无保留的开放性言说中，在这种虔诚、聚精会神的编码中，

① ［瑞士］卡尔·古斯塔夫·荣格：《象征生活》，储昭华等译，国际文化出版公司 2011 年版，第 211 页。

不仅言说者的情绪执行神经被抑制了——信息加工活动形成了前扣带的活跃而对杏仁核活动进行了调节——而且其心中积淤的负面情绪也得到了疏泄。一位被罪恶感折磨得几年、抑郁痛苦的天主教徒曾这样对我描述他的疗愈经历：几年求医，因为无药可愈，最后她选择了天主教信仰。每周一次的礼拜仪式，无论是仪式上神父宣讲的认罪文，还是她向神父做的忏悔，都成为她疏泄心理抑郁的一种好的方式。每做完一次忏悔，她的心里就轻松了许多。一年之后，她的抑郁症完全消除了。神父对他说："这是神的恩典。她的虔敬与诚恳使神宽恕了她的罪恶，她的灵魂自然也就和畅了。"但实际上，与其说她的疗愈源于神恩，还不如说是源于她采用的倾诉-宣泄疗法。

我们再来分析忏悔对应激障碍的治疗。

所谓应激障碍，通常是指在生活中个体突然遭到超越了心理和精神抗负压阈限的重大生活、社会、心理事件（即所谓的"应激源"），它们对个体形成了强烈的精神刺激，使其出现一系列的心理或精神甚至于躯体的不适反应，并且这种反应对个体的心理功能和社会功能都构成了严重影响。

按照现代精神病学的分类框架，应激障碍主要有三种类型，即急性应激障碍、创伤后应激障碍和适应障碍。这三种应激障碍尽管在临床表现上特征不同，但致病原因大抵相同，都是一些重大的生活事件和社会事件对当事人造成的重大心理创伤和精神打击，例如战争、自然灾难（地震、海啸、飓风等）、重大交通事故或结婚、离婚、丧偶、失业、迁居等。①

从精神病理学的角度看，应激障碍除少数与神经生化因素有关，大都属于情绪障碍，即负面情绪在脑空间的弥散，导致病患心理能量结构的失衡和流动阻塞而发病。因此，对于应激障碍的心理干预和精神治疗，主要的手段就是宣泄疗法。通过沟通，引导患者心理的情绪淤积流动起来，让患者在表达、言说中宣泄这些情绪碎片。也正因此，宗教徒的告解、祈祷以及神职人员的劝慰整合而成的"谈话"对于治疗这类病症十分有效。下面我们报告两个案例。

A女，28岁，某金融机构业务员。性格内向，情商较低。结婚一年后出现适应障碍。据患者主诉，其婚后离开父母与丈夫生活在一起后，情绪就一直低落。想到自己要独担家庭重任，想到将来要养育

① 张亚林主编：《高级精神病学》，中南大学出版社2007年版，第417页。

孩子以及夫妻间的性事就十分烦恼。特别是对丈夫于性生活的迷恋以及不断变换性交体位的要求十分厌恶反感，不久便出现了抑郁、焦虑等心理不适反应。然后不爱上班、不喜欢交往乃至于发生了头痛、失眠及妇科病等综合症状。曾到许多医院就诊，病因不明，没有疗效，导致病情加重。后来，她在有天主教信仰的朋友的陪同下来到天主教会，通过与神父的交流，讲述自己的心理痛苦及精神压抑，特别是通过神父对她进行灵魂引导——结婚不是作为生物学意义上的男人和女人的结合，而是在基督的怀抱中结为婚姻，是为了神圣的义务——她的心结不久就打开了，并成为一名虔诚的天主教徒。

分析一下她的疗愈过程，我觉得基本机理可以分为两个层面：首先是她的告解这一语言行为起了至关重要的作用：通过言说将其混乱的情绪转化为言语工作记忆并随着言语工作记忆表征的消失而消失；其次，通过神父的灵魂引导，使它对婚姻的认识达到了一种神圣的维度，原来对婚姻的不满、反感、厌倦情绪升华为一种神圣的观念，也就消解了其抑郁的心理。

A 男，在带母亲游湖时发生了沉船事件，导致母亲溺水死亡。突如其来的丧亲灾难与他深深的罪恶感交织在一起，使他罹患了创伤后应激障碍。一连数日，他逢人便讲述那场灾难的经历，他的同事和社区的居民都以为他疯了；又过了数日，他不再讲述那场灾难了，但却陷入整日不安的惊扰之中，尤其是见到河水、见到船，马上惊恐起来。他本人是一个基督教徒，经常参加基督教礼拜活动。患病前两周，他不能正常做礼拜，教友见状，劝慰他，但无济于事。在痛苦无助的情况下，他去见了牧师。牧师指导他作忏悔：在上帝面前忏悔自己的罪过——如果不是他带母亲出去，就不可能发生这种悲剧，他对母亲的不幸承担着重大的责任——希望主能够宽恕他，牧师也为他做了“追思祈祷”：

“慈悲的天父，我们已将主的仆人某某的灵魂交托主，愿主使她得以进入光明快乐的所在，列入众圣徒团契之中。我们为一切走完人生路程，息了劳碌的门徒留下的好榜样，感谢上帝。”

经过忏悔和牧师为他做的祈祷后，他的症状逐渐消失了。因此，他的基督教信仰也更坚定了。

我在和他交流时，他对我说，他的精神障碍治愈得益于上帝对他的宽恕，得益于主对她母亲的灵魂的收留和爱，使之在另一个世界享受永恒的快乐。我也相信，这种“神恩”之信仰对他心灵的抚慰当然是他痊愈的因之一；但他的言说、他的忏悔同样重要。因为正是在忏悔中、在倾述中，他心中积聚的恐怖情绪、罪恶感的焦虑情绪得到了宣泄，也可以说基本上达到了消除症状的效果。在此基础上，牧师的祈祷——这些凝聚着神话意象的语言加工，使他产生这样一种心理表征：其母已在天国享受着快乐和幸福。这是一种更为有效的心理支持和危机干预。

苏联宗教学者莫·乌格里诺维奇在其《宗教心理学》一书中，为我们提供了东正教礼拜仪式上的信徒告解的样品。现将其中的一段文字转录在下面。

乌格里诺维奇把这个礼拜仪式分为三个心理阶段，它们分别是情感紧张、情感爆发和情感平衡。乌格里诺维奇认为，这就是宗教仪式的心理净化机制。

> 第一阶段的特点是情感逐渐地紧张。这一阶段的特点是，在祈祷者的意识中主要是消极的体验。神甫或传教士要求人们忏悔，认识自己的“罪过”，并通过一系列生理和心理作用的手段来加强感化作用。这种感化作用常能激发起祈祷者的宗教忏悔、眼泪、请求互相宽恕罪过等。
>
> 下面就是一个目击者在五月旬节派一个社团举行礼拜时记录下来的“忏悔”的例证：
>
> 一位妇女诚挚感人地说道：“主啊！保佑我吧！保佑我健康！主啊！开导我吧！主啊，你教给我怎样才能摆脱尘世的空虚吧！我是有罪的人，我是有罪的人，主啊，我做了尘世的无谓的劳作，而忘了走你的路！主啊，宽恕我吧！你教训我吧！”妇女哭泣着。她的声音在颤抖：“主啊，免我永远不再受苦吧！请允许我到你的身边去吧！”妇女跪下了，全体祈祷者也都跪了下来。“主啊，让我们去吧！主啊，救救我们吧，主啊，按你的意志办吧！”
>
> “阿门！”
>
> ……
>
> “主啊，我迷了路……”
>
> 叫喊声既刺耳又歇斯底里，令人不寒而栗，身上感到一阵寒战。
>
> “求主保佑我，别把我这个不体面的有罪的女人留下不管……”

妇女号啕大哭起来，哭得浑身战抖。“我愿意为你效劳！求主保佑我吧，我愿意心里只想着你！只为你而活！”

在有些宗教社团里，祈祷者的感情激动是通过不由自主的动作（摇摆、跳跃、抽搐）来实现的。同时，这本身也加强了情感的极度兴奋。

本世纪（指20世纪）初俄国的一位研究工作者Д.Г.科诺瓦洛夫是这样描述一个宗教团体中祈祷时感情变化的：“……开始时有人呜咽、落泪，有人喊叫……唱歌使大家活跃起来，越唱越急，越唱越快……唱歌的人越来越激动，歌曲的节奏越来越有力。这些唱歌的人好像不单是舌头在动，连整个身子、手、脚、躯体都在动；一会稍微欠起身来，一会又坐下，像是在前后摇晃……他颤动得越来越厉害，简直就在“哆嗦”；他已坐立不安，像是在克制自己；他突然“蹿到”一旁……只要一个人跳出去，其他所有的人就像得了传染病一样，接着第二个人、第三个人、第四个人都跳了出去。于是大家转圈、跳跃，在屋子中间旋转，时而一个人转，时而一个人抱住另一个人转……”

第二阶段——情感激动的最高潮而同时又是缓解的时刻。许多东正教徒和天主教徒在这种高潮时刻外表上表现为流泪，在内心表现为消极体验转向积极体验，从恐惧和罪恶感转向愉快和“清醒”。但在狂热派和新教派中，最高潮具有极端的、近似病态的狂热形式，与周围环境完全隔绝，出现神秘主义的幻觉、下意识的语言（“无声嗫嚅”）等现象。

……C.萨夫罗诺夫这样描述列宁格勒的一个“基督教第三遗训派”社团中的礼拜仪式的高潮时刻：“‘圣灵降临’”的情景是：米哈伊洛夫（教派首领）宣告，圣灵即将用波斯语通过他来说话……米哈伊洛夫则说了几句令人费解的话，社团主席罗格就按照‘圣灵的暗示’翻译成了俄语。这时，其余的教徒放声大哭。一位妇女开始拍掌并跺起脚来，然后一声尖叫窜到桌子近旁，当米哈伊洛夫说了三句话后，她……就接着说第四句，并高举双手，继续极度狂热地向大家叫喊令人费解的话，然后开始拍掌，粗野地震耳地狂笑……整个礼拜场所充满了疯狂的、歇斯底里的喊叫声……这种群众性的狂热持续了十分钟，最后以唱赞美诗告终，然后礼拜就结束了。”

第三阶段即最后一个阶段，其特点是平静的、积极的宗教感情占主要地位。按许多宗教徒的话来说，由于礼拜和祈祷开始出现心灵的清醒、精神的放松，人也变得“轻松、愉快、开朗”。祈祷的心理效果在 M. Ю. 莱蒙托夫的著名诗作中有非常确切的描述：

像从心头忽然卸下重担，
疑虑逃得远远——
我又听信，又想哭泣，
感到轻松、舒坦……

某些浸礼会教徒这样描述他们在礼拜之后的心情：“你会感到身心非常健康，心情非常宁静。因为你各方面都好，从来没有堕落过，从来没有玷污过自己。”

乌格里诺维奇在描述完信徒参加礼拜时情感表现的“三个阶段”之后总结说：这些情感的发展变化显示出一种规律性：在集体礼拜和个人祈祷过程中出现的消极体验转变成带有情感舒坦、缓和的积极体验。礼拜或祈祷，从其心理功能的角度看，乃是一些排解人们心中抑郁的消极体验的特殊方法和手段。教徒诉诸于神，希望它能救苦救难、灭灾消灾，满足他们的祈求和愿望。正因为他们相信神的现实性和神的万能性，所以祈祷使他们在心理上感到轻松和慰藉。这就是宗教净化的社会-心理机制。[①]

乌格里诺维奇所说的礼拜活动中人的“情绪紧张—达到高潮—回归平静”这三个阶段的情感演变历程，确实是宗教徒当下的一种真实心理变化过程，但我觉得这种心理性态变化背后的机制却并非仅是乌格里诺维奇所说的“理念极”的作用。除了理念的因素外，还有其他因素，如共同时空环境下群体心理的相互暗示、影响。法国学者古斯塔夫·勒庞在其群体心理学名著《乌合之众：大众心理研究》中曾分析道：在一个群体中，由于情绪的相互感染和暗示，使得“群体永远漫游于无意识的领地，会随时听命于一切暗示，表现出对理性的影响无动于衷的生物所特有的激情”。[②] 但最关键的因素是语言，即使我们不站在弗洛伊德“语言爱欲论”的平台上谈论语言的“升华”作用，仅在前面所分析的人的言语认知活动这一认知神经科学的层面上，也完全可以把这一心理变化的言说机制解释清楚。

① ［苏联］莫·乌格里诺维奇：《宗教心理学》，沈翼鹏译，社会科学文献出版社 1989 年版，第 116—119 页。

② ［法］古斯塔夫·勒庞：《乌合之众：大众心理研究》，冯克利译，中央编译出版社 2005 年版，第 24 页。

首先，从心理分析的角度看，在乌格里诺维奇提供的素材中我们看到，圣事上信徒的告解所使用的符号体式基本是一种情感性的言语—感性的自我批判、揭露与情意切切的哀求。脑对这种情感信号的加工，激活了情绪反应；并且信号的情感色彩越浓，人的情绪反应越强烈。而当情绪达到一定程度时，心理便恢复了平静。这就是心理学所说的情绪能量的消耗。其次，我们还可以发现，这一礼拜仪式上信徒所接收、加工的信号，还有一种特殊的语言形式，这就是米哈伊洛夫言说的“令人费解”的所谓“波斯语”。这种“令人费解”的语言，完全是出于神职人员“宗教语用学”诡计的精心设计，即通过创造一种“私人语言游戏”以迷惑信众，使人产生幻觉：圣灵真的降临。也许有人会提出质疑：既然是“令人费解”的语言，为什么人们能够产生认知体验？即使有人翻译，人们也未必相信其译为真。言说“令人费解”的语言作为一种“私人语言”游戏它是如何被人们进行加工、编码而产生心理经验的？这是个十分复杂的认知语言学问题，这里不宜详加讨论，我只能勾勒一个大致轮廓。

确实，“私人语言”不是交流的单位，当然也不是人们认知的数据。正如维特根斯坦在后期哲学研究中对这种“私人语言”进行尖锐批判时所说的那样，它只是“盒子里的甲虫”，是没有意义的话语形式；言说此语是在玩“没有网球的网球游戏”。维特根斯坦曾这样写道：

> 一个人可以鼓励自己，命令及服从自己，责备及惩罚自己，他可以自问自答。我们甚至可以设想一些人只对自己讲话：他们一边做事一边自言自语。——一个研究者观察他们，悉心听他们谈话，最终有可能把他们的语言翻译成我们的语言。（于是他就可能正确预言这些人的行动，因为他也听得见他们下决心做决定。）
>
> 但是否也可以设想这样一种语言：一个人能够用这种语言写下或说出他的内心经验——他的感情、情绪，等等，以供他自己使用？——用我们平常的语言我们不就能这样做吗？——但我的意思不是这个。而是：这种语言的语词指涉只有讲话人能够知道的东西；指涉他的直接的、私有的感觉。因此另一个人无法理解这种语言。①

我在这里之所以引了这么一大段原文，是因为我要澄清一个问题：“私人语言”和“自言自语”不是一回事。某人自言自语，但他所使用的

① ［奥］维特根斯坦：《哲学研究》，陈嘉映译，上海人民出版社2001年版，第135页。

仍是公共语言，只不过没有进入交流场域，诉诸一个输出空间，但它仍然是可以理解的，可以通过我们大脑的语言加工模型进行加工和有效编码，形成意义表征。而私人语言不是这样。虽然从心灵学的角度看，每个人心灵之中都可能存储着某些私人经验以及私人语言，但它也仅仅是个体独特的意识体验的一部分，不能够进入公共言语平台。因为它不属于公共产品，在语言共同体成员的经验和记忆中没有这样共同的生活经验和语言记忆。这种信号输入，人们不仅无法对其进行知觉，形成意义表征，甚至它根本无法与我们大脑中的语言模型相匹配，即使语言操纵者赋予这些单位以一定的“意谓”也不行。如维特根斯坦所说：因为他所“‘意谓’是心灵领域里的东西。但它也是某种私有的东西！它是不可捉摸的某种东西。”① 维特根斯坦将其称之为“我们的语言的一个梦”。

既然是“不可捉摸”的东西，那么人们是如何“捉摸”出来私人语言的意义的呢？人们之所以会相信某些人拥有一套能够与神灵进行沟通、别人所不知晓的私密语言，并且能够通过这种符号输入产生某种体验——可以通灵，源于人们的认知心理——语言认知、社会认知等认知活动。休谟在解释人类对于“神迹”的相信时曾这样分析说：

> 我们通常在推理中借以指导自己的准则就是：我们未曾经验过的事物与我们已经经验过的事物是相似的；最常见的东西常常是最可能的东西；每当存在着对立的论证，我们就应该优先选择那建立在我们过去的最大多数的观察之上的那种论证。按照这个规则进行推理，我们虽然易于拒绝在一定程度上不常见的和不可信的任何事实；然而，在进一步推进时，心灵就并不总是遵守同样的规则；而是当人们断言某种纯属荒诞神奇的事情时，心灵却正因为那样一件事情中有能消灭上述规则的一切权威的那种情节，反而更易于相信那种事情。由神迹而产生的惊讶和惊奇的感情，是一种令人快意的情绪，使人生起一种相信上述感情据以产生的那种事件的明显倾向。这种影响是很深远的，以致于使那些即令没有直接享受这种乐趣、也不相信他们所听到的那些神怪事件的人，也愿意分享这种第二手的或重新回响起来的快乐，并以刺激起别人的仰慕而洋洋自得、兴高采烈。②

① ［奥］维特根斯坦：《哲学研究》，陈嘉映译，上海人民出版社 2001 年版，第 174 页。

② ［英］休谟：《人类理智研究》，吕大吉译，商务印书馆 1999 年版，第 108 页。

此外，言说神迹的人的身份与荣誉也可能使人对他的神迹表述绝对相信。休谟在分析人们对塔西陀的历史书中所描述的“神迹”的相信时这一解释道：

> 这个历史家……以公正和诚实著称于世，而且或许是全部古人中最伟大、最有见识的天才；他摆脱了任何轻信的倾向，以致他竟反而被置于无神论和渎神的恶名之下。我们可以恰当地想象，他叙述的那个神迹所根据的那些人确实具有判断力和诚实的品德，是事实的目击者，并且是在法拉维皇帝被剥夺了皇权、不再可能对他们的撒谎给予任何报酬之后，确认他们的证据的。①

作为一个感觉论哲学家，休谟这里对于人类对某些不可理解的“神迹”的相信的经验分析，可谓其哲学中最精彩的部分，尽管其还限于直觉和推理的层面。对休谟的上述分析进行整理，并通过认知心理学重新诠释，我们就可以提炼出其理论的精髓：人们之所以相信不可理解的东西，就在于人们的逆向思维品性、认知活动中的情绪影响以及对神迹言说者的社会认知所产生的价值认同。人们对于宗教活动中的“私人语言”认信的认知心理显然不像休谟所解释的这样简单，但有些原理是相通的。我的观点如下。

第一，对语言的神秘认知。我们知道，对宗教与巫术的体验是一种神秘的超凡体验，它属于人类这种神经兮兮的动物心灵体验的一种特殊形式。自然界本身并不神秘，它只是依据物理规律而运行；但人类这个种群大多数成员的大脑中并没有理解这一规律的认知模块，而是建构起了一种更倾向于把事情神秘化的认知模块。于是，很多人有神秘主义“思想神经症”。特别是在人类群体中，有些人大脑中的这个“认知模块”过于活性，擅长神秘认知（如神学家、神秘主义者、巫师）。他们认知成果的散播，便形成了一种神秘文化的传播效应。这就是在那些宗教狂热、巫术流行的社会中，全体社会成员都具有神秘主义心理的原因所在。人类的心灵世界一旦栖居了神秘的幽灵，这个世界很多不符合客观经验的事物都可以“经验”化。私人语言同样如此。

第二，“语言理论”的简单推论。神秘主义者、虔诚信徒都十分清楚，社会成员所使用的这套符号系统是世俗世界的交流工具，神灵既然是

---

① ［英］休谟：《人类理智研究》，吕大吉译，商务印书馆 1999 年版，第 113 页。

神圣的、超自然的，那么，与它们沟通所使用的这套交流工具肯定不是世俗社会的自然语言，而是超自然的、别人所不懂的语言。至于这种语言是什么，完全依凭个人的主观想象而定。因为这些语言确如维特根斯坦所说，完全是他个人的想象与经验。它是巫师和神秘主义者的一种“语言发明”。

第三，从社会认知的角度分析，人们之所以会相信神职人员掌握了一套与神灵沟通的“私人语言”，是因为人们对他们的人格特质有着独特的理解，即他们是与众不同的特殊人物。所谓“特殊”，即他们掌握着凡俗之辈所无法掌握的知识与技能，通过运用平凡之人所不能理解的语言召唤神灵。确实，在社会认知活动中，我们对他人的面孔、语言以及行为特征的加工，建构其意义内涵，不仅受到我们的情绪、想象等这些“暖”因素的影响，也受到我们的观念、信仰和世界观的影响。如果我们相信这个世界上存在着“灵异”之人，相信这类人是天生的，我们就会相信我们自己的判断——他们当然有与神灵沟通的特殊符号。

第四，文化心理图式的影响尤为重要，它构成了信众断定神职人员掌握了特殊的通灵符号，并且能够对这种符号进行虚假认知和体验的重要因素。这里所说的“文化心理图式”，我赋予它的内涵是：个体通过社区民俗文化数据的输入、加工、编码而建构起来的认知框架。这里的“文化”包括民俗传统、民俗信仰、民俗知识、民俗口碑文学等。这些文化不仅构成了人们的生活事象和社会秩序，更主要的，它赋予社区成员一种认知图式，构成了每一个体心智系统中内隐的经验、记忆、知识等。尽管认知科学和文化心理学、社会心理学都承认人类是一种大自然的设计与文化调整或者说生物基因和文化基因合成的动物，但人们所说的“文化”还是一个很宽泛的、具有“类”属性的概念。其实，人类文化的基础是族群或社区民众对其所在的自然世界、社会世界、文化世界的环境信号进行加工与编码而形成的集体经验和集体记忆。正是这种地方性的集体经验和集体记忆为人们提供了理解世界、建构世界和社会行动的心理框架。这种地方性的集体经验与集体记忆就是我所说的“文化心理图式”。对于个体而言，从事日常生活并不需要科学文化和专家文化模型的指导，只需要这种社区文化就足矣。尽管这种文化心理在逻辑上和技术上可能是错误的，但只要它能够为个体理解和参与世界提供认知上可行的框架就够了。我想再次提醒人们的是，人类的意识（体验）虽然是按照大脑物理学的原理产生的，但不仅大脑所加工的数据不一定都是客观世界的信息，而且，脑对输入数据的加工所产生的物理实现也具有多种可能性，或者说脑内的

“物理之水”可以酿成多种口味的“意识之酒”。尤其是人类这个种系与动物不同，他一方面是客观的物理世界的被造，另一方面也是梦一般精神世界的被造。我们遵照生物学的指令来行动，同时我们也遵照心灵学的法则来行动。对于神职人员所言说的、不可理解的“私密语言”的接收与体验正是人类的这一意识特征和精神特质使然。虽然从哲学和语言学的原理分析，世界上并不存在一种超越了人类语言体系的“通灵符号”，但人们在与这类符号交互时，大都采取的是自上而下的信息加工方式，甚至于以高级的文化心理图式为认知背景对输入进行强制性翻译。比如，文化传统中存在着神职人员通过“通灵符号”与神灵沟通的口述史实，社会知识中人们有关于圣徒使用“通灵符号”创造奇迹的信息，宗教文学通过形象生动的描述展示着神职人员如何通过“通灵符号”完成神圣使命的奥迹，等等。这些文化信息经过人们的心理加工在人们的心智系统中编织了一个内容丰富的“经验”网络。当人们进入神事活动的场域时，对神职人员的形象（面孔、服装）的加工、对环境信号的加工影响着人们对于语言的加工与编码——这些信号的加工唤起人们的情绪而产生启动效应，使人们更倾向于提取这方面的记忆。特别是宗教、民俗口碑文学资料，对于他们如何掌握“通灵符号”、如何使用“通灵符号”与神灵沟通的描述，具有“现实记忆”与“想象”的混淆功能和仿真效果。内容的具体与细节的丰富，使人们更容易产生认知上的混淆，分辨不清这类事件到底是源于文学信息对心理的建构还是个体的真实经历。伴随着对这些记忆的反复提取和加工，它们就会变成个体的“现实记忆”。于是，在仪式活动的现场，这些记忆被激活、提取和加工时，人们就不会去思考、辨察信息的来源而把它当作真实经历来理解，从而产生对“通灵符号”的认知体验。

如果我们把整个礼拜仪式进行系统还原，还可发现此时信徒处于一种较为复杂的认知情境之中：礼拜堂的神圣环境、人群激动不安的表现等知觉形式，教派首领“波斯语”的信息输入，导致信徒大脑不同空间的神经计算成分的广泛协作，并把不同的神经计算编码成一个整体的信息网络，建构起一个复合的心理表征：圣灵降临。于是，恩宠的积极体验取代了忏悔的消极体验，狂喜取代了恐惧。特别是由于这种狂热会消耗大量的脑能量，不会持续太久，大脑便会平静下来（也有人因此昏迷，是因为大脑狂热导致的大脑缺氧）。情绪挥发殆尽，浑厚的“赞美诗”的歌唱，优雅的语言体式加工唤起了人的程序记忆——礼拜仪式的尾声。于是，人们的心智又重新恢复了平静。

（二）言语输入与情感消耗

宗教活动中的谈话治疗，除了信徒的告解外，另一种主要的形式为神职人员是言说者，信徒是聆听者。如果说信徒的言说主要是以语言的方式进行自我揭露、自我批判达到心理疏导，那么，神职人员言说的目的则是引导。确实，宗教治疗师的言说技艺，不仅是某些已经完成的故事的形象展演，也是对聆听者大脑认知神经网络的调整，甚至还可成为灵魂净化的手段。在中世纪史学家约翰·赫伊津哈的文本中记录了这样一则逸闻：中世纪时有一位方济各会修士，名为安托万·弗拉丁。由于其布道语言技艺的高妙，所以他每次布道讲坛周围都要用围栏围起，以防止那些想冲过来吻他的手与法衣的人压得太近，而且听众每次都被他的激情布道感动得热泪盈眶，泣不成声。特别是当他讲到“最后的审判”“地狱”“耶稣受难”时，他以及他的听众挥泪如雨，只得暂停布道。那些做了错事的人，在众人面前匍匐在他的脚下忏悔。有一天他布道时，看见两个被判死刑的犯人正要被带去行刑，他便要求推迟一下刑期，把这一男一女带到讲坛前，继续布道，宣讲他们的罪行。布道完毕，发现两人站立的地方只剩下两具皮囊了。① 这当然是一则宗教神话，不足为信。不过，如果我们仔细品味这则神话，就会发现其中所蕴含的心理治疗学的机理，那就是宗教师的言说确实是治疗心理障碍的一种语言技术：聆听布道师弗拉丁的言说，人们感动得“热泪盈眶，泣不成声”，不就是一种情绪的宣泄么？在布道师激情慷慨的语言的鼓动下，聆听者也参与到这个语言游戏之中，“匍匐在他脚下忏悔”，这不就是人们淤积的心理“熵”的一次大清扫么？甚至于伴随着布道师的“宣讲”，两个犯人的灵魂离开肉身这个“奇迹”，也蕴含着言说的心理治疗学的原理：在布道师语言的作用下，人的灵魂已经随着语言得以升华。根据宗教治疗师言说的这一心理学功能，我将其称之为宗教精神疾病治疗的“输入-消耗治疗法”。

作为宗教真理的传播、宗教情感的激发，也作为宗教心理治疗的一种手段，输入-消耗的基本原理是：通过神职人员的言说，向当事人传输一系列特殊的信号（主要是情感语言），这些信号恰好与当事人此时的心理水平形成呼应。于是，信号加工活动所产生的特殊能量将当事人的情绪激活，尽情沸腾燃烧，彻底消耗掉，心理活动也就正常了。比如，无论是基

① ［荷兰］约翰·赫伊津哈：《中世纪的衰落》，刘军等译，中国美术学院出版社 1997 年版，第 5 页。

督教的布道仪式还是佛教的超度仪式，在这些仪式上，神职人员通过复述、叙事、吟唱等言语形式，不仅向病患宣说人生的真理、生命的实相，引导病患从某种执迷中醒悟和超脱出来，放下精神的负担，而且还通过特殊修辞技艺处理的情感化特别是悲情式的叙述向病患传输刺激性强的信息，信徒的脑组织通过情感符号的加工而活跃起来。可能有人会想，以悲情式的语言叙述病患所不愿想起、不愿看到的某些痛苦经历和记忆，这不是向病患那早已伤痕累累的心灵再撒把盐，造成更大的情感伤痛么？以常识来看似乎会有这种可能，但其实它是一种很好的情绪疏导方式。这一点，早在两千多年前，古希腊哲学家亚里士多德就通过“悲剧–净化”的诗学理论为我们做出了解释：当某些痛苦的情绪与情感化的符号遭遇、与情感的语言相接时，这一情绪不仅遭到了符号的阻滞和抑制，不再“膨化”，而且这些情感符号也通过其情绪能量把人的情绪消耗掉。俄罗斯艺术心理学家把这一原理称之为“心灵力量的消耗”（奥夫夏尼科–库列科夫斯基）；席勒则把它描述为“因形式消灭内容”[①]。不管如何理解，都如维戈斯基所说的那样，此时输入的情感符号成为“神经能量最适当和最重要的疏泄的最强大的手段”[②]。比如，在东正教、天主教的弥撒仪式上，神职人员言说、信徒聆听的就是这种具有很强悲情韵味的语言。仪式进行中，神职人员调动了各种情绪化的语句，以此来感化和召唤仪式参与者的情感，使其情感的火焰越烧越旺，甚至于达到情感迷狂的程度；在一些宗教仪式进行的过程中，经常会出现场面混乱的现象，这就是参与者的情感在输入语言的感召下迷狂失控的结果。苏联宗教学者莫·乌格里诺维奇分析说：“在礼拜过程中，感化的主要手段是语言，为了最大限度地发挥感化作用，神职人员利用一切富于表现力的语言手段，如节奏、语调、重音、停顿等等。”他引用了 A. 奥西波夫对某神甫在绘有基督棺中遗体像的覆盖布前的布道词及其所产生的效果的案例：“‘棺材就停在我们面前！能顾得上说话吗？死者为我们而死！我们有时间高谈阔论吗？……他是为我们而死的！他死了，而我们却活着，为他哭泣吧！’祈祷者受环境的影

① ［德］弗里德里希·席勒：《审美教育书简》，冯至等译，北京大学出版社 1985 年版，第 114 页。

② ［苏联］列夫·谢苗诺维奇·维戈斯基：《艺术心理学》，周新译，百花文艺出版社 2010 年版，第 296 页。

响激动起来，被语言的力量所感召，大家开始哭泣。”① 情感的激活与燃烧，不仅强化了人们的宗教情感——对耶稣的爱，对基督的感恩——而且是仪式参与者大脑边缘系统能量的一种消耗，是心理能量的浪费。尤其是在心理治疗活动中，神职人员的语言更是充满了情感的感召性。比如，在基督教治病仪式上，牧师言说的就是这类语言：

> 无量慈悲的父，普赐平安的上帝，现今有你的子民，行经愁苦之幽阴，求你向他们启示那自己，他们的心怀，将被苦痛的重担所压坏，恳求赐给他们力量，用你无限仁慈的臂膀，扶持他们，渡过痛苦的难关。但愿他们知道，无论如何痛苦，你不变的温柔，只是关心到底，但愿他们记得同情的救主，当年在世，也是多受痛苦，常经扰患，但他当着大难临头，却能说“愿父旨成”。恳求此刻帮助你的子民，能受得起痛苦，将来引导他们进入天上的家庭，蒙你拭干他们的苦泪，藉着我主耶稣。阿门。②

这段祷文不仅情意切切，而且还使用了感情强烈的呼告等修辞手段；它不仅激发病患的“神爱”激情，而且这些情感符号也将病患心中的忧伤、恐惧、焦虑情绪消耗了。在萨满教治疗“失魂”症的仪式上，萨满歌唱的“招魂词”简直就是一篇情意缠绵、感人泪下的诗篇。如：

> 迷失的乌麦③，
> 快快地回来吧。
> 生气而去的乌麦，
> 回家乡来吧。
> 高兴地回到
> 父亲的背上，
> 快快地投入
> 母亲的怀抱。④

① ［苏联］莫·乌格里诺维奇：《宗教心理学》，沈翼鹏译，社会科学文献出版社 1989 年版，第 121 页。

② 谢炳国：《基督教仪式和礼文》，宗教文化出版社 2008 年版，第 257 页。

③ “乌麦”，鄂温克人萨满教信仰中的“灵魂”一词的代词。

④ 郭淑云：《原始活态文化：萨满教透视》，上海人民出版社 2001 年版，第 323 页。

这情深意切的信号输入儿童的大脑，不仅通过句法结构调理了当事人因异常信号刺激所产生的脑神经连接异常的运动回路，而且心灵对信息的加工[①]（“失魂”的儿童此时没有意识但却有心灵）所唤起的情景记忆、产生的心理建构，也消除了其恐惧情绪。

我们再把记忆拉回到2008年5月12日的中国四川汶川。一场突如其来的大地震，使很多人瞬间与亲人阴阳两隔。很多人惊呆了、麻木了、僵硬了；很多人以泪洗面恸哭哀号。这不仅是一场巨大的生命灾难，也是一场巨大的心理灾难。于是，围绕这场心理灾难，心理救援开始了。在这些心理救援大军中，不仅有专业心理医师、精神病学家，还有宗教界的法师和僧侣。他们用宗教传统的心理干预经验、技术与智慧，为人们疗治着心灵的创伤：公元2008年5月25日，在中国四川绵竹五福第二小学教学楼的废墟上，中国佛教界布起了庄严肃穆的灵堂，法门寺和龙泉寺的僧侣们从各地赶来为汶川地震中遇难的人们举行诵经超度仪式；5月31日，在中国道教发源地——四川成都大邑县鹤鸣山，中国道教界也举办了规模盛大的“两岸四地道教界为地震灾难祈福禳灾、追荐超度大法会”。仪式上，和尚、法师们的经文吟唱与各种象征符号融会在一起，奏响了一曲不仅是对遇难者，也是对生还者、丧亲者并且因这场空前的大灾难造成巨大心理创伤的人们的“安抚曲”。在和尚的娓娓倾诉中，在法师们的喃喃祈祷中，那些丧失亲人、丧失家园、丧失生活之正常秩序而精神苦痛的人们心中的恐惧、不安、忧伤、痛苦的情绪在如泣如诉、低沉哀婉的语流中得到了疏泄，积聚于人们心中的各种心理熵能达到了最大程度的消耗。法会结束，尽管痛苦还在，心灵的阴影还在，但至少通过这一情绪疏导活动，消除了因情绪集结、爆发所产生的精神分裂的可能。

六 神圣艺术：艺术治疗的视角

近年来，宗教艺术尤其是宗教寺院艺术——无论是建筑艺术、装饰艺术还是造型艺术、音乐艺术——的研究，都吸引了一大批艺术理论家和宗教学家的热情，并取得了一大批令人赞叹的成果。不过，综观这些研究，我们不难发现，学者们的视角大都流动在宗教学或艺术学/美学的领域，宗教心理学层面的研究似乎还不多见。特别是关于宗教艺术的功能研究，

---

① 信息加工可以在脑或心灵不同水平上进行。

无论是理论构建还是话语表述基本上都指向了这一维度：宗教艺术可使抽象的宗教观念变得可感可知，从而激发人的想象力，巩固和强化人们的宗教信仰。当然，也有一些研究涉及了宗教艺术的心理学功能，但思维和话语基本还是两千多年前亚里士多德“诗学”理论的扩充，即分析宗教艺术的心理净化功能。确实，亚里士多德的艺术“净化”理论，无论是一般的艺术心理学还是宗教心理学研究，都是相当宝贵的思想资源；或如维戈斯基所说，迄今为止的任何心理学概念，都不能像“净化”一词那样完满清晰地表达审美反映的这一事实：痛苦不快情绪的疏泄、消灭与转化①，因而也都是值得认真研究的课题。不过，我觉得，宗教艺术功能的研究如果仅仅把视阈聚焦于这个层面，那么，它似乎还遗漏了宗教艺术功能的一些本质性的东西。作为宗教文化体系中一种独特的符号系统，也作为一种艺术形式，宗教艺术功能的本质，无论是从神学的角度看还是从人类学、宗教学的角度看，都可以归结为它的心理学功能。这里所谓的“心理学功能”，不仅指我们多少年来一直言谈的其激发情绪、激动想象、心理净化等意义，而且还有它的心理治疗意义。如果从近年来兴起的艺术心理治疗理论的角度来审视，我们对这一点会更加坚信。正如一些艺术心理治疗师所认识到的：“每个人，无论经历艺术训练与否，皆有将内心冲突诉诸视觉形式的潜能。”② 这里的“视觉形式”指的就是视觉艺术；所谓“内心冲突诉诸视觉形式”也就是内心冲突通过视觉艺术外在化，转换成另一种形式。有的学者甚至认为，艺术游戏其实就是案主就内心的冲突和问题的自我沟通，潜意识和意识之间的建设性沟通，案主和他人的交流。③ 关于艺术游戏与心理治疗的这种关系近年来已得到了颇有成效的开发，我不准备再来复述这些。这里我想就宗教艺术游戏另一重要的心理治疗意义——情绪调节和凝心聚神——功能做一分析，特别从宗教活动与信徒日常心理治疗这个角度做一分析。

为了将宗教艺术这一心理功能论说清楚，我们不妨将视野再扩大一些，回到宗教艺术生产的原始情境。宗教艺术生产的源初意识，我相信，其目的并不在于为信徒提供一种审美客体，满足信徒的审美愉悦欲望；当

---

① ［苏联］列夫·谢苗诺维奇·维戈斯基：《艺术心理学》，周新译，百花文艺出版社2010年版，第97页。

② ［英］黛安娜·安德烈娅·吉尔罗伊编：《艺术心理疗法》，周祥等译，上海社会科学院出版社2013年版，第6页。

③ 同上书，第9页。

然更非“游戏冲动”的目的。它的生产是为优化宗教心理服务的，即它是为了巩固人们的宗教信念，强化信徒的宗教情感体验而进行的一种文化生产。至于这种文化产品给人们带来的审美快感和精神乐意，则是它的副产品。也正因为宗教艺术是通过某种特殊的符号形式作用于人们的心理，从而使人们产生深刻的宗教情感体验，所以，它在巩固信徒的宗教信仰、深化人们圣秘体验的同时也潜移默化地产生了人的情绪能量调节（净化、疏导）及其凝心聚神等心理矫治功能。特别是作为信徒栖息与精神修炼的社区，宗教场所汇聚了丰富的艺术符号且不乏艺术精品，有多样化的艺术游戏。这些艺术符号或通过象征的意蕴使人与神圣的事物产生联系，为个体的精神输入积极能量①；或通过特殊的信号加工活动，激活受损的脑组织；或以其神圣意蕴转化人的心理无意识，实现个体心理熵能的消耗；或以其神学美学的形象为信徒提供心理移情机制，实现心理能量的转化；或者通过沉醉于形式规则而实现心理能量的节约②，即令那些游戏者“收心凝神”，以防止意识的混乱。

在宗教艺术心理治疗的传统中，较为普遍并取得较好效果的主要有这样两种宗教艺术：音乐与造型艺术③。

（一）宗教音乐疗法

为了了解宗教音乐对于心理治疗的作用，我们先从一般性音乐的心理

---

① 密宗大师仁波切在描述密宗修炼正能量之来源时所说的那样，佛陀、圣母玛利亚、克里希纳、女神等“精神生命”的观想，比一般形象还有效，因为它们表达和象征宇宙的最高安详和喜悦，能够给人以温馨、安详的正面能量。见仁波切《心灵神医》，郑振煌译，中国藏学出版社 2006 年版，第 89 页。

② 这里的“节约”就是我所说的宗教艺术游戏的“炼神”即元神守护功能，即人在这种艺术游戏中，无论是艺术观照还是艺术实践，它都可使人将那些情迷意乱、心绪扰攘的心神渐渐收拢，最后完全凝聚到一点上。这个“点”直观来看是游戏对象的某一个点，但从艺术心理学的原理观照，它却是游戏者脑与心理中的关键点，即意识活动的核心，是精神的“元神”。尽管信徒在宗教生活中所从事的这种艺术游戏并未彻底消除内心的某些冲突，但它毕竟使那些混乱的心思、激动的情绪受到了抑制或达到了聚拢或重新排列。元神的聚拢，不仅保证了修行者把意念归聚到“宗教”这个主题上来，更重要的还在于它也使游戏者收拢心性，防止由于元神外泄所导致的精神紊乱现象的发生；在某种情况下，还有可能（如果你愿意）为个体灵性的生长与升华创造机缘。

③ 李世武在《巫术焦虑与艺术治疗研究》一书中把大多数巫术行为都作为“艺术”来对待。这不过是传统的艺术人类学以及宗教人类学的模式而非艺术理论模式。我对这种观点持保留态度。

治疗功能说起。

在瓦格纳的歌剧《名歌手》中有这样一个情节：仲夏之夜的纽伦堡居民，本应安详于睡梦之中，可是，他们却涌上街头互相打骂，社会秩序一片混乱。原因是什么呢？其罪魁祸首就是“艺术家”贝克·梅塞尔。他用琉特琴向伊娃演唱小夜曲，却鲁莽地让萨克斯用敲击鞋楦的方式记录他演唱的错误。由于他的演奏出现很多错误，萨克斯的鞋楦敲得也越来越放肆；而鞋楦敲得越放肆，他也越兴奋……特别是他的小夜曲，几乎毫无美感：刺耳的押韵、陈腐的暗喻、拙劣的花腔、乐句上下大跨度的跳跃，这使得它听上去更像是吃力的驴叫。这真是一段让人发疯的音乐。这时，邻居们的心理耐力已达到了极点，人们冲出家门，骚乱开始了。在下一场，前场戏中处于自我毁灭边缘的居民如今已转变成为因感动和尊重而团结在一起的和谐的整体。仲夏夜广场上人群神经质的骚乱随着名歌手的到来及其进行曲的演唱而转化为安静与和谐，原因何在？在瓦格纳的时代，还没有发展出成熟的艺术心理学和音乐治疗学，但瓦格纳凭借一个音乐家的敏感向我们暗示了这一点：不同的音乐知觉产生了人们不同的心灵体验，进而影响到其社会行为。保罗·罗宾逊分析道：首先，各行各业的人们穿着优雅的节日盛装步入城外的牧场，他们唱着优美的歌曲；行业人员的歌曲之后上场的是舞蹈，不仅每位市民都让自己的动作符合集体行动的模式，而且迷人的华尔兹也令人的心理特别愉快；之后，名歌手的到来使和谐的气氛达到高潮：进行曲庄严的速度、坚定的节拍、果断的 C 大调，成为促进社会和谐的伟大力量。①

客观地说，罗宾逊的分析还很传统，他的思路还局限在音乐社会学这个层面。如果从艺术心理学的角度看，这场情绪骚乱的终结，并非完全取决于和谐的音乐所产生的社会象征意义，而是由于这种音乐与人类的生命运动、生命管理活动相一致，调节了民众的脑与心灵运动状态。苏珊·朗格告诉我们，音乐的“意蕴”就是“生命的意蕴”——有机体生命运动的表征，不可见的整体的幻想，即它与人类生命运动的节奏相适应：“音乐是那最高级的有机反应及人类情感生命的符号性呈现。”② 朗格的分析没错。人类（其实不止人类，很多有机体——动物、植物）天生就是一种音乐的动物。当我们在母亲的子宫内刚刚形成感觉系统时，母亲的呼吸

---

① 参见［美］保罗·罗宾逊《歌剧与观念——从莫扎特到斯特劳斯》，华东师范大学出版社 2008 年版，第 253—260 页。

② ［美］苏珊·朗格：《感受与形式》，高艳萍译，江苏人民出版社 2013 年版，第 133 页。

运动就开始培养婴儿的音乐神经——节奏。这也就是为什么孕妇的情绪、心理运动对孩子心理、人格产生重要影响的原因所在。近年来兴起的神经美学研究发现，在人类的脑与心灵系统中，不仅有伴随着种系进化、遗传而来的分子生物系统的音乐细胞，而且还有人在脑的发育、成熟过程中通过环境信号的加工编码而固化的音乐神经元群或“特异脑”（右脑）。人接收到什么样的音乐信号，就会引起相应的神经运动和情绪反应，产生相应的生理感受和精神体验。可见，音乐不仅调节我们的神经组织、内环境，影响到我们的生命管理，而且还会影响我们的心理、精神性态与人格结构。如：门德尔松的音乐可将人带入温馨安宁，德彪西的音乐则使人身心放松，贝多芬的音乐令人精神振奋，克拉克的音乐会抚平暴戾……这一点也不神秘。从认知神经科学的原理看，音乐信号由于直接作用于边缘系统，或对下丘脑的快乐中枢进行刺激，或对痛苦中枢神经产生抑制从而消除人的悲痛情绪。这就是心理治疗中音乐疗法的基本原理。

在人类精神病学史上，音乐疗法被较早发现并使用。据米歇尔·福柯的考察，自文艺复兴以来，音乐的医疗能力就被古人发现并述说：申克让一名“严重的忧郁症患者”去听“各种器乐演奏会，使他特别高兴”，结果患者痊愈了；阿尔布莱希特在医治一位谵妄病人时，在各种疗法均告无效后，便让他在一次犯病时去看演出，结果，“有一首很平凡的歌曲竟使病人清醒过来，使他感到愉悦并开怀大笑，从此不再犯病”；此外，还有用音乐治疗狂躁症的案例。福柯分析说：

> 音乐甚至是最佳的品质传递机制，因为它从一开始仅仅是一种运动，而一旦传到耳朵里，它立刻变成品质效应。音乐的治疗价值在于，这种变化在体内便停止了，品质在体内重新分解为运动，感受的愉悦变成以往那种有规律的振动和张力的平衡。人作为灵肉统一体，从另一个方向跟随这种和谐运动，从感受的和谐转到波动的和谐。在人体内，音乐被分解了，而健康却恢复了……另外……神经系统随着弥漫于空气中的音乐振动，神经纤维就好像许多“聋哑舞蹈者”，随着他们听不见的音乐翩翩起舞。就在这个时候，在人体内，从神经纤维到心灵，音乐被重新编织，共振的和谐结构使感情恢复了和谐的功能。①

① ［法］米歇尔·福柯：《疯癫与文明》，刘北成等译，生活·读书·新知三联书店 2012 年版，第 168—169 页。

音乐疗法也是世界宗教精神病学的传统。史学家查凡·赛科莱斯的研究告诉我们，在传统社会，部落医生的建议和药品都极有效力，而他的超自然治疗手段更受重视而且效果更好：伴随着巫师所唱的圣歌，纳瓦霍人相信歌唱和咒语是恢复患者身心的主要手段。[①] 在西方中世纪，很多神经症-精神病患也是通过教会音乐获得治愈的。在我的病历档案中也有这样一个案例：一个患有轻度孤独症的儿童在经过一年的心理治疗而疗效不佳的情况下，我推荐他参加天主教会的"天使合唱团"。每周一次的圣歌咏唱，一年过后，它的这一精神障碍基本消除了。其中的原理并不复杂。儿童孤独症，除了生物因素，如先天性的脑发育缺陷（主要是皮层、海马、小脑异常以及丘脑、边缘系统萎缩）外，还有社会认知发展障碍。"心理理论"的一个观点是，儿童出生后不久出现的社会认知缺陷导致其后来的"心理理论"的缺陷，如社会感觉输入剥夺。从发展认知神经科学的理论分析，即儿童在早期脑发育的过程中，由于社会感觉信号输入的剥夺，儿童的"社会脑"没有得到很好的发育，面孔识别、社会情绪感受脑区出现萎缩。对孤儿院长大的孤独症患者的临床检验证实了这一点[②]。如果说儿童孤独症的发病原因主要是"社会脑"发育障碍，那么，通过增加儿童的社会感觉输入，激活"社会脑"，修改其神经突触，便成为治疗孤独症的一种有效方式。礼拜仪式上雄浑、庄严、和谐的圣歌，配之以音色奇妙的风琴以及纯真甜蜜的童声，不仅调节了患者大脑的情绪加工回路，而且合唱这一社会化行为也使得他萎缩的"社会脑"以及社会信号神经计算能力得以恢复，即通过音乐之"合"而与他人联系在一起，培养了"共情"的心理能力，使他渐渐走出了封闭的心灵世界。

音乐治疗不仅是基督宗教的心理治疗技术，也是佛教、道教的心理治疗手段。中国道教音乐如"仙歌凝韵九天风"，被称为"音乐的仙境，仙境的音乐"，音符传入听觉器官，使人仿佛"飞驭天表，游览太玄"[③]，特别适合治疗抑郁症、焦虑症等。佛教音乐，无论是器乐还是声乐、诵经音乐还是梵呗音乐，其悠扬婉转，优美动听。尤其是梵呗音乐（如"菩萨圣号"），其"声韵似乎寻常"，"意外都超格外"，可谓"造诣深远，蓄

① ［英］史密斯·佩蒂：《音乐治疗》，杨晓箐等译，中国轻工业出版社 2010 年版，第 8 页。

② 参见［美］马克·约翰逊《发展认知神经科学》，徐芬等译，北京大学出版社 2007 年版，第 139 页。

③ （明）朱权：《太和正音谱》。

韵幽微，其超然脱俗，人我双亡之境界”①。几年前我曾接触这样一个案例。一个老妇人因与儿媳关系紧张而患了严重抑郁症，后来发展为严重的人格分裂障碍。在长达半年的谈话治疗效果不明显的情况下，她似乎看破红尘，走进了佛寺。一年后我去回访时，老人的精神状态令我十分惊讶：乐观、自信、健谈。我对她的愈后分析结论是：她的这一心理转化，虽然不排除参悟佛理之因素，但与她在佛教寺院接收音乐治疗密切相关，用她自己的话说：她每天除了完成佛事活动之外，就是伴随着悠悠梵呗诵经焚香。悠扬婉转的佛乐调整了她的大脑边缘系统，抑制了痛苦情绪，激发了她的平和情绪，并将她带入积极观想的状态。从音乐治疗的理论看，这就是“聆听式音乐治疗”“感受式音乐治疗”的音乐冥想疗法，即通过聆听佛乐放松自己并进入一种安宁祥和的心理境界。音乐治疗师亚瑟曾如此揭示音乐治疗的奥妙：“音乐与机体的节律、语调及情绪变化联系得如此密切，为在头脑中产生的感受与其他神经活动之间提供了一个独特的接触界面。音乐的功能在于绕开受损的大脑区域，或与尚未完全发展的区域建立连接。它以一种系统的方式将很多不同的事件组织起来。”②

（二）宗教造型艺术治疗

这一案例研究我所使用的主要样本是密宗的曼荼罗创作。

在密教寺院，我们可以见到各种曼荼罗图案。它们在形式上虽然与清真寺的几何图案有差别，但我认为它们的宗教原理与宗教心理治疗机制是基本相似的。“曼荼罗”在梵文中是“圆”的意思。但这个“圆”绝非一般的圆，它是一个心理“魔圈”。尽管不同寺院的曼荼罗构图形式在某些细节上有所不同，但其心理功能都是一样的。无论是对绘制在强壁上的曼荼罗的凝神观照，还是喇嘛在发生心理障碍时在上师指导下的沙盘绘制，“当用心构思曼陀罗（即曼荼罗）时，你便在尝试将你自己的圆纳入宇宙的圆中”③，这不仅将当事人的意识引入到象征神圣、光明的能量场之中（曼荼罗的中心是象征宇宙能量与光明力量来源的佛本尊），而且它也是对生命元神的守护，即对心理元素的一种重新排列，使混乱的心灵得

---

① 闻秒：《音声佛事》，天台山国清寺印行，第16页。

② ［英］史密斯·佩蒂：《音乐治疗》，梅晓箐等译，中国轻工业出版社2010年版，第46页。

③ ［美］约瑟夫·坎贝尔、比尔·莫耶斯：《神话的力量：在诸神与英雄的世界中发现自我》，朱侃如译，浙江人民出版社2013年版，第275页。

以矫正。下面我就简要分析密宗曼荼罗艺术游戏的心理治疗原理。

一般的曼荼罗都有由黑色或蓝色绘成的圆圈组成。它的外围是由火组成的轮缘，象征欲望之火，坟场也画在这里，这些都是寓意地狱之苦；它的里面则是由一个莲花所编织而成的花环，把整个图案装饰成一朵莲花；然后是一个有四道门的寺院庭院，它代表神圣的隔离与集中；最后是作为冥思的基本对象或者目标的核心——佛本尊，其外围也为魔圈所分隔开。根据曼荼罗的这一图案形式，我们可以理解，这种曼荼罗图案，无论是供寺院生活者观赏还是个体绘制游戏，它都是一种由外向内的逐渐收缩注意力，最后将精神凝聚到一点上的心理运动过程。如此绘制曼陀罗游戏也就产生了撤回人的欲望，限制人的各种纷乱的意念，使人将精神集中到一点上心理调治功能。按照约瑟夫·坎贝尔的观点，“创造一个曼荼罗是把你生命中所有分散的层面凝聚起来，找出中心点，并促使自己归属于这个核心的一种训练”。[①] 这与西方中世纪“炼金士”所创造的方形化象征的心理效果是一样的，与道教“凝神归根”的炼心原理也是一样的；或者我们也可以将其视为佛教的“坐禅冥想”功夫的艺术化表达。荣格对此作了十分精到的分析：“曼荼罗的图案有一个明确的目的，在人的最核心的自性周围画出具有保护性的壕沟，以防止元神的外泄，再用避邪物防止由外部事件造成的偏离。这些曼荼罗原本不过是人的心理事件的投射，这里被反过来作用于人的心理，就像是开启特定个体自性的咒语。也就是说，通过这些具体的仪式，一个人的专注力或者用更好的表述——兴趣，被带回到内在的神圣领域，返回人类心灵的根源同时也是目的的，这个过程蕴含了生命和意识的统一。”[②] 所以，那些心理矛盾与精神冲突者，通过在寺院从事曼荼罗制作游戏，都达到了将混乱的心理元素进行同心排列的心理治疗效果。

这种曼荼罗创作游戏，不仅是佛僧的心理治疗方式，在其他宗教文化中也可见到。约瑟夫·坎贝尔告诉我们说，在北美西部的纳瓦霍印第安人，其心理治疗典礼都是通过沙盘完成的，且大部份都是画在地上的曼荼

---

① ［美］约瑟夫·坎贝尔、比尔·莫耶斯：《神话的力量：在诸神与英雄的世界中发现自我》，朱侃如译，浙江人民出版社 2013 年版，第 275 页。

② ［德］卫理贤、［瑞士］荣格：《金花的秘密：中国生命之书》，邓小松译，黄山书社 2011 年版，第 41 页。

罗[①]。由此可见曼荼罗艺术游戏在宗教艺术心理治疗中所具有的普遍性意义。

七　个案研究：民俗信仰与精神治疗

5年前，笔者曾与一位罹患应激障碍的病患及其家属进行了一次对话。病患系一位50余岁的农妇，身体健康，只是性格偏于内向，不善表达。几年前秋季的一个上午，她与丈夫一起到田地里去收割大豆。其夫患有高血压和心脏病。由于长时间低头收割，丈夫血压骤然升高而晕倒在地。夫人见状，吓得当即瘫坐在地不知所措。幸好她的孩子们赶来，将其父送回家里休息。晚上回到家里，丈夫的病状已经消失，但妇人却表现异常：不吃不喝、不言不语，表情茫然，甚至呈木僵状态。从精神病学的病理看，这是一种因突如其来的灾难（亦称“应激源”）使妇女遭受强烈的精神刺激后而发生的应激障碍，属于“心因性木僵”。症状持续了几周仍不见好转，妇女便在其家人的陪同下去医院诊治。但访诊了几所医院后，均未得到明确的临床诊断。有的医生因其进食反应而将其诊断为胃炎；有的医院将其诊断为老年痴呆症。他们也寻访了一些“江湖巫医”，但均为获致疗效。症状持续半年之久，家人闻知某地一位“大仙”诊治这种“虚病”特别灵验，于是，家人又带其去访“大仙”。经过两天的等待（到“大仙”处看病的人很多，且“大仙”一天只看三个，所以必须“排号”等待），她接受了“大仙”的诊疗。

诊疗过程如下（据在母亲看病现场的孩子的描述）。

她们进了香坛之后，大仙简单问了一下病情，便行请坛口的仙家下坛治病的仪式。大仙点燃蜡烛，并把一炷香插在神龛的香炉里，旁边的助手开始敲磬。之后，大仙走进神龛，对着里面说了些什么，又咳嗽几声说道：“大老爷子（巫医坛口顶的“狐仙”）来了，什么事啊？”大仙又对神龛里面私语了几句，然后对她们连说带唱，大意是她的病因属于冲了“恶鬼”：她家那片田地原有一座“无头坟”（即无人照管的坟墓），她是在地里劳动时冲撞了那坟里的鬼，被鬼“抓走了魂”。疾病定性后，“大仙”当即请“仙家”为她治病。又经过一番神秘的仪式——大仙围着病

---

① ［美］约瑟夫·坎贝尔、比尔·莫耶斯：《神话的力量：在诸神与英雄的世界中发现自我》，朱侃如译，浙江人民出版社2013年版，第275页。

患走了三圈，在病患的头顶画了画，胸口点了点，喝道："走吧！别再捉摸人了，要什么就说！不然就不客气了！"然后，大仙告诉她们回去后按照吩咐向"鬼"祭献供品，焚化纸钱，又从香炉里包了两包"炉药"（香灰）和一些草药之类的"神药"送与她们。她们回来之后依大仙吩咐，到地里行了祭礼，又口服了带回来的"神药"，几天后她便痊愈了。作者与她谈及此事，她对"大仙"的法力赞不绝口。下面是作者与她的对话：

作者：你为什么就一定相信是那个"大仙"治好了你的病呢？

妇女：其实一开始我听人说（指"大仙"治病灵验这件事）也是半信半疑。我这病都半年多了，走南闯北，大小医院看了个遍，都不见效；还请人跳过"大神"，可还是没好。到了那儿（指"大仙"驻地），看到很多外地来看病的人，大家都说他"灵"，所以也就信了，就让他看了，结果还真"灵"！

作者：你真的相信那个"大仙"说的都是真实的情况么？

妇女：那还会假么？我身体好好的，从来不得病，怎么突然就得了这路怪病，哪都看不好?！其实，我一直就觉得，那天我孩子他爸突然昏倒在地里，也是那个"鬼"弄的。只是他体格壮，鬼缠不过他，就把我抓住了。我们家那块地我早就觉着有毛病，有天晚上我从地边过，就听见有人在吵吵。当初开地时我就不让她（指她丈夫）平这个坟头，她就不听，说反正也没人管，结果还是弄出事来了！

作者："大仙"真有那么灵么？

妇女：他肯定是"灵"的，要不天南地北的人咋都来找他看呢？据说他（指"大仙"）领的神是"胡仙"（中国民间信仰中的"胡门"），法力无边，没有治不了的病；他的药所以也很灵，一吃就好。

作者：你家人说，以前也请人给你跳过"大神"，那怎么没治好，这个就治好了？

妇女：那个啊！我们"上屯"（指邻村）的王大神，他不行。他领的神太小，治点小毛病还凑合，像我碰上的这种被"厉鬼"缠住这样的病，他的法力就不够了。

笔者还想就"大仙"治病的细节做些了解，但都被妇女以"保密"为由而拒绝了。

这个案例涉及我在前文所分析的宗教精神疾病治疗的"三个系统"的

元素。从与当事人简短的对话中，我们可以清晰地感受到这样一点：农妇精神障碍的痊愈，与她对超自然力量的迷信即“鬼魂缠身”和“大仙”的神力这类超自然事件有着一种坚定的信仰密切相关，或者说，不是神圣力量的介入而是对神圣力量信仰的心理能量的激活，或者用心理学的话说，通过向“神力”的移情，调节了她的精神障碍。在宗教、巫术信仰的基础上，巫医通过象征仪式表演的心理情景剧，无论是弥漫的香烟，还是巫医模仿狐仙的咳嗽、语气以及发出的“驱鬼令”，这众多视、听觉信号输入病患的大脑，经过脑的加工构造出这样一种意识场景：神灵正在命令鬼魂离开，鬼魂也正在乖乖离开。于是，病患心理世界中那些朦胧混乱、躁动不安的神鬼精怪情绪转化为清晰的观鬼魂经验，从而恢复了精神的正常。

第六章　宗教与精神障碍的康复

每个人类有机体都是生活在与其相似的有机体集体中。个体的心理和行为都属于这个集体，在特定的文化和物理环境下运作，并不简单地为神经回路所决定，基因的决定作用更小。要全面地理解产生了人类心理和行为的脑，就必须考虑其社会文化背景。

——［美］安东尼奥·R. 达马西奥：《笛卡尔的错误：情绪、推理和人脑》

一　宗教与康复精神医学

在人们习惯性的思维中，“精神疾病预防”“精神疾病治疗”和“精神疾病康复”三者并没有严格的区别。对很多人而言，“治疗”就是“康复”的一部分；“康复”就内含着“治疗”。因此，有的精神疾病治疗机构也称为“精神康复中心”（当然，这种命名也考虑到了中国人对精神疾病的“污名化”心态而采取的一种策略）。但是，如果从专业的精神医学的角度而论，“精神疾病预防”“精神疾病治疗”和“精神疾病康复”尽管有相互重叠交叉之处，例如，轻度症状的治疗就可以视为一种精神疾病的康复行为；重症患者康复期间的治疗活动也可视为康复精神病学的行为，但这三者仍有各自的目标体系和行动路线。根据我的理解，精神病学预防属于国家公共卫生发展战略的主要内容；精神疾病治疗属于专业精神疾病机构的主要内容；精神疾病康复更多地属于社区、家庭和非治疗性机构以及病患个体的行为范畴。从服务对象上看，预防精神病学的对象主要是正常人，也包括没有明显精神症状但可检测到某些精神病先兆和体征，或具有某些易发精神疾病的生物学标记的人群；临床精神病学的对象主要是那些达到精神障碍诊断标准的人群；康复精神病学则是那些经过临床治疗后症状有所好转但需进一步恢复的人群和某些轻度症状但尚未达到临床水平的人群。从行为方式上看，预防精神病学主要是普及、宣传精神卫生知识，营造良好的心理卫生环境，提升公众的应激水平和能力，尤其是塑造健康和谐的心灵；临床精神病学则采取生物精神病学和心理医学的方式进行治疗；康复精神病学则主要是综合运用自然、社会、文化的因素，通过社区、家庭的关心、照护、训练以及个体的自我调节来达到精神疾病的康复。因此，一个理论性、学术性的精神病学知识系统，应将预防、治疗、康复三者置于不同的层面分别讨论。

正是基于对精神疾病的预防、治疗、康复三种不同行为模式和服务对象的这一辨识，本书设立了“宗教与精神疾病康复”这一专题。特别是从“宗教精神病学”的特质——既没有生物精神病学的临床技术、药物、设备、体制，也没有个案管理、社区治疗程序、康复站、训练科目、专业指导——这个角度看，宗教康复，尤其是从人的意识和心理问题康复这个角度看，也许是宗教精神病学区别于生物精神病学的最鲜明特征，也是宗教对人类精神健康的最大贡献。我们不妨以宗教场地为个案做一分析。

宗教场地（所），既是职业宗教人生存、生活和精神修炼的空间，也是宗教组织举办各种圣事活动、接受信徒朝圣、开展宗教教育、处理宗教事务的社会、文化场域，其物化形态主要就是寺观庙堂及附属领地（如田地、景观等）。传统宗教学理论对宗教场所功能的研究，视阈主要聚焦于它的宗教功能、社会功能、文化功能层面，对它的心理、精神功能（不包括宗教心理）尤其是积极的心理、精神建设功能则没有引起相应的关注。我觉得，宗教场地作为信徒生存、生活、修行的主要场域，它对该社区居民的影响尤其是心灵的影响是很大的。它应成为“宗教人文地理学”、宗教心理学研究的核心课题。那么，宗教场地与信徒的心理生活究竟是一种什么样的关系？

这说起来比较复杂。简单地说，它一方面是信徒相关心理、精神障碍的发源地，如西方修道院的禁欲主义制度对人的自然性情的压抑所导致的抑郁症，隐修的执迷与幻想导致信徒的人格分裂以及寺院僵硬、单调的生活所引发的修行者的强迫症、人格僵硬等；另一方面，它也是信众通过宗教场所的生态、社会、文化环境知觉调节神经系统异常、整合心理冲突而实现精神康复的社区。精神病学史、宗教史、修道院史通过大量的样本显示，无论是在中世纪还是在现代社会，无论是西方的修道院还是东方的佛寺道观，很多人的精神疾患恰恰是通过宗教场所这一独特的自然与文化生态环境实现康复的。宗教场所与个体精神康复的这一历史经验，使我们可以得出这样的结论：宗教场所作为一个社会学意义上的社区，具有某些社区所拥有的精神康复功能。

当然，作为理论化的宗教精神病学，对宗教与精神疾病康复关系的研究，不仅需要宗教史、社会史提供样本支撑，还需要从精神病学理论的层面建构理据。下面我即从康复精神病学的视角对宗教的精神康复功能进行一些分析。

根据世界卫生组织（WHO）对“康复”的定义，即“综合性与协调性地应用医学的、教育的、社会的、职业的和其他一切可能的措施，对残疾者进行反复的训练，减轻致残因素造成的后果，使伤者、病者和残疾人尽快和最大限度地恢复与改善其已丧失或削弱的各方面功能，以尽量提高其活动能力，改善生活自理能力，促进其重新参加社会活动，并提高生活质量”。可见，“康复”与“治疗”是不同的：它不在临床干预，而重在日常“训练”。根据康复医学的这个框架，我们也可以把“康复精神病学”的基本内涵理解为：通过教育、社会、文化、心理、医学等途径消除精神病患的精神障碍症状，最大限度地恢复精神病人正常的心理-精神功能、生活功能以及社会功能。这样理解康复精神病学的话，那我们就可以说，精神疾病的康复模式是多元的，并非单一的医学模式。精神病患的康复实践也证实了这一点，即精神医学在病患精神康复过程中并非主要模式，文化的作用可能更大，特别是对那些慢性精神病患而言。

按照社会精神医学的观点，康复精神病学的基本路径是：自助康复，如参加自助团体、心理、社会俱乐部等；家庭康复，即家庭成员承担对病患的照料等康复责任；社区康复，这不仅指社区的康复机构、治疗团队为精神病患者提供干预、心理支持和生活行为、学习行为、就业行为的基本技能训练，还包括将病患送交某一特殊的社区，如康复站、疗养院等，通过封闭性的教育、心理、文化等手段，使病患受损和萎缩的各种功能逐渐恢复①。根据社会精神医学精神康复这一架构及其行动设计，在“宗教精神病学”理论中研究宗教的精神康复功能，将宗教解释为一种精神康复资源不仅是合情合理的，而且是富于建构性的。我的理论依据是，在社会精神医学的意义上，宗教场域不仅是一个社区，执行着社区的基本功能，而且它也如同康复站和疗养院，为一些病患提供心理支持和生活行为方面的技能训练。更主要的，宗教场域特殊的自然环境与文化环境，也在潜移默化地调节着人的神经与心理系统。如果说我们的脑、心理都是环境和文

① 参见徐一峰主编《社会精神医学》，上海科学技术出版社 2010 年版，第 85—87 页。

化设计的产物，人类的心智系统运动以及状态与环境密切相关的话，那么，改变人类的脑与心理的异常性态，实现精神障碍的康复，宗教发挥着极为特殊的功能。例如，宗教场域为宗教徒提供了生存与生活的之场，它具备了康复社区的功能；它的环境信息尤其不同于一般社区和精神病院社区，终极、神圣、和谐、温馨的人文、自然环境以及修身养性的生活方式更有益于病患的心理调整与精神康复；宗教场域由于其独特的文化喻意也产生了对精神疾病“污名化”的抗力，从而为病患的精神康复提供了最有力的文化认知支持。

二　“圣地”景观与“天乡”依恋

宗教场域的精神康复社区功能，首先就体现于作为“圣地”，其独特的“神圣景观”所唤回的个体的神圣记忆——天堂、爱的共同体、与“神圣”的接近、拯救与永恒等。这一神圣记忆的浮现满足了信徒的“天乡”依恋感。前文我曾提及这一点，记忆，无论是自传体记忆还是文化记忆，其功能不仅是为动物提供认知地图，也不单是集体共享知识的传承，而且也具有心理学意义：提供积极的生物调节，消除恐惧、紧张、焦躁、不安而趋向心安神定。尤其是保证作为宗教徒的宗教记忆的整体性和连续性，可谓其心理康健的重要因素。个体与集体“天乡”记忆的唤回与浮现，不仅需要莫里斯·哈布瓦赫所说的“圣书”与“仪式”，宗教圣地的自然与人文景观也是极为重要的媒介。一座山、一棵树、一条河、一座建筑……它们作为哈布瓦赫所说的“传奇地形学”奠定了可唤醒的记忆。经过几次在佛寺、道观的寄住，我愈加体悟到这一点：宗教圣地的景观，其功能并不像近年来环境美学、旅游美学所解释的那样，就是为人提供审美产品，引发人们的审美快感。这其实是环境美学或生态美学诠释给它的意义。对于那些栖身于古刹、静修于玄观、担水运柴于林中溪畔的主体而言，宗教景观首先并非以审美客体的姿态呈现在他们面前的，即使经过若干年与生态环境的互动，他们身边的林石山溪是否以审美知觉作用于他们的大脑，引发其感性快乐也仍然是个难以回答的问题。我觉得，圣地景观本质上是这个社区居民的心理、灵魂照料、优质生命管理的一种精神资源，是其心理、灵魂、生命的积极能量之源。本节我拟从记忆心理学尤其是宗教记忆心理学的角度对圣地景观与个体精神康复的关系做一探讨。本节的主题思想是：宗教圣地独特的“景观”知觉会形成人与医疗机构不同的“场所感”，这种“场所感”把人的意识带回到爱、拯救、天堂之家、新生等神圣回忆之中，从而不仅使人产生和谐、安宁、幸福的心灵体验，而且也满足了信徒的“天乡”依恋情结，这十分有利于抑郁、焦虑等相关精神障碍的康复。

首先，我们来区别“场所”和“场所感”这两个概念。“场所”是一种物理现象；“场所感”是一种心理现象。它们类似于人文地理学家段义孚所说的“空间”与“地方”：空间意味着自由；地方意味着安全。[①]并非所有的场所都能产生“场所感”。场所感的形成其实是建立在对场所的各种数据加工、编码所形成的亲切感、认同感基础上的一种归宿意识。它类似于古罗马人所体验到的那种“场所精神”[②]。某种场所是否有益于人的心理健康，就取决于它是否使人在这里产生“场所感”。日常生活的医疗感受告诉我们，不到山穷水尽千万不能住院：因为轻病患者入住医院，不久就可能成为重病患者；重病患者入住医院，就可能成为那里永久的病人。这些朴素的医病“理论”尽管不一定正确，但也蕴含着一定的环境心理学原理：医院虽是治病救人的场所，是病患身体康复的场所，但从人文地理学的角度审视，这一场所难以令人产生“地点依恋”（除非“恋尸癖”），因为它呈现给人的是一种“恐惧景观”[③]：疾病、关押、痛苦、死亡，很容易使人产生陌生、苦痛、恐惧、虚无的场所感。很多病患一旦入住医院，病情反而会加重，不是因为这里的医疗技术与服务（当然也有这方面的因素），而是由于其禁锢、恐惧、死亡的环境信号反复输入与加工，激活了人的不快和恐惧情绪。这一情绪所产生的心理负担，降低了有机体与疾病抗争的心理能力，从而加剧了其心理和躯体病症的恶化。近年来不断升级的医患矛盾其实和这个问题有很大的关系，可惜它还没有引起人们对此的关注和思考。

---

① ［美］段义孚：《空间与地方：经验的视角》，王志标译，中国人民大学出版社 2017 年版，第 1 页。

② “场所精神”：古罗马人认为，每个存在均具有精神，这种精神赋予人和场所以生命。场所精神伴随着人与场所的整个生命旅程。在现代意义上说，场所精神即人为某种场所所赋予的独特的知觉和意义内涵。

③ 段义孚认为，医院就属于人类的“恐惧景观”的一部分——疾病景观。人们在这里看到的是疾病带来的可怕的后果，如扭曲的肢体、尸体、拥挤的医院和墓地、令人厌恶/恐怖/可怕的对抗流行病的措施、全副武装的卫生巡查员，把病患者和疑似病例患者强行关押起来等。（［美］段义孚：《无边的恐惧》，徐宁译，北京大学出版社 2011 年版，第 5 页）

宗教场所之所以有益于人的心理问题康复，就因为这里的景观不仅不是疾病、痛苦、虚无的象征，而且这一场所中的各种环境信号都浸透并使人产生了“神圣”“拯救”“乐土”的场所意象和“场所精神”；或用阿诺德·柏林特的话说，这一“神圣的环境具有……遍布于情境之中的强烈的价值感；场所的历史意义可能会将个体置于一种沉思的、恭敬的模式之中”[①]，令人产生“拯救”“终极家园”的精神体验。无论是宏伟庄严的寺观庙堂建筑还是令人敬畏的庙堂内部环境，无论是浸渍着“神圣”“新生”之象征意味的水池香炉还是神秘的风景园林，对这些神圣景观信号的加工令人产生了如阿诺德·柏林特所说的那种积极的心灵感受：“在神圣性中，既没有胁迫也没用恐惧而只有一种被扩展被提升的感觉，一种通过神圣性的光辉而变的珍贵的感觉。”[②] 甚至寺院的围墙和山门，也都是神圣空间的象征——保护人们不受恶魔和死者灵魂的惊扰。段义孚的研究告诉我们，在中世纪欧洲，神父就将城墙奉为神圣，以便他们能够避开魔鬼、疾病和死亡——混沌的威胁[③]。神话学家约瑟夫·坎贝尔曾谈及自己读书时经常光顾法国小镇查特尔的教堂。透过坎贝尔的文字，我们也可以体悟到这样一点：人们（特别是宗教徒）从寺观庙堂这些景观中所唤起的绝不单纯是历史、建筑等的知识记忆，还有人的生命与人类神圣历史的文化记忆。坎贝尔这样写道：

> 我把查特尔当成我的教区。我常去那儿，当年我在巴黎还是个学生时，就花整个周末的时间在教堂里，研究那里的每一个图案。因为我在那里待得太久了，所以有一天教堂管理员问我：“要不要跟我上去敲钟?”我回答说：“当然要。”于是我们爬到钟塔的大铜钟前。那里有一小块像是跷跷板的平台。管理员站在跷跷板的一端，我站在另一端，我俩中间有个小木块可以抓住。他用力推了一下，他先爬上去，接下来是我上去。我们开始在高高的教堂上面，上上下下地动，风吹过我们的头发，钟声也开始向下传，“当、当、当”，这是一生中最令我兴奋的冒险之一。敲完钟后我们走下来，管理员对我说：“来我的房间。”

---

① ［美］阿诺德·柏林特：《环境美学》，张敏等译，重庆出版社 2007 年版，第 131 页。

② 同上书，第 134 页。

③ ［美］段义孚：《空间与地方：经验的视角》，王志标译，中国人民大学出版社 2017 年版，143 页。

> 教堂的中央部分是本堂，然后是两侧的外翼及东边突出的半圆形的后殿，绕着后殿的是唱诗班的帘幕。他带我通过唱诗班帘幕中间的一个小门，在那儿有个小床，上面还挂着一盏小灯。我透过帘幕往外看，看到一扇镶着黑色圣母的窗子，那正是他住的地方。那个人每天都在静思冥想中生活，想想就觉得是非常动人而美丽的事。
>
> ………
>
> 它带我回到了“将精神原则注入社会活力”的时代。……我好像是回到了中古世纪。我又回到了小时候成长的世界，也就是罗马天主教精神意象的世界，真是伟大！……. 它可以把我们放回去，让我们与精神生命的基本原型接触。①

约瑟夫·坎贝尔在此所描述的他在教堂所见到的教堂神职人员日常生活的特异环境而将其带回“中古世纪”、回到“天主教精神意象的世界”“与精神生命的基本原型接触”，其实也就是宗教景观知觉所唤醒的一个共同体的宗教文化记忆乃至集体文化无意识中的“天乡”依恋情结。对于信徒来说，这种文化记忆的浮现，会使其产生一种怡足的“天乡”之“乡愁”的满足感——回到上帝的怀抱、回归爱的共同体以及重返伊甸园的心灵体验之中。也正是这种圣地景观知觉，使人的心理和精神由沉沦变为超越，由分离变为融合。

以上我们的视野主要还聚焦于圣地人文景观对人们的宗教记忆的唤回以及由此所产生的回归“天乡”的满足感及其精神康复的功能这一层面。如果拓展一下视野，我们发现，其实不只是宗教圣地的人文景观，其自然景观，如河流、树木、山冈、丛林等，也是宗教徒宗教记忆唤回的重要媒介。例如，神庙山在犹太教信仰中，被认为是最高峰；伊斯兰教认为，地球上没有地方比麦加更接近天堂，因此圣殿克尔白不仅是世界的中心，而且是世界的最高点。哈布瓦赫当年亦认识到了这一点，在《福音书中圣地的传奇地形学》这一宗教记忆研究的重要著述中，他分析了基督教记忆与耶路撒冷、革尼撒勒湖、加利利等这些耶稣早年活动及其受难地之关系。但哈布瓦赫的这一研究有一个预设，即某一地点只有被符号化，它才

---

① ［美］约瑟夫·坎贝尔、比尔·莫耶斯：《神话的力量：在诸神与英雄的世界中发现自我》，朱侃如译，浙江人民出版社2013年版，第129—131页。

能够充当宗教记忆的媒介，才能换回人们的记忆[①]。这一点甚至杨·阿斯曼也基本认同。在他看来，自然空间是通过符号化才引起重视，才成为文化记忆的媒介的[②]。相比哈布瓦赫、杨·阿斯曼，英国历史学家西蒙·沙玛的视野更宽广。在沙玛看来，某一地理情境因其地形与生态特征可令人产生联想，也可换回人们的文化记忆。比如，野牛、森林在立陶宛-波兰民族文化记忆中的重要媒介作用——使人想起了蛮荒边疆居民的原始野性，“只要野牛及其森林栖息地继续存在，这个民族的勇武之源便永远不会枯竭”；而“德国的森林不止是一种经济资源：在某种神秘、不可确知的方面，它们就是民族性格的基本要素，就像里尔克所说的，它们就是‘德国之所以是德国的东西’”；在欧洲，各个品种的树（橡树、白蜡树、冬青树、紫衫、雪松等）都会勾起人们关于十字架的回忆，并由此构成了“基督教植物神学”[③]。透过沙玛的“风景记忆”观，我们可以这样说：景观不仅是一种自然物象，也是一种文化图像。当人们通过心理的文化模型进行这些物象加工时，这些物象就变成了集体文化记忆的介质。尤其是圣地景观，由于与“圣地”这一认知情境融为一体时，其宗教“家园”感的体验功能就更加明显。比如，道教的著名道观都建立在高山之巅，使人产生超越凡尘、与天庭接近而成为仙人、真人的“仙境”家园体验；佛教寺院的古树、河流、园林则使人产生菩提树下的悟道、恒河的涤洗以及进入极乐世界的精神体验。地点可以让时间停泊。在由各种神圣符号所构造的“圣地”景观中，人们意识中的流动的物理时间凝固了，天堂、乐土不再是一种无边的“乡愁”而是成为一种“在家”体验。这种“乡愁”依恋的满足对某些精神问题的康复起到了至关重要的作用。

三　“圣事”体验与园艺康复法

作为一种身心疗养方式，“园艺疗法”的历史最早可以追溯到17世纪英国人那托·麦加在《英国庭院》刊物上向人们发出的建议：在闲暇

---

① 详见［法］莫里斯·哈布瓦赫《论集体记忆》，毕然等译，上海人民出版社2002年版，第328—330页。

② ［德］扬·阿斯曼：《文化记忆》，金寿福等译，北京大学出版社2015年版，第55页。

③ 见［英］西蒙·沙玛《风景与记忆》，胡淑陈等译，译林出版社2013年版，第45、132、252页。

时，你不妨在庭院中挖坑、种植花草，这会使你永葆身心健康。但作为一种严格意义上的康复方式，园艺疗法的真正成熟并广泛用于东西方的心理治疗和康复医学领域应该是在19世纪的皮内尔时代。特别是20世纪70年代以来，美国、日本、澳大利亚等国先后成立“园艺治疗（康复）”组织（协会、学会、研修会），园艺疗法开始广泛应用于精神疾病治疗后的身心康复、亚健康状态的身心康复以及疗养产业，直至今日兴盛不衰，并成为心理治疗与精神康复的一种主要方式。

对于园艺疗法，人们对它的解释迄今还没有形成一个标准的定义。我个人更倾向于台湾学者对它的定位：园艺疗法乃是利用园艺的操作，帮助一些因病需要疗养的人进行物理及心理的复健，让这些人重拾自信心，有益于恢复健康①。从心理和精神康复近年来的临床经验看，园艺疗法主要用于儿童自闭症、老年痴呆症以及轻度抑郁症、焦虑症等心因性精神障碍的康复。其基本原理皮内尔在其《精神错乱的医学哲理》（巴黎，1801）一书中作了简要的介绍：在康复医院里，

> 耕耘所激发的诱惑力，以及通过春种秋收来满足需要的天然本能，被用来抵消想入非非的精神活动。从早晨起，你就会看到他们……兴高采烈地到属于医院的田地块，赛着完成季节适宜的任务：种麦子、蔬菜，接着开始关心收成，关心建棚架，关心采摘葡萄和橄榄。夜晚，在这个孤寂的医院里，你会发现他们都已平静地入睡。这所医院的常年经验表明，这是使人恢复理性的最可靠有效的方法。②

根据皮内尔的这一解释，米歇尔·福柯将园艺心神康复原理的核心确定为“道德调节”：“在这种司空见惯的现象背后有一种严格的含义。返璞归真之所以能有效地对付非理性，仅仅是因为直觉受到控制，并分裂出与自己对立的一种直觉状态。在这种直觉状态中，狂暴被排除出现实，野性被排除出自由，自然（本性）不再承认以反自然的荒谬形象出现的自身。总之，自然本性受到道德的调节。在这个安排好的空间里，疯癫再也不能讲出非理性的语言以及本身所包含的超越了疾病的自然现象的一切东

① 吴建平、侯振虎主编：《环境与生态心理学》，安徽人民出版社2011年版，第83页。

② 转引自［法］米歇尔·福柯《疯癫与文明》，刘北成等译，生活·读书·新知三联书店2012年版，第183页。

西。它将完全被封闭在一种病理学中”。[①] 虽然福柯通过“道德调节”理论解释园艺活动的精神康复原理有些牵强，但其对园艺活动与精神康复之关系的机制的分析还是有一定道理的。在我看来，园艺康复的主要原理是通过心理系统与认知行为的调节而达到心智的复建。具体而言，可以归结为如下三个方面。

第一，自由而无奴役性的园艺活动可以缓解心理压力。这一效应主要通过这种活动亲近自然、社会合作、自由支配、身体运动来实现。比如，园艺活动中，无论是种植花草还是采摘果实都属于自主支配的活动。而且正如我在前面所分析的那样，绿色知觉的输入与体验唤醒了有机体心理深层的“生态原型”，它本身就可以使人放松心境。

第二，园艺活动可以达到情绪调节。这主要体现为园艺场所的颜色、植物形态都可以使人产生一种平和感、安宁感。尤其是活动本身，无论是平整土地、种花植草还是修剪花坛，都可以将人的情绪或心理调整到适中的状态。

第三，最重要的，园艺活动可以提高人的认知能力。因为这些活动饱含着诸多创意性元素。它们通过相应的认知行为，活化人的大脑皮层连接，激活人的想象力和创造潜能。尤其是这些创意活动的结果又可以使人们产生成功、快乐、幸福的心理体验。总之，无论是认知机能的改善还是成功快乐的心灵体验，对于那些心理障碍者来说，都可以起到心智复建的作用。

根据园艺疗法的这一心理–精神康复原理，我们可以说，宗教具有丰富的精神康复资源。特别是中国的禅宗，一向讲究农禅并重，要求弟子在担水运柴、打扫庭院、园艺种植中培养禅心，获得禅悟，可谓人类园艺疗法之鼻祖。无论是禅僧还是居士，进入禅院，实际就等于进入了康复院和疗养院。其实，近年来东西方心理治疗界所津津乐道的禅的心理治疗功能，其视阈主要还聚焦在禅“悟”的层面，并没有真正把握禅的心理疗养、精神康复的核心元素。禅院的园艺生活才是其心理和精神康复的精髓。海外心理治疗界所谓的“般若治疗”，就是禅门园艺康复原理的悟解。正是在园艺中，在对物“般若智观”中，使人“把心灵意识的各种执著杂染彻底放下”，进入一个“透明没有执著”的高度自由状态。[②]

---

① 转引自［法］米歇尔·福柯《疯癫与文明》，刘北成等译，生活·读书·新知三联书店2012年版，第184页。

② 林安梧：《儒释道心性道德思想与意义治疗》，《道德与文明》2002年第5期。

几年前我做佛教养老事业的调查，获得了一些宗教场所精神康复方面的数据。在一些佛教安老院我看到，那里的老人几乎每天都被寺院安排一些力所能及的体力活动，如种植蔬菜、花草，采摘果蔬，修剪树墙等。有的老人刚到这里时还不习惯，埋怨这里不安逸；有的甚至怀疑佛教安老院想通过这种方法收回他们慈善养老的成本。但过了一年之后，安老院园艺活动的精神康复功效便显现出来了。一些患有轻度痴呆、老年抑郁、焦虑心理的人不再神志恍惚，心境也开朗了很多，原来的一些症状基本消失了。其中的缘由就源于我们上面所说的园艺疗法的原理。此外，也是目前园艺疗法理论所没有考虑到的很重要的一点，宗教场所的园艺活动还可以使个体唤回有关童年、家庭的快乐回忆，这些活动本身所产生的丰富的感觉信号输入与刺激，不仅调整了大脑的注意系统，促进了大脑半球的交互活动，产生了广泛的皮层连接，有益于老年人认知机能衰老的功能性调节，而且，沉醉于修缮庙宇、植树种草、清扫庭院、风景设计以及手抓泥土、摘取瓜果等温馨、幸福的体验之中，对劳动过程以及成果形态的知觉加工及其所唤起的情景记忆，人们的大脑又浮现出童年时代与父母、兄弟姐妹在一起园艺的童趣和快乐景象。这可以称之为名副其实的“返璞归真”康复疗法。

还有一点同样很重要：宗教场所的园艺活动不是一般性的园艺劳动，也不等于体能锻炼，它是一种圣事，是为了完成神圣的使命而从事的一种活动。如果说世俗工作容易使人产生强迫与奴役之感的话，那么，为主、为神、为了灵魂所从事的工作则是一项神圣、庄严、荣耀、拯救的事业。宗教工作的这一意蕴使劳动者的园艺生活完全沉浸于庄严而幸福的想象与体验之中。

四 “圣象”知觉与无意识移情

按照荣格的心理分析理论，“投射是一种普遍的、将任何类型的主观内容转移为客体的心理机制”。[①] 作为一种心理内容转移的心灵活动，荣格把投射分为消极的投射和积极的投射两种类型。积极的投射荣格称之为移情——“投射的特殊形式”。但无论是消极的还是积极的，不仅它们的

① ［瑞士］卡尔·古斯塔夫·荣格：《象征生活》，储昭华译，国际文化出版公司 2011 年版，第 108—109 页。

心理运动机理是一样的——"一种自动、自发的事实，它只是在那里发生，而你并不知道它如何发生；你只是发现它在那"（荣格说这也是移情的真谛，也正因此，下文的分析与论述不再细分"投射"和"移情"，而是通用"移情"这一概念）；而且它们的心理学意义也相同——主体通过将某些心理内容投射或转移到客体上去，使客体同化主体，主体仿佛置身于客体之中，从而产生情绪调节的效应。用移情说的集大成者李普斯的语言来表述，人们感到愉快的自我和摄人感到愉快的对象都成为"同一个自我"，即我与客体一体化了。正是这种一体化使某些心理内容（特别是被移情的内容往往是他的本质部分）变得外在于自身了，于是，便产生了"情感向客体的转移也是对内在的主体因素所造成的分裂的防卫"的心理调节功能①。我们也可以从"心理能"的角度对荣格的这一"移情-心理防卫"理论做一诠释。正如我在前面所说，人类的生命系统就是一个汇聚、激荡着各种能量的系统。按照有机体体内平衡系统的工作原理，生命运动之宗旨就是保持生命的畅快与幸福的状态，而要保持生命的畅快与幸福，能量平衡便成为有机体内自动平衡装置的主要工作任务。能量匮乏导致不适，有机体就要努力寻找能量加以补充，如饥饿时觅食；某些能量过多同样导致不适，需要将这些能量转换或排除。心理能量是生命能量的重要组成部分，它同样遵循"守恒"或"和谐"的原则。如果某些情绪能量过少或过多，就会导致心理的不畅，发生心理障碍。比如，愤怒的情绪过多，能量过强，就会导致快乐、和谐感受的消失。因此，需要将这些心理能量转移出去。心理移情其实就是这样一种"心理能"的调理——熵的转移、缺失补充——活动。

不过，无论是心理分析学的"移情"说还是"心理能"转移理论，都没有为我们比较具体地呈现个体这种心理活动的发生以及情绪流动的机制。要获得对人类这一特殊心理活动的科学理解，我们需要借助社会认知神经科学的理论。作为近年来新兴的一门科学，社会认知神经科学通过与社会心理学的结合，对人类的社会认知、社会情感经验和社会行为的神经、心理过程进行生物心理学研究。目前，社会认知神经科学发展较快的是社会知觉、社会认知、社会调解、社会互动，其中社会互动-情绪调节问题与我们讨论的问题密切相关。我们不妨就以此为切入点展开工作。

按照社会认知科学的互动理论，人们对面部表情及某些社会信息的加

---

① ［瑞士］卡尔·古斯塔夫·荣格：《心理类型》，吴康译，上海三联书店2009年版，第253—254页。

工可激活情绪加工网络，并引发情绪的流动，即精神分析学所说的心理移情或投射。这对于个体情绪的转移、疏泄都具有十分特殊的意义。根据社会认知神经科学的这一思想，我们可以说，宗教之所以有益于某些心理-精神问题的康复，就在于宗教生活场具有丰富的且能够产生神经元兴奋的社会知觉信号，为人们提供了社会认知以及情绪激活、流动即移情的社会情境。我们知道，心理能量与其他生命能量的转移不同，仅靠体内平衡系统完成不了（如排泄、出汗等），它不仅需要环境信号对脑中的情绪执行点进行刺激，使得情绪能够被激活，而且还要有一个可接纳转移出去的客体，就是说，移情的产生首先需要情绪的激活信号，这一信号可以对当事人形成刺激产生情绪反应；同时，还需要具有将情绪分离出去功能客体。

宗教生活场拥有心理移情康复效能，就在于这里众多的“圣象”符码不仅成为刺激情绪的信号，同时还成为个体移情的客体。所谓“圣象”，我指的是在宗教场所，不仅那些道行高深、佛法深厚、德性炫目、灵性超人的高僧大德、神学家成为信徒知觉加工的神圣意象，而且众多神圣文化符号，如佛祖、神仙、观音、耶稣、圣母、天使、圣徒等也成为信徒知觉加工的神圣意象。他（它）们不仅是信徒的信仰对象、宗教导师、人格典范，也是神圣的表征、美的化身；他（它）们不仅因与神圣事件联系在一起而受到信徒的仰慕，也因其独具魅力的德性之美、灵性之美、形象之美而成为信徒心理移情的对象。在此需要申明：我关于信徒向那些宗教导师和神圣文化符号移情这一心理活动的分析，没有任何轻佻信徒宗教情感的意味，我只是在描述人类社会（文化）认知这一客观现象。从心理理论的意义上说，凡心理能力正常的人都会产生移情这种心理活动；而不具备移情能力的人通常也是心理能力不够健全的人，甚至是那些早期不健康的生活经历所造成的社会认知缺陷者，心理学家阿道夫·古根布尔-克雷格在其著作《残缺的厄洛斯：论精神病患者的特性》中曾为我们提供了这种病症——“厄洛斯病患者”。从宗教心理学的角度看，如果没有信徒对那些宗教导师和艺术符号的移情，人们丧失理智的盲从，不顾一切的追随，消失自我的沉醉，就可能变得完全不可理喻。①

其实，信徒对圣象信号的心理加工所产生的心理移情，就连神学家也不否认。瑞士天主教神学思想家巴尔塔萨曾就基督徒对基督及圣徒的爱、忠诚的心理机制进行了精彩的分析：“成熟的基督形象是人世间至高无上

---

① 关于宗教徒对宗教场所神圣符号的审美心理之扩展性分析，请参阅高长江《宗教相遇：一种美学实践》，《社会科学战线》2010 年第 6 期。

的美；即使是普通的基督徒也深知这一点；基督教徒之所以对其圣徒充满圣爱，是由于圣徒们光辉的生命形象十分可爱，而又魅力十足”，使得人“在忘却生命（乃至殉教）和失去自我中‘获得灵魂’。……通过领会观照基督生命的本质，飞跃到这种生命中去”。[①] 巴尔塔萨的分析虽是“神学美学”的向度，但他所揭示的这一现象的本质却是一种心理移情之事实。特别是他在这里所使用的“失去自我”“飞跃到……生命中去”这些描述句，就是在描写个体在这些神圣意象的知觉中所发生的移情这一独特的心理现象。尽管宗教徒的这种移情还更多地与移情对象所固有的“神圣”因素有关，但感性的美这一认知因素是不能排除的。在格里高利·柯里和伊恩·雷文斯克罗夫特的《游戏的心灵》一书中，我们同样看到了信徒对神圣意象知觉所产生的“神圣”与“美感”相关联的表述：

> 想象的投射涉及到拥有的能力，并恰到好处地来控制对相关情状的拥有的能力。这些状态不是信仰的知觉或人身体运动的经验，但其又在各个方面与那些情状相像。即在这样一些方面与之相像：通过想象对所拥有的情状进行摹仿，并将此摹仿同相关目的联系起来，从而使之成为知觉、信仰、决定和运动经验的代用品。这些即我们所说的游戏性的“想象”。[②]

总之，不管因何因素而“移”，信徒心中的情绪，无论是躁狂还是缺失的“忠爱”毕竟得到了转移和补偿，从而对其混乱的心理进行了修复。这可能就是为什么有些患有精神障碍的人进了寺院之后，即使没有通过特殊的精神修炼和心理治疗，经过一段时间的寺院生活便消除了症状的重要原因。过去人们一直不解其中的奥秘，平民百姓往往把这一心理变化过程解释为“还愿”的“回馈”以及对神的钟爱所获得的“神的眷顾”的效应；学者们则将其归结为当事人在宗教场所接受的精神开示、良知引导的结果，现在，通过社会认知神经科学和“移情心理学”，我们终于揭开了这个奥秘：真正拯救他们灵魂的不是佛主、老君和天父、圣母这些神圣者，而是他们自己那活脱的心灵。

---

① ［瑞士］巴尔塔萨：《神学美学导论》，曹卫东等译，生活·读书·新知三联书店 2002 年版，第 27、51 页。

② ［美］大卫·奇塔姆：《美学与宗教会遇初审》，刘光耀译，刘光耀、杨慧林主编《神学美学》第二辑，上海三联书店 2008 年版，第 266 页。

宗教场圣象信号加工所引发的心理移情，可以分为两个层面：一是对宗教生活中的生命圣像即宗教导师（或他者）知觉所产生的心理移情；二是对宗教场所的文化圣象（神、先知、圣徒意象等）知觉所产生的心理移情。前者可以从社会心理学和社会认知科学的角度进行分析；后者可以从文化认知科学的角度进行分析。

（一）生命圣象移情

中国民众的宗教心理分析和文化史料研究告诉我们，对于宗教观念比较淡薄的中国人来说，无论是进道观、入寺院还是当道姑尼姑、做和尚道士，真正出于虔诚宗教信仰和探寻宗教真理者可谓凤毛麟角。有些人这一人生之路的选择大都与个体的人生磨难、心灵创伤有关，如生活不顺、情感失意、妻离子散、身陷险境等。所谓“看破红尘”，遁入空门云云，不过是一种托词，其实有些人根本就没有“看破”什么红尘，只是被逼无奈不得不做如此选择而已。也正因此，一些人在进入佛寺道观之前，已经罹患了相应的心理障碍，如抑郁症、焦虑症、人格障碍等；还有的人一脚踏进山门，思虑从此以后僧俗两界不相往来，个体将陪伴着晨钟暮鼓、冷壁青灯、烧香礼佛、唱呗诵经了此残生，也不免心中隐痛，开始出现相应的心理不适或精神障碍。《中国道姑，别样人生》一书为我们提供了这方面的诸多样本。比如，麻衣仙姑任氏女，就是因抗拒父母为她择定的婚姻，无他选择而蛰居于汾阳黄芦山石室中修身炼养成为道姑的；宋玉贤道姑也是不满父母为她做主的婚姻奋力抗争，并在成婚之日穿上道服在婚礼上展演道姑的形象，最后被夫家退回而遁入道门的；还有的因身体患病而得到道士的治疗，病愈后产生了修道养生之念而成了道姑；更有那些风尘女子因厌倦了红尘生活，寻求解脱之道而遁入了道门，由妓女而成为道姑，如连枝秀、李当当、李翠娥等；另有一些人则是在屈从于外在压力、被逼无奈的情况下而成了道姑，如著名道姑鱼玄机就是因与李亿的妻子争风吃醋，李亿对其又爱又怕，为了不影响夫妻关系而又不致使鱼玄机落入他人的床榻，于是将鱼玄机送进了道观。①

可见，一些遁入道门的道姑们，并非为追求清净简妙、寂寞无为的仙道而来，而是由于人生的某种无奈。也正因此，她们虽然进了道观，绾起了法髻，穿上了道袍，过上了道姑生活，但仍心系红尘。可是，因束缚于道门的清规戒律，很多人只能痛苦地压抑自己；有的则偷偷地“红杏出

---

① 参见独家春秋《中国道姑，别样人生》，上海人民出版社 2011 年版，第 15—30 页。

墙”，与外界保持着儿女私情。但无论是残酷压抑也好，还是暗纵情欲也罢，都不是正常的生活，很多人因此发生了心理扭曲，并发展为神经症人格。鱼玄机就是一个典型。她虽住道观成为道姑，但并未了却尘缘，不仅与前夫李亿保持着私情，还与风流公子陈韪发生风流韵事，并因忌恨其侍女绿翘与陈韪的风情之事而大打出手，将侍女活活打死，她也因此而被处死。作家王小波曾分析说，鱼玄机打死绿翘，是同性恋间玩施虐失手。虽然“施虐-受虐”是恋人间经常发生的心理游戏，但这不适用于对鱼玄机和绿翘案例的解读。我们不妨对鱼玄机的心理做一番分析。鱼玄机自被李亿送进道观，就出现了相应的心理障碍，并一步步发展成为人格障碍——施虐狂。独家春秋在考证鱼玄机的诗作时发现，她的诗中“愁”“怨”“恨”基调是主调。在她留下的50首诗中，“愁”字出现了316次；“恨”字出现了10次，且诗作的意境多为愁苦怨恨。[①] 由此可以断定，鱼玄机是由抑郁型人格障碍最后发展为攻击型人格障碍——施虐症。也就是说，鱼玄机从被抛弃到被迫出家，使她对生活的痛苦、沉重、丑恶的一面过分关注，这不仅加深了她对他人、对生活的忌恨和失意，而且使她染上了恋物癖，不顾一切地想要占有他人和他物。这种占有欲越强，她就越憎恨生活，憎恨生活中那些欢悦的东西，并通过把他人的欢悦毁掉、把他人踩在脚下而获得满足感。这就是鱼玄机的神经症。

其实，不只是鱼玄机和我们上面所介绍的道姑们，佛寺的和尚与尼姑、修道院的修士与修女的心理生活，也有很多类似的情形。许多人要么是带着神经症走进寺观庙堂，要么是在寺观庙堂罹患了神经症。但是，多数人并没有发生鱼玄机式的心理悲剧与人生悲剧，没有堕入疯狂，并且有的人最后还“修炼”成为高僧大德和神学大师。此为何故？我觉得这与宗教场域所特有的心理移情机制密切相关。美国心理人类学家M. E. 斯皮罗曾从精神分析学的视角分析了缅甸佛教寺院对缅甸和尚相应精神障碍的矫正及康复机制。他的基本观点是：宗教寺院的象征符号具有使宗教徒能够进行心理移情的机制，从而满足了他们的心理渴望，抚平了他们的情感冲动，维系着他们的心理平衡。就斯皮罗得出的结论而观，应该说是正确的；但从他的分析路径看却不大成功。他不仅把寺院生活对和尚心理不适的矫正归结为寺院的制度化机制，而且其心理分析的理论基础还局限在弗洛伊德早期提出的心理问题源于人们儿童期与父母的依赖和冒犯关系这个层面。比如，在分析缅甸和尚是如何通过寺院生活来消除其内心冲突时，

---

① 独家春秋：《中国道姑，别样人生》，上海人民出版社2011年版，第175—179页。

他这样写道：

> 作为一种文化构成的防御，这种禁欲制度使他们可以用一种伪装的——因而是社会可接受的——方式满足他们的欲望，减少他们的焦虑，这种方式一方面排除精神病的扭曲，另一方面排除犯罪的“付诸行动”，从而解决缅甸男子的内心冲突。[①]

斯皮罗想要告诉我们的是，和尚们是通过“自卑感”的投射来补偿自己被压抑的欲望的。这种解释虽然勉强，但还没有达到漏洞百出的境地。但在《宗教符号系统中的集体表象和心理表象》这篇论文中，斯皮罗的理论就显得多处“漏水”了：“宗教是用于我们这里所关心的被压抑的愿望——童年时期对父母的依赖和冒犯的愿望——的伪装的表现和满足的杰出系统。”按他的观点：“当宗教行为者乞求仁慈的超人的帮助，或祓除恶毒的超人时，他们不仅有意识地满足对作为他们在文化上适合的对象和目标的那些人的依赖和冒犯的需要”，而且，“他们是在同时但无意识地满足他们童年时期对父母——作为他们在文化上不合适的对象和目标——的依赖和冒犯的需要”。[②] 客观地说，斯皮罗所解读的和尚们的这种心理投射或许是某些人真实的心理实相，但它不具有普遍性。其实，寺院对僧侣心理障碍的调节和康复机制远不止于此，还有更深层、更复杂的内容。况且，正如我在前文所分析的，宗教寺院的清规戒律，尤其是那些压抑人的肉欲情感的禁欲主义制度，恰恰可能是僧侣们罹患抑郁症、焦虑症和人格分裂的病原。

那么，寺院生活对僧侣们精神障碍调理和康复机制是什么呢？我认为在于它的他者圣象知觉能够诱使人产生心理移情。如果个体能够对寺院的一些客体产生相应的移情，他的心理不适就可以慢慢康复。无论是道姑、尼姑、和尚、道士还是修士、修女，有些人之所以进入寺院成为精神病的牺牲品，主要原因就是情感冷漠，理性十足，如荣格所说的那种内倾心理类型的人。从社会认知的角度分析，社会知觉剥夺也是一个十分重要的因素：由于缺乏社会信息加工，不仅导致其社会知觉水平的下降，“共情”能力发展受限，而且也导致其“社会脑”不同水平的协作障碍。如：个

---

① ［美］M. E. 斯皮罗：《文化与人性》，徐俊等译，社会科学文献出版社 1999 年版，第 163 页。

② 同上书，第 192—193 页。

体随着生命的成熟而发展起来的性欲、随着心理发展而激动的爱情渴望等，作为人这种动物最基本的“生物自我”和“社会自我”，就盘存于个体脑的边缘系统。它们虽然可以被“文化脑”，即个体的“理性自我”所抑制但却不能消除，如果不能得到合理的表达，就会导致个体的情绪抑郁与焦虑；如果一旦爆发就会导致精神分裂（中国民间医学所说的“花痴病”就属此症）。而要使人的这种生物自我、社会自我的表达欲望得到满足，就需要为其提供相应的知觉信号，使当事人通过对这些信号的加工产生心理经验和情绪体验，从而使这些内隐的生理程序和心理需求融入这些经验之中，这也就化除了某些心理障碍。我们可以此做一具体分析。

宗教修行者对那些修养深厚、风韵优雅的宗教导师的移情，类似于一个病患对心理医师的移情。这种移情以及由此而产生的寺院的风流韵事在中西宗教文化史上都屡见不鲜。例如，西方中世纪修道院的“亲吻神学”，就是这方面的典型案例。无论把这种“亲吻神学”说成“灵性的情谊”也好，“神圣的爱情”也好，还是“圣礼”的分享也好，其实它都不单纯是爱情——神爱，也不单纯是友谊，也是这些修道院内活生生的男女对异性的爱恋、对被修道院制度压抑的情欲的一种移情方式。如圣多明俄的嫡传弟子萨克森的约尔丹与他心目中倾慕的女子、女修院副院长安达罗的狄安娜；12 世纪伟大的神学家、本笃会会士阿贝拉尔与他倾慕的女子、博学的女修院院长海萝蒂斯（他们的个案有些特殊，即在海萝蒂斯入修道院之前彼此有过婚姻生活）；加尔默罗会的修女阿维拉的特蕾莎与她爱慕的男子、年轻的加尔默罗会的格拉西安神父的关系等，都为我们关于这个问题的理论预设提供了很有说服力的样本。尽管基督教神学把他们的这种情谊解释为建立在“上帝之爱”基础上的“灵性的情谊”，是“一种超越纯人性，进入上帝的三位一体之爱的情谊，……一种分享上帝的生活形式，变成人世间一小块天国领地，因为在这种情谊中，人能够提前享受到天国的欢乐和幸福”①，但是，这种“情谊”又何尝不是人类这种生物性与精神性一体化动物的自然情感、心理向外投射的一种形式？并且，由于这种移情受到了“圣灵”的“加持”，它的运行不仅不会受到宗教禁欲主义意识和制度的限制，而且还会使其更加自由与轻盈。修女特蕾莎之所以能够在修道院生活几十年，并成为遵循隐修院戒律的典范，为隐修院的发展做出了巨大贡献，最后被封为“圣女”，不仅在于她坚定不移的宗教虔

---

① ［德］施皮茨莱编：《亲吻神学：中世纪修道院情书选》，李承言译，生活·读书·新知三联书店 1998 年版，第 19 页。

诚，还在于她能够将情感向外投射——移情给格拉西安这位著名的修士，从而使得她的情感、情欲乃至于无意识中的阿尼姆斯情结都得以补偿。在她的自传体著作《隐修院创建记事》的第24章，有这样一段文字：

当我滞留在贝阿斯时，来自上帝之母修院的格拉西安神父来访。在此之前，我们虽有过几次书信交往，但不曾有过个人接触，尽管这是我一直希望的事。当我得知他抵达后，我欣喜万分，因为我听说过他的许多美德。所以，我迫不及待地想结识他。当我见到他之后，我更加高兴，他正是我所喜欢的那种人。他给我的印象是，那些竭力赞美他的人对他似乎并不真正了解。在这几天里，我无比快乐、无比幸福，我自己也对此惊诧不已。①

特蕾莎与格拉西安神父会面后所产生的“无比快乐、无比幸福”的这种心理状态，不仅在于她找到了她神学事业的坚定支持者，更重要的是格拉西安的修养、人品、性情使她仰慕，并产生了移情。也正是在这种情感转移与分离中，人不仅释放了由于宗教制度压抑而抑郁苦闷又躁动不安的情绪，或通过投射补偿了心理缺失，而且她完全与客体一体化了，获得了心理的平和与精神的畅快。正如恩斯特·贝克尔和兰克等心理分析学大师所说：“投射对于自我实现乃必要和急需。否则，人就会被自己的孤独和分离所压倒，被自身生活的重负所否定。……投射作用是个体卸去或减轻负荷的必要途径。”② 不仅精神分析学家这样理解移情的心理康复价值，甚至就连神学家也肯定了这一点。《亲吻神学——中世纪修道院情书选》一书的编者施皮茨莱就表达了与贝克尔等学者相似的思想。在评论中世纪修道院的男女情谊的可取性时他这样写道：

人们怀着免使心灵受到伤害的臆想的信念，却将心变成了冷酷的、无血肉的东西。对伤痛伤口的畏惧使人将自己的心裹进一个密不通气的外壳。其结果是，它既无法得到宣泄，也不能向外延展。

爱欲恰如身体、理智或意志，它是人的一部分。简单地取消人的

---

① ［德］施皮茨莱编：《亲吻神学：中世纪修道院情书选》，李承言译，生活·读书·新知三联书店1998年版，第96页。

② ［美］恩斯特·贝克尔：《拒斥死亡》，林和生译，华夏出版社2001年版，第182—183页。

天性中此一部分的尝试（这类事可以说屡屡发生）可能会产生灾难性的后果。重要的是使一切人（主教、神父以及修会的修士、修女都是人）接受他们天性中的爱欲特征并使之臻于成熟。

……凡是学会将自己的一切力量用于爱上帝、爱自己、爱他人的人，凡是克服了对爱欲的畏惧心理，听见身体和心灵的信号从而将这种内在力量引向正确的现实轨道的人，便能够理解在灵性的情谊中达到与上帝统一的那种意想不到的财富。①

作为神学家，施皮茨莱不熟谙心理学和精神病学，当然也不知晓移情这种心理活动的积极心理学价值，他只是直觉到了这种行为能够使心理、情感正常流动，是通往神圣之路的心灵“财富”。现在，通过心理分析，我们完全可以清楚解释施皮茨莱解释不清的心灵奥秘：这些所谓的“财富”，其实就是心理学所说的“移情”。对于这些宗教徒而言，移情不仅可以使其产生与上帝的合一感，而且，它也是修道院里这些有血有肉的平凡的生命通过这种心理游戏进行心灵修复的重要途径。正如神学家所说：这种“想象终极愉悦就是去想象相爱和相互欣赏的人之间永无止境的交流的漫溢”②。

我再用一个现实中的案例证明这一点。几年前，在东北某修女院我接触到一位修女，此时她已 30 多岁。她进修女院的原因就是情感的创伤。在来此之前，她与一位男性有过一段恋情。相处几年，她发现该男子与另外一位女性有着不寻常的关系。当她质问她的男友时，他告诉她：他并不喜欢她，她既不漂亮，也不浪漫；只是考虑到这些年她为他付出了很多，甚至一个女人最隐秘的东西，所以不好意思和她分手，但他绝对不会和她生活在一起。她听了此话之后，不仅十分愤怒，而且心灰意冷，情绪抑郁，并发展成为抑郁症。后来，她离开了那座县城，来到了这个城市，并进了修女院做了一名修女。她虽然做了修女，但她对男女情感的欲望并未完全泯灭。她对我说：在刚入修女院的几个月里，她感到十分孤独、凄冷和抑郁，几乎快要精神崩溃了。后来，她结识了刚刚从神学院毕业来到她所在的教会工作的青年神父。青年神父儒雅的气质、渊博的学识以及热情

① ［德］施皮茨莱编：《亲吻神学：中世纪修道院情书选》，李承言译，生活·读书·新知三联书店 1998 年版，第 10、15 页。

② ［美］大卫·奇塔姆：《美学与宗教会遇初审》，刘光耀译，刘光耀、杨慧林主编《神学美学》第二辑，上海三联书店 2008 年版，第 269 页。

的为人，给她留下了十分美好的印象。以后，每当她走过神父办公室的窗前，都会情不自禁地放慢脚步向办公室张望几眼；每次与神父交流她都特别激动。以前她特别害怕礼拜日，可自从对神父的感觉异常后，她特别期待礼拜日。因为这时，她可以毫不顾忌地欣赏神父，聆听他的话语。这一心理活动正如英伽登所说的那样："我们饱享这种魅力，而在这样给我们满足的同时，审美特质对我们就成了一种特殊的价值……它使我们产生了一种新的强烈情绪，而眼前的景象所引起的喜悦和安逸，一种'沉醉'，就好像沉醉于浓郁的花香中一样"①，她心里爱情缺失的苦痛也因这种投射而获得了补偿。于是，几年过后，她的抑郁症等心理不适症状渐渐消失了，又变得和以前一样乐观而又热情。

这一案例只要有一点精神分析常识的人一眼便看清楚，这是一个典型的移情例证。尽管我还可以再谨慎一些，说修女投射给神父的那种感情首先是属于"圣灵"的，然后才是一个女性对男人、对爱恋的对象的情欲。但不管怎么说，她原来的负面情绪或情感纠结毕竟是调整正常了——无论是转移出去还是得到补偿；她毕竟由一位神经症患者变成了一个精神健康的人。如果没有这种移情，如果她对自己的情感采取包裹或压抑的态度，她就难免滑向心理学家阿道夫·古根布尔-克雷格所说的"厄洛斯症"的命运：精神发展出现空白；基调消沉（即一生缺乏意义、希望或成长感）、慢性经历恐惧（不信任社会）。这样的人不可能真正走近上帝，更不可能成就宗教事业，而只能品尝情感痛楚的这杯苦酒，并在这种痛苦的体验中消耗掉自己的生命。

宗教寺院中的这种移情现象在佛寺道观中也很普遍。当然，这种移情并不限于异性之间，也更多地体现于带有同性恋意味的同性之间，如小尼姑、小和尚、小道姑、小道士对其师傅及其他宗教导师的移情。出家人虽然盘起或剃光了头发，披着袈裟或穿着道袍，但他们仍然是有血有肉的人，是人就摆脱不掉情感的纠缠，并需要情感正常的表达而不是包裹或压抑。但寺观庙堂的禁欲主义制度却扼住了他们情感表达的社会通道。如果不想沦为神经症的牺牲品，个体必须在其内心世界寻找一条情感流动的通道。诸多事实说明，对于很多出家人，除了有些人可以通过斯皮罗所说的宗教制度和宗教生活的"文化隐喻"来补偿自己被压抑或被抽离的情感表达需求外，大多数人则是通过移情的方式转移和补偿情感的渴求。可以这样说，只要他们拥有移情的能力，能够进行移

① 转引自［英］M. 李普曼《当代美学》，光明日报出版社 1986 年版，第 295 页。

情，就不会出现情感的扭曲与爆发，早期很多心理问题就可以得到康复。也只有这样的人才有希望享受宗教生活的精神福乐。这也就是为什么很多神秘主义者不顾遭到后人的误解与诟病（即“性欲的幻想者”）而用性感的语言绘声绘色地描述她们在祈祷中与上帝的关系暧昧——“新娘”的那种羞答答甚至于性快感的那种高潮体验。这不是她们“性幻想”精神病的发作，而是通过自己“社会脑”的自我交互而产生的分子生物水平和社会认知水平的情感的整合，她们自己也通过向上帝的移情体验到了与客体“神圣一体”的快感。

（二）文化圣象移情

对宗教场所独特的文化圣象加工所发生的心理移情及其产生的满足感，这是一种高级的心理移情。从心理知觉-加工的角度看，对宗教场域各种宗教文化圣象的心理移情是一种十分宽泛的投射方式。比如，对佛祖形象的知觉加工产生的移情、对观世音形象的知觉加工产生的移情、对耶稣基督形象的知觉加工产生的移情、对圣母玛利亚形象的知觉加工产生的移情等。尽管这些“神灵”非修行者身边的血肉之躯，只是视觉艺术形式（画像或雕塑），但这些感觉信号所蕴涵的文化语义、所拥有的审美形态以及符号的情境信息与信徒的心理内容融合后，便可以产生一种刺激力，诱发人的心理移情，从而补偿个体心理的某种情感缺失。

在分析“宗教关联精神病”时我曾指出，比起天主教和东正教，新教徒更容易罹患忧郁症、焦虑症和孤独症。之所以如此，除了新教废除了教会的权威和各种礼仪，教徒只能孤独地面对冷峻的上帝，依靠自己难以把握的“因信称义”而获拯救这种极易导致神经官能症的神修方式这一因素外，另一个十分重要的因素就是新教教会也缺乏诱使教徒心理移情的圣象符号。路德的宗教改革，不仅废除了教会和礼仪，也“放逐”了圣母和圣徒。圣母崇拜的取缔可以说是新教徒致命的心灵创伤。检视人类宗教史，从原始宗教到古代宗教，女神崇拜都是人类宗教信仰的共同的“文化无意识”。很多宗教史学者把人类宗教文化这一“女性化”母题现象理解为对于丰饶、富足、生育、生命的崇拜所致，如“大地女神”“生育女神”等。但这种理论解释不了为什么在这些“女神丛”中还有那么多邪恶、恐惧的女神这一事实。荣格从人类心理遗传的集体无意识这一角度对此做出了新的解释。在他看来，这是人类心理结构中先验的“母亲原型”或女性情结，即阿尼玛情结的一种表现形式。荣格分析说，每一个男性的心理世界之中都有一种女性动力学，即一个阿尼玛情结的存在；而一个女性心理世界的底层，也同样有一种男性动力学，即阿尼姆斯情结。按照荣格的观点，阿尼玛和阿尼姆斯原型的存在，尽管会给我们的心理生活造成一定的麻烦，即他所说的“阿尼玛占有”和“阿尼姆斯占有”，导致个体的人格倒错，但是，这种原型的缺失，尤其是人到中年以后，却极可能造成人的心理失衡，导致性格的单一化而缺乏整合性。荣格的这一理论已为心理治疗学和精神病学的大量临床案例所证实。确实，如果个体心理世界中的男性或女性情结得不到合适的处理——或安抚或向外投射，那么，它就可以导致人格障碍，如焦虑、受虐狂、躁狂症等。也正如布朗所说：“这种投射在自我的无意识层面上指引着人的自觉意识，使人躁动不安地寻找着一个能够满足自己的对象。”① 在“阿尼玛”和“阿尼姆斯”情结理论的基础上我们似乎可以这样说，东正教徒和天主教徒之所以比新教徒的心理更健康，就在于天主教和东正教保持了完好的圣母崇拜传统，有益于补偿信徒心中的阿尼玛情结；而新教徒则像是生活在“继母”的家庭环境里，不仅对母亲的依恋情感得不到抚慰，而且其心理世界的阿尼玛情结也得不到分离与移情。

前文在分析东正教徒的心理特征时，我曾说过，东正教徒对圣母的崇拜，特别是对一个作为“妇女”而不是像天主教那样对作为一个“姑娘”的圣母的崇拜，十分有利于俄罗斯信众心理生活的和谐。按照俄罗斯哲学家、东正教神学家尼古拉·别尔嘉耶夫的观点，俄罗斯人的性格是纯粹的女性气质的：“它沉浸在温暖而湿润的有血有肉的实际中。俄罗斯的真诚性，大家都很熟悉，联系于温暖和湿润；其中有许多非常现实的东西，缺少的是精神”；而玛利亚“在东正教中是母性的，女性是第一位的”。俄罗斯语文学者 B. B. 科列索夫如是说。② 也正是俄罗斯民族心灵的这种女性气质，使他们把基督教的圣母玛利亚由圣女改造成妇女的形象。我们没有必要把这种“改造”解释为一种“审美理念”的介入，它其实是斯拉夫民族共同体的集体无意识参与。从无意识消化的角度说，这种妇女形象的圣母更能够与俄罗斯人心理深层的女性情结形成对接，更有利于俄罗斯人的母性情结的抚慰。从心理移情的角度分析，妇女形象的圣母也补偿了

---

① ［美］诺尔曼·布朗：《生与死的对抗》，冯川等译，贵州人民出版社 1994 年版，第 295 页。

② ［俄］B. B. 科列索夫：《语言与心智》，杨明天译，上海三联书店 2006 年版，第 107、47 页。

人们对关心与同情、亲切与抚育、温柔与细腻这些母爱情感、家园依恋的心理渴求。走进东正教大教堂，一眼瞥见温柔亲切、充满了母性气质的圣母形象，人们就仿佛偎依在慈母的怀抱里，安住在家园中，一切紧张和不安的情绪都在这种情感投射中消融了。

天主教会的圣母玛利亚崇拜，也具有类似的情结安抚功能。虽然天主教会的圣母与东正教的圣母在女性气质上有别，但无论是“姑娘”还是“妇女”，她们作为一种性别文化符号，仍然成为天主教徒的投射对象。如果说东正教的圣母是东正教徒母亲情结的移情对象的话，那么，天主教会的圣母则是天主教徒“阿尼玛”情结移情的对象。一位天主教徒告诉我，每当他走进教堂，看见圣坛上雍容典雅、端庄美丽的圣母塑像时，原来的孤仃、紧张感都会不由自主地消失，接踵而来的是一种难以言喻的安稳与温馨。当我告诉他这是一种心理移情现象时，他显得有些不悦，认为我亵渎了她对圣母的神圣情感。可这种心理活动不是移情又会是什么呢？我确实承认，信徒对基督、圣母等圣象的心醉神迷是在寻求与神圣者精神的联合，但随着这种爱欲的发展以及信息加工所产生的复杂的皮层连接以及想象的激活，这种“心醉神迷”就不可避免地掺杂着人性之中的爱欲成分，不然的话，信徒们就不会把这种感受形容为“相互拥抱”“精神婚姻”“新娘与爱人的亲密”。确如欧文·辛格所说，它俨然是一种“依恋之情”①。从心理运动的角度看，修女此时投射的是什么——圣母的纯洁爱欲、“母亲”的依恋还是想象中的“女人”情结——我不得而知（我怀疑甚至她自己也意识朦胧；如果她意识清晰，那就不会产生移情），也许两方面都有；但从心理理论的层面分析，这种投射显然拥有自然情欲的成分。不管怎么说，个体被压抑的情绪毕竟激活了，毕竟产生了情绪的流动，毕竟在这种情绪的调节中产生了甜蜜的幸福的体验。

我在前文也曾对天主教圣女若瑟法·梅能台在隐修院的隐修生活做过心理分析。重新回顾一下前面的分析，也许能使我们更好地理解寺院圣像符号与心理投射的关系。正如我引证的大量案例所展示的，若瑟法·梅能台就是在隐修院的耶稣、圣母形象的诱引下，开始不断进行移情的。她向外投射的，既有母性情结，如对玛利亚的移情；也有对阿尼姆斯甚至于一个爱情伴侣的移情，如对基督耶稣。通过对梅能台早期生活史的研究，我

---

① ［美］欧文·辛格：《超越的爱》，沈彬等译，中国社会科学出版社1992年版，第186—187页。

们可以这样断定，这绝对不是弗洛伊德所说的“恋父情结”的投射，而是个体早期生活和隐修生活被压抑的女性情感的投射。她在“日记”中曾这样写道：“特别钟爱耶稣……为达到这一目的，我绝不放松一步，我找寻各种机会，把我一切微小的工作，完全献给疯狂地热爱我的耶稣，献给我渴望热烈欢爱的耶稣。”① 这与基督教神秘主义者在灵修中所渴望的“与新娘的结合”以及产生的婚姻幻觉有什么区别呢？虽然它的心理模型是神圣的爱欲，但其心灵体验却少不了生物性的爱欲的成分，“自然的丧失都可以在精神领域中重新得到”②。在梅能台的日记中我们可以看到，基督、圣母的形象时刻闪现于她的梦境里及日常生活、工作的幻觉中，她的投射也完全处于一种迷狂失控的状态。我们甚至可以说，若瑟法·梅能台的活力、情感、生命已经完全移入了客体即基督和圣母，甚至于她自己也被客体化了，结果导致了她与自我的分离，无意识对意识的同化，最终沦为人格分裂的牺牲品。若瑟法·梅能台精神分裂的临床分析告诉我们这样一个道理，频繁地进行宗教圣象信号的加工，虽然可以激活人的情绪系统，产生心理移情，可以起到宣泄情绪和净化心理的作用；但如果投射过甚，投注的欲力过多，以至于在向客体的投射中完全消失了自己，那么，就可能导致精神的灾难性后果。我们在西方中世纪基督教隐修史和东方的和尚、中国的道士身上发现的诸多人格分裂的精神病案例，基本都与个体迷乱的心理投射有关。对此，荣格曾深刻地指出：“人固然可以在很大程度上被机制化，但绝不能达到完全放弃自身的地步，否则便会造成重大的伤害。因为人越是与某一种功能同一，越是对这种功能投注欲力，就越要从其他功能那里撤回欲力。……自我疏离的过程越是发展，无意识的功能就愈是沉浸到远古的层面，无意识的影响力也愈是成倍地增进。它开始诱发对主导功能的病态性扰乱，导致许多心理病症所常见的那种典型的恶性循环”，造成人格的分裂。③

---

① ［西班牙］若瑟法·梅能台：《爱的呼声》，姚景星译，天主教上海光启社 1992 年版，上册，第 28 页。

② ［美］欧文·辛格：《超越的爱》，沈彬等译，中国社会科学出版社 1992 年版，第 206 页。

③ ［瑞士］卡尔·古斯塔夫·荣格：《心理类型》，吴康译，上海三联书店 2009 年版，第 254—255 页。

五　“圣我”认知与个体认同再生产

医学人类学和文化精神病学的一个思想是：人类的某些疾病，如慢性病、绝症，尤其是精神疾病，并不是一般生物医学意义上的“生理病”，还是一种“文化病”，即这类疾病所具有的文化隐喻意义对人的身心的破坏性。它所施加于人的不单纯是生理学意义上的躯体痛苦，还有文化意义上的精神痛苦。这种文化隐喻形成一种巨大的精神压力，造成疾病的愈加不可治愈，最终导致病患在这种巨大的社会文化压力下走向精神崩溃。这就是医学文化所说的“标签化”。

“标签化”并不意味着赋予某些疾病以一种标记，使人们形成疾病认知。它的功能意义在于赋予病患的躯体和精神一种文化象征。从人类疾病文化史的角度看，无论是传统社会还是现代社会，这种“标签”通常都不具备正面的象征意义，而是具有污名、去道德化、去社会化的文化隐喻；并且，如果人们对某种疾病的生物学、生理学病理了解得越少，这种疾病就越可能被各种社会的、道德的、文化的神话所包围、所诠释。比如，神经衰弱、双向障碍、精神分裂症等精神疾病，在中国传统民俗心理中就被赋予一种“耻感”象征的叙事：疾患本人及其家族的某种道德缺陷，或宗教意义上的“不洁”而招致邪魔上身，或者有“罪”而遭受的惩罚。“去社会化”也同样如此，尽管它不像去道德化那样带有沉重的道德耻感印记，但它同样具有“污名”的效应，即社会功能的丧失，不再是一个社会功能健全的人，从而遭到社会的歧视、抛弃乃至镇压。正如米歇尔·福柯所说：“通过这种活动，疯癫进入了价值系统和道德镇压。它被圈进了一个惩罚性的系统，在这个系统中，被幼儿化了的疯子在各方面都被视为孩子，被罪恶化了的疯癫也首先被连接到了错误之上。”① 美国医学人类学家阿瑟·克莱曼曾就“标签化”的消极影响并结合中国的实例如此分析道：

> 带有烙印的人被认为是异类，他们的人格外貌属性，被认为是与他们所在的群体所看重的属性相违背的。……在某些社会中，疾痛的文化标签带给患者的耻辱烙印非常大，会影响他们的所有社会关系，

---

① ［法］米歇尔·福柯：《精神疾病与心理学》，王杨译，上海译文出版社2014年版，第71—72页。

> 甚至可能被放逐。……在中国，精神病的耻辱烙印是那么厉害，它不仅烙在严重的精神病人身上，还使整个家族蒙上耻辱。一般来说，传统的中国人认为，如果一个人得了精神病，那他/她的祖先无疑有问题，而他/她的兄弟姐妹也同样脱不了干系，得分担这个家庭的道德污点，而他/她的后裔也有一定的危险。①

即使精神病患者没有招致“标签化”所带来的“惩罚”“放逐”“远避”“孤立”的严重社会后果，仅仅是社会公众对他的另样注视，也足以消解其的心理努力，使之沉浸于持续的消极情绪体验之中，从而影响有机体生命管理系统的机能与“努力”，导致精神疾病的恶性发展。从某种意义上说，精神病不仅把病患本人送进了地狱，而且精神病的文化隐喻也把病患的家庭（族）送进了地狱。下面我用两个案例来证明这一点。

其一，在浙西的某个乡镇，某女青年因其外公、外婆双双患有老年期痴呆，而形成了小镇居民对其本人及这个家庭的斜视与污名，致使其婚姻问题无法解决；即使人们不认为这个家族有道德缺陷，但考虑到遗传因素，人们还是不肯娶这样的女人为妻。这使她十分苦恼，曾几次产生剃度出家的想法。最后，只好离开家乡，到一个陌生的城市谋求生存之路。

其二，某中学生因早期的学习生活环境的影响而罹患分裂型人格障碍。其实这种精神疾病早期，只要进行相应的心理干预，完全是可以康复的。但由于其被“诊断”为精神分裂症，使得父母十分忧虑，其直系亲属也都十分恐慌。家里一直对外封锁他的病情，更不敢把他留在家里，怕因他的病情而导致家庭的污名化，影响了他的哥哥、姐姐的婚姻。所以，他一直寄居在一个远房亲属家里。就这样，因为缺失了精神支持与心理治疗，尤其是病患本人也自觉家人已把他看作一个“异类”，心理能力急剧下降，病情愈加严重，最后果然发展成了精神分裂症。

其实，这类案例在中国社会并不罕见。即使在今天，心理医学和精神病学虽已诏示，很多精神疾病与家族的道德背景和生物背景（遗传基因）完全无关，但人们对于精神病人所做的“文化标签”不仅在这些病患身上难以消除，在病患自己的心理也难以消除。诸多病例告诉我们，很多轻度的精神疾病，如果能够得到适当的心理支持和社会支持是完全可以很快康复的。这些人之所以在精神病的泥潭里越陷越深，最后走向彻底的疯

---

① ［美］阿瑟·克莱曼：《疾痛的故事：苦难、治愈与人的境况》，方筱丽译，上海译文出版社2010年版，第189页。

狂，与社会文化对病患的“污名化”叙事及由此而产生的患者自身的“耻感”压力有着十分密切的关系。

那么，疾病的“标签化”是如何形成个体的精神压力，加剧疾患的恶性发展的呢？传统社会心理学更多的是从社会压力这一视角来解释这个问题，推论的成分比较多。近年来兴起的“社会认知神经科学”[①] 则从社会信号加工的角度为我们解释了精神疾患所接收的社会信号及其信息编码对个体心理、精神影响的原理——“自我”知识的加工、表征与再定义。个体的自我认知、自我定义不仅源于第一人称代词以及相关人格特质形容词的语义加工，源于自我的自传体记忆、知识的加工与经验建构，也源于环境信息——社会信息的加工、表征所建构的心理表象，如他者面孔识别、语言叙事加工以及文化符号加工等。R. 达马西奥曾说，自传式自我的发展与成熟不仅要依赖于环境，而且甚至是由环境来调节[②]。根据社会认知的这一原理，我们也可以这样说，精神疾患的“污名化”实质意味着向病患提供了一种负面自我认知的社会信息，即个体对他者的态度、语言以及面孔等知觉信号的加工以及所形成的心理表征，成为其自我知识建构的重要认知资源。[③] 当个体从社会情境、他者那里获取的信息是轻蔑的、恐惧的等消极数据时，其关于“自我”的知识以及心理图式就带有消极的色彩：他是不洁的、有罪的、羞耻的、被社会所抛弃乃至以镇压的。这种消极的自我表征不仅激活了脑的边缘系统，产生抑郁、悲哀、痛苦的持续情绪，而且还可以通过细胞水平扩展的系统水平：它们弥散上行影响到大脑皮层，一方面造成大脑神经机能的损伤，另一方面也使人产生一种扭曲化的“自我”定义。这种扭曲化的自我知识不仅可以压抑个体的心理努力，导致心理水平和心理能力的降低，而且造成身体免疫能力的下降，致使疾病愈加不可康复。与之相反，如果一个社会的文化系统能对

---

① “文化神经科学”是一个尚处于不成熟状态的学科领域。按有的学者的解释，文化神经科学主要研究文化价值、习俗、信念是如何塑造脑功能的；研究人脑的文化能力是如何产生的并如何在宏观与微观的时间尺度上传递。（见刘将、葛鲁嘉《文化神经科学的进展与前瞻》，《心理研究》2010 年第 3 期）我更倾向于将“文化神经科学”理解为关于种群的文化传统、习俗、价值观、信仰等是如何建构人脑的神经网络和心理经验，进而影响人的心理水平和心理经验的科学。

② ［美］安东尼奥 · R. 达马西奥：《感受发生的一切：意识产生中的身体和情绪》，杨韶钢译，教育科学出版社 2007 年版，第 178 页。

③ 参见［加拿大］齐瓦 · 孔达《社会认知——洞悉人心的科学》，周治金等译，人民邮电出版社 2014 年版，第 367 页。

精神疾患形成一种理性的评价和正面叙事，那么，对这种社会信息的加工、表征则可能使当事人获得正常的甚至是愉快、自豪的自传体记忆。这种认知行为与情感体验使其神经系统以及内环境都处于一种积极活跃的状态，从而更有利于疾病的康复。

在社会认知理论的这一视角下，我们也就可以理解为什么在宗教社区或具有宗教文化传统的族群中精神障碍患者更益于康复。因为第一，宗教社区及其生活风格具有一种特殊的文化象征：圣地、神的驻所、圣洁、奉献的象征；第二，宗教文化传统大都赋予“精神病”语义一种特殊的文化语境：“神圣之病”、神灵附身、神抓萨满、上帝考验、为爱奉献……正是这一文化语境赋予这个社区的“病患”以一种积极的自我认知，产生了与“污名化”身份叙事完全不同的认知体验：“苦难”象征着“蒙难”、精神异常象征着“神的召唤”、社会功能的丧失表征为献身于神圣的事业、令人不可理喻的“非正常生命”的心理水平提升到“圣秘体验”的心理水平。正是这种自我认知，重建了他们圣化的“自传式自我”。这种自我知识使个体不仅可以对抗来自于社会和文化的耻感信号对脑和心灵的损害，而且还可以通过这种“圣我表征”激活人们的心理努力，加快心理问题的康复。我在前文已述，在中国传统社会，很多尼姑、道姑就是因为患有相应的精神障碍走进寺观庙堂的。尽管在中国民众的文化心理和道德叙事系统中，对于“出家”，人们还是颇有道德微词，但大多数民众对出家人还是秉持一种不仅宽容而且敬重的态度；稍“有思想”的人还会将他们/她们视为洞穿生命幻象、了悟人生真理、追求存在超越的非同寻常之人。尤其是在某些特殊的历史时期，当宗教信仰和禅门生活为社会所普遍认可并受到推崇时，出家修行、入住寺观便获得了一种非凡的身份叙事，出家人也形成一种身份荣耀感。例如唐宋时期中国道姑群体的快速增长就是这样。由于唐宋皇室对道教的崇信，形成了一股全民性的崇道之风；尤其是唐代皇家大修豪华道观，公主、嫔妃、宫女入观为道颇为流行，更令众多世俗女儿对道姑刮目相看；而宋代皇室大兴斋醮仪式，召道姑入宫或为宰辅，或为上宾，或为陪驾，或获封赏，则更助长了全社会的崇道之风。于是，成为道姑，也就具有了一种尊贵的社会身份。这种从官到民崇道之风弥漫的消极政治后果我们在此不予讨论，从宗教精神病学特别是宗教生活的精神障碍康复功能这个视界看，它确实为那些蒙受精神磨难而走进道观的男男女女提供了强有力的文化支持，也可以说为她们心理问题的康复提供了一种特殊的“认知疗法”。其实，对于那些平凡而又卑微、痛苦而又无奈的生命而言，并不需要像唐宋时期那样获得如此尊贵的社会身份和文化神话。如果社会文化语言能够把他们/她们的行为与生活诠释为参透世相、看破红尘、弘扬佛法、得道成仙的价值追求和生活方式就足够了。否则，他们身上烙下的耻辱的“文化印记”以及所遭受的社会“污名”就会把他们压得身心俱碎。

宗教圣地与宗教生活为精神疾病患者提供文化支持。在佛教信仰普遍化的东南亚地区，如泰国、缅甸、柬埔寨等表现得尤为明显。在这些地区，成为和尚不是其社会功能废弃的表征，而是这个社会最荣耀、最值得尊敬的一种社会身份。尽管寺院的禁欲主义生活和严格的清规戒律令很多僧侣尤其是青年和尚感到心理不适，但其荣耀的社会身份感、自我价值感却消释了这种不适。正如 M. E. 斯皮罗所说，在缅甸，尽管和尚的生活方式、行为方式与世俗民众是不同的，并且有强烈的情感冲突，但是他们却没有成为精神病患者，因为和尚的行为代表着一个社会最重要的和最荣耀的社会角色，不仅为其他社会成员所赞同，而且得到了社会的最高评价。这种身份的文化寓意给他们以强有力的文化心理支持。[①] 在我国的云南、青海、西藏等信奉南传、藏传佛教的地区这也是一种极为普遍的现象。那些身在俗界的平凡的、日常的生命，在社会生活与日常生活中所产生的恐惧、焦虑、愧恨、压抑等情感，并因这些负面情感的冲击所导致的心理不适与精神困扰，不仅使他们的身心蒙受巨大的磨难，而且，这些病症的文化烙印也给其亲人及家庭、家族的生活蒙上了一层灰色的荫翳，使其背负着沉重的社会文化压力。在这种情况下，病患最好的选择就是离开家庭、离开世俗生活而走进寺院，做和尚或尼姑。这一身份转换不仅使病患本人免除了“污名化”带来的心理压力，优化了他们的心理环境，而且，其先前的某些异常行为也被重新定义，即被视为拥有“佛性”“善根”这种特殊的禀赋，为其心理问题的康复输入了正能量，从而为他们实现心理问题的自我康复提供了“优文化”的认知情境。

天主教会也为精神疾病的康复提供了有力文化支持。通过把“磨难”转换为“蒙难”、把“精神异常”转换为“神的召唤”、把“污名”转换为“圣名”，个体的这种精神与身份定义的转换，成为另一种认知心理学意义上的“认知康复”。在我近年来接触的案例中，这类样本并不少见。某位曾患有心境障碍的修女在解释她过去的精神“异常”的原因时，带有某种荣誉感的口吻对我说：“我根本没有什么精神问题，我只是全身心

---

① ［美］M. E. 斯皮罗：《文化与人性》，徐俊等译，社会科学文献出版社 1999 年版，第 164 页。

服侍我主的仆人；我入修道院即是因蒙受主的恩典而获得了特殊的眷顾。这就是我的特异之处。”

从宗教人类学和民俗心理学的视域看，宗教对于“自我”身份的“圣化”以及所给予的精神病患者的文化支持，使他们能够“去污名化”“去道德化”，从容而有尊严地生活于社会之中，至少保证他们不带有任何“耻感”烙印地度过他们的一生，也表现得十分明显。比如，中国北方民萨满文化中的许多萨满，之所以能够成为一种特殊的神俗两界沟通的“职业巫师”，并受到族人的尊重与拥戴，就在于这些人有一种特殊的“禀赋”——常常表现出与众不同的行为方式与心理特征，甚至出现过临床精神病的症状，如幻觉、歇斯底里、无意识主导等，即人们所说的“萨满病”。前文我已做出定断，从精神病理学的角度看，萨满病就是一种实在的精神疾病。但这些人并没有遭到社会的抛弃与镇压，反而成为做萨满的重要条件，也正是萨满文化赋予了精神异常这种疾病以“萨满之‘灵’”的文化神话寓意，使得他们不但没有受到污名与排斥，反而成为这些族群中神与人之间的使者，获得了很高的社会地位：民族的智者、氏族的精神领袖、民间知识的集大成者，尤其是集神性与人性于一体的神通者。

中国民俗宗教“四大门”崇信中的灵媒即“香头”也大都具有与萨满相类似的精神特质。例如，他们大多是“先天具有孤独、内向”性格的人（其实不是所有人的这一性格都是“先天”的，有些人的这一心理特质与其早期的生活环境对其心理生活的影响有关）、容易被神灵附体的人（俗称被妖魅“拿法”）。这一精神病征象因中国北方民间社会的“四大门”崇信文化风俗而被赋予了有“仙根”这样的身份定义，成为做“香头”的“精神财富”，并受到社区的尊敬。如果没有民俗宗教为这些人的“精神特质”进行的文化转喻，没有“四大门”民俗信仰为他们提供的这种自我认知文化语境，那么，他们的命运便可想而知了。我还是用一个实际案例来说明这一点。

在课题调研中，我遇见了一位做了十几年“香头”的农民。他背地里私言于我：“没人愿意干‘香头’这种‘人不人鬼不鬼’的差事，但又没办法。”其一，他身体不好，重体力的农活干不了，难以养家糊口，只好靠“当香差”赚点“小钱”养家；其二，他做“香头”前曾因与邻人的矛盾而被诬陷偷窃别人财物，被司法机关羁押了三年。释放后他一直上访申冤，两年过去了仍未获平反，一气之下罹患了“精神病”（没有经过专业精神病院诊断，但据其主述可能为分裂型人格障碍）。后来虽然恢复了“精神”正常，但村人见其仍避而远之，朋友也都远离了他。他当然知道这个问题的严重性。长此以往，不仅会使自己身败名裂，而且对孩子以后成家立业也影响很大。于是，他只好学邻村的一个“香头”的样子，在家里偷偷安置了神龛，供上神位，并对外宣称他所顶的“仙家”乃为“大老爷子”（胡门），法力无边；同时暗中唆使其亲属虚构一些降神治病的故事以证明他的“法力”。结果不逾半年，社区对他原来的身份定义，即“精神病”患者的叙事消失了，远避的朋友也都走近了他，还被村民乃至邻村的村民称为“大仙”。不仅身份、地位得到了提高，而且他家门庭若市，车水马龙，香火不断，收入颇丰。一个已经被污名化了的精神病患者转身成为村社融社会资本和经济资本为一身的显赫人物，其心理康复的重要元素正源于他所在社区的民俗宗教，即源于本土民间信仰这一文化模型影响下社群形成的关于某些精神疾病认知的民俗心理和文化语言，源于他对这些社会信息的加工、编码而重新定义的“圣我”知识。

六　个案研究：佛门“悲田”与老年精神康复

佛教养老亦称“悲田”，是中国佛教“三福田”（敬田、恩田、悲田）的重要组成部分，也是中国佛教社会慈善事业的传统科目。中国佛教史显示，早在唐代，佛教就创办了中国最早的“悲田院”（悲田养病坊），为社会下层的贫困者、流浪者、孤独老人和儿童提供照料与赡养。佛教的养老事业，不仅彰显了中国佛教弘法利生、人间佛教之理念，也成为千百年来很多孤寡老人——尤其是社会下层的孤寡老人养老送终的生命关怀。近年来，随着中国人口老龄化进程的加快和社会养老事业（产业）的相对滞后以及老年人的养老忧郁——不仅仅是养老送终，也包括心灵关怀和精神慰藉——在老年群体的弥漫，中国佛教界的“悲田”行动，无论是光大传统的“福田院”、兴办现代的“安老院”还是佛僧对社区孤独老人的日常关怀、“一对一”的生活照料，再次引起了很多老人的青睐，并成为一些老人的养老选择与养老规划。

对当下老年人对佛门养老的兴趣与热忱，宗教学和社会学界亦有相应评论。但据我的观察，学界目前关于这个问题的思考与言说，更多地还游弋于宗教心理学（生命终极关怀）和养老经济学的层面，即一些老年人所以投身于佛教养老，主要是出于生命晚年对来世生活的想象和“悲田”的慈善性质减轻了养老者的经济负担。我确实承认，一些老人的佛教养老认同与热忱，宗教心理学和养老经济学确是其重要的心智计算活动。但是，并非所有老人的佛教养老认同都是如此心智计算的结果。例如，有些没有灵魂转生信仰、经济条件较好以及从公立养老院转身投入佛门“悲田院”（安养院）者，就是对宗教心理和养老经济计算理论的挑战。我认为，与其说他们对佛教养老的认同是出于来世关怀和降低养老经济成本的考虑，还不如是说佛教养老生活更能满足这些老年人对心灵安抚的诉求，它所表达的是一个养老心理学的诉求。虽然近年来大众媒体的“造景”艺术常常向人们呈现一幅闲逸的“晚霞田园诗”景观，但这并不是真实的，或准确地说对于城市退休的、富裕的老年人而言大致是真实的，但对农村的老年人而言却是不真实的，尤其是从养老文化学和老年心理学的层面审视更是如此。在一些经济、社会欠发达的偏远乡村，无论是空巢老人还是留守老人或乡镇公立养老院的老人，由于物质生活尤其是精神生活的匮乏，其心理和精神疾患正呈不断增生的趋势，如强迫症、抑郁症、老年性痴呆等[①]。尽管一些老人的心理、精神疾患尚未达到临床水平，完全丧失生活功能或被送进精神病院，但却把他们变成了一个“带着缺陷生活”、生命质量较低甚至可以划为高危的人群。也正因此，我们才看到，在这个科技理性“神明化”和“精神生活世俗化”以及养老生活社会化的当代社会，出现了由社会养老、家庭养老而转向佛门养老这样一种奇特的养老现象。

如果说一些老年人对佛教养老的认同与热忱是出于养老心理学的计算，那么，佛教养老究竟为老年人带来了什么心灵福祉？我觉得，近年来一些学者提出的“文化养老”“精神养老”等理念可以作为对这一现象的世俗解释。浙江宁波一位佛门养老者的心理经验也为我们提供了这一预设的样本支持：一位空巢并伴有轻度认知损伤（MCI）[②] 而被佛门收养的老人，两年过后，其认知障碍明显改善。其体验为：每日做事、诵经、交流和环境好。当事人的主述虽很宽泛，但它却为我们提供了一个认知路标：老人对佛门养老的认同源于心灵的满足。我们不妨就以老年人的心理特征为线索展开分析。

---

① 这些病例样本来自作者对一些乡镇公立养老院、商业养老院以及社区、家庭养老的留守、空巢老人的调查。

② 医学所谓的“轻度认知衰老”是介于正常老化与痴呆之间的过渡阶段，表现为与年龄和教育程度不相称的认知功能减退，但尚未达到痴呆的诊断标准。

（一）老年人的心理问题

老化，是这个世界所有有机体生命的一种自然现象。但与其他种系相比，人类这一种系的生命老化与其他有机体的老化又有着不同的发生机制。其他有机体的生命老化是生物基因自然演变的结果，但人类的老化不仅有分子生物水平的因素，也有心理水平的因素，而且，即使是分子生物系统的老化也与心理因素密切相关。由脑老化所导致的诸多老年性精神疾患的临床数据表明，尽管作为有机体，脑老化是一种不可抗拒的生物学事实，但是，通过改变环境，改变基因与环境相互作用的模式以提高心理能力，调节生物结构，延缓脑老化的进程，控制老年性精神疾患的发生，是人类这一物种优于其他自然物种的独特之处。因此，考察老年人的心理及精神问题，需要构建一种从细胞到系统、从脑到心理的整合性视角。

第一，自我认同危机与心理能力下降。老年心理问题的突出特征首先就是个体自我认同危机。无论是身份认同还是价值认同危机，都可引发心理危机，从而导致心理能力的下降。随着年龄的增长，生命的老化以及在家庭和社会经济、政治、文化生活舞台上主体性角色的消失，一些老年人自我身份和自我价值认同的危机开始弥漫开来：个体的“社会自我”“文化自我”身份与认同开始模糊，自己不再拥有“社会”这个舞台，不再为社会所关注，不再具有影响他者的能力；个人的价值、荣耀、尊严、成就感等个人“英雄主义”的文化神话不仅开始去叙事化①且逐渐走向土崩瓦解。虽然人说“夕阳好”，可惜已是“近黄昏”。社会上流行的民谣“老来愁”，若从年轻人口中诵出，也许不过是“少年不识愁滋味，为赋新词强说愁”的一种语言游戏；但从一个耄耋老者口中流出，则浸透了“欲说还休，欲说还休，却道天凉好个秋”的苍凉之感。特别是在这个工业文明与商业文化联手打造的工具理性至上的社会里，大众人口价值认同的取向是：童年充满浪漫，青春受到膜拜，中年被视为成功与殷实，而老年则是废弃的象征。对于那些游离于社会场域之外而蜷缩在家中和养老院的老人们，这种自我认同危机更是如幽魂附体一般挥之不去。也正是这种心理图式参与老年人的社会认知，使得他者无意瞟来的一个眼神和随口而说的话语，都被他们加工和编码成“废弃”“无用”的语义。正如有的老

① “去叙事化”是从“叙事-聆听”这种沟通框架来建立的，这里指的是虽可叙事而聆听却缺席。

人所说，老年的悲哀不是因为我们变老了，而是因为这个过程成为一种被废弃的痛苦的心路历程。这种认同危机不仅导致许多老年人心理能力的降低，而且因心理能力降低又引发了情绪障碍性心理疾患，有些老年人只能到抑郁症那里消耗生命的余能。

第二，孤独[①]体验。老年人是孤独的，尤其是那些鳏寡老人，那些空巢、留守以及被推进养老院的老人。对不同情境下老年人孤独表达的分析表明，老年人的孤独感并非人类这个物种心理发展的自然产物，它与老年人的心理理论以及所互动的社会文化环境密切相关。荣格在《论心理能》这篇论文中这样说过："一个人在生命的前半程里，由于整个机体的年轻，以及其生物倾向，能够扩展生命并从这种扩展中得到有价值的东西。但是处于生命后半程里的人则走向了文化。他的肌体力量变小了，这允许他将自己的本能服从于文化的目标"，然而，"许多人在从生物领域向文化领域的转化中都大受打击"。[②] 虽然荣格的这些话是在 80 多年前并且是针对西方社会的老年人说的，但它同样适合于当代中国社会老年人的心理环境。确实，从发展心理学的角度看，人从中年迈向晚年，外在繁华落尽，心灵转向内心，开始关注灵魂。然而，社会却没有为这些"黄昏的生命"提供灵魂抚慰的文化环境。调查表明，很多老年抑郁症、强迫症都与其对这一不良社会环境的知觉与体验相关。

老年人的心理孤独除了社会没有为老年人提供心灵滋养的文化因素之外，与个体的心理因素密切相关，即其"心理理论异常化"。所谓"心理理论异常化"，我指的是一些老年人不仅不能恰当、客观地理解他人的意图、思想，对他者的心理与言行采取一种僵硬、主观、唯我论的理解，而且通过心理建构主义的方式建构他者的语言、行为以及态度。老年人从社会生活的舞台中心退出，原来自己所掌握的社会资源和社会关系重新归还社会，自己成为社会场外的"局外人"。原来广阔的社会空间现在被收缩为狭小、冷清的空间，个体不再能从社会游戏中获取"文化移情"，这本已令一些老人心生孤寂，如今又被留守老屋或寄养在养老院，儿女不在身边，亲友也很少前来探望。孤独之感无人倾诉，烦倦无法排解，记忆中

① 这里的"孤独"不是精神病学所说的由于脑系统损伤和与社会交往不良相联系的发育性精神障碍的"孤独症"，而是心理学所说的由于心理理论能力的缺失所导致的"孤独体验"。

② ［瑞士］卡尔·古斯塔夫·荣格：《心理结构与心理动力学》，关群德译，国际文化出版公司 2011 年版，第 43 页。

“奶奶在灯下纺线，爷爷坐在火炉旁悠闲地喝酒，孩子们快乐地围在他们身边”那温馨祥和的家庭生活场景如今被空寂的境遇所取代。特别是那些在养老院里的鳏寡孤独老人，很多人都有一种隐隐的“文化耻感”，即中国传统俗文化对于鳏寡孤独者的“去道德化”所产生的“污名”耻感。中国传统“孝”文化是和“养”分不开的。养，不仅是养老送终，也包括成家立业养育儿女。一个没家没业、没儿没女的人要么被视为无能，要么被理解为不务正业，光顾自己快活而忘记了传宗接代、延续家族血脉的神圣使命。不娶妻不养儿，不是一个完人而是半个人，死了连进祖坟的资格都没有。“老绝户”这个贬称就表达了一般民众对孤寡老人的轻蔑与斜视。从社会认知的这一视角看，个体对社会感觉信号的加工以及意义编码，至少涉及三个不同层面的操作信息，即社会背景、心理状态和生活事件①。鳏寡老人进行社会感觉加工的“社会背景”信息就是孤独一人留守家园或被寄养在养老院；“心理状态”就是他们被社会遗忘、被亲友遗弃；“生活事件”就是他们发现他们只能一个人孤独地生活。尤其是当这些社会知觉经过“绝户”这个去道德的文化模型加工后，这些鳏寡老人的心理都建构了一种扭曲的自我认知，并引发了抑郁、强迫（如对他人的面孔、语言、行为十分敏感，不出门，不与人交谈，认为每个人都在嘲笑他）等心境障碍。

第三，社会知觉加工异常。社会知觉加工主要是由人类与一些动物共有的神经组织——“社会脑”来进行。但人类与其他动物相比，不仅社会脑的结构存在差异，而且社会感觉的加工、编码也存在着很大差异：其他动物只能加工简单的社会信号，但人类不仅加工输入社会信号，还可以通过大脑内部不同区域的交互、通过记忆的提取、加工以及推理与想象建构相关的社会信息。正如社会神经科学所揭示的，不同的社会信息加工，不仅可以起到情绪调节作用，而且，从心智化的角度而言，还可能影响个体的心理水平并进而影响心理状态。我们知道，随着年龄的增长以及身边亲友的相继离世，老年人的心理能更多地流向了来世生活的想象。这种心理加工模式不仅影响了他们的认知取向，使很多老年人的心理生活几乎为灵魂轮转、天堂地狱等宗教意象所吸引，而且导致了他们心理水平的下降，即由意识退行到无意识的心理水平。荣格告诉我们：“童年与迟

① 参见［美］葛鲁尼加等《认知神经科学：关于心智的生物学》，周晓林等译，中国轻工业出版社 2013 年版，第 529 页。

暮……有一个共同之处，那就是湮没在无意识的心理现象之中。”① 特别是近年来我国的城市化和人口大流动浪潮把很多中青年及儿童从乡村社会卷走，有的村社基本上变成了老人的世界。这种人口环境对老年人心理的消极影响不仅在于其剥夺了老年人多样性的社会感觉输入，更严重的是它构造了老年人消极的社会知觉模式。比如，在很多村社，老人面对老人，甚至于“老人养老人”（代际间）成为一种“中国特色”的乡村人口景观和老人社会知觉加工模式。一张张衰老面孔的频繁相遇，一张张熟悉面孔的默默消失，使很多老年人的心理生活笼罩于深秋的阴郁之中，难以脱下自己披挂在身的“寿衣”，对死后和来世生活的关注与想象也更加强烈。这更加剧了他们心理水平向人类远古心理残留物即荣格学派所说的集体无意识水平的退化。心理水平的集体无意识化，不仅干扰了老年人的正常认知活动，而且可能导致其精神的分裂。

第四，脑系统老化与变异。随着动物年轮的增长和分子生物活性水平的下降，老年人的大脑也发生了相应的改变。其一，随着老年人活动量（有氧运动）的减少、药物激素的刺激以及血流动力学水平的降低等，老年人的灰质体积在减小，首先是前额叶皮层的体积变化十分明显，再就是壳核和海马；尤其是随着多巴胺的衰退所导致的神经元数量、单个神经元突触数量的减少以及由于视网膜成像的退化所导致的视觉信息加工速率的减退和右半球功能的退化、半球去分化的交互造成的认知干扰，使得老年人神经性疾病发生的概率很高。其次，身体疾病的增多，特别是逐渐下降的心理能力、心理水平限制了老年人自主加工信息的活动，使老年人信息加工资源减少，影响了其编码和提取的信息量，更加剧了其认知机能的退化。

对老年人心理、精神问题的发生所做的分析昭示我们：养老，无论是家庭、养老院还是社区，都不应仅是生物学、社会学意义上的肉身供养及生活保障，更重要的，它应该具有精神颐养的维度。确实，我承认，对老年人心理、精神障碍发生“因素”的分析完全聚焦于社会、文化环境及老年心理理论的层面是不恰当的。老年人的生活方式、个体生活史、家庭疾病史等也都是很重要的因素。但我还是坚持这一点，文化环境是主导性因素；即使像老年人的生活方式、个体生活史、家族疾病史等这些生物、社会、心理元素，通过认知神经科学的棱镜透视，也都具有文化的风格。

① ［瑞士］卡尔·古斯塔夫·荣格：《心理结构与心理动力学》，关群德译，国际文化出版公司2011年版，第275页。

几年前我曾表述过这一点：文化当然不是包治心理疾病的灵丹妙药，但它绝不是一般人所理解的日常生活的调味品。自人类这个种系经过漫长的进化和细微调整，不再像其他生命体那样仅靠简单的生物“嵌套装置”适应环境，而是通过发明各种文化符号调节脑-心理活动，协调人与环境之关系之日起，人类就成为一种名副其实的文化动物。尽管从神经生物学的角度看，脑以及心理的基础主要是生物的，但发展认知神经科学也揭示了这样的道理：人的心理系统是基因与环境之间复杂多样的相互作用的结果。文化环境不仅使人类的脑-心理系统具有了人的属性，而且它还影响了我们身体的健康与疾病，尤其是人类的心理疾病。① 也正如我在前文所表述的，近年来我国心理、精神疾病呈增长趋势，不完全是有机体分子生物系统的基因表达，也不完全是公共卫生的问题，更主要的可能是一个“文化心理学”问题。为什么在前现代社会，在缺乏健全的社会保障体系和公共卫生支持的情况下，老年人发生各种精神障碍的概率却低于现代社会？原因很简单，因为在传统社会，老人们的生活世界不仅是一个由各种世俗文化符号（家庭、民俗、伦理）编织起来的社会世界，而且是一个由各种“神圣”符号建构出来的“超凡世界”。人们不仅通过这些社会知觉加工、编码巩固着他们的心理努力，维系着正常的心理水平，而且，这些超凡信号的加工、编码也可使老年人建构起生命的终极意义，使其对于衰老和死亡能够持一种乐观从容的态度，从而消除了老年人的死亡恐惧与焦虑。宗教对于生命康乐的意义，不是使现实生活中的恶、痛苦、无序这类问题如何避免而是如何承受的问题，即使不可理解与接受的事物变得可以理解、可以接受的心理问题。②

（二）“悲田”与老年精神康复

近年来，佛教养老与老年人精神健康之关系的研究并不少见。但对这些研究做一梳理，我们不难发现，当下人们就此问题的阐释大多还流连于灵魂不死之佛理与人生终极意义关怀之关系的形上维度。确实，佛教作为一种人生智慧，“悲田”作为佛门孤老生命关怀之业，其神圣庄严的人生境界和灵魂不朽的生死解脱学说无疑为养老者提供了心盛支撑。但我认为仅仅论说这一点还不够。心理健康不仅仅源于意义把持这样一种形上水平的心灵活动，它还涉及心脑、身心、心物等不同水平的复杂关系的协调。

① 高长江：《大学生精神卫生问题的文化背景》，《神经疾病与精神卫生》2010 年第 5 期。

② 高长江：《神与人——宗教文化学导论》，吉林人民出版社 2000 年版，第 8 页。

因此，对佛教养老与养老者心理健康之关系的科学解释，显然不宜仅在哲学和宗教心理学层面上游弋，它需要一种脑-心理与环境整合的视角。

第一，养老院的佛教礼仪可以对老年人的心理无意识进行同化，从而提升老年人正常的心理能力和心理水平。前文已述，宗教仪式的心理学意义不仅在于其可强化人们的宗教信仰，而且在于这类活动作为一种心理剧可以与人的心理无意识形成对接，并对人们混乱无序、躁动不安的无意识情结进行转化，将它们投射到剧情之中。荣格曾经提醒人们："一个老年人，当他蹒跚着从生命的顶点走向低谷的时候，如果不知道聆听身旁流过的小溪的秘密，其生命就没有任何意义。他只不过是……一个精神的木乃伊。"[①] 荣格的这个譬喻想要告诉我们的是，人到晚年，如果不能与灵魂展开对话，不仅会变得僵硬麻木、心理混乱，而且还会变成一个"活死人"，即精神病患者。如前所述，老年人脑组织的老化，尤其是亲友的相继离世，对未来生活的想象，使其心理系统中的集体无意识更加活跃，因而也更需要通过相应的象征符号来加以同化，以保持意识与无意识的和谐统一。中国古代心理医学主张，老年人"凡丧葬凶祸不可令吊，疾病危困不可令惊，悲哀忧愁不可令人予报，……坟园冢墓不可令游"（《医贯·寡欲论》），正是看到了某些知觉输入对老年人心理无意识激活的危险。但人毕竟生活在社会世界之中，毕竟长着一个"社会脑"，这类信息是不可能完全回避得了的；即使能够回避，大脑的自我交谈也会生产出这些信息。因此，减少负面信息对老年人心灵的影响，回避仅是一种消极的策略，分散注意力的"灵魂催眠"也是一种很有限的手段。积极的应对就是通过某些象征仪式转化这些无意识。本课题调研时我几度参加过在佛寺、佛教安老院和社区举行的超度仪式，对宗教仪式的心理熵转化功能感受颇深。在悠扬的梵呗声中，水陆道场，"焰口"施放，焚化法船……庄严的情境与神圣的象征符号创造了一幕风格别致的心理剧；特别是过"奈何桥"仪式，构思精巧，象征丰富，可谓中国佛教消化个体心理熵能的高超的心理剧艺术：在一条纸制的彩绘桥上，法师与亡灵的亲人共同牵引着亡灵的灵位渡过纸扎的"奈何桥"……通过这种象征性地重演生命中的某一事件，使欣赏者能够适应并掌控那些给人以巨大心理压力的生命事件。即是说，这一知觉信号加工，在人们的大脑建构这样一种意识场景：自己亲人的"亡灵"此时已解除生时的罪过，顺利经历阴间冥途之

---

① ［瑞士］卡尔·古斯塔夫·荣格：《心理结构与心理动力学》，关群德译，国际文化出版公司 2011 年版，第 278 页。

旅，开始重归生命的起点——往生极乐世界或进入“投胎中阴”。这种心理经验不仅使老年人的丧亲之痛得以宣泄和释放，而且也使他们关于死后归宿的心理无意识情绪碎片得以消化。对于那些生活于佛教“养老院”的老人们来说，即使并非经常性的观赏这类“心理剧”，但只是偶尔的佛事礼仪，对于转化他们的心理无意识，维系正常的心理水平也都可发挥极为重要的作用。

第二，佛门安老院的环境（自然与人文）知觉也比较有益于老年人心理问题的康复。环境与个体脑-心灵之间的关系，用生态心理学的“唤醒理论”来解释，就是绩效最佳的中等唤醒水平最有益于脑与心理，而上与下都会产生负效应。生态心理学的耶克斯-多德森定律告诉我们，空气、声音、行动、认知等过高或过低都令人不愉快，影响脑与心灵的状态：低唤醒降低人的心理能量和认知活动，会加速大脑老化；高唤醒使人神经紧张，心绪烦躁、愤怒，甚至于处于环境应激状态，同样会导致脑与心理的变异。空巢老人、留守老人、都市商业养老院之所以老年性神经病发病率高，一个重要原因就在于环境输入给脑的信号处于过高或过低的唤醒水平。① 佛教养老之所以有益于养老者的心理健康，则在于这里的环境使个体的脑与心理处于绩效最佳的唤醒水平。

首先，从自然环境这个视域看，佛门养老院一般都建在绿树葱茏的林间溪畔或城郊，这种环境十分有益于老年人大脑神经系统的活化，即花红柳绿、动静相宜的感觉信号输入，使其大脑处于一种合宜的唤醒水平之中。

其次，从人文环境角度看，安老院各种感觉信号的输入与加工，也可以激活老年人老化的神经系统。流行精神病学的普查表明，老年痴呆症近年来在我国老年人口群体中发病率及流行率都有逐年上升的趋势。尽管从神经生物学的角度说，这无可奈何；但是，正如神经科学家所分析的，老年性痴呆绝非人口生物学所说的老年人的命定，在很大程度上它与老年人的精神生活有关。“虽然老年人在某些解题性作业上表现较差，处理信息略缓，但没有证据表明学习能力随年龄增加而减弱，事实上，他们的词汇

---

① 我在吉林省吉林市某养老院调查时就发现这样的案例：养老院坐落于市中心，由一幢低矮敝旧的三层楼房构成。这里不仅被高分贝的噪声所环绕，而且室内光线严重不足——阳光稀少，灯光昏暗。老人们不但昼夜不分，生物节律钟失常，且噪声也使其大脑处于环境应激水平，发生了很多抑郁症病例。至于社会认知资源、文化认知资源的稀少所导致的认知能力下降，对这里的养老者而言已经可以忽略不计了。

量增加了。政治家、商业巨头、教会负责人和政治领袖在六、七十岁时可能达到他们权力的顶峰。”① 正如毕生发展理论所指出的那样，虽然老化是有机体生命组织不可逆转的事实，但我们可以通过老年人的认知训练延缓脑老化的进程，甚至改变老化的水平。国外的一项老年认知训练研究表明，即使在老年阶段，个体的认知能力和水平仍有可塑性。无论是对其施行干预记忆、干预推理训练还是干预加工速度训练，都可以提高老年人的记忆等认知功能。② 美国著名阿尔茨海默病研究专家大卫·斯诺登通过对修女的老年生活研究表明，在老年期，擅长语言加工的修女们会对阿尔茨海默病有较大的抵抗力③，因为语言加工编码活动在不断地激活神经回路。特别是在佛教养老院养老，与其他养老院养老的饱食终日，无所用心不同，它编入了一些佛事活动，如佛理的研修、老人与僧人的交流、参加佛事礼仪、庭院园艺活动等。这可以说是一种特殊的老年认知训练活动。尤其是佛教文化信息的输入与加工，大都与颞叶、丘脑和边缘系统这些神经网络操练相关，这些系统又恰恰是老年人脑老化的重要区域。它们的激活对于延缓脑老化十分重要。美国两位神经学家的研究还发现，每日静观修行可以增强人对自己真正目标的专注力，可帮助人改善大脑的记忆功能；而且，脑呈像技术还显示，与对迷信、邪教和悲伤的事情的默想可能导致的恐惧、压抑的心理不同，对佛、观音的慈悲、祥和、端正的形象的静观默想，可刺激大脑的前额叶皮质，激活大脑前方的一条回路，包括前扣带的微小区域，会对引起愤怒与恐惧的脑感区形成压制，控制杏仁核的活动，从而预防了人的情绪沮丧、焦虑和阿尔茨海默④。这也可能是佛门养老益于精神康复的独特的人文资源。尽管我也承认，佛教养老院的老人们并不都拥有如此的“观想”功夫，但即使不进行“观想”这种高级的认知活动，仅是日常性的诵经唱呗、园艺劳动等这类记忆更新、注意转换、双任务切换等活动，也是对老年人认知能力改善的认知训练，有益于

---

① ［英］苏珊·格林菲尔德：《人脑之谜》，杨雄里译，上海科学技术出版社 2012 年版，第 99 页。

② ［美］拉兹·尼博格：《健康老化过程中的认知训练——认知神经科学的观点》，［美］卡贝扎等《脑老化认知神经科学》，李鹤等译，北京师范大学出版社 2009 年版，第 295—296 页。

③ ［美］大卫·斯诺登：《优雅地老去：678 位修女揭开阿尔茨海默病之谜》，李淑珺译，世界图书出版公司 2014 年版，第 117 页。

④ ［美］安德鲁·纽伯格、马克·瓦德门：《改变大脑的灵性力量》，邓伯宸译，译林出版社 2012 年版，第 35—31、118。

退化的认知系统和机能的康复①。

第四，僧人与老人的日常沟通和人道关怀，对老年病的康复十分重要。人生行至晚年，无儿无女或身不由己地被送进养老院或留守家园，无人聆听自己的故事，这不仅是一件令人唏嘘不已而且令人觉得痛苦难堪的事件，而且它对老人的精神也产生最大打击——消解他们的心理努力，使之堕入悲观、绝望的消极情绪体验之中，从而造成对脑系统的损害以及引发各种身心疾病。这时，如果有人出现在他们面前，倾听他们的叙事，开发他们的故事，温馨而富有意义给他们以劝慰，这无疑通过语言的丝线修补他们破碎的心灵之网，有助于情绪愉悦和心理上的幸福感。浙江杭州萧山莲华寺住持释广兴法师曾语我：寺院社会慈善活动的重要内容之一，就是在本区内开展“一对一”地关怀村社的鳏寡孤独老人。和尚们不仅经常给老人们送衣送物，而且常去家里问候，和老人们谈佛论法和聊天。也正是这样的交往沟通，使得他们所关怀的老人身心十分健朗。在一些佛教“安老院”，僧人们几乎就是“瞻病僧”和安老院的心理医生。他们不仅照顾老人的饮食起居，还经常和老人们交流。从认知神经科学的原理看，僧人与老人的经常沟通，可以激活老年人的突触以及神经递质多巴胺（DA），而这一神经系统的活化又激活了基底神经节、中脑边缘、伏隔核以及边缘新皮层，支持老年人的情景记忆、工作记忆、语义加工以及运动功能，延缓脑衰老。西方、东南亚地区的研究证实，忆旧治疗是有效的心理干预手段，对增进老年人的自我了解、提升自尊、减缓老年人认知功能障碍发生的效果明显②。从心理康复学的角度看，和尚与老年人的沟通，不仅为老人们提供了疏泄心理情结的机制，也给予他们的生命以最有力的道德支持。也正是这种道德支持，为他们输入了心理正能量。美国文化精神病学家阿瑟·克莱曼博士曾说，对于那些衰老与慢性病人而言，提供生活保障和需求满足已不是问题，而是和他们在一起，倾听他们的叙事，表达对他们的同情和怜悯，这可以塑造对象的生活勇气，也是治疗与护理的内在的道德意义。③

克莱曼的观点和佛教养老院的考察也使我思考到这样一个问题：近年

---

① 参见韩笑等《认知训练对健康老年人认知能力的影响》，《心理科学进展》2016 年第 1 期。

② 李明、杜建政：《旧事为何重提：忆旧叙事与自传记忆的功能研究及其整合》，《心理科学进展》2015 年第 1 期。

③ ［美］阿瑟·克莱曼：《疾痛的故事——苦难、治愈与人的境况》，方筱丽译，上海译文出版社 2010 年版，第 60—61 页。

来不断发生在养老院的养护纠纷和医院的医患纠纷，其原因都不单纯是人们对养老机构、对医疗机构冷漠的护理理性和“救世神话”幻灭的失望和愤怒问题，其深层诱因可能是一个医学伦理学，即医生和护理人员如何建构他们的对象——一个退化的基因组织还是一个人的生命——的问题。解决这个问题的灵感，不应仅在医学神话和社会学神话中去寻觅，中国佛教的“悲田”事业也许会提供给我们更多。

第七章　民间信仰：中国宗教精神病学的民俗模型

黄帝问曰："余闻古之治病，惟其移精变气，可祝由而已。今世治病，毒药治其内，针石治其外，或愈或不愈，何也？"岐伯对曰："往古人居禽兽之间，动作以避寒，阴居以避暑，内无眷慕之累，外无伸宦之形，此恬憺之世，邪不能深入也。故毒药不能治其内，针石不能治其外，故可移精祝由而已。"

——《黄帝内经·素问》

一　中国民众的精神卫生之谜

多少年来，中国民众尤其是中国下层社会那些普通、日常生命的精神卫生问题，一直是西方心理学和精神病学感兴趣的课题，当然也是他们疑惑不解的现象。用西方精神病学和心理医学的眼光审视，中国社会尤其是民间社会既缺乏专业精神病学，又没有职业心理医师提供心理咨询与心理干预，在这样的公共卫生环境下，为什么大多数民众都没有被神经症和精神病所困扰，并能保持一种"健康"的心理？某些人即便是罹患了精神疾病，也不会像西方人那样必须通过专业的精神病治疗机构——精神病院或心理诊所——和专业心理/精神病医师的治疗，只是经过一段时间的"神秘鼓捣"就基本痊愈了。这不能不说是人类心理医学史和精神病学史上的一种奇迹。

莫非中国人先天就是一个较西方人更加心灵和谐、精神健康的民族么？

如果我们能够抛弃那种虚构的民族自豪感而以一种科学的态度审视我们这个民族的精神形态与精神生活形态，就会发现并非如此。正如我在第一章所分析的那样，作为一种自然性与精神性、个体性与社会性、意识与无意识合成的有机体，作为一种生物、社会、文化“三脑一体”的哺乳动物，人类先验地与精神病有着某种纠缠不清的关系，或可以说精神病就是人作为一种社会生物的存在属性。华夏族群同样无法跨越这一生物学定律，同样不可能免除心理和精神问题的困扰。可在一些西方学者的眼中，也在我们这个民族很多人的想象中，为什么会形成中国人的这一“文化精神病学”特例呢？

我分析，这一误识的形成可能与以下三个方面因素的影响相关。一是人们关于中国民众的心理或精神问题的理论研究很不充分；二是很多人存在着一种中西方精神疾病病理现象学的认知偏失；三是中国人对待心理或精神疾病的态度与行为方式超越了正统精神病学和心理医学的经验模型。下面我用稍细一点线条围绕上述诸点展开分析。

第一，迄今为止，中西心理医学和精神病学关于中国民众心理/精神问题的研究还十分薄弱，能够为人们提供这方面认识的科学理论资源十分有限。心理学大师荣格晚年曾对“东方心理学”十分迷恋，并耗费了多年的心血对东方人的心理生活进行研究。从东西方心理学跨文化对话的角度看，荣格的功绩及其研究成果可谓无人堪比；但从当代心理人类学和文化精神病学的角度看，荣格的“东方心理学”研究对于解释中国民众的精神卫生之谜所能提供的理论资源仍然十分有限。首先，在荣格的“东方心理分析”的视阈中，“东方”主要还是被限定在印度，荣格思想的落点也主要是通过印度教和佛教对心理学的贡献之分析来解读“东方人”的心理卫生之谜的①。显然，荣格的“东方心理学”其实并未涵括中国。其次，荣格虽然也看到了中国古代文化特别是宗教文化与中国民众的心理养生或精神卫生之间的关系，但他的视野仍然比较狭窄，即他所关注的是中国的道教、佛教（主要是密宗）在心理养生学方面的贡献（这方面研究的代表性作品是他的《金花的秘密》）。在荣格看来，中国人的精神健康就在于“中国从没有偏离心性本原的精神体验，因而从不会过分强调和发展某一单一心理机能而迷失自己”，它们总是能在相反的两面“相互找到平衡”，这是高等文化的象征。② 我之所以敬佩荣格，就是因为他作

① 荣格在这方面的出色论著包括《东西方思想的差别》《瑜伽能否为西方人接受》《印度能教给我们什么》等一系列论文。

② ［德］卫礼贤、［瑞士］荣格：《金花的秘密：中国生命之书》，邓小松译，黄山书社2011年版，第25页。

为一个西方人能够以如此宽宏的胸襟对中国人的文化心理给予如此高的评价。但是，感性并不能代表理性，崇敬之余我们反思一下荣格的研究，觉得他的观点还存在许多问题。其中较为明显的，他不知道，对于中国民众而言，道教、佛教，特别是以“性命双修”（荣格也将其称之为一种“炼金术”）为主的道教心理养生术在中国下层社会并不具有普遍性，它只是少数人（如神仙家和文人士大夫）的一种养心之道。如把道教、佛教的“性命双修”或“炼心术”作为中国传统心理养生的一种文化传统是没问题的，但它们是上层文化或精英文化，而不是下层文化或大众文化。用它们来解释中国民众的精神卫生机理至少缺乏生态学效度。

美国著名心理学家彼得·班克特在其所撰写的人类心理治疗史的名著《谈话疗法——东西方心理治疗的历史》中，也为“非西方视野”的东方心理治疗思想与经验开辟了虽然文字不多但叙事还算完整的文本空间。然而，即使是在这简疏的文本空间里，作者的视线也主要流动于中国的儒教、道教和禅宗对中国人精神卫生影响之意义这个层面（见该书第397—409页）。尽管他的分析与诠释不乏洞见，但与荣格一样，这种分析也仅仅适应于中国传统社会某些特殊的社会群体，就民间社会普罗民众的心理生活、精神卫生事实而言，其样本和数据具有很大的“生态失衡”性。从某种意义上说，它仅仅是为写作“东方心理治疗”而写的文字。

关于中国民众的心理、精神特质问题，汉语学界也做了很多的分析与梳理。有的学者从中西民族文化心理结构的差异入手，解读中国民众的精神安逸与和谐背后的文化因素，如李泽厚的《实用理性与乐感文化》；有的学者从中国传统心理医学的角度诠释中国古代医学文化的心理养生机理，如杨鑫辉的《医心之道——中国传统心理治疗学》；还有的学者对中国民众平淡自如、心满意足的日常生活和心理生活进行了描述，并分析了其背后的民族性因素，如林语堂的《中国人》。可以说，这些研究尽管视阈不同，写作宗旨各异，但它们对于汉语精神分析人类学和文化精神病学的研究都提供了相当丰富的素材和样本。受本节主题的限制，此处我无法对这些研究成果予以详细评述。

第二，学术界（不只是心理学与精神病学，也包括哲学）关于中西方民众心理模式或精神特质以及精神卫生水平的评价存在着一种精神现象学解释和文化心理学分析的偏失。正是这种偏失导致了我们关于中国民众的精神性态、精神卫生水平优于西方人的错误判断。

我们不妨先从这一误识形成的文化背景入手展开分析。进入20世纪下半叶以来，随着西方现代性雄心勃勃的发展，尤其是进入后现代社会之后心理和精神问题的不断凸显和增生，“东方”与“中国”再次引起了西方人的瞩目。无论是哲学界还是心理学界、人类学界，很多人认为，东方人/中国人的文化心理品质较西方人可能更益于人的精神健康发展；有的学者甚至提出，要医治西方的“现代病”，促进21世纪人类心理及精神的和谐发展，出路在东方、在中国。这种观点与话语在汉语学界、在东亚文化圈也形成了积极的回应。在有些学者看来，无论是中国传统的“和合文化”还是养生文化，对于新千年人类（尤其是西方人）心理与精神问题的调理，都可以提供宝贵的智慧和灵感。这种民族文化自豪感确实令我感动，但这种思想我却不敢苟同。简明扼要地说，它的主要问题在于，人们只看到了儒家的“中和”、道家的养生与禅宗的“悟性”对华夏民族文化心理结构的影响，却没有看的这种影响的人口学维度之差；或者说人们忽视了一个民族文化的“大传统”与“小传统”作用于民心的不同维度。对中国普通民众而言，无论是道庭的养心之道还是禅家的“无相”禅心，似乎并没有对他们的心理生活产生多大影响。因此，说中国人的心灵性态是“道”的自由与“禅”的无相之境，也许只适应于中国人中很小的一部分（即使在文人士大夫阶层中也是很少的一部分）。

而比这更严重的问题还在于，这种观点完全忽视了中国人与西方人心理和精神发展的不同水平及其所可能发生的心理或精神问题的不同层次，就如同我们用一个儿童的天真、幼稚和单纯去衡量一个成年人的成熟、理智和复杂而产生的忧郁和烦恼，说儿童的心灵比成年人的心灵更圆妙、更高级一样。它不仅表征了我们对此认知的表象性，而且还可能形成我们的虚假自恋，把自己的文化心理劣性当作优秀品性来欣赏，甚至于作为神话来信仰，并使之进入国家文化，以之同化公民的精神生活，进而形成民族精神进步的心理阻力。再次重申这一点：作为一种“原罪”性的存在，又有谁能够做到毫无精神缺陷地生活呢？中国人怎么会先天地具有优异的心理品质呢？不同的生活环境与民族文化习性塑造了族群的脑和心理系统，因而，心理-精神特质与疾病具有生态化、本土化的维度。中国人有中国人的心理与精神问题，西方人有西方人心理与精神问题。不同的生存环境，不同的进化路径、不同的文化发展水平甚至于不同的语言系统会形成不同的心理、精神特质以及问题。我们不妨具体分析一下。

中国哲学家李泽厚先生在分析、比较中西民族的文化心理结构差异时这样写道：“基督教讲‘圣爱’高于理性，具体落实在情感上，便正是以纯粹理性的绝对主宰（由知性确认的自觉意志）为根本特征。这是一种以极度理性凝聚来彻底、全面、干净地舍弃、压倒和征服自然情欲和世间一切其他感情。它所突出的是彻底洗涤人间情欲特别是自然生理情欲（这经常被认为是一切罪行、丑恶的渊薮）而带来的精神欢悦。这种以理性凝聚的意志力量来决裂“斩绝人世情欲，历经身心惨重冲突和苦难，却仍然永无休止地对上帝的激越情爱，可以造成心理上最大的动荡感”；而中国文化却并非这种理性精神和罪感意识，而是一种“乐感文化”——“乐感文化以情为体，是强调人的感性生命、生活、生存，从而人的自然情欲不可毁弃，不应贬低”——因此，“中国哲人总强调与自然天地、与山水花鸟、与故国家园相处在浓厚的人世情、人情味的流连依恋之中。就在这里而不必在超自然超人世中去追寻道路、生命和真理。”① 李泽厚这里所描述并且所赞叹、所迷恋的中国“乐感文化”（也包括他在其他场合所说的“实用理性”“巫史传统”等）及这种文化所哺育的民族心理，通过西方“现代病”乃至于后现代心理棱镜的折射，不啻为一种令人羡慕的宁静而平和心灵性态。但是，我们必须清楚地认识到，近一个世纪以来（甚至更早一点，比如莱布尼茨的哲学）西方哲学、人类学、心理学、精神分析学对中国人的精神品性、精神生活的赞扬乃至于倾慕，主要源于我上面所说的系对不同的历史情境下心理发展水平现象的忽视，即它不过是西方人在经历了文艺复兴、启蒙运动、工业革命、后工业社会的一系列精神洗礼，体验了现代性、后现代性的二元逻辑张力、科技理性膨胀、商业文化泛滥、个人主义至上、无政府主义肆虐、虚无主义横行所导致的身心之间、身物之间、我-你之间的巨大分裂，经受了无助感、迷茫感、焦虑感、恐惧感（如尼采所说，“随时随地地吃一点毒药，给自己许多美梦，最后却吃的多些，而惬意地死去”②）的精神痛楚之后对东方社会那种田园牧歌般古典生活情调的一种向往，就像工业社会的高更对原始社会简朴生活的渴望一样。如果用保罗·麦克莱恩“三脑一体”的理论来解释，也可以这样说，进入现代和后现代社会以来西方人所表现出的那种普遍的恐惧症、焦虑症、歇斯底里症、人格分裂等精神性疾病，是因为西方人的那个“新哺乳动物脑”过于激进，走得太远而忘记了与古哺乳动物脑的连接、合作与整合，是由于“三个脑”出现了严重的分裂并因此而导致的精神冲突、分裂的苦痛。就此意义而论，中国人确实比西方人幸运（而不是“健康”），因为我们还没有像西方人那样被焦虑、空

---

① 李泽厚：《实用理性与乐感文化》，生活·读书·新知三联书店 2005 年版，第 75、79、88 页。

② ［德］尼采：《查拉斯图拉如是说》，尹溟译，文化艺术出版社 1987 年版，第 12 页。

虚、绝望等精神痛苦所折磨，但这并不意味着中国人的心理水平比西方人高，而是因为我们的心理与西方人不在同一个发展水平上。不同的文化塑造了不同的脑和心理结构，不同的脑和心理系统会产生不同的神经表达和心理现象，也会发生不同的心理问题。我们可以通过中国思想家关于中国民众文化心理性态的相关描述来论证这一点。

李泽厚先生在总结中华民族的文化心理特征时经常用“巫史传统”“乐感文化”“实用理性”这类词语来描述。我认为这是很贴切的。但是，无论是“巫使传统”还是“乐感文化”，从发展认知神经科学的角度看，不过是人类这一种系进化到古代农耕社会的一种心灵水平。从精神卫生学的角度审视，它也并非一种健康的心理品质，只不过是与西方人不同的心理水平和这种水平的表达方式而已，因而，当然也不可以西方人所表现出来的那种“现代性”精神病的标准来评判，就像儿童易患自闭症而不会患老年痴呆症一样。我们就以李泽厚所说的中国“乐感文化”之心理为例做一解析。表面看来，这种心理图式似乎优于西方人，但对其进行深层透视便可发现，这种文化心理是很成问题的。“乐感文化”强调人与自然天地、与故土家园的依恋，虽然没有产生现代西方人身心、身物分裂的痛苦，但这并非我们祖先的心灵被肯·威尔伯所说的宇宙“大精神”所充盈，而是中国人的意识水平还处于较低层次，即天人不分、主客混沌的意识状态，是一种没有充分发展的心理水平的表达。法国著名古生物学家德日进（皮埃尔·泰亚尔·德·夏尔丹）曾这样写道：

> 中国（当然，我指的是古老的中国）缺乏进行深刻革新的兴趣和意向。这个泱泱大国呈现出一副奇怪的景象。它直到昨天还像一万年以前一样，只是勉强有点变化的世界的一部分……居民不但由农民组成，而且基本依拥有土地多寡的等级加以组织；皇帝实际上是最大的地主；居民在烧砖、制瓷和铸铜方面高度专业化。他们把研究象形符箓和星象变成了迷信。当然，这里的文明精致得令人难以置信，但它也和它直接用来表现自己的文字一样，一旦开始就一成不变了。直到19世纪末，这里依然停留在新石器时期，而且不是像其他地方已经更新过的新时期时期，它只不过变得无比复杂，不仅只在同一些线上，而且只在同一方面复杂化，仿佛它离不开它赖以形成的地球似的。①

① ［法］德日进：《人的现象》，范一译，北京联合出版公司2014年版，第164—165页。

这是一位在中国从事地质和古生物考察长达二十三年的外国科学家于1938—1940年在北京完成的一部书中的文字。作为一个旁观者、一个拥有中西方文化不同背景的学者，他对中国人心灵水平的透视可能会有限制，但分析也可能更加客观。有人也许会说，西方人看中国人的眼睛一直是戴着有色眼镜的。好吧。是非曲直这里先不做评述，我们就听听中国本土学者是怎么说的吧。国学大师、著名美学家宗白华先生在描述中国人的世界观、生活方式时曾这样写道：

> 中国古代农人的农舍就是他的世界。他们从屋宇得到了空间观念。从“日出而作，日入而息”（《击壤歌》），由宇中出入而得到时间观念。空间、时间合成他的宇宙而安顿着他的生活。他的生活是从容的，是有节奏的。对于他空间与时间是不能分割的。春夏秋冬配合着东南西北。……时间的节奏（一岁十二月二十四节）率领着空间方位（东南西北等）以构成我们的宇宙。①

林语堂先生在论及中国人的心理结构时表达了比宗白华更为细腻的感悟：

> 我们懒懒散散，我们不喜欢为一只球在球场上争逐，而喜欢漫步于柳堤之上，听听鸟儿的鸣唱和孩子们的笑语。生活是如此动荡不安，因而当我们知道真的有什么令自己满意的东西，我们就会抓住不放，就像黑暗的暴风雨之夜里一位母亲紧紧搂住怀中的婴孩。我们对探险南极或者攀登喜马拉雅山实在毫无兴趣，一旦西方人这样做，我们会问：“你这样干的目的何在？你非得到南极去寻找幸福吗？”我们经常光顾影院剧场，然而内心深处却认为现实生活中儿童的嬉笑也同样能给我们带来欢乐和幸福，绝不亚于银幕舞台上想象的产物。如此相比，我们便情愿呆在家里。我们不相信亲吻自己的老婆必定索然无味，而别人的妻子仅仅因为是别人的妻子就显得更加楚楚动人。我们在荡舟湖心之时并不渴望走到山脚下去，我们在山脚下时也并不企求翻越山顶。②

---

① 宗白华：《美学散步》，上海人民出版社1981年版，第89页。

② 林语堂：《中国人》，郝志东等译，学林出版社1994年版，第334—335页。

不错，如此的心灵当然不会像西方人那样因追求无限而产生精神的彷徨和心灵的困苦。然而，国人在守望着悠悠自然、与世无争这一心灵家园的同时，也为之付出了沉重的代价：它阻碍了中华民族心理与精神的发展与进步。即使不在心灵学或精神哲学的层面，仅在最基本的神经生物学的意义上，我们也看到了这种心灵水平的局限性：它影响了有机体大脑神经系统的合理发展。神经学家告诉我们说："环境的刺激程度将决定神经元之间怎样连接，从而决定你个人的记忆……一种多姿多彩的环境，并不单纯指可得到更多的物质财富或增加体力活动，毋宁说，关键因素是对脑的刺激。"① 记得宗白华先生在品评中国诗画的艺术特征时曾感悟到：中国诗画代表着中国人的宇宙意识，像在一和平的梦中，使人获得的是一澈透灵魂的安慰和惺惺微妙的领悟②。宗先生说中国人的意识如在"和平的梦中"，可谓绝对逼真。中国人在宇宙中就像在梦中：整个梦境意境蓬松、妙趣无限，但也正如发展心理学家所指认的，这却是现象的无组织汇合状态：梦中对意义的融合属于汇合现象；而清晰时刻对意义的区分是分化现象③。这种"无组织的汇合"的意识活动，不仅影响脑系统结构和功能的分化，阻抑着人的认知机能、心理水平和理性精神的发展，用精神分析学的理论棱镜来透视，它还可衍生出主体不健康的"共生"心理：个体通过顺从、依恋、融合于一个人、一个团体、一片土地、一个死者，虽然扬弃了个体的分离性，摆脱了孤独感和焦虑感，但他也失去了自己的完整性与自由性——"他们相依为命，互相获得生存的力量，满足相互亲近的渴望，但是，他们却缺乏内在的力量和自力更生的精神，因为他们没有自由和独立"。④ 正是这种心灵水平与意向，使中国人虽没有像西方人那样承受着精神的孤独、焦虑、解离的精神苦痛，但却被另一种低水平心理——心理退行与人格萎缩——滋扰着：人们害怕"断奶"，担心失去"母爱"，唯恐丧失"父母"的保护——他们把自己完全交给一个大于自己的对象，如家庭、家族、社会、国家等人工符号以此获得安全感、稳定感。虽然日子过得安安稳稳，情感生活波澜不惊，没有狂躁、歇斯底里类

---

① ［英］苏珊·格林菲尔德：《人脑之谜》，杨雄里等译，上海科学技术出版社 2012 年版，第 96—97 页。

② 宗白华：《美学散步》，上海人民出版社 1986 年版，第 71 页。

③ ［美］J. 瓦西纳：《文化和人类发展》，孙晓玲等译，华东师范大学出版社 2007 年版，第 33 页。

④ ［美］埃利希·弗洛姆：《健全的社会》，孙恺祥译，上海译文出版社 2011 年版，第 23 页。

的精神病发作，但很多人确是“带着缺陷生活”。更为令人恐惧的是，中国人的这种“心理缺陷”、人格阴影通过基因遗传的方式烙印于现代中国人精神系统，培植了鲁迅等思想家所说的民族的“精神肿瘤”，即使到了今天它还隐隐发作，比如对集体的依赖、对权威的顺从、对妖魅鬼怪的迷信以及个性的萎缩、独立人格的缺失等。

我们再来看李泽厚所说的“巫史传统”。尽管这种文化心理与我们的“根”（祖先的记忆、文化原型情结）没有分裂，但我们却被这个“根”所缠绕而没有生长出精神的新芽，使得两千多年来中华民族的心理生活仍为农耕社会的巫术、魔法、神鬼妖魅情结所左右，并由此引发大量的“癔症”式精神病。若再用大脑物理学理论来解释，也可以这样说，现代西方人因为“文化脑”过于发达，走得太远而忘记了与“社会脑”的合作与整合而导致了新精神问题；中国人则是由于“文化脑”没那么发达或进化比较慢或与“社会脑”之间没有实现超越与分化，而是相互勾连与纠缠，在某种情境下甚至于古老的“社会脑”成为精神生活的主导模式。中国的诗歌文学、抒情戏剧、写意绘画、人情伦理比较发达而小说艺术、透视绘画、科学技术、绝对伦理却匮乏与落后；中国人精神世界中的祖先故事、精灵鬼怪意象十分丰富与活跃并成为中国民众宗教生活的主体模式，也与中国人“社会脑”的过于活性密切相关。华夏民族的“文化脑”与“社会脑”彼此纠缠乃至往往后者抑制前者，尽管发展了中华民族艺术化、伦理化的精神个性，避免了现代西方人的精神问题，但它也使这个民族为此付出了极其沉重的精神代价——科技、法治、契约等理性精神的滞后以及超越、卓越、个性、自我实现人格的萎缩，并因此导致中华文明与西方文明拉开了很大一段距离，直到今天，它们仍然构成中国人与社会现代化的强大心理阻抗。

总之，如果说心理或精神问题不仅是种群分子生物系统的表达，也是文化系统的映射，具有文化心理结构的层级性，那么，我们在分析中国人的心理或精神特质时，就不能忘记“层级”这个重要的认知坐标。不同层级的文化心理会产生不同层次的神经表达和心理反应，并且不能放在同一个层面来比较。现代人的精神困扰不会发生在传统人身上，传统人也不会产生现代人的精神困扰，就像小男孩不会患前列腺疾病一样。记住这一点尤为重要。否则，它不仅会使我们形成文化精神病学的误识，而且还会导致我们这个民族心理发展动力学水平的下降，即使我们这个族群沉湎于虚假自恋的心满意足之中而阻碍民族精神的发展、进步与超越。

第三，中国人的“精神卫生”表象，除了人们的疾病认知错误之外，还有一个重要的因素，这就是中国人对待或处理精神疾病的方式与西方人有很大的不同。西方人张扬自我，强调个人的精神体验，因此，他们一旦出现某种心理或精神不适便会引起很大的忧虑和恐慌，随即采取相应的方式进行处理。所以我们看到，西方的精神病学和心理医学不仅历史悠久，体系完备，而且相应的机构——精神病院、精神康复中学、心理咨询中心——遍地开花。中国人不一样。中国人心理“能”的流向是一种群体主义的向度，个人的心灵体验与精神感受不受重视。如果有人因为心情抑郁而提出需要休息、照顾和治疗，就会遭到社会文化价值观的排斥。特别是中国人的“自我”意识没有得到合理发展，于是，很多人即使发生了心理问题也不会合理表达和寻求改变，如孔达所说，“东方人于失调情境中时，不会产生态度的改变，不会在情境中体会到任何不快，也不需要改变态度来减少失调”①。即使这种心理失调达到一定水平也往往不会寻求社会、医学的干预，个体只是依靠自我心理克制和“殉道”精神来消化。中国民间工艺美术史和建筑史为我们提供了这方面的大量样本：中国人的“心灵和谐”“精神健康”这一心理表象是通过无数矗立于田野阡陌、山间要道、古村老街上的“贞节坊”“烈女祠”“忠良庙”这些文化意象建构起来的。这些庄严肃穆的文化意象浸渍着无数孝子烈女心酸的眼泪，蜷曲于内的鬼魂生前是如何被心灵的撕裂和精神的痛苦折磨得痛不欲生、死不瞑目，只有黄泉之下的他（她）们自己才体验得到，可惜他们不能再回来向我们报告。

二 民间信仰与本土精神病学

在认知心理学的意义上说，中国人精神疾病“认识论”的偏失和疾病表达的缺失，在一定程度上也可能起到一定的心理安慰作用，即人们不把它视为某种疾病而只是偶然的生理变化，从而不会形成太大的精神压力，但是，心理、精神问题却没有真正得到解决。尽管没有“精神疾病”的概念加工，无法形成疾病经验，但神经反应同样可以使人产生痛苦的体验；而且，有些疾病无论是压抑、忍耐也好，自己消化也好，都不是解决问题的根本之道，因为有些疾病是个体无论如何也压抑不住、消化不了

---

① ［加拿大］齐瓦·孔达：《社会认知——洞悉人心的科学》，周治金等译，人民邮电出版社 2013 年版，第 387 页。

的。它们就活生生的摆在那里，无论是狂躁还是人格分裂、癔症还是应激障碍。疾病超越了民间关于疾病的正常认知模型的阈限，必须治疗。可在既没有职业心理-精神医生，又没有公共精神卫生系统的民间社会，如何治疗这类疾病呢？唯一的途径只能通过本土的医术来解决。

那么，什么是民间社会解决精神问题的“本土医术”呢？就是民俗宗教、巫术系统。民俗宗教不仅建构了民间社会朴素的疾病认识论，也形成了民间社会精神疾病的防疫学、治疗术以及康复体系。如，对待各种精神疾病，民俗文化用了一个既包容力强又寓意丰富的词语对它进行“符号化”——“魔症”，并由这一疾病认知产生了治疗手段：“魔症”只能通过“魔法”“魔道”来处理。于是，当国人的精神疾病爆发时，一般不会像西方人那样去做心理咨询、精神分析和专业治疗，而是通过本土化的“宗教精神病学”——寻巫问祝、作法驱魔——的方式来解决。其实，在长达几千年的中国传统社会，即使是到了20世纪上半叶，民间社会处理精神问题的方式一直是“宗教精神病学”——不是道教的“性命双修”，也不是佛禅的“精神开悟”，而是通过与神鬼妖魅的文化游戏，即民俗宗教巫术的路径。这就是一个既缺乏公共精神病学，又缺乏专业心理医师的中国社会普罗大众精神卫生的“秘密法宝”。特别是在大众“古脑”比较活跃、神鬼妖魅情结十分深厚这样的脑-心理水平背景下，乡土社会的“民间信仰”及其与神鬼妖魅游戏比起生物-心理精神病学的治疗效果更加显著。

由于东西方关于宗教与精神疾病之关系研究的主要视域是基督教、佛教、伊斯兰教、巫术而很少涉猎民间信仰，因而，关于中国民间信仰与中国乡土精神病学的关系研究便成为中国“宗教精神病学”的特色，故我会稍细一点线条讨论这个问题。

关于中国民间信仰生活的特质，宗教学、人类学、民俗学等从不同的知识视角做了诸多分析与诠释。综观这些研究，无论是宗教学的视角，还是人类学、民俗学的视界，虽然使用的认知模型和话语方式不同，但都可以聚合为三个共同的向度，这就是多元性、功利性、生活性。正是民间社会宗教生活的这三个特征，构成了中国民间宗教精神病学的基本框架：疾病认知、治疗手段及康复体系。

（一）生活性与民间宗教精神病学的“病理学”

在人类宗教文化中，也许只有在中国民间信仰文化中，我们才能看到圣俗不分、亦神亦凡这样一种奇特的宗教现象。在中国民众的信仰生活中，并不存在伊利亚德所说的那种神圣与世俗泾渭分明的时间和空间。中国人日常生活的每一空间和时间，既是神圣的，也是凡俗的：祖魂就游荡在自家的中堂或后院的祠堂；房后的砖堆瓦砾里就住着“白爷”“常爷”这些妖魅；狐仙、黄仙就经常出入人们的生活空间。中国人的日常生活世界到处游荡着神鬼精怪，人们每一时刻都与这些超自然物发生着关系。这种“超凡物”的生活化尽管也给人们的生活增添了一些麻烦，使人不得不时刻提醒自己言行谨慎，以免不慎引起这些“神圣者”的不满而给自己招来灾难。但是，它也有精神病学层面的积极意义，至少从心理卫生学的角度看，日常生活中充满了各种精灵鬼怪，为人们提供了一个较为便利的疾病认知机制：日常生活中的不幸、灾祸、痛苦不再属于个人的问题而被指认给生活世界中的某个超验之物，使得疾病、不幸、厄运这些事件获得了一个“合理”的解释。特别是在传统社会，既没有公共精神病学，也没有专业心理医师，中国传统中医文化又对某些“心理”或“精神”疾病束手无策，将其归之于“虚病”推出门外，在这种背景下，如果没有“附体”“失魂”“拿法”这些解释系统，人就会被这些怪异的疾病折磨的精神崩溃。如今有了神鬼精灵、附体着魔这些符号，人们不仅可以对病因进行认知加工，而且也可以说是找到了“替罪羊”：把某些无法解释的疾病起源转移到某物身上。这种“疾病解释学”或疾病认知系统至少缓解了病患及其家人的焦虑、恐惧等心理危机，恢复了心理生活的正常秩序。随后，人们再借助超凡之力祛除恶魔或通过“灵媒”与之展开谈判，达成协议，从而使人相信那个神秘的“致病物”已经不再作祟，人的精神困扰也就基本消除了。法国哲学家勒内·吉拉尔说得好，“替罪羊”作为“受害者”，能够给人们带来秩序，甚至其本身就体现着秩序。①

（二）功利性与民间宗教精神病学“预防学”

人类学家费孝通先生曾风趣地说：“我们对鬼神也很实际，供奉它们为的是风调雨顺，为的是免灾逃祸。我们的祭祀有点像请客、疏通、贿赂。我们的祈祷是许愿、哀乞。鬼神在我们是权力，不是理想；是财源，不是公道。”② 确实，中国民众同超自然力量的关系与西方人同上帝的关系不一样，与阿拉伯人和真主的关系也不同，甚至于与佛教的佛陀和众生的关系也不同。中国人宗教生活中的神灵精怪不是高高在上、威严神圣、

① ［法］勒内·吉拉尔：《替罪羊》，冯寿农译，东方出版社2002年版，第54页。

② 费孝通：《美国与美国人》，生活·读书·新知三联书店1985年版，第110页。

远离世俗生活的超自然之物，它们就是平民百姓日常生活世界中的“超验”物；神圣者与崇拜者之间的关系不是忠爱与服从、虔敬与牺牲的关系，而是一种通过交易建构起来的“互惠”“双赢”体系。对于中国民众来说，人与神鬼妖魅之间只有经过利益的博弈、交易的谈判之后，才有崇拜事象的发生。这样的信仰生活确实很浅薄也很世俗，缺乏西方人和阿拉伯世界的那种纯粹、绝对的宗教虔敬，在某种意义上甚至可以说亵渎了信仰的神圣与高贵，但从精神卫生学的角度看，它对人的心理防疫却不无裨益。其一，在中国民众的心目中，神灵不似西方人和阿拉伯人的上帝与真主那样冷峻、神圣与庄严，使人产生一种威严感、压抑感甚至于殉道意识，而是像日常生活中的普通人一样，有着平凡的情感、世俗的诉求、低等的欲望。因此，当人们受到某种精神困扰时，只要“略表心意”，讨好、谄媚或稍加贿赂，就可以买通它们。“钱能通神”“有钱能使鬼推磨”“能用钱摆平的问题就不是问题”……中国人这些生动而形象的俗语传神地反映了中国人那种乐观、轻松、务实的宗教态度。也正因此，在中国宗教史上，很少发生西方教会史上那些令人惊栗的殉道案例，也不会被威严而冷峻的神灵监控着、压抑着。这可以说为大众的心理卫生提供了一种较为宽松的“宗教心理环境”支持。

其二，由于人神关系的“互惠”性认知，也消解了超自然力量的神圣性与威严性，而使“神圣物”变得非常世俗化。在中国老百姓的心目中，神圣者不似以色列人的耶和华、阿拉伯人的真主那样神圣威严、盛气凌人的存在，而是人们日常生活中的一个“伙计”甚至于“傀儡”，只要人们献祭了、牺牲了，它们就得为人效命；甚至稍有懈怠和疲软，还会遭到人的呵斥乃至惩罚，就如人们对待龙王的态度一样：久旱不雨，人们就到龙王庙烧香献祭；还不降雨，人们就会抬着龙王的塑像游街；再不下雨，激怒的民众就将龙王之身捆绑于庙院里的树干上鞭打曝晒。我认为，中国民间信仰才是一种真正意义上的“人本宗教”：凸显人的尊严、地位、力量。如果用戏剧美学的理论来分析，我们也许可以这样说：西方世界和阿拉伯世界的宗教是悲剧的风格，中国的民间信仰是喜剧的风格；前者给人以崇高感、神圣感、净化感，后者给人以轻松感、愉悦感、幽默感；前者使人精神紧张，后者使人心态宽松。

（三）多元性与民间宗教精神病学“治疗学”

在中国民间社会，人们所崇拜的超自然事物既不是犹太人独一无二的耶和华，也不是欧洲人绝对的上帝，更不是阿拉伯人唯一的真主。宗教信仰对象的多样性，几乎成为任何一种思考中国宗教文化现象的“共同语法”。民俗学家乌丙安先生在谈到中国民间信仰的这一特征时用既生动又确切的语言这样写道：

> 民间信仰的神灵、鬼灵、精灵，无论职司大小，地位高低，性善性恶，一律加以崇拜。他们既崇拜天上的玉皇，地下的阎王，海底的龙王，也崇拜东厨司命灶神、看守家户的门神和专司安寝的床神。他们既跪拜那些高大金身的神佛，也向那些残缺褪色的小木偶神、小泥塑神、小纸绘神叩头。他们既崇拜降吉赐福的福、禄、寿神和送子观音等至善之神佛，也供奉那些为数不少的散播疾病的、致人伤亡的恶神。他们崇拜那些与人友善的精灵鬼怪的同时，也向那些作祟人间的恶魔厉鬼献祭。他们还虔诚地崇拜那些时而慈爱、时而凶残、忽而赐福、忽而降灾的兼有善恶的神鬼精怪。①

这种多样性的神灵崇拜，从个体心理发展的角度审视，尽管也比较不利于心理健康，即人脑经常加工、编码、表征各种神秘的神鬼精怪信息，使人不得不时刻提心吊胆，格外谨慎，以免稍不留神得罪了哪路神鬼精怪惹祸上身，容易诱发人的神经紧张和激活心理深层的集体无意识，导致癔症和人格分裂症的流行（这可能是中国传统社会“癔症”高发的主要原因之一）。正如一位农妇所说：“每当看到黄鼠狼从自家的院子跑过，都好几天晚上睡不安稳，生怕哪得罪了黄老爷子而被它‘拿’了。”但从另一个角度看，它对民众精神问题的处理也提供了方便条件，即它为人们提供了一种多样性的心理疏导机制：既然人的生活世界处处充满了神灵精怪，那么，个体一旦出现心理不适或精神困扰，就不至于像西方人那样只能从上帝那里寻找原因，寻求解脱，一旦于此得不到答案，就会导致人的无望而陷入彻底的疯狂；而可以从各种不同的方面寻找病因，确定破解方案。这本身就是一种心理调治过程，即为民间百姓开辟了一条与超自然力量沟通、对话、协和的多元化、开放性的路径。虽然个体无法判断自己的精神困扰到底是得罪了哪路神灵，但多样性精灵鬼怪的存在，毕竟使人对疾病的认知和处理的途径更宽广。“天神不灵地神灵，祖宗不灵狐仙灵”。求求这个，拜拜那个；这里烧几炷香，那里磕几个头；对着这个神灵叨咕几句，向着那个精怪哀求一通……从认知心理学的原理分析，通过对神灵

---

① 乌丙安：《中国民间信仰》，上海人民出版社 1996 年版，第 5—6 页。

精怪信息的加工与编码，在脑中建构起与超自然事物互动的意象，使人仿佛看到了其行为的圆满结果，这可以令人产生轻松、愉快的心理体验，有助于疾病的康复。此外，这种多样性的崇拜活动也是对病患的一种心理支持，使他相信尽管他仍无法判定到底哪个神灵能够使他摆脱痛苦，但至少他相信该拜的都拜了，该求的都求了，总会有灵的。“有病乱求医，这个不灵那个灵”。有了这种心态，他的精神困苦可以说已经基本上消除了一大部分。从心理治疗学的角度看，大神小神，大庙小庙，无休无止，反反复复地述说，这本身就是一种“反身”性的“谈话治疗”方式，即通过言说将自己心中积聚的负面情绪倾泻出去或向外投射。正如荣格所说的那样，对于心理疾病，“如果无法做出适当的表达，个体就只能依靠他自身，并且陷于疾病的孤立境地，单独无助”，但是，如果“疾病中的原型或情境能被正确地表达出来，病人就会被治愈。”① 从这个角度看，中国人的“有病乱投医”“见神就祈求”也可以说是中国特色的“谈话疗法”。

民间信仰与民间宗教精神病学之关系梳理清楚之后，下面我们就进入具体的个案研究工作。需要说明一点的是，中国民间信仰体系庞杂，文化与地理空间差异较大，作为一门原理性的“宗教精神病学”，我不可能也不应该一览无余。既然是个案研究，我就选择中国民间信仰中的代表性样本——汉民族的祖先崇拜、北方民族的萨满教信仰、华北及东北乡村的“四大门”崇信——展开我的工作。

三　祖先崇拜：心灵的归宿

祖先崇拜并非中国人的“宗教专利”。比较宗教学研究发现，在世界各地，特别是一些较为原始的部落，都有祖魂崇拜或祖先信仰这样的本土宗教。但也只有中国，祖先崇拜才达到如此受重视的程度，甚至成为中国民俗宗教的核心范畴。亦因此，一些西方学者甚至认为，真正的中国宗教不是佛教、道教、儒教而是祖先崇拜。

迄今为止，中外学界关于中国民众祖先崇拜的文化机理诠释，大致可以梳理为三个维度。一是伦理学的维度，也是这个专题研究的主流性话

---

① ［瑞士］卡尔·古斯塔夫·荣格：《象征生活》，储昭华译，国际文化出版公司 2011 年版，第 84 页。

语，其基本观点为祖先崇拜源于人们慎终追远的伦理诉求。它的文化资源是中国传统的“孝”文化。“生，事之以礼，死，葬之以礼，祭之以礼。”① 孝，不仅意味着养老送终，还意味着照顾祖先的灵魂。学者们认为，在中国民众的心目中，祖先虽然离开了人世，但他们的魂灵并没有走远，就在自己的厅堂里，因此后辈有责任照顾他们。② 二是宗教学的维度。人们认为，祖先虽然不在人世，但其灵魂不死，仍然可以影响其后代的福祉祸灾，因此需要敬奉、祭祀，以此讨得祖先的满意，从而保佑后人的平安与幸福。三是宗教社会学的维度。在一些人看来，中国民众的祖先崇拜，源于人们对生者与死者、后人与祖先仍存在着一种特殊的“社会联系”和“社会互动”这样一种想象。对于中国民众而言，一个人在现世的状况，并非个体努力的结果，而是由另一个世界祖先的生活状况所决定：祖先在阴间的痛苦与幸福同样会影响到其后代。因此，通过供奉、敬拜、祭祀，使祖先在另一个世界生活得幸福，这种幸福自然会泽及子孙后代。③

我认为，中国民众的祖先崇拜，确实与上述这三个因素密切相关，但并非限于这三个层面。还有一个很重要的层面，这就是心理的因素。借用精神分析的一个概念来表述，祖先崇拜也是人们某种心理内容的投射。很可惜，祖先崇拜的这一心理动力学机制至今还没有引起人们的关注。回到本节的主题，我也可以这样说，中国民众的心理和谐、精神卫生，在一定程度上与祖先崇拜这种民间信仰为个体所提供的心理安抚、疏导、转化机制有关；或者不妨说，祖先崇拜是中国本土民间宗教精神病学的要素之一。

祖先崇拜是如何为个体提供心理安抚、疏导、转化的呢？我认为，主要在于以下两种机制：一是个体永恒意识的心理投射；二是使个体与祖先保持一种“共生”关系。

（一）中国民众生命永恒意识的投射

正如我在前文所分析的，死亡恐惧是人类最为原始的心理焦虑，也是

① 《论语·为政》。

② 参见侯杰、范丽珠《世俗与神圣：中国民众的宗教意识》，天津人民出版社 2001 年版，第 227—232 页。

③ 参见许烺光《美国人与中国人：两种生活方式比较》，彭凯平译，华夏出版社 1989 年版，第 234—235 页。

人类最致命的精神创伤。如何摆脱死神的纠缠，使个体的生命无限延长下去，成为个体此生殚精竭虑思考的课题。有些学者认为，中国人对于死亡问题的关注并不像西方人那样敏感，中国民众对死亡的态度是旷达与超脱的。“未知生，焉知死”，中国文化祖先的这句名言就是中国民众在生死游戏面前从容不迫心理的表征。其实这是一种误解——既有对人性中核心问题的误解，也有对孔老夫子这句话本身的误解。对于人这种精神动物而言，对死亡这一生命“恶”象的知觉与焦虑几乎是人类共有的“集体无意识”，没有人能够摆脱它的滋扰。死了之后在哪里也许并不重要，重要的是死就意味着彻底的虚无，从此以后这个世界不再与你有任何关系。这才是真正令人恐惧的。人们害怕死，即使已经到了穷途末路仍做困兽之斗，即使卧床数年可如果有一天早晨能够爬起来喝一碗粥也会激动不已，重新燃起生命的希望之火。不是因为任何借口和什么理由，而是因为人真不甘心就这么说走就走了，好不容易投胎人道做一回人就这么不了了之的没了。但这又有什么办法呢？个体虽还没死，但人们从他人之死的知觉加工中提炼出的死亡经验已经把人生的结局残酷地摆在面前。亦因此，如何不死长存，并且有名有姓地存在着，也就成为人类这一哺乳动物自拥有死亡意识以来最为顽强的精神创造力。这一精神创造力生产的果实，便是宗教。在心理学的意义上说，宗教就是人类关于生命永恒神话投射的产物。

祖先崇拜作为中国民众的一种民间信仰，尽管我并不否认这种崇拜事象的伦理学、宗教学、社会学元素，但我始终相信，对于永恒希望的投射，应是其心理动力学的一个维度。在佛教、基督教尚未进入中国之前，中国人关于生命永恒、灵魂不死的“伟大梦想”，都通过祖先崇拜这一戏剧的展演得到了充分的表达与满足。日常生活中与祖先的交流，岁时节庆对祖先的祭祀，除夕之夜请祖先“回家”团聚，这一幕幕民间文化戏剧，当然可以从“慎终追远”“社会联系”等角度进行分析与诠释，它们也可能是一些人真实的心理经验；但另一种更为普遍的“心理理论”同样不可忽视：在祖先崇拜的活动中，中国民众的死亡恐惧情结和生命永恒的渴求得到了投射和补偿。在清明节、中元节、下元节的祭祀仪式中，在春节家人恭敬地迎接祖先“回家过年”的仪式中，在摆满丰盛供品的供桌上，在闪闪烁烁的烛光里，即使再“民俗化”的大脑表征出来的意识场景也绝对不单是“孝”的观念，唤起的记忆绝不单是春节民俗活动的“程序记忆”，必定有独特的“前瞻记忆”和文化记忆；即使再务实的心理，也不能不相信既然祖先的魂灵还在，还能与家人团聚，那么就没有任何理由否认自己将来有一天也会同样如此。“希望在群体的纪念中永生，认为可以将亡者共同带入不断向前的当下，应该是人类存在的具有普遍性的基本形式”。①

（二）个体与祖先神秘“共生”关系的缔结，给人以精神慰藉

前文我曾不止一次指出，“共生”心理是人类这个种群共有的一种独特心理现象。从现代人格心理学的角度看，个体与土地、家族、国家、共同体、亡魂、他人保持一致神秘的“共生”关系，对其个性化人格的发展、对个体心理能力的发展、精神的拓展都极为不利：不仅容易导致个体如维蕾娜·卡斯特所说的心理世界的封闭，而且也可能使人成为弗洛姆和荣格所说的一个永远依赖他者、永远也长不大的儿童；发展到严重地步，甚至将成为一种神经症的存在②。但是，换一个视角看，这种与祖先神秘参与的“共生”心理也有相应的心理卫生学意义：至少在个体的高级意识、认知自我以及心理能力尚未得到充分发展和成熟起来之前，在面对一个充满风险和危机而个体又难以应付各种问题的情境下，人们可以从与祖先、特别是与父母神秘参与的共生关系中获得一种依赖感、力量感和生命的整体感，从而避免了焦虑和恐惧。荣格曾分析说：只要跟父母的神秘参与依然存在，人就可以维持一种相对于属于幼儿期的生活方式；通过神秘参与，生活以潜意识动机的形式从外界奔涌到我们心中，又因为它们属于潜意识，我们也不会感到要负任何责任。因为这种幼儿期的潜意识，生活的负担减轻了，或者至少看上去是轻了。人不是孤立的，而是在潜意识中以两个人或三个人而存在。在想象中，儿子坐在母亲的腿上，受到父亲的保护。③ 这段文字不仅向我们展示了“共生”心理的特征，揭示了它对个体心理和谐的重要意义，而且荣格睿智地捕捉到由于这种“神秘参与”属于一种心理无意识，因而它又不会构成对自我意识的压力，这更有益于个体心理的和谐。确实，对于那些祖先崇拜意识十分浓郁，依恋已经过世父母的情结十分强烈的个体而言，虽然由于其大脑和心理表征的习性化，其“自我”的个性化水平不高以及高级精神体验能力受到了压抑，但他要比一般人的心理安全得多，因为他始终保持着与已故先人的神秘参与，并相信他们仍关照着自己，能从这种神秘参与和神秘共生的心理中获得个

---

① ［德］扬·阿斯曼：《文化记忆》，金寿福等译，北京大学出版社 2015 年版，第 58 页。

② ［瑞士］卡尔·古斯塔夫·荣格：《文明的变迁》，周朗等译，国际文化出版公司 2011 年版，第 29 页。

③ 同上书，第 28 页。

体存在的稳定感、力量感。在中国民间信仰中有一种传统，就是每当个体遭遇生活中的难题而束手无策之际，人们总是喜欢走进家庙或来到祖祠，与亡去的先人交流，向它们诉说。活动结束后，他的忧愁与焦虑、孤独与无助感也就减缓了许多，变得乐观和自信起来。这就是一种与祖先神秘“共生”心理作用的结果。弗洛姆虽然指认了人类“共生”心理对个体独立人格发展的桎梏，但他也还肯定了“共生”心理的有益一面，即这种始发纽带给个体提供了安全保护：只要个人还是那个世界不可分割的一部分，还没意识到个人行动的可能性和责任，他就用不着害怕。① 人类学家许烺光先生所说的中国人祖先崇拜的重要因素就是对祖先的“依赖”，其实也就是“共生”心理现象的一种解释。

祖先崇拜所形成的个体与祖先的这种神秘的“共生”关系，不仅为个体提供了依赖感、安全感和力量感，也赋予个体生命意义的整体感。他觉得，在这个世界上他不是孤独的、无助的，而是与一个更大的集体、与家族的历史、与个体的过去、现在、未来联系在一起。也正因为个体与整体、与“过去”融为一体，使个体的生活、生命、人生的意义较为稳固、丰满。荣格在自己的传记中曾描述过他的这一独特的心灵体验：

> 内心的平静与满足在很大程度上取决于在个人身上与生俱来的历史上的家族是否能与目前那转瞬即逝的各种情况相协调。
>
> 住在波林根的这座塔楼里，一个人便仿佛同时生活在许多世纪似的。这个地方将长存于世，这我是无法比拟的；而在其他地点和风格上，它却向后指向很久以前的事物。在它身上暗示着现在的东西实在太少了。要是一个16世纪的人搬进这座房子，在他看来是新鲜的恐怕只有油灯和火柴了；不然的话，他便会熟悉得就跟他家里一样了。没有什么东西会惊扰死者，既没有电灯也没有电话。此外，我列祖列宗的灵魂也受得了这座房子的气氛，因为我给他们回答了他们生活所曾遗留下来的种种问题。我尽我的最大力量画出了些粗略的回答，我甚至还把这些回答画在了墙上。其情形仿佛是一个默默无言的大家族正在这座房屋里聚族而居，而这个家族的人则包括往后延续了好几个世纪的人。在这

① ［美］埃利希·弗洛姆：《逃避自由》，邓林海译，国际文化出版公司2000年版，第23页。

> 里，我以我的第二人格的方式生活着并生动地把人生看成是某种来而复去、循环不息的现象。①

这段回忆不仅以素描般的线条为我们展现了心理学大师荣格的居住地——“塔楼”的古朴风格，而且着重向我们描述了荣格在这座老屋里所获得的与祖先“神秘参与”的心灵体验：他与历史的融合、与祖先的融合、与整个家族的融合。也正是在与祖先、与家族的神秘参与中，他体悟到了存在的意义：作为这个家族的一员，他也像他的祖先一样，成为家族历史循环链条上的一个节点；也像他祖先的魂灵一样，在后人的精神世界里无限延续下去。也正像荣格在其“自传”的后部分所说的那样：“对于大多数人来说，认为他们的生活超出现今存在之外还会无限延续，是有重大意义的。他们会生活得更为敏感，更觉心地坦然。”②

最后，我想补充一点的是，即便从当代中国社会转型及现代性发展的角度看，中国民众精神信仰系统中的祖先崇拜仍然有一定的积极意义。美国社会学家爱德华·希尔斯在论及祖先崇拜的意义时曾这样写道：“丧失祖先的形象同样是精神贫困的表征。”③ 希尔斯把“祖先形象的丧失”与“精神贫困”联系在一起无疑是富有洞见的，只可惜他论证祖先崇拜意义的依据只限于文化认同即他所说的避免道德失意这个层面，显得有些肤浅了。祖先崇拜的重要价值是它的心理学意义。从传统社会向现代社会转型，不仅需要社会体制、科学技术的发展，而且也需要全体社会成员心理的发展，即培养公民的民主、法治、自由、独立意识，需要培养个体如人本主义心理学家罗洛·梅所说的“孤独”意识；但是，我们又必须看到，人毕竟是渺小的、孱弱的，他需要自我与个性，也同样需要一种高于他的现实存在的力量神秘地参与到他的“自我”体验之中，以整合不同水平的脑的工作。这也就是为什么在高度现代化乃至于后现代的西方社会，很多人仍然保持着传统的宗教信仰或构建新的“神圣”符号的深层心理因素。特别是我们必须认识到，中国民众的自我、个性等心理水平还没有发

---

① ［瑞士］卡尔·古斯塔夫·荣格：《荣格自传：回忆·梦·思考》，刘国斌等译，上海三联书店2009年版，第209、211页。

② 同上书，第262页。

③ ［美］爱德华·希尔斯：《论传统》，傅铿译，上海人民出版社2009年版，第361页。

展到西方人那个层级，精神体验能力还不是扩展的、升华的[①]；或用我前面的分析来表述，我们的“文化脑”还更多地受古老的“社会脑”所影响。在这种脑-心灵水平下，如果剪除了祖先崇拜这一“神经元共同体”，人就会变得无所适从，就会向另外一些人造物进行心理投射，与国家、民族、权威等某些文化符号形构一种“共生”关系，并以受虐狂的方式将自己消融于这些事物之中。这用不着进行繁琐的精神分析，因为人脑的进化、心理能力的发展和精神的成熟是一个分子生物系统与环境系统相互作用逐渐建构新的生物-文化结构的过程而不是简单的脑组织置换的过程。

四　萨满跳神：灵魂的治疗[②]

如果说，祖先崇拜是中国汉民族民众主要的民间宗教精神病学模型的话，那么，萨满教则是中国北方少数民族（在东北地区汉民族也有此信仰）宗教精神病学的主要模型。

进入20世纪90年代以来，伴随着全球性的民间文化复兴和“灵性学”浪潮的涌动，特别是近年来“宗教心理治疗学”的风行，萨满教，这一覆盖着层层历史尘埃而沉寂多年的古老宗教，又恢复了它的生命活性。不仅在宗教学、人类学、心理学、民俗学领域再度聚拢了思想和话语，而且在一些发达欧美国家的心理养生、自我拓展、灵性开发的新时代运动中也获得了相当的热捧。尤其是其神秘莫测的“灵魂治疗”秘术和扑朔迷离的卜测奇术，更激发了现代人想象力的放纵。不但“医生治病，萨满治魂”成为欧美心理治疗学的一种思潮，而且，通过探究萨满师的心灵密码以发掘人类生命的灵性，体验存在的深度与广度乃至于人类意识超物理、超心理的玄奥，也成为一些欧美国家“新时代运动”的一种新

---

① 如果说扩展的、升华的精神体验“不仅需要扩展了复杂体验的身体和心理的精巧结合，也需要大量的关于自我、他人自我、对过去和将来、对关于我们本性的具体和抽象概念的思考”（［美］安东尼奥·R. 达马西奥：《寻找斯宾诺莎——快乐、悲伤和感受着的脑》，孙延军译，教育科学出版社2009年版，第174页）的话，那么，现代中国人的精神尚未达致此种境界。正如著名汉语社会学家金耀基先生所说，中国人完全受古知识所支配，他们对一切新事物都缺乏常识的心意，对一切违反传统的事物更是抱持怀疑与拒斥的冲动（金耀基：《从传统到现代》，中国人民大学出版社1999年版，第139页）。

② 本节内容曾以论文的形式发表于《世界宗教研究》2015年第4期，编入本书时做了部分增补。

向度。正如英国宗教社会学者斯蒂芬·亨特所描述的那样："在新时代运动者那里，萨满教更多是意味着去挖掘新的意识维度，而不再是信仰和游历另一个世界。所以萨满教代表的更多的是自我发现、寻找身体的哪些部位需要（生理、心理或情感上的）医治。"①

这着实令人觉得有些不可思议。在当代这个科学技术、商业文明和消费文化联手打造的彻底世俗化社会里，萨满教却能够吸引那么多人的关注、探秘与拥抱，莫非它真的拥有某种不为人知、神秘莫测的玄妙之处？正如我曾指出的，作为一种民间信仰，与中国北方农民"人妖游戏"的"四大门"崇信一样，萨满教并不玄秘。人们之所以对萨满教的"灵魂治疗"秘术产生探秘的热情和神秘的想象，其主要原因除了欧美国家颇具后现代意味的"新时代运动"推波助澜之外，还具有一种心理人类学的维度，即作为人类远古文明的"博物馆"和一种原始宗教，萨满教不仅通过其"万物有灵"的古老信仰展现着北方民族的生存智慧，而且也汇聚了族群独特的天文历法、医学卜测、文学艺术等文化成果，这对于那些走入现代社会、后现代社会而深陷于浅薄的消费文化、冷漠的科技文化和灾难深重的生态环境重重围困而浮游无根、惊魂不定的"乡愁"者而言，无疑散发出强劲的精神引力②。除了文化心理因素，我认为科学文化背景也是很重要的因素，即它与我们迄今尚未找到与这种"秘术"对话的科学理论与方法密切相关。本节的目的即是通过认知科学的原理，对萨满教"灵魂治疗"的奥秘进行解密。如果说，萨满教的"灵魂治疗"活动作为一种"精神"事件只能通过精神科学来解释，那么，我相信，通过认知科学，我们就可以对这一奥秘进行科学呈现。

为了使下文的讨论更加方便，这里我首先解释一下萨满教所谓"灵魂治疗"这种传统医术。在萨满教医学体系中，有一种专门治疗"灵魂问题"的巫技，即跳神招魂追魂、驱鬼除魔。所谓"灵魂问题"，其实是由萨满教神秘的"灵魂观"推演和想象出来的一种超验性精神疾病，诸如"灵魂走失"（迷失）、"恶魔窃魂"以及精灵附体对灵魂的控制等。

---

① ［英］斯蒂芬·亨特：《宗教与日常生活》，王修晓等译，中央编译出版社 2010 年版，第 221—222 页。

② 如 20 世纪 90 年代在美国兴起的"新萨满教"（亦称"城市萨满教"）就是这一维度的。按照这一教派的创始人迈克·哈涅的观点，"新萨满教"的兴起源于三个基本的文化心理诉求：一是渴望深度的精神生活；二是身心健康的需求；三是生态和谐方面的灵感。（参见［日］佐佐木宏干《"新萨满教"学说的问题点》，转引自白庚胜、郎樱主编《萨满文化解读》，吉林人民出版社 2003 年版）

从现代精神病学的角度看，萨满教所说的“灵魂问题”实质是那些与意识障碍有关的精神障碍。如果从认知精神病学的原理进行分析，其病因病理与灵魂无关（事实上人的身体里根本就不存在“灵魂”这种神秘物质），而是由认知问题引起的，即大脑信号加工和意识活异常化所致。由于这种疾病超越了北方民族传统医学的经验框架，只好通过“超验”的方式——萨满巫术——来处理。萨满对这类疾病的治疗，主要是采取跳神的方式（当然也辅以萨满教的医学手段，如药物、推拿、按摩等）将病患迷失的灵魂找回或将占有灵魂的恶魔驱走。大量的风俗志、田野志表明，北方民族“灵魂问题”的疾病，在经验医学（中医、西医）对其束手无策的情况下，萨满的治疗却获得了意想不到的效果。

萨满的“灵魂治疗”为什么能够取得较好的效果呢？我的基本观点是：萨满跳神表演，无论是神歌唱诵还是展演象征剧，作为一种信号输入，它对病患感官的刺激以及由此而产生的神经、心理反应匹配了病患的认知模式；或者说，萨满通过跳神仪式向患者输入的信息引发了当事人的脑-心理加工等心智活动，起到了调节大脑意识活动异常的作用。有的学者曾分析说：萨满治疗的核心，在于其具有知觉状态的改变、心灵、身体、灵魂和精神整合为一体的概念和相关实践。① 这个表述虽很笼统，但也抓住了其关键所在。

（一）请神：文化原型通达

在北方民族萨满医学文化语境中，一些特殊的心理或精神疾病，被解释为所谓的“灵魂疾病”，其主要病因系神灵附体、恶魔摄魂、灵魂迷失。这些疾病若用精神病学的理论来解释，即对鬼神精灵的迷信所导致的癔症；用精神分析的原理解释，也就是病患心理的集体无意识或“文化原型”即鬼神迷信意识爆发所导致的意识解体和精神错乱。这种特殊的精神障碍对于经验、技术医学而言，处理的效果并不十分理想，且民间社会也根本不具备这种医疗条件。于是，人们只能请萨满跳神来治疗。

萨满跳神治病的一个主要程式就是请神。请神仪式包括仪式现场布置、神歌表演。这两项活动的意义非同一般，它们在整个治病活动中占据着十分重要的地位。从认知精神病学的原理审视，仪式场景与萨满神歌可以说是向病患的心智系统输入的神圣信号。由于这些输入的神圣感质，使

---

① See Christa Mackinnon, *Shamanism and Spirituality in Therapeutic Practice: An Introduction*, U. K., Singing Dragon Press, 2012.

得它们能够直接通达病患心理那个“文化原型”，进而产生相应的心理加工、编码和意识表征，从而使得当事人脑-心理系统中那些混乱的、躁狂的情绪、意念被转化为观念的形态。我们可以具体分析如下。

我们先来观察仪式现场。这可以说是由一系列神圣象征符号组构而成的信息场：举行仪式的“神堂”悬挂着的红、粉、蓝、黄、白等颜色的布条，这是萨满各种佑助神灵的象征；神像、神鼓、腰刀、神服、神帽、铜镜等是萨满“神通”的象征。其次，萨满表演的请神神歌同样是萨满“神通”的象征。在“萨满心灵学”的意义上，这些符号是萨满想象借助超自然力量召回或追回病患魂灵、驱逐邪魔这种宗教意识的表达；在认知科学的意义上，这又是萨满向病患发送的与其脑中活跃的“萨满教神话”神经运动模式相匹配的信号。如果疾病不十分严重，病患还有微弱的意识，那么，此时病患对疾病的焦虑与恐惧是：一定是他被精灵附体，他大脑的疾病认知模型就是萨满教“灵魂问题”的疾病模型；如果病患十分严重，谵言狂语，那么，其大脑的主要意识表征就是神鬼妖魅意象。无论哪种情况，请神活动现场的各种符号尤其是萨满请神神歌演唱，由于输入与病患此时的大脑模型相匹配，于是，产生了认知活动，进而调节病患因这一神经发放所导致的脑-心理的异常活动。心理学和精神分析学将病患接受这类信号所引发心理活动称之为心理“投射”，是一种转移“心理熵”的心理活动：“通过这种方式，宗教把人们的某些注意力引导到潜意识起源的所有现象上去，不管是梦境、想象、感觉、幻想，还是同一事物在奇人异事身上、或在任何异乎寻常的官能性或非官能性过程中的投射。注意力的这种集中使得潜意识的内容和力量流溢到意识生活中，从而对其产生影响，造成改变。”① 人类学家则强调这些象征符号的心理转化功能：萨满跳神仪式上象征符号的主要功能就是诱使病人在痛苦中把平常的现实转为神话，由生理领域转入心理领域，由外部世界转入人体内部。② 解释人类学创始人克利福德·格尔兹在解释那伐鹤人通过巫师演唱仪式进行疾病治疗的原理时引入了“心理剧”的理论，认为“一次演唱就是某种心理剧”。格尔兹描述说：

---

① ［瑞士］卡尔·古斯塔夫·荣格：《文明的变迁》，周朗等译，国际文化出版公司 2011 年版，第 14 页。

② ［法］克劳德·列维-斯特劳斯：《结构人类学》，陆晓禾等译，文化艺术出版社 1989 年版，第 29 页。

“心理剧”有三类主要演员：歌手（治疗者）、病人和作为某种启应轮唱（antiphonal）者的病人的亲友。所有演唱的结构，即心理剧的情节，相当近似。主要有三个场次：病人与听众（audiencc）的洗礼；通过重复吟唱和仪式活动，希望病人重获安康（“祥和”）；病人与神灵的合一及最后的“治愈”。洗礼包括人为出汗、引发呕吐等等，把疾病从病人的身体赶走。唱词数量无限，主要包括一些简单的希求语句（“愿病人康复”“我马上就会全好”等等）。最后，借助某种适当神话背景下的沙绘神灵图像，病人与神灵合一，从而与整个宇宙合一。歌手将病人置于画上，触摸画像的手、脚、膝、肩、胸、背及脑袋，然后再触摸病人的相应部位，从而操演从根本上说是病人与神灵在身体上的合一。歌唱达到高潮：赖卡德（G. Reichard）说，也许可以把整个治疗过程比作神灵渗入（spiritual osmosis），在这当中，人体内的疾病和神灵的力量从两个方向穿透仪式性体膜，后者使前者不再为害；疾病在出汗、呕吐及其他洗礼中被排出体外；在通过歌手的中介作用下，随着那位那伐鹤人触摸到那个神灵沙绘，他就康复了。

格尔兹解释疾病治愈的原理说：

显然，歌唱的象征主义集中在与人类痛苦有关的问题上，并试图通过将它置于一个有意义的语境中而加以处理，由此提供一个行为模式，借以表达人类痛苦，在表达之后得到理解，在理解之后得到忍受。演唱的维持性效果……最终取决于它能给病人提供一套语汇，病人可以用这套语汇理解自己苦恼的本质，并将它与更广大的世界联系起来。……这种演唱主要关注于表现一种特定、具体的形象，它涉及真正属于人类从而是可以忍受的苦难，这个形象有足够的威力来抵御由于存在巨大而不可去除的痛苦而产生的感情无意义的挑战。①

我之所以引用了这么一大段原文，是因为这种“象征治疗”理论在人类学传统中具有很大的影响。不过，斯特劳斯与格尔兹还有不同点，虽然二人都把疾病治愈的原理指向了象征符号，但斯特劳斯关注的是象征符

① ［美］克利福德·格尔兹：《文化的解释》，纳日碧力戈等译，上海人民出版社 1999 年版，第 120—121 页。

号作用于病患所产生的“心理（移情）宣泄”功能；格尔兹则关注象征符号的意义功能；斯特劳斯深入到病患心理的无意识结构①，格尔兹则聚焦于病患的意识层面。宗教或巫术的精神疾病治疗原理确与治疗师（萨满、巫师、僧侣等）的歌唱、念诵咒语所引发的病患的意义体验、心理移情有关，但仅仅意义体验、心理移情是不够的。萨满跳神治病的原理不仅在于它改变了有机体心智系统中的上层机制，更重要的还在于它改变了个体心智系统的底层，即人类的大脑、心理与环符号所产生的认知活动的结果；或者说萨满输入的知觉信号经过人类的认知活动产生了脑-心理系统的物理反应。仅就萨满神歌灵魂治疗这一脑-心理机制而言，即使我们不在荣格学派“文化原型”转化这一精神分析模型的角度运思，仅就语言认知这个视阈审视，也可以将神歌［语言］知觉与人脑-心理系统调节的原理作出客观的解释：人的大脑作为一种物理装置，它的运动遵循物理学的规律，即按照物理的法则把一个个离散的粒子（脑神经元）组合起来，形成一个网络系统。人类的意识、心理生活就建立在这个系统正常运行的基础上。如果网络连接中断或运行异常，就会出现意识、心理问题，即精神异常。人类的语言体系也是这样一个物理系统，它同样遵循物理法则（句法规则）将一个个离散单位（单词）组合在一起形成语句。若按有的认知语言学家的观点，人类的语言机制是一种“生物蓝图”②，先天地嵌入我们的“新哺乳动物脑”（新皮质）中，那么，这也就意味着，人类大脑的神经结构与语言的语法结构是同一模型，运动模型也是基本相同的，因此也是可以互文的。人的大脑结构发生异常，其生产的句法结构也不正常（如狂言谵语）；同样，大脑神经系统异常，我们也可以通过向其输入语言系统对脑系统进行调节。这还仅仅是在大脑生物物理学这个最基础的层面进行的解释，更何况人类的语言不仅具有物理的规律，而且还有

---

① 在《结构人类学》一书中，斯特劳斯在分析巫师说唱符号的“象征的效用”时曾这样解释说：“心理分析专家作为一个听话人，萨满作为一个听话人，其先决条件都是能与病人的意识状态形成直接关系，而与病人的无意识状态形成间接关系。这就是咒语本身的功能。但是萨满不仅仅念出咒语，他还是咒语中的主人公，因为恰恰是他率领着超自然力的神怪，渗透到人体疾病的器官内，解救被夺走的灵魂。这样一来，他就同心理分析专家一样，痛过病口意识中诱发出来的表象而成为移情的目标，像后者一样成为在生理世界和心理世界之间分界线上经历冲突的主人公。”（［法］克劳德·列维-斯特劳斯：《结构人类学》，陆晓禾等译，文化艺术出版社 1989 年版，第 35 页）

② ［美］斯蒂芬·克莱恩、罗莎琳德·桑顿：《普遍语法探究》，李汝亚译，商务印书馆 2015 年版，第 14 页。

心理表征（语义）的能力，能通过人使用特殊的材料产生异样的感受等；也就是说，人类的言语加工不仅是物理信号形式的处理，言说的情境以及内隐的认知模型也都参与信息加工活动。因而，人类的言语行为，无论是编码还是译码，都是一种知觉加工，因而也是一种意识加工，从语音到语义、句法，从由下而上到由上而下、从言语情境到认知模型、从细胞水平到心理水平，从认知心理到文化心理，所产生的神经与心理反应不仅仅是将人们的知觉之流通过句法编码成经验表征，而且还产生情绪感受以及想象、幻想等。总之，无论是“投射说”还是“转入说”虽都有一定的道理，但它们还仅仅是一种直觉，缺乏此刻病患心灵运动的确切数据。现在我们将其纳入认知科学的框架之内进行还原，其转变的原理就比较清楚了。

（二）招魂：神经网络调整

“招魂”可以说是萨满灵魂治疗活动的重轴戏。它不仅是萨满教“灵魂观”的鲜活表征，也是萨满主要的神事活动之一。它主要用于治疗族群中经常患病、重病者以及受惊吓的儿童、癔症患者的“失魂症”。按萨满教的灵魂观，人的“命魂”易受到恶灵侵害或为精灵窃走或外游，由此出现精神萎靡或深度昏迷等症状，它们通称为“失魂症”，需要通过招魂活动将被摄走、走失或受侵害的魂魄召回或追回。轻度症状儿童的招魂亦可由患儿的母亲、姐姐或族中年长女性所施：依照萨满的吩咐在夜深人静之时，俯于患儿耳畔亲切呼唤其乳名。如此召唤三日不见效果，则需请萨满为其招魂；重症患者还需萨满跳神驱魔与“过阴”追魂。

萨满为儿童招魂要设祭摆供，并且跳神。一般性的跳神招魂形式比较温和，萨满甚至连神服也不穿。他只是在孩子的床前一边手摇铜铃，一边歌唱招魂词：

> 孩子呀、孩子、孩子，
> 你的父母在招你的灵魂。
> 你的前面是黑暗的魔路，
> 有光明的地方才是你的家呀！
>
> 孩子呀，孩子，
> 你父亲给你准备了金摇车，
> 你母亲给你准备了金项链，

你父亲给你准备了骨指环，
你母亲给你准备了花头饰。

孩子呀，孩子，
你快回到父亲的怀抱！
你快回到母亲的怀抱！
你父母在寻找你回来。

你不要错过清晨的太阳，
你赶快踏着早晨的云雾，
回到亲人的怀抱中。①

而为常病、重病患者的招魂则没有这么优雅和简单，大都要举行隆重的仪式。通常的做法是：先摆放供桌，点燃香草，用烟净化室内空气；随后萨满开始唱神歌祈祷诸神和病患的先祖救助，将病患的魂魄找回；再后便是萨满大声呼叫病患的魂，高唱招魂词。有的仪式令人惊心动魄，毛骨悚然：在萨满的引导下，众族人围在患者周围，一面敲击革、皮制之鼓，一面在患者身旁大声呼唤呐喊、拍手踏歌；或用皮鼓将奄奄一息的病人罩上，众人敲鼓；或用木板拍打病人身体；或由族人将病人抱起，在旷野中边喊边飞奔。有时萨满还为患者推拿揉摁，使患者周身发热；或口衔烧红的烙铁向病人喷热气，用剑刺病人的胸口，用神鞭、神剑抽打病人令其起身狂舞。萨满认为，通过这种方式就可将摄魂、扰魂之恶灵惊退。②

经过如此的招魂，无论是受惊吓的儿童还是常病、重病、癔症患者，一般情况下都会得以治愈；有的重病患经过如此的折腾也会溘然长逝。萨满解释说，此乃因其魂魄迷失太久，忘却故园，已另择栖地。

萨满的招魂巫术为什么能够治愈“失魂”症呢？萨满教信众将其解释为萨满所拥有的招魂、追魂的“神通”；一些萨满学者则解释它的心理学机制，如心理暗示等。我们知道，所谓“灵魂”，不过是人的高级意识

① 引自郭淑云《原始活态文化：萨满教透视》，上海人民出版社 2000 年版，第 321—322 页。这种“招魂词”有很多版本，不同民族的萨满有不同的说唱形式。尽管具有一定的民族差异，但基本内容和表现风格大抵相同：亲爱的家人、温馨的家庭、快乐的游戏和悲情感伤的风格。

② 参见乌丙安《中国民间信仰》，上海人民出版社 1995 年版，第 252—258 页。

或者说心灵整合而成的精神而已。灵魂是世俗的，它离不开大脑的灰质。它的存在与消失，仅仅是脑神经系统物理运动的结果而已，无所谓“出游”与“失窃”，更不存在某种超物理因果力的“神通”之力作用于其使其变化。至于“心理暗示”理论，无论是“在跳神过程中，萨满通过歌舞、各种象征性的动作、巫术等形式表达着逐魔除病的意义，这实际就是在向患者施受心理暗示，使患者认为，病魔已除，病将痊愈，从而解除了精神负担，在心理上产生安抚效应，有助于促使病人实现心理和精神的平衡，调动了病人的积极体能，对身体的恢复很有益处”① 的解释，还是“跳神”仪式所创构的特定文化心理环境对治疗的辅助性暗示，即“特定人群的共同心理、共同念力为基础，形成了一个特殊的文化心理场，人们在这种场态中心理以及生理的某种不平衡得到了调适，从而产生了特殊的场性效应”② 的分析，都没有解释清楚这一治疗活动的心理运动原理。萨满跳神治病确有“心理暗示”的元素，但它“暗示”的东西是什么？“暗示”也是一种信息输入，当这种“暗示”被患者接收后，它所产生的脑-心理反应模式是怎样的？这才是真正需要解释的东西。仅仅说萨满通过发出暗示对病患的心理产生效应，就如同指认雷电产生了下雨效应却不能说明这种“效应”发生的机制一样，对我们理解萨满灵魂治疗的奥秘意义不大。

我觉得，要将这其中的原理解释清楚，需要一种更为先进、开放的科学平台。就此问题解决的“硬核”及路径而言，至少需要对萨满招魂活动涉及到的三个重要问题进行分析；①萨满教所谓“失魂”的病理学问题；②萨满“招”之行为作用于病患之“魂”的基本原理；③病患“还魂”的“还”的心理机制。可见，这三个问题的解决不是常识化的“心理暗示”理论所能胜任的，它需要通过将人的“灵魂”活动的方式、神经生物学及心智水平的神经计算理论整合起来形成科学的理论。我的基本观点是：有机脑在进化及发育、成长过程中不仅形成了物理性分子生物水平的脑结构，而且在相应的脑结构中还编码了某些“先天”和“习得”的信息。人的精神系统正常与否，在很大程度上与人脑的信息加工（活动模式与意识表征）是否正当密切相关。现在我就来解释上述三个问题。

第一，“失魂”症的精神病理。

儿童“失魂”发生的原因通常有二种：一是突然受到强烈感觉信号

---

① 郭淑云：《原始活态文化：萨满教透视》，上海人民出版社 2000 年版，第 344 页。

② 同上书，第 345 页。

刺激而产生恐惧哀伤（如夜晚哭闹）与意识失活（精神不振、发呆走神），二是夜晚“看见鬼怪”而受到惊吓，夜梦鬼怪伤害自己。这两种症状精神病学也称为“应激障碍”。常病、重病患者的“失魂”，如精神萎靡、昏睡不醒以及严重的感觉缺失等症状，精神病学称之为“转换性障碍”（感觉障碍）。这两种精神障碍大都与病患的脑神经活动密切相关：转换性障碍主要是大脑神经系统处理内源性躯体信号和整合感觉运动信号的功能受到了扰乱；应激障碍则是病患突然遭遇到出其不意的“应激事件”，且“应激原”过于强烈或应激长期发生时，导致有机体的“异稳态负荷”过重，有机体的抗应激系统不堪重负甚至受到损伤，从而发生代偿失调。① 为便于理解和后文的解释，现在我把精神病学的这种笼统的病理解释用神经学理论做一具体说明。

精神病学所说的“异稳态负荷”受损而引发代偿失调的应激障碍，主要原因系当事人突然遭遇到异常强烈的信号（视、听、触觉）刺激，导致其大脑某些神经元固有的编码规则即信号传递活动发生了紊乱：密码不配或脑神经网络信号传递活动的异常。按照上文的理论，有机体在与环境的相互作用过程中，为了适应环境，构造生命的秩序，在大脑中编码了某种宇宙模型和信息加工模型，可将其称为“神经密码”，与神经科学所说的“痕迹”相当。根据认知神经科学的理论，尽管“痕迹”不是“数据信息”，但却是用于信息加工的“规则信息”，亦称“操作信息”。它不仅包括曾经感受的记录，也包括那些传统的智慧和表征这些智慧的执行方式②。根据 PET 和 FMRI 的“大脑认知地图”理论，这些密码或“信息”分别盘存于大脑的几个不同但相互关联的脑区：“生物脑”内的体内自动平衡信息，用以调节生命基本的自稳与自组，主要是新陈代谢反应；古老的“社会脑”内的社会信号认知、社会情绪执行信息，如喜欢、自豪、敬畏、恐惧、焦虑以及人类原始神话意识等；“文化脑”内的语言、逻辑、计算规则以及伦理、美学、宗教等复杂的符号处理规则③。如果上述三个脑及其信息

---

① 张亚林主编：《高级精神病学》，中南大学出版社 2007 年版，第 435、416—419 页。

② 参见［美］安东尼奥·R. 达马西奥《感受发生的一切：意识产生中的身体和情绪》，杨韶钢译，教育科学出版社 2007 年版，第 124 页。

③ 我这里所说的“生物脑”“社会脑”“文化脑”编码了规则信息并不意味着创造“现代颅相学”，它有脑特异理论和功能定位理论的支撑；还要说明一点，生物、社会、文化“三脑说”与奥地利生物学家冯·贝塔朗菲的三级“个性脑”、美国神经学家保罗·麦克莱恩的“三位一体脑”（“爬行动物脑”“古哺乳动物脑”“新哺乳动物脑”）理论具有大脑生理物理学层面上的相似性；但“社会脑”与社会神经科学所说的“社会脑”略有不同。

编码的理论成立，那么，根据大脑信息加工有效性原理，即当输入的信息与脑内的信息操作程序相匹配时，脑的信息处理便处于正常状态；当输入超过临界值又仍处于脑的编码系统适应性阈值之内时，信息处理便演变为一个新的适宜状态；当输入信息超过了脑处理信息规则的阈值无法进行加工时，就会导致大脑信息传递运动的失调，我们便可以对儿童惊吓及常病、重病患者的“失魂”精神障碍病理做出新的解释。

儿童因惊吓而致的“失魂”是发生在脑和心理两个不同系统水平上的精神事件：前者主要是输入信号在脑细胞水平上的神经表达；后者主要是在意识水平上的心理反应。这里我们只讨论前一种“失魂”症的治疗，后一种情况我们下节再来讨论。7 周岁前儿童的脑除了“生物脑”内遗传而来的体内自动平衡编码，还有“社会脑”内盘存的柔和、温馨、秩序、自豪、荣誉、恐惧以及父母面孔等情绪和情景记忆；然后是简单的语法、逻辑、计算编码。精神正常就意味着脑或心理与环境的相互作用保持在同一水平上，能够产生正常的神经表征。某种异常的信号在孩童的大脑神经组织传递，其异常性可能激活某个特定皮层并产生神经运动，形成恐惧型的神经表征和意识场景，其结果是这些异常的表征要么激活了杏仁核，产生持续的恐惧情绪；要么导致大脑皮层区域之间连接中断而使孩子意识失活，有些儿童受到惊吓之后数日处于深度昏迷（无梦）的状态，就属于这种情况，它甚至可能导致儿童丧失“核心意识”。

那些常病、重病患者，无论是其精神萎靡、昏迷不醒还是神智不清、感觉丧失（运动不能症）、意识失活（记忆、推理、语言机能失调），从神经生物学的角度看，主要是由于其经常患病、重病不起以及服食止痛、抗炎药物而导致相应的血管效应或神经活动效应，如身体组织感觉功能受损、血液动力学水平下降以及药物麻醉使其不能顺畅地向脑传递化学（血液）、电化学（神经）信号。特别是由于常病、重病及药物作用导致脑神经组织的“网状激活系统”受到了干扰及损害。这些神经组织不仅参与生命调节，如新陈代谢调节，而且它也是弥散性向丘脑和皮层发送信号，激活丘脑和皮层的神经组织，还是从脑向身体传递运动信号的重要神经网络。醒觉的情况下，这个系统比较活跃，连续不断地向丘脑和皮层发送信号，刺激它们的各种反应；而当睡眠（无梦）的情况下，这个系统便失活，向丘脑和皮层的信号发送出现了重复和停歇；而其受损时，由于其既不能向丘脑和皮层发送信号，造成人的意识失活与昏迷，也不能将脑的身体运动信号传给机体组织，导致有机体运动功能丧失等。

第二，萨满（亲人、族人）招魂的行为特征。

首先，让我们来看“招魂”的工具。萨满“招魂”的主要工具是神歌，即语言符号。无论是母亲或年长女性对孩童乳名的连续呼唤，还是萨满歌唱情意哀婉的“招魂词”，都是一种语言行为。若用大脑信息处理的模型来表述，也可以说是一个“E（萨满）→P（信号输入）→C（病患脑）→R（输出）”的信号传递活动。萨满招魂乃至于跳神治疗相应心理-精神障碍的奥秘都和其所使用的这种工具、所展开的这一言语行为有关。为了把这个原理解释清楚，这里我们再简单回顾一下前文提出的“语言能”理论。我所说的“语言能”，指的是语言作为一套信号系统，其形式与意义输入到人脑后所产生的脑的物理运动以及心理表征之能力。由于语言信号所拥有的“物理能”和“心理能”，即语言所具有的语音学感质、句法学形式、语义学信息以及输入后所启动的大脑物理运动和心理加工，使得语言由一般的“信号”变成了信息，编码成了情景和心理经验。正因为语言的这种物理和心理“能”以及脑接收输入后所产生的知觉加工活动，使它成为萨满不仅是招魂而且是“灵魂治疗”所有活动的重要工具。

萨满招魂活动除了向病患的大脑输入具有物理、心理能的神歌语言信号激活脑的认知活动之外，还有另一种信号激活形式，即对于那些“网状功能系统”失活（丧失“自传式自我”甚至“核心自我”）的常病、重病患者的招魂，采取了强烈甚至粗暴的信号刺激方式，这对那些患者意识的唤醒较为有效。因为无论是燃烧香草产生香烟以及族众的呼唤呐喊、拍手踏歌、敲鼓鸣锣，乃至于用鼓将患者罩上猛敲、用木板、神剑、神鞭拍打、戳刺病患的身体还是萨满的推拿按摩，从大脑物理动力学的原理看，都是对病患实施的强信号刺激，通过这些强烈的信号刺激病患的听、视觉器官以及皮肤、骨骼等感觉组织，使其麻木的机体组织产生化学、电化学信号，不仅从头部与面部、肌肉与鼻膜、耳蜗，而且从身体其他部位（如腹、胸、四肢等）向脑发送信号激活大脑运动。尤其是萨满拍打、震动、戳刺病患的躯体，通过皮肤平滑肌的收缩与扩张提升血液动力学水平，向脑发送强信号，失活的“网状激活系统”在这些大分子信号的刺激下被激活，开始弥散地向丘脑及皮层神经发送信号，使失活的病患的脑被唤醒。有的重危病患经过这番“折腾”不但没有痊愈反而一命呜呼，也与这种信号刺激密切相关：由于这些信号刺激太强烈了，早已虚弱不堪的身体和脑尤其是“内环境”在这种强烈的刺激下彻底崩溃，生命的基本自动平衡系统遭到了严重的破坏。

第三，关于病患“还魂”的精神运动原理。

招魂治病的基本原理为：无论是母亲的乳名呼唤还是萨满的神歌召

唤，病患感官接收到了一系列物理信号——声频与句法信号，这些连续不断、反复传递的物理信号在病患的脑产生了物理反应，这种反应又恰好在脑激活水平的参数之内。激活后通过连接通路传递信号而将其他脑区连接起来产生了神经表征，即意识唤醒。这里我们以对受惊吓而意识失活的儿童和久病不起而意识微弱的病患“招魂”为例做一分析。

前文已述，这两种“失魂”症的主要病因属于信号接收产生的刺激-反应导致的病患大脑皮层网络连接中断的意识障碍。这时，萨满的“招魂”神歌作为一种输入信号，在病患的脑内产生了如下反应。①这些哀婉悠扬、温和轻柔的声音在脑区产生的电活动恰好在脑激活水平的参量之内（与强烈的信号相区别），这奠定了脑激活的物理水平。②萨满演唱的“招魂曲”作为一种语言信号输入病患的大脑，也起到了通过语言的句法模型重组病患大脑模型的作用。我在前文已分析过，如果说人的语言机制是脑的内在性或“生物学蓝图”[①]，那么，语言结构与大脑结构具有同构性；即使大脑的语言机制是后天获得的，它也是在不断输入刺激下形成的，因而与语言具有相同模式。于是，语言刺激反应实质是脑的物理模式的调整。如此，病患脑对“招魂”神歌的语言加工产生了脑神经系统的物理运动，使连接中断的皮层网络得以连接。③语义加工（语言的概念、情景、图像意义的加工）唤醒病患的情景记忆与自传体记忆。需要说明的是，病患的脑接受输入后产生的这三套神经运动程序并没有时间顺序，它们几乎同时发生；用“大脑混沌理论”来解释，也就是脑对输入信号的加工“具有混沌样的动态性”而不存在逻辑性[②]。如果儿童没有进入“微意识”状态只是恐惧哀伤，这一信号加工活动也会修改其神经活动的回路：温和、轻柔乃至具有音乐感信号的输入，由于降低了脑接收的信号的化学浓度成分，形成对神经运动回路的修改，即杏仁核不再活跃，于是，儿童悲伤、哀痛的情绪便停止了。脑一旦恢复了正常的情绪感受，也就意味着神经系统回归正常状态，疾病就被治愈了。神经学家 R. 达马西奥用“锁”和“钥匙”的比喻解释说：某些脑感区（情绪激发点）就是一把锁，当脑神经系统内的某些组织受到强烈的信号刺激而运动功能失常（失活或紊乱）时，它就被锁上了，这时，就需要借助一把钥匙开启它，

---

① ［美］斯蒂芬·克莱恩、罗莎琳德·桑顿：《普遍语法探究》，李汝亚译，商务印书馆 2015 年，第 14 页。

② 其实科学理论所描述的大脑信息处理的“逻辑”是脑通过身体的某种行为表现出来的，在高度复杂的脑组织内并不存在逻辑。

而从外界输入的信号恰恰就是这样一把钥匙。由于这些信号与此脑感区“痕迹”相配，就如同钥匙插入锁孔转动了锁芯。锁被打开了（启动或关闭），神经系统的信号传递正常了，情绪与感受就可以产生了。[①] 特别是这些输入不仅可以激活病患对一般信号感受质——温和、轻柔、亲切——的感受，而且还可以激活病患的心理感受，即对它们的加工引发了当事人大脑皮层功能模块内的某些记忆的复活，如母亲的亲切呼唤、萨满的哀婉歌声的语音知觉激起患儿亲切、和蔼、依恋的神经表征以及招魂词曲的“父亲”“母亲”“金摇车”“金项链”“骨指环”“花头饰”“父母的怀抱”，这些语言加工所唤起的患儿脑中盘存的亲人之爱、游戏之乐以及家庭之温馨的情景记忆。快乐的意识及心理体验修正了脑神经组织发放的模式，使儿童恢复了正常。

最后，我再从神经生物学的角度加强一下对这个问题的解释。在有机体的生命组织内部，有一种与生俱来并随着进化不断完善的自动平衡装置，它的工作目标意在使生命组织运行顺畅，即生命的快乐和幸福。这个体内平衡系统不仅全程时刻监控生命活动，而且也为生命组织的顺畅运行而“努力”工作着——察觉到有机体的某些变化而随时采取调控、修复行动。[②] 正是生命组织内的这一自动平衡系统，使生命活动的某些异常即使不予治疗，只要假以时日也可自动痊愈。儿童大脑由于受到了异常信号刺激而导致某些脑区信号传递失常，即使不进行招魂，通过生命组织的“自组-自稳”运动也会逐渐恢复正常。此时，如果借助于外力，对脑施以相应的信号刺激，便可将其尽快激活。

对萨满招魂治病这一脑-心理机制的解释，有人可能会提出质疑：此时病患已处于意识失活或丧失意识状态，根本不可能进行信息加工。常识地看似乎如此，但这不是事实。我们知道，人脑是由具有不同水平的系统组成的，不同水平的脑神经组织印刻的神经痕迹是不同的。经常加工并且给人体验最深的事件印刻在大脑神经组织的深层，即使当脑受到相应损害，其他记忆都消失了，但这部分印记仍在，它构成了我们所说的“心灵”的那部分。也正因此，即使那些意识失活或微意识状态的病患，仍可接收和加工信号，并激活相关脑区产生连接形成表象。R. 达马西奥的研究告诉我们：“即使没有意识参与，脑也可以通过多种神经中枢处理感

---

① 参见［美］安东尼奥·R. 达马西奥《寻找斯宾诺莎——快乐、悲伤和感受着的脑》，孙延军译，教育科学出版社 2009 年版，第 37 页。

② 同上书，第 23 页。

觉信号，并且至少使某些通常包含在知觉加工中的脑区得到激活。”[①] 对有些所谓“植物人”进行特殊的感觉输入，如用最熟悉的声音、向其讲述他一生中感受最深的故事，甚至于他最喜欢的孩子的哭声就能将其唤醒，也就是因为此时病患虽丧失了意识但仍有心灵这一原理。

（三）问诊：“神圣”算法的心智计算启动

脑并非一个固定不变的生物系统，而是一个时刻与外界进行能量、信息交流的远离平衡态的开放的动力学系统。特别是在与环境交互的过程中，我们的感觉系统会接收多种信号，这些信号也在互相竞争我们的认知资源。在这种情形下，脑组织是如何精妙地协调复杂的神经元活动，将细胞水平的神经表达升华到系统水平的意识表征以及心理经验的呢？近年来兴起的神经（心智）计算理论正在为我们揭示这个奥秘。虽然神经计算理论目前在人类心智计算研究方面还刚刚起步，但其所提出的理论模型对我们理解大脑的认知活动却不无启发。按照神经计算理论，脑的信息加工是在三个系统水平上的脑活动，即“硬件系统，相当于分子生物学意义上的脑结构；“软件系统”，即“算法”，相当于神经元进行计算的规则；“输入系统”，即环境信息。神经计算理论的核心原则是：神经计算及有效编码的前提是输入信息能够引起少部分神经元的强烈反应（大部分神经元响应较弱），亦即与“算法”相应。“软件”是一个十分复杂的编码系统，其中编码了各种“算法”，如自我意识、认知模型、心理图式等。输入信号在脑内传递，当与脑内的“算法”匹配时，便启动了神经计算活动，形成意识与经验。认知语言学家提出了一个“大脑模型匹配”理论，即听话人大脑中有一个话语认知模型，只有当输入与这个模型相匹配时，才能进行信息加工；否则，接收者就要调整大脑模型[②]。依据神经计算和大脑模型理论，我们可以对萨满招魂的效验作出如下解释：萨满之所以可以治愈“失魂”症，首先在于具备分子生物水平的条件，即病患大脑的“硬件”系统正常，可以输入信息；其次，输入的信息在病患大脑传递过程中能够与系统的某些“算法”相对应，或者说与病患此时的大脑模型相匹配，可以产生有效的神经计算活动，从而通过细胞水平的神经

---

① 参见［美］安东尼奥·R. 达马西奥《寻找斯宾诺莎——快乐、悲伤和感受着的脑》，孙延军译，教育科学出版社 2009 年版，第 76 页。

② ［美］斯蒂芬·克莱恩、罗莎琳德·桑顿：《普遍语法探究》，李汝亚译，商务印书馆 2015 年，第 192 页。

计算实现系统水平的神经网络的动态调节——稳固或动摇当前的神经表征而不是改变结构。下面我就运用这一脑-心智计算理论对萨满治疗活动的这一原理进行分析。

萨满的灵魂治疗除了仪式场景布设和歌唱"招魂词"对病患进行脑激活外，还有另外一种信息传输形式，即诊病行为。我们先来看萨满的降神诊病。这一仪式的主要程序就是萨满以唱神歌的形式逐一呼唤他所信奉的神灵名称，祈请它们降临。当神灵降下并在萨满身上附体后，萨满开始对病人的病情问诊。萨满所问病由基本为以下几种：为许愿事由、为触犯祖先神灵事由、为神有所求事由、为闲散神祇事由、该族前代萨满魂魄附身，欲出萨满事由、邪魔犯身、魂魄被邪魔摄走。如赫哲族萨满（吴进才）治病活动中问诊神歌就这样唱道：

是不是患者得罪哪路神灵？
嘿！咚咚咚！
是不是有过许愿至今未还？
嘿！咚咚咚！
是不是身子不洁冲撞神灵？
嘿！咚咚咚！
是不是家庙各神有过不敬？
嘿！咚咚咚！
是不是南山鬼怪兴风作浪？
嘿！咚咚咚！
是不是北山妖魔摄去灵魂？
嘿！咚咚咚！
是不是吊死冤魂前来讨债？
嘿！咚咚咚！
是不是狐仙鼠精迷住灵魂？
嘿！咚咚咚！
是不是有个萨满寻找替身？
嘿！咚咚咚！
是不是某个恶神寻找上门？
嘿！咚咚咚！①

① 引自黄任远、黄永刚《赫哲族萨满文化遗存调查》，民族出版社2009年版，第199—200页。

可见，萨满诊病与心理医师、精神病学家问诊不同的最鲜明特征就是语言的“萨满教神话”化，而发送给病患的这种信号恰好与病患此时脑中关于疾病认知的大脑模型相对应。我们可以具体描述一下此时病患脑的这一神经计算过程：当萨满的神歌“信号”在病患的大脑由低层神经元到高层神经元传递时，某一语句恰好与病患脑中此刻关于疾病神经计算的“焦点算子”即萨满教“失魂症”中某一超验病因相对应，于是提高了这些神经元的兴奋度，产生了意识表征和心理经验，病患于是有了相应的体态反应（其实是神经反应），如眼皮眨动、双肩抖动等，病症也随之被命名。输入与大脑模型的匹配以及所形成的意识表征，即病症被符号所命名，其治疗学的意义并非仅仅是诊断学的胜利，甚至于拜伦·古德所说的“将其开放给一种积极的结局，使得病患能够设想一种战胜逆境的手段”①，也仅仅是一个古典心理理论认知的维度，它在萨满“灵魂治疗”活动中的重要意义在于：当输入的某种超验信息通过病患大脑进行有效神经计算后，在病患的大脑建构起一幅萨满教“失魂”病的全息视觉模型②。这是病患通过神经计算启动意识活动的重要程序。

（四）驱魔：神秘体验激活

如果说萨满“招魂”“追魂”效应的脑-心理机制之一就在于通过向病患输送与其脑中活跃的萨满教神话意识相匹配的语言信号（神歌），从而使得病患通过对输入信息的加工、编码达到对心智系统中萨满教神话狂躁造成的脑-心理系统紊乱状态的调节，那么，在“灵魂治疗”活动中，萨满向病患输入的信号就不仅仅是情感丰富的“招魂词”和神话性的“神歌”，还有其他的信号形式。象征符号就是主要的一种。对萨满治病象征符号输入与病患的脑-心灵系统对这些信号的加工与经验表征及其对意识的调节机理的呈现，将更加深化我们对萨满“灵魂治疗”的脑-心灵机制的理解。

我们来看萨满的“追魂”与驱魔。萨满跳神除了治疗癔症性附体障碍患者，也用于治疗那些因惊吓和因重病而精神失常的儿童及病人。有的

---

① ［美］拜伦·古德：《医学、理性与经验：一个人类学的视角》，吕文江等译，北京大学出版社 2010 年版，第 191 页。

② 脑的信息整合活动有几种可能性，到底采取哪种可能性取决于同已存在于记忆中的“先行理解”之结合。（［日］松本修文主编：《心灵之谜面面观——脑与心理的生物物理学》，宋文杰等译，上海科学技术出版社 2007 年版，第 25 页）

儿童情绪、意识失常并非源于强烈的环境信号而是某些异常信号刺激激活了其大脑某些神经元共同体中盘存的神鬼妖怪信息。这些神经元发放产生的神经表征不仅构造出神鬼妖怪的意识场景，使儿童处于持续的恐惧之中，而且其发放的高频脑电还可能导致皮层区域连接的中断，使儿童丧失意识。这里没有任何想象的成分。我们知道，处于大脑发育期的儿童，不仅其神经回路不那么稳定，神经元激活更为广泛，感觉输入产生的脑区对话更多，极易产生联觉，而且其脑-心理活动亦多与超自然事件联系在一起。段义孚先生描述说：2—5 岁的孩子最常梦见会咬人的动物和简单的妖怪……再大些孩子所做的梦中，魔鬼常有特定的形象。而孩子的这种认知资源主要源于民间信仰、宗教神话，甚至于成人用妖魔鬼怪恐吓儿童以便管理这种认知情境，如妖怪吃掉孩子或门后藏着妖怪、外边有妖怪听见声音要进来等。他提供了这样一个例证：一个 5 岁的孩子晚上父母有事出去，把他交给一位亲属代管，亲属想让孩子早点睡觉，就给孩子讲述天使的故事——天使夜里站在孩子床头守护孩子。听过故事后孩子变得极为不安，之后连续几个晚上不愿去睡觉。[①] 可见，这些儿童的大脑被超自然信息知觉活动开出了一道的深沟。荣格也认为，孩童的心灵成长自无意识，他们的心理生活淹没于无意识的心理现象之中。[②] 这里的“无意识”不仅指心理生活缺乏理性化，而且还指心理生活的“集体无意识”化。儿童心理学家让·皮亚杰也把“前运算阶段”儿童（2—6 岁）的心理水平指认为“巫术-神话阶段”：认为客体是活的东西，赋予客体以一种特殊的“力量”，“在这种力量中主观幻觉和起作用的关系混在一起”[③]。尤其是从小在族群生活中接收丰富的萨满教信息以及对这类信息的频繁加工，甚至可能修剪了其大脑神经元，塑造了其萨满教神话模块化的加工区域[④]。因此，每当有相应的知觉信号输入就可能激活这些区域，产生神鬼妖怪意

---

① ［美］段义孚：《无边的恐惧》，徐文宁译，北京大学出版社 2011 年版，第 13—15 页。

② ［瑞士］古斯塔夫·卡尔·荣格：《心理结构与心理动力学》，关群德译，国际文化出版公司 2011 年版，第 275 页。

③ ［瑞士］让·皮亚杰：《发生认识论原理》，王宪钿等译，商务印书馆 1986 年版，第 33、88 页。

④ 发展认知神经科学家指出：儿童的“皮层区域可能在刚开始时功能并不确定，但在随后大量不同的背景于任务下，这些区域部分地被激活。在发展过程中，脑区之间依赖于活动的相互作用将使各脑区的功能分化，这使得它们的活动越来越限于一些更为狭窄的情境中……更适合于支持某些特殊形式的计算。”（［美］马克·约翰逊：《发展认知神经科学》，徐芬等译，北京师范大学出版社 2007 年版，第 19—20 页）

象的意识表征（如夜晚看见异象或在夜晚睡眠时，由于环境信息输入减少，大脑开始对脑内所储存的信息尤其是一些无意识内容进行加工，特别是以一种混沌样态进行并行加工，这样也可能构造出神鬼妖怪的意识场景），这就是这些族群很多儿童易受惊吓的主要原因。

至于那些意识丧失的重病者，因其长期遭受疾病的折磨，身体组织特别是某些脑神经组织也会出现相应病变。尤其是久病不起，脑优势半球竞争力的下降，认知资源的减少，都可能导致其认知功能受损，使其丧失"认知自我"而形成萨满教"失魂"病的神经表达。我想特别提醒人们注意的是，在萨满信仰的族群中，病重患者所产生的对于死亡的关注、对灵魂归宿的思考这一心理生活使其萨满教神经元共同体的"表达"十分活跃，甚至于发生系统的"优势"重置现象。这种脑系统变化的结果正如荣格所说：心灵越是沉没到远古的层面，无意识的影响力也越是成倍地增进，开始引发对主导功能的病态性扰乱。①

儿童和癔症、重病患者心智计算模式的萨满教神话化，使他们更容易为上面所说的"失魂症"所扰，因而也更适合萨满的跳神治疗。萨满跳神治病的方式多种多样，"招魂"之外主要是"驱魔"。"驱魔"仪式除了萨满"脱魂"的象征剧表演，还有萨满以"神歌"形式表演的呵令精怪离开病患的语言巫术。驱魔仪式结束后，萨满要举行"送神"仪式将请来的神灵送走。这一仪式虽较为简单，但萨满仍以唱"神歌"的形式送神归位，送神的"神歌"也同样集结了大量的萨满教神话意象的语言。总之，由于驱魔仪式集结了众多萨满教神话符号，它们输入病患大脑并与病患大脑关于疾病的认知模型相匹配，产生了有效的心智计算，这不仅改变了当事人大脑神经元连接的异常状况，而且脑也加工出萨满教神话的系列意象或者说"神话的电影"，使得病患心理中原来那些狂躁混乱的萨满教神话情结转换成为清晰的心理经验。下面我们就用具体的案例做一说明。

在鄂伦春人那里，流行着萨满为病患举行的追魂仪式。这种仪式被认为是萨满到阴曹地府为病人找魂。仪式的过程是：萨满先唱神歌请神，之后击鼓载歌载舞跳神；跳到高潮时，萨满突然倒在地上一动不动，一连数日不吃不喝，也不排泄。病患的亲人每天用石头在萨满的头部、上肢、下肢等处敲击三次，并祈祷萨满能够很快找到病人的灵魂，早日平安归来。

① ［瑞士］古斯塔夫·卡尔·荣格：《心理类型》，吴康译，上海三联书店2009年版，第255页。

人们每用石头敲击一次萨满的身体，萨满就稍稍动一下，二神便马上行敬神礼。经过多次反复，萨满的身体开始慢慢抖动，萨满神服上的铜铃、铜镜也慢慢地响起来。声音由低到高，萨满的身体也越抖越快。这表明萨满已将病人的灵魂找回。这时，由两位族人将萨满扶起。萨满又开始跳神，感谢神灵的帮助。①

这类案例在我国北方民族萨满教“追魂”仪式中比较常见。它说明一个基本道理，萨满跳神治病离不开语言，更离不开诡谲的象征符号。象征符号展演并非有的学者所理解的可以制造“场效应”，产生心理暗示功能，即使人相信治疗活动的“神力”干预。从认知心理学的原理分析，这些象征符号作为一种意象，其输入更容易激活病患大脑皮层的神经回路，形成广泛的神经元连接，从而使病患在脑中形成萨满驱魔的系列表征，产生萨满“追魂”的神秘体验。用临床心理学的理论来解释，萨满所表演的“追魂”“斗法”的象征剧实质是心理医生所谓的“心理剧”。心理剧治疗的原理就在于通过形象、生动、有趣的故事展演，使得当事人可以对发生在个体身上的生命事件过程形成一种完形知觉，不仅可以产生生动的心理体验，而且还可产生心理移情：病患将个体的意识与心理经验投射到心理剧这一客体上去，从而实现疾病与主体的分离。结合这一具体仪式，也就是通过驱魔心理剧，病患经历了萨满“脱魂”到另一个世界与神鬼精怪谈判斗法并迫使其放回病人的灵魂这一神秘的心理体验；于是，“困扰”也就被解除了。

除了“脱魂”驱魔，萨满的驱魔仪式还有另一种形式：萨满驱鬼常于病患家门口不远处挖一小坑，将一只白公鸡的头夹于翅膀下埋入坑中，以此象征着如果鬼怪继续缠着病人不放，便会得到同样的下场。② 这种驱鬼象征剧在中国北方少数民族中比较常见。比如在满族、蒙古族、鄂温克族中流行一种烧“替身偶”的活动：若某人久病不愈，据萨满诊断，是因其魂魄被某恶魔所附，而驱除恶魔的方式便是扎一草人用作病患的替身，晚上到僻静处烧掉或随水流去。科尔沁萨满在“送替身”时唱着这样的《送替身》神歌：

四面啊，四层楼，
好令害，好令害，好令害，

---

① 郭淑云：《原始活态文化：萨满教透视》，上海人民出版社 2000 年版，第 324—326 页。

② 同上书，第 340 页。

四丈高，高墙楼，
好令害，好令害，好令害。

八面啊，八层楼，
好令害，好令害，好令害，
八十丈，高墙楼，
好令害，好令害，好令害。

鱼骨雕刻，
好令害，好令害，好令害，
象牙镂空，
好令害，好令害，好令害。

龙骨镶嵌，
好令害，好令害，好令害，
鸭骨装饰，
好令害，好令害，好令害。

母骆驼驮运的，
好令害，好令害，好令害，
九十两的物品
好令害，好令害，好令害。

公骆驼驮运的，
好令害，好令害，好令害，
上万两的物品，
好令害，好令害，好令害。

骑的有骏马，
好令害，好令害，好令害，
穿的有衣服，
好令害，好令害，好令害。

用的有金钱，

好令害，好令害，好令害，
吃的有干粮，
好令害，好令害，好令害。

送给弟子你，
好令害，好令害，好令害，
不要经常来，
好令害，好令害，好令害。

来世再投胎，
好令害，好令害，好令害，
再也不要来，
好令害，好令害，好令害。①

这种“送替身”活动不仅意象丰富而且十分有趣。随着意象的流动、语句的流动、意识的流动，附于病患身上的恶魔就被神秘地（体验为）“流”走了。多年前，在吉林乌拉满族镇，一位卡车司机（满族）曾向我叙述了这样一个故事：某个冬季，他连续三个晚上梦到自己开车轧死了一个穿红格子棉衣的小女孩。他十分忧郁与恐惧，开车时特别紧张，最后甚至不敢上车，待在家里魂不守舍。无奈，他只好请“大神”（萨满）指点。大神告诉他，这是恶魔在给他制造麻烦。破解的方法就是让他仿梦里所见的那个小女孩的形象扎一个替身，给她穿上红格子棉衣，第二天把它放到自己的车轮下碾轧三次，然后晚上将其烧掉便可消灾除祸。他依此而行，果然不再忧虑和恐惧，心舒气和，开车时精力也格外集中。数日之后他在开车时果然遇见与此类似的事件：一小女孩横穿马路，他急转方向盘闪过，结果女孩被后面接踵而至的另一车辆轧死。司机坚信此化险为夷是烧“替身偶”的作用。

这类事件确实有些诡异难解，甚至像荣格这样伟大而杰出的头脑也曾在它们面前留下了遗憾。我们不妨看荣格曾谈及过的一个与此相类的案例：

1925—1926 年，在我去埃尔贡山（东非）探险的途中，我们的

① 陈永春：《科尔沁萨满神歌审美研究》，民族出版社 2007 年版，第 82—83 页。

> 一个搬水工人、住在附近村庄的一个年轻女人生病了，似乎是流产感染，还有高烧。我们贫乏的药物无法医治她，所以她的亲属立刻去请一位 nganga，即巫医。这名巫医来了之后开始围着小屋一圈一圈地转，转的圈越来越大，鼻子嗅着周围的空气。忽然，他停下来，然后沿着一条路走到了山脚下，并解释说，这病了的女孩是他父母唯一的女儿，这对父母年轻时就去世了，葬在山上的竹林里。每天晚上他们都下山来让他们的女儿生病，这样她就会病死，然后去陪伴他们了。按照巫医的指示，大家在山上建了一个状似棚屋的“捉鬼屋”，里面放着那个生病的女孩的泥像和一些食物。鬼魂晚上进去会以为是和他们的女儿待在一起。使我们非常惊讶的是，那个女孩两天后就痊愈了。是我们诊断错了么？这个谜一直都没解开。[①]

这是荣格的论文《灵魂信仰的心理基础》的脚注中的一段文字。对于精神病学、精神分析学、宗教学造诣深厚、炉火纯青的荣格而言，这个案例不应令他感到“不解”。但荣格缘何对此不解呢？我认为，主要原因在于当时荣格受知识条件所限，还不能从认知科学的角度解析女孩的病理和巫医利用象征符号治病的原理。尽管从疾病现象学的角度看，女孩的躯体病症似乎是流产感染，但其隐性病理则属于心理障碍引发的躯体疾患，即她对早亡父母之魂的恐惧情结导致了其持续的恐惧和焦虑，并由这种情绪障碍致使脑管理生命的机能弱化，生命组织的自我维护、修复能力降低，从而导致相应的躯体疾病（流产感染、发烧）。这并非假想。我们知道，焦虑、紧张其实是一种与新皮层、边缘系统和下丘脑等层面上的很多脑系统运动有关的状态，它会导致一种叫作降钙素基因相关肽（calcitonin gene-related peptide，CGRP）的化学物质在皮肤内的神经末梢上过渡分泌，这样，CGRP 会将朗格罕氏细胞的表面过渡包裹。由于朗格罕氏细胞是一种免疫细胞，其功能是捕获感染细菌，并将其运送到淋巴细胞，如果它完全被 CGRP 包裹，就丧失了这种能力，无法执行自己的守卫功能，其结果是身体免疫系统的衰弱，个体更易受感染。[②] 根据荣格在他处的介绍，我们得知，埃尔贡人是一个鬼魂迷信盛行的族群，他们经常受到死者

---

① ［瑞士］卡尔·古斯塔夫·荣格：《心理结构与心理动力学》，关群德译，国际文化出版公司 2011 年版，第 209 页。

② 参见［美］安东尼奥·R. 达马西奥《笛卡尔的错误：情绪、推理和人脑》，毛彩凤译，教育科学出版社 2007 年版，第 97 页。

之魂的困扰。[①] 埃尔贡人心理生活的这一性态，使我们有充分的理由相信女孩的疾病属于由鬼魂恐惧导致的心理障碍所引发的躯体疾病。特别是当我们检视病患“个人生活史”，我们就会更加坚信其病因的心理元素：女孩父母年轻早亡，而她又是父母唯一的女儿，这使得她心理对鬼魂的恐惧情绪持续发放——父母一定要找她来陪伴。这就是女孩的“心理理论”。这种心理使其处于持久而强烈的恐惧、焦虑的情绪状态；这种情绪状态不仅增加了其心理压力，而且其还可漫射到脑结构，扩展到内分泌和免疫系统，从而导致生理失调和疾病。此时，人们按照巫医的指示，在山上搭建了“捉鬼屋”，并放置了女孩的“替身”和食品，这可以说是向女孩输入了知觉信号，这些信号加工所形成的经验表征使她心理对父母“鬼魂”纠缠的恐惧情绪得以消除。情绪由抑郁变为轻松，心理由恐惧化为平和，脑、内分泌、免疫系统也开始了正常工作，体内自动平衡装置恢复了管理生命的正常状态，其躯体疾病也就自然痊愈了。请记住，荣格在这里写的是“女孩两天后就痊愈了”而不是当下就痊愈了，这恰恰说明女孩疾病的康复非超自然力量的干预而是巫医的“心理干预”：超自然力量干预不受时间限制，但自然的脑-心灵-身体状态的改变却受制于有机体分子生物系统生物调节的时间节律。

通过荣格这个案例的解析，我们可以对前面那个司机“劫难”的化除做出科学的解释：此确系烧“替身偶”的结果；但不是因为“替身偶”产生了物理因果力，即消除了即将发生的物理事件，而是“替身偶”这一神话信息的输入-加工产生的心理经验替代了他之前的心理经验，即司机将他的忧虑与恐惧情绪投射到了“替身偶”的身上，使他相信他的这场“劫难”已由那个替身偶所承担，事情已经结束，故驾车时心理平和，精神集中，对突发事件做出迅速反应。

行文至此，我们关于萨满跳神治病仪式上象征符号输入所产生的脑-心灵运动机理的分析似乎该到结束的时候了。但事情并没有这么简单，有个疑点多少年来一直是萨满通过象征剧表演治病的谜案，也可以说是笼罩在萨满跳神治病这一事件上的最坚厚的迷雾，无数杰出的头脑也恰恰在这个谜案面前疲软下来，甚至于滑向了神秘主义。比如，萨满驱魔的烧“替身偶”活动，有时病患本人并不知晓，而由他人代行，即是说，病患并没有接收到这些象征信号，在这种情况下，病患的“心理移情”又是

---

① 见［瑞士］卡尔·古斯塔夫·荣格《荣格自传：回忆·梦·思考》，刘国斌等译，上海三联书店 2009 年版，第 232—234 页。

如何形成的呢？这个谜案令很多学者深感玄秘，并引发了对它的“人体科学内涵”[1] 的奇思怪想。“人体科学”是不是科学意义上的“科学”我不想在此讨论。我只想说明这一点：人的大脑、心理活动并不像“人体科学”所言说的那样神秘。人类之所以会把某些奇妙的生命现象看成神秘的，是因为这些现象的理解超越了人类的认知边界。人类生命系统中的某些现象是适合我们智力模型的，结果产生了有关生命的一系列科学；有些现象则不适合人类的智力模型，结果产生了形形色色的神秘主义。因此，在我们智力模型可能的框架内，我们可以对某些生命现象作出科学的解释。

凡是被这种“癔症”折磨的人，其生活环境都是神鬼信仰比较流行的地区。巫师治疗这类疾病行为的反复输入，使得该文化系统中的每一个成员的脑-心理系统已经形成了很强的“巫术神经回路”和心理经验，或者说已经盘存了这方面的“情景记忆”，甚至于成为“内隐记忆”或“程序记忆”[2]。因此，即便当事人不在处理“替身”事件的现场，缺席“替身偶”的知觉输入，她仍可以通过盘存于脑-心理中这些“记忆”的加工建构意识场景和心理经验。正如奥地利思想家 F. A. 哈耶特所说：“人的心智本身就是人生活成长于其间的文明的产物，而且人的心智对于构成其自身的大部分经验并不意识——这些经验通过将人的心智融合于文明之构成要素的习惯、习俗、语言和道德信念之中而对它发生影响。”[3] 确实，人类的大脑不单是自然选择的产物，也是文化设计的产品。在个体发育过程中，皮层系统与环境的交互以及系统和系统间的相互作用，使得某些系统的反应性特质发生改变，其活动水平越加针对某些文化情境。北方民族中某些特异的意识-心理障碍之所以通过萨满跳神才能治愈，就在于其脑-心理的这一认知特征。尤其我们要记住：人脑与任何一种无论多么高级的智能机器（计算机）都不同，如果没有任何知觉输入它就无所事事，它在没有任何信号输入的情况下也产生脑神经元的自我交谈，发生心灵或精神上的某种戏剧，这就是人们所说的联想、想象、幻想之类的心理活

---

① 宋抵：《民族文化的前提与心理场效应》，《黑龙江民族丛刊》1993 年第 4 期。

② 认知神经科学家解释说：这是一种包含在技能或程序中的记忆，而且个体不能有意识地感觉到。（见［美］马克·约翰逊《发展认知神经科学》，徐芬等译，北京师范大学出版社 2007 年版，第 142 页））

③ ［奥地利］F. A. 哈耶特：《自由秩序原理》，邓正来译，生活·读书·新知三联书店 1997 年版，第 22 页。

动，它们也同样可以产生某种感受与体验。

到了现在，萨满教“灵魂治疗”——无论是招魂还是驱魔——的生物心理学机理已真相大白了。没有任何“神秘”的因素，也没有什么“人体科学”的玄妙，这一古老而芜杂的民间“宗教精神病学”之所以可能治疗相关精神障碍并产生较好的预后效果，就在于萨满师的治病活动即跳神、神歌表演这些物理运动与当事人的脑-心理的物理运动法则相匹配。尽管对于萨满师而言，这种“匹配”完全是“无意识”的。但这并不需要意识，它只需要符合物理学的因果法则。我相信，这就是科学的解释。

五 “四大门”崇信：意识的整合①

从宗教史的视域看，动物崇拜是人类原始宗教的主体图像，即宗教史学家所谓的“自然崇拜”；从宗教人类学的维度看，动物崇拜又是民俗社会超自然力量信仰之文化共性。它不仅活跃于萨满教文化、美洲土著的图腾文化中，也嵌置于北欧民族的民俗文化体系中。不过，无论是宗教史学的历史考证，还是宗教人类学的田野叙事，我们至今还没有发现，世界上任何一种民俗文化和民间信仰中的动物崇拜可与中国民间信仰中的“四大门”崇信相提并论。在中国尤其是北方乡村的民间信仰中，“四大门”崇信不仅具有普遍性，所谓“无狐魅，不成村”，而且具有鲜明的“中国特色”：民间崇信的“四大门”，既非其他族群原始宗教中的强悍凶猛动物，又非印第安文化中的图腾动物，亦非西欧、北欧中世纪乃至近代乡村社会中人们虚构出来的“精怪”②，它们就是中国北方农民日常生活世界中的现实他者。它们虽非凶猛之兽，但却令人恐惧，胆战心惊；它们虽是神圣的存在着但也是平凡的生命；它们的神力不如神灵，法力不如仙道，魔力不如鬼魂，仅是处于“修炼”之中并随时可能毙命的普通动物却受到民众的崇信。至于它们与农家的关系，更是盘根错节，扑朔迷离，既令人敬而远之，但又彼此媾和互惠。这一乱象丛生的俗信，确实可谓世界民

① 本节曾以论文《“四大门”崇信之精神分析》的形式发表，《世界宗教研究》2013年第5期。这次收录本书保留了发表时的原样。

② 参见［瑞典］奥维·洛夫格伦、乔纳森·弗雷克曼《美好生活：中产阶级生活史》，赵丙祥等译，北京大学出版社2011年版，第37—40页。

间信仰中的一道独特的文化景观。

迄今为止，“四大门”崇信之研究，无论是宗教学界还是人类学、民俗学界，都可谓一个十分薄弱的环节。不是因为其荒诞乖谬不值得浪费我们短暂的生命，也不是因为其乃社会下层的一种粗俗的人妖游戏（“四大门”即使在乡土社会也为文人、乡绅、官吏所鄙夷）而难登高雅的学术殿堂，而是因为其芜杂而怪异的文化象限、神秘而诡异的崇拜事象挑战着学者们的理论思维。它似乎是人类原始宗教“万物有灵论”的遗风但又消解着“万物有灵”（不仅不是“万物有灵”，而且即使同一动物，如狐，亦有“神圣”与“凡俗”之分）；它似乎与萨满教属于同一“家族”但又与萨满教保持着某种紧张（“四大门”中的狐狸、蛇、黄鼠狼恰恰是萨满请来的群神予以镇压的“妖魅”）；它较接近巫术但又缺乏巫术的基本游戏规则，如行巫的特定时间、群体情绪及语言技巧①；它类似于“妖术”但操演这种“人妖游戏”者既非继承、传承而来的“魔法专家”②，也不具备专业的魔法技艺，而是一些憨厚朴实的农民、艺人乃至娼妓和民间医生。尤其是“家仙拿法”“坛仙治病”“财神保家”这类“真实”③而灵异的事象，不仅放纵着淳朴的农民的幻想，而且使无论是“解释”的还是“思辨”的宗教学都一筹莫展，并将很多知识人的思维驱入了一片神秘的地带。有人甚至由此而觉悟道：“在我们的世界上存在着一种我们至今尚未把握到的另一种世界的本相与秩序。”

但是，“四大门”的人妖游戏并不神秘，世界上也不存在任何神秘之物。诚如桑塔亚纳所说，只有当知识停顿或终止时，当强有力的表达在经验中失败时，神秘感才应运而生④；或用维特根斯坦的话说，我们的思维之所以陷入神秘，是因为我们缺乏一种与这种思考相对应的语言系统⑤。当传统的人类学、宗教学语言在“四大门”的神秘诡异事象面前运行失效时，我们不妨尝试用另一种语言来启动思维，这就是精神分析。通过精神分析的心理语言学，我们终于叩开了“四大门”崇信神秘幽闭的大门：

---

① 参见［法］马塞尔·莫斯《巫术的一般理论》，马塞尔·莫斯、昂利·于贝尔《巫术的一般理论·献祭的性质与功能》，杨渝东等译，广西师范大学出版社 2007 年版。

② 参见［英］维克多·特纳《象征之林》，赵玉燕等译，商务印书馆 2012 年版，第 156—166 页。

③ “真实”在这里的所指非物理学的真实，而是一种“社会心理”的“真实”。

④ ［美］乔治·桑塔亚纳：《宗教中的理性》，犹家仲译，北京大学出版社 2008 年版，第 240 页。

⑤ ［奥］维特根斯坦：《哲学语法》，韩林合译，商务印书馆 2012 年版，第 98 页。

它不过是民间社会那些平凡而日常的生命的心理无意识的投射而已。本节的工作就是通过精神分析与宗教精神病学资源的整合，呈现“四大门”俗信这一神秘文化的奥秘。

（一）“四大门”：中国农民心理无意识的投射

所谓“四大门”，是指四种具有灵异性因而也具有神圣性的动物，即狐狸（称为“胡门”）、黄鼬鼠（称为“黄门”）、蛇（称为“常门”）、刺猬（称为“白门”）。从动物学的角度看，这四种动物既没有狮虎的威猛，也没有豺狼的凶狠，更没有鳄鱼的卑鄙，相反，它们有的却疲软无能（如刺猬）；从人类学的视域看，它们既非人类的图腾象征，亦非人类生活的伙伴（如牛马）；从宗教学的层面看，“四大门”既不是神，也不是仙，有的连“精”也算不上，只是处于“修炼”阶段的妖魅；从心理分析的原理看，这些动物亦非罕见之物，偶尔现身使人惊悚不已而膜拜，它们就生存于农家的日常生活世界，并经常为农家所享用（如蛇、刺猬都是美味，狐狸、黄鼠狼的皮毛也是珍贵的商品）；从文学民俗学的镜像看，它们更非人类讴歌赞颂的“性善”之物，而是被污名化为“性恶”之流（如狐狸、黄鼠狼在民间文学、儿童文学中的狡诈、害人形象）。然而，就是这样四种动物，却受到了民俗社会的崇信。不仅对其敬畏有加，而且对其顶礼膜拜，为其建“楼”，设坛安龛，享受烟火与礼拜，甚至还予以“爷爷”“奶奶”“姑姑”之尊称（狐狸为“胡三太爷”“胡三太奶”“胡二仙姑”；黄鼠狼为“黄三太爷”“黄三太奶”；蛇为“柳七爷”；刺猬为“白五爷”）。“四大门”崇信的这种理性与情感、知识与习俗的悖理，似乎已经成为宗教学、民俗学研究的一个千古谜案。

确实，正如宗教史学者和人类学家所指出的，动物崇拜，人类只崇拜那些凶猛威悍以及与人类有“文化遗传”关系的图腾之物。为什么中国农人却有这样吊诡而乖谬的崇拜行为？难道这些憨厚朴实的农民就真的没有瞥见这些动物的“平凡”属性？没有看见那些暴尸于街巷田野的蛇、刺猬和因“偷鸡摸鸭”而被人追打得抱头“鼠”窜的黄鼠狼么？难道他们真的愚昧到了连编造支撑生存意义的“文化谎言”都漏洞百出的程度了么？其实并非农家的愚昧与盲视，人们不会无缘无故地信仰和崇拜某物。“神圣性”栖身于某物，虽与某物的图像特质相关（如康德头顶的星空），但更与构造“神圣”的主体的心灵世界相关，如道德、情感、幸福理想、心理结构等。“四大门”崇信同样如此。这种崇信之中既有民间社会主体那含混的伦理意识、模糊的情感体验、世俗的精神诉求，更有人们深层的心理映像。而且我认为，这诸因之中，心理因素是关键。“四大门”崇信我们之所以无法通过民俗学、人类学、宗教学的语言来解释，就在于它是一种“超语言”的心理现象。所谓“超语言”心理现象，就是说它不是在“语言-意识”的框架内形成的心理图像及其投射形式，而是人类的语言-意识框架外的心理碎片，即心理无意识的投射。

心理无意识，在心理学大师荣格的理论体系中，既包括个体无意识，如个体生活史中形成并沉落下来的各种情绪片段，即所谓的“情结”，也包括集体无意识，指的是人类在亿万年进化过程中形成的一种心理积淀，这些“积淀物”通过种族遗传方式烙印于该族群每一个体的心理结构之中，形成了一种先验的心理模式，荣格也称之为“文化原型”。按照荣格的观点，这些“文化原型”主要是那些“外在于我们的神灵鬼魅世界”①。荣格的集体无意识或文化原型理论并不神秘，当然也不是弗洛伊德所讥讪的其“鬼魅情结”的产物。用不那么专业的语言来表述，它就是人类在亿万年进化过程中为适应外部世界以更好地生存所进行的生命系统的“适应性调整”并使这种调整程序和模式稳固下来，从而形成人类固化了的能力、情感和思维方式等这些“内在倾向”，也被称之为“进化稳定策略”。这些“内在倾向”不仅形成了先民生命细胞组织稳定性的律动模式，而且还如英国著名宇宙学、天文学家约翰·D. 巴罗所说，它们“随着人类大脑通过自然选择的过程一起进化了”。在巴罗看来，“我们所具有的直觉和内在倾向，带着我们周围环境的共通特性印迹，也带有我们遥远祖先的印记。”② 不过，我觉得“祖先印迹”或“文化原型”并非仅仅如荣格所勾画的“神灵鬼魅”意象，它的图像要比这丰富一些，如对怪异动物的恐惧、夜晚的惊悚、特殊颜色的敏感甚至于某些审美偏好等，都是人类心理世界文化原型的组成部分。“四大门”崇信的这种人妖互动游戏，就是人类的这种心理无意识——文化原型的一种投射形式。

但仅此还是没有给出一个完全令人信服的文化逻辑。如果说“四大门”崇信是人类集体无意识的投射，那么，这种投射为什么投向了狐狸、黄鼠狼、刺猬、蛇这四种动物而不是其他在生物学、人类学乃至审美学维度都优于它们的动物？如山狸和松鼠，即使不能获得力量感的满足，也能

---

① ［瑞士］卡尔·古斯塔夫·荣格：《心理分析与灵魂治疗》，冯川译，译林出版社 2012 年版，第 186 页。

② ［英］约翰·D. 巴罗：《艺术宇宙》，徐彬译，湖南科学技术出版社 2010 年版，第 3、35 页。

获得谐趣的美感。要将这个问题解释清楚，我们必须进入“四大门”崇信心理的深层结构。

第一，就一般宗教心理学理论而言，某物之所以令我们崇拜，首先就在于这些事物给人一种相异感而令人产生惊奇与恐惧并将其视为神圣之物。鲁道夫·奥托在其宗教学名著《论“神圣”》一书中分析道：神秘之物最主要的要素就是给人一种“完全相异”感：“这个‘相异者’完全超出了通常的、可理解的与熟悉的范围，因而完全落到‘辩察’（canny）的领地之外并与之相对峙，使心灵充满了茫然的惊奇与惊愕。”① 狐狸、黄鼠狼、蛇、刺猬之所以受到农家的崇拜，首先就源于它们具有奥托所说的人们“辩察”范围之外的“相异”性。尽管从生物现象学的角度看，这四种动物体貌平平，毫无雄威之感，但它们却有一般动物所不具备的怪异性。狐狸面相狡黠，聪明伶俐，经常出入人类的生活世界而无所畏惧；黄鼠狼就生活于人们的生活世界之中并呈现为拟人的行为特征（如后爪立地前爪合一而站）而又难以捕获。它们与牛的僵硬、马的单纯、狗的忠诚、猫的妩媚截然不同，自然被理解为秉有“灵性”。而蛇、刺猬则是形象怪异，至少从视觉美学的角度看属于对人的“审美伤害”之物。美国人文地理学家、英国皇家科学院院士段义孚先生的考察表明，对蛇的恐惧是人类恐惧的共性心理；此外还有蜘蛛、蟾蜍、蜥蜴、青蛙、蝙蝠、猫头鹰，然后才是狮、虎、豹这些威猛之物。前面这些动物不仅身体冰冷，颜色苍白，骨骼松软，皮肤怪异，而且一脸凶相，眼神冷峻，住所污秽，又有毒液，甚至连小猩猩见了它们都害怕不已。② “四大门”除了因上述怪异与令人恐惧的体貌特征激发了农人的集体无意识对其的心理投射之外，它们的其他生命特征也激活了人类心理文化原型的投射能量。比如，蛇、刺猬在漫长的冬季不进饮食竟然能够存活，特别是蛇，冬眠春醒，蜕皮再生，象征着重生于永恒，这激活了农人关于“道行”的幻想。再如，虽然农家以狐狸、黄鼠狼、刺猬、蛇为“四大门”，但并非所有这四类动物都被认为神圣。李慰祖先生的调查告诉我们，农家区别这四类动物的“圣”与“凡”的标准是，俗凡的狐狸、黄鼠狼惧人，神圣的狐狸、黄鼠狼则不惧人且双眼放光，眼色发红；俗凡的刺猬灰白色，神圣之刺猬眼发

---

① ［德］鲁道夫·奥托：《论“神圣”》，成穷等译，四川人民出版社1995年版，第31页。

② ［美］段义孚：《无边的恐惧》，徐文宁译，北京大学出版社2011年版，第11—12、94页。

红；俗凡之蛇不能变，神圣之蛇不仅可以大小变化，且头顶有凸出物(冠)①。李文还补充说，农家之所以认为它们为圣物，还在于神圣之狐晚上炼丹，可见其居处红色火球上下起伏明灭；黄鼠狼也在月明天朗之夜立身供爪"拜月"修炼②。也就是说，四种动物的圣/俗之分一为眼睛有否红色，二为是否夜晚修炼。农人的这一判断表面看来源于知觉辩察，但其实统领人们知觉辩察的确是人类的集体无意识。约翰·D. 巴罗的研究告诉我们，人类突出的能力和内在倾向特征之一就是对颜色信息的敏感，即红色特别容易引起人的情绪反应，属于危险信号；另一个特征是对月夜下的某些意象比较警觉，以至于产生神话的想象③。精神病理学和文艺心理学研究也证实了这一点，满月之夜通常是精神病的发作期和艺术家创作灵感的活跃期，这说明月亮会引发人们情绪的激动特别是心理无意识的异常活跃。明代文人张大复说："人在月下，亦尝忘我之为我也。"④ 此非忘我，乃人之心理无意识将"我"之意识同化了也。

也许，某些动物的这些生命体征对我们这些拥有一定的生物学、动物学以及辩证的审美能力（将"丑"转化为美）的文明人而言并无任何恐惧灵异之处，但在鸿蒙初开的远古社会，它们就是令人畏惧的、神秘的。特别是初民的心理世界，诚如列维-布留尔所说，完全被一种神秘感所笼罩，他们知觉任何事物的心理过程都与我们文明人不同，一切事物都带上了神秘的性质。⑤ 也正是这种神秘化的原始思维，使得蛇、刺猬这类寻常的动物获得了神秘而又神圣的属性。某些动物"神秘化"的这种原始"集体表象"，又通过种族遗传的方式烙印于该族群的每一个体身上，型构了其先天的心理模式，即集体无意识或文化原型，并成为该族群知觉领悟的心理无意识——神秘参与。这就是"四大门"崇信的心理图像。正如神话学大师约瑟夫·坎贝尔简洁地表述的那样：你之所以像古人那样对某些意象有同样的反应，是因为你和几百万年前的人有同样的躯体、器官及身体能量。⑥ 而且，也正如列维-布留尔所说，一个共同体越是不开化

---

① 李慰祖：《四大门》，北京大学出版社 2011 年版，第 5—6 页。

② 同上书，第 10—12 页。

③ [英] 约翰·D. 巴罗：《艺术宇宙》，徐彬译，湖南科学技术出版社 2010 年版，第 240、172 页。

④ (明) 张大复：《梅花草堂笔谈》。

⑤ [法] 列维-布留尔：《原始思维》，丁由译，商务印书馆 2010 年版，第 34—35 页。

⑥ [美] 约瑟夫·坎贝尔、比尔·莫耶斯：《神话的力量：在诸神与英雄的世界中发现自我》，朱侃如译，浙江人民出版社 2013 年版，第 57 页。

与落后，集体表象的优势也愈强。[①] 特别是当社会发生剧烈变迁，人们对自己的命运难以理性把控之际，其集体无意识便愈发活跃地参与人们的知觉领悟。这也就是“四大门”崇信的狂热为什么发生在民国时期北方乡村的原因。

第二，“四大门”崇信也是某个社会群体的财富意识、幸福心理的一种投射。在民俗社会下层群体的心理世界中，“四大门”不仅可以禳灾治病，还可以招财保富，因此它们也被称为“保家仙”“财神爷”。李慰祖和我近年来在东北村社民间信仰调查中发现，很多农家的后院都有砖石瓦砾搭建的小屋，俗称“财神楼”，一般供“白门”“常门”享用。有的在居室的僻角处设立牌位或神龛，多供奉“胡门”（胡三太爷）。特别是当某些农家家境平安，持续殷实或暴富之后，一般都被认为是得到了“胡门”“白门”“常门”的佑助，也都盖楼或设牌。但是，如果突然家境衰败，人们也认为与“四大门”有关——或者是得罪了它们，或者是“家仙们”善恶无常，“兴一家，败一家”的恶作剧。所以，农家对这些“家仙们”是既崇又恨，既敬又恶。亦因此，农民们不仅与其相处十分谨慎，敬而远之，以免产生交际失误惹祸上身，而且设坛敬拜很有讲究，主要以“白门”为财神爷而敬奉，其他次之；最不受敬重的是“黄门”。因刺猬给人的直观表现象忠厚老实，故可保财运恒久；蛇的身躯细长且麟光闪闪，具有“钱龙”的象征；黄鼠狼则无恒性，变化无常，因而也很少被作为“财神爷”敬供。

从心理人类学的角度看，人类对某些灵异动物所进行的善恶无常、喜怒不居的拟人化性格形塑，不独存在于中国北方农民的心理世界，在其他民族中也可发现。德国民俗学家普雷托里乌斯《人妖论》中所描写的“波尔特精灵”“克伯尔德精灵”、侏儒精灵，就被海涅认为是“卑鄙和丑陋的混合”[②]；瑞典民俗学家奥维·洛夫格伦、乔纳森·弗雷克曼民俗学文本中的“赖大耳”“森林之灵”、畜牧民生活中的地底小人“吠地吠”[③]，也都秉有喜怒无常、善恶交织的个性。不过，北欧民族民俗信仰中的这些精灵与中国北方农家的“四大门”又不同：北欧精灵之恶为善

① ［法］列维-布留尔：《原始思维》，丁由译，商务印书馆 2010 年版，第 18 页。

② ［德］亨利希·海涅：《论德国宗教和哲学的历史》，海安译，商务印书馆 1974 年版，第 23—28 页。

③ ［瑞典］奥维·洛夫格伦、乔纳森·弗雷克曼：《美好生活：中产阶级生活史》，赵丙祥等译，北京大学出版社 2011 年版，第 37—40 页。

于恶搞，制造生活的麻烦，中国的“四大门”之恶则翻脸无情，毁掉人的幸福；北欧精灵之善不过是农民的帮手与伙伴，而中国的“四大门”则可影响着农家的财运。但无论有何区别，都折射出人类共同的心理无意识：某些精灵缺乏恒性，卑鄙贪婪，需要谨慎相处。但这种集体无意识又因生活环境的不同而具有了鲜明的“信仰地形学”风格。就“四大门”崇信而言，为什么民国时期北方乡村普遍流行着白门、常门以及胡门的“财神爷”崇信？因为在中国农民的心理无意识中，贫与富、祸与福是流变的、无常的；尤其是中国古代社会的历史可谓一种周期性乱治交替的历史，每次乱治之交，都不仅造就了一些“布衣皇帝”，而且使很多富庶人家一夜沦为乞丐。这种流变不居的社会发展史与个体生活史，形构了中国农民浓重的忧患意识和恐变心理，所谓“富不出三代”“君子之泽五世而斩”。因此，要想保住幸福，就不仅需要持之以恒的耐力与努力，“夜寝早起，父子兄弟不忘其功，为而不倦”①；“强必富，不强必贫；强必饱，不强必饥，故不敢倦息”②，而且还需要借助外力，通过讨好、谄媚、献祭他们身边的这些“灵异”之物来维系自己的财运恒久。现在完全清楚了，人们之所以敬刺猬、狐狸为“财神爷”，不过是用刺猬的针为刺，狐狸的毛为线，来修补他们的世界的裂缝。如果我们把“四大门”崇信从农家转向更广阔的社会世界，对这种崇信心理会看得更加透彻。在中国，除了农家崇信“四大门”外，梨园业、娼妓业、巫师也都崇信“四大门”或“五大家”（外加老鼠），因为其卑贱的社会身份和生存的高风险以及时运对贫富的主宰，更需要敬奉灵异动物而为自己的财富担保。

第三，“四大门”崇信也是中国农民模糊、芜杂、实用的宗教心理的投射。“四大门”崇信的文化原型是妖魅精怪意象。这些原型不仅构成了族群心理世界集体无意识的基本库存，而且也像布留尔所说的那样，影响着人们与世界交往的方式，即“神秘参与”。正是这种神秘参与，为古人的文化生产提供了丰富的灵感和素材，创造了大量离奇而又诱人的神话、仙话、鬼话。这些文化被生产出来之后又反哺于人们的心理，使人类心理世界的神鬼妖魅情结更加深固和丰满。这也就是为什么面对“四大门”俗信我们总有一种与中国古代的神话、仙话、鬼话等民间传说、口碑文学似曾相识的感觉的原因。其实，“四大门”崇信之所以能够形成一个相对独立的民俗宗教文化体系，其文化资源不仅源于该族群古老的文化原型，

---

①　《管子·乘马篇》。

②　《墨子·非命下》。

也源于中国俗文化史上各种口碑文学素材的缀合。比如，“四大门”中的“胡门”“黄门”，在崇信者心目中的拟人化形象有时是白眉银须、慈善聪明的老者；有时又是妖艳风骚、乱性害人的女子。如果说老人意象源于荣格所说的文化原型，即老人是知识、洞见、直觉、智慧、助人的象征的话[①]，那么，女子意象源于中国俗文学语言的构造。俗文学中的“狐狸精”之类的词语，是人们“狐仙”意象的语言元素。特别是当人们缺乏对俗文学语言的思辨性领悟时，语言就是世界的真实特征。由此我们可以看到，中国农人心目中的神灵概念并不是十分清晰的，当然更谈不上桑塔亚纳所说的“理性”，而是芜杂的、模糊的。

尤其是在“四大门”文化中，我们也感受到了其对中国道教、佛教、儒教文化资源的任性杂交。比如，“四大门”尤其是胡门的“道行修炼”“采气互补”的观念，就源于对道教仙丹说的幻想放纵；“四大门”的“劫数”说及因其属于“牲畜道”而道行低于人 500 年的观念又是佛教“六道轮回”说的粗俗变种；而“坛仙”治病秉持“男女授受不亲”的观念又显然系儒教礼学的强势嫁接。也正因此，“四大门”不仅位列神、仙、佛之后，接受神仙的统辖（碧霞元君、王奶奶、万花圣母），受到道士的捉拿和镇压，而且惧怕达官显贵、猎户、习武者与顽皮（一切无所谓）之人。因为这些人不仅在“畜道”之上，原本就比“四大门”多了 500 年道行，而且又加持后天的修炼，其道行更是“四大门”所不可比的。由此可见，“四大门”虽被农家称之为“仙家”，但这个“仙”的语义与道门的“仙”并非同义。它不过是农家杂糅文化的拼贴和怪力幻想的放纵而成的宗教赝品。

既然如此，农人们为何还要崇信“四大门”呢？仙、佛虽是真正的神灵，法力无边，但他们毕竟离农家生活太远，而且人们也未曾亲眼所见其真身神力，仅仅是通过人造的泥像、画像、神话了解到他们；而“四大门”就与农家为邻，和农民的日常生活发生直接的利害关系：狐狸、黄鼠狼经常光顾农家的鸡舍并洗劫一空；蛇、刺猬怪异的形象经常吓得妇孺惊魂失魄；乡党邻人恭敬了“胡三太爷”或建有“财神楼”就财运茂盛，家宅平安；“坛仙”下坛就治好了郎中治不了的“病”……这些都是“真实”的。正如有的农妇所言：在一张纸上绘的财神是没有用的[②]。尽

① ［瑞士］卡尔·古斯塔夫·荣格：《原型与集体无意识》，徐德林译，国际文化出版公司 2011 年版，第 173—177 页。

② 李慰祖：《四大门》，北京大学出版社 2011 年版，第 14 页。

管“四大门”法力不如仙与佛，但人们也不诉求其能呼风唤雨，点石成金，或借助其得道成仙，或灿烂成空；只要它们能施展轻微的道行，能使日子过得平安殷实，身体健康无恙便足矣。透过“四大门”的棱镜，我们再次窥见到了中国北方农民朴实的幸福观和实用理性统领下的宗教信仰心理。

（二）“家仙拿法”的精神病理学分析

农家所崇信的“四大门”仙家，可以分为两类：一类是香坛上所供奉者，谓之“坛仙”；一类是农家自己所供奉者，谓之“家仙”。根据李慰祖的调查，在农家那里，家仙的功能是保佑家宅平安、五谷丰登，足衣足食；坛仙的功能是治病、除祟、指示等。[①] 农家对“四大门”的这种强势分类，既源于实用的宗教心理学框架，即“四大门”作为一种灵异动物，只要予以供奉，便可丰衣足食，平安健康；又源于朴素的宗教学直观：虽皆为仙家，但由于道行有异以及在场的空间不同（神圣庄严的“坛口”与砖石瓦砾的“财神楼”），其功能也不一样。其实，“四大门”之所以在民俗社会受到特别看重，甚至于超过神与仙，不仅仅是因为它们可以保佑家宅平安，生活殷实，更重要的还在于它们可以治病、除祟、指示。特别是在缺乏公共精神医学和心理医师的乡土社会，在“虚病”时常袭扰而乡土经验医学又无能为力（只治“实病”）的情况下，就必须要有某种“超验”的“宗教精神病学”来填堵人们的心灵漏洞。虽然中国的农人还没有像埃文斯-普理查德文本中的阿赞德人那样被神秘的“因果逻辑”死死纠缠，但生活中发生的异怪之病不能得到一个合理的解释，毕竟是一桩令人痛苦的事件。

在“四大门”俗信的文化语言中，有一个关键词，这就是“拿法”。所谓拿法，按农家的解释，就是家仙对农家的供奉行为不满——或是待遇不济，或是言行得罪——而附其身，使其心理或精神乃至躯体不适，如昏迷、呓语、狂躁、发烧等；此外，还有一些“秉性不良”的仙家（通常是“黄仙”）搞恶作剧，无缘无故地捉弄那些“秉气微”的妇女和儿童。李慰祖的文本中介绍了几个案例，如某农妇被“黄爷”拿法，“黄爷”告诉她若不与丈夫性交便“拿法”她；性交一停止还是被拿法而昏死过去，搞得其夫性交过度面黄肌瘦，最后只好由香头请“大老爷子”（胡门）降

---

① 李慰祖：《四大门》，北京大学出版社 2011 年版，第 7 页。

坛制伏，该妇才恢复正常。[①] 在“四大门”崇信流行的地区，“拿法”与解“法”几乎成为农家基本的人妖游戏。它不仅令那些老实厚道的中国农民忧郁恐惧，也让乡土民间医学十分头痛。

从文化精神病学的角度看，“拿法”与西方人所说的“附体”“着魔”十分相似，是一种特异的“文化关联综合征”；但二者又不完全相同，后者一般是鬼魂附体或着魔，而很少是几种灵异动物的附身。从精神病学的角度看，“被拿法”就是精神病临床症状——分离性障碍，传统上亦称为“癔症”症状，现代精神病学称为“癔症性附体障碍”。在精神病学家临床思维和病理叙事中，其病因主要是巫术、魔法、迷信观念过重所致。我在近年来的相关研究中，将其称之为“宗教关联精神病”。此种疾病的发病机理不仅与病患生活环境的宗教化有关，更与病患的心理无意识活动有关。也可以这样说，拿法以及附体或着魔，并非神鬼妖魅施法所致，而是人的心理无意识——个体无意识或集体无意识——突然爆发并将意识同化而使病人呈现出呓语、狂躁等症状（至于躯体性症状，如发烧、昏迷等，其实也是心理疾病的连带病症，如焦虑、心力衰竭，这需要专文的分析）。下面我将就李慰祖文本提供的几个拿法案例做一分析。

案例 1：黄家女忽然发病，发烧昏迷，其母到坛口请香头诊治，香头言其家中有“常爷”无地方住，只得住树上，因此，可与仙家修一财神楼。黄家当时已有一仙楼，但因“常爷”繁殖太快已不够住，因而需再修一楼。黄家因时下经济拮据未修，其女又被拿法；其母又去坛口“求香”，仍是前因，只好应允修楼，该女方痊愈。

案例 2：于某曾在做工时与伙伴打死三只小刺猬（是否亲手打死不详，但俗信中见财神遇难不出手相救，同样罪不可恕），于是被老刺猬拿法，几乎致死，后请香头诊治并许愿修财神楼方休。

案例 3：某卖糖果人，家有妻母，其“家仙”为“黄仙”。黄仙将其拿法并借体呓语，言其妻有外遇，要防备；又向此人妻子言其夫“不正经”；还作亡父语气向其母言说污秽之词。此黄仙不断拿法，搞得卖糖果人无心经营，家道败落，最后只好到坛口求香头请“老二姑姑”降坛。坛仙将黄仙按倒在地，打了三拳，打去 50 年道行，压在东大山山坡上。此后卖糖人不再发生呓语之事。[②]

上述 1、2 病例，属于病患集体无意识即妖魅精怪情结爆发所导致的

---

① 李慰祖：《四大门》，北京大学出版社 2011 年版，第 20 页。

② 同上书，第 18—21 页。

意识混乱和精神错乱，在此亦可具体化为对“四大门”的恐惧情结的外化。这种情结其实在病患的心理盘桓已久，只因人的意识压抑而没有爆发；而当其意识稍有倦怠或被某种情境刺激（如见蛇挂在树上）“出神”，它便“乘虚”而发，进入意识的领域，人于是便表现出神魂颠倒之症状，也就是“被拿法”了。案例 3 则属于个体无意识与集体无意识的两种情结联手演绎的“双簧戏”：卖糖果人对其夫妻关系的猜忌、疑虑以及对“四大门”崇信合为一体。首先，卖糖人存在着浓郁的夫妻关系不信任情结。如荣格所说，这种情结在人的意识清晰时蜷缩在心理底层；而当人的意识松弛时它则发出嘈杂之声，甚至同化人的自我，从而导致人的人格和精神的无意识改变。[①] 特别是当这些心理碎片越积越厚，活动越来越活跃时，人们的心理再也无法容纳它们，它们就可能随时爆发。其次，卖糖果人可能因“四大门”和疑妻情结过重而患有癔症性身份识别障碍。这些情结“小精灵”就像美国心理学家卡梅伦·韦斯特心理世界中的“斯威奇”“戴维”一样经常在其耳畔嘈杂[②]，言说其妻不忠；甚至将卖糖人的自我赶走公开登台表演。此时的“附体者”并非“黄仙”，而是由黄仙情结编织起来的另一个人格化身。甚至于前文所说的“不与夫性交便被拿法”的案例，也是一种情结的暴乱：性欲旺盛而又难以启齿，久而久之这种人性与道德的冲突便凝成了一种情结，这种情结虽然平时被意识压抑着，但意识稍一松弛压抑便不再奏效，其“性欲情结”便会通过与“妖魅”情结的联手将意识摧毁。

如果读者认为我的分析还有些薄弱，我想再加强一点。正如李慰祖了解到的，“四大门”的拿法者，无论是“保家坛”者还是香头，除了少数人通过编造秉有“仙根”的谎言骗人外，大都是那些“秉气微”者，亦即“因心理和生理的不健全而有招致邪祟侵入之可能”的人[③]。在精神分析和精神病学的临床平台上，所谓“秉气微”也就是存在意识功能障碍，即无意识和意识没有达到很好的协调，无意识经常同化意识或无意识的外在化。李文和我的调查还都显示了这一点，这些“秉气微”者，大都是女性和儿童。“拿法”“秉气微”“妇女和儿童”，三组图像组合成一个逻辑严谨的“拿法”现象的精神病理学陈述。儿童的意识功能弱，心理生

① ［瑞士］卡尔·古斯塔夫·荣格：《心理结构与心理动力学》，关群德译，国际文化出版公司 2011 年版，第 69—71 页。

② 见［美］卡梅伦·韦斯特《24 重人格》，李永平译，上海译文出版社 2008 年版。

③ 李慰祖：《四大门》，北京大学出版社 2011 年版，第 39 页。

活更多地呈无意识化；女性心理特征则是拙于理性与逻辑，重于感性与情绪，也可以说是无意识色彩更浓郁。因此，她（他）们常常为无意识所操控，也成为农家“四大门”的情结投射出来的故事中的“角色”。

但问题并没有结束，有一个问题多少年来一直困扰着心理学、宗教学、人类学，甚至像荣格这样的心理学大师，这就是“四大门”或鬼魂“拿法”或“俯身”这种现象，为什么在“拿法者”与“被拿着”之间能够表现出一种我所说的生命特征的“共时现象学”？或用本文主题的叙事语言来表述，即被“拿法”者所展演“被拿”症状与“拿法”者之“拿”的行为同时发生，并且当将这个妖魅击毙或驱逐时被拿法人也消失了症状？无论是李慰祖的文本，还是民俗社会的传说、“四大门”的纪实文学，这个话题都在不断地言说与演绎。多少年来，它不仅令多少杰出的头脑和睿智的心灵为此懊丧不已，而且将人们的思维逼近了墙角，无奈只好从神秘的因果逻辑的角度加以解释和渲染，甚至有的国学名家面对这类“异象”也认为需要重新认识中国传统的认知科学和生命科学；人们对“四大门”这类无能之辈的恐惧也大多与此“奥秘”有关。伴随着科学和理性对世界的日趋“解魅”化，再操作神秘主义的思维游戏确实有点缺乏文化品位。但它的实相又是什么呢？荣格曾试图用“共时论”来破解这个谜案，即这属于由于某种心理状态与一种或多种外在事件同时发生，这些外在事件呈现为与当时的主观状态有意义的巧合，或者主观状态是外在事件的有意义的巧合①。“巧合论”说辞的语法基础是“概率”，可如果人妖的行为之“合”概率过高，再朴素的思想也不会相信是“巧”；且也正如农人所疑，为什么那么多“巧合”都发生在我们这里？也有人求助占星术的知识支撑，用“本命盘”与宇宙能量的互动理论来进行解释②。但占星学虽为我们描绘了一幅人与宇宙万物能量感应的全息图表，但它却像史蒂文森的小说《宝岛》中的地图一样，虽然有趣但没有用。约翰·D. 巴罗的研究发现，最早发明星座学的人不是宇宙学家和天文学家，而是航海者；他们不过是借用了古老的神话语言命名星座，并把它们

① ［瑞士］卡尔·古斯塔夫·荣格：《心理结构与心理动力学》，关群德译，国际文化出版公司 2011 年版，第 306 页。

② 见［美］史蒂芬·阿若优《生命四元素：占星与心理学》，胡因梦译，云南人民出版社 2008 年版，第 85—90 页。

组织成星座排列图以便记忆为导航服务而已。[1] 当然，也有高雅的，有人就借用了怀特海博大精深的“有机哲学”（其核心是宇宙的所有生命体都是彼此相互联系、相互影响）[2] 来建构阐释的阿基米德支点。但怀特海的“有机哲学”仅仅是写作的知识“哲学”。正像维特根斯坦所说的那样：“‘知识’和‘确实性’属于不同的范畴。”[3] 就如同我们知道神探福尔摩斯住在伦敦的贝克街 221 号，意味着我们拥有关于福尔摩斯的知识；但如果我们到了伦敦，却不能去贝克街拜访福尔摩斯。

人们的思维再次被逼进了死角。

但是，“四大门”与疾患、“拿法”与“被拿”这一共时性生命现象并不是终极的神秘事件。我认为，它仍然可以通过精神分析理论进行科学解释。首先，正如前文所述，被拿法者就是一些心理生活不正常者，即无意识过于活跃并经常爆发。这一心理特征使当其发现“四大门”表现出某种特殊的生命体征时，（如李著所描写的黄鼠狼在房顶用爪扒烟囱）便激活了其“四大门”情结而将意识排挤掉，为无意识所操控。不仅行为异常，而且也言说一种如弗洛姆所说的“人类古老的文化语言”（文化原型）、“内在经验”的语言（情结）[4]。这是维特根斯坦所说的“指涉他的直接的、私有的感觉，另一个人无法理解的语言”[5]。因此，它也就被人们用文化原型情节但语言解释为妖魅附体或“拿法”。正如维特根斯坦所说，根本不存在“幽灵”和“鬼魂”这种事实与经验，存在的是“我们与那些野蛮人的亲缘关系”和“原始语言沉淀物”的语言经验。[6] 再则，农家不仅缺乏心理学、精神病学知识和动物行为学知识，且心理也同样活跃着妖魔鬼怪的集体无意识。因此，当其发现家人或邻人呈“魔症”时，这种集体无意识便被激活，并以布留尔所说的“神秘参与”方式统领他们的知觉活动，开始寻找那个神秘的精灵。此时进入其视界的动物的任何

---

① ［英］约翰·D. 巴罗：《艺术宇宙》，徐彬译，湖南科学技术出版社 2010 年版，第 223 页。

② ［英］A. N. 怀特海：《过程与实在》，周邦宪译，贵州人民出版社 2006 年版，卷一，第 142—146 页。

③ ［奥］维特根斯坦：《论确实性》，张金言意，广西师范大学出版社 2002 年版，第 48 页。

④ ［美］埃利希·弗洛姆：《被遗忘的语言》，郭已瑶等译，国际文化出版公司 2001 年版，第 8、12 页。

⑤ ［奥］维特根斯坦：《哲学研究》，陈嘉映译，上海人民出版社 2001 年版，第 134 页。

⑥ ［奥］维特根斯坦：《哲学语法》，韩林合译，商务印书馆 2012 年版，第 303 页。

一种异常行为，都会在文化原型的神秘参与下被强势解读为施展魔法。这里我尤其提醒人们不要忘记这一点，就是无论“被拿”还是发现“四大门”施法这类叙事，基本上是病患及其家人、邻人的主述而非临床病理诊断。这类叙事的语义网络不仅摄入了病患的疾痛经验，而且如美国著名医学人类学家拜伦·古德所说，也摄入了人的历史性、社区的文化性、原型的情节性甚至于文学性（引发人的想象及移情）。[①] 也就是说，这类叙事的宗旨不在于事实为真，而在于展演真实，以捕捉人们对剧情的关注。特别是被拿法者的精神异常症状并非其神经系统的生物-化学病变，而仅仅是一种文化原型的爆发，因此，他不可能一病不愈。就一般情况而言，无意识对意识的侵扰和同化只是偶发性的心理现象，当无意识表现动能消退，意识功能恢复，人也就正常化了。如果说它一定与“四大门”有关联的话，那也只能是动物悲惨的“献祭”（或逃命）的悲剧导致病患的心理移情，从而实现了亚里士多德所说的心理的卡塔西斯（净化）。至于香头请“坛仙”下坛降服“家仙”而使病愈的心理机理，我将在下节展开分析。

（三）香头治病、指示的心理学“禀赋”

坛口的“坛仙”并不直接给人治病以及指示，而是通过其当差或灵媒即“香头”（香头分为“顶香”的和“瞧香”的两种）借位言说和施法进行治病和指示。上文已略有所及，某人之所以能够成为香头，除了自我标榜或被乡邻标签为秉有“仙根”的超验资源外，最重要的是要具有心理学的禀赋，即他们都“秉气微”，也就是精神障碍者；或用我前面的分析说，就是无意识心理生活过于活跃，时常呈现出意识与无意识的裂缝。也正因此，他们才能够被理解为被仙家拿法强迫“当差”，人们也才相信他们可以代表仙家治病。这就是农家为什么相信香头可以治愈病痛的心理基础：民间医学信仰的支撑。特别是当正统医学的技术理性（西医）和文化理性（中医）在这些“异病”面前一筹莫展而将其归之于“虚病”并指导病患及家人请“明白人”诊治的背景下，“虚病”与“明白人”这些特殊的地方医学文化语言便凝聚了一层神秘的语义，具有了“魔法”“神通”的所指。这使得香头又获得了一种地方性文化资源的装备，也是他们能够治愈一些“魔症”的关键性条件，即对病患的心理疗

---

① ［美］拜伦·古德：《医学、理性与经验：一个人类学的视角》，吕文江等译，北京大学出版社 2010 年版，第 229—243 页。

法/信仰疗法的支持。

当然，正如李慰祖所描述的，香头治病除了神秘性的因素外，也佐以相关的民间医学手段，如服药（“炉药”与草药）、敷药、扎火针、按摩、收油等。尽管香头的医术并不专业，但这些手段毕竟还是起到了辅助治疗的作用。而且，人体细胞组织奇妙的再生能力，使得一般性疾病即使不予治疗，只要假以时日也会自然痊愈。但农家并不晓得这个道理，而将其归之于治疗的效果。

其次，香头请仙家降坛治疗被拿法的病患之所以能够收到效果，正如我所分析的，就在于宗教精神病学的心理治疗技术：神圣仪式展演及其对病患无意识的同化。我一再陈述，根本就不存在“拿法”与“附体”这种生命现象，它们只不过是病患无意识的瞬间爆发。病患躺在香头的床榻上接受治疗，实际上是和神鬼妖魅、灵猿野鹿躺在一起。对这种精神疾病的治疗，从心理医学的机理说，就是将其情结抚平，或释放或引导其进入意识的领域被意识所同化。荣格之所以认为宗教是一种心理治疗技术，就在于他看到了宗教仪式中充满了大量的象征性符号，它们恰好与人的心理无意识形成对应、沟通与对话，使病患的心理无意识——无论是情结还是文化原型——缓缓向外流动，被整合为意识性的观念，从而达到了意识与无意识的和谐。[①] 仅就香头治病这种“临床活动”而观，其心理医学机理就是通过仪式对无意识进行同化。在此我们不妨根据李慰祖的记述做一分析。

李慰祖的文本将香头的“下神”仪式归纳为三种：歌唱式、问病式、叙述式。从语言学的角度看，这三种语言形式并不诡异，相反，却因香头的文化素质和修辞能力的限制而显得较为粗俗。但是，由于特殊的语言背景的衬托，它们便给人以神秘的语感。比如，无论是叙述、问病还是歌唱，首先，它们都发生在伊利亚德所说的“人造的神秘的空间”，即这个空间充满了神圣的象征符号，如神龛、香炉、海灯、蜡烛、神牌等这样的空间环境。这些神圣的象征符号可将人的意识由当下在场引向不在场的神圣的维度。其次，香头的语言都具有象征性，如言说前要么是闭目连打三个哈欠，要么是咳嗽两声，要么是号叫。这些“副语言”形式虽然不承载逻辑信息，但却承载重要的文化信息——仙家临坛的象征。特别是香头的言说也因所降仙家的个性而风格化，如所下仙家为“胡爷”，香头则语调沉重而缓慢；若是“黄门”则声音变细。这显然是香头的一种语用策

① ［瑞士］卡尔·古斯塔夫·荣格：《象征生活》，储昭华译，国际文化出版公司2011年版，第211页。

略，即通过调动语言的“表象力”来营造一种“妖借人位”诊病、指示的神秘氛围。再次，香头也通过玩弄维特根斯坦所说的“私人语言游戏”① 伎俩，如李文所描述的某女香头与神龛里的“翠花姑娘”（其所顶之神）窃窃私语创造某种象征，即她有与仙家沟通的能力，而这种沟通是别人所不具备和所不能理解的，诱使求治者对其的相信。总之，香头的下神治病仪式是通过各种象征符号演绎出来的“神秘剧”。它不仅创造了一种“人妖互动”的神秘情境，使人在意识上首先相信香头的诊治是得到了仙家“神力”的支持，而且，这些象征符号也因情感化、意象化、原型情节化与病患的无意识达到了沟通而使之释放。荣格通过大量的精神疾病治疗的临床经验告诉我们，“使潜在于疾病之中的原型或情境能够表达出来，疾病就得到了治愈。”② 即使病患不在场而由他人代为问诊求治的现象，也同样适应于上述分析。因为他人的语言不仅是转述求诊的经历，也是讲述一个故事。这个故事或与病患的情结相连接，或与原型相连接，或与古老的力量源泉相连接，实际上是一种情结的释放过程。

最后一个问题，就是香头降神治病和指示的灵验性问题，多少年来也是“四大门”及巫术理论研究中的一个悬案。他们的判断有时较准确，有时却不准确。我以为，这不是用概率论所能说清的问题，也不是香头的占卜技巧问题（据我了解，他们一般都不掌握占卜术）。至于很多人把它理解为灵媒借助于仙家的法力具备了“神通眼”，能够获取我们所不能获得的信息虽然有趣但纯属幻觉。我们知道，一个准确的判断离不开三种信息资源：一是人的 DNA，二是社会文化信息，即经验，三是知识与理性。灵媒自称他有神灵为其提供第四种信息，这并非绝对不可能，但这绝对不可信。合理的解释只能是，这同样是他的一种心理禀赋：他不仅运用了他个人生活史以及“顶香”治病、指示的经验，而且他也运用了求助人的言语、态度和当下的情感反应等信息进行“心理分析”，尤其是利用了他心理无意识密窖中的“潜信息”形成判断。我们不要忘记，灵媒的心理结构与我们正常人是不同的，他们是“秉气微”者，心理无意识较之常人更活跃。他们的这一心理特征使其拥有了我们一般人所不具备的心理学

---

① 维特根斯坦认为，私人语言不过是一只“空转的轮子”，是“没有棋子的棋类游戏”“没有足球的足球游戏”，是语言的“彩虹现象”。［奥］维特根斯坦：《维特根斯坦轮感觉材料与私人语言》，江怡译，浙江大学出版社 2011 年版，第 211、213、90 页。

② ［瑞士］卡尔·古斯塔夫·荣格：《象征生活》，储昭华译，国际文化出版公司 2011 年版，第 84 页。

“宝贝”。列维-布留尔已洞察到了这一点：神秘思维不是通过更多的经验和推理而是丰富的直接材料（一种心理材料），这使得原始人在遇见新事物时已预先知道了他所需要知道的一切，立刻看出了一种看不见的力量。[①] 布留尔的这一卓越洞见多少年来一直被斥为神秘主义和唯心主义。其实，布的观点没有任何的唯心与神秘。因为人类的心理无意识不仅包括种族遗传的文化原型，还包括人们在日常生活中所感觉到的这个世界的所有一切，但却因为意识的定向能力（以保持记忆和意识的清晰、秩序）被排斥在意识的范畴之外各种材料与信息。它们虽然不能在意识的领域呈现，但它们确如荣格所说，是意识之下的潜在的全景，构成了全部的“前在”信息。[②] 也正因为无意识的这一特征，我们才有了“灵感”“妙悟”这类描述心理经验的语汇，才有很多创造性的发明与创作不是在意识清晰的书房和实验室，而是在夜晚的梦境、才有许多神智异常的艺术家却能创作出前无古人的艺术经典这类人类文化的奇迹。美国心理学家杰弗里·科特勒通过对西方艺术史上的十个艺术天才的精神病与艺术创造的研究告诉我们：“超凡的创造力是思考盒子外边的东西，在疯癫之时，这些天才确实看到了‘正常人’看不到的东西。”[③] “正常人”之所以看不到，是因为他们的思维是单线的、定向的，而“天才们”则是通过无意识进入了世界的深渊，或用弗洛姆的话说，他们不是通过“表层的，而是通过在底部运作的富于力量的知识”来思维的[④]。荣格在分析人的无意识与创造性的关系时也指出：“无意识（潜意识）并不仅仅只是往昔岁月积淀的贮藏之地，它同样也满满地蕴含着未来的心灵情境和观念的胚芽。……完全崭新的思想和创造性观念——那些从来未被人意识到的思想和观念同样能够在潜意识里表现自身。”[⑤] 这大概就是香头所谓的“灵通”。从求助人对香头的认同的角度说，当他们的精神困扰被意识的铜墙铁壁死死合围没有出路之时，忽然香头的无意识灵光向他投来一束奇异的光亮，将其思

---

① ［法］列维-布留尔：《原始思维》，丁由译，商务印书馆 2010 年版，第 376 页。

② ［瑞士］卡尔·古斯塔夫·荣格：《精神分析与灵魂治疗》，冯川译，译林出版社 2012 年版，第 201—202 页。

③ ［美］杰弗里·科特勒：《十个天才的精神病史》，邱文平等译，上海社会科学院出版社 2011 年版，第 281 页。

④ ［美］埃利希·弗洛姆：《被遗忘的语言》，郭已瑶等译，国际文化出版公司 2001 年版，第 29 页。

⑤ ［瑞士］卡尔·古斯塔夫·荣格等：《潜意识与心灵成长》，张月译，国际文化出版公司 2009 年版，第 19—20 页。

维引导到这个“事先未曾想到”的向度。于是，他们对灵媒的“神通”解释更加佩服得五体投地。特别是对社会下层百姓的疾病领悟而言，“虚病”不仅内核很“虚”，边界也很“虚”。对疾病的诊治的相信不仅取决于医者临床思维的逻辑性，也取决于患者和家人的“对症”性解释。

近年来，“四大门”崇信之风又在北方的一些城乡流行起来。在满是废弃物的古建筑废墟，在饱经风雨沧桑的老树的洞口，在那些早已荒芜、仅供记忆栖身的“狐仙堂”“大仙洞”等地，又呈现出人头攒动，香烟缭绕，供品如山，披红挂彩的神秘景观。把“四大门”文化的这一复兴说成是“封建迷信泛滥”和“牛鬼蛇神复仇”，确实缺乏心灵学的品味和慧根。在我看来，它同样是当代中国社会下层文化心理的一种映射。现代社会的文化多元与包容为“四大门”文化提供了一个至少在宗教学意义上合法栖身意识空间；科技理性神话在当代社会所遭遇到的解释危机与叙事挑战使妖魅文化撕开了一个重新回归社会的“心理缺口”；社会越来越“个体化”而个体也越来越感受到其不仅赤身裸体，伤痕累累，而且空虚茫然，忧郁焦虑，不得不诉求“灵魂治疗”。特别是人这种精神动物，其心灵深处古老的文化原型虽然可以为理性所压抑但却不会轻易消失，总是与意识形影不离。这一点，早在100多年前，杰出的列维-布留尔就说出了慧见：即使是现代文明人，神秘的集体表象虽然受到了些伤害，但并没有消失。而是与理性思维并行不悖。[①] 尤其是当社会文化领域完全为醉生梦死的浮华、无所顾忌的浅薄所充塞，不再能与人类心灵深处这些古老的“文化精灵”展开交流与合作，它们便会在意识倦怠的静夜呢喃细语，或在精神的塌陷之处神秘登场，演绎着当代社会群体性的神经病：向神秘的远古退行。这一现象不仅给宗教人类学提供了新的田野素材，也给当代社会的文化发展提出了一个十分严肃的课题。如果说“四大门”文化妖风魅氛过于浓重，涂鸦了现代社会的科技文明和健康的国民素质的肖像，那么，我们的社会该向那些平凡、日常的生命提供什么样的文化，使其不仅能够安抚心理世界中的那些“小精灵”，也能在这个惊魂不定的世界上活出人的样子？这不仅考验着宗教文化发展的智慧，也考验着一个社会如何直面弗洛姆所说的现代文化所导致的“社会神经症”[②] 并敢于对这种“群体性的文化精神病”予以治疗的文化理性。

---

① ［法］列维-布留尔：《原始思维》，丁由译，商务印书馆2010年版，第425页。

② ［美］埃利希·弗洛姆：《健全的社会》，孙恺祥译，上海译文出版社2011年版，第299页。

主要参考文献

一　精神病学与心理医学

［美］奥利弗·萨克斯：《幻觉：谁在捉弄我们的大脑》，高环宇译，中信出版社 2015 年版。

［美］戴维斯、［英］布格拉：《精神病理学模型》，林涛译，北京大学医学出版社 2008 年版。

［法］米歇尔·福柯：《精神疾病与心理学》，王杨译，上海译文出版社 2014 年版。

［美］曾文星：《文化精神医学：学理与应用》，台湾水牛出版社 2006 年版。

［美］彼得·班克特：《谈话疗法：东西方心理治疗的历史》，上海社会科学院出版社 2006 年版。

［瑞士］维蕾娜·卡斯特：《体验悲哀》，赖升禄译，生活·读书·新知三联书店 2003 年版。

［英］黛安娜·安德烈娅·吉尔罗伊编：《艺术心理疗法》，周祥等译，上海社会科学院出版社 2013 年版。

［美］杰弗里·科特勒：《十个天才的精神病史》，邱文平等译，上海社会科学院出版社 2011 年版。

［美］凯瑟琳·辛格：《陪伴生命：我从临终病人眼中看到的幸福》，郑荣邦等译，中信出版社 2012 年版。

仁波切：《心灵神医》，郑振煌译，中国藏学出版社 2006 年版。

张亚林主编：《高级精神病学》，中南大学出版社 2007 年版。

翟金国、陈敏主编：《生物精神病学》，人民卫生出版社 2010 年版。

李洁：《文化与精神医学》，华夏出版社 2011 年版。

徐一峰主编：《社会精神医学》，上海科技教育出版社 2010 年版。

杨鑫辉：《医心之道：中国传统心理治疗学》，山东教育出版社 2012 年版。

二 认知神经科学

［美］安东尼奥·R. 达马西奥：《感受发生的一切：意识产生中的身体和情绪》，杨韶钢译，教育科学出版社 2007 年版。

［美］安东尼奥·R. 达马西奥：《笛卡尔的错误：情绪、推理和人脑》，毛彩凤译，教育科学出版社 2007 年版。

［美］安东尼奥·R. 达马西奥：《寻找斯宾诺莎：快乐、悲伤和感受的脑》，杨韶钢译，教育科学出版社 2009 年版。

［美］杰拉尔德·埃德尔曼、朱利欧·托诺尼：《意识的宇宙：物质如何转变为精神》，顾凡及译，上海科学技术出版社 2004 年版。

［美］杰拉尔德·埃德尔曼：《比天空更宽广》，唐璐译，湖南科学技术出版社 2012 年版。

［美］杰拉尔德·埃德尔曼：《第二自然——意识之谜》，唐璐译，湖南科学技术出版社 2012 年版。

［美］马克·约翰逊：《发展认知神经科学》，徐芬等译，北京师范大学出版社 2007 年版。

［美］卡贝扎等：《脑老化的认知神经科学》，李鹤等译，北京师范大学出版社 2009 年版。

［美］彼得·F·麦克尼利奇等著，《环球科学》，杂志社编：《大脑与认知》，冯泽君等译，电子工业出版社 2012 年版。

［美］爱德华·O. 威尔逊：《论人性》，方展画等译，浙江教育出版社 2001 年版。

［美］约翰·塞尔：《意识的奥秘》，刘叶涛译，南京大学出版社 2009 年版。

［美］丹尼尔·丹尼特：《心灵种种》，罗军译，上海科学技术出版社 2012 年版。

［美］博南诺：《大脑在捣鬼：大脑漏洞怎样影响我们的生活》，吴越译，中国轻工业出版社 2013 年版。

［英］苏珊·格林菲尔德：《人脑之谜》，杨雄里等译，上海科学技术

出版社 2012 年版。

［美］安德鲁·纽伯格、马克·瓦德门：《改变大脑的灵性力量》，邓博寰译，译林出版社 2012 年版。

［日］松本修文主编：《心灵之谜面面观——脑与心理的生物物理学》，宋文杰等译，上海科学技术出版社 2007 年版。

［美］斯滕伯格：《认知心理学》，杨炳钧等译，中国轻工业出版社 2006 年版。

［加拿大］齐瓦·孔达：《社会认知——洞悉人心的科学》，周治金等译，人民邮电出版社 2013 年版。

［英］罗素·G. 福斯特、利昂·克赖茨曼：《生命的季节：生生不息背后的生物节律》，严军等译，上海科技教育出版社 2016 年版。

唐孝威：《脑与心智》，浙江大学出版社 2008 年版。

高长江：《萨满的精神奥秘》，中国社会科学出版社 2015 年版。

三　心理学与精神（心理）分析

［奥］弗洛伊德：《精神分析新论》，郭本禹译，译林出版社 2011 年版。

［奥］西格蒙德·弗洛伊德：《论宗教》，王献华等译，国际文化出版公司 2001 年版。

［瑞士］卡尔·古斯塔夫·荣格：《分析心理学与梦的诠释》，杨梦茹译，上海三联书店 2009 年版。

［瑞士］卡尔·古斯塔夫·荣格：《象征生活》，储昭华译，国际文化出版公司 2011 年版。

［瑞士］卡尔·古斯塔夫·荣格：《荣格自传：回忆·梦·思考》，刘国斌等译，上海三联书店 2009 年版。

［瑞士］卡尔·古斯塔夫·荣格：《原型与集体无意识》，徐德林译，国际文化出版公司 2011 年版。

［瑞士］卡尔·古斯塔夫·荣格：《心理类型》，吴康译，上海三联书店 2009 年版。

［瑞士］卡尔·古斯塔夫·荣格等：《潜意识与心灵成长》，张月译，上海三联书店 2009 年版。

［瑞士］卡尔·古斯塔夫·荣格等：《文明的变迁》，周朗等译，国际

文化出版公司 2011 年版。

［瑞士］卡尔·古斯塔夫·荣格等：《心理结构与心理动力学》，关群德译，国际文化出版公司 2011 年版。

［瑞士］卡尔·古斯塔夫·荣格等：《精神分析与灵魂治疗》，冯川译，译林出版社 2012 年版。

［美］埃利希·弗洛姆：《逃避自由》，刘林海译，国际文化出版公司 2000 年版。

［美］埃利希·弗洛姆：《被遗忘的语言》，郭已瑶译，国际文化出版公司 2006 年版。

［美］埃利希·弗洛姆：《生命之爱》，王大鹏译，国际文化出版公司 2001 年版。

［美］埃利希·弗洛姆：《健全的社会》，孙恺祥译，上海译文出版社 2011 年版。

［美］诺尔曼·布朗：《生与死的对抗》，冯川等译，贵州人民出版社 1994 年版。

［美］恩斯特·贝克尔：《拒斥死亡》，林和生译，华夏出版社 2001 版。

［美］卡伦·霍尼：《精神分析的新动向》，张长英等译，上海锦绣文章出版社 2008 年版。

［美］卡伦·霍尼：《我们内心的冲突》，王座红译，译林出版社 2011 年版。

［美］罗洛·梅：《心理学与人类困境》，郭本禹等译，中国人民大学出版社 2010 年版。

［奥］阿尔弗雷德·阿德勒：《理解人性》，陈太胜译，国际文化出版公司 2000 年版。

［奥］阿德勒：《心理与生活》，叶颂知等译，上海三联书店 2010 年版。

［美］乔治·弗兰克：《文明：乌托邦与悲剧》，褚振飞译，国际文化出版公司 2006 年版。

［美］J. 瓦西纳：《文化和人类发展》，孙晓玲等译，华东师范大学出版社 2007 年版。

［美］亚伯拉罕·马斯洛：《洞察未来》，许金声译，华夏出版社 2004 年版。

［美］肯·威尔伯：《性、生态、灵性》，李明等译，中国人民大学出

版社 2009 年版。

［美］肯·威尔伯：《意识光谱》，苏健译，万象出版公司 2011 年版。

［美］肯·威尔伯：《超越死亡：恩宠与勇气》，胡因梦等译，生活·读书·新知三联书店 2011 年版。

［苏］莫·乌格里诺维奇：《宗教心理学》，沈翼鹏译，社会科学文献出版社 1989 年版。

四　医学人类学与医学史

［美］亨利-欧内斯特·西格里斯特：《疾病的文化史》，秦传安译，中央编译出版社 2009 年版。

［美］洛伊斯·N. 玛格纳：《医学史》，刘学礼等译，上海人民出版社 2009 年版。

［德］伯恩特·卡尔格-德克尔：《医药文化史》，姚燕等译，生活·读书·新知三联书店 2004 年版。

［美］詹姆斯·A. 特罗斯特：《流行病与文化》，刘新建译，山东画报出版社 2008 年版。

［美］阿瑟·克莱曼：《苦痛和疾病的社会根源：现代中国的抑郁、神经衰弱和病痛》，郭金华译，上海三联书店 2008 年版。

［美］拜伦·古德：《医学、理性与经验：一个人类学的视角》，吕文江等译，北京大学出版社 2010 年版。

［荷］杜威·德拉埃斯马：《记忆的风景》，张朝霞译，北京联合出版公司 2014 年版。

邱鸿钟：《医学与语言：关于医学的历史、主体、文本和临床的语言观》，广东高等教育出版社 2010 年版。

五　哲学与心灵哲学

［奥］维特根斯坦：《维特根斯坦论伦理学与哲学》，江怡译，浙江大学出版社 2011 年版。

［奥］维特根斯坦：《哲学研究》，陈嘉映译，上海人民出版社 2001 年版。

［奥］维特根斯坦：《哲学语法》，韩林合译，商务印书馆 2012 年版。

［英］C. 麦金：《神秘的火焰》，刘明海译，商务印书馆 2015 年版。

［英］C. 麦金：《意识问题》，吴扬义译，商务印书馆 2015 年版。

［英］A. N. 怀特海：《过程与实在》，周邦宪译，贵州人民出版社 2006 年版。全两卷。

［荷兰］斯宾诺莎：《伦理学》，贺麟译，商务印书馆 1997 年版。

［美］乔治·桑塔亚纳：《宗教中的理性》，犹家仲译，北京大学出版社 2008 年版。

［美］C. W. 莫里斯：《开放的自我》，定杨译，上海人民出版社 2010 年版。

［西班牙］费尔南多·萨瓦特尔：《永恒的生命》，于施洋译，北京大学出版社 2010 年版。

［法］帕斯卡尔：《思想录》，何兆武译，商务印书馆 1981 年版。

［加拿大］查尔斯·泰勒：《自我的根源：现代认同的形成》，韩振译，译林出版社 2012 年版。

［美］杜威：《经验与自然》，傅统先译，中国人民大学出版社 2012 年版。

［丹麦］克尔凯郭尔：《概念恐惧·致死的病症》，京不特译，上海三联书店 2004 年版。

［英］A·J. 艾耶尔：《语言、真理与逻辑》，尹大贻译，上海译文出版社 1981 年版。

［美］罗伯特·索科拉夫斯基：《现象学导论》，高秉江等译，武汉大学出版社 2009 年版。

［奥］冯·贝塔朗菲、［美］A. 拉威奥莱特：《人的系统观》，张志伟译，华夏出版社 1989 年版。

［美］阿诺德·柏林特：《环境美学》，张敏等译，重庆出版社 2007 年版。

［美］阿诺德·柏林特：《生活在景观中：走向一种环境美学》，陈盼等译，湖南科技出版社 2006 年版。

［美］欧文·拉兹洛：《系统、结构和经验》，李创同译，上海译文出版社 1987 年版。

李泽厚：《实用理性与乐感文化》，生活·读书·新知三联书店 2005 年版。

六 宗教（神学、神话学、民间信仰）研究

[美] 斯特伦：《人与神：宗教生活的理解》，金泽译，上海人民出版社 1991 年版。

[美] 乔纳森·爱德华兹：《宗教情感》，扬基译，生活·读书·新知三联书店 2013 年版。

[美] 威廉·詹姆斯：《宗教经验之种种》，唐钺译，商务印书馆 2002 年版。

[美] 斯蒂芬·亨特：《宗教与社会生活》，王修晓译，中央编译出版社 2010 年版。

[美] R. H. 托尼：《宗教与资本主义的兴起》，赵月瑟译，上海译文出版社 2006 年版。

[德] 保罗·蒂利希：《文化神学》，陈新权等译，工人出版社 1988 年版。

[德] 保罗·蒂利希：《存在的勇气》，成穷等译，贵州人民出版社 1998 年版。

[德] 鲁道夫·奥托：《论"神圣"》，成穷等译，四川人民出版社 1995 年版。

[美] 约瑟夫·坎贝尔、比尔·莫耶斯：《神话的力量：在诸神与英雄的世界中发现自我》，朱侃如译，浙江人民出版社 2013 年版。

郭淑云：《原始活态文化：萨满教透视》，上海人民出版社 2001 年版。

乌丙安：《中国民间信仰》，上海人民出版社 1996 年版。

乌丙安：《萨满信仰研究》，长春出版社 2014 年版。

孟慧英：《中国北方民族萨满教》，社会科学文学出版社 2000 年版。

孟慧英：《寻找神秘的萨满世界》，西苑出版社 2004 年版。

李慰祖：《四大门》，北京大学出版社 2011 年版。

刘一虹、齐前进：《美的世界：伊斯兰艺术》，宗教文化出版社 2006 年版。

曾庆豹：《上帝、关系与言说：批判神学与神学的批判》，华东师范大学出版社 2011 年版。

高长江：《符号与神圣世界的建构：宗教语言学导论》，吉林大学出

版社 1993 年版。

高长江：《神与人：宗教文化学导论》，吉林人民出版社 2000 年版。

七 人类学、社会学、语言学

［法］列维-布留尔：《原始思维》，丁由译，商务印书馆 2010 年版。

［美］克利福德·格尔兹：《文化的解释》，纳日碧力戈等译，上海人民出版社 1999 年版。

［英］维克多·特纳：《象征之林》，赵玉燕等译，商务印书馆 2012 年版。

［法］马塞尔·莫斯、昂利·于贝尔：《巫术的一般理论·献祭的性质与功能》，杨渝东等译，广西师范大学出版社 2007 年版。

［法］列维-斯特劳斯：《结构人类学》，陆晓禾等译，文化艺术出版社 1989 年版。

［瑞典］奥维·洛夫格伦、乔纳森·弗雷克曼：《美好生活：中产阶级生活史》，赵炳祥等译，北京大学出版社 2011 年版。

［法］米歇尔·福柯：《疯癫与文明》，刘北成等译，生活·读书·新知三联书店 2012 年版。

［俄］B. B. 科列索夫：《语言与心智》，杨明天译，上海三联书店 2006 年版。

［德］威廉·冯·洪堡特：《论人类语言结构的差异及其对人类精神发展的影响》，姚小平译，商务印书馆 1999 年版。

八 社会文化史

［俄］A. 古列维奇：《中世纪文化范畴》，庞玉洁等译，浙江人民出版社 1992 年版。

［德］诺贝特·埃利亚斯：《文明的进程》，袁志英译，生活·读书·新知三联书店 1999 年版。

［德］扬·阿斯曼：《文化记忆》，金寿福等译，北京大学出版社 2015 年版。

［英］西蒙·沙玛：《风景与记忆》，胡淑陈等译，译林出版社 2013

年版。

［瑞典］奥维·洛夫格伦、乔纳森·弗雷克曼：《美好生活：中产阶级生活史》，赵丙祥等译，北京大学出版社 2011 年版。

［英］艾琳·帕瓦：《中世纪的人们》，苏圣捷译，上海三联书店 2014 年版。

［荷兰］约翰·赫伊津哈：《中世纪的衰落》，刘军等译，中国美术学院出版社 1997 年版。

［美］汤普逊：《中世纪经济社会史》，耿淡如译，商务印书馆 1963 年版。

［法］让·韦尔东：《夜歌：中世纪的夜生活》，刘华译，中国人民大学出版社 2015 年版。

［美］盖尔戈德温：《心的简史》，湖南文艺出版社 2009 年版。

［德］施皮茨莱编：《亲吻神学：中世纪修道院情书选》，李承言译，生活·读书·新知三联书店 1998 年版。

［英］罗伊·彼得：《疯狂简史》，张钰译，湖南科学技术出版社 2014 年版。

［西班牙］若瑟法·梅能台：《爱的呼声》，姚景星译，天主教上海光启社 1992 年印行。

《奥义书》，黄宝生译，商务印书馆 2012 年版。

《马丁·路德文选》，马丁·路德翻译小组译，中国社会科学出版社 2003 年版。

史宗主编：《20 世纪西方宗教人类学文选》，上海三联书店 1995 年版。

莲花生原著，达赫释著：《西藏生死书》，陕西师范大学出版社 2010 年版。

独家春秋：《中国道姑，别样人生》，上海人民出版社 2011 年版。